2023

高等教育教学实践探索

厦门大学解决方案

厦门大学教务处 编

厦门大学出版社 国家一级出版社
XIAMEN UNIVERSITY PRESS 全国百佳图书出版单位

图书在版编目（CIP）数据

2023 高等教育教学实践探索：厦门大学解决方案 / 厦门大学教务处编. -- 厦门：厦门大学出版社，2023.11

ISBN 978-7-5615-9160-4

Ⅰ. ①2… Ⅱ. ①厦… Ⅲ. ①高等学校-教学研究-文集 Ⅳ. ①G642.0-53

中国版本图书馆CIP数据核字(2023)第201970号

出 版 人	郑文礼
责任编辑	高　健
美术编辑	李嘉彬
技术编辑	朱　楷

出版发行　厦门大学出版社

社　　址	厦门市软件园二期望海路 39 号
邮政编码	361008
总　　机	0592-2181111　0592-2181406(传真)
营销中心	0592-2184458　0592-2181365
网　　址	http://www.xmupress.com
邮　　箱	xmup@xmupress.com
印　　刷	厦门市明亮彩印有限公司

开本	787 mm×1 092 mm　1/16
印张	28.75
插页	1
字数	690 千字
版次	2023 年 11 月第 1 版
印次	2023 年 11 月第 1 次印刷
定价	129.00 元

本书如有印装质量问题请直接寄承印厂调换

厦门大学出版社
微信二维码

厦门大学出版社
微博二维码

目 录

第三篇　课程建设与改革

第四篇　教学模式创新

第五篇　人才培养实践

第一篇

思政教育

高校思政课专题教学改革必须坚持统一性和多样性相统一*

李 欣**

摘要:坚持统一性和多样性相统一是高校思政课专题教学模式改革创新的应然选择,既要遵循"教必有法",又要遵循"教无定法"。厦大马院在专题教学实施过程中发挥统一性的统领作用,同时做好多样性的协调配合:以充分了解教学对象为前提,并从教学内容、教学过程、教学成果等方面处处体现多样性,从而促进"统一性和多样性相统一"在专题教学模式改革创新中的实现。

关键词:思政课专题教学;统一性;多样性

研究思政课专题教学模式的改革创新,首先要明确"为什么这样教"的问题,即教学模式改革创新的方向是要遵循习近平总书记提出的"坚持统一性和多样性相统一"的原则,其次要解决教学过程中的具体问题,也就是要回答"如何教",要明确思政课专题教学改革创新如何实现"统一性和多样性相统一"的实施路径,以便更好地实现教学环节的具体目标,达到立德树人的总目标。

一、统一性和多样性的内涵及其关系

(一)统一性和多样性的内涵

思政课的统一性指的是要把教学目标、课程设置、教材使用、教育管理等统一到中央要求上来,围绕立德树人这一根本任务,加强对思政课的宏观指导,做到教学目标明确、课程设置科学、教材编写权威、教学管理规范。[①] 思政课要坚持指导思想的统一,确保正确的政治方向;思政课要坚持课程及教材的统一,确保立德树人的价值和初心;思政课要坚持组织管理的统一,确保教学规范的科学和稳定。思政课的多样性指的是为了满足学生多样化的现实需要,教学内容、教学方法、教学成果等必须具有灵活性、针对性和多样性,教师要不断更新整合教学资源,采用多样化的教学方式,做到差异化教学。思政课多样性的本质体现在差异化教学,在统一性前提下发展多样性是思政课改革创新的内在要求。

---

* 基金项目:国家社科基金高校思政课研究专项"推动高校思政课专题教学改革创新研究"(20VSZ120)的阶段性成果。厦门大学 2022 年教改项目"'八个相统一':深化思想政治理论课专题教学改革的遵循原则"(2022MJY01)的阶段性成果。

** 李欣,男,福建永春人,厦门大学马克思主义学院副教授,主要研究方向为马克思主义经济学。

① 房广顺、刘培路:《思想政治理论课建设坚持统一性与多样性相统一论析》,《思想理论教育》2020年第1期。

（二）统一性和多样性的辩证统一

高校思政课守正创新的根本遵循在于坚持统一性和多样性的辩证统一，也就是说，思政课专题教学既要遵循"教必有法"，又要遵循"教无定法"。

统一性和多样性既相互联系又存在区别。统一性反映事物内在的、固有的本质属性，是多样性的前提和基础。多样性反映事物在形式、发展阶段、过程等方面的个性特征，多样性是统一性的发展和创新。思政课坚持统一性和多样性相统一，是矛盾普遍性和特殊性原理在思政课教学过程中的运用，体现了思政课教学守正与创新的逻辑关系，也阐释了思政课建设"统"和"放"的辩证关系。

思政课教学在目标设定、课程设置、学分落实、教材使用等方面要坚决按照中央及主管部门的统一部署，在原则性问题上维护统一性的要求，这是思政课的守正。实践证明，如果思政课教学的统一性弱化就会产生各种问题：若没有教育部的统编教材，教材建设质量就会参差不齐；若思政课教师队伍配备没有硬性要求，教师队伍的质量甚至数量都无法保证。若教学各个环节没有统一要求，教学质量和教学效果更无从谈起。没有统一性要求进行指导，思政课教学就会脱离原本应有的轨道，多样性创新也就脱离了思政课教学的实质。但是，统一性并非绝对，必须鼓励教师创新性地开展教学工作。在确保课程政治原则正确、教学内容合理覆盖的前提下，教师可以根据学校以及学生的具体情况因地制宜、因时制宜、因材施教，充分考虑国情、民情和世情的特殊性，充分考虑具体课程和章节内容的特殊性，对教学内容和教学手段进行大胆的改革创新，既体现出教师教学风格的个性化，又满足学生多样化的需求。

坚持统一性和多样性相统一还必须防止在教学过程中将二者割裂开来，产生教条主义和经验主义两种典型的错误。思政课教学的教条主义指的是过于强调统一性而忽视多样性，典型表现就是教师的一言堂和照本宣科。教师把教材体系等同于教学体系，把教材等同于教案，把书面语言等同于教学语言，这种传声筒、复读机式的教学方式不仅没有亲和力，更缺乏针对性，当然无法得到学生的认同和喜爱，统一性要求必然也就难以得到贯彻。思政课教学的经验主义指的是过于强调多样性而忽视统一性，典型表现是过于追求新颖的教学方式，弱化思政课的思想性和理论性。教师为了追求所谓的到课率和抬头率，随心所欲地安排教学内容，把思政课讲成故事课或视频课，不遵守甚至背离统一性要求。

概言之，要把统一性和多样性统一起来，既遵守和落实统一性要求，又充分发挥教师的创造性，尤其要处理好思政课教学中的四对辩证关系：教学目标统一与教学模式多样的辩证关系、课程设置统一与课程体系多样的辩证关系、教材使用统一与教学体系多样的辩证关系、教学管理统一与教学方式多样的辩证关系，只有这样才能把思政课专题教学搞得有声有色。①

---

① 白永生、方雷：《高校思想政治理论课守正创新坚持统一性和多样性相统一的理论意蕴》，《学校党建与思想教育》2019 年第 9 期。

二、实现统一性和多样性相统一的路径

（一）发挥统一性的统领作用

2018 年起，中共中央办公厅、国务院办公厅和教育部曾多次就思政课教学体系、教材体系、管理体系建设等相关问题发文，明确了相关规定和要求，统一了思政课教学规范。[①] 在课程设置方面，规定了普通高校学生必修"习近平新时代中国特色社会主义思想概论"（本专科）、"马克思主义基本原理"（本科）、"毛泽东思想和中国特色社会主义理论体系概论"（本专科）、"中国近现代史纲要"（本科）、"思想道德修养与法律基础"（本专科）、"形势与政策"（本专科）、"四史"（本科）等课程，且规定了各门课的学时和学分，要求各高校不得随意缩减思政课学分学时。另外，研究生开设的思政课有"中国特色社会主义理论与实践研究"（硕士阶段）、"中国马克思主义与当代"（博士阶段）以及"自然辩证法概论"（理科硕士必选）、"马克思主义与社会科学方法论"（文科硕士必选）等。在使用教材方面，"形势与政策"课采用《时事报告》杂志社出版的《时事报告》（大学生版）教材，其他各门思政课则统一使用高等教育出版社出版的马工程系列教科书和辅导教材。这些教材都由相关领域的马工程专家学者进行审核把关，具有科学性和权威性。

在教材使用上，厦大马院都按照相关部门的规定严格执行。在教学管理方面，厦大马院采取强化日常教学监督，推动各级领导进入课堂听课；推动中班或小班教学的转变，目前班级人数都控制在 100 人以内；通过引进新教师和校内相关专业教师转岗壮大教师队伍，按照 1∶350 的师生比例配齐思政课教师；加强师资队伍建设和全过程培训，定期组织开展集体备课；构建"专业学院＋马克思主义学院/教育研究院"课程思政建设联合体，推动课程思政与思政课程同向同行。这一系列措施既落实了教育部的相关要求，也提高了教学效果。

（二）做好多样性的协调配合

统一性的统领作用和多样性的协调配合是辩证统一的。不同年级、不同专业的学生所处的环境不同，存在着学习水平差异、学习风格差异、思维方式差异、个性差异等多方面的因素。为了满足学生多样化的需要，教学内容、教学方法和教学成果等必须具有灵活性、针对性和多样性，要求教师不断更新整合教学资源，采用多样化的教学方式，尽可能做好差异化教学。

1. 充分了解教学对象是前提

为了确保多样化教学方式的顺利实施，要充分了解教学对象的群体特征及认知基础，以了解学生的独特性作为教学的起点。通常来说，教学对象的群体特征比较容易把握。文科生相较于理科生而言，对马克思主义理论的知识点较熟悉，所以对文科学生的教学应该更注重运用理论来分析解决问题。而对于艺术生、体育生来说，他们的理论基础相较于理科生更为薄弱。不同专业背景的学生对思政课的兴趣各异、接受能力不一，理论吸收程度也千差万别。教学对象的认知基础不仅包括学生现有的知识基础，还包括学生的认知能力、认知过程和认知模式。学生在学习的过程中不仅要获取知识，更重要的是主动构建属

---

① 杨美新、郭燕萍：《思政课坚持统一性和多样性相统一论析》，《大学教育科学》2020 年第 6 期。

于自己的知识经验。因此,教师应从学生的实际出发,了解他们的知识储备、思想动态、学习经验、思维方式和学习期待,以学生的认知基础为起点进行教学设计,才能够做到因材施教。①

教师需要在课前深入地了解教学对象,充分了解学生的群体特征及认知基础,如果教师在备课时忽视学生的主体性诉求,在教学中没有充分激发学生的参与热情,课后又不重视学生的意见反馈,就难以对不同学科背景的学生进行针对性教学。具体来说,厦大马院这些年采取了学期初个别访谈、问卷调查和师生座谈等多种调研形式的联动,为后续的专题教学打好基础。但还要注意以下几个方面:一是建立学校内部多方联动机制,开展学生调研。调研是一项需要极高参与度和配合度的工作。例如,可以在各个院系辅导员、学工部门人员的密切配合下,思政课教师作为主导者,做好相关调查问卷的设计,并跟进调查结果的分析研究。二是在进行认知基础等学情分析的时候,不能仅仅停留在对学生作出整体性空泛的描述,不能纯粹为了调查而调查。问卷的设计要有针对性,比如,要设计一些拟开设的专题供学生选择,在学生感兴趣的专题投入更多的课时。三是调查分析在注重集体的同时还要兼顾个体差异。思政课班级人数都比较多,在充分了解班级共同的认知基础、学习能力、心理特征、学习态度外,还要适度兼顾集体中的个体差异,这样才能真正体现因材施教的原则。四是教学内容、教学方法等方面的设计运用和学生的发展都处于动态变化过程中,需要及时根据新情况进行动态分析,可以以一段时间为单位,进行相应的教学调整。

2. 从教学内容方面体现多样性

学生由于自身的特点不同,对专题的认同度和理解力也不同。通过课前的细致调研,教师不断更新专题教学素材以使学生对讲授的问题产生浓厚兴趣,从而提升专题授课的针对性和灵活性。因此,专题化教学不应一刀切,教师在具体授课时,根据不同对象进行微调,调整专题教学的侧重内容,实行分层分类教学。在针对性方面,教师可以在教学过程中融入福建地方特色的内容。不同的地理环境和风土人情,积淀了丰富的人文精神和优秀的地方传统文化,为思政课提供了差异化、多样化、富有当地特色的教学资源。教师要在整合、提炼这些优秀资源后,自觉将其转化为学科资源,合理地融入教学相关环节,从而容易引发学生的情感共鸣。在灵活性方面,教师通过鲜活的案例使抽象的概念具体化,并将实际应用中的理论更具体地展现出来,选取的案例要为进一步的分析提供充足的空间。

3. 从教学过程方面体现多样性

教学方法包括教法和学法两个层面,传统的教学模式将二者等同,忽视了它们之间的差异。在教学过程方面的多样性,需要基于教学内容,通过不同的教学组织、不同的实践教学安排等来实现。

在教学组织的多样性方面,厦大各门思政课都着力强化互联网思维,在信息沟通、教学互动、教学语言等方面进行探索。一是善于利用移动新媒体技术,抢占网络思想政治教育新阵地。当前大学生已经都是"00后",他们成长于新世纪,网络已成为他们获取信息和学习知识的重要途径。在教学模式上,通过课程网站建设,教学资料数据库共享,线上和线下

---

① 孙蚌珠:《理论为本·内容为王·因材施教——提升思想政治理论课教学质量的思考》,《思想理论教育导刊》2017年第9期。

齐上阵，以此突破教学的时空限制，为学生差异化自主学习创造条件。课后，可充分利用QQ群、微信群、微信公众号等新媒体教学辅助交流平台，形成多元立体的师生交流模式。二是网络新媒体技术为课堂教学提供了实时、双向、同步的交流方式。借助课堂派、雨课堂等应用软件，实现"师生—生生"实时教学互动。如互动答题情况可以现场分析统计，并以图表的形式呈现在屏幕上，教师当场了解课堂中学生认知能力和思维水平的差异，通过点评、比较、引导，教师可以便捷、及时地调整教学难度和教学进度。三是教师的教学语言应该更加个性化和接地气。毛泽东曾指出："我们的文艺工作者的思想感情和工农兵大众的思想感情打成一片。而要打成一片，就应当认真学习群众的语言。"[①]事实上，教学也是一门艺术，运用健康有益的网络话语，能够更好地拉近与学生之间的距离，更容易让学生和教师在思想情感上产生共鸣。当然，网络话语也不能生搬硬套，倘若运用不当，便无法起到应有的效果。因而，要分析不同年龄年级、兴趣爱好的学生的社会关系网络，以多样性的话语有的放矢地运用网络话语。

在实践教学安排的多样性方面，厦大各门思政课都进行差异化教学探索，教师给予了学生更多的自由度。一是，在实践选题组队环节，只要能够达到实践的目的要求，允许学生自主选择小组成员，自由选择感兴趣的研究领域和完成实践任务的途径。由于学生自行组队，社会实践过程的分工协作会更加顺畅。而学生自由选择的实践题目，尽管可能与其他小组雷同，但阐发的角度或许不同，也避免了与教师提供的选题过多重复。关键是这种方式让学生带着兴趣去探索并发现问题，更能激发出他们的主动性和创造力。二是，在分组讨论环节，有些小组喜欢更多地和教师沟通、讨论，而有些小组喜欢独立探讨，较少需要教师从旁协助。那么，教师应该给予偏爱独立摸索的小组一定的空间，只需要在他们有疑问时才过去答疑，或者等研讨完成后，再去了解小组的讨论进度，这样，在时间安排上，教师也能照顾到更多的小组，满足不同小组个性化的答疑需求。三是，在展示实践环节，充分发挥学生在团队合作中的价值。全体成员都需要上台展示的情况下，有的小组就采取每个成员负责讲述一部分的内容，有的小组以情景剧、辩论等形式呈现，有些不善言辞的同学就扮演道具等角色。人人参与的方式让每个人都能在团队中根据自身的特长发挥作用，实现自身的价值。四是，对于一部分学有余力、对马克思主义感兴趣的学生，教师开列出课外阅读书单，鼓励他们读原著、学原文、悟原理，撰写读书心得，发表马克思主义理论研究相关学术文章，支持他们攻读马克思主义相关专业的硕士。

4. 从教学成果方面体现多样性

教学成果指的是学生展示学习效果的方式，下面主要阐述如何通过开放、灵活的实践教学成果展示来实施差异化教学，体现多样性。在实践成果展示形式上，根据不同的思政课程、不同学生的不同情况，让学生自主、灵活地去设计，尽量尊重学生的差异性，这不仅培养学生分析问题、解决问题的能力，还培养了他们的创新精神。

厦大思政课实践教学经过十余年来的积极探索，取得了丰硕的成果，在实践成果展示上，教师让学生自主选择是制作PPT做汇报展示，还是拍摄短视频。汇报现场既有采用情景剧或人物访谈的形式，也有采用模拟法庭或辩论的形式等。一系列不同类型的成果，激

---

① 《毛泽东选集》第3卷，人民出版社1991年版，第851页。

发了学生的积极性,这样就避免了学生因为形式千篇一律而应付了事的情况,教师也能确保实践教学任务的因材施教。例如,在 2022 年度厦大思政课实践教学优秀成果汇报暨表彰会上,公共事务学院学生作了题为"跨文化传播视域下国家形象构建的转变研究"的优秀成果汇报,艺术学院学生进行了微视频"换了人间"的展播,展示形式丰富多彩。

　　总之,思政课教学是统一性与多样性的双向互动,统一性是根本,多样性是关键。思政课专题教学不断改革创新,多样性得到了充分彰显,反过来也落实了统一性的要求。在信息化、全球化、社会价值取向多元化的背景下,作为立德树人、价值观教育的主阵地,厦大的思政课课堂将差异化教学作为一种理念、一个原则深入教学的各个环节,要求教师对每个班级、每个小组、每个学生尽已所能地在教学过程中灵活调整、适时衡量和精准取舍,在统一性的基础上充分体现多样性,取得了不错的教学效果。

高校思想政治教育以学生为中心的理念探赜

罗 文 张 雨[*]

摘要：高校思想政治教育坚持"以学生为中心"的教育理念，即坚持以一切为了学生作为出发点，以尊重学生主体、依靠学生力量作为着力点，以促进学生全面发展、让学生满意作为落脚点。高校思想政治教育坚持"以学生为中心"体现了以人民为中心的发展思想躬行实践的时代要求，是高校思想政治教育提质增效的重要抓手，是新时代大学生全面发展的有效途径。高校思想政治教育要在教育目标、教育理念、教育内容、教育方法、评价机制等环节中贯彻"以学生为中心"的教育理念，切实推动思想政治教育高质量发展。

关键词：高校思想政治教育；以学生为中心；大学生

新时代高校思想政治教育作为我国高等教育事业的重要一环，以落实立德树人为根本任务、培养时代新人为基本目标。从本质上讲，思想政治教育就是做人的思想工作，是一种通过思想引领来培养人、塑造人、转化人、发展人、完善人的社会性教育活动。高校在这一教育教学的过程中，要提高思想政治教育的针对性、实效性，坚持和贯彻"以学生为中心"的教育理念至关重要。

一、高校思想政治教育"以学生为中心"的核心要义

从施教育人的目的、方法和检验依据出发，高校思想政治教育坚持"以学生为中心"的理念，就应当坚持以一切为了学生作为出发点，以尊重学生主体、依靠学生力量作为着力点，以促进学生全面发展、让学生满意作为落脚点。

（一）以一切为了学生作为出发点

在学校教育的过程中，教师是主导，学生是主体。学生的主体性要求教育的实施必须围绕学生这个中心而展开。因此，高校开展思想政治教育贯彻"以学生为中心"的教育理念，就应当在教育目标制定、教育内容设计、教育载体运用、教学过程实施等一系列环节中坚持以一切为了学生作为出发点，关心、理解广大学生的利益诉求，尊重学生的个性发展，促进学生的全面发展，精准把握大学生的思想动态，及时化解大学生的思想困惑。

（二）以尊重学生主体、依靠学生力量作为着力点

中国共产党百年来的实践证明，尊重人民主体地位并发挥其首创精神是社会发展的内在要求，在思想政治教育领域也是如此。因此，高校思想政治教育必须把尊重学生主体地

---

* 罗文，福建厦门人，厦门大学马克思主义学院副教授，主要研究方向为思想政治教育。张雨，广西贵港人，厦门大学马克思主义学院思想政治教育专业硕士研究生。

位、依靠学生力量作为着力点。一方面,要尊重学生的主体地位,秉持以教师为主导、以学生为主体的教育理念,在教学活动中"教育者要把大学生作为思想政治教育活动主体来对待、要求和培养,大学生自己也要作为思想政治教育主体来行动"[①]。另一方面,大学生本身是思想政治教育改革创新的重要源泉。高校开展思想政治教育不仅要以大学生为主体,更要尊重并发挥大学生首创精神,善于从大学生群体中汲取智慧与力量,形成贴近学生生活实际、反映学生利益诉求、融汇学生喜闻乐见的思想政治教育内容、运用学生乐于接受的教学方法。

(三)以促进学生全面发展、让学生满意作为落脚点

高校思想政治教育把"以学生为中心"作为教育教学工作的基本理念,应当围绕立德树人的根本任务、培养时代新人的教育目标,在思想政治教育的工作中爱护学生、依靠学生,并以是否反映学生诉求、满足学生个体发展和社会整体需要作为工作成效的检验标准。同时,有了检验标准还要解决由谁来检验的问题。坚持"以学生为中心"的高校思想政治教育是为了大学生、依靠大学生,那么也应当让大学生有权利进行评价检验。评判高校思想政治教育成效的准则,要以学生合理诉求是否得到满足、学生综合素质是否得到提高、学生是否感到满意来衡量,从大学生的获得感中检验高校思想政治教育的实效性。

二、高校思想政治教育"以学生为中心"的价值意蕴

高校思想政治教育坚持"以学生为中心"具有重要的价值,这既是体现了以人民为中心的发展思想躬行实践的时代要求,也是高校思想政治教育提质增效的重要抓手,更是促进新时代大学生全面发展的有效路径。

(一)体现了以人民为中心的发展思想躬行实践的时代要求

思想政治工作是党的重要法宝,在中国特色社会主义事业发展全局中起着基础性、引领性作用。只有做好了思想政治工作,才能引导和保证各项社会事业沿着正确的方向前进。习近平总书记指出:"以人民为中心的发展思想,不是一个抽象的、玄奥的概念,不能只停留在口头上、止步于思想环节,而要体现在经济社会发展各个环节。"[②]因此,在高校思想政治教育领域坚持"以学生为中心",是以人民为中心的发展思想躬行实践的一种具体体现,是一种时代要求,必将积极推动和发挥思想政治工作的基础性、引领性作用,为实现人民"更好的教育"的美好愿望创造有利条件。

(二)高校思想政治教育提质增效的重要抓手

思想政治教育肩负着育人的价值和功能,坚持"以学生为中心"是高校思想政治教育达成这一目标的重要抓手。高校思想政治教育只有坚持"以学生为中心",才能够有效提高教育教学的针对性,切实提升育人成效。高校思想政治教育坚持"以学生为中心"的教育理念,就必须坚持以人为本,全面了解学生急难愁盼的问题,尊重学生主体间差异,适应学生思想实际及其现实需求,满足学生阶段性、差异化的认知要求,发挥思想政治教育促进人全

---

① 孙其昂、刘红梅:《新时代以大学生为中心推进思想政治教育发展》,《思想理论教育》2018 年第 7 期。

② 习近平:《深入理解新发展理念》,《求是》2019 年第 10 期。

面发展的价值功能。此外,高校坚持"以学生为中心"不仅彰显学生主体地位和个体价值,也能使其在"被需要、被看到、被关心"中进一步激发主体意识,强化为人民服务的意识,增强大学生的历史使命感、社会责任感,推动思想政治教育实现培养担当民族复兴大任时代新人的目标,实现为党育人、为国育才的重任。

人民群众是社会历史发展的主体,是人类社会物质财富、精神财富的创造者。在高校思想政治工作领域,广大学生有着促进思想政治教育守正创新的聪明才智和巨大热情,蕴藏着丰富的创造潜力和发展动力。因此,高校思想政治教育应当尊重并发挥大学生的主体性、创造性,密切联系学生群体,善于从学生实践活动中汲取灵感、寻找路径,依靠学生主体力量进行改革创新,为高校思想政治教育的创新发展提供不竭的源泉。

（三）促进新时代大学生全面发展的有效路径

"以学生为中心"的高校思想政治教育是实现大学生主体性发展、健全学生人格,激发实现个人价值意识的有效路径。"思想政治教育作为人类实践活动的一种特殊形式,它的主要目的在于塑造个人的健全人格,进而对他人和社会产生正面的影响。"[1]传统的思想政治教育存在着漠视学生主体性的内在需求和多样化的个体特征,过于突出教师主导性地位和知识灌输等问题,这有可能导致培养出主体意识匮乏、思维方式僵化、主动进取精神欠缺、内在精神世界保守的学生。"以学生为中心"的高校思想政治教育能够在教育实践中更加重视大学生的主体性,促进大学生个体自我价值的实现,能够走进大学生的思想、心理及生活需求,满足大学生内在精神生活需求,更好地发挥大学生的主观能动性,能够发展大学生健全的人格和能力,进一步促进大学生的全面发展。

三、高校思想政治教育"以学生为中心"的实践要求

习近平总书记指出:"办好思想政治理论课,最根本的是要全面贯彻党的教育方针,解决好培养什么人、怎样培养人、为谁培养人这个根本问题。"[2]为实现复兴伟业培育堪当大任的青年一代,促进大学生德才兼备全面发展,高校应将"以学生为中心"的教育理念融入思想政治教育的各个层面、各个环节、各个要素之中,切实推动高校思想政治教育的高质量发展。

（一）明确政治方向,确立教育目标

高校思想政治教育的政治方向是首要前提,一旦目标定位偏航,育人方向就会出现偏差。因此,必须明确"为谁培养人"这一根本问题。习近平总书记指出:"教育是国之大计、党之大计。要从党和国家事业发展全局的高度,坚守为党育人、为国育才,把立德树人融入思想道德教育、文化知识教育、社会实践教育各环节。"[3]高校思想政治教育必须坚持为人民服务,为中国共产党治国理政服务,为巩固和发展中国特色社会主义制度服务,为社会主义现代化建设服务,切实解决好"为谁培养人"的根本问题,在实现中华民族伟大复兴的征

---

① 孙旭红、俞佳奇:《习近平思想政治教育思想中的问题意识》,《思想政治教育研究》2018年第4期。

② 习近平:《习近平谈治国理政》第3卷,外文出版社2020年版,第328页。

③ 《把保障人民健康放在优先发展的战略位置着力构建优质均衡的基本公共教育服务体系》,《人民日报》2021年3月7日第1版。

途上发挥培育和汇聚可靠后备人才的关键作用。

回答了"为谁培养人"的问题,还要回答"培养什么样的人"的问题。高校思想政治教育要引导大学生正确认识中国和世界的发展趋势、准确把握中国特色社会主义、深刻领悟历史使命和时代责任、辩证看待远大理想和脚踏实地的关系,把培育政治立场坚定、胸怀远大理想、心系祖国人民的可靠人才作为基本教育目标。此外,这一思想理念还要求高校思想政治教育要关心学生之想、回答学生之问、满足学生之需,着力培育既有理想又有本领并勇于担当的时代新人,真正办好人民满意的教育。这些年来,厦门大学始终坚持党的全面领导和社会主义办学方向,不断加强思想政治教育,致力于落实立德树人根本任务,源源不断地为党和人民培养有信仰、有担当、有才干的可靠人才。

(二)遵循成长规律,转变教育理念

"物有本末,事有始终",大学生的成长发展有其阶段性特征。教育要遵循学生成长的内在规律,实现学生主体性的锻造,满足其自我生存与发展的内在需要。"以学生为中心"的高校思想政治教育尊重大学生的认知特点、成长规律和思政育人规律,是科学的教育理念。建校百余年来,厦门大学不断改进和完善教学理念,建立了系统化的学生发展和学业指导体系,重视学生学习体验、自我发展能力和职业发展能力,不断培养德智体美劳全面发展的大学生。以厦大开设的"劳动教育"课程为例,在该课程中,学生可自主通过易班平台参与线上理论学习,并自主选择参与"志愿公益劳动实践""劳动教育实践体验课堂"等线下实践活动,课程教学取得显著成效。

高校思想政治教育要提质增效,就应当遵循学生的成长规律,积极转变教学理念,既要看到学生的共性发展特点,又要看到学生的个性发展需要。一方面,高校思想政治教育偏重理论性、抽象性、逻辑性,而大学生现阶段身心发展的规律,决定其思想认知往往是有局限性的。因此,高校思想政治教育要注重把握大学生的认知特点与成长规律,教育方式、教学方法、教育内容都要坚持以大学生为中心,根据学生的认知特点进行相应调整,从大学生思想道德、政治素质的实际水平及接受能力出发施教,使其既符合大多数学生的认知特点,又满足学生阶段性的认知欲望。另一方面,大学生成长具有差异化、个性化的特征,坚持"以学生为中心"的高校思想政治教育要关注不同类型、不同层次的大学生的需求,有的放矢地设计和制订"因人制宜"的教育方案,尊重学生之间的差异性和个体性,促进学生个体全面发展。例如,厦门大学实行"三开放"政策,即对所有学生全面放开转专业、全面开放选课程和开放授课教师,让学生根据自己需要选择专业、课程和授课教师,充分实现了学生的个性化发展。高校应当遵循大学生的认知特点及成长规律,贯彻以教师为主导、以学生为主体的教育理念,体现"以学生为中心",循序渐进开展各项教学活动,使思想政治教育的各个环节看到大学生、走近大学生、发展大学生,为大学生提供自我成长的环境与平台。

(三)密切联系学生,丰富教育内容

正确的教育目标和教育理念不能仅仅停留于制定层面,还要注重贯彻落实,使其在教育内容与教育方法上得以充分体现,切实回答思想政治教育"怎样培养人"的问题。高校思想政治教育坚持"以学生为中心"就应当紧贴学生发展成长的实际之需,切实把握好大学生乐于接受、易于理解、科学全面的教育内容。

高校思想政治教育的根本目标是促进人的全面发展。然而,在当前的思想政治教育中,一些现象却与这一根本目标背道而驰,如缺乏对人个性发展的相关教育内容。因此,高校思想政治教育在设置教学内容时既要保持统一的政治定力,提高学生的政治品质和道德修养,也要关注学生个体发展需要,设置个性层面的内容,了解大学生的心理和精神需要,加强生命关怀、心理疏导、审美意识等教育,发展健全的大学生人格。

厦门大学在推进思政课教学改革中致力"以学为中心、以教为主导",不断提升思政课的育人实效性。例如,厦大思政课的教学内容比以往更加密切联系大学生所关注的热点焦点问题、更加善用贴近大学生现实生活的鲜活案例,这有力提升了教学的针对性、吸引力。因此,高校思想政治教育要达成相应的教育目标,应走进大学生生活,深入挖掘贴近大学生生活实际的教育内容,这是使教育内容触动人心的关键所在。一方面,走进大学生的生活,了解大学生最关心的事情、最迫切需要解决的问题,在思想政治教育的教学内容中充分体现民情、民意,结合大学生密切关注的热点问题和关乎其自身的利益问题展开教育内容设计。另一方面,从大学生生活中提炼素材形成思想政治教育的教学内容,把大学生自身的实践体验、耳濡目染的案例资源作为切入点进行政治层面、道德层面、个性层面的教育,让学生更加易于理解、乐于接受。

(四)尊重学生主体,创新教育方法

回答高校思想政治教育"怎样培养人"之问,除了规划好教学内容,还要在教育方法上下功夫。思想政治教育的教育方法要坚持"以学生为中心",应将科学全面、易于理解、乐于接受的教育内容有效地融入大学生喜闻乐见的话语体系、多样化的教育载体、生动有趣的教育方式中,突出学生主体地位,发挥学生主体作用,有效增强学生的获得感。

思想政治教育如果仅搞纯理论灌输,效果极差。要让受教育者真正理解、把握并运用,就必须优化思政话语体系。高校思想政治教育优化思政话语体系应坚持三个原则:贴近学生生活,关注学生需求,善用情感话语教学,提升教育教学话语感染力;紧跟学生话语动态,融合时代新语,善用新时代网络流行词,赋予教育教学话语鲜活力;尊重学生认知特点,化抽象为具体,善用通俗化、大众化话语教学,增强教育教学话语说服力。

此外,思想政治教育的内容涉及政治层面、道德层面、个性层面等,仅仅依靠单一的教育载体难以调动学生积极性、主动性。因此,高校思想政治教育要紧紧围绕大学生生活,善于通过大学生参与其中的课堂对话讨论、校园文化宣传活动、日常教育管理、社团组织活动、社会实践等多样化的教育载体进行教学,避免单一化的教育途径和灌输式、填鸭式的教育教学方式,充分尊重并发挥大学生的主体性、能动性。例如,厦门大学不断增强思政课教学的多维互动,积极开展对话式教学,打造了"网'疫'思政在行动""思政对话·百年史光"等思政课教学精品课程,受到学生的普遍欢迎。同时,马克思主义认为人的存在方式必须通过实践实现,高校思想政治教育应当坚持理论教育与实践教育相统一,充分发挥实践育人的作用,积极开展丰富多彩的教育实践活动,并在教育实践活动中彰显学生主体地位,重视并激发学生主体自觉、自主、能动的创造性。为此,厦门大学持续优化"专题教学＋网络教学＋实践教学"的思政课"三位一体"教学模式,形成了"全覆盖全过程全链条"的实践教学体系。据统计,从2018年至2022年,累计有4.5万余名大学生参与了厦大思政课的实践教学活动,取得了丰硕的实践育人成果。

(五)注重实效检验,完善评价机制

教育事业关乎党和国家事业发展全局,是国之大计、党之大计。高校思想政治教育要围绕立德树人的根本任务,为党育人、为国育才,切实回答"培养什么样的人"之问,办好党和国家满意、人民满意、学生满意的教育。因此,高校思想政治教育评价机制应围绕以下方面开展教育质量的考核评估:是否坚持正确的政治方向,贯彻落实为党育人、为国育才的教育目标;是否坚持以学生为主体,遵循学生成长规律和思政育人规律的教育理念;是否实施科学合理、系统全面的教育内容;是否运用学生喜闻乐见、激发学生主体能动性的教育方法;是否有效促进学生全面发展……

在考评机制与工作开展中应始终关注学生、依靠学生。首先,以学生发展作为检验标准。高校思想政治教育要以其所培育的大学生个体素质是否得以提高、学生利益诉求是否得到解决、社会发展整体需求是否得以满足作为教育教学质量和效果的检验依据,不断完善高校及教师的考核机制和评价标准。其次,积极引入学生进行测评。要建立科学合理、操作性强和指标量化的分层分类考核指标,引导大学生依据自身的实际体验感、获得感,对高校思想政治教育质量进行测评,增强考核的客观性、真实性、有效性。在这一方面,厦门大学探索建立起常态机制,每学期定期召开师生座谈会并全面开展学生教学测评工作,积极听取学生对思政课教学的意见建议,重视以学生反馈作为教育教学质量的重要评估依据,在考核评价中认真总结反思,不断提升思想政治教育的成效。

四、结语

"以学生为中心"是高校思想政治教育应当始终秉持的教育理念,新时代的厦门大学思想政治教育积极践行这一重要理念,努力推动思想政治教育教学提质增效,在思想政治教育方式上逐步实现从"以教师为中心"到"以学生为中心"、从"以教为中心"到"以学为中心"、从"单一模式培育"到"多样化培育"的"三个转变",思想政治教育的针对性、实效性得到了明显提升。高校要源源不断培养能够担当中国式现代化建设大任的时代新人,回答好"培养什么人、怎样培养人、为谁培养人"的根本问题,必须一以贯之"以学生为中心"的教育理念,不断提升思想政治教育的质量。

高校军事理论课的课堂沉默及其治理[*]

彭荣础　李　龙^{**}

摘要：军事理论课是高校开展国防教育的主要载体，是增强学生国防意识，激发学生爱国情感的重要途径，是开展新时代全民国防教育的重要课堂主阵地。然而，高校军事理论课课堂上长期存在无知性沉默、防御性沉默、无奈性沉默等种种沉默现象，影响了课程的全民国防教育效果发挥。厦门大学军事理论课尝试从学生、教师、教学内容、手段、方法等多方面入手消除课堂沉默，激发课堂活力，提升军事理论课堂教学质量，切实增强厦门大学学生综合国防素养。

关键词：高校军事理论课；课堂沉默；综合治理

军事理论课是高校开展国防教育的主要载体，是增强大学生国防意识，激发大学生爱国主义情感的重要途径。自 1985 年开展学生军训新试点以来，高校军事理论课建设发展取得了一定成效。国防军队和高校的改革以及党和国家新时代深化全民国防教育的要求，都对高校军事理论课提出了更高的标准、更多的期待。这首先就要求高校军事理论课真正发挥好课堂主阵地的功用，增强课堂教学效能。要做到这一点，急需关注高校军事理论课长期存在的种种课堂沉默现象及其成因。厦门大学历来重视军事理论课的课堂教学改革与课程建设，采取多种举措消除消极课堂沉默，激活军事理论课的课堂活力。

一、无话可说：高校军事理论课课堂的无知性沉默

无知性沉默主要指的是大学生由于自身对军事理论知识缺乏了解而对老师提问无回应的情况。据课堂观察和对学生的访谈，这与学生对课程认知存在偏差及由此而来的动力不足有很大关系。一些学生会认为，军事理论课和诸多通识课、公选课一样，都是"水课"。它们与自己专业无关，与将来找工作无关，所以平时上课不用太花心思，只要考前临时突击应付考试就可以了。在和平发展作为时代主题的背景下，军事理论课讲的国防概述、军事思想、国际战略形势、信息化战争、现代战争等内容，当然会有人觉得太遥远。他们并不清楚也不想弄清楚高校开设军事理论课的目的和必要性，而只是把它当作学校的硬性要求。

这自然会导致学生的学习主动性不强、投入的学习精力不足。军事理论课教材发下去

---

* 基金项目：中国指挥与控制学会 2022 年国防教育研究专项课题"加强新时代全民国防教育的理论与方法研究"（GFJY2022YB002）。

** 彭荣础，男，广东信宜人，厦门大学马克思主义学院副教授，主要研究方向为高等学校国防教育；李龙，河南三门峡人，厦门大学教育研究院国防教育学硕士生，主要研究方向为高等学校国防教育。

之后,一些学生可能从来都没有翻过,更不用说课前预习,搜集阅读相关文献材料。在课堂上,一些学生只顾埋头看手机或做别的事情,很少将注意力放在军事理论课本身。针对老师的提问,由于缺少相应的知识储备和课前准备,学生习以为常选择沉默或观望,并没有因此而感到不安。因为在他们看来,自己就是个军事"小白",脑袋空空的,课堂上老师讲的知识和发表的观点就是权威的,自己啥也不懂更没有发表看法的必要,师生之间也不需要讨论。因为就算进行讨论,最终也只会因为自己基础薄弱而陷入没有定论的结局,最后纯粹是浪费时间和精力。如此一来,还不如看其他的书,做其他专业课的作业,做个安静沉默、不捣乱的"乖学生"。在课后,很少有学生主动和老师沟通交流,也不会专门关注与课程相关的军事热点以及军事理论方面的知识,他们不认为军事理论课是重要的、有用的,当然更不会考虑在课后还去为它花费时间和精力。

综上,一方面,大学生上大学前大多没有接触过军事相关理论知识和内容,更谈不上对相关内容的系统学习,这使得大学生本来就对军事理论相关知识的掌握普遍薄弱,另一方面,进入大学后,对学校开设的军事理论课又缺乏正确的认知,学习动机及投入都不足,大学生的军事知识及素养并未获得太大改善。这就不可不避免地出现了恶性循环,因为无知而无言,因为无言更无知。学生对军事理论知之甚少,对课程教材内容又不感兴趣,课前知识储备不足,自然难以对老师所提的问题做出回应。军事理论课的课堂出现静寂也就不难理解了。

二、有话不想说:高校军事理论课课堂的防御性沉默

与无知性沉默不同,防御性沉默的出现并不是因为学生对军事理论课无知或没兴趣。之所以不做回应,是怕答错或怕积极回应会给自身带来不利影响。这种基于防御心理所形成的课堂沉默即为防御性沉默。大学生的一个基本特点是身心发展已经基本趋于成熟,因此他们会在人际交往和课堂表现中时刻注意维护自己的形象。在面对军理课这种大班授课的情况,一些学生就会担心因为回答错问题而引来同伴群体的关注和嘲笑,从而使得自己"丢了面子",这甚至会成为他们将来学习和跟同学交往中的障碍。除了怕自己丢面子,还怕同学丢面子,更怕让老师丢面子,这是形成防御性沉默的另一个重要原因。面对老师的提问,一些学生可能会有跟同学、朋友不同的观点或对老师的讲述内容、教学方法有不同看法,也想发表自己的观点。但他们可能又会觉得这样会使同学、老师难堪,会让同学下不来台,让同学很尴尬,会让老师的权威受到质疑,担心因此会被同学排挤,被老师"穿小鞋",甚至直接影响最后的成绩。对种种可能存在的风险进行一番考量之后,绝大多数同学会选择沉默作为自我保护机制,以最大限度规避可能的风险。

此外,还有一个跟"面子"有关的方面,可能也是造成军事理论课堂上学生不愿意积极回应老师提问的原因。这就是积极回应的同学怕被其他同学认为过于炫耀,太爱"面子"。一些学生平时就很喜欢军事,积累颇多,因此对课程相关知识和内容也就较为熟悉。他们一般都知道老师所提问题的答案,并且也有一定的参与课堂互动的意愿。但当看到周围的同学都对老师的提问无动于衷,自然担心自己表现过于积极会招致同学的嘲讽,成为同学笑话的"出头鸟""带头人""学霸"。他们担心被贴上诸如此类的标签后,有可能会使自己成为"异类",跟原来的朋友圈和集体格格不入。为了避免这种情况,一些原本想好好在军事

理论课中表现的学生,也都默默地合上了已经准备张开的嘴巴。尤其是看到身边相当部分同学都在低头玩手机、睡觉或写专业课作业时,他就更觉得不说话是最好的选择了。换句话说,为了降低被群体孤立和排斥的风险,他选择了随大流,选择了不说话。在这部分同学看来,这既保护了自己,又维护了同学之间的关系,还避免了对老师的可能冒犯。沉默在这里成了最佳的自我保护策略。

三、有话不能说:高校军事理论课课堂的无奈性沉默

如果说高校军事理论课课堂的上述两种沉默更多是学生自身因素导致的,那么这里所要提到的第三种沉默则可能主要是老师的问题,即老师课堂教学方法、教学策略存在问题,使得学生有话想说也没机会说,最后只能选择沉默。① 就全国高校来看,相当部分学校的军事理论老师是退役军人。作为军事理论教师,他们的军旅生涯是珍贵的财富,这对丰富军事理论课课堂教学内容、增强课堂吸引力有着莫大的好处。但是他们大多缺乏教学技能的专业训练,对大学生心理也不够了解,课堂教学难免存在过于严肃刻板等问题。教师的特殊身份及由此对课堂纪律的严格要求,一开始可能就使得很多同学打消了参与课堂互动的念头。此外,在教学方法方面,不管是何种背景出身的军事理论教师,由于军事理论课内容多、教学时间少,主要还是采取课堂讲授法,力求在有限的时间内把尽可能多的军事理论知识传授给学生。在讲课过程中,教师作为主导者,牢牢掌握着教学内容和教学的节奏。为了完成教学任务,必须讲求效率,这就无形中减少或压缩了课堂互动提问的时间和空间。课堂变成了军事理论课老师自我表演的舞台,教学成了教师的一场独角戏。在老师滔滔不绝的讲授过程中,人们并不知道学生吸收了多少,消化了多少,更不知道学生有没有话想说。当然,即便学生有话想说也没机会,因为满堂灌的课堂设计本来就没有预留太多师生互动的空间。

当然,这并不是说所有军事理论老师都不设置课堂互动环节。事实上,即便是采用讲授法的教师,通常也会不时向学生抛出一些问题,尝试让课堂更活跃。然而,学生似乎对此也并无太大兴致。于是有老师就说了:"你看,不是我不想和学生互动,我也提问学生了,可是他们都没有反应呀,我也很无奈。"为什么老师得不到预想中的回应?这里面可能与老师的发问策略、提问方式有关系。如果老师仅仅是问一些"是或否""对不对"等缺乏挑战性的问题,或者老师在提出问题后即自问自答,根本没有给学生充分思考的反应时间,或者老师在学生回答问题后没有及时给予具体的反馈评价,让学生觉得回答没有受到重视。此外,一些老师由于缺乏教学经验,在学生回答完问题后,往往要追求所谓的"正确答案",对学生的回答吹毛求疵。以上种种,都不可避免地影响学生课堂回答问题的积极性,使得学生可能有话"不敢说""没法说",只好无奈地选择沉默。②

四、打破沉默:厦门大学军事理论课课堂沉默治理的尝试

厦门大学军事理论课也存在一定程度的课堂沉默,制约着课堂作为高校国防教育主阵

① 朱沙沙:《大学生课堂沉默镜像、归因与消解路径》,《现代教育科学》2019 年第 9 期。
② 李艳、叶明确:《内隐理论视角下高校课堂消极沉默的优化策略研究》,《黑龙江高教研究》2022 年第 10 期。

地的效能发挥。对此,我们高度重视,多管齐下,综合治理,力求打破沉默,使学生有话可说、敢说、能说,真正提升大学生综合国防素养。

（一）鼓励学生提升自我学习能力,让自己有话可说

课前,引导学生自觉充分利用军事理论教材、网络等课程资源进行预习,了解该领域的相关概念属于及其发展历史。鼓励学生找出自己感兴趣的内容、模块,同时标记出不理解的地方和重难点内容,并随时与老师沟通交流。课中,提醒学生加强课堂自我管理能力,集中注意力,处理好听课、回答问题、做笔记和使用手机的关系,积极回应老师布置的任务和提出的问题,参与讨论,发表见解。课后,鼓励学生积极主动地和老师建立学业联系,完成老师布置的课程作业和实践活动,要像对待专业课一样充分准备,用心投入。自我学习能力的提升,有助于学生打好军事理论学习的基础,改善军事相关知识不足的困境,增加课程相关知识储备,使得学生在课堂上越来越有话可说,积极回应老师的讲授和提问。

（二）精心设计教学内容,让学生有话可说

备课阶段,厦门大学军事理论课教师都及时更新自己的教学理念,不断更新自己的知识体系,力求实现国防军事热点与军事理论课教材理论的高度融合。教学过程中,军理课老师都注重结合学生的实际情况、兴趣爱好和个性特点,针对性地设计不同教学内容。如结合学生专业,从不同的学科切入相关国防军事知识的介绍与讲解,打破军理课与专业课的隔阂,引发学生的兴趣和关注,让学生有更多的话可说。此外,厦门大学军事理论教师也注意在军事理论课教学与学生未来的生活和就业之间建立强链接,引导他们认识相关内容对其自身发展的指导价值,推动学生主动融入课堂,积极汲取相关知识,增强学生课堂自我表达的意愿与能力。[①]

（三）构建民主师生关系,让学生有话敢说

课堂教学中,厦门大学军事理论课教师充分尊重学生的主体地位,将学生视为具有独立性、自主性、选择性的发展个体。为此,我们充分创设条件和渠道,积极构建平等民主的师生关系,为学生在课堂教学中发言、表达自己观点提供更多的机会。在学校教务处的安排下,厦门大学军事理论课每学期都会举行师生交流会,倾听学生对军事理论课教学的意见和建议。交流会上,师生畅所欲言。尤其是学生可以充分表达自己关于军理论课教学的内心真实想法,提出自己对改进课程教学的看法和期待。同时,顺应时代的网络化、数字化发展,厦门大学军事理论老师也有意识地拓宽与学生沟通交流的渠道,依托 QQ、微信等社交软件,加强与学生的课堂教学沟通交流。新冠肺炎疫情发生后,厦门大学军事理论课教师都迅速建立了课程群,师生之间的交流更加方便快捷。有一些同学会在群里谈自己对于军事理论课的看法、态度,以及学习收获和困惑,也会对课堂教学提出一些建议。这既增强了学生的参与感、获得感,也使得厦门大学军事理论课课堂教学改革更精准高效。

（四）创设全员参与氛围,让学生有话敢说

为了帮助学生挣脱"面子"文化的枷锁,摆脱从众心理的束缚,厦门大学军事理论课教师着力推动课堂教学全员参与,让学生有话敢说。教师在每节课上布置好学生相应的学习

---

① 唐锐、张春雷:《新时期高校"军事理论"课程教学模式构建研究》,《黑龙江教师发展学院学报》2022 年第 1 期。

任务和明确学习目标，并且进行学习小组的划分。然后要求采取各种形式展开小组合作，讨论交流，例如展开集体讨论、组间辩论和圆桌会议等形式多样的教学活动，每个学生在其中充分表达自己的疑惑、见解和观点。在此基础上，选择适当时机让学生进行课堂展示，每个小组派出 2～4 名代表将讨论成果进行展示汇报，教师和其他小组进行点评交流。这有效地促进了课堂教学的学生全员参与，既避免了部分学生为了自我保护而造成的课堂沉默，又使得大多数学生都能真正参与到课堂学习中，一举两得。

（五）创新教学组织形式，让学生有话能说

为了避免出现消极课堂沉默，让学生有话能说，厦门大学军事理论课也做了一些教学组织形式创新的尝试。首先，注意保持师资队伍的稳定，并努力提升教师教学技巧和能力。在军事理论教师的选择上力求做到专业与兼辅相结合，以专带兼，不断阶梯式发展，为小班化教学奠定基础，从而为学生表达观点和看法预留更多时间和空间；其次，注意发挥新媒体的教育功能，最大限度实现新媒体等新型传播模式与军事理论课课堂结构要素的巧妙融合，探索利用慕课、翻转课堂等教学方式，让学生做好课程的预习、自学，进而为课堂的互动、讨论提供更多的时间；最后，个别教师也在探讨能否改变教室桌椅的摆放格式以及学生座位的固定编排，进而采取"马蹄形""圆桌形""梯子形"的桌椅摆放方式和学生自由选座的方式，营造一种更轻松自由、不受约束、畅所欲言的上课氛围，以此提高上课的"张嘴率"，让学生有话能说。[①]

五、结语

高校课堂普遍存在着一定程度的沉默现象，高校军事理论课也不例外。高校军事理论课的课堂沉默主要表现为无话可说的无知性沉默、有话不想说的防御性沉默以及有话不能说的无奈性沉默。沉默的出现，是学生、教师乃至文化等多方面因素综合作用的结果，削弱了课堂教学立德树人的效果。厦门大学军事理论课采取鼓励学生提升自我学习能力、精心设计教学内容、构建民主师生关系、创设全员参与氛围以及创新教学形式等多种方式消除课堂沉默，有效地激活了课堂活力，推动军事理论课堂教学的高质量发展。

---

① 　张伟平：《建构主义视角下高校课堂沉默现象及策略探析》，《知识经济》2018 年第 9 期。

"思想道德与法治"课中人生观问题教学略论

周天庆*

摘要：如何引导学生树立正确的人生观是立德树人的重要内容。"思想道德与法治"课程中如何引导学生思考人生问题进而对学生树立正确的人生观有所助益，是教学展开的出发点。从教学实践和学生思想实际看，课堂中须坚持正确的理论导向，教学内容需贴合学生思想实际，这是达到教学效果的基本要求。

关键词："思想道德与法治"课；人生观；教学

立德树人是新时代教育的根本任务，引导学生树立正确的人生观则是立德树人的重要内容。思政课程中，"思想道德与法治"课教材第一章集中探讨了大学生的人生观问题。如何提升课堂讲授效果，引导学生思考人生问题，最终对学生树立正确的人生观有所助益？从教学实践和学生思想实际看，在人生观问题教学上以下两个方面值得注意：坚持正确的理论导向，避免认识误区；教学内容应当贴合学生思想实际，充实教学内容以帮助学生拓宽视野。

一、坚持正确的理论导向，避免认识误区

如何引导学生思考人生问题？人的认识一般预设了一定的理论、思想前提，学生对自身人生的认识同样如此。因为在视角、立场、价值取向等的差异，从不同的思想、理论出发往往得出不同甚至截然相反的结论。同时大学新生处于人生观成型期，思想还未完全成熟，在各种思潮碰撞的背景下，以及社会上形形色色的人生观的冲击，往往在人生观问题上产生困惑。因此，在人生观问题教学中，首先需要坚持马克思主义基本观点，为学生正确地理解人生问题提供理论钥匙。这是引导学生走出认识误区、树立正确的人生观的前提，也是思政课程政治性和学理性相统一的内在要求。

对人的本质问题的理解，在很大程度上影响、决定了个体对于自身人生的认识框架。因此，"人的本质是什么"是在讲授人生观相关内容之前要阐释清楚的关键内容。马克思关于人的本质的观点，是引导学生科学地理解人生的理论钥匙。讲清楚马克思主义关于人的本质的观点的内涵等，有助于引导学生确立认识人生问题的基本方向。"人的本质不是单个人所固有的抽象物，在其现实性上，它是一切社会关系的总和。"[①]马克思关于人的本质的观点，粗看起来似乎平淡无奇，如果不深入讲解、阐释其中的丰富内涵，揭示其中的合理

---

* 周天庆，江西广丰人，厦门大学马克思主义学院副教授。

① 《马克思恩格斯文集》第 1 卷，人民出版社 2009 年版，第 501 页。

之处,难以被学生真正接受并认同。揭示马克思关于人的本质的观点的合理性,可以从这句话中的两个关键词入手:人的现实性与社会性。

(一)确定讲授马克思主义人的本质观点的切入角度

马克思揭示人的本质是从人的现实性这一角度切入的,而不是抽象的人性等角度切入的。马克思主义理论视域中,现实性指人来源于自然界,是自然界的一部分。因此人是有血有肉的存在,有现实的需求,要与自然界进行物质能量信息的交换才能维持生存,"因此我们首先应当确定一切人类生存的第一个前提,也就是一切历史的第一个前提,这个前提是:人们为了能够'创造历史'必须能够生活。但是为了生活,首先就需要吃喝住穿以及其他一些东西"。① 马克思认为,人的本质问题不是思辨的对象,应当从现实的存在条件出发去理解。人要活着,就有吃喝穿住等现实的需求,这些需要应当得到尊重与满足,否则,人、社会、历史都成为虚幻。现实性是任何人都无法否认的,也是理解人自身的前提。脱离这一前提,将走向悖谬。马克思强调人的现实性与宗教对人的理解相比较,更凸显其合理性。一般宗教都追求神性,将虚无缥缈的彼岸世界如天堂等作为终生追求的目标,实质是以神性套用于人身上,但人不是神。宗教以神性否定人的现实性显然是不合理的,因此类似于宗教将人生目标定位于虚无缥缈的彼岸世界的做法显然是不可取的。强调人的现实性,使得马克思真正站在人的角度理解"人是什么"这一问题,有力地批驳了宗教人生观的虚妄。这也有助于引导学生避免走向宗教式的人生观。

同时,"人直接地是自然存在物。人作为自然存在物,而且作为有生命的自然存在物,一方面具有自然力、生命力,是能动的自然存在物"。② 在马克思看来,人具有能动性,人的活动有目的的、有计划。人能够通过设定道德目标等以提升自身,走向文明。这也是人的现实性的内涵。因此,人不同于动物,完全受本能与欲望的驱动。人能够通过自身的努力,摆脱动物性,完善自身,从野蛮走向文明。思想史上有一些思想家呈现出享乐主义的思想倾向,认为享乐就是人生最大的幸福。如伊壁鸠鲁认为,享乐是最高的目的。霍布斯说,幸福不过是一个接着一个的欲望。与享乐主义的人生观相比较,马克思强调人的能动性的意义在于:人是可以通过努力摆脱本能欲望的控制,走出动物性,完善自身。享乐主义的人生观错误在于,在一定意义上,它是站在动物的角度理解人的。

通过对人的现实性内涵的阐释,并与其他思想流派的观点进行比较,从学理上学生真正认识到,至少在理解人的视角上马克思关于人的本质的观点更为合理。我们应当真正站在人的角度理解自身,理解人生,而不是站在神或动物的角度理解自身、理解人生。确立正确的人生观也应如是。

(二)紧扣马克思主义人的本质的观点的核心

人具有社会性,这是马克思主义关于人的本质观点的核心内涵。人的本质问题不能脱离他所生存的社会环境、背景来理解。人在社会中通过社会分工以及协作等进行生产劳动,交换劳动产品,获取所需的生活资料,但劳动不能脱离每个人所生存的社会。也就是说,人只有以这个社会作为舞台,才能展现自身的力量,才能满足自身的需求。同时人在社

---

① 《马克思恩格斯文集》第 1 卷,人民出版社 2009 年版,第 531 页。
② 《马克思恩格斯文集》第 1 卷,人民出版社 2009 年版,第 209 页。

会中,接受各种知识,获得各种技能,正是社会塑造了人自身。"狼孩"的例子说明,甚至人的语言、智力等都是在社会中获得的。这是人的社会性的具体体现。在社会中,人与人之间的各种联系,对人起着决定性的影响。"人的本质是什么""我是谁"等问题,必须结合个体生存于其中的社会才能得到理解。在社会关系中,人们才知道自身具体扮演着什么样的社会角色。比如,在父母面前,我们扮演着子女的角色。在班级中,我们彼此扮演着同学的角色。在工作中,我们是同事关系。在这些社会关系中,每个人明确自身的责任与义务,同时也确认自身的权利。比如,作为子女,我应当孝顺父母。作为同学,我应当真诚相处。作为同事,我应当团结合作。正是在社会关系中,我们每个人理解了自己究竟是谁、应当怎么做、能够做什么。人就是这样定位自身、认识自身的。总之,社会性是人的本质属性。需要结合社会关系来理解个人自身,明确个人与社会之间的辩证关系,才能确立正确的人生观。极端个人主义的人生观的问题在于,只见个人,未见社会,不能真正从个人与社会的辩证关系中去理解人生问题。

(三)引导学生在理论上正确认识人生

通过对马克思关于人的本质观点的阐释,目的是得出一个结论:个体应当真正站在人的角度,从人的社会联系的角度理解人生。马克思关于人的本质的观点,对于我们确立正确的人生观至少有以下借鉴意义:(1)人不是神,但人也不是动物。宗教的人生观与享乐主义的人生观实际是从神性与动物性的角度理解人的本质,因而在理解人生的角度上是有偏差的。从现实的人出发认识自身,是确立正确的人生观的基础。(2)人具有社会性,作为个体,立身于社会的前提是遵循社会存在发展的基本要求,比如法律道德等。否则个体是难以真正以社会作为实现自身价值的舞台,也无法真正在社会中实现人生目标的。极端个人主义的人生观的问题在于完全忽略了人的社会性,将个人与社会隔离开来,逃避社会责任,这是难以真正实现个人的人生价值的。(3)个体确立人生目的、选择人生价值标准时,必须走出自我的视角。个人的发展目标应该与社会联系起来,遵循社会发展规律,顺应时代发展潮流,脚踏实地地追求人生目标。同时,选择人生价值标准时,应当将人生的社会价值作为重要的参考维度,而不是仅仅将人生的自我价值作为根本标准。

在讲授人生观问题的具体内容之前阐明马克思关于人的基本观点,一方面有利于在学理上为学生树立正确的人生观提供理论指引,为学生提供一个理解人生问题的恰当视角,使学生真正能够从更为深广的理论视野中理解人生问题,避免认识误区,坚定正确的人生方向。另一方面,讲清楚马克思关于人的本质的观点,对于讲授何为正确的人生目的、何为个体应该选择的人生价值标准等问题,在理论上就迎刃而解了。

二、贴合教学实际,丰富教学内容

学生有自己独特的个性、兴趣、爱好,有独特的成长环境和生活经历,对人生可能有自己独特的理解。课堂讲授面向的是各方面存在差异的学生,如何提升课堂讲授效果,使不同的学生能够接受认同课堂内容? 个人认为需要注意以下几个方面:

(一)教学内容应当贴合学生思想实际

教学过程中从学生熟悉的话题切入,贴近学生的思维方式,让学生结合生活实际领悟教学内容,这是建立与学生交流互动的前提,也有助于提升教学效果。比如在讲授人生态度问题时,可以结合近年网络上热议的"佛系""躺平"现象切入问题。这些网络热词,同学比较熟悉,也可能是一些同学曾经困惑的问题。这些网络热词的兴起,反映了不少人在人生态度上的困惑。如何看待这些现象?对此,需要客观地予以评析,这是学生认同教师讲授内容的前提。一方面要说明"佛系""躺平"等人生态度的产生有深刻的社会背景。社会内卷等是导致不少人抱持"佛系""躺平"心态的重要原因。解决这些现象产生的根源,需要社会各方面努力,但个体能否超越"佛系""躺平"心态,也是重要的方面。这样说明的目的是,尽量客观地看待"佛系""躺平"产生的根源,而不是将这些心态的产生完全归因于个人。另一方面也要说明,即使个人偶尔出现"佛系""躺平"心态,也不要懊恼等,人生是一场马拉松,学习、生活、工作等方面难免出现一时的困难甚至挫折,偶尔出现此种心态,可以当作暂时的休整。休整之后,重新出发即可。同时更要强调,人的一生不可能一直"佛系""躺平",一直"佛系""躺平"最终将一无所成。再如极端个人主义人生观。这种人生观之所以是错误的,在从个人日常生活中就可体会到。个人主义最终将走向自私自利。现实生活中,自私自利者人际关系可能比较紧张,难以融入他人或群体之中,最终可能在社会中遭到淘汰。而人的发展始终是以社会作为舞台的。个人主义或极端自私自利者最终限制自身的发展空间。

(二)以激发学生的主观能动性为重点

教学中注意激发学生的主观能动性,引导学生培养认真负责、乐观进取的人生目的和态度,是贴近学生生活实际的应有内涵。思政课应当遵循主导性与主体性统一的原则,即教师在引导学生过程中起到主导作用,在课堂讲授中为学生提供思想或理论上参考、启发、借鉴。但树立何种人生观,如何走自己的人生道路,最终将由学生自己决定,这是思政课程主体性的一种具体表现。在人生观问题教学上如何体现学生的主体性?激发学生的自觉能动性是教学的重点所在。

在人生观问题教学时激发学生的主观能动性,可以围绕人生目的、人生价值等内容展开。人生目的是人生观的核心,决定了人生态度和人生价值选择等。马克思主义认为:"蜜蜂建筑蜂房的本领使人间的许多建筑师感到惭愧。但是,最蹩脚的建筑师从一开始就比最灵巧的蜜蜂高明的地方,是他在用蜂蜡建筑蜂房以前,已经在自己的头脑中把它建成了。"[①]人的活动是有目的、有计划的,这种能动性是人区别于动物的重要方面。正是这种主观能动性,人才能不断提升自己,社会不断向前发展。作为人能够而且需要确立人生目标。毫无目标的生活如同不系之舟,将迷失方向。人活着需要一个目标作为精神上的支撑和指引,为自己寻找一个活着、奋斗的理由,人生之路才能走得下去,才能走得长远。这一点,他人即使父母都无法替代,必须由自己来完成。从实际生活来说,为什么一些人在日常生活中会出现迷茫、失落、无聊、空虚等负面心理?根本原因在于没有一个明确的人生目标和方向,没有为这个目标和方向努力。明确人生目的并为之努力奋斗,是充实日常生活的重要方面。这些讲解的目的是让学生认识到,每个为自身负责的人,都需要一个明确的人生目的与方向,更需要彰显自身的自觉能动性。

人生有无意义?关键在于自身。人如果生活缺少目标,人生态度消极,容易随波逐流、

---

① 《马克思恩格斯文集》第 5 卷,人民出版社 2009 年版,第 208 页。

浑浑噩噩地度过一生，就难以真正让自己的人生有意义。有明确的人生目标与方向，是人生有意义的前提。同时人生意义的实现是一个过程，需要每个人身体力行，是由每个人自己创造的。在一定意义上人生意义是自己创造的，而不是他人赋予的。明确人生目标与方向，在实践中为之努力拼搏，同样是实现人生价值不可或缺的环节。

教学中使学生意识到明确人生目标并为之努力奋斗，是树立正确的人生观的应有内涵。激发学生的这种主体性，引导学生发挥自身潜力投入人生实践，是人生观问题教学的内在要求，也是引导学生创造有意义人生的前提。

（三）丰富教学内容，引导学生在更为广阔的视野中思考人生问题

丰富教学内容，有助于学生在广阔的视野中思考人生问题，这可体现思政课价值性与知识性相统一的原则。在坚持马克思主义为指导的前提下，教学中也介绍不同思想流派对人生问题的思考，这一方面有助于更为全面深入地理解马克思主义为指导的人生观的合理性，另一方面有助于借鉴思想史上一些思想流派的合理观点。

思想史上不同思想流派以及众多的思想家都有对人生问题的思考。这些思考既包含着谬误之处，也包含着值得借鉴的内容。因此，在课堂教学中，尽可能列举其他学派或者思想家对于人生问题的观点，使课堂教学不仅仅是价值引导的过程，也是徜徉知识世界的过程。比如前文提到在讲授马克思关于人的本质的观点时，将马克思的观点与其他思想流派的观点从不同的角度进行对比，这种比较的方式能够有力地彰显马克思关于人的本质的观点的合理性，引导学生体会到享乐主义等人生观的谬误之处。如思想史上有思想家主张自私自利的人生观，这种人生观的问题在于忽略了人的社会性，未能看到人生价值是在与他人以及社会的联系过程中实现的，人与社会是相互成就的关系。人生观问题教学的本质是价值引导的过程，课堂内容侧重价值观引导可能比较单调，难以引发学生的兴趣。但通过思想史的追溯、比较，在教学过程中实现知识传递与价值引导相互印证、相互强化，学生对相关问题的理解将更为透彻，也能够在一定程度上提升教学效果。

同时，一些思想家对于人生态度、人生矛盾等方面的观点，对于教学内容可以起到有效的补充作用。引用这些方面的资料，有助于深化学生对相关问题的理解，对于引导学生树立正确的人生观极具参考意义。如在人生态度问题上，孟子曾说：生于忧患，死于安乐。课堂中教师引用这些经典观点，结合现实生活中的"富不过三代"等现象予以阐释，鼓励学生勇于面对人生过程中的困难与挫折，这对于引导学生坚持积极进取的人生态度大有裨益。再如每个人在生活中必然遇到各种矛盾，如何面对这些矛盾？马克思主义包括中国古代一些思想家都曾强调以辩证的方法、视角理解生活与人生。从辩证的方法看，人生充满矛盾，人生不是不完美的，这是真实的人生。但人生的意义与价值就是在克服这些矛盾过程中呈现的。所以恰当的态度不是回避人生矛盾，而是以客观的心态勇于面对并处理这些矛盾。再如如何对待一些具体的人生矛盾，如得失苦乐顺逆生死等，可以借助中国传统文化中的成语典故等予以具体说明。如儒家对于生死这对矛盾的态度，在珍惜生命的前提下，强调通过修养提升生命境界达到超越生死的观点，对于个人理解并处理生死这对矛盾，是富有启发意义的。

思政课有比较强的价值导向性，人生观问题的教学也如此。坚持正确的理论导向实际

是人生观问题教学的根本原则。坚持这一原则，是引导学生避免认识误区、树立正确的人生观的前提。同时，人生观问题的教学需要遵循教学的基本规律，如教学内容尽量贴合教学实际，突出教学重点，以丰富的教学内容提升教学效果等，最终是为了尽可能达到相应的教学目的。从多年的教学实践看，因为较为深入讲解了相关内容，尤其在引用不同思想流派的观点与马克思主义关于人的本质观点进行对比后，多数学生比较认同教师对马克思主义关于人的本质问题的讲解，并认可其合理性，在一定程度上达到了课堂的讲授目标——坚持正确的理论导向。在讲授过程中，时有学生主动发言，与教师进行课堂互动。这表明学生在教师引导下表现出对相关教学内容的兴趣，认真主动思考相关问题。此外，教学中也结合厦大思政课"三位一体"的教学模式，鼓励学生以人生观相关问题的探讨与调研作为社会实践的选题，以期学生在社会实践中深化课堂内容，将课堂内容延伸到课后，践行理论与实践相结合的原则以强化教学效果。

关于"原理"课专题内容如何设计的思考[*]

傅丽芬^{**}

摘要:"专题教学"是厦门大学马克思主义学院着力提升教学效果,打造有品质、有引领的高质量思政课程的有力抓手。专题内容设计的好坏直接关系到教学效果和教学改革成效。本文结合厦门大学思想政治理论课教学实践,以"马克思主义基本原理"课程为例,从专题内容设计要辩证处理好教材与专题内容设计的关系、立体化解读教材和遵循专题内容编写设计的原则三个方面,阐释了实现专题教学改革创新目标的基本做法。

关键词:专题内容设计;教材解读;设计原则

"专题教学"是厦门大学马克思主义学院着力提升教学效果,打造高品质、强引领示范的思政课程的有力抓手。专题教学的组织包括"教什么"和"如何教"两个问题。"教什么"是首要、关键的,因为如果"教什么"这个问题没有搞清楚、弄明白,那么解决"如何教"的问题就显得盲目或盲从。专题内容的编写设计连接着课程与教学,其设计的好坏直接关系到教学效果,因此,笔者结合自身的学术研究和教学体会,就如何设计好专题内容提出几点思考。

一、辩证处理好教材与专题内容设计的关系

辩证处理好教材与专题内容设计的关系是专题内容设计的关键。专题内容是教育教学的灵魂,编写设计不是毫无章法,随心所欲,而是要以教材为蓝本和依据。高校思想政治理论课教材是实现育人目标的重要根基,集中反映和体现国家主流意识形态,是解决培养什么人、怎样培养人这一根本问题的最直接载体。新中国成立以来,党和政府高度重视高校思想政治理论课教材建设,经历了教育部拟定或推荐教学大纲,高校自行编写教材或讲义的"拟纲编本"阶段(1949—1976),到专家编写示范性教材"一纲多本"的"教材多样化"阶段(1977—2003),再到 2004 年中央实施马克思主义理论研究和建设工程,教材实行国家统编、统审、统用的"一纲一本"阶段。其间,随着社会实践的发展、理论创新成果的涌现,高校思想政治理论课教材进行了 2010 年、2013 年、2018 年、2021 年四轮修订和 2023 年的改版,确保了教材的权威性、科学性、规范性和严肃性,为新时代建设好思想政治理论课,做好

---

　* 基金项目:国家社科基金高校思政课研究专项课题"推动高校思政课专题教学改革创新研究"(20VSZ120)和厦门大学 2022 年教改项目"'八个相统一':深化思想政治理论课专题教学改革的遵循原则"(2022MJY01)的阶段性成果。

　** 傅丽芬,女,福建厦门人,厦门大学马克思主义学院副教授,经济学博士,研究方向为马克思经济学。

教材内容向教学内容的转化奠定了坚实的基础。教师在专题内容设计时要澄清和纠正两种错误的认识：一种是视教材为金科玉律，把教材作为唯一可靠的教学资源，不敢越雷池半步的唯教材论；另一种是脱离教材、天马行空式随意发挥将教材置若罔闻的教材虚无主义。专题教学要以统编教材为依据，但不是教教材，拿学生去配合书本或拿书本去配合学生，而是创造性地用教材。也就是说，教师在专题内容设计时，要讲辩证法、两点论，既要尊重教材，读懂教材的编写理念、意图，透彻理解教材内容，对"教什么""怎么教""为什么这么教""教到什么程度"做到了然于胸，又要从更高的站位和更广阔的视角把握教材，把自己的思想和情感融进教材并进行二度创作，把科学理论的最新成果和对学生学习中关心与思考的热点难点问题的解答及时补充到专题教学内容中，达到蕴含着实践和时代精华的要素持续融入，成为教学生如何学习的教师。

二、立体化解读教材，建构专题化教学框架

从教材体系向教学体系转化，建构专题化教学框架，离不开理解、诠释、整合和重构教材。研读教材最基本的要求是读懂读透教材，尤其是深入研究教材中变化的地方，这样可以洞察教材的指导思想，达到胸有成竹的状态。在此基础上是深层次研究教材，从"没有问题"到"自己提出若干问题"的状态。例如，《马克思主义基本原理》2023 年版为什么相较于2021 年版，第三章第二节增加了"文化在社会发展中的作用"，这时，就会思考为什么要增加这一知识点。最后是站在教材之上研读，达到"解决问题"的状态。理解增加了"文化在社会发展中的作用"的原因——文化为社会发展提供思想指引，提供精神动力，提供凝聚力量。解读教材同时是一个"点面线"结合的过程："点"就是科学认识教材知识，分析教学重点难点是什么；"面"就是把握知识点与知识点间的内在关联性，揭示其所蕴含的结构性关系；"线"就是挖掘教材的内在的逻辑线索，教材的组织顺序与结构。教材解读的"点、面、线"三种活动并非单独存在，而是前后承接与相互制约的关系。一方面，三种解读活动具有承接性关系，"点"的解读是"面"的解读的基础，"面"的解读是"线"的解读的基础；另一方面，三种活动呈现出相互影响的关系，即"点"的解读以"面"和"线"为引导，"线"的解读影响着"点""面"解读的方向和深度，如诗所云"不畏浮云遮望眼，自缘身在最高层"。接下来我们以《马克思主义基本原理》第一章为例，进一步说明如何通过"点面线"对教材进行立体化解读。第一步，先明确这章节讲授的主要内容和知识点。主要内容是马克思主义唯物论与辩证法的基本原理。第一节的知识点：哲学和哲学的基本问题、物质的存在方式、物质与意识的辩证关系、世界的物质统一性。第二节的知识点：物质世界的普遍联系和永恒发展、三大规律、联系和发展的基本环节。第三节的知识点：唯物辩证法的本质特征和认识功能、辩证思维方法、现代思维方法。① 第二步，理清各节知识点之间的关系，分析教学的重难点。所谓教学重点，是指在本章内容中举足轻重的、最重要的内容，或最基本、最精华的部分。教学难点，是指较艰涩、难以理解、较难掌握或容易引起混淆、容易犯错误的内容。教学重难点的分析，有助于教师找准教学的要点，提高教学效果。从系统论来看，任何事物或现象都不是孤立存在的，知识点之间的关系亦是如此，它们之间相互联系、相互作用，形成一个

---

① 《马克思主义基本原理》，高等教育出版社 2023 年版，第 25 页。

错综复杂的知识网。教学重点作为具有共性、概括性且理论性强的知识,一般是处于知识网上的关键点。因而,要恰如其分地确定教学的重点,准确地找出教学的难点,就是要分析本章的整体结构,把握相关知识的内在联系,抓住知识网上的结和纲。本章的重点问题:哲学和哲学的基本问题、唯物辩证法的基本规律和基本范畴。本章的难点问题:如何运用辩证思维方法和提高辩证思维能力。第三步,分析本章的知识结构及在教材中的地位、作用。知识结构分析,就是在理清各节知识点之间的关系和重难点后,抓牢教材知识主线,紧扣教学重难点,分丝析缕,形成完整的知识体系和结构,画出知识结构框架图。知识结构体系分析,搭建知识结构框架,有助于学生对将要学习的知识有一个整体概貌认识。唯物辩证法是本章知识的主线,先是阐述世界的物质统一性原理与辩证法的一系列范畴、规律和原理,再到按照世界本身的辩证本性与辩证运动的法则去认识世界的辩证思维方法。本章的内容是教材各章节的基础,为后面章节的学习提供了价值规范和思维方式。

三、遵循专题内容编写设计的原则

思想是行动的先导。在专题内容编写设计的具体行动之前,我们要确立相对形而上的基本价值准则,这样就能十拿九稳。就像恩格斯描述的,原则是研究的最终结果,彰显规律性认识的凝练与升华,是人类社会颠扑不破、历久弥新、不言自明的真理,是我们处理问题的行为规划和解决问题的指导与遵循标准。

第一,系统性原则。专题内容的编写设计是一项覆盖方方面面的庞大工程,只有切实遵循这一具有基础性的思想和工作的总原则,才能保证高效率、高质量地完成。"系统"原则的意义,既表现在专题编写设计的具体内容上,要重视宏观布局,把握整体全景,统筹谋划设计,也表现在组织实施专题编写设计工程的指导思想与方法论上。各专题就是大系统的诸要素,这就要求我们树立一种战略思维、系统分析的全局观念,登高望远,以更宽广的视野和多角度分析判断教学实施的总体环境;从全域的广度、规律的高度审视整个课程的知识框架和结构,深层次把握知识的内在联系和脉络,"既见树木,又见森林",在对每个专题子系统进行精心设计时,不仅要考虑其自身的特殊性,也要考虑与其他专题的关联性。世界万事万物是普遍联系的,恩格斯在《反杜林论》中对这一普遍联系的"辩证图景"有着形象描述,"当我们通过思维来考察自然界或人类历史或我们自己的精神活动的时候,首先呈现在我们眼前的,是一幅由种种联系和相互作用无穷无尽地交织起来的画面"[①]。正是因为"不同要素之间存在着相互作用。每一个有机整体都是这样"[②],我们在专题内容编写设计时就要注意分析专题层次系统共同的运动规律和各自特殊的运动规律,发挥"杠杆作用"、自组织功能,实现各个专题子系统的最佳组合和相互协调,最终实现专题内容编写设计"1+1+>n"的整体优化。

第二,整体性原则。专题体系的各个子专题的有序关联性决定了专题体系的整体性和生成性,"世界表现为一个统一的体系,即一个有联系的整体,这是显而易见的"[③]。因此,

---

① 《马克思恩格斯选集》第 3 卷,人民出版社 2012 年版,第 790 页。

② 《马克思恩格斯全集》第 12 卷,人民出版社 1962 年版,第 750 页。

③ 《马克思恩格斯文集》第 9 卷,人民出版社 2009 年版,第 346 页。

专题设置时我们需要有整体思维,从整体上把握联系着的事实,要对知识与知识的环环相扣有深入认识,整体性重塑专题体系;需要正确处理整体与部分的关系,"这个整体构成它们的关系;没有整体,便没有部分",不能把整体绝对化、至上化,忽视个体或部分的作用与意义,"整体是从部分组成的;以致没有部分,它便什么也不是"①。专题的整体性发展是沿着纵横两个"坐标"展开或推进的。从横向维度看,是同一专题内作为知识整体构建时,各结点清晰,同时各结点有序衔接。从纵向维度看,各专题要以课程的教学目标为主线,形成一个有机的整体,避免专题碎片化、断裂化。例如,"马克思主义基本原理"课涵盖的三个部分就是一块整钢,交织缠绕。对于马克思主义的整体性,马克思自己曾经有明确的表述和说明,他说:"不论我的著作有什么缺点,它们却有一个长处,即它们是一个艺术的整体。"②恩格斯的《反杜林论》尽管由哲学编、政治经济学编和社会主义编三个部分来批判杜林的思想体系,但他这样划分是根据杜林的思想体系的内容来设置的,为此,恩格斯还就此作了专门的说明,"本书所批判的杜林先生的'体系'涉及非常广泛的理论领域,这使我不能不跟着他到处跑,并以自己的见解去反驳他的见解。因此消极的批判成了积极的批判;论战转变成对马克思和我所主张的辩证方法和共产主义世界观的比较连贯的阐述,而这一阐述包括了相当多的领域"③。可见,马克思恩格斯都是整体地而不是相互割裂地论述马克思主义的一般原理,是系统地而不是片面地分析资本主义的当代发展和社会主义、共产主义的未来发展。列宁一以贯之地坚持马克思主义原理的整体性,强调要从整体上、联系上全面地把握马克思主义,"对每一个原理只是历史的,只是同其他原理联系起来,只是同具体的历史经验联系起来加以考察"④。因此,专题设计要涵括马克思主义理论完整的思想体系,也要注重理顺专题与专题之间关系,不能相互重复和脱离,在各个专题的衔接等问题上体现其内在的逻辑联系和有机统一,帮助学生全面准确,而不是七零八落、一知半解地认识马克思主义。

第三,开放性原则。马克思主义是随着时代、实践和科学的发展而不断发展的开放的体系。开放性是马克思主义理论的固有品质,也是"互联网＋"时代我们进行专题内容设置要遵循的重要原则。网络空间是一个完全开放的空间,存在着无数不确定因素与无限的可能,海量信息触手可及,教材的相对稳定性与社会发展的动态性矛盾尤为凸显。在这种形势下,教师的认识和思维方式一定要以深远目光、宽广胸怀、深刻思维科学对待教学专题内容的设置,打破因循守旧的思维遮蔽性。在"不离开教材,还要超出教材"的总的教学思想的指导下,克服高校思想政治理论课教学"重知识轻传授"的倾向,回应现实问题的"复读机""搬运工"思路,在专题内容的编写设计上,考虑生动的实际生活,考虑现实的确切事实,拓展思路,敏锐地捕捉和反映当下社会发展的新要求,贴近学生思想实际、贴近学生生活、贴近现实社会,把科学理论的最新成果和学生学习中思考的热点难点问题及时补充到专题教学内容中,达到蕴含实践和时代精华要素的持续融入,从而实现专题内容编写设计的开

---

① ［德］黑格尔:《逻辑学》(下),杨一之译,商务印书馆 2011 年版,第 159 页。
② 《马克思恩格斯文集》第 10 卷,人民出版社 2009 年版,第 231 页。
③ 《马克思恩格斯文集》第 9 卷,人民出版社 2009 年版,第 10～11 页。
④ 《列宁专题文集·论马克思主义》,人民出版社 2009 年版,第 163 页。

放发展。

第四,动态性原则。生成、变化在形而上学中具有比存在更为重要的意义,阐明了专题教学内容是一个生成、发展和演化的轨迹过程,"任何一个有机体,在每一瞬间都是它本身,又不是它本身",即其构成要素的产生与发展必然伴随固有要素的消耗甚至终结。[①] 世界是过程集合体的思想是马克思主义观察和解决问题的一个重要原则,也是专题教学内容设计的指导思想与遵循的重要原则。怀特海过程哲学的"共生与过程原理"认为,"现实世界是一个过程,这个过程就是现实实有的生成"[②]。我们在编写设计时要充分认识到教学对象总是处在变化发展的过程中,不同阶段有不同的特点和学习状态,我们的专题内容作为客观事物的一种,具有运动、生成演化的特性,要坚持动态发展的辩证思维,使设计好了的专题内容不是一经形成就凝固了的化石。1886 年 1 月,恩格斯在给爱德华·皮斯的信中谈到如何正确认识科学社会主义的实质和内容,指出了要结合实际和过程去阐明的范式为我们提供了设计专题内容动态调整的方法论指导[③],教导我们专题内容既要深深扎根于现实生活,又不能刻舟求剑,要随着生活实践的变迁而不断地实现新的突破,反映变化着的社会实践,力求思想政治理论课专题内容获得一种与时代舞步"合拍"、与时代现实相契合、与时代发展同频共振的存在状态。

上述这些是笔者在进行"马克思主义基本原理"课程专题教学内容设计时的几点思考,旨在通过好的专题内容设计,学理分析到位、思想理论说服透彻、真理力量引领有力,真正做到学生有所呼、教师有所应,实现专题教学改革创新的目标任务。

---

① 《马克思恩格斯选集》第 4 卷,人民出版社 2012 年版,第 250 页。

② 裴娣娜:《现代教学论生成发展之思:怀特海过程哲学的方法论启示》,《教育学报》2005 年第 3 期。

③ 《马克思恩格斯文集》第 10 卷,人民出版社 2009 年版,第 548 页。

高校思政课社会主义核心价值观培育功能细化与教学实现*

王圣宠**

摘要:大学生社会主义核心价值观培育是一个具有递进性和发展性的动态过程,思政课在其中发挥着价值导向、价值整合和价值激活等功能,每个功能又可以细化为多个目标层次,这些功能目标协同发挥作用的过程也是大学生正确价值观形成渐进规律反映的过程。实现这些功能,需要通过认知式、探究式、实践式等教学策略的综合实施,从系统、互动和整体培育的视角构建教学策略与培育过程的有效联结,以此促成大学生对社会主义核心价值观的坚定信仰。

关键词:思政课;大学生社会主义核心价值观培育;功能;教学策略

思想政治理论课(以下简称"思政课")是高校对大学生进行社会主义核心价值观培育的主干课程。党的二十大报告强调,要"深入开展社会主义核心价值观宣传教育……着力培养担当民族复兴大任的时代新人","用社会主义核心价值观铸魂育人"。思政课如何强化价值引领,用社会主义核心价值观武装青年大学生,这不仅关系到育人实效,也关系到思政课教学目标的实现问题。当前,各高校思政课都在加强推进社会主义核心价值观教育,但社会主义核心价值观进学生头脑的效果仍然有限,原因之一在于缺乏对培育过程的动态把握,对思政课在学生价值观培育过程中的具体功能认识模糊,教学策略缺乏针对性、系统性和有效性。针对这些问题,本文从大学生社会主义核心价值观培育的动态过程入手,就思政课在社会主义核心价值观培育方面的功能细化以及教学实现问题作一探讨。

一、大学生社会主义核心价值观培育的动态过程

从思政课视角,大学生社会主义核心价值观培育是围绕社会主义核心价值观的核心内容和价值目标,通过一定教学功能的发挥,帮助大学生逐步确立价值认同、构建社会主义核心价值观信仰的复杂多变的动态过程。明确这一过程的递进性和发展性,将有利于思政课对培育活动进行科学规划并有效实施。

(一)培育过程的递进性

从个体价值观形成看,大学生社会主义核心价值观确立过程包括认知、认同、内化和践

* 基金项目:全国教育科学规划课题教育部重点课题"基于主题叙事的高校思想政治教育话语实践研究"(课题批准号 DEA190358)。

** 王圣宠,女,辽宁岫岩人,厦门大学马克思主义学院助理教授,主要研究方向为思想政治教育。

行四个递进层次。首先是大学生对社会主义核心价值观的了解和认知;其次是形成认同意识,能站在社会主流意识形态角度思考自身与国家、社会的权利和义务关系以及个体的价值等相关问题;再次是对社会主义核心价值的内化,也就是发自内心真正自觉接受社会主义核心价值观指引,使之成为自己价值观体系的有机组成部分;最后是形成对社会主义核心价值观的强烈责任感并终身践行。与此相对应,大学生社会主义核心价值观培育过程也表现出递进性,是教育者引导和帮助大学生完成对社会主义核心价值认知、认同、内化和践行的层次递进过程。思政课在价值观方面的培育目标并不简单局限于大学生的价值认知,根本是促使其对社会主义核心价值理解的深化,能够忠诚信服,并身体力行,最终形成稳定的思想信仰。

(二)培育过程的发展性

从教育教学功能和培育的动态效果看,大学生社会主义核心价值观培育过程将经历先导期、整合期、激活期三个发展阶段。其中先导期为培育的探察导向期,指全面考察大学生个体价值观状况,其与社会主义核心价值观的差异及冲突的可能,并根据考察结果,提出和应用培育方案进行价值引导的时期;价值整合期为培育的磨合和播种期,是将培育方案深入有效推进,大学生个体价值观和社会主义核心价值观逐渐趋向统一的一个较长的阶段,这一阶段往往伴随价值观冲突,关键在于深化认知和取向调整,这需要教育者引导大学生依靠内在力量去完成;激活期是指价值观整合后,大学生受自我力量推动,在教育者监督和指引下,巩固和践行社会主义核心价值观,进行行为定向、行为实践、行为修正并形成信仰的时期,这一阶段将随大学生个体成长和发展不断进行下去。

二、基于培育过程动态把握的思政课功能细化

思政课的价值观培育功能,一直内涵于思政课自身的属性之中,思政课教学过程也是对大学生进行社会主义核心价值观培养和教育的过程。立足培育过程的递进性和发展性,需要将思政课在这一过程中的功能进行分解和细化。笔者认为,思政课在社会主义核心价值观培育方面具有价值导向、价值整合和价值激活三个目标领域的功能,每个功能又可细化为多个目标层次,这些功能目标协同发挥作用的过程同时也是个体正确价值观形成渐进规律的反映的过程,只有充分认识这些功能以及这些功能所指向的目标层次,才能在具体培育中做到有的放矢。

(一)价值导向功能

作为意识形态性质的教育,思政课必然承担着价值导向的责任和使命。思政课的价值导向功能是思政课通过教育手段和教学过程,以社会主义核心价值观的价值要求对大学生个体价值取向和价值选择进行有目的的引导,并促成相应价值标准建立的功能。大学是学生价值观确立和走向成熟的重要时期,价值导向对其理解和认同社会主义核心价值具有重要意义,思政课该功能的发挥将构建大学生认同社会主导价值理念的思想基础。

思政课的价值导向功能主要指向社会主义核心价值观认知培育目标,具体可以设定以下分层导进的目标:(1)知识学习,即引导大学生学习社会主义核心价值观的有关概念、理论和方法等,获得相关的初步的知识与理解。(2)知识领会,即引导大学生全面理解和把握所学内容的含义和意义,并能清楚地加以表述和说明。(3)知识应用,即引导学生理论联系

实际,将所学内容运用于具体对象,能根据社会主义核心价值观的价值标准和尺度进行一定的价值分析、价值判断和价值评价,获得对社会核心价值更为深刻的认识和理解,这是较高水平的认知培育结果,是认知引导的理想化状态。

(二)价值整合功能

对思政课而言,社会主义核心价值观只有通过教学传播,被大学生认同和接受,实现思想内化,才能产生切实的引领作用。这种认同和内化的实质是不同价值观念在头脑中的斗争,最终选择社会主义核心价值观为个体价值观中的主导价值观,这一围绕价值取向的论辩过程体现了价值观念的取舍与整合。思政课的价值整合功能就是把思政课价值导向的外在教育力量与大学生内省的自我教育力量统一起来,通过教学推手,促成大学生以社会主义核心价值观为主导和参照,对其他价值观念进行选择和建构的功能。面对社会领域中多元文化和价值观念的交叠碰撞,思政课价值整合功能的发挥成为引导学生思想发展方向、解决内在价值冲突和迷茫、形成社会主义核心价值观认同和内在转化的关键。

思政课的价值整合功能主要指向大学生社会主义核心价值观认同和内化培育目标,其发挥作用的主要目标层次有:(1)明确利益关系,即在教育引导的基础上,大学生明确个体价值追求与社会价值目标的关系,明确意识到社会核心价值要求与自身成长需要和发展利益的内在关联,形成对社会主义核心价值观更为科学的理性认识。(2)达成思想共鸣,即大学生感受到社会主义核心价值观的科学性和先进性,产生接受和肯定的积极情绪,建立内外一致的价值标准,真心接受并愿意运用这些标准指导和控制自己的行为。(3)实现价值观重构,即大学生把社会主义核心价值观内化为自身价值观体系的一部分,以此主导其他价值观,形成正向的价值观系统变迁,这一层次是大学生在价值辨析与反思的基础上有意识地完成对社会主义核心价值从认知到认同和内化的主体性建构。

(三)价值激活功能

思政课在大学生社会主义核心价值观培育中的价值激活功能指通过一定的教育教学手段,刺激和强化大学生对社会核心价值的感受性,使其产生强大的精神感召力量,成为大学生自觉践行的行动指南。这也是教育者创造大学生参与社会核心价值构建和养成的途径,以有利于认知启发和情绪激发的更生动活泼的形式回应大学生价值发展诉求,促成内驱力的自我实现,使教育教学发挥更大的建设性力量的过程。

思政课的价值激活功能主要指向大学生社会主义核心价值观践行培育目标。其具体功能目标,由低到高可以细化为四个层次:(1)思维定向,即引导大学生把社会主义核心价值观视为行动标准,从思想和情感上做好践行准备;(2)行为实践,即大学生在平时生活和行为活动中主动践行社会主义核心价值观,将相关知识和认识转化为实际的践行能力。(3)行为修正,即大学生能在具体的践行实践中修正、调节自己的行为,使其更加符合社会主义核心价值观的规范和要求,实现价值观的更新与改造。(4)习惯养成,即大学生能坚持崇高的价值理想,自觉确定目标,主动调节行为,不断努力,形成以社会主义核心价值观为标准的践行习惯,至此,大学生形成个体的价值观自觉能力,以富有责任感的信仰态度忠诚于社会主义核心价值观。

三、推动培育功能实现的思政课教学策略构建

大学生社会主义核心价值观培育是一个长期的连续过程,思政课需要走出传统培育思

路,对应培育过程的不同发展阶段,实施有侧重的教学策略,以系统、互动和整体培育的视角把握和构建教学策略与培育过程的联动关系,充分发挥培育功能与作用,从价值导向走向价值激活,在更高层次上实现培育目标。

（一）由重认知式教学策略形成价值导向

认知式教学是思政课教学的重要和有效形式,是包括知识内容双向传输、反馈和总结调整的完整过程,是对大学生进行价值观认知培育的基本路径。"思政课的本质是讲道理,要注重方式方法,把道理讲深、讲透、讲活"①,理论上的认知和把握是认同社会主义核心价值、建立思想共鸣的前提条件,思政课教学需要进行深入的学理分析,用科学有效的方式方法把理论讲清楚、讲彻底,形成对价值观问题的正确理论导向,推动大学生主流价值认知的深入发展。

思政课社会主义核心价值观培育的价值导向功能对认知式教学提出了任务要求,要将道理讲深、讲透、讲活,取得良好的认知培育效果,思政课除了传授知识,还需要通过调研,深入了解大学生的价值观形态、接受动机与内心需求,针对大学生的思想认知情况精心设计教学方案,使教学过程中的学习内容、教学方法和课堂情境等与学生的认知需要、价值观形成规律相适应、相匹配;需要将抽象的理论话语生活化、生动化、时代化,使教学话语更具亲和力和感染力,便于学生理解和接受;需要加强沟通交流,通过科学设计提问、开展组内讨论和组间论辩等有效互动,创造表达观点和答疑解惑的路径,启发和鼓励大学生积极参与学习过程,主动思考社会主义核心价值观相关问题,其间教师给予准确解读和适时指导;注意畅通学生对知识学习的反馈渠道,及时回应学生,同时根据收集的新情况、新问题重新设计教学环节,通过再教育再学习有针对性地进行价值观念引导,从而实现认知调控。

（二）由重探究式教学策略推动价值整合

价值整合需要外在引导,更需要自我力量。大学生对社会主义核心价值观的认同和内化,除了外在的价值导向,还需要学生内在理论思辨能力的逻辑性支撑。以往思政课主要在课堂上进行价值引导,但课堂时间有限,深入的探究活动十分缺乏,因此需要通过其他渠道延续课内教育,进行持续的价值观培育。大学生的价值困惑需要从更深层面寻找能够说服自身的答案,基于大学生自我意识发展需要,探究活动能够赋予他们价值反思的能力,并借助这种能力对外部世界的社会现象进行观察和思考,在解惑之余,能更为稳定地在正确价值观引导下作出价值判断和采取行动,而不是只把社会主义核心价值观作为一种符号表述系统,一种单纯的知识学习或仅作旁观者。因此,有必要设置以价值观问题为话语主题的深度研学活动,培养大学生问题意识和探究思维,解除思想困惑,正确看待价值冲突和矛盾,理性理解和思考价值选择及行动理由,从科学知识和理论深层中寻找到内在的价值认同力量。

探究式教学是鼓励和引导学生进行自主研析和自我培育的一种教学法。探究式教学有利于建立大学生正确价值观形成的心理基础,能为实现个体价值观与社会主流价值观共鸣提供契机,从而推动大学生价值观念的正向整合。探究式教学可以通过课下和课上结合

---

① 《习近平在中国人民大学考察时强调:坚持党的领导传承红色基因扎根中国大地 走出一条建设中国特色世界一流大学新路》,《人民日报》2022年4月26日第1版。

的方式进行,教师可以借助调查、观察、谈话等途径收集学生真实需求,发现学生在价值观问题上的困惑,提炼出待解决的问题,据此设置议题、布置任务。教师可以精心挑选阅读资料,指导学生或学习小组围绕问题进行课外自学阅读,引导学生运用所学知识分析有关问题,教师应当提供机会,鼓励学生将自己的学思心得通过演说或研讨等形式在课堂上与师生共享和交流,也可以发表到网络空间与他人进行探讨交流,通过深度探究研学,拓展价值认同的广度与深度。教师也可以指导学生根据自己的关注点或困惑点确定探究主题,主动寻找和阅读相关资料并进行研究,在研究的过程中提高价值判断和思辨能力,澄清迷惑。在这一过程中,教师要起到指导、监督和协助等作用,使学生在教师启发带动下运用理论知识解决价值观现实问题,在解决问题的过程中为主流价值观的科学性所说服,进而愿意接受社会主义核心价值理念并将其内化为自身价值观的主要组成部分。

（三）由重实践式教学策略实现价值激活

大学生的价值选择是一个渐进过程,通过认知式和探究式教学策略,社会主义核心价值观引领大学生价值观的作用还处于一种潜在状态,只有把价值观培育与实践联系起来保持互动时,思想才能被激活。社会主义核心价值观培育的实践化、生活化取向,有利于大学生独立人格的形成,有利于激发大学生对社会主流价值理念的感受,催生行动动力。

实践式教学是相对理论教学而言的,是帮助学生获得感性经历体验、发展理论联系实际和践行能力的各种教学活动的总称。实践式教学不同于认知式教学和探究式教学通过讲解分析、解疑释惑达到目的,它主要以活动参与和活动组织的形式进行,具有很强的团队性和自主性,符合当代大学生渴求自我表现和实践历练的特点,学生通过自主参与、自发策划和自觉行动等过程,满足心理和精神成长需求。思政课教师在教学过程中应鼓励和提供机会,通过调查研究、实地走访、微宣讲、社区服务、公益行动等鲜活生动的形式,让大学生在具体的实践历练中形成对社会主义核心价值观的真实感悟,并与学习过程中的知识理论相对应,判断内部体验是否符合认知,如果符合已有认知,就激活相应的认知进入自身的价值观体系和相应行动中,如果不符合认知,就会冲突,寻找原因,解除困惑。学生只有在实践中经历反思之后,认知和情感才能真正有所提高并处于一种稳定状态,才能真正领悟社会主义核心价值观的深刻内涵,将其融入思想深处,愿意付诸实际行动去坚守和遵循,最终抵达社会主义核心价值观践行培育的理想状态。

（四）构建教学策略与培育过程的有效联结

"社会主义核心价值观在经历了解读与理实对接的逻辑演进后,它要成为大学生内心固有的价值灵魂,对它的认同不能是此一时彼一时的动荡往返,而必须是大学生价值观中持续有效的标准与动力"[①],大学生社会主义核心价值观培育不是一个简单过程,要获得持续的动力和持久的效力,需要思政课在教学中把握好教学策略与培育过程的联动关系,按照价值观培育层次递进的发展规律,在培育的先导期、整合期和激活期的全过程中,对认知式、探究式、实践式等教学策略进行系统规划和科学设计,通过综合实施各有侧重的教学策略,构建教学策略与培育过程的有效联结,将教育的外在和内在两条路径联通起来,循序而全面地发挥思政课价值导向、价值整合和价值激活功能,从根本上解决培育效果的持久性

---

① 钱昌照:《大学生认同社会主义核心价值观的现实意蕴与路径》,《思想理论教育导刊》2015 年第 1 期。

问题。

以上所述并非思政课在大学生社会主义核心价值观培育中可发挥的全部作为,但可以视作一种思路。例如,笔者所在高校"思想道德与法治"课采用的"一主两辅"教学模式就是运用这一思路,在社会主义核心价值观专题,通过理论讲授重难点突出并运用对话、叙事等方式方法,有针对性地引导学生价值认知深入发展,同时,辅以相关疑难热点问题研讨和参访、调查、情景剧等多样化社会实践活动,帮助学生在学思践悟中实现思想成长,取得了良好的育人效果。事实上,推动思政课社会主义核心价值观培育功能实现的教学策略并不是孤立的,也不是在某一固定阶段才起作用,而是贯穿于教学全过程的动态的、创造性的活动。大学生社会主义核心价值观确立的过程复杂多变,决定了对其进行培育的教学活动应形成一个立体交织的网络,综合发挥效用。

高校思政课 PBL 教学法线上线下混合式教学改革实践

——以"习近平新时代中国特色社会主义思想概论" 专题"建设社会主义文化强国"为例[*]

王亚群　　王家贝^{**}

摘要：PBL 即"Project-based Learning"，又称作"基于项目式学习"的教学方法，本文以"习近平新时代中国特色社会主义思想概论"课程中的教学专题"建设社会主义文化强国"为例，构建高校思政课 PBL 教学法线上线下混合式教学的模式与实施路径，通过线上理论学习、线下课堂讨论、PBL 项目式小组调研及汇报展示、小学期"体验式教学"等各个环节全过程、场景式地将 PBL 教学法与思政课线上线下混合式教学进行融合，并将该模式应用于实际课程教学中，形成了学习从线上到线下、理论到实践的混合式教学改革的闭环，打通教学环节的"最后一公里"，取得了较好的教学效果。

关键词：PBL 教学法；高校思政课；线上线下；混合式教学

高校思政课教学法的改革要遵循学生的认知规律^①，在有限的课堂时间充分调动学生的积极性、主动性；同时，思政课不应该只聚焦于传统课堂，应做到线上线下相结合，课堂教育和实践调研相结合，发挥学生作为学习主体的主动性，实现沉浸式和自主性学习，真正使得思政教育内容入脑入心。

习近平总书记曾多次强调，思政课教学是一项非常有创造性的工作。总书记指出："教材给出的是教学的基本结论和简要论述，要让不同类型的学生都爱听爱学、听懂学会，需要做很多创造性工作。要在教学过程中进行多样化探索，通过多种方式实现教学目标。""要注重启发式教育，引导学生发现问题、分析问题、思考问题，在不断启发中让学生水到渠成得出结论。……思政课就要讲好中华民族的故事、中国共产党的故事、中华人民共和国的故事、中国特色社会主义的故事、改革开放的故事，特别是要讲好新时代的故事。讲故事，不仅老师讲，而且要组织学生自己讲。"^②而 PBL 教学法（"基于项目式学习"的教学方法）能够围绕问题，将"老师讲"和"学生讲"有机融合，将 PBL 教学法与线上线下教学有机融

---

　*　基金项目：福建省社科规划项目"基于 PBL 教学法的高校思政课线上线下混合式教学改革研究"（项目编号：FJ2020B009）；厦门大学教学改革研究项目（思政类专项）"思政课线上线下混合式教学模式的探索和研究——以'形势与政策'课'模块化＋PBL'教学模式探索为例"（项目号：2021MJY04）。

　**　王亚群，女，山西太原人，厦门大学马克思主义学院副教授。王家贝，女，浙江台州人，厦门大学马克思主义学院 2021 级硕士研究生。

　①　《习近平主持召开学校思想政治理论课教师座谈会强调：用新时代中国特色社会主义思想铸魂育人贯彻党的教育方针落实立德树人根本任务》，《人民日报》2019 年 3 月 19 日第 1 版。

　②　习近平：《思政课是落实立德树人根本任务的关键课程》，《求是》2020 年第 12 期。

合,进行有益探索,在思政课教学改革探索实践中取得了较好效果。

本文以"习近平新时代中国特色社会主义思想概论"课程中的教学专题"建设社会主义文化强国"为例,通过梳理专题教学的课程内容、主要目标、教学重难点、解决方法等,尤其围绕解决方法,提出将 PBL 教学法与线上线下混合式教学改革实践的具体步骤。

一、课程内容

通过深入学习文化、文化理论和文化制度,坚持马克思主义在意识形态领域指导地位的根本制度,用社会主义核心价值观凝心聚力,做好中华优秀传统文化的创造性转化和创新性发展,提升国家文化软实力和中华文化影响力,最终达到建设社会主义文化强国的目标。

二、主要目标

本专题旨在帮助学生科学认识并坚持马克思主义在意识形态领域指导地位的根本制度;坚持以社会主义核心价值观引领文化建设,围绕举旗帜、聚民心、育新人、兴文化、展形象的使命任务;坚定文化自信,提升国家文化软实力的重大战略意义,促进满足人民文化需求和增强人民精神力量相统一,推进社会主义文化强国建设。

通过讲好中华优秀传统文化,古人的文化自觉到当代的文化自信,以马克思主义为指导,坚守中华文化立场,立足当代中国现实,结合当今时代条件,发展面向现代化、面向世界、面向未来的,民族的科学的大众的社会主义文化,要坚持为人民服务、为社会主义服务,坚持百花齐放、百家争鸣,坚持创造性转化、创新性发展,以文化自信自强推动中国式现代化,铸就社会主义文化新辉煌。[①]

三、教学重点难点

重点:两个相结合,培育和践行社会主义核心价值观,促进中华优秀传统文化的创造性转化和创新性发展。

难点:坚持马克思主义在意识形态领域指导地位的根本制度,坚定文化自信,建设社会主义文化强国。

四、PBL 教学法与线上线下混合式教学改革的具体方案

笔者将 PBL 教学法的线上线下混合式教学改革模式分为以下三个部分共六个环节,如表 1 所示。其中第一部分是线上教学,具体包括环节 1 和环节 2。环节 1 由教师提前准备理论学习资源,上传至相关网络平台;环节 2 由学生自行上网学习;第二部分为线下翻转课堂设计,具体包括环节 3 至环节 5。环节 3 的分组讨论在线下课堂课上完成,环节 4 在线下分组实践调研,环节 5 在课堂完成汇报展示;第三部分为课程延伸,为环节 6 的体验式教学,可在小学期或寒暑假完成。

---

① 习近平:《高举中国特色社会主义伟大旗帜 为全面建设社会主义现代化国家而团结奋斗——在中国共产党第二十次全国代表大会上的报告》,人民出版社 2022 年版,第 42 页。

表 1　PBL 法教学环节设计

课程内容	教学环节	环节描述
第一部分	环节 1	线上学习资源准备
	环节 2	学生自行网上学习相关理论
第二部分	环节 3	PBL 小组专题讨论
	环节 4	PBL 小组项目调研
	环节 5	PBL 小组展示汇报
第三部分	环节 6	体验式教学

(一)PBL 教学法的线上教学

以"习近平新时代中国特色社会主义思想概论"课程中的教学专题"建设社会主义文化强国"为例,设计如下两个环节:环节 1—教师录制视频阐述关键理论知识点;环节 2—学生线上学习。

环节 1:教师课前线上学习资源准备

围绕"建设社会主义文化强国"这一专题,教师课前对知识点进行梳理细化,按照教学的难点,即坚持马克思主义在意识形态领域指导地位的根本制度,来引导学生理解为什么要坚持马克思主义在意识形态领域指导地位这一根本制度以及如何坚持。实际授课中,本专题采用全国高校思想政治工作网提供的专家讲课视频。[①]

环节 2:学生线上学习理论知识点

除了理论授课视频,教师还可以在网络学习平台上传与"文化自信自强"的相关视频:通过"典籍里的中国——汉代伏生护《尚书》""李清照保护金石文物的感人故事"感受中华优秀传统文化的无穷魅力,了解古人为坚守文化自觉做出的牺牲和贡献;通过"港版'颜色革命'的潘多拉魔盒,到底是如何打开的?"让同学们了解意识形态工作的极端重要性;通过"超级演说家《语言的力量》演讲"学习应该怎么做来提升文化软实力……

视频学习后,教师提出一系列问题给学生,引导学生思考:"作为新时代的大学生,你是如何理解中华优秀传统文化的创造性转化和创新性发展?""马克思主义基本原理和中华优秀传统文化何以结合?结合什么?""在建设成为社会主义文化强国的路上,当代大学生有什么样的使命担当?"……

(二)PBL 教学法的线下翻转课堂设计

线下翻转课堂通过环节 3、4、5 来实现,以教学专题"建设社会主义文化强国"为例,具体步骤如下:

环节 3:PBL 小组专题讨论

在文化专题的线下课堂中,教师从有关中华优秀传统文化的故事引入,引导学生回顾线上相关内容,通过课堂派弹幕互动,生成词云投屏,用大数据即时反馈学生所思所想。

该环节中,主要在课堂采取"小组讨论"形式,将学生分为 8~10 组,每组 6~8 人,每个

---

① 《习近平新时代中国特色社会主义思想专题讲座》,https://www.sizhengwang.cn/xsdzgtsshzysx/ztsp/,访问日期:2023 年 8 月 20 日。

话题有至少 2 个小组讨论,就文化专题而言,共分为 5 个部分:(1)文化、文化理论和文化制度;(2)坚持马克思主义在意识形态领域指导地位的根本制度;(3)用社会主义核心价值观凝心聚力;(4)中华优秀传统文化的创造性转化和创新性发展;(5)提升国家文化软实力和中华文化影响力、建设社会主义文化强国。围绕如上主题,小组成员交流讨论,共同拟定发言内容,并推荐 1 人代表小组发言。每组有 3 分钟展示和 1 分钟提问环节,教师对每组学生的发言进行点评,帮助小组凝练后续 PBL 项目小组实践调研主题。

环节 4:PBL 项目式小组调研(实践环节)

课堂讨论之后,请各个小组选定拟解决的关键问题开展专题实践调研,在课下组织进行。以 2022 年课程为例,有小组选择"主旋律文化如何更受大众青睐——以'爆款'主旋律影视作品为研究对象"为主题展开实践调研,以"爆款"主旋律影视作品为研究对象,以大学生为主要访谈对象,采用文献研究、问卷调查和深度访谈的方法,对主旋律影视作品的传播现状、成功经验及存在的不足进行了探究。调研结果表明,目前主旋律影视作品在大学生群体的传播情况较为良好,多数受访者表示接触的频率较高。其次,部分主旋律影视作品之所以能成为"爆款",主要在于剧情、人物塑造、叙事策略及知识传播等方面的成功。同时研究也发现,目前主旋律影视仍存在创新能力不足、宣教意味过浓、目标受众错位、制作质量平平、反馈机制失效等问题。最后,根据总结梳理所得的成功经验和现存问题,提出了相应的推动主旋律影视发展的建议。调研小组在期末进行了汇报展示,形成 1 万余字的调研报告。还有的小组选择"推动社会主义文化繁荣兴盛的总体部署和方针在厦门的落实情况"为主题开展调研,查找厦门市"十三五"以来针对文化提出的专项规划和相关政策,并通过调查问卷和访谈的形式检验其落实情况。结合政策对问卷所得数据进行分析并对访谈材料进行整理,得出如下结论:厦门市在提高国民文明素质的方面的政策部署较全面;文化产业建设较为完善、文化服务持续发展;文化开放和交流水平不断提高;市民对于各项文化产业、文化活动的知晓度和满意度均较高,但缺乏对政府政策实质的直接准确的了解;厦门市在文化领域已形成较成熟的活动模式,但市民知晓率高的活动种类仍不够丰富。针对在各模块发现的问题,小组成员们提出了相应的建议。

与文化专题相关的调研还有:"从春晚出发,看待传统文化的继承与弘扬""鉴赏代表性主旋律影视作品——习近平新时代中国特色社会主义思想深入人心之路""从言论自由到言论自律——自媒体时代信息传播、监管问题的研究""文化去符号化传播方式初探——以厦门大学校园文化为研究对象""网络舆论在社会热点事件中的影响研究""从'后浪'视频谈当代年轻人与社会思潮"……

环节 5:PBL 项目汇报展示

各 PBL 小组在学期末进行调研汇报展示,之后进行小组互评和老师点评及打分,提出修改意见,完善调研报告。

在 PBL 项目式汇报的展示环节,社会与人类学院的小组成员阿依曼·努尔兰别克这样感慨做 PBL 项目式实践调研的收获:在这一次思政课实践中收获颇多,有成功后的喜悦,有宝贵的经验,有难忘的教训。我们在实践中加深了对社会现象、社会职责的了解,在实践中受教育,有效增强了我们的社会责任感。我们本次的实践主题是"推动社会主义文化繁荣兴盛的总体部署和方针在厦门的落实情况",我们在一次次的小组讨论中不断磨合:

从背景文献的查找与阅读、分析政策资料时的分工到设计问卷时的集思广益,我们的思想不断碰撞,我们学会包容、善于合作,提高了团队合作能力。我们在一次次思考中巩固知识:实践所需的理论、政策都不能仅限于书本上的内容,要在书本的基础上不断延伸,我们通过多种渠道寻找各类政策文件,更好地理解具体的文化活动、产业背后的政策实质及内涵。另外,从受访者角度出发、问题描述简洁、设问不带倾向性等注意事项也巩固了问卷设计方面的技能。我们还在一次次的反思中不断成长:在设计问卷时发现政策和理论的工作不够扎实,便重新查找,在问卷分析时也发现前期问卷设计过程中出现了不少问题,这些都将是今后学习和实践过程中的宝贵经验。实践调研是自己所学的理论知识得以运用到实践的绝佳机会,我们也能在实践中体会到一定要成为真正有用于社会的人。

环节 4、5 的 PBL 项目式小组调研及展示是将 PBL 教学法与思政课线上线下混合式教学改革的关键步骤,这也是区别于传统翻转课堂的重要环节。 传统翻转课堂仅限于课堂讨论,而我们不仅在小组讨论中获得思想上的碰撞、观点的交流,还可以发现很多值得深入挖掘的问题,并且通过 PBL 项目式小组完成后续的实践调研,实现学习、讨论、发现问题、解决问题的一个闭环。

(三)课程延伸

环节 6:体验式教学

2021 年与 2022 年暑期,笔者作为思政课实践带队教师,带领学生参加"传承长征精神、激励奋斗之志"的实践和"传承延安精神、树立文化自信"考察调研,分别形成了 2 万余字的调研报告,完成了 1 篇科研论文。最终实践成果获得 2021 年、2022 年厦门大学思想政治理论课暑期实践教学优秀成果三等奖,也先后被央广网、东南网与校园网加以报道。

五、结语

本文将 PBL 教学法与高校思政课线上线下混合式教学改革相结合,经过几个学期的探索与实践,逐渐积累形成了一系列基于 PBL 教学法的课程设计大纲及实践教学成果,在实际课程教学中予以应用。通过教学方法的改革,期待未来能够带来体制层面的创新。因此,在今后的工作中,笔者将进一步总结提升实践探索所得的经验,搭建一套 PBL 教学法在高校思政课线上线下混合式教学中的应用框架,使其制度化体系化,使得相关改革成果更具可行性和推广性。

第二篇

课程思政

基于国产化软硬件平台的虚拟现实技术课程思政建设

郭诗辉　林俊聪　王晓黎　廖明宏[*]

摘要：虚拟现实作为前沿技术领域，受到社会大众，特别是高校青年的关注。相关课程思政资源和教学实践有待进一步探索。作者团队积极面对课程思政建设所面临的问题和挑战，基于国产化软硬件平台（如华为 AR/VR 引擎）开展课程思政建设实践，提出解决问题的思路举措及教学经验；并在课程教学中回顾民族复兴历史，提倡守正创新；引导学生将自我成长及个人追求融入强国建设、民族复兴的伟大梦想之中。基于国产化软硬件平台的虚拟现实技术应用将会带来更广阔的发展空间和更多的机会，同时也为中国的经济发展和社会进步提供支撑和数字沃土。

关键词：虚拟现实技术；思政教育；国产化软硬件平台；教学研究

一、引言

随着信息前沿技术的迅猛发展，虚拟现实技术作为一种高度模拟真实环境的技术正在被广泛应用，而令人惊奇的是，一些科幻电影中的技术已经来到了真实世界，应用场景包括游戏、娱乐、教育、医疗等诸多与大众息息相关的领域。我们所处的世界，正以日新月异的速度大步迈进数字时代，进入一个可以向用户提供真实世界中几近不存在、难感知、易忽略的海量信息数据和逼真情感体验的数字世界。

虚拟现实技术与元宇宙概念的应用也给教育领域带来了全新的机遇和挑战，一方面虚拟现实技术的深入应用，可以让学生在数字化世界中身临其境，从而让学生更好地理解和掌握知识内容，提高竞争力保证教学目标；另一方面，国外在数字化领域具备一定的领先性和我国面临的诸如底层芯片"卡脖子"事件等，我国如何在融合创新中，快速地发展和布局国产化平台建设在眼下显得尤为迫切。近日人民网发文指出，"人形机器人、6G、元宇宙……这些领域，工信部点名加快布局"[①]，国产化软硬件平台的蓬勃发展必将为虚拟现实技术的普及与发展提供强有力的保障。

高校老师，责任在肩，更应响应国家政策和号召。作者团队在虚拟现实技术教学一线

---

[*] 郭诗辉，江西赣县人，厦门大学信息学院副教授，主要研究方向为虚拟现实、计算机图形学等。林俊聪，福建晋江人，厦门大学信息学院教授，主要研究方向为人工智能、虚拟现实等。王晓黎，福建漳浦人，厦门大学信息学院副教授，主要研究方向为社交媒体数据、医疗健康大数据处理与分析等。廖明宏，福建永春人，厦门大学信息学院教授，主要研究方向为软件工程、数字媒体技术等。

① 《工信部：加快布局人形机器人、元宇宙等前沿领域》，http://finance.people.com.cn/n1/2023/0301/c1004-32634100.html，访问日期：2023 年 3 月 6 日。

上,侧重基于国产化软硬件平台进行虚拟现实技术课程开展教学,为国家培育未来数字化时代的技术建设者和开发者,并在虚拟现实技术课程中引入并不断深入思政建设,结合元宇宙及虚拟现实技术的重要性,打破时空局限,回顾民族复兴历史,守正创新,引导青年学生艰苦奋斗、砥砺奋进,将个人奋斗融入社会主义现代化强国建设之中。

二、虚拟现实课程思政建设所面临的挑战

虚拟现实领域近年来伴随元宇宙概念逐渐受到大家的关注,相关的技术也激发了大学生群体的热情,他/她们思维活跃,兴趣广泛,手机、电脑、可穿戴设备都早有涉猎,通过百度等搜索引擎,一些通识性的课程资源已不能满足需求。在面对新媒体碎片化信息泛滥的时代,如何能既对虚拟现实技术新技术、新理念、新方法进行有效的吸收和传授,研究实践出融合前沿技术知识传播,同时又做好数字时代网络思想政治工作守正创新,这将是课程教学中需要长时间坚持和研究审思的命题。

虚拟现实技术的特点包括如沉浸感(immersion)、想象力(imagination)和交互性(interaction),这些特性能充分调动学生大脑的体验感,但这种与场景的"自我交互性",容易让学生在数字化娱乐世界中迷失,从而产生价值观偏差和迷茫。随着虚拟现实技术更多的领域及场景应用的深入和普及,比如医疗健康、军事国防、教育科普、智慧城市等重要且关乎国计民生的领域上,学生作为未来前沿科技的潜在开发者和使用者,他/她们将在开发和程序架构的布局上留下观念和价值标签,因此一定要在根上(教学过程体系上)进行思想政治课程建设,守正创新地对虚拟现实技术进行正确引导,为未来虚拟现实技术应用于更广阔的场景打下健康、良好的思想基石。

在思想政治课程建设融入虚拟现实技术的教学应用过程中,一定要充分考虑虚拟现实技术实际场景或技术的更新迭代,实时补充与教学理论相匹配的思政内容,做到一致即思政建设与教学理论保持一致、理论与场景实践融入保持一致。为此,我们在虚拟现实技术课程中构建起依托前沿科技的实际应用场景,基于国产化软硬件平台,从现实生活中选取例子、发现问题,实现知识从生活中来、到生活中去的教学目标。将最新的技术实践充分融入国产自主教材的编撰,通过"企业专家入校""企业项目入校"等方式引入企业实际研发项目进校园,采用以线带点的教学方式,实现教学效果的最大化。

三、课程思政元素的目标、措施与典型案例

在虚拟现实技术课程思政建设中,目标是引导学生认识科技创新在我国现代化建设全局中的核心地位,突出国产化软硬件的重要位置。

首先,我们需要引导同学们认识到科技兴国作为国家发展战略支撑的重大意义。作为当代大学生,他们应该具备未来国家和社会发展需要的知识和技能,能够投身到国家现代化建设中去。在这个过程中,科技作为经济和社会发展的重要推动力量,发挥着越来越重要的作用。学生应该深入了解我国科技发展的现状和未来的趋势,了解科技创新对于推动经济和社会的发展所产生的积极影响。

其次,我们需要引导学生将科技自立自强信念自觉融入人生追求之中。在当今这个快速变化的时代,科技的发展速度越来越快,面对这种变化,我们需要具备一种积极向上的创

新精神和自我超越的能力。在基于国产化软硬件平台的虚拟现实课程思政建设上,可以引导学生开拓创新的思路,发挥个人创造力,实现个人价值的提升,为我国科技发展作出积极的贡献。

最后,我们需要引导学生认识到创新在我国现代化建设全局中的核心地位。在现代化建设的过程中,创新已经成为国家和社会发展的核心动力。基于国产化软硬件平台的虚拟现实课程思政建设,教师可以引导学生了解我国在高技术领域的创新取得的重大成就,同时也应该引导学生认识我国在虚拟现实技术方面的不足和发展空间,鼓励学生在未来的学习和研究中,不断探索和创新。

(一)教材编撰及配套,促进学生应用开发的实现

为了解决课程资源滞后的问题,我们与华为、北航共同编写系列教材《增强现实技术与应用》[1]《增强现实技术与应用—华为 AR Engine 从入门到精通》[2],这两本教材入选教育部高等学校软件工程专业教学指导委员会第一批推荐教材,2021 年 11 月由清华大学出版社正式出版。教材作者,包括北京航空航天大学虚拟现实技术与系统国家重点实验室专家教授,也包括华为 AR/VR 产品线负责人和华为开发者联盟专业人士。与此同时,本教学团队计划和华为共同开发一套虚拟现实技术在线课程,面向全网开放,并计划向合作的高校提供完整的教材、讲义、在线课程和项目中的范例代码等,这样一来,如果有高校未开设过虚拟现实相关课程,借助于我们的教学资源,也可以快速地、高质量地建立和开展课程教学。

华为手机国内市场占有率为 46.1%,2019 年出货量突破 2.3 亿部。采用华为手机,利用华为 VR/AR 引擎作为开发平台是一个切实可行的计划。我们利用与华为合作的优势,采用手机作为开发平台,最大化降低了开发平台的门槛,保证每个同学都有机会开发一款真正的虚拟现实技术应用。通过聘请华为技术人员讲解自主研发的平台,以实际案例引导学生实践中学习程序框架,并让学生能借助常见的华为手机,实现自己的第一个项目实践。

(二)企业合作专家入校

课程开课之前,征集一批与虚拟现实技术、增强现实、元宇宙技术与应用紧密相关的高新技术企业,甄选企业在研的前沿性探索项目进行课题研学交互——项目命题揭榜挂帅。在课程中鼓励同学们以企业实际命题作为课程大作业。课程周期为一个学期,专业同学以团队(3～5 人)合作形式完成课程项目,且要求在选课之前,完成包括基本编程语言、三维制作引擎、前端设计思维(交互设计、可视化、UI)等课程,具备一定项目开发经验。同学们通过大作业项目的深入学习和开发,对市场的需求和企业真实项目周期和客户验收有充分的感受和体验,而企业则通过课程合作的形式,获得产品原型,发掘优秀人才。企业专家与学生团队紧密沟通,在学期过程中至少有 4 次线下交流,日常保持紧密线上沟通。企业专家参与评分、学生指导。学期结束后,如企业对团队完成项目质量满意,可与团队协商购买项目源码和资源。同时,通过邀请虚拟现实技术、增强现实、元宇宙技术与应用紧密相关企业专家入校科研交流、技术培训和指导,可以为学生提供更前沿的技术知识和应用案例,帮助

---

① 郭诗辉、潘俊君、王希海、廖明宏:《增强现实技术与应用》,清华大学出版社 2021 年版。

② 郭诗辉、郭泽金、林俊聪等:《增强现实技术与应用——华为 AR Engine 从入门到精通》,清华大学出版社 2021 年版。

学生更好地了解虚拟现实技术的应用和发展趋势以及提供更直接的就业机会和职业规划指导。

(三)场景驱动

虚拟现实技术不仅可以与游戏、动画这些娱乐场景紧密联系,还可以更好地模拟现实情境并为其服务,如医疗、教育、工业化应用及文化保护等。在医疗领域,虚拟现实技术可以为医生提供较为真实的手术仿真环境,帮助医生更好地诊断及掌握手术技巧和操作流程;在教育领域,虚拟现实技术可以提供更为生动的学习场景,可以激发和提高同学们的学习兴趣;在工业化领域,模拟工业生产线(如数字孪生工厂),可以进行模拟控制和作业工业流水生产线;此外,虚拟现实技术还可以服务于文旅展、公共服务(防疫/安保)应用、5G+AR+120急救、新闻采访报道等各个行业。在教学上,可以将医疗、教育、文化保护这些场景以虚拟现实技术的方式具体呈现给同学们,他们可以通过这些场景的驱动,探索、讨论和开发,从而有更丰富、更直观的体验,更好地理解知识和学习技能。

(四)课程思政元素

表1 虚拟现实技术课程思政要点及教学融合思路

序号	主要内容	课程思政映射点与融入点	学时安排	教学方式
1	虚拟现实概述 主要介绍虚拟现实的基本概念,主要技术特点,典型虚拟现实应用系统等,目前典型的应用方向和大型系统。	从辩证唯物主义的角度去讲解"虚拟的我"和"现实的我",守正创新。	2	课堂讲授
2	华为AR/VR Engine引擎入门 主要介绍华为AR/VR Engine基本功能、开发环境安装配置等。	介绍国内外虚拟现实引擎的发展历史,突出国产化引擎发展的形势和挑战,明确树立基于国产化软硬件平台进行的虚拟现实课程的必要性以及迫切性。	2	上机实践
3	位置跟踪技术 主要介绍包括语音、手势、运动输入设备,自由度跟踪技术与系统等输入/输出设备。	介绍国产化北斗定位系统的发展和价值,树立切实维护国家/民众的信息安全意识及位置跟踪技术的运用。	2	课堂讲授
4	环境感知技术 主要介绍依托传感器,特别是摄像机对外部环境的分析和理解。主要介绍包括图像分类、目标定位、目标检测、图像分割等技术。	树立切实维护国家/民众的信息安全意识,融入大数据收集的风险和社会伦理责任。	2	课堂讲授
5	协同交互技术 主要介绍允许多人在不同的时间、空间背景下,共同完成一个任务的协同技术,包含远程协作、实时多用户协作、独立视图协作。	树立正确的集体意识,通过团队合作,产生强烈的归属感和认同感。	2	课堂讲授
6	项目终期汇报 学生进行课程项目的终期汇报。	引导学生正确理解和认识虚拟现实技术的现状与未来,不忘初心、牢记使命,树立远大理想。	2	课堂讲授/学生演示汇报

（五）典型案例：基于华为 AR/VR 引擎的虚拟现实教学

华为是中国最大的电信设备制造商之一，也是全球最大的电信设备供应商之一。在虚拟现实技术领域，华为投入了大量的研发力量和资源，推出了国产化软硬件平台建议的代表作——华为 AR/VR 引擎。华为 AR/VR 引擎可以为开发者提供虚拟现实技术开发工具和技术支持，使得开发者可以更轻松地开发出更优秀的虚拟现实技术应用。同时，华为 AR/VR 引擎还可以为用户提供更优秀的虚拟现实技术体验，使得用户可以更真实地感受虚拟现实技术带来的乐趣和体验，为虚拟现实技术的应用提供了优秀的技术支持和解决方案。

像华为 AR/VR 引擎这样的国产化软硬件平台的建设已经成为国家的重要战略。国产化软硬件平台的建设，不仅可以保障国家的信息安全和国家的自主创新能力，还可以为中国的经济发展和社会进步提供支撑。同时，国产化软硬件平台的建设也为虚拟现实技术的应用提供了更广阔的空间和更多的机会。

四、课程思政评价体系

通过在"虚拟现实技术及应用"课程教学中融入以人为本的思想、辩证唯物主义观、社会主义核心价值观，将习近平总书记关于"加快建设教育强国、科技强国、人才强国，坚持为党育人、为国育才"、建设数字中国、推动我国人工智能健康发展等重要论述，融入虚拟现实技术课程讲授、上机实践及学生演示汇报中，通过对学生的平时课堂表现（10%）、前沿技术思考（10%）和项目综合考评（80%）为产出导向，其中课程项目分为开题报告（15%）、中期报告（25%）、终期报告（40%）组成。

（一）平时课堂表现

通过项目制考核学生的综合表现，包括团队合作、项目管理、工程、现场演示等。本课程实践性强，在专业通过工程教育认证的背景下，本课程以产出为导向，培养学生的工程实践能力。课程不再采取传统的卷面考核，采用过程考核＋项目考核，注重学生团队合作能力的考查。课程的参与度高，平时课堂表现主要通过考勤、课堂互动、课后交流的形式对学生的课程参与进行评估（10%）。力求以更为合理的考核机制更好地督促学生学习知识，掌握技能，达到课程目标以及该课程支撑的毕业要求。

（二）前沿技术思考

论文汇报（10%），安排学生以个人形式进行一次前沿文献调研报告，从虚拟现实领域的顶级学术会议（International Symposium on Mixed and Augmented Reality、IEEE Virtual Reality 等）以及学术期刊（*IEEE Transactions on Visualization and Computer Graphics* 等）近两年发表的文献中选择一篇进行汇报。汇报时间 10 分钟，并预留 3 分钟进行提问交流。主要考核学生对于前沿科研成果的思路和方法的学习能力。通过对最新文献的阅读，学生增进对学术论文写作、科技前沿进展的了解。

为了更好地运用基于国产化软硬件平台的虚拟现实课程思政建设的评价，引导和规范学生在论文报告中联系个人生活体验进行论文选题和报告，思考论文中所研究技术能否解决实际生活中的问题。此项评价约占论文汇报环节分值 20%。

（三）项目综合考评

开题报告（15%）。以团队形式汇报项目的选题。针对真实生活场景中的一个需求，提出虚拟现实技术的应用背景，阐述相关技术现状，明确系统开发的功能需求清单、人员分工和项目预期进展。主要考核学生分析、解决问题的能力，以及团队组织/合作的能力。

中期报告（25%）。以团队形式汇报项目的进展，重点汇报系统已实现的功能，采用的核心算法，遇到的困难，预期采用的技术路线，以及接下来的工作计划，主要考核学生软件开发以及算法设计与实现能力。学生能够通过搭建相应的开发环境，以团队合作的形式完成合适的系统开发工作量。

终期报告（40%）。以团队形式进行项目的最终报告，并要求提交一份文字版本项目报告。重点汇报项目已完结和实现的功能，以及开发中主要使用的算法模式，与预期计划的变动，人员分工，项目整体开发体会和经验。全方位考核对虚拟现实系统的基础知识、方法和技术的掌握程度，团队配合程度以及解决问题的能力。

为了更好地突出基于国产化软硬件平台的虚拟现实课程思政建设的评价，突出团队分工与合作，引导学生围绕中国传统文化保护，特别是闽台非物质文化遗产数字化保护为主题进行项目实践，鼓励使用国产化引擎进行开发。此项占项目综合考评环节分值30%。

五、结语

基于国产化软硬件平台的虚拟现实技术应用为国民经济当下、未来发展提供了支撑。虚拟现实技术可以促进各个行业的数字化转型提高生产力。虚拟现实技术的应用也可以为新兴产业提供更多就业机会和想象空间，从而促进新产业的蓬勃发展。高校老师应充分学习和领会习近平总书记关于教育的重要讲话——"加快建设教育强国、科技强国、人才强国，坚持为党育人、为国育才"，通过课程的思政建设，引导学生认识到虚拟现实技术、元宇宙在我国现代化建设全局中的核心地位，理解科技作为国家发展战略支撑的重大意义，努力把科技自立自强信念自觉融入学生的人生追求之中。

大学英语教学与课程思政融合途径

——以管院"中国文化"课程为例

陈国卿[*]

摘要：大学英语课程作为高校课程体系中的重要组成部分，具有传播思想和文化的独特优势。课程思政与大学英语教学相融合具有积极的现实意义，不但可以充实大学英语课堂教学内容，还可以传承中国文化与弘扬爱国精神。本文基于管理学院开设的"中国文化"大学英语课程教学实践，探索了大学英语教学中思政元素融入的途径，从思政内容、语言逻辑以及混合教学模式三个方面展开论述，在教学内容里深度挖掘思政元素，有机融合语言知识，最大化发挥大学英语课程的育人作用。

关键词：课程思政；外语教学；教学模式；课程设计

大学英语课程是国内大学阶段的基础课程，除个别专业，一般只涵盖大学初始的两个学年，其特点是教学时间跨度长、学分占比大，但周课时又略显不足。厦门大学目前运用"2＋2"的大学英语教学模式，利用多媒体的技术手段，采用"线上＋线下"混合式教学的方式，全方位为学生提供优质的英语教育服务。虽然大学英语的教学形式已经做到与时俱进，但是在教学内容方面仍有很大的进步空间。教育部 2020 年 5 月 28 日印发《高等学校课程思政建设指导纲要》，把全面推进课程思政建设当作落实立德树人根本任务的战略举措，当前高校英语学科理论建设也要求大学英语教学融合更多的思政内容，传统大学英语教学改革势在必行。教师不能只注重学生的语言知识和技能培养，还需要提高学生的政治素养，因此语言知识的讲解和技能操练不能作为课堂唯一的教学重点。在思政教育的背景下，大学英语教学不仅要能够按专业要求培养学生的英语理解和表达能力，同时还要培养学生的政治思想觉悟，让学生成为对国家、社会有用的人才。以此为目的，厦门大学管理学院开设相关的"中国文化"大学英语课程，寓教于乐，把英语教学与思想政治教育结合起来，尝试以翻转课堂教学模式，促进英语教学理念创新，并初步总结出英语教学与思政元素相融合的教学案例。

一、学习中国文化的精髓，确立制度与文化自信

公共英语课程思政要求"将思政教育方案置于大学英语课程中，并对教学中的思政育人潜能进行挖掘，将知识传授和价值引领相结合，既可以提高大学生的知识水平，又能增进

---

* 陈国卿，福建德化人，厦门大学外文学院讲师，主要研究方向为英语语言文学。

大学生的文化自信"①。厦大管院"中国文化"课程不采用固定教材,选取最能体现中国文化特点的相关英语阅读材料,根据反馈及时调整,做到教学内容与时俱进。通过对课程的学习,学生能够把握中国文化发展的历史脉络,了解中国历史、哲学、文学、艺术等方面的主要特征,建立一个中国与世界相互依存、相互促进的文化体系。同时为了全面培养学生的英语综合应用能力,提高综合文化素养,课程要求学生学会搜集分析英语文献,归纳概括自己的观点,并作出逻辑论证,最终达到让学生能够讲好中国故事、传播中国文化、坚定文化自信的目的。

大学英语课程思政中语言教学与思政元素结合程度的评价可以分成三个层次:(1)内容融入,就是将思政元素融入课程教学内容,并固化于课程教学目标中。(2)思想融合,将思政元素与课程中语言知识匹配融合,不强硬植入,体现自然统一。(3)价值融合②。推进课程思政建设,就是要寓价值观引导于知识传授和能力培养之中,帮助学生塑造正确的世界观、人生观、价值观,顺应历史潮流,适应新时代要求③。管院"中国文化"课程包括四个方面的主题——历史、艺术、文学、哲学,每个主题下各分为三个章节,从不同的角度展现中国文化的特点。中国共产党提出的坚持以人民为中心,是中国共产党坚持以人为本、执政为民、人民至上的根本政治理念。现代社会普遍倡导的"以人为本"的价值导向在中国历史上就有很深厚的渊源。儒家经典《尚书》就曾主张百姓是国家的根本,孔子从反面提出如果失去了老百姓的信任,那这个国家就有垮台的危险,孟子更进一步,直接主张"民贵君轻",把民众的地位放在执政者之上;荀子则把民众与执政者的关系比喻成水与舟的关系,提出"水则载舟,水则覆舟"的政治规律。当然,这些"民本思想"还不能摆脱历史的局限性,无法达到"人民是历史的创造者"这一思想认识高度,仅仅把民众当作是统治者的附属品。只有中国共产党旗帜鲜明地提出,人民群众是历史的主人,人民创造了历史、物质财富和精神财富,是社会变革的决定力量,所以"以人为本"针对的是具体的个人而不是抽象的民众,面对的是全体人民而不是少数民众,它经历了从"民本思想"到"以人为本"的一个动态的、历史唯物主义的发展过程。

在学习中国文化的过程中,教师就要有意识地引导学生站在唯物史观的立场,批判性地认识西方历史的唯心主义价值观,如教材中出现的中国"人类命运共同体"(a community with a shared future for mankind)理念与美国"天命论"(manifest destiny)之间的比较。中国在历史转折关头为世界发展指明了构建"人类命运共同体"的方向,并在十年之间,以强大的执行力,化理念为行动,转愿景为现实,凝聚国际团结合作的广泛共识,树立引领时代新潮流和人类前进方向的鲜明旗帜。倡议顺应了世界进步潮流,回应了当代世界的迫切需要,丰富国际关系理论体系,在全世界范围内受到广泛的欢迎,体现了中国特色社会主义制度的优越性和中国共产党当仁不让的历史使命。相比之下,美国的"天命论"则表达美国凭借"天命"理念,为其对外侵略和掠夺张本,以扩张领土来推广其政治制度。虽

---

① 杨爽:《高职公共英语课程思政的实施及深化》,《文教资料》2020 年第 28 辑。

② 杨华:《我国高校外语课程思政实践的探索研究——以大学生"外语讲述中国"为例》,《外语界》2021 年第 2 期。

③ 《课程思政赋予课程崭新内涵》,https://baijiahao.baidu.com/s? id=1702501642039630292&wfr=spider&for=pc,访问日期:2023 年 9 月 15 日。

然美国试行的自由与民主制度,相对于旧世界的君主制来说是一个进步,但美国根据其现实利益需求不断修改"使命"的定义,导致其价值观体系走向混乱与对立;在实践中,美国以"世界贸易组织"为框架,参与构建全球自由贸易体系,虽然客观上促进全球化发展和世界经济繁荣,究其本质,仍是为了维护美国在世界经济体系中的统治地位,掌握全球的经济命脉,为一己私利绑架世界经济。因此,通过"人类命运共同体"与"天命论"的比较,学生能够了解美国实施霸权主义的实质,以及为了继续剥削发展中国家,利用武力维护当前的经济殖民主义世界格局,从而对当前中美贸易战的本质建立正确的认知。

课程思政教育要做到文化自信,就必然要求教师充分利用教学内容,挖掘有关中国文化方面的思政要素,让学生从内心树立对中国传统文化的认同感。中国属于四大文明古国之一,当古埃及文明、古巴比伦文明、古印度文明早已湮灭在历史长河之中,中国仍然屹立在世界之林,这一事实引发学生对中国文化生命力的思考。中华文明的载体就是中国文化,正因为对中国文化的认同,中华民族才能够凝聚成一个整体。要正确理解中国文化,儒家思想就是学生绕不过去的一个重要话题。西方文明是建立在宗教的基础之上,从宗教产生契约,从契约进化到现代社会的法律,而中华文明是建立在以家庭为载体的道德伦理体系之上,此即中华文明特立独行于世的原因。与宗教为核心的西方文明体系相比,中华文明体系最重要的基本特征就是其世俗性,这也是教师引导学生学习儒家思想的一个重要的指导思想,如果学生缺乏这样一个高屋建瓴的引导,就会对中国的文化产生妄自菲薄的认知。自秦始皇建立中央集权模式,中国古人经过不断的试错试验,最终在文化上确立"罢黜百家,独尊儒术"的原则,从此中华民族就产生了惊人的文化凝聚力,中国人也享有统一的人生观、世界观与价值观。隋唐创立了科举制度,为人类文明做出一个重大贡献,乃至明清以儒家思想统一考核国家公务员,儒家思想最终在制度上确立为官方意识形态。中国共产党发动的革命,成功地将这个国家重新凝聚成一个整体,新中国又一次成为承载中华文明的国家载体,马克思主义指导思想也取代儒家文化传统,帮助中国以一种前所未有的速度迅速崛起。

因此,教师必须引导学生了解,只有高度的文化自信,才有文化的繁荣兴盛和民族复兴。中华民族的伟大复兴,不仅意味着一个民族的复兴,还意味着中华文明的复兴,而文化作为一个民族、一个国家的根基,能够为国家发展和社会进步提供源源不断的能量。

二、运用英语思维逻辑,传播优秀中国文化

在课程组选材的过程中,我们注意到中国传统文化的绝大部分典籍都有了相应的英译本,所选的教材除了部分重要典籍是由外国专家翻译,剩下的是由国内学者从中文翻译成英文。在研读教材的过程中,我们发现部分国内译者的汉语思维模式经常干扰其英语表达。同时,课程要求教师要引导学生做分组讨论以及观点陈述,这就引出另外一个与课程思政相关的课题,在了解如何讲述正确的中国故事(内容)之后,该如何正确地讲述中国故事(形式)?学生在做英语陈述时,经常使用中式汉译英词语,以及用英语表达观点时,套用汉语的语序,对于中国教师而言,这种表述不会造成理解上的困扰,但是考虑到学生将来需要应用英语与外国人沟通交流,肩负着传播中国文化的任务,教师就必须训练学生在英汉两种语言的思维逻辑之间做到无缝切换。

从形式上来说,中文是一种原始的造字方法——象形字,起源于对外界实体事物和现象的临摹,随着文字逐渐发展成熟,图画性质减弱,象征性质增强。象形字的局限性很大,因为有些实体事物和抽象事物是无法临摹。因此,以象形字为基础后,汉字发展成表意文字,增加了其他的造字方法。当汉字组成句子的时候,因为汉字本身没有形态变化,所以造成它在句中的排序固定。另外中文缺乏连接词,导致句子之间的衔接需要用言外事理逻辑或者上下文语境来确定,所以我们称汉语为意合语言。所谓意合语言,就是语言在形式上并没有直接体现出它的逻辑,完全根据汉字的排列顺序和句子前后顺序体现它逻辑思路。英语是属于形合语言,也就是说,在语言形式上就可以直观地体现它的逻辑思维。英语运用众多的手段帮助读者理解它的逻辑,其中包括:词形转换、时态变化、连接词、介词、关系代词、关系副词、承上启下的短语、同义词等用来说明句子内部以及句子之间的逻辑关系。比如,冬天来了,春天还会远吗?汉语省略关系词"如果",读者只能通过上下文判断此为假设的逻辑关系,英语则需要按照形合语言的要求,直接在形式上表现出它们的逻辑关系:If winter comes, can spring be far behind? 因此学生在做英语陈述时,必须做到在两个英语句子之间,用连接词或者关系词,体现它们的逻辑关系。

中国文化是用汉语表达的,自有一套内在的逻辑思维模式,汉语属于自然语序,即按照时间发生的先后顺序和因果先后顺序叙事,这也是汉语意合逻辑的一个重要标志。因为汉字字形固定,不能进行词形转换,所以它的语序就必须严格按照言外事理逻辑叙事(严格遵循时间先后和因果先后的语序)。如果叙事者不按照汉语的逻辑表达,就会造成汉语听众的困扰,觉得说话人颠三倒四。汉语的思维逻辑就是严格遵循"从客观实际出发,得出主观结论"的原则,当学生带着这种逻辑思维用英语叙事时,就会无意识地采用"事实—结论"的陈述模式。比如,学生会用英语表达:I was running yesterday, so when you saw me I was very tired. 这句就体现了经典的中式思维:先原因后结果,从客观实际得出主观结论。但是对于英美人来说,这种表达就属于缺乏逻辑。因为英语的逻辑是"以结论为导向"的特异语序,它不按时间和因果先后的顺序,而是根据说话人的结论,语义重点和兴趣安排语序。同样的句子用正确的英语逻辑表述则成为:I was very tired when you saw me yesterday because I had been running. 个人的结论和感受才是表达的重点,客观事实只是为了论证主观结论。因为英语不按照时间和因果先后顺序叙事,为帮助听众理解,须用各种语言手段来标出句子之间的逻辑关系。例句中,说话者把结论前置,所以他用过去式表示事件发生的时间,用 when 连接词标出动作的具体发生时段,用 because 标出原因,最后用 had been 标出原因发生在过去的过去。所谓"以结论为导向",即英语突出主观见解,强调主观对客观的判断和态度,事实只不过是用来论证主观见解正确与否。因此,在学生用英语表达观点时,教师就会要求他们应用英语的逻辑语序:先表态后叙事,先结论后分析,先假设后前提,先结果后原因。

当语言的思维逻辑上升到文化的高度,教师就要引导学生研读中国文化课程"天人合一"的哲学思想。汉语的逻辑思维遵循天道的运行规律,这就是"天人合一"在语言上面的体现。庄子最早在《齐物论》中提出"天人合一"的理念,后被汉代思想家、阴阳家董仲舒发展为"天人感应论"的哲学思想体系,并由此构建了中华传统文化的主体。汉字则是中国古人根据外界的各种现象高度抽象出来的符号,其起源学说之一就是伏羲画八卦。八卦的抽象原则是"观物取象",而汉语象形字的抽象原则是"依类象形",二者运用相同的原则把现象抽象成符号。英语的逻辑思维则注重主观对客观的判断和态度,实际上表现出它的一个重要的文化特征——"自由意志"的理念。西方文化中有一个高度隐喻的宗教寓言,提到人类的祖先吃了智慧果,从此得到判断是非的能力,因此一个人能够根据自己的理性对世界下一个判断和结论,这正是"自由意志"在语言上的体现。

因此,当课程思政与大学英语教学相结合时就产生了新的化学反应,教师在自选教材中挖掘思政资源,在讲授文化内容和语言知识点中融入思政元素,培养学生的政治觉悟和理想信念。同时又要遵循英语的思维逻辑,以西方人能够理解的方式讲好中国的故事,积极传播中国文化。

三、开创新的教学模式,提升思政教学效果

国外学者早于 2000 年就开始研究混合教学,到了 2006 年,线上线下相结合的混合教学在国外已经被视作一种教学新常态[①]。我国混合教学的研究起步较晚,2004—2015 年,随着 MOOC、个性化学习、新媒体的发展,混合教学研究进入了新的发展阶段,如基于"云班课""微信"的混合教学研究为高等教育提供了新的思路[②]。尽管国内学者在混合教学研究方面取得了很大的进展,但大学英语课程思政这一新型教育模式仍然处于起点阶段,还需要第一线的教师们群策群力,积极探索新思路、新模式。首先,高校在招聘和培训新进大学英语教师时,除了考察其专业教学水平,还可以开设思政培训班,训练新教师的思政教学能力;其次,高校可以设计出一整套大学英语课程思政的教学激励机制和评估体系,通过完善教学管理体制来提升大学英语教师的课程思政能力;最后,高校可以逐渐加重互联网技术在教学中的占比,通过线下课堂和线上教学相结合的模式,引导学生主动参与思政学习,培养学生的批判性思维和勇于实践的能力。

厦门大学利用各种网络直播平台积极推进互联网教学任务,如利用慕课、群课堂、腾讯会议、智慧教育平台、云班课、智慧树等推进线上、线下协同教学。厦大管院的"中国文化"课程要求贯彻从"以教师为中心"转变为"以学生为中心"的教学模式,改变旧的教学模式下教师满堂灌、学生鸦雀无声的状况。新的教学模式要求教师转变角色,不再作为教学的主导者,把教室的舞台还给学生,教师只作为学习过程的旁观者、学生活动的设计者、学习问题的诊断者、学习效果的评估者。教师在课堂教学中设计多样化的课堂实践活动,鼓励全体学生尽量参与分组课堂讨论、小组 PPT 汇报、课题项目合作、影视角色表演、在线多人配音、同台多人话剧、话题分组辩论等。课前教师设计好整堂课的活动流程,将学生平均分配为展示组、打分组、协调组、反馈组。根据教师在网络平台提前发布的学习任务,学生课前自主学习,上课时教师花 15 分钟对材料的重点和难点展开分析,之后展示组在课上进行学习效果展示,打分组进行任务完成情况评价,反馈组可以对展示组同学提出各种问题,确认同学在课前做好预习工作,同时也对展示组的效果进行归纳总结。因为混合式教学模式强

① 蒋婷婷:《基于混合式教学的大学英语"课程思政"模式建构》,《丽水学院学报》2019 年第 6 期。
② 张倩、周海平:《大学英语课程思政"线上+线下"混合教育模式研究》,《新闻研究导刊》2023 年第 1 期。

调的是学生课前自主学习的能力,所以在课堂上只做学习效果的展示,教师则注重流程评估。

课堂上,展示组同学必须上台以 PPT 的形式汇报他们自主学习的效果,因此 PPT 展示是整个整堂课活动流程的核心,一切教学实践都是围绕着这个核心展开。上台汇报的学生要求个人仪态端庄大方,发音咬字清晰,注意肢体语言。教师对学生 PPT 的格式有着严格的要求,必须以小论文的形式展开论述,其中包括引言、论证主体以及总结三部分。学生课前搜集文献资料,从中归纳出研究对象的三个主要特点,或者是三个主要原因,又或者是三个行动的步骤。然后根据总结出的特点、原因和步骤再进一步提升,概括出一个大结论。当学生把他的研究成果展示给全体师生时,论文结构必须按照金字塔的形式,以结论为导向,用三个论据来论证其结论是否合乎逻辑。而 PPT 作为教学工具,目的是利用图片、图表、柱状图、数据直观地展示抽象的理论,因此教师要求学生注意图片选择的相关性以及关键词的引导效果,做到主题和形式的统一。从学生 PPT 的选题和设计可以看出,新时代学生长期依赖互联网,思想多元化,参与各种政治话题,易接受新鲜事物,自我意识强,愿意表达自己的观点,但互联网大量信息也让学生感到困扰和无所适从。由于学生的价值观还在成型之中,对信息的对错辨别能力还不够强,课程思政要求教师根据学生的思想特点,将思政与学生的兴趣爱好联系起来,培养学生的辨别能力,引导他们形成正确的价值观。

总而言之,课前线上平台评价,课中教师/小组/平台相互打分,实时互评,课后平台/教师对学生任务完成情况及时反馈和评价。整个过程充分体现大学英语课程丰富的人文内涵,在锻炼学生英语运用能力的同时,推进人文教育和综合素质培养,实现大学英语课程形成性评价体系的多元化和思政化[①]。

四、结语

大学英语课程作为一门公共基础课程,面对的是全体本科学生,因此大学英语课程教学与课程思政相融合的教学实践,在学科建设层面上具有很强的理论指导意义,也对高校思想政治教育工作起到巨大的促进作用。厦门大学管理学院开设的"中国文化"课程以培养高质量的国际人才为目标,为达成课程思政"立德树人"的教育任务,将中国传统文化、社会主义核心价值观和语言思维逻辑融入大学英语课程教学,促进大学生全方位发展。高校需制定政策引导教师加强课程思政的意识和业务水平,进一步完善课程思政相关教学激励机制和评估体系。同时,一线教师应自觉主动加强课程思政的素养,通过教学实践让学生建立起对中国传统文化的认同与信心,提升学生的政治思想觉悟。鉴于大学英语课程思政这一新型教育模式目前仍处于摸索阶段,教师还要立足于学校的现状,结合大学生的心理特点,在具体教学环境中有机地融入思政内容,切忌在教学内容里生硬地植入思政元素,触发学生的反感情绪。大学英语课程中与课程思政相融合是一个渐进的过程,高校、教师与学生仍须共同探索,勇于实践,加快大学英语课程思政推进的速度。

---

① 蔡金秋、丁爱群:《"新文科"视阈下英国文学史课程思政教学模式研究与实践》,《中国多媒体与网络教学学报》2021 年第 9 期。

大学英语教学中课程思政元素的拓展
——提升国际传播素养、讲好中国故事

黄玲毅　王　璟[*]

摘要：本文从培养国际传播素养、提升国家形象的角度出发，探讨了在大学英语课程中融入思政元素的重要性和方法。作为高校公共教学的重要课程，大学英语课程在对学生进行语言技能训练的同时，还应拓宽学生的国际视野、培养学生的国际传播素养、提高他们的国家形象意识。本文从教学内容设计、教学方法与手段、评估方式与标准、师资力量与管理支持等四个方面讨论了如何在大学英语教学中融入思政内容、培养学生国际传播素养、让学生更好地讲好中国故事。本文还提出了具体的实施方案，以期进一步推进大学公共英语课程的思政建设。

关键词：大学英语；课程思政；国际传播素养；国家形象

2022 年 7 月，习近平总书记在考察新疆大学时指出，育人的根本在于立德。教育是国家的根本大计，对我国的现代化建设有着至关重要的作用。课程思政作为立德树人的一种具体实践能够有效地落实这一理念，引导学生成为有理想、有本领、有担当的时代新人。

在国家加强课程思政建设的号召下，大学公共英语课程改革的重要内容之一就是将思政元素有机融入大学英语课程的方方面面。首先，英语作为国际通用语言，具有跨越国界、文化和民族的交流与沟通作用，因此英语教学也承担着培养国际化视野和跨文化交际能力的任务。其次，高校的英语教学也应该注重提高学生的思想道德素质。课程思政的引导，能够帮助学生养成正确价值理念，提高其社会责任感和公民意识，建立文化自信，使其在未来的职业生涯中更好地服务于国家的现代化建设。

一、大学英语教学中的课程思政研究

要将课程思政元素与大学英语教学有机融合，对课程思政的内涵和意义的准确把握是至关重要的。对大学英语课堂中的课程思政的内涵，学界从不同视角提出了丰富多样的阐释。根据文秋芳（2021）的观点，在英语教学中的课程思政指由英语教师主导，通过英语教学内容、课堂管理、评价制度、教师言行等方面，将"立德树人"的理念有机融入大学英语课堂教学中的不同环节的过程。[①]

---

　*　黄玲毅，女，福建泉州人，厦门大学外文学院副教授，主要研究方向为应用语言学、人工智能与语言学交叉研究。王璟，男，山西临汾人，厦门大学外文学院硕士研究生，主要研究方向为应用语言学。

　①　文秋芳：《大学外语课程思政的内涵和实施框架》，《中国外语》2021 年第 18 期。

在学术界,关于如何加强大学英语课程中的思政建设的研究热度也不断上升。以"大学英语教学"和"课程思政"为关键词在中国知网(CNKI)搜索,截至 2023 年 2 月,发表的文章累计达到 1572 篇。如图 1 所示,从 2017 年开始,这一领域发表的文献数量总体呈现上升趋势。2018 年之前,研究尚处于起步阶段,但从 2018 年起,发表数量增长速度明显加快。2017 年仅有 2 篇,而到 2022 年已达 528 篇,研究数量在不断增加,研究角度多样。

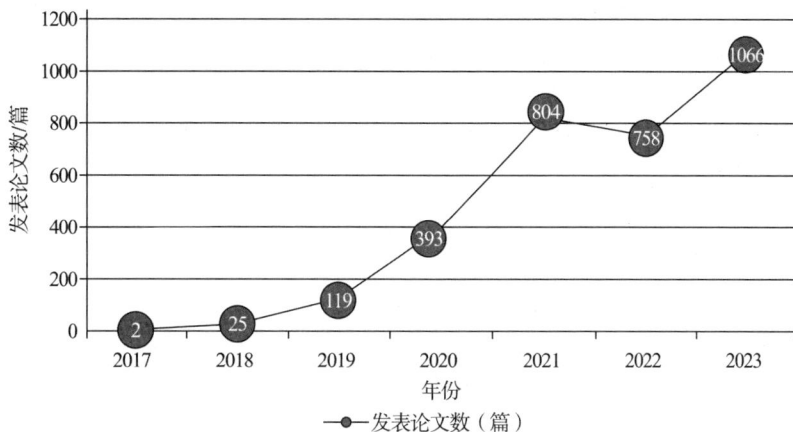

图 1　大学公共英语课程思政研究总体趋势(关键词"大学英语"和"课程思政")

然而,目前已发表文献主要集中在关于大学英语教学中课程思政建设的教学改革、教学设计、实施框架等较为宏观的方面,课程思政具体涉及的主题和元素的探讨、实施的目标与问题导向等涉及较少。事实上,大学英语课程作为课程思政中一个重要环节,其重点是培养具备国际视野和包容开放的全球化人才,而在当今多元文化的冲击下,学生的国际传播素养的提升与国家形象意识增强,都有助于他们成为合格的中华优秀文化传播者和中国故事讲述者。

党的二十大报告指出,我们应当坚守中华文化立场,提炼展示中华文明的精神标识和文化精髓,加快构建中国话语和中国叙事体系,向世界传递真实可信、感性可爱、价值可敬的中国国家形象。同时,我们还要加强国际传播能力的建设,全面提高国际传播的效能,使其能够展现出我国综合国力和国际地位的水平,建立具有在国际上举足轻重的国际话语权。此外,我们还要深化文明交流互鉴,推动中华文化更好地走向世界,从而促进不同文明之间的互相交流与共融。而在大学英语课堂中帮助学生正确认识中国国家形象,提高其国际传播的素养,不仅是对大学英语课程思政元素的扩展,更是对党的二十大精神的积极响应。

二、增强国家形象意识、培养国际传播素养

国家形象指的是一个国家内部和外部的公众对该国政治、经济、社会、文化与地理等方面的认知与评价①。国际传播则指通过各种手段,向国际社会传递国家形象、国家文化和国家理念,以达到增进国际理解和友谊、推动国际合作和发展的目的。在大学英语课程中,增强国家形象意识和拓展国际传播教育有着重要的意义。首先,英语作为国际通用语言,

---

① 孙有中:《国家形象的内涵及其功能》,《国际论坛》2002 年第 4 期。

具有跨越国界、文化和民族的交流和沟通作用，加强国家形象意识和国际传播教育，可以让学生了解并尊重不同国家和民族的文化差异，提高国际化意识和跨文化交际能力。其次，加强国家形象意识和国际传播教育也有助于提升学生的思想道德素质和爱国精神。通过了解和宣传自己国家的政治、经济、文化、科技等方面的优势和特色，学生可以增强对国家的认同感和自豪感，增强思想道德素质。最后，加强国家形象意识和国际传播教育还有助于提升学生的综合素质和创新能力。通过了解不同国家和民族的文化、教育和科技发展状况，学生可以拓宽视野，有助于培养出具有跨文化交际能力和国际视野。

因此，探讨大学英语课程思政和国家形象、国际传播相结合的教学研究，将会是当前英语教育领域的重要课题之一。在此过程中，可以借鉴高校其他课程思政建设的成功经验，从课程设计、教学方法和评价体系等多方面入手，促进教学实践的发展。

三、大学英语教学中国家形象塑造和国际传播素养培养的教学实现

在大学英语课堂中融入国家形象塑造和国际传播策略等课程思政元素具有很高的可行性。首先，随着全球化和信息技术的发展，人们对跨文化交际的需求越来越强烈，而英语作为全球通用语言，在国际交流、文化传播、国际合作等方面发挥着关键作用。在大学公共英语课堂中加入国际传播策略等课程元素，不仅符合学生对于提升文化间交流素养的期待，还能在无形之中增进学生对中华文化以及中国国家形象的进一步了解，提高文化自信。因此，从学生接受的角度来看，将二者有机融合是可能的。此外，大学英语的课程目标与国际传播等思政元素的效果也拥有较高的契合度。随着中国在国际社会上的影响力不断增强，增强学生的国家形象意识，学会使用正确的国际传播策略，对提高国家整体对外交往能力、促进对外沟通与合作有着重要的作用。

笔者将从教学内容设计、教学方法与手段、评价方式与标准、师资力量与管理支持等四个方面来阐述在大学英语课堂中融入国家形象塑造、国际传播等元素的可行性。

（一）教学内容设计

首先，课程教学内容的设计除了传统的语言训练，还需要结合国家形象塑造、国家传播素养提升等目标。具体而言，课程的教学内容和形式可以灵活多样，可通过选取相关的新闻报道、演讲视频、电影、小说等，引入有关中国文化、历史、地理、经济、科技等方面的素材，让学生了解中国的传统文化、发展历程和未来规划，增强其对国家的认同感。同时，还可以与传统的教学目标和考核方式进行结合。目前大学英语四六级考试中的翻译部分以考察中国传统文化和现代发展为主，因此教师可以在教学设计的环节就开始有意识地思考如何在讲授相关内容时加入课程思政元素，做到润物细无声。

同时，引入国际传播策略的相关知识，让学生了解如何利用传媒等手段进行有效的国际传播。为了更好地将教学内容与实际情况结合起来，教师可以以国家形象和传播策略为主题进行讨论和写作，在公共英语课程中引导学生讨论中国在国际事务中的角色和影响力，帮助其了解有效的国际传播策略，如何在国际文化交流中有效地传递信息和推广中国文化。同时，可以引导学生撰写具有国际视野的文章，如介绍中国的历史文化、地理风光、科技创新等方面的内容。教师可以选取一些具体的例子来引导学生学习，比如中国在国际大型赛事中的成绩、中国在一些国际事件中的表现（如新冠肺炎疫情期间的援助行动等），

让学生更加全面地了解中国的国家形象和中国在国际社会上的作用。也可以引入一些与国际传播策略相关的例子。比如,可以介绍中国企业在海外市场上的成功案例,让学生了解中国企业如何利用国际传播策略打造品牌形象。

此外,在选取材料和指导学生进行信息阅读中要时刻保持警惕,对信息来源、新闻内容的真伪等保有定力,认真研判。不少学者也曾从不同视角切入,指出了海外主流英语媒体对中国国家形象的扭曲[①]。因此教师在进行课程内容设计时可以有意识地加入外媒通过"春秋笔法"扭曲乃至抹黑中国形象的实例,这样不仅可以强化学生的语言运用与理解能力,也能帮助学生正确认识中国的国家形象。

有效的教学设计,不仅可以提高学生的跨文化交流能力,也有助于加强学生的意识形态教育,提高他们的综合素质,有利于他们成为具有国际视野的人才。

(二)教学方法与手段

除了在教学内容的设计上注入国家形象意识和国际传播素养等课程思政元素,还要在教学方法上加以实践。例如,可以组织学生模拟国际会议,让学生扮演不同国家的代表,在使用英语进行交流的过程中,学生可以更深入地了解各个国家的立场和意见,同时也可以加深对国际交流的理解。除了传统的课堂教学,还可以加入其他的实践性活动。比如组织学生参观相关的文化场所,如博物馆、历史遗迹等,让学生更加深入地了解中国的文化特色和历史传统,分组进行课堂展示、海报制作、调研文章撰写、新闻报道翻译等。在写作实践中,一方面了解新闻报道中的传播策略和新闻价值观,另一方面也培养学生的语言表达能力和写作技巧。同时,有条件的高校还可以组织学生参加国际交流活动,如国际学术会议、交流访问等,通过现场实践,提高学生的跨文化交流能力和国际竞争力。另外,也可以引导学生进行自主学习和研究,提供、推荐与国家形象和传播策略相关的资料与文献,如相关的书籍、文章、报告等,通过研究将被动输入转为主动探索。总之,将国家形象传播纳入大学英语课程,需要结合具体的教学内容和教学资源,注重实践和学生参与,同时也需要鼓励学生进行自主学习和研究,以达到最优的教学效果。

(三)评价方式与标准

在大学英语教学中有效增强学生的国家形象意识和国际传播素养,需要明确评价方式和标准,以确保教学目标的实现。对教学的评价主要有两种方式:定性评价和定量评价。定性评价主要包括教师评价和同伴互评,教师可以通过课堂表现、作业质量、参与度等方面进行,而同伴评价一般是小组评价或者两人互评。在定量评价方面,可以采用课堂测试、作业、期中期末考试等方式呈现,也能够通过问卷调查或者访谈等方式获得学生反馈,让学生对课程进行自我评价,同时收集他们的意见和建议,以便改进教学。

例如,在听说教学中,教师可以组织学生进行角色扮演,模拟国际会议的场景,评价时可以通过教师评价和同学评价的方式进行,通过评价学生的表现,判断其是否具备了一定的国家形象意识和国际传播素养,是否掌握了国际传播方面的能力。在写作练习中,可以

---

① 张晓欣、张树彬、李熙:《美国媒体涉华报道的批评语言学分析》,《新闻爱好者》2011年第5期。罗娟:《马航客机失联时间相关新闻的批评性话语分析》,《江苏外语教学研究》2014年第4期。冯乐苑:《批评性话语分析视角下2015年〈纽约时报〉的中国国家形象研究》,成都理工大学硕士学位论文,2017年。

要求学生撰写一篇国际新闻，并在课堂上进行互评。学生可以对彼此的文章从语言、内容、传播策略等方面进行评价，通过考量学生的表现，判断学生是否掌握了相关的知识和技能。最后，教师可以针对每一个教学阶段的评价结果，对学生进行相应的引导。

（四）师资力量与管理支持

要想确保在大学英语课堂中有效加入国家形象与国际传播等思政元素，需要配备强大的师资力量，并且需要来自国家、社会、高校等各个层面的管理支持。首先，高校应该鼓励英语教师不仅关注英语水平和教学能力的提升，更要注重了解国家形象、国际传播素养等方面的知识。例如，学校可以邀请国内外专家开设相关的讲座，教授相关的理论和实践技能。同时，可以鼓励教师参加国际会议、学术研讨会等活动，培养他们的国际视野。

其次，教师应该培养自己的课程思政教学能力。学校可以针对国家形象和国际传播素养等方面开设专门的教学课程，同时组织教师参加相关的培训和研修活动，提高他们的教学能力和素养。例如，学校可以邀请教育专家和教学经验丰富的教师开设相关的教学课程，向教师传授相关的教学方法和技巧。同时，学校可以组织教师参加思政类教学竞赛、教学观摩等活动，激发教学热情，提高教学水平。

再次，学校的教学管理部门应该提供必要的支持和资源，例如，学校可以为教师提供相关的思政类的教学资源，资源在内容和形式上注重多样性，还应鼓励不同学院之间相互合作，比如说邀请新闻与传播相关学院的资深教师在全校范围内举行讲座，有针对性地提升外语教师以及其他专业教师的国家形象意识和国际传播素养，或者鼓励学院之间联合开课，丰富外语教学与公共外交、国际传播等课程的融合。

此外，高校还应该建立健全"课程思政"的理论研究和常态化研讨机制，为教师提供必要的理论指导和实践支持，促进专业教学与思政课程的有机协调发展。例如，高校可以组织大学英语、马克思主义研究院以及新闻学院等相关学院教师共同组建科研团队、申请项目等，将教师学科背景和知识体系的差异性转化为优势互补，提升跨学科合作的推动力。此外，高校还应该加强对课程思政工作的组织管理和评估考核，为教师提供更多的工作机会和晋升途径，激发教师在课程思政工作上的精力和热情。

最后，将增强学生的国家形象意识和国际传播素养融入大学英语课程思政建设，更离不开国家层面政策上的支持。事实上，2019年8月，《关于深化新时代学校思想政治理论课改革创新的若干意见》明确了高校课程思政建设的重要性，2020年印发的《高等学校课程思政建设指导纲要》对大学课程思政建设提出了具体的要求和指导。这几年来，各地各校也先后出台实施方案，以推进课程思政建设。这些举措促进了大学课程思政建设的全面展开，并获得了一定的成效。此外，政府可以设立专项基金来支持国家形象意识提升与国际传播素养的教学研究和实践，用于资助各大高校开设相关课程、举办研讨会和学术交流活动、出版教材和创造教学资源等。这样一来，可以吸引更多的专家学者投身研究和实践，为广大教师提供更加系统和全面的支持。政府还可以加大对国际交流项目的资金投入，通过培养更多的优秀留学生、推动中外学生互访和中外联合办学等方式，促进中外文化的交流和融合。这样不仅可以帮助国内学生更加全面透彻地了解世界各国的文化、历史和价值观，提高他们的跨文化交际能力和国际化视野，还可以提高国内大学在世界上的影响力，为建设世界一流大学提供有力的支持。

四、结语

在全球化的潮流中,增强国家形象意识和培养国际传播素养已经成为大学英语教学中不可或缺的课程思政使命。当前,我国正处于实施全面深化改革的新时期,大学英语教育也面临着新的挑战和机遇。加强大学英语教育中的思政工作,尤其是将增强国家形象意识和国际传播素养融入课程思政,具有非常重要的现实意义。然而,这需要多方面的共同努力。作为高校,我们需要加强教师队伍建设,让教师能够从思想上理解课程思政的重要性并积极地进行实践,还要加强教材建设,构建适合我国国情和时代特点、适合思政教学的大学英语教材。同时要鼓励教师探索教学方法的创新,将思政内容的有效融合入课程教学,才能在大学英语教育中有效发挥课程思政的重要作用。在此,我们呼吁全社会关注大学英语教育中课程思政元素的拓展,尤其是将增强国家形象意识和国际传播素养融入教学实践中。相信在全社会的共同努力下,我们一定能够构建更为优秀的大学英语教育框架,培养出更为优秀的人才,为实现中华民族伟大复兴的中国梦贡献力量。

关于大学公共外语课程思政内容导入的初步探索与实践

——以厦门大学"基础意大利语(上)"课程为例

许盈盈[*]

摘要："课程思政"作为新时代高校思想政治教育的新抓手，如何正确地在公共外语教学课程中循序渐进地开展，成为所有公共外语教师需要共同面临的探索与挑战。本文以社会主义核心价值观为引领，以厦门大学公共外语选修课"基础意大利语(上)"为载体，探索与实践新时代背景下课程思政融入课堂教学的模式与方法，主要从教学内容改革方面探讨如何将课程思政有机地导入到课堂的各个环节中，做到小语种零基础公共外语教学中显性教育与隐性教育的相统一。

关键词：课程思政；公共外语教学；小语种教学；外国语言文化课程；教学探索与实践

一、课程思政背景

2019 年 4 月 19 日，《教育部高等教育司 2019 年工作要点》中关于"推进公共外语教学改革"明确表达了公共外语教学改革的相关信息：服务新时代国家对外开放战略和"一带一路"建设，推动形成高素质国际化复合型人才培养、选拔、推送、使用的全链条，为国家战略培养和储备"一精多会、一专多能"的国际化人才。全面深化公共外语教学改革，在有条件的高水平大学推动开设第二、第三公共外语课程，提高公共外语教学改革的针对性和实效性。

教育部 2020 年印发了《高等学校课程思政建设指导纲要》，明确要求全面推进课程思政，发挥好每门课程的育人作用，提高高校人才培养质量。各类课程与思政课程同向同行，将显性教育和隐性教育相统一，形成协同效应，构建全员全程全方位育人大格局。同时，《高等学校课程思政建设指导纲要》对公共基础课的思政建设也提出了明确的要求：要重点建设一批提高大学生思想道德修养、人文素质、科学精神、宪法法治意识、国家安全意识和认知能力的课程，注重在潜移默化中坚定学生理想信念、厚植爱国主义情怀、加强品德修养、增长知识见识、培养奋斗精神，提升学生综合素质。打造一批有特色的体育、美育类课程，帮助学生在体育锻炼中享受乐趣、增强体质、健全人格、锤炼意志，在美育教学中提升审美素养、陶冶情操、温润心灵、激发创造创新活力。

上述文件中所提出的要求，不仅强调了新时代教育工作者立德树人的根本任务，同时也体现了公共外语教学在思政背景下所应当发挥的培养高素质、全方位人才的重要作用，

---

* 许盈盈，福建漳州人，厦门大学外文学院讲师，主要研究方向为意大利语言与文学。

为新时代公共外语教学的探索和实践指出了明确的发展方向。作为一名公共外语教师,在新时代精神的引领下,不仅应当从自身出发,深入理解与掌握课程思政的实质内涵,更应该竭力承担起教书育人的神圣使命,顺应国家与时代的要求,在外语课堂上正确开展思政教育,有质有效地将思政内容"润物细无声"地融入课堂教学中。

随着高校公共外语课程中小语种教学建设不断扩大,学生拥有更多语言学习的机会,并且能够通过对外国语言的学习与掌握,了解不同国家的文化。课程思政作为新时代高校思想政治教育的新抓手,如何正确地在零基础的公共外语教学课程中循序渐进地开展,成为所有公共外语教师需要共同面临的探索与挑战。公共外语教师应该把《高等学校课程思政建设指导纲要》中关于公共基础课的思政建设要求与公共外语教学改革的实施方案有机地结合起来,突破传统的语言教学模式,做到"育人"和"育才"齐头并进,为国家培养出具备外语能力、了解多元文化、拥有中国情怀与思辨能力的人才,应该通过系统的教学改革,在外国语言、文化教学中,融入课程思政元素,做到显性教育与隐性教育相统一,从而实现价值塑造、知识传授和能力培养有机统一,更应该做到让公共外语教学课程与思想政治理论课同向同行,形成协同效应。

在公共外语教学过程中,课程内容是教学的核心,也是思政教育的起点与抓手。因此,本文以社会主义核心价值观为引领,以厦门大学公共外语选修课"基础意大利语(上)"为载体,以文秋芳提出"四横三纵"的外语课程思政理论[1]作为参考框架,主要探讨如何从教学内容方面将立德树人的理念有机融入课堂教学的各个环节中,更好地塑造外语学习者正确的世界观、人生观、价值观,从而进一步探索与实践新时代背景下课程思政融入课程的模式与方法。

二、课程现状

为了培养高素质国际化复合型人才,提升学生的国际视野,陶冶学生的道德情操,厦门大学于 2014 年起,针对全校各年级各专业的所有本科学生,开设了零基础公共外语校选课"基础意大利语(上)"。与语言专业课不同,小语种选修课具有教学周期短(一般为 1~2 个学期)、学生覆盖面广(每学年选修学生均达到 100 人以上)、教学内容与层次多样化(语言与文化学习相互交融)、教学模式灵活化(混合式教学模式)等特点,同时,学生选择小语种课程作为选修课,其学习目的也与语言专业学生有较大差异(学生选修的目的大多出自对语言和文化的单纯兴趣)。小语种校选课的上述课程特点,为课程思政融入课堂教学内容中提供了较为灵活可行的空间。因此,本人通过 2022—2023 学年第一学期"基础意大利语(上)"课堂教学中的实践与探索,对教学内容进行了迭新与重构,深入挖掘文化主题中的思政元素,将隐性育人与显性育人有机结合,以期能够让学生通过跨文化对比,增强独立思考与判断能力,从而更加坚定爱国主义理想信念,丰富对中华传统文化的理解。

三、课程思政内容的导入

课程思政在课堂教学中的实施,并不只是内容上的单一强加和输入,而应该是全方位

---

① 文秋芳:《大学外语课程思政的内涵和实施框架》,《中国外语》2021 年第 2 期。

多角度渗透，教学内容的重构只是其中的一个部分。零基础的公共外语教学，由于学生的语言能力限制，如何有质有效地将思政内容融入课堂教学内容中去，是公共外语教师共同面临的巨大挑战。文秋芳教授的外语课程思政的实施框架为公共外语教师应对时代挑战提供了较为详尽的参考模式。该框架由横向与纵向两个维度构成。横向维度包括四条思政链：内容链、管理链、评价链、教师言行链。内容链是外语教师实施课程思政教育的起点。在横向的四个链条中，内容链是核心，其主要任务是理解育人目标—分析教学内容—设计课堂教学方案。① 因此，本文将围绕内容链为主要论述方向，从内容链中所提出的三个主要任务着手，聚焦微观教学内容设计，探讨如何从教学内容上挖掘育人元素，精心设计、合理安排思政内容，使用适合的教学材料，通过潜移默化、润物无声的策略，实现价值塑造、知识传授和能力培养有机融合。

（一）课程思政在基础意大利语课程中的实施，需要教师不断提高自身的道德修养，全方位理解育人目标

课程思政的关键是教师本身，教师的思想政治觉悟和道德素质水平直接影响着课程思政的效果。小语种公共外语教学的特殊性，决定了基础语言教学课程一般只有 1～2 名任课教师，因此，教师不仅是教学方向的把握者，也是课程大纲的制定者，更是课程内容的统筹者。教师应该正确合理地制定教学大纲，把握思政教学内容的准确性和合理性。在进行教学内容改革，课程思政融入之前，必须先从自身出发，透彻地理解与领悟课程思政的内涵，严格遵循国家、学校、院系的育人目标。只有正确理解了国家的宏观教育政策，教师才能够精准把握育人方向，把课程思政的统摄作用全面融入教学系统的各个层级中，实现知识传授与价值引领相结合的课程目标。教师只有在全方位理解育人目标的基础上，端正政治立场，增强国家意识，才能做到言传身教以身作则，才能给予学生正向价值引导。根据本人的实践与探索，公共外语教师可以通过以下方面不断提高自身的道德修养，全方位理解育人目标：

1. 应从宏观上把握与理解党和国家教育方针的具体要求，贯彻立德树人根本任务，深入学习与理解课程思政的内涵，了解课程思政的最新动态。小语种教师应该摒弃单打独斗、闭门造车的思维，应当与各语种各专业的教师进行长期有效的交流和经验分享，形成协同效应。可以与思政教师组成教研团队，通过不断地学习与交流，正确制定课程思政教学目标、教学内容、教学方案。应运用各种资源与渠道不断提升自身的思政理论水平，掌握最新的思政理论知识，如多参加思政课程、听与课程思政相关的讲座、主动与思政教师讨论社会热点问题等。

2. 要达到课堂教学中显性知识与隐性知识完美融合，小语种教师还应该努力完善自身的知识体系和专业素养，与时俱进，跟上学术前沿，提高科研能力，将多学科知识融入教学中，传授给学生扎实过硬的外国语言文化知识。在这个过程中，应该特别重视对中国传统文化的学习和深入理解。

（二）基础意大利语课程中课程思政内容导入的初步探索与实践

教学内容是课程思政的主要源泉。2014 年课程开设以来，"基础意大利语（上）"的教

---

① 文秋芳：《大学外语课程思政的内涵和实施框架》，《中国外语》2021 年第 2 期。

学内容一直根据公共外语选修课学生学习目的特殊性,侧重于突出其人文社会学科和通识教育属性,在传授语言知识和训练语言技能的同时,通过文学艺术、历史文化等方面的知识来提高学生的语言综合能力。该课程教学内容主要分为以下三个部分:语音入门教学,实用会话教学以及意大利文化介绍。由于缺少有针对性的零基础公共意大利语教材,该课程的教学材料主要来源于教师自编课件及自选素材,辅以大学意大利语专业教材《大学意大利语教程》和《新视线意大利语》中的一些与教学大纲相契合的内容。思政元素通常内嵌于教学材料中,因此需要任课教师充分发挥积极性、主动性和创造性,在设计教学内容和形式时,深入挖掘育人元素,通过知识传授实现思政教育。经过一个学期对课程思政内容导入的实践与探索,笔者得出了以下几点经验与感受:

1. 从教学内容本身发掘思政元素,在重塑与安排教学内容时,要避免生硬地嫁接思政元素,导致外语教学和育人教育出现"两张皮"的现象。在既有教学大纲、课程材料和单元主题的基础上,笔者对"基础意大利语(上)"的课堂教学内容进行了适当的调整,在教学过程中鼓励学生以意大利语言文化为切入点,以中国文化为支撑,通过中意文化的对比,培养学生对文化异同现象进行比较与阐释的能力。学生通过课堂的学习,不仅能够了解世界文化多元性,更能够形成正确的跨文化意识和文化批判意识。这种通过对比对文化知识中所内嵌的思政元素进行深入挖掘,能够让思政内容与学生日常学习和生活关联起来,从而引导学生塑造正确的世界观、人生观和价值观,培养学生客观看待和辨识不同文化的思辨能力、跨文化理解能力和交流能力。

例如,在介绍到现代意大利语的起源时,就不得不提到但丁以及他的著作《神曲》。但丁是意大利著名的文学家,也是中世纪旧文化的亲历者和批判者,但丁用佛罗伦萨方言写就的著作《神曲》为现代意大利语的产生奠定了基础,民族语言的统一也进一步促进了意大利国家的统一。在课堂上介绍但丁时,笔者从两个角度导入课程思政内容,首先,"但丁的作品和思想,在中国的维新运动和'五四新文化运动'中,是极其重要的思想资源,对中国现代文化的发展有着极为深刻的影响"①。学生可以通过了解但丁的作品与思想,回顾新文化运动产生的时代背景与历史意义,从而进一步领悟中国当代青年的使命以及为实现中华民族伟大复兴的中国梦而奋斗的中国青年运动时代主题。其次,引导学生思考与发掘为何中国著名文学家鲁迅被称作"中国的但丁"。鲁迅与但丁,同为新旧时代的见证者和改革者,他们的时代思想和精神是跨越时空相通与契合的②,且鲁迅作为白话文运动的倡导者,从文学新语言产生的角度,与现代意大利语的奠基人但丁存在许多共同之处。学生们对鲁迅的熟悉程度,显然更甚于但丁,从鲁迅的时代价值去反观但丁的时代价值,更有助于学生了解但丁,从而实现了外语教学和育人教育相融合,有效地规避了"两张皮"教学的出现。

再例如,在向学生介绍意大利人马可·波罗及其《马可·波罗游记》时,思政元素的导入能够非常自然地涉及"文明交流互鉴"与"'一带一路'倡议"两个时代主题上。首先,笔者以马可·波罗中西文化交流先驱的身份为切入点,带领学生回顾与梳理中西文明交流史上的一些重要事件:如丝绸之路的开辟,郑和的七次远洋航海,玄奘西行取经,唐代对外交流盛

① 王锡荣:《鲁迅对但丁的关注、评价与传播》,《文汇报》2018 年 7 月 16 日。
② 苏冉、卓光平:《"鲁迅与但丁:跨时空对话"与中意文化交流》,《名作欣赏》2020 年第 2 期。

世等。让学生充分理解文明的交流互鉴是推动人类文明进步和世界和平发展的重要动力,鼓励学生争做新时代的"马可·波罗",向世界传播中国声音。其次,以800多年前马可·波罗往返中国的路线为切入点,进一步体现无论是古代还是现代,丝绸之路都为东西方文化、商贸往来提供了极为便利的途径,从而让学生能够深入理解与领悟国家提倡共建丝绸之路经济带和21世纪海上丝绸之路的重要意义与历史价值。

找到中意两国之间的共通、共同之处,诚然是文化对比的一个重要途径,但发现与鉴别两国文化的不同之处及其深层根源,让学生更深入了解中国文化,进一步认识到"中华优秀传统文化是中华文明的智慧结晶和精华所在,是中华民族的根和魂,是我们在世界文化激荡中站稳脚跟的根基"[1],也是文化对比、思政融入的另一个重要目标。学生能够通过对不同文化的了解与比对,增强民族认同感、文化认同感与国家认同感,增强文化批判意识和鉴别能力,从而自觉抵御外来不良思想文化的侵袭。

例如,意大利人虽然与中国人相似,具有强烈的家庭观念,但是这种家庭观念的成因和根源是与中国不尽相同的。相较于意大利人的重家庭、轻国家意识形态下社会与政局的不稳定,中华民族传统的"家国情怀"才是社会稳定与持续发展的根基。因此,这个主题下思政元素的导入,可以让学生对不同意识形态下的文化内涵有更深层次的理解与比较,帮助学生认识到"千家万户都好,国家才能好,民族才能好","国家好,民族好,家庭才能好",[2]让学生进一步意识到家庭的前途命运同国家和民族的前途命运是紧密联系在一起的,只有实现中华民族伟大复兴的中国梦,家庭才能梦想成真。当代大学生,作为每个家庭的重要组成部分,应当把爱家和爱国统一起来,把实现家庭梦融入民族梦之中,从而实现中华民族的伟大复兴。

2. 充分合理利用课程思政教材。2022年7月,高等学校"理解当代中国"系列教材正式出版,并于2022年秋季学期面向全国普通本科高校外国语言文学类专业本科生、研究生和语言类留学生推广使用。其中,意大利语系列教材共4册,笔者作为副主编,有幸参与了《意大利语读写教程》(以下简称《读写教程》)的编写工作,在教材出版之后,第一时间把教材中的部分内容引入"基础意大利语(上)"课程思政教学中。思政教材为小语种课程思政教学提供了丰富的语言与文化材料,正确合理地使用思政教材,能够让公共外语教学中学习外语知识和技能的显性目标与思政育人的隐性目标完美地融合在一起。公共外语学生由于语言水平的限制,没有办法完全自主阅读或学习教材中的内容,这就需要教师发挥主观能动性,根据单元主题和教学目标,有选择性地选取一些重要片段,在帮助学生更好地了解习近平新时代中国特色社会主义思想的同时,作为学生的语音练习材料或阅读材料,培养学生更好地掌握用外语传播中国文化、用外语讲好中国故事的能力。在"基础意大利语(上)"的课堂上,笔者通过以下方式使用《读写教程》中的内容:

(1)在基础语音教学部分,选择《读写教程》中与单元主题相关的篇章或片段,作为学生练习意大利语发音,提高意大利语阅读能力的材料。学生通过包含思政元素的段落、篇章

---

① 习近平:《把中国文明历史研究引向深入增强历史自觉坚定文化自信》,《中国军转民》2022年第17期。

② 习近平:《习近平谈治国理政》第2卷,外文出版社2017年版,第353~354页。

朗读,不仅能够掌握正确意大利语发音,提语言表达能力,更能够配合教师的讲解,深入理解所朗读的片段中所包含的思政内涵。

(2)在词汇的学习部分,每个单元都潜移默化、润物无声地融入一些思政词语,如长征精神(sprito della Lunga Marcia)、爱国主义(patriottismo)、中国梦(sogno cinese)等,为学生用意大利语传播中国文化、讲好中国故事,打下坚实的基础。

(3)在文化输入部分,结合各个单元所涉及的文化主题,特别是在进行中意文化对比时,引入《读写教程》中的相关篇章与元素,丰富学生对中华传统文化的理解,强化学生在语言输出、分析问题、解读内容方面的能力。

四、总结

"高等外语教育是国家对外开放的'桥梁'和'纽带'。高等外语教育关系到高等教育人才的培养质量,关系到中国同世界各国的交流互鉴,更关系到中国参与全球治理体系的改革建设。"①小语种公共外语教学作为高等外语教育体系的重要组成部分,是推广与发展课程思政的重要领地,在思政教育方面具有独特优势。公共外语虽然仍处在初步的探索与实践阶段,但高校的小语种公共外语教师,应该积极投入课程思政建设的时代浪潮中去,应该在社会主义核心价值观的引领下,不断提高自身的道德修养,在教学过程中以身作则、言传身教,应该根据公共外语课程的特点、规律,不断创新教学理念,科学组织课程材料、教学资源,合理改革并重塑教学内容和教学模式,充分发挥外国语言、文化教学的显性与隐性功能,从而实现价值塑造、知识传授和能力培养有机统一,应该努力做到公共外语教学课程与思想政治理论课同向同行,形成协同效应,为祖国培养更多具有国际视野、家国情怀、专业素养的外语人才。

---

① 吴岩:《新使命 大格局 新文科 大外语》,《外语教育研究前沿》2019年第2期。

大思政视域下高校体育课程思政探索与实践*

傅 亮**

摘要：教育是国之大计、党之大计，承担着立德树人的根本任务，迈入新时代，课程思政建设成为高校育人育才的重要抓手。本文运用文献资料法、逻辑分析法、实地调研法等研究方法，分析高校体育课程与课程思政建设相得益彰，是高校落实立德树人根本任务的有效途径。厦门大学秉承"自强不息、止于至善"的校训，在"爱国、革命、自强、科学"四种精神的引领下，重视体育育人价值，开足开齐体育课、遵循运动项目规律，挖掘和融合思政元素、培养"运动爱好者"的教学设计，打好以体育课为基石的育人大本营。整合相关体育资源，逐渐搭建起了以公体课为基石、以体育运动社团为阶梯、以校运动队为高地的有层次的课内外一体化体育育人体系，实现"学会、勤练、常赛"的运动效果。统一厦大体育宣传形象、开展以运动场馆为载体的思政宣传、塑造运动典型，积极推动厦大体育文化建设，引领体育育人之风。百年厦大以使命在肩、奋斗有我的担当，在为党育人、为国育才的道路上为国家培养出德才兼备的能文能武的高素质人才。

关键词：大思政；体育思政；体育育人；厦门大学

2016 年，习近平总书记在全国高校思想政治工作会议上强调："提升思想政治教育亲和力和针对性，满足学生成长发展需求和期待，其他各门课都要守好一段渠、种好责任田，使各类课程与思想政治理论课同向同行，形成协同效应。"①如何打破长期以来思想政治教育与专业教育相互隔绝的"孤岛效应"，将立德树人贯彻到高校课堂教学全过程、全方位、全员之中，推动思政课程与课程思政协同前行、相得益彰，构筑育人大格局，是新时代中国高校面临的重要任务之一。课程育人是高校育人的主渠道，所有课堂都有育人功能，不能把思想政治工作只当作思想政治理论课的事。"完全人格、首在体育"，体育课程是高校育体铸魂的重要载体，对深入落实"立德树人"根本任务具有先天优势，大思政背景下承担着不可推卸的育人责任。

厦门大学向来重视学校体育的发展，创校之初，校主陈嘉庚就提出"提倡体育，恢复国民健康为振兴教育的先决问题"的思想理念，将其爱国报国之心付诸救国兴国的教育实践中。厦门大学也一直秉承"自强不息，止于至善"的校训，在"爱国、革命、自强、科学"四种精

---

* 基金项目：2022 年度福建省中青年教师教育科研项目（社科类）一般项目"新时代高校体育融合课程思政的理论价值与实践路径研究"（闽教思〔2022〕8 号）。

** 傅亮，山东淄博人，厦门大学体育教学部讲师，主要研究方向为学校体育。

① 《习近平：把思想政治工作贯穿教育教学全过程 开创我国高等教育事业发展新局面》，《人民日报》2016 年 12 月 9 日第 1 版。

神的引领下，以使命在肩、奋斗有我的担当，推进体育工作机制体制创新，强化特色体育教学，把体育在人才培养中的重要作用充分挖掘出来，通过体育磨砺学生的身体素质和顽强意志，培育学生的爱校热情和集体观念，激发学生的爱国之情和报国之志，养成学生的健康心态和良好人格，推动高校课程思政建设得到有效落实。

一、高校体育课程与课程思政建设相得益彰

（一）体育蕴含丰富的思政教育元素，成为课程思政育人的建设亮点

我国著名的体育教育家马约翰先生总结体育可以带给人勇气、坚持、自信心、进取心和决心，培养人公正、忠实、自由的社会品质。体育不仅具有强身健体的健康价值，同时体育精神中蕴含的众多思政元素具有很高的德育价值，与思政教育的目标高度一致。(1)体育中的爱国主义元素。体育是提升民族凝聚力、树立民族自豪感的有效载体。2008年奥运会、2022年冬奥会的成功举办，既充分展示了中华民族出色的办赛能力，是国家富强起来的体现，也提升了中国在国际社会上影响力和关注度，从"东亚病夫"之耻一步一步向体育大国、体育强国迈进；中国健儿不断在不同的体育领域取得突破，在国际赛场上升起五星红旗、响起《义勇军进行曲》。这些无疑有利于激发青年学子的民族自信心、民族自豪感，强化爱我中华的爱国情结，为实现中华民族的强国梦发奋图强。(2)体育中的卓越、进取、团结元素。体育运动具有较强的竞技性，富含"更高、更快、更强、更团结"的运动精神，要求参与者在参与过程中能持之以恒，有助于培养坚持不懈、不畏艰难的恒心，不断激励参与者超越自我、突破自我，有利于培养学生进取，追求卓越的品格；在集体运动项目中各司其职、尊配合、讲奉献、重团结，有助于培养学生的集体主义精神。(3)体育中守规则的遵纪守法元素。无规矩不成方圆，任何体育运动项目都有运动规则，以保证竞赛的公平公正。每位体育参与者在激烈紧张竞争中，在规则的约束下进行自我克制，以正确的态度对待体育比赛，尊重规则、尊重对手；体育能锻炼学生如何在规则中取胜，同时也磨炼学生如何在规则下尊严而体面的失败①，为学生把握自己的人生道路带来深刻的启示，帮助学生在专业学习中塑造正确的世界观、价值观和人生观。延伸到社会大环境，懂得遵纪守法，学生明确"能做"和"不能做"的社会行为，推动整个社会的公平公正。

高校体育课是高校教育中跨专业较宽、跨学段较长、课外延伸较好、教育指向最明确的课程之一，这一特征也凸显高校体育课程思政建设的纵深和周期，为长周期和循环开展课程思政建设提供了优质的实践环境。体育蕴含的众多思政元素可以在高校体育课中很好地开展和实践，在高校体育课的教学中可以毫无违和地与课程思政建设进行融合，既能将体育运动精神对学生予以熏陶和传播，又可以将体育课程中蕴含的思想政治教育功能充分发挥出来，确保大学生思政教育的时效性，高校体育课成为高校课程思政建设的有效载体和重要途径。

（二）课程思政建设为高校体育课的教学改革注入新动力

2020年5月28日，教育部印发的《高等学校课程思政建设指导纲要》明确指出，在"立

---

① 《白岩松：体育的重点不在体，在于育！要教会孩子赢，更要教会孩子体面地输!》，https://www.sohu.com/a/284779939_534435，访问日期：2023年8月10日。

德树人"根本任务的指导下,体育类课程要树立健康第一的教育理念,培养学生顽强拼搏、奋斗有我的信念,激发学生提升全民族身体素质的责任感,这为全面加强和改进新时代学校体育工作指明了方向、提供了根本遵循。但面对新时代学校体育工作的新要求及多年的教学惯性,高校体育课仍然存在着诸多的教学弊端,表现在以下方面:(1)重视外形,忽视精神。一项体育运动能在全世界得到推广,有其项目的独特性、文化精神及运动魅力,如足篮排的团队、高尔夫的绅士、网球的优雅等,当前公体课大多注重外在表现形式,没有充分挖掘运动项目规律,尤其是没有发挥出该运动项目的竞技、文化及育人功能,从本质上讲看起来内容丰富的体育课堂只是外在运动形式不同,但是体育课的性质却基本同质。(2)学无用武之地。当前高校体育课程,重心放在技术动作的教授上,整堂课的基本程序为教师讲解、示范,学生练习,教师指导,一学期下来教师通过诸多教学措施,促使大学生做出"标准化动作",考核机制中也是以动作规范程度为主要考评标准;体育运动尤其是球类运动最终是通过技术动作转化为实战能力,如球类运动的得分、足篮球的传球配合与进球等,但目前很多球类课程很难实现"标准化动作"与比赛实践的接轨,忽视了学生将所学转化为实际运用的能力。(3)脱离实际,违背初衷。单纯的技术动作教学虽然实现了动作的相对标准化,但动作只是运动项目的组成部分之一,忽视了体育运动的关联因素,尤其是竞赛中的心智因素,存在学了运动技术动作却不知道怎么玩的尴尬,如高尔夫球是击球进洞,网球、羽毛球、乒乓球是隔网打线路的运动形式,也不怎么会欣赏运动项目比赛。另外,大学生尤其是双一流高校学生文化水平高、思维能力强,但同时也存在身体素质偏弱的特点,过多课时强调在技术动作的标准化上,既容易让学生学习存在挫折感,也容易让体育课堂失去乐趣,陷入"喜欢体育运动而不喜欢体育课"的窘境,与开设这门课程培育学生运动兴趣、育体育人的初衷不相吻合。

新时代的高校体育教学提出了新要求,尤其是 2018 年习近平总书记在全国教育大会提出高校体育要帮助学生在体育锻炼中享受乐趣、增强体质、健全人格、锤炼意志的期望,当前高校体育教学有很大的改革空间,课程思政建设有利于推动高校体育运动技能与思想教育的对接,充分体现体育教学改革的价值所归,真正做到"运用身体之活动,以教育我之人格",彰显出了高校体育强身健体、塑造人格的全面魅力,为高校体育课程改革注入新动力。

二、高校体育课程思政育人的厦大探索

厦门大学在加快推动"双一流"建设的征程中,将体育育人工作放在为国家培养德智体美劳全面发展的社会主义建设者和接班人、实现中华民族伟大复兴提供高素质人才支撑的高度认真谋划,周密部署,积极行动,大力推进,开创具有厦门大学特色的体育育人新局面。

(一)学校高度重视高校体育育人工作的开展

厦门大学有着重视体育的优良传统,于 1921 年创办之初就设立了体育部,作为学校的直属部门由校长直接领导,负责全校的体育工作,校章明确规定:"本校对于体育特别注意,凡可训练学生身体强健、精神和乐之各种体育组织,无不设备。"[①]提倡体育不仅是一种运

---

① 陈志伟:《厦门大学百年体育发展史》,厦门大学出版社 2021 年版。

动,还是一种教育手段、一种精神载体,应该当成学生的终身修行,应该成为促进学生全面发展的最基础工程。学校高层不仅思想上高度重视体育的育人作用,行动上更是以身作则,引领厦大师生员工共同参与体育活动。2016 年的厦门大学体育工作大会上,61 岁的时任校长完成直腿支撑 25 秒,既诠释了体育运动的健康魅力,又是对年轻学子的触动,把注意力吸引到体育上来,鼓励厦大学子参与体育锻炼。2019 年以习近平总书记给北京体育大学 2016 级研究生冠军班全体学生回信精神为契机,厦大再次召开体育育人大会,提出要以习近平总书记给北京体育大学 2016 级研究生冠军班全体学生回信精神为重要遵循,广大师生要有使命在肩、奋斗有我的担当,强化特色体育教学,加强高水平运动队建设,大力开展群众性体育工作,以体育精神凝聚强大合力,实现立德与树人、育人与育才的有机结合,进一步开创具有厦门大学特色的体育育人工作新局面;2020 年"健康厦大、跑进百年"环校跑活动,突遇瓢泼大雨,校领导带头参与并完成比赛,使得学校体育运动蔚然成风,形成了良好的校园体育风气。

(二)打造以体育课为基石的体育育人大本营

体育课是高校课程体系中的重要部分,既是学校体育教育工作的中心环节,又是实现学校体育教育目标的基础和根本途径。体育基础知识、基本技能和基本战术的掌握,体育兴趣的养成、体育习惯的形成及终身体育观念的树立,都得益于体育课程的教学,高校体育课是高校体育育人的大本营,抓育人工作首先要把体育课基本教学这块基石打好。

1. 开足开齐高校体育课

"敢为人先,勇于创新",厦门大学体育课程不断推陈出新,先后引入并开设赛艇、皮划艇、击剑、三边足球、攀岩、桨板、动感单车、中华射艺、极限飞盘等一系列新兴体育课程,使得厦门大学开设的体育课程达到 54 门,形成了厦门大学特有的"体育超市",既丰富了高校体育课的教学内容,也大大满足了新时代青年学生的多元化的健康体育需求。目前,厦门大学的体育课程基本涵盖了竞技体育、休闲体育、时尚体育、民族传统体育和保健体育等各个领域,形成了民族传统体育、形体塑身与健身健美、户外拓展训练、小球类和大球类等系列课程,构建了一个体现时代性、教育性、发展性、实用性、多样性、民族性和中国特色的现代大学体育课程体系。

此外,在研究生教学中开设公共体育选修课,并根据研究生的差异化及需求,开创"走课制＋俱乐部制"的开放、自由、自主的授课模式,将体育延伸到研究生教育中,提高研究生的身体素质,舒缓紧张的学业,有助于完成科研任务。

2. 以"培养运动兴趣"为目标的教学设计

赫尔巴特的"教育性教学"理论被视为学校教育的主要理论基础,该理论指出教育过程是起于兴趣,依靠行为,最终实现意志品质的形成[①]。对普通高校学生而言,不能按照专业运动员的标准去要求他们进行运动技能的学习,那会使大多数学生产生畏难情绪和挫折感,甚至厌学。为此要明确高校高尔夫体育课的定位,并不是培养专业运动员,不再一味地灌输"职业化"技术动作,从注重动作规范程度、动作标准化积极调整,体育课程尤其是球类

---

① 许丽:《高校"课程思政"建设的理论基础与实践探析:以赫尔巴特"教育性教学"思想为视角》,《黑龙江教育(理论与实践)》2021 年第 3 期。

课程,改变体育课传统"唯动作为上"的教学理念,提出"培养运动爱好者"的教学新思路,创造条件让学生体验到这项运动的乐趣,将寓教于乐落到实处,培养运动兴趣。在众多的体育课程中,依据教学基本任务及课程目标,在不违背运动项目基本动作原理和规则的前提下,降低技术门槛,如网球课中采用青少年的软球、降低击球难度、速度,学生能实现更多回合的击球后逐渐再过渡到正常球;高尔夫球设计迷你球道、增大洞杯直径的方式,既合理利用现有的场地条件,又让学生可以体验到原汁原味的高尔夫运动形式;棒球课中采用乐乐棒、排球课采用气排球等都大大降低了技术难度,学生可以较快地实现上手,能玩起来,才能体验到体育运动带来的各种乐趣,也就更有动力和兴趣参与体育课和体育运动。

3. 遵循运动项目规律,课程中挖掘和融合思政元素

一项体育运动能在全世界得到推广,有其项目的独特性、文化精神及运动魅力,如足篮球排球的对抗与团队、高尔夫的绅士、网球的优雅、中华武术的内外兼修等。一项体育运动是以技术动作为基本组成部分,但是运动中的体育精神才是该项运动项目的内核,这恰好是课程育人的思政元素。体育课程不仅传授运动技术动作要领,还要传授运动精神,这就需要遵循运动项目规律,在课程中挖掘并在教学中融合思政元素,让学生在该运动锻炼的同时,接受运动项目文化的熏陶。篮足排球课中通过不同的战术演练与配合突显运动项目要求的合作、奉献精神和维护集体利益至上的品格;高尔夫球课程中通过"别人打球保持安静""打出草坪捡回""注意安全""远者先打""诚实计分""球童协作"等环节,将高尔夫运动讲究的"诚信、自律、礼让、尊重"的礼仪与精神在运动中潜移默化地对学生进行灌输,培养学生尊重他人的绅士礼仪;以中华射艺课程为代表的武术课程将中华武术结合文化礼仪教育,习武先习礼,师生互行抱拳礼、鞠躬礼、用武术礼仪约束自己,言行有礼,明理明德,让优秀传统文化真正走进学生的心里……

(三)课堂、社团、校队三位一体的课内外体育育人体系

如果说体育课是体育育人的第一课堂,那么校内外群体运动竞赛、体育社团活动、校运动队训练、体育运动节及环校跑等内容则是体育育人的第二课堂,是第一课堂的拓展和延伸。厦门大学不断整合相关体育资源,逐渐搭建起了以公体课为基石、以体育运动社团为阶梯、以校运动队为高地的有层次的课内外体育育人体系,实现"学会、勤练、常赛"的运动效果,体育育人得以在广度和深度上发挥价值。

1. 打造一系列的龙头赛事、群体赛事及教学赛事

竞争是体育的基本特征,体育竞赛既有利于展现学生的锻炼效果,有利于培养学生的竞赛意识。竞赛培育当代大学生的集体荣誉感、积极向上心态、抗挫折能力、锻炼意志品质及增强人际交往能力。厦门大学重视校园体育文化的建设,发挥体育育人价值,积极开展各项竞赛活动,逐渐形成了"月月有比赛、周周有活动、天天有加油声"的竞赛氛围。

首先是一年一度的田径运动会龙头赛事,固定在每年11月第一周周末开展,是全校参与度最高的体育竞赛,是厦门大学的体育盛会;每年开展一次主题不同的厦大环校跑,引导厦大学子用脚步丈量校园,逛厦大、爱厦大。其次是丰富多彩的社团体育竞赛,学校采用年度体育竞赛总积分评比办法,每年举办的全校性质的体育项目竞赛达到了30多场,既有学生的个体竞赛,也有各学院的竞争,还有校区间的对抗,体育竞赛丰富多彩。最后是教学赛事,鼓励体育课程选修学生走出课堂,走进赛场,既有利于学生们学以致用,所学转化为所用，又可以促进教学交流，社会交流，提升教学效果。

2. 充分发挥体育社团的功能

体育社团是高校课外体育活动的主要平台，通过体育社团吸引学生走出教室、走出宿舍、走向操场、亲近自然，充分享受体育运动的乐趣。厦门大学先后设立了登山、舟艇、定向、健身气功、帆船、篮足排、高尔夫、网球、围棋等 31 个体育社团，配有社团指导老师，学生可以根据自己的兴趣爱好自主选择、自愿参加。体育社团在发展壮大本社团的同时，也成为学校体育竞赛活动开展的主力军，在赛事策划、组织、后勤及志愿服务上发挥重大作用，甚至走出校园，服务社会，如高尔夫社团为欧巡赛职业赛事提供志愿服务，跳绳社团深入中小学提供健身指导服务，攀树协会在厦门"莫兰蒂"台风灾后马上投身清理、抢救及修建服务等，为社会贡献厦大力量。此外，为了充分发挥体育社团的价值和影响力、表彰先进、树立典型，学校每年会举办"校十佳体育社团"评选，借此调动体育社团的积极性，促进学生体育社团良性发展。

3. 打造厦大体育王牌的各级校运动队

校运动队是高校的体育精英，担负着为校争光的责任，是学校体育对外交流的桥梁和窗口。厦门大学为提高学校竞技运动水平，在课余时间将部分热爱体育运动、身体素质好又有一定专项运动特长的学生纳入校队进行训练，既能代表厦大参与不同层级的比赛，在更大舞台上为学校争金夺银，又能成为学校的体育骨干，以指导和推动学校体育活动的开展。厦门大学根据竞技需要，校运动队共分为三个层级：一级运动队有 5 支，为高水平运动队，代表厦大的最高运动竞技水平，二级运动队有 6 支，为厦大特色运动队，三级运动队有 9 支，为常训运动队，并且二三类代表队实行动态变化，根据比赛实际需要进行调整。各级运动队代表了厦大在各个级别上竞技水平，坚持常年训练，先后在各级赛场上为厦大赢得荣誉，展现出厦大学子学习好、体育强的双优品质，更能激发厦大学子以校为荣的家园情怀。

（四）积极推动厦大校园体育文化的建设，引领体育育人之风

1. 统一厦大体育文化形象

厦门大学发展的各个阶段，都非常重视学校体育的建设，但厦大体育的发展曾经存在一个短板，那就是没有厦大体育自己专属的标识，在对内对外宣传和交流时没有统一的形象，这无疑会阻碍厦大体育实现更广阔的发展。为此，借鉴世界一流大学的成功经验，多方努力于 2019 年统一了厦大体育标识和吉祥物，并在国家知识产权局进行了商标注册，将厦门大学运动队队名统一为"厦门大学南强运动队"。自此，厦门大学开展的所有体育活动有了统一的宣传形象，大大提高了厦大体育的辨识度，并开发出与学生生活息息相关的厦大体育文创用品，如服装、文具、水杯、背包等，借此释放更大的影响力。

2. 以运动场馆为载体的硬件宣传

运动场馆是进行体育活动的空间场所，除承担基本的体育教学、群体竞赛及运动训练基本硬件功能，还可以承担更为重要的思政教育功能。厦门大学拥有众多的体育运动场馆，为学生提供了众多的活动体育运动场所，有些运动场馆自身就带有浓厚历史文化沉淀，如演武田径场是民族英雄郑成功当年保家卫国操练军队的练兵场，厦门大学以此遗址创立，寓意为秉承先辈遗志，爱国兴邦，建校之初，在"兴演武，重体育"的思想主导下，将其定为演武运动场，开展体育锻炼、强身健体活动，使用至今，未曾改址或挪作他用。还有风雨运动馆、上弦场及厦门第一个室内综合性运动场馆明培馆，在这样富有历史感的运动场馆中活动本身就可以培育厦大学子的爱校、荣校情怀。在各运动场馆悬挂国旗，排球场上的女排精神、射箭馆的"射以观德"、乒乓球馆的国乒骄傲、健美操馆的厦大荣誉等都可以激发学生爱国精神、爱校荣校，发挥出"润物细无声"的育人功效。

3. 塑造典型，引领体育运动之风

充分挖掘厦大体育育人先进事迹，制作厦大体育宣传片，开展一系列宣讲活动，羽毛球世界冠军思政宣讲课，分享体育强身健体超越自我、冠军成长之路与实现梦想的不懈努力及承受国家重托为国争光的自豪感来诠释体育运动精神与人格碰撞所成就的健康人生；马拉松达人开展公益性的讲座，带领更多学生爱上跑步；开展体育摄影大赛，展现体育运动之美；设立谢正赞体育奖学金和陈掌谔体育特长奖学金，鼓励争先创优等体育软文化建设，引领"爱厦大、爱体育"的运动风气。

三、结论

浇花浇根，育人育心，教育是国之大计、党之大计，承担着立德树人的根本任务。体育所追求的"更高、更快、更强、更团结"运动精神是开展思政教育内化于心、外化于行的有效载体，是立德树人、完善人格的重要抓手。百年厦大在新的起点上，在加快推进"双一流"高校建设的征程中，牢记"为党育人、为国育才"的重任，以使命在肩、奋斗有我的担当，争创一流体育，将运动锻炼知识、体育运动理念、体育精神传授给学生，最大化发挥体育育人价值，完成立德树人根本任务，为国家培养出德才兼备的能文能武的高素质人才。

习近平新时代中国特色社会主义思想指导"数学建模"课程思政的教学实践与探索

谭　忠　金贤安　张剑文　伍火熊　王焰金[*]

摘要：长期以来，数学专业的学生存在较强的专业思想情绪问题，一方面这是思想问题，另一方面传统的教学结构体系庞杂、内容陈旧、案例停留在18世纪、教学方法死板也是亟待解决的问题。在过去，针对这一问题，高校主要依靠思想政治工作，也就是主要靠辅导员队伍的引导和思想政治类课程的教育。随着时代的发展变化，这种单一的思政教育模式已经不能很好地解决这个问题，大量优秀学生转专业致使优质生源流失，严重影响了数学高层次人才的培养。本文以"数学建模"课程为试点，以习近平新时代中国特色社会主义思想为指导，按照习近平总书记关于科技创新重要论述的思想脉络、内涵实质和实践要求，通过全员协同创新，建成了课程思政与思政教育深度融合的育人大格局，并提出了对数学课程重构教学新结构体系，教学内容选择与时俱进，通过"场景导向教学法"的牵引，搭建"主课堂＋辅助课堂"的立体化教学模式，形成了多维度协同创新的数学高层次人才培养体系。经过多年的探索与实践，从优质生源的吸引到人才培养质量的明显提高，都表明课程思政取得了丰硕成果。

关键词：习近平新时代中国特色社会主义思想；"数学建模"课程；课程思政；立德树人；教学实践与探索

2023年2月21日，习近平总书记在中央政治局第三次集体学习时强调"切实加强基础研究，夯实科技自立自强根基"。数学作为科学的基础，在国家创新体系中起着关键的核心作用。由于数学具有高度抽象性、高强度、超难度、产出周期长、专业性强等特点，要求学生必须具备更加坚定的理想信念和坚忍不拔的毅力，必须锻造出具有立大志向、上大舞台、入主战场、干大事业的优秀品质，必须磨炼出具有甘坐冷板凳、十年磨一剑的奉献精神，才能成为党和国家需要的创新人才。因此，以习近平新时代中国特色社会主义思想为指导，按照习近平总书记关于科技创新重要论述的思想脉络、内涵实质和实践要求所进行的数学专业课程思政，锻造高素质复合型创新人才的教学实践与探索，是数学教师当前和今后一个时期的首要政治任务与业务工作，是形成数学强国"特色思政"养成数学人责任担当与家

* 谭忠，湖南人，厦门大学数学科学学院教授、博士生导师，"闽江学者"特聘教授，国务院政府特殊津贴专家。金贤安，山东人，厦门大学数学科学学院教授、博士生导师，现任数学科学学院副院长。张剑文，福建人，厦门大学数学科学学院教授、博士生导师，现任数学科学学院副院长。伍火熊，湖南人，厦门大学数学科学学院教授、博士生导师。王焰金，福建人，厦门大学数学科学学院教授、博士生导师，国家级青年人才。

国情怀的基本工作,是营造做"大先生"、教"大学问"、育"大英才"的良好育人氛围的必要条件。

2020 年,我们成功进行了"数学建模"课程从通识课程到课程思政的提升①。本文主要将本团队进行的"数学建模"课程思政教研、教学实践和探索与同仁们分享,希望通过研讨碰撞出火花与灵感,更好地推进习近平新时代中国特色社会主义思想进课堂进教材进头脑,培养更多具有强烈使命感、热爱数学、精通数学并能应用数学解决多学科多行业实际问题的高素质复合型创新人才。

一、"数学建模"课程思政教学团队的组织

1. 认真组织团队,锻造课程思政"主力军"

(1)组织本学院内部师资,锻造重点"主力军"。

20 世纪 90 年代末,我们通过对数学学科学生进行调研和学情分析,发现大部分学生学习兴趣欠佳。即使社会各界对数学的认同、重视与期待逐年提高,但数学的学生继续深造数学的热情却逐年减少,转专业频发,生源严重流失,致使研究生生源短缺。2000 年,带着一连串的问题,在数学系领导带领下我们开始尝试开设多门应用性的数学课程,经过两轮的尝试,最受学生欢迎的是"数学建模"课程。2002 年,我们正式启动"数学建模"课程的重点建设,作为素质教育课程成为全校性选修课,修课人数年年爆满。由于数学建模涉及的数学分支特别多,要想将此课建设好,必须组织不同方向的教师组成团队,每位成员必须熟练掌握数学知识点产生的原始场景、数学思想产生的过程,尤其要熟悉在当今世界的应用场景。近年来,随着课程思政在全国开展,我们迅速认真学习,领会精神,迎头跟上,先后获评校级课程思政示范课程、校级课程思政教研项目、省级课程思政示范课程与教学团队等。

(2)在全校范围邀请其他学科专家充实"主力军"。

要想将"数学建模"课程建设好,仅有数学教师是不够的。对此,我们充分利用厦门大学作为综合性大学的特点,动员了其他学科专家"柔性"加入建模队伍组成校级师资团队,主要为数学建模团队提供自己学科或研究过程中需要数学解决的问题,形成多学科案例集的一部分。同时,这些专家也积极推荐学生参与我们的各项活动,提供了本课程迫切需要的多学科思想方法与问题案例。

(3)引领福建,在全省各高校遴选数学建模指导教师加入课程思政"主力军",形成全省高校数学专业课程思政共同体。

"数学建模"课程负责人谭忠教授是福建省大学生数学建模竞赛组委会主任,我们将全省各高校"数学建模"指导组的负责人集中起来,集体研讨"数学建模"课程建设、数学建模竞赛指导模式,探讨数学建模与科学研究的关系,围绕"数学建模"课程思政的建设成效探讨其他数学专业课程思政的建设问题。每年组织 2 次全省高校数学建模与科学研究研讨会,已坚持 12 年之久。2023 年将召开福建省"数学建模"课程思政案例分析与数学专业课

---

① 谭忠:《数学建模从通识课程到课程思政的提升与建设方案》,《2020 高等教育教学实践探索——厦门大学解决方案》,厦门大学出版社 2020 年版,第 3~13 页。

程思政建设模式研讨会。

（4）影响全国，成立"数学建模"课程全国性虚拟教研室，打造全国高校"数学建模"课程思政"主力军"，形成全国数学专业课程思政建设共同体。

课程负责人谭忠是全国唯一一份数学建模杂志《数学建模及其应用》编委，是福建省目前仅有的两位中国工业与应用数学学会常务理事之一，是全国大学生数学建模竞赛组委会委员。由此，我们正在建设全国性"数学建模"课程虚拟教研室。目前，全国共有70多所高校参加，进行了有效互动。

（5）服务行业，吸纳关键行业专家担任行业导师，形成数学理论与实践创新紧密结合的育人共同体。

2. 精心建设课程，打造课程思政"主战场"

（1）打造"数学建模"课程体系。

团队边上课边进行课程建设，定期集体备课，认真收集资料，将国外多本数学建模杂志上的前沿论文还原成案例，这些极具前沿性和时代感的案例，深受学生的喜爱。我们编写系列讲义，注重教材建设，目前我们正在修订谭忠主编的已经出版的两本教材①，并将思政育人要素深度融入其中。2003年，我们就建立了数学建模网站，方便感兴趣和有需求的师生查阅资料，每年访问量几十万人次。2005年，团队项目"数学建模与大学生素质教育"获福建省优秀教学成果二等奖；2008年，"数学建模"课程获评国家级精品课程；2014年，团队的"以数学建模为驱动探索研究性、个性化创新人才培养之路"获福建省优秀教学成果一等奖；2016年，"数学建模"课程获评国家级精品资源共享课程；2017年，获评国家级精品在线MOOC课程；2020年，获评线上线下混合式一流本科课程并被认定为线上一流本科课程；2020年，"面向基础研究国家战略，构建本硕博贯通的高层次数学创新人才培养模式"获福建省教学成果特等奖；近年来，我们结合"景润精神"各项活动，融入思政元素，打造"数学建模"课程思政育人模式。2021年，我们先后获得"数学建模"校级课程思政示范课程和"数学建模"课程思政教研项目，2022年12月，"数学建模"课程获评福建省课程思政示范课程，教学团队获评省级教学团队。

（2）实施课程群建设，创新教学结构新体系。

将数学建模的思想方法全要素融入数学其他主干课的教学过程中，完成了全要素融入分析类教学的建设工作，如数学分析、常微分方程、偏微分方程、泛函分析、变分学，与"数学建模"课程形成课程群，每门课程变成了不仅有理论推导还有知识点的历史源头场景，又有当今世界的应用场景，使学习者深谙数学知识点的来龙去脉。

为此，我们深挖课程内容的"关键点"和"衍生体"，围绕主线、突出重点、明确难点、带动全面，形成内涵一致、简明清晰的教学新结构体系，有效消除了学生的"畏难""畏繁"情绪，使同学们感到原以为难、繁、枯燥、无用的数学课是这样的有趣有价值，明白了那些难与繁的地方正是"从0到1的突破"和"卡脖子"技术的核心部分，激发了同学们的求知欲和责任担当。其中，"偏微分方程"课程也建设成了国家级精品MOOC课程和国家级线上一流本

---

① 谭忠：《数学建模：问题、方法与案例分析（基础篇）》，高等教育出版社2018年版。谭忠：《偏微分方程：现象、建模、理论与应用》，高等教育出版社2019年版。

科课程。本文第二作者金贤安建设的"离散数学"也获评国家级一流本科课程。

（3）搭建科教产教平台，扩充课程思政"主战场"。

在课程建设的同时，我们非常关注科教产教平台的建设，使其成为科研反哺教学的重要的"辅助战场"。2004年，学校出资50万元成立"厦门大学数学建模创新实验室"；2012年，我们争取到科教平台"福建省数学建模与高性能科学计算重点实验室"；2018年，又获福建省数字办批准的产教平台"数字福建大数据基础技术厦门研究院"；2020年，福建省科技厅批准成立"福建省应用数学中心（厦门大学）"等。这些科教产教平台为我们争取到了多个国家级项目，有的项目被分解成各类大创项目，让同学们在参与中了解"卡脖子"技术的具体形式，激发爱国热情。

3. 坚持课堂改革，拓宽课程思政"主渠道"

（1）建构"主课堂＋辅助课堂"立体教学模式，实现主课堂与辅助课堂有机结合，拓展教学时空，展示数学的应用价值与课程思政的育人魅力。

①数学在线课堂。依托教育部"慕课网"，打造"数学建模""偏微分方程"国家级精品在线课程。前者已经开课14期，在线学习人次已达23万多，SPOC使用学校29所。后者是基础数学课程，已经开课13期，在线学习人次也有5.7万人次，SPOC使用学校11所。

②实践创新课堂。以数学建模竞赛为牵引，每年暑期8月至9月中旬为各类数学建模竞赛组织培训和指导，深受学生喜爱，每年参训学生上千人。

③数学素养课堂。开设"当代数学科学的诞生与回归""数学史""数学文化"以及科学创意讲座，讲述数学学科的几十个领域诞生的原始场景、思想形成、理论成长、形成理论体系和当今应用的全过程。

④交叉科学课堂。受国家自科基金资助每年举办"跨音速流与混合型偏微分方程高级研讨班"等各类交叉领域会议，促进主课堂的数学内容与辅助课堂中交叉学科内容的深度融合。

（2）创新教学方法，探索课堂育人新模式。

本课程作为数学科学学院（数学系）提高大学生素质教育的课程，课堂教学改革从2002年就开始实施基于现实世界的"以学生为中心"的PBL教育方式和"场景导向的教学"方法融合，实现教学抽象性与生动性、趣味性的有机统一。以场景问题为导向，引导学生到事先设置的复杂的、有意义的场景中，教师指导学生通过团队合作、协同攻关解决真实性场景问题，来悟出并掌握隐含于问题背后的科学知识，形成解决问题的技能，提高自主学习的能力。PBL教学法和"场景导向的教学"方法的精髓在于发挥场景对学习过程的引导作用，强调学生之间的团结协同合作，强调外部支持与引导在探索学习中的作用，调动学生的主动性和积极性。同时，学生上讲台展示并讲解自己团队的作品，教师启发、引导与点评，这也是今天倡导的"翻转式课堂教学模式"，起到了良好的效果。

二、准确把握"数学建模"课程思政建设方向和重点

数学建模是集数学理论与实际问题为一体的创新实践活动，需要扎实的理论基础、交叉学科视野、活跃的创新思维、团队协同精神和强烈的担当意识。因此，本课程的课程思政建设方向和重点包括：

1. 寓价值观引导于数学理论知识的传授、应用数学解决实际问题的创新实践能力培养和团结互助协同攻关的优良素质的锻造之中，帮助大学生树立正确的世界观、人生观、价值观

（1）"数学建模"教学内容有几个关键点，其中之一是历史源头问题或原始场景，这一部分过去的教材往往注重西方人的成就，忽略中国古代人的成就，我们在历史事实基础上充分挖掘中华文明的成就，让学生通过课程学习，增强"文化自信"。

（2）数学理论知识的传授和应用数学解决实际问题能力的培养不仅让学生掌握理论知识和其应用技能，还应该具备"科学家精神"和"工匠精神"。

（3）由于"数学建模"课程涉及多学科和多行业知识点的特殊性，注定了一个复杂的案例必须由多人协作完成，这正好培养了同学们的团结协作精神，为未来"大兵团作战"奠定了基础。

2. "数学建模"课程思政建设的重点内容

（1）必须紧紧围绕立德树人这一根本任务，坚定大学生理想信念，以弘扬"陈景润科学精神"为目的，邀请专家通过"从 0 到 1"的突破和破解"卡脖子"技术难题的讲座，凸显数学在其中所扮演的重要角色为契机，激发同学们爱党、爱国、爱社会主义、爱人民、爱集体的情感，围绕"四个认同"、家国情怀、文化素养、宪法法治意识、道德修养等因素，直接面向世界科技前沿、面向经济主战场、面向国家重大需求、面向人民生命健康中的若干重大问题，训练提出科学问题、抽象出数学思想、分解提炼成案例的能力，以此优化数学建模课程思政的教育教学资源供给。

（2）马克思主义理论涉及的主要方法有辩证唯物论、唯物辩证法、辩证认识论、社会历史观、人生价值观、历史唯物主义的方法，从具体到抽象再从抽象到具体的分析方法，以及逻辑分析与历史分析方法相结合的研究与叙述的方法等。"数学建模"的教学涉及知识点产生的历史源头场景可应用历史分析方法、数学思想的产生是探究物质的本质，是从具体到抽象的逻辑分析方法，当今世界的应用场景与方法是再从抽象到具体的分析方法。数学的自然哲理符合马克思主义理论的辩证关系与哲理。因此，必须持之以恒地推进习近平新时代中国特色社会主义思想进教材进课堂进头脑工作，坚持不懈用习近平新时代中国特色社会主义思想铸魂育人，增强对党的创新理论的政治认同、思想认同、理论认同和情感认同，坚定"四个自信"。

（3）在变量识别中，重点在于找出主要变量，这里实际上与马克思主义理论论证的矛盾主要方面同矛盾次要方面的辩证关系一致。在这种认识过程中，学生的价值观有重要的导向作用，价值观将影响学生对事物的认识和评价，也影响学生的行为选择；价值观是人生的重要导向，承载着一个民族和国家的精神追求，体现着一个社会评判是非曲直的标准。因此，我们必须持之以恒地培育和践行社会主义核心价值观，教育引导学生把国家、社会、公民的价值要求融为一体。

（4）在数学知识点产生的原始场景中，原有教科书一般只有外国数学家的贡献，在正在修正的教材中，我们强调了中国古代和当代数学家的贡献。我们必须持之以恒地加强中华优秀传统文化教育，大力弘扬以爱国主义为核心的民族精神和以改革创新为核心的时代精神，教育引导学生深刻理解中华优秀传统文化。

(5)马克思主义理论指出事物发展是量变和质变的统一。量变是质变的必要准备,质变是量变的必然结果。质变又为新的量变开辟道路,使事物在新质的基础上开始新的量变。典型案例表明微分方程的解对初始函数的连续依赖性精确解读了"系好人生第一粒扣子"具有深刻的自然哲理和马克思主义哲学观,有力推动了习近平新时代中国特色社会主义思想进教材、进课堂、进头脑。

为更好地在"数学建模"教学中实施思政教育,课程从识别实际问题中的变量出发,致力于挖掘思政元素,正确引导学生提高分析问题、提炼科学问题、抽象出数学问题和解决问题的能力。课程内容选取新问题进行剖析,同时将对我国技术封锁的解密讲座和"景润科学精神"讲座引入"数学建模"教学中,引发学生共鸣。

三、科学设计"数学建模"课程思政建设目标

1. 知识目标

了解数学知识点的原始场景、掌握各类建模方法,挖掘当今世界应用场景,学会挖掘思政元素和资源,学习提炼思想价值与精神内涵了解世情国情党情民情。

2. 能力目标

认识问题提炼科学问题的能力,分析问题、量化变量的能力;数学建模解决问题能力;建模论文写作与编程能力;提炼思想价值和精神内涵能力;挖掘思政元素和资源的能力。

3. 素质目标

数学知识具有抽象性强、难度大,数学建模涉及多学科知识和多行业技能,需要多人组队,提倡研究性、探究式,多人协同攻关才能有效完成。由此培养团队精神是非常重要的。

4. 育人目标

引领学生把爱国情、强国志、报国行自觉融入坚持和发展中国特色社会主义事业、实现中华民族伟大复兴的奋斗之中,努力培养担当民族复兴大任的时代新人,全面提高人才培养能力与质量。

四、数学专业课程思政的教学实践与探索

1. 挖掘思政元素、优化拓展课程思政的内容供给、改进教学方法

爱党、爱国、爱社会主义、爱人民、爱集体、政治认同、胸怀天下、"四个自信"、创新意识与创新能力、科学家精神、家国情怀、景润科学精神

(1)着力用学术把思想讲深、用案例把思想讲透、用创新实践活动把思想做实,有力推动习近平新时代中国特色社会主义思想进教材、进课堂、进头脑,使同学们深刻认识到习近平新时代中国特色社会主义思想是当代中国马克思主义、21世纪马克思主义,是中华文化和中国精神的时代精华,实现了马克思主义中国化时代化新的飞跃。

(2)数学建模的许多推导和结论的逻辑性与哲理符合马克思主义理论中的辩证关系,由此引导同学们理解与领悟党中央方针政策,增强对党的创新理论的政治认同,培养同学们进一步热爱党、热爱社会主义。

(3)大多数教科书对数学知识点产生的原始场景,直接引用国外数学家的贡献,我们通过查阅文献,补充中国古今科学家的贡献,坚定文化自信。引导同学们深刻认识中华优秀

传统文化是中华民族的突出优势,是我们在世界文化激荡中站稳脚跟的根基,从而使同学们进一步热爱祖国、热爱人民,坚定"四个自信"。

(4)知识点在当今世界的应用场景,围绕"卡脖子"技术难题和"从 0 到 1"的突破展开,激发同学们的专业责任感、使命担当和家国情怀,引导同学们志存高远、脚踏实地、胸怀天下、立志科技报国。

(5)强调数学建模训练就是科研训练、撰写数学建模论文就是撰写科研论文的理念,以科研反哺教学,坚持问题导向,采用灵活多样的教学方式,激发同学们的学习兴趣,以提升分析问题的能力,达到培养同学们的科研素养,提高创新意识和创新能力的育人目标。

2. 党团引领、健全师资协同创新,聚主力军、主阵地、主渠道为一体,建成课程思政与思政教育的协同育人大格局

(1)融党政干部、团员干部和全体教师以及校内外专家为一体,汇聚成一支协同育人的主力军,形成以数学建模"特色思政"养成数学人使命担当与家国情怀的育人环境。

(2)融弘扬"景润精神"系列品牌活动、著名数学家讲座、解密"卡脖子"、知名企业系列讲座为一体,将这些具有"专业味"的思政活动纳入课程体系,形成了以"数学建模"课程思政示范课为代表的专业思政主阵地。

(3)党政人员与专任教师共同建设课程思政教研项目,打造"主辅课堂"立体化教学模式,融思政元素于数学建模课堂教学主渠道,聘请校内外专家组成导师组,认真训练学生数学建模技能,形成了助力学生深造与就业发展的长效机制。

3. 团队成员出任班主任,承担"思政辅导员"任务

教书育人,专业课教师的作用不可或缺。为此,本团队成员积极响应号召争当"思政辅导员",通过密切联系学生,寓价值观引导于知识传授和能力培养之中,帮助学生塑造正确的世界观、人生观、价值观。

4. 思政案例突出政治认同

有些问题可能有多种建模方法,如社区识别(网络舆情分析),敌对国家利用网络实施网络战,利用 Oliver-Rey 曲率方法建立社区识别的数学模型,但具体模型是保密的。为了网络安全,我们只能启用其他方法建模。总体国家安全观,是习近平新时代中国特色社会主义思想的"国家安全篇",也是新时代坚持和发展中国特色社会主义的基本方略之一。为此,我们不能按照国外赛道,不仅科学家有国界,关键核心技术也有国界。这就要求每个中国人,尤其是新时代青年,必须拥有家国情怀,以国家前途命运为己任,投身到对我国经济发展各种纷繁复杂问题的实践或研究中,总结中国经验、提出中国方案、创新中国理论、开拓中国道路,为实现中华民族伟大复兴的中国梦而努力奋斗。

课程思政与经济学教育*

——以"产业经济学"为例

祝嘉良**

摘要：本文以厦门大学经济学科拔尖学生培养计划 2.0 基地的核心课程"产业经济学"为例，介绍如何将思政教育融入经济类专业课，并着重探讨全英文授课中具体的思政元素。本文简要探讨了课程思政与本科双一流课程建设之间的关系。

关键词：课程思政；产业经济学；一流课程

一、引言

2018 年，习近平总书记在全国教育大会上强调了坚持中国特色社会主义教育发展道路，培养德智体美劳全面发展的社会主义建设者和接班人。为深入贯彻落实习近平总书记关于教育的重要论述，教育部于 2020 年 5 月印发了《高等学校课程思政建设指导纲要》，要求全面推进高校课程思政建设，发挥好每门课程的育人作用，提高高校人才培养质量。

全面推进高校课程思政建设对新时期经济学科教育提出了新的要求。尤其是现代西方经济学已经摆脱资本主义生产关系的束缚，主要研究市场经济的一般规律，淡化了现代西方经济学的政治性、辩护性和庸俗性，强化了其有用性和积极成果[①]。然而，新中国成立以来特别是改革开放 40 多年来，中国取得了世界公认的经济成就。中国经济发展道路与世界其他国家不同，具有自己的独创性和内在发展规律[②]。

因此，如何在经济学教学中融入思政元素，加快构建中国特色经济学体系教学任务，培养优秀的经济学人才，同时向世界传播中国经济发展的成功经验，是我们新时期高校经济教育工作者的主要工作任务。

本文以笔者所教授的福建省一流本科建设课程"产业经济学"为载体，对课程做简要概述，然后论述课程思政与经济类专业课程结合的理念与方法，最后进一步介绍课程思政与本科双一流课程建设的关系。

---

* 基金项目：福建省自然科学基金项目（2021J01036）；福建省 2021 年省级一流本科课程项目"产业组织与管理"（No.270）。

** 祝嘉良，厦门大学经济学院、王亚南经济研究院助理教授。

① 方福前：《论建设中国特色社会主义政治经济学为何和如何借用西方经济学》，《经济研究》2019 年第 5 期。

② 洪永淼：《如何加快构建中国特色经济理论》，《管理世界》2022 年第 6 期。

二、"产业经济学"课程简介

厦大经济学科于 2020 年 9 月入选教育部首批基础学科拔尖学生培养计划 2.0 基地。笔者所教授的"产业经济学"课程,是基础学科拔尖培养计划基地的重要核心课程之一。自 2017 年秋季开始进行教学改革,已经连续开设了六年,面向厦大经济学科各专业实验班和海外在华留学生注册。多年的悉心打造,使得本课程成为厦大经济学科每年秋季选课的最热门课程之一,并于 2021 年获得福建省一流本科课程(线下)建设项目的荣誉。①

该门课程全部采用英语进行教授,主要内容包括老师讲授经典理论模型,同时向同学们介绍大量的国内案例以及相关政策法规。教学形式主要包括老师讲解、学生预习、课堂讨论、课后作业、老师线上线下答疑、助教线上线下答疑、老师线下辅导实际操作,以及不定期组织学期学术讲座等几个部分。具体的教学流程和所反映的思政链如图 1 所示。

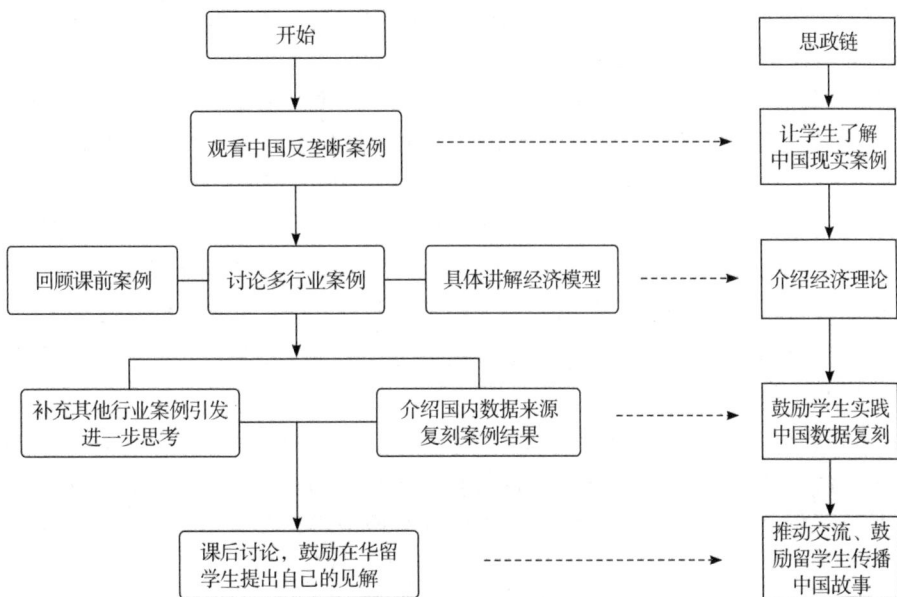

图 1 教学流程中的思政链

以"产业经济学"为例,老师在介绍企业滥用市场支配地位的行为时,会引入我国著名的反垄断案例视频,让学生在课前通过 SPOC 平台观看。在课堂上,老师会利用我国咖啡市场中瑞幸与星巴克的竞争案例等多个行业案例,解释企业滥用市场支配地位背后的动机,提高学生的学习兴趣和参与度。

为深入了解我国反垄断的经典文献和国内其他行业的数据,老师会布置一定量的阅读作业和实践模型作业,学生需在课后进行。通过对"产业经济学"中企业滥用市场支配地位的理论和案例的配合讲解,学生至少了解三种完全不同的产业知识,拓宽了知识面、深化了理解,并提升了学习兴趣。老师也会在下一次课堂上或者答疑时间内对作业进行解答和

---

① 祝嘉良:《本科经济学课程教学与实践——一流课程〈产业经济学〉建设浅谈》,《经济资料译丛》2022 年第 3 期。

指导。

对于像"产业经济学"这样的经济学专业核心课程,融入思政元素显得尤为必要。接下来,笔者将具体介绍经济学教学中融入课程思政的核心理念和教学中采用的具体思政元素。

三、深刻理解中国特色社会主义市场经济是课程思政的核心

中国的经济发展道路独具特色,因此其经济发展规律也是独特的。为了揭示中国经济发展规律、构建可验证的原创性经济理论,凝练可借鉴、可推广的中国经济发展模式,这个历史性任务落在了当代中国经济学家的肩上[①]。作为经济学体系中最重要的基石之一,"产业经济学"更能凸显出现代经济学教育中思政元素的重要性。尽管"产业经济学"强调自由市场,但同时也注重政府管理。因此,深刻理解中国特色社会主义市场经济是经济学教育的重要前提。深刻领悟中国特色社会主义市场经济本身就是经济学教育融入课程思政的核心,也是"产业经济学"这门课程的最核心内容。

以"产业经济学"课程中最重要、最核心的内容——反垄断理论为例,反垄断的经济理论和法律实践在西方世界已经有百年历史,美国的《谢尔曼反垄断法》自1890年通过以来一直执行,成为各国反垄断法的主要法律参考。相比之下,我国于2008年才出台了第一部《反垄断法》,且与欧美国家的反垄断法大不相同。我国《反垄断法》的主要目标是预防和制止垄断行为,保护市场公平竞争,提高经济运行效率,维护消费者和社会公共利益,促进社会主义市场经济的健康发展。因此,在产业经济学教学中,深入讲解我国反垄断法律框架及其实践案例,可以帮助学生更好地理解中国特色社会主义市场经济的发展和经济学教育融入课程思政的核心理念。

因此,在强调自由竞争的环境下,如何保护和发展我国以国有经济占控制地位的特色社会主义经济,是"产业经济学"这门课程的重中之重。为了有机地融入思政元素,教师需要加强对中国特色社会主义经济的认识,充分理解西方经济学和我国经济发展的特殊性,才能讲好经济学。

正因为如此,经济学课程的思政元素对教师提出了更高的要求。教师需要深刻理解中国特色社会主义市场经济,扎根于中国经济,并避免把思政元素标签化,搞"两张皮"。只有在深刻理解中国特色社会主义市场经济的基础上,教师才能有机地挖掘出更多的思政元素,将其融入专业的课程教学中。因此,以下笔者将详细介绍厦门大学省级一流本科课程"产业经济学"课堂中的精彩思政元素。

四、"产业经济学"课程中的思政元素

课程的思政教育并不等同于课程思政化,应该根据专业学科文化的特点,因势利导,有效地挖掘课程的综合内涵,通过文化育人的方式,自然融合,以润物细无声的方式潜移默化

---

① 洪永淼:《如何加快构建中国特色经济理论》,《管理世界》2022年第6期。

地提高学生的修养,激发他们的学习兴趣①。"产业经济学"这门课的主要特点是英文授课、国内外学生共同学习,以及在课堂教学中使用大量的中国实际案例。因此,根据"产业经济学"的教学要求,可以因地制宜地利用课程内容,将思政元素与之有机地结合起来,以实现最佳的教学效果。具体的思政元素包括以下两点。

(一)把外语教学落到实处,让学生在课堂中真正了解中国

"产业经济学"是教育部首批基础学科拔尖学生培养计划 2.0 基地的重要核心课程之一,多年来一直以英文授课,面向厦门大学经济学科各专业实验班和海外在华留学生。

有些学者对于外语授课的课程是否存在思政内容有所疑虑,但外语授课的思政建设具有极其重要的意义。崔戈指出,外语"课程思政"建设是讲好中国故事的基础②。近年来,学校各专业学生在毕业后出国深造的比例越来越高,外语"课程思政"建设将帮助他们储备好中国元素的外文知识,成为传播中国文化和传统价值观的重要支撑。

何莲珍认为,外语教学可以帮助学生树立正确的世界观、人生观、价值观,弘扬爱国主义精神和家国情怀,提升用外语讲好中国故事的能力③。教师在英语授课的专业课程中面临更高的要求,不仅需要认真掌握英语这门工具,还必须准确地运用好这门工具,才能向学生特别是在华留学生传达准确的信息。

"产业经济学"这门课程充分发挥了自身优势,不仅培养了多名优秀的中国学子出国深造并传播中国故事,还培养了一批在华留学的外国学子,使他们真正融入中国社会,更加生动地向他们的海外亲朋传递正确的中国故事。

笔者认为每一次授课都是向在华留学生讲述中国特色社会主义市场经济的绝佳时机。因此,老师每次教学都需认真结合中国历史、文化、政治制度等一系列要素,鼓励在华留学生勇于提问、积极讨论,让他们充分融入课堂和国内的人文环境。只有留学生真正理解并认同中国特色社会主义市场经济,才能准确向世界传播中国故事。

对于"产业经济学"课程的打造,笔者将中国文化、经济和政治制度有机地融入课堂中的做法,赢得了在华留学生的一致好评。一位丹麦留学生曾表示,虽然在课堂上成绩不佳,但通过学习中国故事,他获得了很多经济专业模型和知识,受益匪浅。他还表示愿意积极地将在华所见所闻带回欧洲。在过去,同学们通常在成绩不佳的情况下难以积极评价课程,而这位丹麦同学的正向反馈则是将思政融入课程取得预期效果的最佳实例。

2021 年 6 月 21 日,习近平总书记在给北京大学的留学生回信中表示:"中国有句俗语:百闻不如一见。欢迎你们多到中国各地走走看看,更加深入地了解真实的中国,同时把你们的想法和体会介绍给更多的人,为促进各国人民民心相通发挥积极作用。"这封回信在全国各高校引起了热烈反响。作为"产业经济学"课程成功经验的代表,笔者接受了人民日报的采访。在采访中,笔者表示:"厦门大学经常组织在校留学生参观和体验中国文化,从

---

① 庞国楹、刘俊、郭彦、刘佳:《课程思政融入概率论与数理统计课程教学的探索与实践》,《教育进展》2020 年第 2 期。

② 崔戈:《"大思政"格局下外语"课程思政"建设的探索与实践》,《思想政治工作研究》2019 年第 7 期。

③ 何莲珍:《大学外语课程思政之"道"与"术"》,《中国外语》2022 年第 4 期。

留学生们的反馈中得知,他们获益匪浅。"①

(二)"第一课堂"和"第二课堂"结合,引导学生参与实践调查

目前经济学教学存在一个突出的问题,就是过于注重理论教学,而忽视了实际案例。白重恩提出,中国特色经济学的选题应该从中国的实践中发掘经济学新的见解,创造经济学理论创新,或者从中国的实际需求中发明新的经济学分析工具,为经济学科的发展做出贡献②。

改革开放40多年来,中国经济实现了长期稳定持续高速增长,创造了世界经济发展的奇迹。在这一历史进程中,有着无数鲜活生动的经济学案例。因此,对于本科教学而言,教师不能拘泥于西方经济学的理论模型,而是要着重强调现实案例的重要性。教师应引导学生动手研究数据,挖掘中国故事,运用所学的理论知识结合中国的发展进程,将中国经济问题的研究上升到一般学科规律的理论。教师应从这样有机的教学互动中丰富教学手段,更深入地理解当代经济学对市场经济运行机制的理论,推进经济学科理论知识的前沿研究。

在向学生讲授经济学一般理论的同时,笔者积极鼓励同学们动手搜集中国数据,并努力引导学生仔细研读中国《反垄断法》。在教学中,强调实际数据和案例的重要性,突出"第二课堂"的作用,启发同学们研究中国的经济问题。在每个知识理论的教学中,笔者至少融入三个中国实际案例,从不同的行业角度解释理论在中国大地上的实际发展过程。

课后,笔者会引导同学们通过田野调查、数据收集等方式,将课堂所学的经济案例复刻并研究。通过组织形式多样的"第二课堂"活动,如科研项目、案例讨论等,笔者会引导同学们理解经济理论的一般规律和中国经济发展的独创性。例如,2022年秋季学期,多名参加"产业经济学"课程的同学参与了厦门大学经济学科与蚂蚁金服研究院合作的"数字经济与共同富裕"课题研究。他们利用蚂蚁金服的大数据资源,将课堂所学的经济学知识运用到实证研究中,并参加了多项大学生创业大赛和论文征文大赛,最终取得了优异的成绩,收获颇丰。

五、课程思政与本科双一流课程建设的关系

教育部于2019年发布了一份实施意见,关于一流本科课程建设的规范要求得到了详细阐述。该意见明确规定了国家级一流本科课程建设的四个目标,即知识目标、能力目标、素质目标和思政目标。这些规范性要求对于引导和规范本科教学有着极为重要的意义,是教学工作的重要指导。

习近平总书记曾强调,作为一名教师,必须要有热爱教育的定力和淡泊名利的坚守,执着于教书育人。教师在教学中应始终坚持以学生为本的教学理念,确保学生在课程学习中掌握实际的研究技能,同时树立坚定的理想信念。教育引导学生树立共产主义远大理想和中国特色社会主义共同理想,增强学生的中国特色社会主义道路自信、理论自信、制度自信、文化自信,立志肩负起民族复兴的时代重任。

---

① 赵婀娜、张烁、丁雅诵、吴月:《习近平给北京大学留学生们的回信引发热烈反响——为促进各国人民民心相通发挥积极作用》,《人民日报》2021年6月23日第1版。
② 白重恩:《融通继承性和民族性,高质量建设中国特色经济学体系》,《管理世界》2022年第6期。

教学中融入思政元素,不仅为培养教育优秀人才明确了方向,而且对教师也提出了更高的要求。教师应始终坚持学生中心的原则,不断提升学生的课程学习体验和效果,坚决防止把思政元素标签化。只有这样,获得一流课程的认定才能成为水到渠成的事情。

在教授"产业经济学"课程时,笔者一直秉持着为中国特色社会主义建设培养有用人才的理念,引导学生加强经济理论建设并结合对中国经济发展的认识。在五年多的教学实践中,取得了令人瞩目的成绩。有 5 名学生通过课程的案例学习参加大学生创业大赛,获得校级一等奖。此外,有 4 名学生在课程学习期间独立撰写论文并被录取至博士项目,其中2 人获得美国名校全奖项目,2 人获得北京大学国家发展研究院博士项目。多名学生在课程负责老师的指导下录取了北大、人大、复旦、财大等高校的研究生项目。同时,2 名学生在课堂学习中撰写工作论文,荣获厦门大学"学经济"论文大赛的一等奖。这些成绩的取得充分证明了课程教学的成功,同时也验证了坚持学生中心,将理论知识与实践相结合的教学方法的重要性。

六、结束语

刘守英指出,中国的发展奇迹需要建立中国特色的发展经济学[1]。洪永淼和薛涧坡认为,中国经济学具有独创性和普遍性两方面特征。在经济学专业课中,教师的专业技能体现在对经济一般规律的讲授,而思政教育强调了教师对中国经济独创性的理解,英文授课又强调如何生动地讲述中国的故事以及让在华留学生融入和融合于中国社会的重要性[2]。

因此,在融入思政教育的教学过程中,我们需要找到思政教育与教学内容、教学手段的最佳结合点,决不能将思政教育简单地套上一个标签。教师应该深刻领会课程思政的教育思想,从更高的维度重新认识教学本身,不断地探索和创新。只有这样,我们才能为党育人,为国育才。

---

[1] 刘守英:《中国发展奇迹与中国发展经济学》,《管理世界》2022 年第 6 期。

[2] 洪永淼、薛涧坡:《中国经济发展规律研究与研究范式变革》,《中国科学基金》2021 年第 3 期。

国际中文教育文化类课程思政路径探索[*]

——以汉语国际教育硕士专业为中心

耿　虎[**]

摘要： 国际中文教育是紧密联系我国教育对外开放事业和文化走出去战略的重要专业。以汉语国际教育硕士专业为中心，国际中文教育文化类课程思政，应以习近平新时代中国特色社会主义思想为指导，更新专业理论；以事业发展累积的精神正能量为依托，厚植专业情怀；以人才培养体系、职业能力标准为参照，笃定专业理念。

关键词： 国际中文教育；专业硕士；课程思政

国际中文教育由对外汉语教学、汉语国际教育专业发展而来，是紧密联系我国来华留学生教育、汉语国际推广等事业及中华文化走出去、国家文化软实力建设等战略，着眼长远发展和专门人才培养而兴起发展的专业。该专业起自 1983 年对外汉语教学专业的设置，经 2007 年汉语国际教育硕士专业学位设置，至 2022 年《研究生教育学科专业目录（2022年）》颁布，在教育学门类下设"国际中文教育"专业。目前全国有 424 所高校开设本科专业，198 所高校开设硕士专业，27 所高校试点开展专博培养，累计招收培养数十万中外学生，成为开展国际中文教育的重要力量，为促进中外语言文化交流，增进中国与世界各国人民之间的理解与友谊发挥重要作用[①]。

作为紧密联系国家事业和战略的专业，国际中文教育的课程（特别是文化类课程）思想政治教育建设尤为重要。本文拟从新的理论指导入手，联系事业发展的过去和未来，以人才培养体系和国际中文教育能力标准为参照，对该专业课程思政路径加以探索。

一、以习近平新时代中国特色社会主义思想为指导，更新专业理论

党的十八大以来，我们党坚持把马克思主义基本原理同中国具体实际相结合、同中华优秀传统文化相结合，在伟大实践中创立了习近平新时代中国特色社会主义思想。这一伟大思想，是当代中国马克思主义、二十一世纪马克思主义，是中华文化和中国精神的时代精

---

[*]　基金项目：厦门大学 2021 年教改项目"国际中文教育学院课程思政路径研究：以中国文化课程为中心"成果之一。

[**]　耿虎，山东淄博人，厦门大学国际中文教育学院/海外教育学院教授，主要研究方向为国际中文教育、海外华文教育。

①　《加强学科建设，完善培养体系——带你了解国际中文教育专业发展历程》，https://mp.weixin.qq.com/s/AbZQi_922VKdcRBtJj0vYw，访问日期：2023 年 1 月 11 日。

华①。作为面向世界开展中文教育、传播中华文化的专业,国际中文教育文化类课程亟须以习近平新时代中国特色社会主义思想为指导,更新乃至重构专业理论。

具体而言,在博大精深的习近平新时代中国特色社会主义思想中,人类命运共同体理念、全球文明倡议等对国际中文教育文化类课程理论建设有着全方位的重要指导意义。

2013年3月23日,习近平主席在俄罗斯莫斯科国际关系学院发表演讲,指出"人类生活在同一个地球村里,生活在历史和现实交汇的同一个时空里,越来越成为你中有我、我中有你的命运共同体"②。2015年9月28日,习近平主席在第七十届联合国大会一般性辩论时发表讲话,强调要促进和而不同、兼收并蓄的文明交流。③ 2017年1月18日,习近平主席在联合国日内瓦总部发表演讲,强调应坚持交流互鉴,建设一个开放包容的世界。④ 2017年2月和3月"人类命运共同体"理念先后载入联合国和安理会决议。⑤ 在人类命运共同体理念提出后,作为实践路径,习近平主席又相继提出全球发展倡议(2021年)、全球安全倡议(2022年)、全球文明倡议(2023年),受到国际社会的广泛赞誉和认同。

人类命运共同体理念、全球文明倡议均涉及世界文明、文化建设与发展问题,坚持文明多样性立场、倡导文明交流互鉴包容、推动文明发展进步是新时代中国的立场、观点、主张。长期以来,在世界文化生态、文化差异及文化发展等重大问题上,西方国家利用话语权优势一直在发出种种杂音,如认为西方自由民主制度已经成为人类意识形态发展的终点,再如认为冷战后的世界主宰全球的将是文明的冲突等。与此同时,在现实文化状态中,不仅世界西方文化畅行,而且文化帝国主义也十分显著。面对种种乱象,人类命运共同体理念、全球文明倡议直面重大问题,鲜明、深切回答了世界文化、文明建设发展的时代之问、世界之问。其中许多重要论述主张,如要尊重各种文明,平等相待,互学互鉴,兼收并蓄,推动人类文明实现创造性发展⑥;文明没有高下、优劣之分,只有特色、地域之别;不同文明要取长补短、共同进步,坚持文明平等、互鉴、对话、包容,以文明交流超越文明隔阂、文明互鉴超越文明冲突、文明包容超越文明优越⑦;要构建全球文明对话合作网络,丰富交流内容,拓展合作渠道,促进各国人民相知相亲,共同推动人类文明发展进步⑧,行《世界文化多样性宣言》之大道,是推动世界文明、文化建设发展的中国主张、中国智慧和中国方案。

---

① 罗旭:《实现马克思主义中国化时代化新的飞跃——党的二十大代表热议习近平新时代中国特色社会主义思想》,《光明日报》2022年10月20日第1版。

② 习近平:《顺应时代前进潮流 促进世界和平发展——在莫斯科国际关系学院的演讲》,《光明日报》2013年3月24日第2版。

③ 习近平:《携手构建合作共赢新伙伴 同心打造人类命运共同体》,《习近平谈治国理政》第2卷,外文出版社2017年版,第524页。

④ 习近平:《共同构建人类命运共同体》,《求是》2021年第1期。

⑤ 刘峣、卢泽华:《人类命运共同体载入联合国多项决议 中国理念获国际广泛认同》,《人民日报》(海外版)2017年3月27日第2版。

⑥ 习近平:《携手构建合作共赢新伙伴 同心打造人类命运共同体》,《习近平谈治国理政》第2卷,外文出版社2017年版,第525页。

⑦ 习近平:《共同构建人类命运共同体》,《求是》2021年第1期。

⑧ 习近平:《携手同行现代化之路——在中国共产党与世界政党高层对话会上的主旨讲话》,《光明日报》2023年3月16日第2版。

对于国际中文教育文化类课程（如"中华文化与传播""中外文化交流专题"等）来讲，只有从世界文明的多样性入手，才能讲清楚中华文化的独特魅力；只有从文明交流互鉴包容入手，才能讲清楚中华文化传播交流的正当性及必然性，只有从推动世界文明发展进步入手，才能讲清楚中华文化走向世界的必要性及重要意义。故而，以习近平新时代中国特色社会主义思想为指导，更新乃至重构专业理论，既是时代之需，也是构建中国特色哲学社会科学学科体系、学术体系、话语体系之需，由此才能筑牢新时代"立德树人"的根基。

二、以事业发展累积的精神正能量为依托，厚植专业情怀

国际中文教育硕士是伴随着汉语国际推广的开展而设置的专门人才培养专业。2004年11月全球第一所孔子学院在韩国首尔设立，2006年3月国务院办公厅转发教育部等十一部委《关于加强汉语国际推广工作的若干意见》，开启了汉语国际推广事业。截至2019年12月，全球162个国家和地区建立了550所孔子学院和1172个孔子课堂，在开展国际中文教育、促进中外人文交流、帮助各国朋友了解中国等方面发挥了很好的示范引领作用。[①] 宏伟的事业发展离不开以孔子学院院长、教师、志愿者为代表的从业者的辛勤开拓与努力，在此期间累积了诸多精神正能量，这是推动国际中文教育新发展的宝贵精神财富，由此厚植专业情怀，是课程思政不可忽视的建设路径。

2012年孔子学院总部荣获第一届"中华之光——传播中华文化年度人物"集体奖——让中华文化拥抱世界。颁奖词曰："108个国家，400所学院，500多个课堂。每个方块字，都是中华文化的种子，每一堂课，都是东方大国的舞台。是魅力，也是实力，这些来自君子国度的文化使者，他们比先贤走得更远。"[②] 2015年汉语教师志愿者团体荣获第四届"中华之光——传播中华文化年度人物"集体奖——让汉语走向世界、让世界了解中国。颁奖词曰："118个国家，3500所学校，他们如星星，点点闪耀在每一处。跋山涉水，走到世界的各个角落，每个方块字都是砖石，铺就友谊的桥，每张青春的脸都是名片，传递文明的火。胸怀抱负，不负使命，他们有一个共同的名字叫中国。"[③]

以上充分反映出汉语国际推广开展以来，孔子学院从业者的整体精神风貌和蕴含其间的精神正能量。其中，基于汉语教师志愿者实践与事迹所概括提炼出的"三感三情"——"使命感、光荣感、责任感，热情、激情、感情"，更有着激昂力量和代表性。自汉语国际推广开展以来，成千上万的汉语教师志愿者爱国敬业，以坚定的理想信念，在世界需要汉语教学的地方，担当作为，成为中外友好交流的民间使者，唱响了"瀚宇之花盛开"的壮美旋律，书写了青春无悔的"光荣岁月"。以"三感三情"为代表，架构出了这一崇高事业的应有专业情怀。孔子学院院长热爱孔子学院工作，对促进中国与所在国的友好交往具有高度使命感；孔子学院教师热爱国际中文教育，为人师表，爱岗敬业，诚信友善，团结合作；孔子学院志愿

---

① 《2019年国际中文教育大会在湖南长沙召开》，http://ling. cass. cn/xshd/huiyi/201912/t20191219_5061897. html，访问日期：2023年1月13日。

② 《"中华之光 2012"获奖者：孔子学院总部》，https://news. cctv. com/2013/01/17/VIDE1358431742199273. shtml，访问日期：2023年1月13日。

③ 《"中华之光 2015"获奖者：汉语教师志愿者团体》，http://tv. cctv. com/2015/12/29/VIDE1451361419790100. shtml，访问日期：2023年2月15日。

者热爱祖国,志愿从事国际中文教育工作,品德修养好,业务素质高,有奉献精神和团队协作意识。

就汉语国际教育硕士专业而言,在学期间赴外担任汉语教师志愿者,顶岗实习,在孔子学院、外国中小学等机构从事汉语教学和文化传播工作,是专业实践的重要途径。而要成为一名合格的汉语教师志愿者,"理想信念与志愿精神"必不可少,它不仅居于其胜任力考查的首位,而且也是"三感三情"培养塑造的基础。为此,在汉语国际教育硕士专业人才培养中,应立足专业实践,打通培养方式、课程设置,将培养目标落到实处。具体而言,在培养方式上,可通过讲座、比赛(如主题演讲比赛)、分享会(如优秀归国志愿者/汉语教师经验分享会)、座谈会(如赴任国留学生座谈会)等多种形式展开;在课程设置上,可以"汉语国际推广专题"为依托,充实如"迎接伟大复兴,当好文化使者""汉语国际推广与中国梦""践行核心价值,建设美丽祖国"等专题内容,立体化营造育人平台和环境。人才培养离不开学校,以厦门大学为例,百余年校史,形成了"爱国、革命、自强、科学"的优良校风,这也助力了汉语教师志愿者的成长。一位在厦门大学接受过培训的优秀志愿者曾感言:最难以忘怀的是在厦门大学进行赴任培训时老师送给我们的一句话——请记得你所站立的地方就是你的中国。① 故此,在汉语国际教育硕士专业人才培养中应充分讲好爱国、敬业、奉献的"三感三情"故事,以事业发展累积的精神正能量,厚植专业情怀。

三、以人才培养体系、职业能力标准为参照,笃定专业理念

2019 年 12 月首届国际中文教育大会召开,以此为标志,国际中文教育进入新时代。为补足高端专业人才培养短板,在试点开展教育博士专业学位下汉语国际教育领域研究生培养的基础上,《研究生教育学科专业目录(2022)》中,不仅将原"汉语国际教育"专业学位更名为"国际中文教育"专业学位,而且增设博士专业学位,标志着国际中文教育本、硕、博贯通培养体系正式建成②。

目前在本、硕、博的人才培养中,均有思想政治教育的要求,如本科生应"学习和掌握马克思主义基本理论,树立正确的世界观、人生观和价值观,具有良好的职业道德和敬业精神"③;硕士生应"掌握马克思主义基本理论,具备良好的专业素质和职业道德;热爱汉语国际教育事业,具有奉献精神和开拓意识"④;博士生"应具有良好的思想品德、人文科学素养和广阔的国际视野,符合国际型汉语国际教育岗位职业要求,对汉语国际教育有强烈的事

---

① 《"中华之光 2015"获奖者:汉语教师志愿者团体》,http://tv.cctv.com/2015/12/29/VIDE1451361419790100.shtml,访问日期:2023 年 2 月 15 日。

② 《加强学科建设,完善培养体系——带你了解国际中文教育专业发展历程》,https://mp.weixin.qq.com/s/AbZQi_922VKdcRBtJj0vYw2,访问日期:2023 年 1 月 11 日。

③ 《汉语国际教育专业本科生培养方案》,http://www.cie.sdnu.edu.cn/info/1018/1583.htm,访问日期:2023 年 1 月 11 日。

④ 《汉语国际教育硕士专业学位研究生指导性培养方案》,http://www.moe.gov.cn/srcsite/A22/moe_826/200712/t20071210_82702.html,访问日期:2023 年 1 月 11 日。

业心、责任感和使命感"①。落实思想政治教育要求,既需思政课程也需课程思政,着眼本、硕、博贯通的人才培养体系,应有衔接、递进的统一规划和设计。

专业学习与职业发展紧密相连。通观国际中文教育不同层次人才培养,其所对应的职业为国际中文教师。专业与职业互为表里,彼此对应、相互衔接,有着内在的逻辑性。课程思政既包含理想信念,也包含道德规范,在此基础上塑造职业的专业理念。重视并加强专业理念的塑造,无疑也是课程思政不可或缺的建设路径。

职业以能力胜任为核心,就国际中文教师职业而言,以《国际中文教师专业能力标准》为参照,如果将专业人才培养的思政内容具体落实于职业,则其专业理念具体包括职业道德和专业信念两大方面。在职业道德方面,要求遵守国际中文教师职业道德;了解任教国家、地区和学区的语言教育政策和法规,并在国际中文教育中执行;遵守任教学校及相关教育机构的规章制度。在专业信念方面,要求理解国际中文教育的独特性和专业性,认同国际中文教师的职业价值;尊重学习者发展规律和中文学习规律,提供适合学习者特点的国际中文教育内容和教育形式;具有开放包容的态度,尊重任教国家和地区的文化传统与社会现实;具有团队协作精神,与同事、家长、社区及其他相关者开展合作;尊重学习者权益,公平公正对待每一位学习者。

上述要求如何在相关专业人才培养中加以体现和落实,不仅需要文化类课程(如"跨文化交际""国别与地域文化""礼仪与国际关系"等)和教育类课程(如"外语教育心理学""国外中小学教育专题""教学设计与管理"等)共同支撑,也需要以新的专门课程补足专业与职业的衔接缺口。此外,更需要着眼国际中文教育本、硕、博贯通的培养体系,系统化完善相关培养方案,整体架构。

---

① 《教育专业博士汉语国际教育领域研究生培养方案》,https://wxy.hebtu.edu.cn/a/2022/06/18/1C9B613C36A44546AE5A0407EA062EDC.html,访问日期:2023 年 1 月 11 日。

儿童少年卫生学课程思政元素解析与实施策略

李　蕾　苏艳华　雷　照　郑晗盈[*]

摘要：建立完善的课程思政体系，培养德才兼备的时代新人是目前高等教育面临的新任务和新要求。本文以预防医学核心课程儿童少年卫生学为例，探讨课程思政的必要性，解析课程中的思政元素并进行融入点的设计，分析实施过程中存在的难点，提出具体解决策略，为更好地推动思政教学改革、优化教学模式、实现"立德树人"的教学目标提供思路和方法。

关键词：儿童少年卫生学；预防医学；思政元素；教学实践

一、儿童少年卫生学课程思政的必然性和必要性

课程思政是以专业课和通识课为载体，充分发挥专业课老师的"主力军"作用，将思想政治教育元素以润物细无声的方式融入专业课教学的"主战场"中，引导学生树立正确的人生观、价值观和世界观，达到"立德树人"的目的[①]。课程思政是培养德才兼备优秀"公卫人"的重要途径，推进课程思政为目标的教学改革，解决课程思政的难点问题，促进课程思政的有效实施，是高等教育迫在眉睫的重要任务。

儿童少年卫生学，简称儿少卫生学，是中华人民共和国成立之后发展起来的一门研究维护、促进和增强儿童少年身心健康的学科，是预防医学的重要组成部分。"少年强则国强，少年进步则国进步"，少年儿童的健康成长关系到家庭的幸福，国家和民族的未来。全力保障儿童健康，才能实现健康中国，才能为国家的可持续发展提供宝贵的资源和不竭的动力，是全面建设社会主义现代化国家、全面推进中华民族伟大复兴的必然要求。中华人民共和国成立70多年以来，儿童的健康状况发生了巨大变化。新中国成立初期，儿童疾病主要为感染性疾病和营养缺乏性疾病，严重威胁我国儿童的生命健康。近几十年来，随着我国医疗水平的提高，儿童健康事业蒸蒸日上，5岁以下婴儿的死亡率从新中国成立初期的100‰下降到现在的7.5‰。新中国成立以来，经济飞速发展，人们的生活条件有了明显改善，国民的膳食结构更加均衡，基本医疗卫生服务和全民健身公共服务体系渐趋完善，儿童身体素质显著提高。从1975年到2015年儿童的平均身高出现持续性快速增长，呈现出

　　* 李蕾，女，山东泰安人，厦门大学公共卫生学院副教授，硕士生导师，医学博士。苏艳华，女，河南开封人，厦门大学公共卫生学院助理教授，医学博士。雷照，女，陕西富平人，厦门大学公共卫生学院高级工程师，哲学博士。郑晗盈，福建莆田人，厦门大学公共卫生学院教学秘书，医学硕士。

　　① 陈华栋：《课程思政：从理念到实践》，上海交通大学出版社2020年版，第24页。

一条漂亮的"上扬曲线"。儿童受教育的权利也得到了充分保障,学前教育毛入园率从 1949 年的不足 0.4％上升到 85.2％。新中国成立初期小学入学率不足 20％,2020 年年底九年义务教育巩固率上升到 95.2％,农村留守儿童、城市流动儿童等弱势群体得到更多的关爱和保护。

尽管我国在儿童健康领域的工作成绩斐然,仍面临着许多新问题、新挑战,如儿童肥胖、近视率不断升高。据统计,2020 年我国儿童青少年总体近视率高达 52.7％,6～17 岁的儿童青少年超重肥胖率近 20％,成为威胁儿童健康的重要公共卫生问题。[①] 此外,随着现代社会竞争压力的加剧,中小学生心理问题日益凸显。控制儿童的近视率,降低肥胖率,提高儿童的心理健康,都需要高效推进儿少卫生领域的建设,切实开展预防为主、防治结合的策略。将思想政治教育元素有机融入儿少卫生学的教学体系和教学内容中,不仅可以引导学生树立更远大的人生目标,培养超越专业领域的广阔视野,全面锤炼适应未来全球竞争的过硬能力和素养,还可以在日常的儿少工作中,将思政元素通过孩子、学校辐射到家庭,进而影响广大群众。

二、儿童少年卫生学课程思政的教学目标

通过本课程的学习,学生在掌握儿童少年卫生学专业知识的基础上,认识到量变到质变、循序渐进等规律和原则在儿童生长发育中的重要作用,进一步强化辩证唯物主义思想;理解儿童少年生存与发展权利,建立人类卫生健康共同体的理念,树立守护全球儿童健康的决心;建立敬畏自然、尊重自然、顺应自然、保护自然的意识,深入理解人与自然和谐共生的意义;树立生命全程观和大健康观,激发维护儿童少年身心健康的职业责任感,成为拥护中国共产党的领导,立志为公共卫生事业服务终身的"公卫人",课程最终实现"立德树人"的总目标。

三、儿童少年卫生学课程思政元素解析及设计理念

在专业理论课中寻找思政理念、融入思政元素是目前课程思政面临的主要任务。儿童少年卫生学关系到孩子的健康成长和幸福生活,与每一个孩子的切身利益息息相关。将时事新闻与热点事件带入课堂,营造浓厚的思政氛围,让儿童少年卫生学成为一门有温度、有生命的学科,加强思政教育的影响力和感召力,实现专业教育与思政教育的一体化。

(一)绪论部分

儿童是独立的个体,他们既不是父母的私有财产,也不是简单的未成年人。他们是人类家庭的成员,是自己权利的主体,享有和成年人同等的基本人权,以及未成年人的特殊权利。联合国在 1989 年通过了《儿童权利公约》,规定儿童享有生存权、受保护权、发展权和参与权,1990 年我国成为《儿童权利公约》的第 105 个签约国。教师在讲授这些内容时,引入"小萝卜头"宋振中的故事。宋振中在襁褓中就不幸被捕,受尽了敌人的折磨和摧残。他利用年龄小的优势,在牢房里散发"狱中挺进报",成为狱中传递消息的"小交通员"。他渴

---

① 李宏昀、殷雯琴、王秋红等:《临湘市 2016 年小学生近视和肥胖发生情况的调查分析》,《中南医学科学杂志》2019 年第 3 期。

望自由,在地下党的教育和帮助下,完成了很多成年革命者不能做的工作,最后用幼小的生命捍卫了革命理想,成为中国乃至世界上年龄最小的革命烈士。教师通过讲授这些内容,引导学生认识到革命先烈为了捍卫生存权、发展权以及受教育的权利,与国民党反动派进行了不屈不挠的斗争,甚至献出了自己的生命。让学生感悟到今天的幸福生活来之不易,珍惜学习机会,努力学好本领,弘扬革命精神,肩负起振兴祖国的使命,为祖国的繁荣昌盛贡献自己的力量,做一个有理想、敢担当、能吃苦、肯奋斗的新时代好青年。

少年儿童承载着国家的希望和民族的未来。保护儿童的合法权益是维护社会公平和稳定的需要,也是培养社会主义事业未来建设者的需要。新中国成立之后,历届国家领导人非常重视少年儿童的教育和成长。虽然延安时期物资匮乏,条件艰苦,但在毛主席的重视和关怀下,中共中央创办了鲁迅小学、延安中学,保障了儿童受教育的权利。习近平总书记关心关爱少年儿童的成才成长,在多个场合表达了对少年儿童的关怀和期待,鼓励儿童德智体美劳全面发展,长大后成为对祖国建设有用的人才,并指出全社会都要关心少年儿童的成长,支持少年儿童的工作。教师通过介绍这些内容,让学生认识到社会制度的优越性,只有在社会主义社会,儿童少年才能跟着祖国蓬勃发展的步伐,享有衣食无忧的生活,获得健康与和平,进而提高学生的民族自信心,增强民族自豪感和爱国情怀。同时也激发学生的职业责任感,鼓励学生在今后的学习与工作中不忘初心、牢记使命、勤奋学习、刻苦钻研业务知识,创新进取,为儿童健康事业作出贡献。

(二)儿童少年生长发育部分

辩证唯物主义是马克思主义哲学的重要组成部分,在儿童生长发育过程中辩证唯物主义贯穿其中。在教学过程中教师要积极引导学生学会从哲学的角度审视自己所学的专业知识,深入理解蕴含其中的辩证唯物主义思想,树立正确的整体观和价值观。"生长"与"发育"是儿童成长过程中两个重要的概念,"生长"指身体各部分的形态生长和化学生长,"发育"则是身体各部分功能上的分化和完善过程。儿童的生长发育是一个动态过程,遵循量变到质变的规律。教师在儿童生长发育的一般规律的讲解中,引入矛盾论,有助于学生更好地理解儿童生长发育过程体现出来的矛盾的同一性与斗争性、矛盾的普遍性与特殊性,从而牢固树立辩证唯物主义世界观。著名儿童心理学家皮亚杰、瓦龙以辩证唯物主义理论为指导,将生物学、哲学、逻辑学和数学的知识运用在儿童心理学研究中,提出了认知发展理论、行动心理学等概念[①]。这些实例的讲解可以引导学生认识到辩证唯物主义为科学研究提供了正确的思维理论和科学的研究方法。只有在辩证唯物主义的指导下开展科学研究,才能得到正确的结论,否则只能是南辕北辙,背道而驰。

儿童的生长发育受到遗传因素和外在环境因素的双重影响。外在环境因素包括物质环境因素、社会决定因素和个人行为生活方式等方面。近年来外在环境因素对生长发育的影响日益受到人们的关注。教师在讲解环境污染因素对生长发育的影响时,引导学生意识到大自然是人类赖以生存发展的基本条件,理解尊重自然、顺应自然、保护自然的必要性,认识到人与自然和谐共生的意义,树立和践行绿水青山就是金山银山的理念,推动形成绿

---

① 关金艳:《辩证唯物主义与儿童心理学研究》,《辽宁经济管理干部学院(辽宁经济职业技术学院)学报》2014 年第 3 期。

色发展方式和生活方式[①]。倡导学生采用共享单车、公交、地铁等绿色出行方式,既保护环境,又锻炼身体。家庭是影响儿童身心健康的重要因素之一。家庭环境除了经济状况、父母职业和家庭结构等客观因素,还包括家庭文化和家庭美德等方面。教师在课堂讲解中可引入中华民族源远流长的家庭文化和家庭道德,例如《论语·学而》中的"孝悌也者,其为仁之本欤",《孟子·滕文公上》中提出的:"父子有亲,君臣有义,夫妇有别,长幼有序,朋友有信。"这些优良传统和美德有助于增强学生的文化自信和民族自豪感。同时还要引导学生客观对待中华民族的传统家庭道德,取其精华,去其糟粕,将马克思主义家庭道德理论与传统家庭美德以及当代中国家庭生活实际相结合,形成社会主义家庭文明新风尚。正如中共中央、国务院印发的《新时代公民道德建设实施纲要》指出的,要"推动践行以尊老爱幼、男女平等、夫妻和睦、勤俭持家、邻里互助为主要内容的家庭美德,鼓励人们在家庭里做一个好成员"。这一纲要为新时代家庭美德建设指明了方向[②]。在讲解文化和教育对儿童生长发育的影响时,教师可介绍传统文化经典《弟子规》《三字经》《千字文》等在儿童文化启蒙和养成教育中发挥的作用,让学生体会到我国的传统文化积淀着中华民族最深沉的精神追求,代表着中华民族独特的精神,增强学生的文化自信,以及弘扬优秀民族文化的决心。

(三)儿童少年健康问题及其疾病预防控制

人的生命体是一个从出生、生长发育、成熟到衰老的过程。世界卫生组织在 2000 年提出了"全生命周期保健"策略,强调以人的生命周期为主线,分别在婴儿期、儿童少年期、成年工作期和晚年期等不同阶段实施连续性、有针对性的预防服务措施,实现全人群全生命周期健康的目标。教师在讲授这部分内容时,引导学生理解"人民至上,生命至上"的意义,认识到人民的健康是幸福生活的基础,也是国家富强的重要标志。以习近平同志为核心的党中央始终坚持以人民为中心的发展思想,把人民健康放在优先发展的战略地位。《"健康中国 2030"规划纲要》强调要"把健康融入所有政策,加快转变健康领域发展方式,全方位、全周期维护和保障人民健康"[③]。习近平总书记在全国卫生与健康大会上指出:"要坚定不移贯彻预防为主方针,坚持防治结合、联防联控、群防群控,努力为人民群众提供全生命周期的卫生与健康服务。"党的十九大强调"实施健康中国战略""完善国民健康政策,为人民群众提供全方位全周期健康服务"。党的二十大强调要"推进健康中国建设","把保障人民健康放在优先发展的战略位置,完善人民健康促进政策"。新时期党的卫生与健康工作方针的学习有助于学生了解国家为了维护全生命周期健康开展的专项行动,认识到人民的生命和健康高于一切,进一步体会到我国社会主义制度的优势,增强作为中国人的自信心和自豪感。

随着社会的发展和人们生活水平的不断提高,我国儿童的疾病谱发生了显著的变化。在 20 世纪六七十年代,以感染性疾病、营养不良以及传染病为主,新中国成立 70 多年以来,我国卫生医疗条件的改善、经济的发展、人民生活水平的提高,使得肺炎、腹泻等儿童感

---

① 黄承梁:《树立和践行绿水青山就是金山银山的理念》,《求是》2018 年第 13 期。

② 《中共中央 国务院印发〈新时代公民道德建设实施纲要〉》,http://www.gov.cn/zhengce/2019-10/27/content_5445556.htm,访问日期:2023 年 7 月 12 日。

③ 《中共中央 国务院印发〈"健康中国 2030"规划纲要〉》,《人民日报》2016 年 10 月 26 日第 1 版。

染性疾病,寄生虫感染,以及蛋白质—热能营养不良的发病率显著降低。教师在介绍这部分内容时,引导学生认识到个人的命运与国家的命运是休戚相关的,国家的强大是人民健康和幸福的保障,增强学生对国家近几十年来取得成就的信心和自豪感。同时还需要让学生认识到新形势下,不良饮食行为、久坐生活方式带来的儿童肥胖、心理健康问题、近视等成为全社会面临的新挑战。我们需要与时俱进,掌握扎实的专业知识,增强实践技能,为我国儿童日益增长的慢性疾病康复和心理健康治疗问题提供可及的、持续性的医疗服务,为儿童的健康成长保驾护航,增强学生作为"公卫人"的使命与担当。

四、儿童少年卫生学课程思政的难点及实施策略

"三全育人"是高校育人的责任,也是任务。课程思政是新时代课堂育人的新理念,也是实现"三全育人"的重要途径。目前儿童少年卫生学课程思政建设尚存在诸多难点。首先,儿童少年卫生学课程的任教老师均为公卫学院或者医学院校毕业,擅长专业领域的教学,缺乏思政教学方面的学习与培训,在思政教学过程中会出现"力不从心"的现象。此外,虽然任课教师认同课程思政的理念,但高校教师平时科研工作压力大,除教学之外,大部分时间投入科研工作,对国家新出台政策的学习与解读不足,难以做到与时俱进,加上课程思政教学的考核量化制度不明确,导致高校教师缺乏对课程思政教学的热情和积极性。其次,课程思政的教学目标不明确,分解落实不到位。在思政教学过程中,只是在课堂上运用零星的思政案例,缺乏系统性设计。任课老师各自为政,容易导致案例在不同的课程或章节中重复使用,教学效果不理想。最后,课程思政实施的模式较为单一。目前课程思政的模式主要有教师讲授、学生自学、案例教学以及结合课内外多环节的综合实施等。因为受到教学时间以及教学资源的限制,教师讲授因为占用时间少、容易实施而成为最常用的方式,但是由于任课教师对思政教学的融入方法和技巧掌握不足,容易出现单纯罗列思政内容、流于说教的情况,不但达不到思政育人的目的,反而会影响到专业课程的教学效果。

针对儿童少年卫生学课程思政存在的问题,我们认为今后应该从以下三方面开展工作。第一,加强专业教师的思政培训,提高教师的思政素养。专业教师要正确理解课程思政的内涵,自觉提高立德树人的意识,做到"家事,国事,天下事,事实关心",善于发现、收集日常生活中与课程教学有关的思政元素。同时促进专业老师与马克思主义学院老师"结对子",实现优势互补,深挖专业课程教学中的思政元素,优化课程设计,达到将思政教育与专业讲授完美融合的目标。此外,高校需要加强思政教学的效果评价,明确思政教学的量化标准,提高教师开展思政教学的积极性。第二,明确课程思政的教学目标,强化课程思政的系统设计,确保思政内容与专业知识相契合,并选择好思政元素的融入点和最佳融入时机。在明确专业人才思政教育总体目标的基础上,制定每个教学环节的课程思政目标,并将其落实到课程教学大纲、具体的章节和教学环节中。充分利用课内外资源对课程思政的实施进行系统设计,构建儿童少年卫生学自身的知识体系和内容体系。第三,探索课程思政的新模式,引入翻转课堂、互动式课堂、微课、慕课等多元化的教学形式,充分调动学生的学习积极性。教师设计自学研讨、课下实践、综合作业、课程论文、调查报告等多种形式,调动学生的主观能动性,引导学生对问题进行深入思考和讨论,增加学生对思政内容的认同感,实现专业课程与课程思政的深度融合,确保人才培养的思政目标全面落实。

五、结语

　　课程思政强调知识承载价值，价值引领知识。"在价值传播中凝聚知识底蕴，在知识传播中强调价值引领"充分体现了两者的相辅相成和统一性①。将思政元素融入儿童少年卫生学的教学中，可促进课程的思政教学改革，实现价值塑造、知识传授和能力培养的有机融合。在知识传授和能力培养过程中，教师引领学生树立正确的价值观，传承中国精神、弘扬创新精神、践行文化自信，将学生培养成德才兼备、全面发展的中国特色社会主义的建设者和接班人，成为担当民族复兴大任的"强力军"。

---

　　① 　高德毅、宗爱东：《从思政课程到课程思政：从战略高度构建高校思想政治教育课程体系》，《中国高等教育》2017 年第 1 期。

高等教育中"医学生物安全"课程思政的建设

张 磊 温乐基 林 欣 郑晗盈 雷 照[*]

摘要："医学生物安全"是预防医学、临床医学、生命科学随着高科技发展的凝集产物，是预防医学中一门新兴的重要学科，从理论的"侦察、检验、消毒、防护、治疗"五个板块，到实践的各种装备操作应用，均体现了思政元素。本课程的思政建设特征体现在三个方面：教学方向与思政统一，具历史性和时代性；教学目标与思政凝集，具预设性和生成性；教学内容与思政融合，具独立性和依赖性。通过本课程的教学方向与目标、内容和实施贯穿了课程思政的建设，从而提升教学效果，培养出适合新时代高素质人才队伍。

关键词：生物安全；思政；理论；实践；建设特征

国际社会早在 1980 年代就出台了一系列生物安全准则和法规[①]，随着新冠肺炎疫情的全球流行促进了我国生物安全的立法，2021 年 4 月 15 日起我国施行《生物安全法》，明确了生物安全包含了国家有效防范和应对危险生物因子及相关因素威胁，生物技术能够稳定健康发展、人民生命健康和生态系统相对处于没有危险和不受威胁的状态，生物领域具备维护国家安全和持续发展的能力。因为生物安全战略性地提升到国家安全体系中，所以自 2022 年起厦门大学对本科学生开设了"医学生物安全"新课程，以应对新时代社会环境发展和突发公共卫生事件发生的高端人才需求，非常符合目前我国人才需求的实际情况。"医学生物安全"课程的教学方向与目标、内容和实施均贯穿了课程思政的建设。

一、"医学生物安全"课程思政的建设必要

联合国环境署报告："地球上共有 870 万种生物，自然界能够引起人、畜和植物致病的微生物种类很多，但用于生物恐怖和生物威胁的高危病原体非常有限，因为它们必须具备传染性强、致病力强、人群普遍易感、危害大等生物学特性，其蝴蝶效应会引发巨大的社会恐慌现象，因而被人类利用作为战略武器。"[②]由于世界格局多元化的变化，这种利用微生

---

* 张磊，广东广州人，厦门大学公共卫生学院副教授，主要研究方向为流行病学、生物安全。温乐基，广东清远人，厦门大学公共卫生学院研究生，主要研究方向为流行病学、生物安全。林欣，福建三明人，厦门大学公共卫生学院研究生，主要研究方向为流行病学、生物安全。郑晗盈，福建莆田人，厦门大学公共卫生学院科员，主要研究方向为营养与食品卫生学。雷照，陕西富平人，厦门大学公共卫生学院高级工程师，主要研究方向为遗传学。

① 联合国公约与宣言检查系统，https://www.un.org/zh/documents/treaty/files/cbd.shtml，访问日期：2023 年 9 月 11 日。

② 陈家曾、俞如旺：《生物武器及其发展态势》，《生物学教学》2020 年第 6 期。

物病原体制造社会恐慌的行为被部分人利用于破坏当前和平,如策划日本东京地铁"沙林毒气"事件的奥姆真理教,曾对东京市民发动过多次生物袭击,1984 年美国恐怖分子故意投毒,在俄冈州的一个镇发生沙门氏菌色拉中毒,共造成 751 人中毒,1996 年美国得克萨斯州的一所大医院实验室工作人员发生菌痢暴发,造成 27% 的工作人员发病,调查结果为故意投毒,以及"9.11"事件后,美国国会、领导人收到"白色粉末邮件",引起多人感染炭疽。[①] 2002 年人类基因组图谱绘制完成标志着生命科学研究的又一次重大突破,相关研究者将生物武器与现代高新技术进行了整合,新型基因生物武器的出现是科学发展的必然趋势。生物恐怖的威胁是没有国界的,没有任何国家是安全的。微生物病原体作为战略性武器的目的不在于杀死多少人,而在于引起社会恐慌、动摇社会政治基础、重创社会经济,从而造成不可估量的经济损失。

针对目前国际形势复杂多变、生物技术呈现超速发展、全球新发突发传染病事件频繁发生的局面,《中华人民共和国生物安全法》第一章总则中的第七条指出:"各级人民政府及其有关部门应当加强生物安全法律法规和生物安全知识宣传普及工作,引导基层群众性自治组织、社会组织开展生物安全法律法规和生物安全知识宣传,促进全社会生物安全意识的提升。相关科研院校、医疗机构以及其他企业事业单位应当将生物安全法律法规和生物安全知识纳入教育培训内容,加强学生、从业人员生物安全意识和伦理意识的培养。"

目前,我国高素质医学生物安全的专业人员严重稀缺,生物安全的相关知识培训是当下高校教育的空白领域,在地方高校均无该类课程的讲授,急需构建更好的生物安全防控教育和训练体系来适应当前国内、国际环境变化,需要科学、高效的训练与考核手段来快速培训合格的专业防控、管理和处置人员,培养生物安全医学防控专业队伍,提升我国生物安全防控能力,以科学应对可能暴发的传染病或疫情等生物安全事件。建立和加强该领域的知识普及具有重要的社会意义和价值,为提高高层次人才的生物安全的理论和法律水平提供知识来源平台。

面对我国国家安全需求、人才队伍需求,厦门大学开设了"医学生物安全"课程,该课程思政元素突出,具有高度融合性。该课程可以使学生对生物威胁和生物恐怖相关知识具有深入理解并掌握应对措施,将为国防医学、预防医学、临床医学和生命科学的学习,以及毕业后从事生物威胁和恐怖的早期发现、防护、检测与治疗奠定坚实的基础。

二、"医学生物安全"课程思政的建设内容

(一)在理论上的思政建设

从 2003 年的非典型肺炎暴发到 2020—2022 年的全球新冠大流行[②],我国民众的生命健康和国家经济都历经了严重的冲击,随着有些重要研发国家退出《禁止生物武器公约》和当下国际形势的严峻变化,生物威胁和恐怖发生的概率增加。"医学生物安全"课程内容针

---

① 陈方、张志强、丁陈君等:《国际生物安全战略态势分析及对我国的建议》,《中国科学院院刊》2020 年第 2 期。

② Kristian G. Andersen, Andrew Rambaut, W. Ian Lipkin, et al, The Proximal Origin of SARS-CoV-2, *Nature Medicine*, 2020, 26.

对的是生物安全领域中危害程度最严重、防控难度最大的生物恐怖和生物袭击领域的防控而设置的课程,是研究人群中生物威胁和恐怖实施后其疾病发生的分布特征和影响因素,以及防治该疾病的策略与措施的科学。"医学生物安全"是以"侦、检、消、防、治"为主线展开讲授,使学生掌握生物威胁和恐怖的种类、特点、施放、侦查和洗消,对生物战剂的检验、防护和人员处置有理论上的认识,是能将思政要素贯穿于全过程知识点的课程,通过知识点融合思政元素,激发学生爱国情愫,提升授课效果。

1. 生物威胁和生物恐怖的发展史

我国在历史上就是遭受生物威胁和生物恐怖的最大受害者,从第二次世界大战中日本对我国发动的生物战,到朝鲜战争美国在朝鲜发动的生物袭击,都给我国军民的生命与健康带来巨大的伤害,给我们生活的生态环境带来了严重的污染。历史告诫我们,落后只会挨打,我们只有不断提升自我防护能力,才能以不变应万变,作为高层次社会力量更好保护国人的生命健康。

2. 生物威胁和生物恐怖的侦查

该部分内容包括了仪器侦查、流行病学调查、污染区和疫区的划定与处理。生物威胁和生物恐怖的病原体一般具备高致病性和强传染性,因此生物袭击的早发现至关重要,它是影响污染面积或者疫区扩大的重要领域,一旦出现重大新发突发传染病,如果因没有及早预警,导致疫情扩散全市,并向国内其他省市外溢,会给市民的健康带来严重损伤,给国民经济带来极大的损失。积极参与生物威胁早期发现和上报,是每个人的公民职责。

3. 生物威胁和生物恐怖的检验

科学应对生物威胁的关键在于采样技术和检验鉴定,正确的隔离治疗、消杀灭措施、追溯生物威胁来源、评估流行病学危害和预防措施,必须基于生物战剂的检验结果。检验的速度影响着生物袭击应对处置的速度,检验的准确性影响着生物袭击应对措施的有效性。这部分知识点的难度较高、步骤复杂、设计技术先进,我们融合思政元素,让学生能够有效地克服畏难情绪,触发内动力,掌握关键技术。

4. 生物威胁和生物恐怖的外处置

生物威胁和生物恐怖的外处置指切断传播途径的措施,包括消毒、杀虫和灭鼠。生物威胁袭击发生后,应尽快在生物威胁的污染区和存在传染源的疫区范围内迅速组织人力、物力有效地对污染区和疫区的进行消毒、杀虫和灭鼠的处理措施,以保证外环境安全,并且能够继续执行任务和维持正常的公共秩序,减少损失。本部分内容虽然较为简单,但是小知识点繁多、内容分散,我们融入思政元素,让学生能紧密地联系生活场景,激发知识需求,掌握应用技能。

5. 生物威胁和生物恐怖的防护

生物威胁和恐怖的防护贯穿生物袭击应对的整个过程,是应对生物威胁、减少生物剂暴露和减轻生物剂致病危害的重要措施。生物威胁和生物恐怖的防护包括物理防护、免疫防护和药物预防。部分高危病原体尚无有效的疫苗,且疫苗应答需要有一定免疫应答期,导致使用范围受限,而药物预防效果的影响因素很多,故物理防护成为这三个防护措施中最基本、最普遍的措施。通过新冠肺炎疫情防控体会,我们日常防护的戴口罩就是最常见物理防护;免疫防护是预防、控制传染病的重要措施,是医学预防最有效的措施,但其效果具有局限性，尤其是新发传染病或者病毒株易发生变异的传染病。此外，从生物威胁暴露至出现临床症状存在潜伏期，药物预防就是利用这段潜伏期时间对人员进行预防性服药或实施医疗干预措施，目的是预防发病或减轻发病症状、降低发病率和病死率。无论哪种都是保障我们健康的重要措施，对该部分内容的掌握，是每个公民配合国家防控大策略的科学依据。

6. 生物威胁和生物恐怖的人员处置

在生物威胁袭击情况下，根据其对生物战剂的接触情况和发病情况，可以将人员分为伤病人员、暴露人员和普通人员三种。伤病人员、暴露人员和普通人员由于具有不同感染、疾病状况和传播作用，需要根据自身的特点采取不同的处置流程进行分类处理。在人员处理措施方面主要包括：(1)感染者及时积极治疗；(2)对暴露人员要做好隔离和预防性治疗，防止感染扩散；(3)对非伤病和非暴露人员(普通人群和医护人员)做好防护工作，使其不受感染；(4)对污染区内外的所有人员做好心理调节疏导，防止社会心理和社会稳定问题发生。无论哪种都是与生命健康密切相关的，是民众配合国家防控大策略的基础。

（二）在实践上的思政建设

"医学生物安全"教学不仅要培养学生独立观察、发现问题的能力，而且要注重培养学生分析问题、解决问题的能力。"医学生物安全"创造性思维不仅要善于尽早发现生物威胁或者生物恐怖，更重要的是要具有准确寻找危害源头、分析污染区或疫区范围、能够科学应对等解决问题的能力，并且在团队合作中充分体现人的社会属性。

实践课包括病原微生物采样箱、食品细菌检验箱、检水检毒箱、免疫接种箱的使用，防护装备和消毒设备等的使用。开设的实践课概括了生物威胁或突发公共卫生事件发生时采取措施的全部流程，通过实践课进一步巩固学生对生物威胁或生物恐怖时采取措施流程的实际动手操作能力，从理论水平提高到实践的高度，培养学生分析问题、解决问题的能力。我们该课程通过团队合作实践，不仅提高学生的动手能力，而且让同学学会合理分工、团结合作。在实践中体会团队力量的重要性。

三、"医学生物安全"课程思政的建设特征

（一）教学方向与思政统一，具有历史性和时代性

生物威胁和生物恐怖的历史就是我国曾经血淋淋的伤痛，深受其害，感悟其痛，正是这些生物威胁和生物恐怖事件给我国军民的生命与健康带来巨大伤害的历史，成为促进学生学习"医学生物安全"的动力源泉。当下生物威胁事件层出不穷，成为激发学生学习"医学生物安全"的激情来源。生物安全属于国家安全，"医学生物安全"的历史性指基于战争的历史、受中华优秀传统文化的熏陶、源于中国社会革命价值观的弘扬与践行。"医学生物安全"的时代性指在根植于爱国爱民的情怀，对大健康观的领悟，运用医学、预防等各种理论研究解决生物安全的现实问题和因科学先进技术带来的新困惑，提升课程思政教育的原动力，实现与时俱进。两者同一，不仅传承了民族情怀和中华传统文化，而且集中体现了当代中国精神，凝结着我国多民族共同的价值追求。透过历史感悟当下，"医学生物安全"是全民参与国家生物威胁和生物恐怖防控的情感来源，其教学方向与思政协同，具历史性和时

代性。在该课程教学体系中,积极将社会主义核心价值观贯穿于教学的全过程[1],转化为学生的情感认同和行为动力,实现了根植于历史与破解时代未来的统一。

(二)教学目标与思政凝集,具有预设性和生成性

"医学生物安全"的教学目标包括知识目标、能力目标和情感目标,每个目标都和思政结合,发挥最佳授课效果。第一,"医学生物安全"的预设性[5],指在设立课程时,根据思政教育要求及本课程特点,确定本课程思政教育目标,即应对生物恐怖和生物威胁最大程度保障我国人民健康、生态平衡。它提供了该课程思政教育内容选择的依据,也提供课程教学与评价的指南。第二,"医学生物安全"的生成性[5],指该课程的思政教育目标不可能在设立时全面、具体地确定下来,因为课程教学实际过程中的内元素和外环境都是动态变化的,教师根据教学过程具体情况将思政教育目标有机地融入教学过程,是动态的、不断自我修订的过程。"医学生物安全"课程思政的预设性与生成性的统一,要求教师构建课程时强调思政目标明确,并融入课程构建、启动与实施的全过程,要求教师在课程教学过程中重视新的思政目标的生成与实现,同时这种动态生成过程也对教师的思政教育素养提出了新挑战。

(三)教学内容与思政融合,具有独立性和依赖性

"医学生物安全"的教学内容因其特殊性,是与思政交叉融合的,将独立性与依赖性相依相辅。一方面,从"医学生物安全"课程思政目标设立而言,它具有明确的思政教育目标;另一方面,课程思政教育的内容依存于"医学生物安全"的教学内容与教学过程。例如,在"侦察"模块教学中,我们讲解仪器侦查会以对比形式介绍国内外研发的差距,唤起民族制造和自主产权研发的原动力;在"防护"模块中,将因未防护而导致的严重后果事件作为案例,提升大家对自我防护、督导他人做好防护的共识性。

"医学生物安全"课程无论在教学方向与目标方面,还是在内容和实施方面均融入了思政元素,不仅要求能够开展高危病原体的分子生物学研究,提高诊断意识,掌握新发突发疾病的相关疾病诊断方法,而且平时做好战略要地传染病流行情况调查,能及早发现生物威胁的迹象,追踪基因生物发展动态,做到从容面对新时代的生物威胁和传染病危机。把握大局,防患于未然,不断培养出适合新时代的高素质人才。

---

① 谭泽媛:《课程思政的内涵探析与机制构建》,《教育与职业》2020 年第 22 期。

"东方元素创新设计"课程思政建设与实践

吴　鑫*

摘要:高校人才培养是育人和育才相统一的过程,加强设计学课程思政建设有助于提高艺术设计院校人才培养质量。"东方元素创新设计"课程在视觉传达设计专业人才培养体系中占有重要地位,是提高学生的艺术审美和综合素养的必修课。本文围绕"东方元素创新设计"课程思政的意义、目标、思路和方法进行探索,以第一单元"汉字创意设计"课程教学实践为例阐述了思政元素融入专业课程的方法和路径,以期为设计学科人才培养环节中思想政治教育融入专业课教育,实现知识传授和能力培养、价值塑造融为一体的目标提供方法和思路。

关键词:课程思政;东方文化;课程实践

党的二十大报告指出:"教育、科技、人才是全面建设社会主义现代化国家的基础性、战略性支撑。……我们要坚持教育优先发展、科技自立自强、人才引领驱动,加快建设教育强国、科技强国、人才强国,坚持为党育人、为国育才,全面提高人才自主培养质量,着力造就拔尖创新人才,聚天下英才而用之。"中华民族伟大复兴对教育、科技、人才提出了新要求,科技、人才、创新都系于教育,我们必须牢牢把握住教育这块基石,为社会培养德智体美劳全面发展的人才,助力高质量发展。高等教育是培养人才的重要途径,要充分发挥高等教育基础性人才和创新型人才培养的主力军作用。立德树人是新时代高等教育的根本任务,人才培养是高等教育的生命线。《高等学校课程思政建设指导纲要》指出,高等学校人才培养是育人和育才相统一的过程,建设高水平人才培养体系,必须将思想政治工作体系贯通其中,必须抓好课程思政建设。《高等学校课程思政建设指导纲要》中明确了专业课程是课程思政建设的基本载体,要深入梳理专业课教学内容,结合不同课程特点、思维方法和价值理念,深入挖掘课程思政元素,有机融入课程教学,达到润物无声的育人效果[①]。高校的艺术设计类专业课程以传授专业知识和培养学生实践能力为主,在课堂讲授和实践操作中应积极融入思政内容,将知识传授和能力培养、价值塑造融为一体。

一、"东方元素创新设计"课程思政建设的意义

"东方元素创新设计"课程是视觉传达设计专业的一门重要的必修课,课程围绕东方文化中艺术元素的视觉呈现和演变、民间工艺的传承和发展、视觉形态和表现载体的拓展等

---

* 吴鑫,四川成都人,厦门大学创意与创新学院副教授,主要研究方向为品牌与包装设计。

① 任敏、高巍、李泽宏等:《半导体封装测试与可靠性课程思政改革探索》,《高教学刊》2023年第2期。

内容进行深入分析,旨在挖掘中华优秀传统文化的精神内核和物质载体,在设计中将传统文化的传承和当代的拓展创新相结合,实现中华优秀传统文化在实践中的创造性转化和创新性发展。课程立足传承传统的同时鼓励大胆创新,结合当下的社会文化、审美需求、生活方式以及现代技术创造出符合时代发展的具有东方美学意蕴的视觉传达作品。课程包含汉字的产生发展和演变、中国传统经典纹样的艺术特征、传统手工艺的传承与创新等理论同实践相结合的内容,旨在将博大精深的中华传统文化在专业课程中渗透和传播,提高学生的专业技能的同时丰富理论知识、提升学生的审美修养,传播传统技艺的同时弘扬东方传统文化中蕴含的精神理念。课程以中国传统美学为核心,坚持以文传道、以美育人,从而让学生建立起特有的文化身份和文化意识,增强文化自信。习近平总书记在党的二十大报告中强调:坚持和发展马克思主义,必须同中华优秀传统文化相结合。只有植根本国、本民族历史文化沃土,马克思主义真理之树才能根深叶茂。中华优秀传统文化源远流长、博大精深,是中华文明的智慧结晶……我们必须坚定历史自信、文化自信,坚持古为今用、推陈出新……不断夯实马克思主义中国化时代化的历史基础和群众基础,让马克思主义在中国牢牢扎根。这充分体现了立足中华传统文化土壤进行当代拓展创新和推广传播的意义,课程紧扣这一主旨思想展开教学。

课程思政是将专业课程与思想政治理论课同向而行,在专业课程中通过显性和隐性相结合的方式有机融入思想政治教育的理论知识、价值理念及精神追求,润物无声地引导学生的思想意识和行为举止。视觉传达设计专业以设计实践为中心,以学兼中西为基础,以开发潜能为目标,培养适应我国社会、经济、文化和艺术事业发展需要的,德智体美劳全面发展的,具有良好职业道德、系统专业知识、高水平专业技能和良好综合素养的,既能继承优秀传统又富于创新精神的高层次应用型专业艺术设计人才。"东方元素创新设计"作为视觉传达设计专业的主干必修课,应紧紧围绕政治认同、家国情怀、文化素养、道德修养等重点优化课程内容,教育学生深刻理解中华优秀传统文化的思想精华和时代价值的同时引导学生传承中华文脉,富有中国心、饱含中国情、充满中国味,并通过自身的实践实现中华优秀传统文化的视觉创新。

二、课程思政的思路和方法

"学校思想政治工作不是单纯一条线的工作,而应该是全方位的。……推动思想政治工作贯通人才培养体系,发挥融入式、嵌入式、渗入式的立德树人协同效应。"习近平总书记的这一重要论断具有很强的战略性、思想性和针对性,是在新时代推进课程思政建设的行动指南。① "东方元素创新设计"课程是视觉传达设计专业学生学习的第一门专业课程,是学生走上专业知识学习道路的第一步,在这个重要的环节中,不仅要引导学生对专业知识求知的热爱和积极性,更应该引导学生树立正确的职业操守、价值观和人生观,在了解历史、文化的同时激发学生的民族自豪感和爱国主义情怀。

(一)总体思路

"东方元素创新设计"课程思政建设的总体思路:系统梳理和深入挖掘该课程的德育内

---

① 习近平:《思政课是落实立德树人根本任务的关键课程》,《求是》2020年第17期。

涵和思政要素，优化课程大纲，确立"立足传统、开拓创新、以文传道、以美育人"的思政目标，在专业教学内容中融入课程思政映射点，将思政内容渗透到教学的各个环节，构建一套完整的"东方元素创新设计"课程思政教学体系。组建教学团队，集体备课，统一教学内容，共同指导实践，立足全员育人、全程育人、全方位育人的"三全育人"方针，建构立德树人理念与优化育人载体相结合的机制。课程采用理论讲授、实地调研和项目实践相结合的方式展开。

（二）课程思政的教学方法

1. 课程的教学目标

知识目标：本课程让学生对东方文化具有宏观的认识，对汉字的产生和发展、汉字的基本形态和组成结构之原理、汉字字体创新设计的方法以及中国经典纹样的艺术特征、变化规律和形式美原则进行深入学习和掌握。

能力目标：通过对传统元素创新设计的规律和方法的学习，掌握其要领并运用到设计实践中，完成从字体设计到汉字创意，从纹样设计到装饰元素创新设计、运用的全过程。

意识目标：本课程让学生深入了解东方文化，挖掘东方文化基因，学会应用东方元素进行创新设计，提升学生的文化积淀和美学修养，在学习和理解东方文化的基础上树立保护和传承中华传统文化的目标，进而增强学生的民族自信心。

2. 教学方法

（1）组建课程组形成教学团队

"东方元素创新设计"是一门综合性很强的专业课程，需要教师具备深厚的人文艺术修养的同时还需具有丰富的理论知识积累、前瞻性的创意思维、与时俱进的技术手段，单个的专业教师无法很好地完成该教学任务，需多位老师进行多维度的探讨与融合。另外，课程思政也是一项系统工程，专业教师也需要通过与思想政治课教师进行深度交流和学习才能很好地把思政内容融合进课程教学中，因此，需要组建课程教学团队，专业课教师与思想政治课教师交流学习，加强专业老师对经典思政理论课的学习。思政教师也通过交流了解专业课程的内容和教学要求，提出思政融合点，共同备课，共享资源，形成一股课程教学的团队力量，完善课程思政内容，打造"东方元素创新设计"的思政教育体系。

（2）课堂讲授、翻转课堂和实践指导相结合

本课程非技能性课程，传授专业知识的同时更加注重学生素养的提升，因此，教学方法上不能沿用传统的教师讲授的单一模式，应采取多种教学模式融合的方式：第一，将课堂讲授与翻转课堂模式相结合，教师讲授的同时同学们要将课前预习和课后阅读的与东方文化相关的文献资料、调研报告、作品提案等内容进行分享、汇报，在教师的引导下学生自主学习、积极讨论、相互评价。第二，将课堂与社会挂钩，在设计实践的过程中学生自主选题，深入村落田间、街头巷尾、工厂、博物馆、文化机构等进行实地调研，与东方文化传承者、民间手工艺人、学者、行业专家进行访谈，获取一手资料，从社会的各个角度了解和学习本门课程辐射的专业知识和思政内容。多点渗透的方式让学生完成东方文化基因的提炼、东方元素的提取以及东方文化的视觉呈现等三个步骤与思政内容的结合。第三，学生间相互学习。在教学过程中特别强调团队合作精神，学生自主选择同伴组成设计项目组，通过理论知识的学习和实地调研后，各组学生提出自己项目的选题、设计方向、内容以及实施方案，

教师负责引导思政和把握方向,每周各组学生均需统一在课堂上汇报阶段成果并开展自评和互评、讨论分享经验。课程在培养学生专业学习的主观能动性的同时将思政内容以"从书本中学习、从课堂中学习、从民间传承中学习、从社会传播中学习"等多点渗透的方式在教学中展开。

(三)思政元素的挖掘与融合

"东方元素创新设计"课程以东方传统文化为研究背景,专业知识中本身就蕴含着工匠精神、人文思想、民族特征与家国情怀等内容,在传授知识的同时挖掘思政元素为学生注入主流价值观和艺术观,这是知识传授和价值引领的高度融合。

1. 培育精益求精的工匠精神

2020 年 11 月 24 日,在全国劳动模范和先进工作者表彰大会上,习近平总书记高度概括了工匠精神的深刻内涵:"执着专注、精益求精、一丝不苟、追求卓越。"[1]"东方元素创新设计"课程以中国传统美学为核心,带领学生深入实地调研东方文化中的艺术形式、传统技艺、材料工艺,探寻古代工匠的智慧和创作精神,亲身体验传统技艺的魅力,与非遗传承者、传统手艺人深入交流,通过实地调研、亲身体验和深度交流去理解和感悟中国工匠精神的内涵,从传统匠人、艺术大师的身上学习追求极致的执着精神、脚踏实地的实干精神以及精益求精的工匠精神。

2. 树立锲而不舍的创新精神

"东方元素创新设计"的课程重点是传统文化的传承与拓展创新相结合,通过设计实践将东方传统元素进行当代创新,在应用中激发学生的创新思维、树立创新精神。创新是一个民族进步的灵魂,艺术设计的灵魂也是建立在创新的基础上的,没有创新就没有好的设计作品,创新元素和创意思维是设计的不竭动力。课程要求学生在传统文化的基础上创造性地提炼主题,利用当代的新技术、新媒介和新材料对传统元素进行改造和创新,呈现新的视觉表达。在学习过程中培养学生的批判性思维,鼓励学生敢于标新立异、勇于打破常规,另辟蹊径,锲而不舍地追求不同的结果,创造性地设计出代表东方文化传承的优秀作品。

3. 确立以人为本的人文精神

中国的文化不是靠一个外在的神或造物主,而是靠人自己道德的自觉和自律,强调人的主体性、独立性、能动性。中国家庭秩序和社会秩序的维护都是靠人的道德的自觉和自律,这就是中国文化以人为本的人文精神。[2] 从社会学的角度来讲设计学就是研究人的科学,设计由人发起,为人服务,因人的需要而显现价值。东方元素创新设计是在研究前人经验的基础上进行的突破和创新,课程培养的是创新型人才,这就要求应注重人的主体性和主动性的同时创作出为人服务的作品,树立以人为本的人文精神。设计师创造的作品不仅要满足人的物质需求更应满足人的精神需求和情感需要,设计学科培育创新型人才的同时应树立学生关注社会、关照他人的精神,从中国传统文化的人文精神中汲取精髓并传承发扬。

① 习近平:《在全国劳动模范和先进工作者表彰大会上的讲话》,《人民日报》2020 年 11 月 25 日第 2 版。
② 楼宇烈:《中国文化中以人为本的人文精神》,《北京大学学报(哲学社会科学版)》2015 年第 1 期。

三、"东方元素创新设计"课程思政教学实践

(一)教学设计

课程采用"两线相融、三径嵌入、三点映射"的教学设计模式。两线相融指专业知识和思政内容两条内容线在教学过程中相互交融、渗透。东方元素创新设计的专业课程内容为显性教学内容,课程思政为隐性教学内容,专业知识的显性内容与课程思政的隐性内容相互交融。三径嵌入中的三径分别是课堂讲授、项目实践、讨论汇报等三条教学路径,将思政内容有效嵌入这三条教学路径中,让学生通过不同途径学习和领悟思政教育的理论知识、价值理念和精神追求。三点映射指基于"东方元素创新设计"课程提出的三个课程思政映射点——"精益求精的工匠精神、锲而不舍的创新精神、以人为本的人文精神"。在明确课程思政目标的基础上全面梳理各章节的教学内容,从工匠精神、创新精神、人文精神三个方面挖掘课程内容的文化基因和价值范式,通过课堂讲授、讨论汇报、设计实践三种教学路径建立课程内容与思政元素有机融合的教学体系(见图1)。

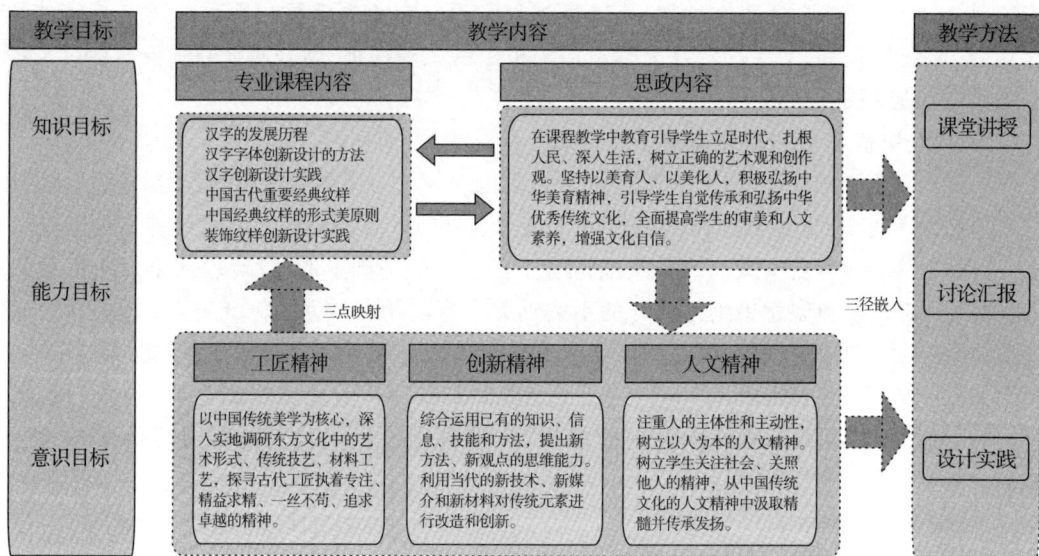

图1 "东方元素创新设计"课程思政教学设计

(二)教学案例

本文以"东方元素创新设计"课程第一单元"汉字创意设计"为例,阐述课程教学团队将思政内容融入专业课的教学实践。课程组在课前进行了多次教学研讨,首先由专业课教师为思政课教师阐述该单元的课程内容和教学要求,再共同讨论思政内容的切入,并制定这个单元课程的思政目标。在确定专业课程教学目标和思政目标的基础上紧扣"两线相融、三径嵌入、三点映射"的教学设计模式展开。课前教师列出书目让学生提前研读预习,所列书目如宗白华《美学散步》、李泽厚《美的历程》、许倬云《中国文化的精神》、陈登凯《设计哲学》、彭圣芳《中国设计美学史》等,让学生对中国传统文化、艺术美学、中国文化的精神内核等内容有初步了解,这样可以在学生先期自主学习的基础上引导他们进入专业课程的学习。专业课程内容从黄帝时期仓颉造字开始讲解汉字的发展历程及主要特征、汉字的造字

方法、印刷字体的发展及字体设计,要求学生掌握汉字的基本形态和组成原理,再引入汉字的创新设计方法,最后指导学生进行汉字创新设计实践。本单元展示了从原始社会诞生的甲骨文至今的汉字发展的伟大历程,绵延不断的汉字演进史证明了中华民族文明的火花从未中断,同样,中华文明传承的稳定性和连续性使汉字更具生命力,这股强大的生命力映衬着强烈的民族凝聚力与伟大的民族智慧和创新精神,教师在讲授中重点强调这些文化传承中留下的精益求精的工匠精神、锲而不舍的创新精神,并激励学生将这把文明的火种继续传承创新下去。由此可见,在教师进行课堂讲授阶段将思政内容和专业知识"两线"相互融合对学生学习和掌握该课程的核心内容具有极其重要的意义。

与此同时,与课堂讲授这条教学路径并行的另一条路径——学生在课堂内外的交流、分享、讨论也有效地嵌入了课程思政内容。学生们先分小组在课后将自己研读的文本材料进行梳理、分析、总结,形成小组汇报的 PPT,再在课堂上分享,每一组同学将学习、领悟到的东方文化中的专业知识、文化理念、精神内核通过翻转课堂的形式进行阐述、讨论、评价,不仅是自身学习内容的消化,亦是对其他小组同学学习内容的补充和渗透。这个过程中,思政内容不是由教师讲述相传,而是通过学生们自主学习、讨论、分享的过程生动地嵌入进来。

通过课前研读预习、课堂教学和讨论汇报后,同学们基本掌握了汉字的形态和结构组成原理,进入设计实践阶段,要求同学们将掌握的原理、方法创造性地运用到实践项目中。实践项目的内容为"传统店面招牌的汉字创新设计",同学们通过市场调研,分析市面上已有的老字号店面招牌上汉字的优缺点,根据商家销售的产品类别、受众人群特征、经营方式以及周边环境等因素进行店面招牌文字的优化创新设计,这就必须秉承以人文本、以店为源的方针展开。同学们分小组由组长带队到城市的各个街区进行调研,确定设计对象,再与商家、消费者进行访谈或发放调查问卷,获取需求信息,最后将调研结果整理成完整的调研报告带回课堂进行汇报,跟教师推敲设计方向。在这个实践的过程中,同学们不仅要与商家打交道了解品牌故事和品牌文化,同时要与受众密切交流了解他们的需求、喜好,同学间要协同工作,学会团队合作,发扬团队精神。确定设计方案后,进行创新设计是更难的阶段,设计出来的店面招牌文字不仅要尊重原先店面的老字号风格,更要有创新元素的融合,在这个过程中学生们必须积极探索,在形式上寻求突破,在侧、勒、弩、趯、策、掠、啄、磔八划间追求极致,将汉字的形式美原则融入其中。中华汉字,看似只有简单的八法,却千变万化,它不仅承载信息,更是数千年文明的传播,蕴藏着中华民族的精神气质和深刻智慧。因此,在设计的过程中同学们要理解汉字"横平竖直皆风骨"的内涵,更要精雕细琢"大小参差、牝牡相衔"的美学精髓,看似简单的几个店面招牌文字的设计,其间凝结的却是博大精深的中华传统文化。通过实地调研和项目设计实践,同学们不仅学会了应用传统元素创新设计的规律和方法,更重要的是领悟了中国传统文化以人文本的人文精神和追求极致的工匠精神。

四、总结

"东方元素创新设计"课程以"立足传统、开拓创新、以文传道、以美育人"为总体目标,在培养学生创新设计实践能力的基础上注重学生艺术审美和综合素养的提升,让学生在追寻中华文明的历史脉络与辉煌成就中树立民族自豪感，在探寻民间传统工艺的精湛璀璨中领会大国工匠执着的工匠精神。将作品根植于中华民族沃土进行拓展创新，在设计实践中培养锲而不舍的创新精神和关照他人关照社会的以人为本的人文精神。任课教师立足政治性与学理性相统一，理论与实践相结合，在设计教学内容和教学模式时，紧扣习近平新时代中国特色社会主义思想，引导学生坚定理想信念，厚植爱国主义情怀，加强品德修养。专业教师与思想政治课教师在教学中相互交流、学习，共同研究专业课程与思政内容的融合，通过课前阅读、翻转课堂、实地调研、项目实践等方式，实施"两线相融、三径嵌入、三点映射"的教学模式，逐步建立完善的课程思政体系。

专业与思政教育的复合[*]

——浅谈"无机复合材料及工艺"研究生课程思政教学

李锦堂　岳光辉^{**}

摘要:加强理工科研究生的思政教育,培养综合性的人才是当前高等教育的重要任务。本文以"无机复合材料及工艺"为例,明确思政教育目标,深入挖掘思政教育内容,采用多样化的教育方式,尝试探索面向理工科专业的研究生思政教育方式。旨在为国家培养知识扎实、能力过硬、价值正确的"三位一体"人才。

关键词:思政教育;复合材料;新工科;研究生教育

一、引言

教育部于 2020 年印发了《高等学校课程思政建设指导纲要》,指出:课程思政建设是落实立德树人根本任务的战略举措,是全面提高人才培养质量的重要任务。高等学校是"为党育人、为国育才"的重要基地,必须强化思想政治教育,推进全方位育人工作。目前在高校教育发展过程中,教书和育人往往容易脱节。因为科技发展日新月异,而高校理工科专业在科技发展的最前沿,高校教师在传授专业知识的时候往往注重于先进技术的传授,而忽略了思想政治、人文素养的教育。在高等学校的育人过程当中,价值塑造比能力培养和知识传授更为重要,要把价值塑造作为育人的第一要务,融入日常的知识传授当中,才能培养出能力合格的新时代人才,达到育人成效。[1]

在新工科发展需求的背景下,材料学科应该不断与其他学科进行交叉合作和创新,满足现代化产业和社会发展的需求。以应用为导向,发展跨学科、协同创新、重视实践和贴近生产的工科教育模式。在这个过程中,强调思政教育显得尤为重要。只有加强思政教育才能保证给学生树立正确的价值导向,不会因为重视应用和实践失去了正确的价值观。复合材料课程是材料学科中重要组成部分,它是涵盖多学科知识的交叉学科,涉及材料学、力学、化学、工程学及计算机科学等知识内容。[2] 复合材料广泛应用于航空、航天、汽车、轨道交通、海洋、体育器材、建筑等高精尖的领域。在复合材料的课程教学中融入思政元素,加

---

* 基金项目:2021 年厦门大学研究生课程思政示范项目。

** 李锦堂,浙江余姚人,厦门大学材料学院副教授,主要研究方向为催化功能材料。岳光辉,河北巨鹿人,厦门大学材料学院教授,主要研究方向为功能电化学。

① 刘延宽、姚佳伟、李娜:《"复合材料制备与加工"课程思政内容探索与建设》,《教育教学论坛》2022年第 28 期。

② 杨志伟、李丽丽、崔腾等:《〈复合材料原理〉课程思政的教学实践与探索》,《广东化工》2022 年第 3 期。

强对学生思想政治教育十分必要。同时由于复合材料的学科的特点，融入思政元素也非常容易，可以做到润物细无声。

研究生教育在高等院校的教育中十分重要，随着研究生数量逐年增加，对研究生的培养要求也越来越高。除了培养研究生的科学研究能力，还要积极引导研究生树立正确的价值观，树立为国家、为社会服务的理念。[①] 多数高校的理工科专业仅在一年级有研究生课程，二三年级的学生往往要进入实验室进行科学研究，所以在研究生专业课程中融入思政元素尤为迫切。由于研究生课程的特殊性，很多学生认为研究生应该以科研任务为主，学习为辅，对研究生的专业课程教育不够重视，这样在专业课程中融入思政元素显得尤其困难，目前还处在探索阶段。探讨如何在研究生专业课程中融入思政教学内容，总结出一套能够通用的机制显得十分迫切。"无机复合材料及工艺"是材料学院开设的一门面向硕博研究生的专业选修课，已经连续开设了 15 年，具有悠久的历史渊源，复合材料是材料学科重要方向之一，很多材料研究理论都会涉及复合理论。复合材料还是新材料发展的方向之一，是先进材料的重要组成部分。因此，以"无机复合材料及工艺"课程为例来探索思政教育与专业教育的融合，既具有代表性，又很容易推广到理工科其他专业课程中。课程授课过程中通过多样化的教学模式来讲授复合材料的相关知识，让学生了解无机复合材料的制备原理、性能特点及应用领域，同时培养学生的综合能力，引导学生树立正确的价值观，加强对学生的思政教育。

二、教学思政目标

"无机复合材料及工艺"是材料学院开设的面向研究生的专业选修课，是一门涉及材料科学、化学、金属学、界面科学、材料力学等学科的交叉性、综合性学科。本课程主要讲授复合材料的基本知识和理论，包括复合理论、复合材料的力学和结构设计基础、界面理论和界面控制、制备方法和微观结构表征方法、微观破坏机制和强度等内容。教学使学生能够理解无机复合材料的基本概念和原理，掌握无机复合材料的制备工艺，熟悉无机复合材料的表征方法。

思政教学目标是通过与专业教学有机融合的方式实现的。课程面向材料专业的研究生，在课程教学的同时积极培养学生的分析能力、表达能力、钻研精神、创新能力和团队合作能力等，重点要将爱国精神、科学精神和工匠精神融入其中。课程讲授无机复合材料的应用领域和发展趋势，学生需要了解无机复合材料的应用领域和发展趋势，包括材料在能源、环保、医疗等方面的应用，以及未来的研究方向和发展趋势，把有国界的科学家和为国做科研的爱国精神融入其中。培养学生创新意识和实践能力，创新意识需要钻研、坚持等科学精神，而实践能力则需要严谨细致的工匠精神。通过在课堂上培养学生传递正确的人生观、价值观和世界观，强化家国情怀和爱国精神；通过优化教学内容设计，及时更新教学内容，传授学生最新最前沿的科学知识；多方面提升学生实际能力，在潜移默化中培养具有习近平新时代中国特色社会主义思想和新工科创新能力的高素质人才，实现多学科交叉融

---

① 任鑫、高志玉、吴纯等：《课程思政元素的挖掘和融入——以研究生课程材料表面与界面为例》，《中国现代教育装备》2022 年第 23 期。

合的协同育人。

三、教学内容的思政元素挖掘

"无机复合材料及工艺"课程涵盖了大量的材料学的专业知识,还涉及化学、物理学、材料力学、界面科学等专业知识,教学内容多,教学难度大。因为内容广泛,复合材料又多用于高精尖的国防、航空、航天等领域,所以很容易在其中挖掘出大量的思政元素。

本课程的绪论部分首先从材料的发展开始介绍,我国古代的青铜器、陶瓷代表了领先时代的材料,抒发民族自豪感,弘扬爱国精神。用小故事和图片引起学生的兴趣,从材料的发展来讲述材料在国民生产领域的重要性,发展高端材料代表了国家的先进生产力。在学生心中埋下为国家发展做科研的种子。新中国成立初期,百废待兴,各行各业都要快速发展,特别在复合材料方面,我国科研人员在先进复合材料方面不断努力,张立同院士自行研发,不断钻研,在先进陶瓷基复合材料领域取得重大成就。黄伯云院士学成后毅然回国,在碳/碳复合材料制备技术方面取得突破。这些故事在强调复合材料的重要性的同时也融入了钻研精神和爱国精神。最后埋下伏笔,复合材料是当下材料领域研究的重点之一,是新材料的重要代表,研制新型复合材料可以为我国的材料发展做出重要贡献。

增强材料这一章主要讲解的是增强材料的类型、选择原则以及常见增强材料的制备方法、特性和应用。在复合材料中,其实增强体是最重要的部分,复合材料的性能贡献大部分来源于增强材料,就像我们的思政教育对于高等教育的贡献一样。如果没有增强材料,那它就是一个普通的材料,它的性能就没有那么突出,价值也没有那么高。正是因为有了增强材料,复合材料才能成为高端的材料,用于高精尖的航空航天或者高端体育器材等领域。我们高等教育也一样,如果仅仅停留在传授专业知识的阶段,那么我们可以培养出来一些具有专业知识的人才,但是没有达到多方面综合能力培养的目的,更没有办法培养一批能为国所用的高端人才。本章通过增强材料的介绍,把价值塑造的理念潜移默化地融入其中,让学生知道他们作为国家的栋梁之材,在国家发展过程中需要承担的历史使命。

复合材料的界面指基体与增强材料之间化学成分有显著变化、构成彼此结合的、能传递作用的微小区域。界面在复合材料中虽然占比非常小,甚至可能微不可见,但是它是切实存在的,并且发挥着巨大的作用。目前对于界面机理的研究不够充分,没有形成完善的理论,可以激发学生科研的热情,培养学生的科学精神。当下大多数功能复合材料的机理探寻都会涉及界面结构的分析和研究,让学生了解、学到界面的重要知识,可以培养学生见微知著、刻苦钻研、精益求精的工匠精神,培养学生善于归纳总结、寻找事物规律的科学精神。

复合材料的讲授与思政教育非常契合,可以挖掘思政元素的点很多。只要善于发现,不断总结,把握正确的方向,就可以把爱国精神、科学精神、工匠精神等思政元素融入其中。如在课程每章节的讲授过程中,首先会分享一篇当下的复合材料的研究论文。介绍一种最前沿的复合材料,激发学生的科研精神。讲解这种材料的创新点及应用方向,激发学生的创新精神。此外,让学生了解到了时下的研究热点,对于研究生来说不仅能培养良好的科研习惯,也能让他们紧跟研究热点,培养创新观念,养成良好的科研习惯。其他在课程中能融入思政元素的地方还非常多,教师要不断学习,深入挖掘,牢牢把握思政教育的内涵,做到专业教育与思政教育的有机融合，而不是简单混合。

四、教学方式中融入思政元素

在"无机复合材料及工艺"的讲授过程中，我们以学生为中心，开展多样化的教学模式。当下青年学生接触的信息多，受网络信息影响大，大多有独立的思考能力和主观能动性，我们要充分利用这点、发挥这种优势。信任学生的主动学习能力和创新精神，同时引导学生树立正确的价值观。因此，在课程讲授的过程中，不能死板地通过传统课堂讲授的模式来传授知识，而是应该采用多样化的手段，充分利用当下先进的网络技术和交互式的手段来进行知识的传递。用青年学生喜欢的方式、习惯的模式、熟悉的手段，在课堂互动中做到知识的传授，在课外任务安排中实现能力的培养，在潜移默化中引导价值的塑造。

首先，传统课堂讲授的方式依然是高校上课的主要模式，也是高效的知识传授模式。只是课堂讲授的方式显得比较单调，学生往往是被动地接受知识，很难做到在 45 分钟内完整地吸收知识内容。为了解决这一点，首先在课堂讲解的过程中，充分使用多媒体教学。采用丰富多彩的教学素材，多用提纲、示意图的方式来列举知识点，便于学生理解所学的知识内容，穿插图片、视频的方式讲解工艺流程和制备过程。这样显得有趣而不枯燥，能够吸引学生的注意力，激发学生的好奇心。同时教师结合网络课堂的模式，让学生能够在自主的时间里增加学习时间，可以反复巩固知识，起到强化知识的效果。在这个课堂教学过程中就可以加入各种思政元素。在多媒体教学中，用爱国科学家的先进事迹来激发学生的爱国热情。通过科学家的小故事来激励学生要有科研精神。在网络课堂的建设过程中，加入各类思政元素，让学生在潜移默化的过程中受到思政教育，养成正确的价值观。

其次是采用交互式教学模式，在教学过程中，给学生安排课外任务，譬如按照相关主题查找文献，组织学生进行小组讨论，可以帮助学生更深入地理解知识，并激发他们的学习兴趣。这种方式可以让学生提前接触科研信息，熟悉今后的科研模式，慢慢养成良好的科研习惯，培养科研精神。同时还能让学生及时反馈学习情况，在学生完成讨论后，总结报告，老师及时给予反馈和指导。这种方法可以帮助学生发现自己的不足之处，并及时纠正错误，提高学习效果。这样针对不同的学生有不同的效果，每个学生选择的课题也各不相同，可以让学生按照自己的兴趣和学习风格来选择相关主题，满足不同学生的需求。可以帮助学生更好地理解知识，提高学习效果，同时也可以提高他们的学习积极性。交互式教学模式中，思政教育主要依靠教师自身的品德，给学生树立榜样。在完成课题任务的过程中培养了学生的能力，在相互探讨的过程中引导树立正确的价值观。

最后，组织全班范围的学生研讨课，让每个学生成为教学的主体。以不限定主题的模式，让学生自由发挥、自主选择研讨题目，结合自己今后要做的课题方向，查找最新的国际前沿文献资料，结合复合材料理论，采用 PPT 汇报的模式，讲述选择的课题。在这个过程中，同时考查学生选择课题、调研课题、理解课题和讲解课题的综合能力，可以极大地培养学生的科研能力，为下一步进入实验室打下扎实的基础。其他同学和老师都会对相关课题进行提问，现场模拟类似答辩过程。让学生和教师都能同时学习到不同方向的专业知识，以此来认识到科研的魅力，意识到刻苦钻研获得成功的自豪感，时刻把握科技最前沿信息，培养科研创新意识，建立良好的科研习惯，为后续的学业与研究工作打牢基础。教师在此过程中通过提问等方式,教授如何查阅最新文献、如何总结相关课题,结合研究生教育传授科研习惯的培养,让学生学习刻苦钻研精神和精益求精的工匠精神。

五、面向理工科专业的思政教育通用机制

教育是传承人类文明、创造先进生产力的主要途径。高等教育本身就应带有鲜明的价值取向,由知识传授和价值取向引导组成。加强高等学校的思政教育最主要的就是要牢记"立德树人",我们在进行"无机复合材料及工艺"的讲授过程中,努力总结出一套理工科通用的思政教育模式,实现"为党育人、为国育才"的目标。

(一)完善课程思政体系,优化育人效果

首先,要深入挖掘思政育人元素,做到思政元素多样化,信手拈来能够随时融入专业课程中。例如适合理工科专业的科学精神、人文素养、钻研精神、工匠精神、国家安全意识和认知能力等,在潜移默化中融入课程中,坚定学生的理想信念,厚植爱国主义情怀,加强品德修养,培养奋斗精神,提升学生综合素质。结合"无机复合材料及工艺"的课程特点,通过与教育研究院的教师合作,共同进行教学设计、教学实施及教学考核,在专业思政教师的帮助下深入挖掘课程所蕴含的思政要素和德育功能,紧跟学生感兴趣的重大事件和热点问题,在课程教学中把思政大道理融入专业知识点中,引导学生能正确地看待事物、分析问题、认识社会。梳理专业课程教学内容,结合课程特点和价值理念,深度挖掘提炼专业知识体系中所蕴含的思想价值和精神内涵,从复合材料课程所涉专业、行业、国家、历史等角度,提升专业课程的引领性、时代性和开放性。合理进行课程设计,根据教学目标、教学内容、学生知识结构、学生特点需求和接受习惯等进行科学的教学内容、方式设计,利用翻转课堂等智慧教学模式,有效传授理论知识和科学技术,锻造学生正确的思维方式,培养学生爱国情感与职业素养。建立无障碍反馈机制,及时发现教学问题并纠正。通过课堂教学,学生能够正确认识世界和中国先进材料事业的发展,比较中国制造业和国际制造业的差异,树立时代责任和历史使命,怀揣远大抱负,脚踏实地,坚定对中国特色社会主义的道路自信、理论自信、制度自信、文化自信,成为担当民族复兴大任的新时代技术技能人才。

(二)加强教师队伍的思政素养

教师要自身加强思政学习,将课程育人理念内化于心、外化于行。在教学过程中坚持"立德树人"根本任务,以学生为中心,高质量地完成教育教学工作任务。教师自身要提高对"课程思政"的理解和认识,自觉开展课程思政育人,把科学的思维方法、做人做事的基本道理、社会主义核心价值观的要求、服务国家的理想和责任充分融入课程教学中。教师需要从思政教育的高度,把好方向,修身养德,为学生树立好表率。提升专业教师的思想政治素养和职业道德水平,做到教书与育人相统一、言传和身教相统一、潜心科研和关注社会相统一、学术自由和学术规范相统一。通过与教育研究院的思政教师结对子,互相探讨,专业教师不断提高自身的思政水平,引导学生成为对祖国现代化建设有利、对社会主义建设有益的优秀公民。专业教师与思政教师相互学习交流,建立课程思政建设合作伙伴关系。实现专业课与思政课的相互贯通、相互促进,将思想政治和专业理论有机融合,德育目标与专业目标相互交织,实施全过程、全方位的课程思政。

(三)创新课堂教学多样化模式

不断创新提高教学方法。以材料专业的重要政策、关键事件、典型任务为课程思政教

学主体,不断更新教学素材和教学资源,开展浸润式的情境化教学方法。重要政策引入使学生更轻松、形象、直观地掌握课程内容,开阔政治视野并塑造社会主义核心价值;关键事件引入使学生更易接受材料行业与现代制造业发展中的新模式、新工艺及新理念;典型人物引入使学生更易从榜样中获得激励,触发情感。提高学生在课堂教学中的参与度,强化课堂教学中的问题意识,帮助学生养成独立思考的习惯、磨砺坚强的意志、勇于担当责任,结合教育研究院教师的思政设计指导,将思想政治教育、创新创业教育与专业知识传授有机融合。通过集中备课提高教学质量,创新教学载体和教学方式,着力提升教学效果。以国家的方针政策和社会热点为引入点,抓住学生的兴趣,讲授课程知识点,把家国情怀和务实精神融入其中。课程讲解时刻结合科技前沿内容,对最新科技前沿进行研讨,激发学生的创新精神和爱国精神。

六、结语

以专业教学为基,以思政教育为增强材料,通过优化两者的结合方式,让两者相互交融,可以形成一种"价值塑造、知识传授和能力培养"三位一体的复合教学模式,全面提高高等学校的人才培养质量。首先就是要明确课程思政教育的育人目标,实现"为党育人、为国育才";其次采用多样化的教育模式和丰富的教学内容,开展以学生为主体的新型教学模式,着力于培养学生的综合能力;最后教师还要加强自身思政教育素养,为学生树立良好的道德榜样,实现"立德树人"的目标。只有时刻牢记思政教育,把思政元素融入日常教学中,才能让专业课程发挥育人作用,提高高校人才培养质量,实现全方位育才。

新工科背景下以课程思政为核心的通识教育教学改革举措与分析

——以"航空航天材料概论"教学改革为例

张志昊*

摘要： 本文针对新工科背景下以课程思政为核心的通识教育教学改革进行研究，分析了新工科背景下的教育需求和通识教育现状，并结合"航空航天材料概论"的教学实践探索了"新工科"通识教育的课程思政实施路径。在课程教学实践过程中，"新工科"通识教育以学生为中心、以爱国主义教育为引领、以社会主义核心价值观为根本、以职业道德教育为核心的教育教学改革具有可行性。通过翻转课堂、手工实验、无人机探索、企业参观等多种教学形式的混合教学，对实现以学生为根本、以目标为导向的教育教学改革具有可操作性，并最终提出了未来教育教学改革研究方向。本研究对深入探索新工科背景下以课程思政为核心的通识教育教学改革具有一定的启发性。

关键词： 新工科；通识教育；教育教学改革；课程思政；创新教育方法

一、新工科背景下的通识教育需求

在信息化和全球化的背景下，为了适应新的产业需求和社会挑战，教育部提出高等院校的工科专业需要紧密围绕工科本质特点和时代发展趋势，以培养兼具工程素养、创新能力、全球视野、社会责任感的高层次工科人才为目标，推进工科教育的创新与改革，实现新工科建设。作为我国教育强国战略中的重点发展方向，新工科旨在加强工程教育的创新能力、实践能力和综合素质，匹配当前和未来国家经济与社会发展需求。新工科的核心理念是通过推动产学研深度融合，培养具有国际视野、创新精神和实践能力的工程人才，适应复杂、多变和不确定的社会环境，最终实现人才培养和社会需求相统一①。

通识教育是一种涵盖广泛、跨学科，并以培养学生综合能力和素养为目标的教育。通识教育注重培养学生的批判性思维、创新能力和领导力等方面的素养，使学生具备全面的知识和技能，能够从容应对多元文化、跨学科领域的挑战，并在复杂社会环境中独立思考和实践。在当前高等教育中，课程设置越来越趋向专业化，导致学生知识面狭窄、眼界不够开阔，缺乏跨学科知识和综合能力素养，影响其未来的就业发展和创新能力。通识教育以持

---

* 张志昊，黑龙江齐齐哈尔人，厦门大学材料学院副教授，主要研究方向为航空航天材料。

① 周端明、沈燕培：《习近平科技创新重要论述指引新工科建设的方向》，《高等工程教育研究》2021年第4期。

续发展和终身学习为教育理念,可以为学生提供广泛的知识和技能:一方面,可以提升学生的综合素质和适应能力,为其未来的职业发展和社会参与打下坚实的基础;另一方面,通过广泛学习和持续学习,可以为社会培养具有高度社会责任感和全球视野的人才[①]。

新工科建设与通识教育在人才培养的内涵和外延方面极为契合,特别是随着新工科背景下人才培养理念的不断升级和发展,通识教育在高校教育中的地位愈发受到重视。通过通识教育打破传统学科壁垒,弥补专业教育导致的知识和能力缺陷,已经成为目前高校教育领域的共识。基于新工科建设与通识教育的创新结合,可以丰富学生的非专业知识和技能,让工科专业的学生了解非本专业甚至非工科领域的常识,让非工科专业学生学习工科领域的经验,进而培养其创新能力和综合素质,最终实现全面提升高等教育教学质量和效果的目标。不过,虽然新工科背景下的通识教育已成为高校教育领域关注的热点,但是如何实现新工科和通识教育的有机结合仍然是一个亟待解决的问题。本文通过研究具有新工科背景的"航空航天材料概论"通识教育课的授课实践,总结并挖掘该课程在教育教学改革过程中的经验及不足,探讨课程思政、学生为本、目标导向、智慧教育等改革内容的可行性和有效性,为新工科通识课程创新提供教育教学改革实例。

二、"航空航天材料概论"课程简介

随着社会快速发展,科技创新、新兴学科不断涌现,传统的工科教育已经不能满足国家和社会的高速发展需求,高校需要更加注重学生的综合素质和创新能力的培养。通识教育可以拓宽学生的视野,提高其跨学科和综合能力,为其未来的工作与创新提供更为广泛和坚实的基础。因此,推进通识课程的教育教学改革具有重要的战略意义和发展前景。

"航空航天材料概论"是一门理论和实践相结合的通识教育课[②]。课程以培养掌握习近平新时代中国特色社会主义思想和新工科创新能力的高素质人才为育人目标,以践行航空航天精神和嘉庚精神为德育理念,使学生树立信念、重视基础、扩展视野、走入企业、贴近生产,在多学科交叉融合中实现产学研协同育人。通过课程学习,学生全面、系统地掌握航空航天材料方面的基础理论知识,明晰材料成分、组织结构和性能之间的关系及变化规律,了解金属、陶瓷、高分子等航空航天材料的使用范围及失效案例,着力培养学生创新设计、分析问题、解决问题以及劳动实践的能力。

课程围绕"宽口径、厚基础、高素质、强能力"的培养目标,突出国防特色,注重空天领域新材料、新工艺的引入,并将国际最新研究成果及时纳入课程,使教授内容和知识体系紧跟时代步伐。课程将思政理念与知识传授有机结合,在学习材料知识中润物细无声地传递信仰、播种信念、阐发价值、追求理想。根据学生知识结构特点、需求和接受习惯等进行科学的教学设计,结合实验探索、企业走访、翻转课堂等智慧教学模式,有效地传授理论知识和科学技术,锻造学生正确的思维方式,培养学生爱国主义情怀与职业道德素养。

---

① 王国强、卢秀泉、金祥雷、王瑞:《成果导向教育理念的新工科通识教育体系构建研究》,《高等工程教育研究》2021 年第 4 期。

② 张志昊:《"航空航天材料概论"课程思政建设的若干思考》,计国君主编:《2021 高等教育教学实践探索:厦门大学解决方案》,厦门大学出版社 2021 年版,第 103～109 页。

三、课程思政融入通识教育教学改革

"航空航天材料概论"课程作为一门新工科背景下的通识教育课程,教学团队在深入学习和领会习近平总书记在学校思想政治理论课教师座谈会上发表的重要指示和教育部《高等学校课程思政建设指导纲要》精神的基础上,结合厦门大学材料科学与工程专业"宽口径、厚基础、重能力、国际化"的人才培养要求及"材料科学基础理论和工程实践技能相结合"的学科特色,提出以立德树人和教书育人为总目标,以"新工科通识教育在思政育人中的新定位"为主要研究方向,重点强调课程思政在教学中的有机融合,把思想政治教育贯穿课程教学全过程,把课程思政建设作为课程建设的关键环节,力争把"航空航天材料概论"打造成一门优秀的课程思政示范通识教育课。

根据课程"非理工类专业选课学生人数占总选课人数的比例逐年增加并成为选课学生的主体"这一新问题(见图 1),提出"加强思想引领,弱化学科差异,提升学生课程参与度,将思想政治教育与航空航天材料知识及工程技能教育有机融合,打造新工科通识教育典范"作为教育教学改革在课程思政方面的重点研究目标。以航空航天材料领域蕴含的丰富思政元素为基础,持续优化课程思政内容,将价值塑造、知识传授、能力培养紧密结合,并从四个方面开展了课程思政教学探索:坚持有机融入,切实推进课程思政建设工作;立足航天精神与嘉庚精神,加强爱国主义教育;不忘初心、牢记使命,践行社会主义核心价值观;依循专业特点、结合实践教学,深化职业理想和职业道德教育。

1. 坚持有机融入,切实推进"课程思政"建设工作

推动习近平新时代中国特色社会主义思想"进教材、进课堂、进头脑",不对学生进行生硬的灌输,转而用润物细无声的教育方式,引导大学生牢固树立科学的世界观、人生观和价值观,坚定"四个自信",从历史创造的角度彰显中国特色社会主义的独特优势。

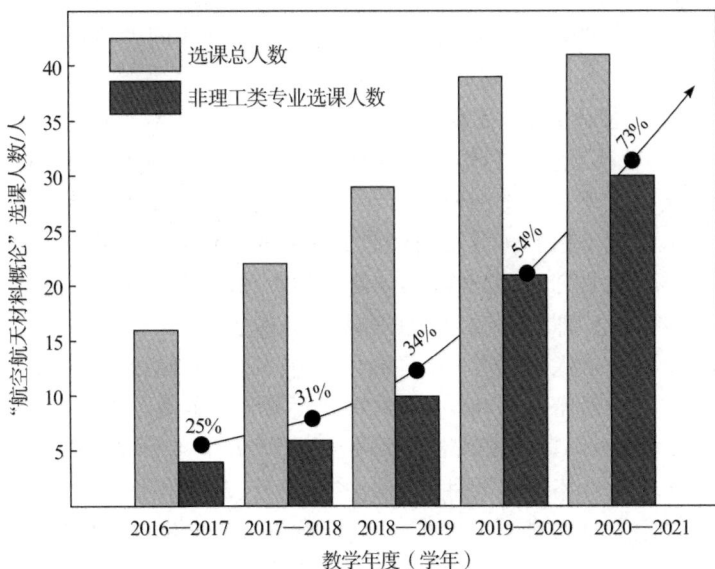

图 1 "航空航天材料概论"历年选课人数及非理工类专业人数

当代大学生个性强烈，如何引导学生理性看待东西方自由民主差异，对其树立正确的三观以及坚定"四个自信"有重大意义。"航空航天材料概论"课程在讲解人类飞天探索的缘由时恰好涉及"人类追求自由"这一命题。课程从三个层面深入剖析这一哲学命题。(1)崇尚自由是中华民族五千年来的精神信仰：从嫦娥奔月到牛郎织女，对自由的向往始终铭刻于中华民族的精神基因中。(2)中国共产党和中国特色社会主义制度是中华民族追求自由的最终选择：中国共产党自1921年成立以来，始终把为中国人民谋幸福、为中华民族谋复兴作为自己的初心使命，始终坚持共产主义理想和社会主义信念，团结带领全国各族人民为争取民族独立、人民解放和实现国家富强、人民幸福而不懈奋斗。(3)结合现实案例感受民族精神和时代精神：受突发新冠肺炎疫情影响，厦门大学2021—2022学年第一学期的前三周授课被迫转为线上教学，授课教师及时将厦门人民勠力同心应对突发疫情的故事纳入授课PPT，一方面讲解方舱核酸检测实验室快速搭建所需的各种先进材料，另一方面也将厦大师生积极进行核酸检测、配合疫情防控要求的切身经历升华为爱国奉献行为，弘扬和传播中国精神。

2. 立足航天精神与嘉庚精神，加强爱国主义教育

航天精神的根本是自力更生、艰苦奋斗、团结协作、开拓创新，而嘉庚精神的核心是自强不息、止于至善，二者在本质上相互交融。从这点出发，"航空航天材料概论"课程深挖思政元素，牢牢抓住航天精神与嘉庚精神精髓，加强学生对祖国及母校的认同感和使命感，使学生富有中国心、饱含中国情、充满中国味，为建设新时代中国特色社会主义事业贡献力量。

在课堂上教师用生动题材讲授航天航空材料的研发历程，以及用科学家和英雄人物的事迹：从"两弹一星"元勋钱学森、赵九章到航天英雄杨利伟；从歼20、运20、直20到火星车、玉兔号、神舟飞船、中国空间站；从各类长征运载火箭到各型号东风导弹，将爱国主义思想和航天精神注入了学生的心田。在授课过程中授课教师通过提出各类思考题："东风41可以突破美国的宙斯盾系统吗？""西藏为什么会成为我国的未来卫星发射中心？""我国歼20、美国F35和F22、俄罗斯T50从造价上有何差别？"这些问题吸引学生思考并树立民族自信心和自豪感。

3. 不忘初心、牢记使命，践行社会主义核心价值观

将社会主义核心价值观内化为学生的精神追求、外化为学生的自觉行动是"航空航天材料概论"课程在立德树人目标上的根本所在。虽然新工科通识教育课与思想政治理论课在教学内容上不同，但都承担着培养担当民族复兴大任时代新人的重任。如何结合专业背景引导学生将小我融入大我，把国家、社会、公民的价值要求融合为一并体现在实际行动中，是"航空航天材料概论"课程思政建设的重要研究内容。

从个人层面来说，每个人都应有"天下兴亡，匹夫有责"的使命感和责任感，只有把个体命运和国家、民族的命运紧密联系在一起，才能最大限度地实现个人的人生价值。在"航空航天材料概论""了不起的中国"课堂环节中，授课教师为学生分享了几则故事：给火箭焊"心脏"的高凤林、十万个合格飞机零件的制造者胡双钱、新时代海归科技报国的楷模黄大年、我国自主培养的顶级材料科学家卢柯，时代楷模故事让学生以楷模为榜样，在学习过程中不断树立大国工匠、奉献科学、家国情怀的时代精神。

4. 依循专业特点并结合实践教学，深化理想和职业道德教育

不同专业学生的思维方法不同，一刀切式的教育方式难以达到理想的教育效果，需要结合专业特点,调动学生的学习热情,使之树立坚定走中国特色社会主义道路的理想和信念。高校培养的学生最终将走向各行各业,成为中国特色社会主义事业的建设者和推动者。"航空航天材料概论"课程引入材料学院的 6S 管理模式及"太古飞机维修中心"企业的管理文化,将新工科背景下的课程思政建设理论与工程实践结合起来,在实践教学中深化职业理想和职业道德教育,引导学生深刻理解并自觉实践各行业的职业精神和职业规范,培养良好的职业品格,增强职业责任感。

四、以学生为本的通识教育教学改革

为了落实新时代全国高等学校本科教育教学工作会议精神和《中国教育现代化2035》,强化学生中心、产出导向、持续改进,推动人才培养范式从"以教师为中心"向"以学为中心"转变。"航空航天材料概论"课程以课程组为中心,积极组织开展一流本科生课程建设,通过不断优化课程体系,持续提高课程教学质量[①]。首先,课程通过教师集体备课、研课、磨课,集体讨论、集体学习,发掘出更多的思政元素,更巧妙的思政融入角度,推进学习革命。其次,强化教师在教学过程中的引领角色,担当起学生健康成长的指导者和引路人,帮助学生解决学习和生活中的问题。2021—2022 学年课程在组织"纸上谈兵"课堂讨论活动时,一名化学化工学院学生向授课教师反馈,由于个人原因他无法参加这种团队活动。授课教师认真听取其意见后,安排其后续以阅读课程资料形式参与旁听。经过多次心理建设,在第六次课的课堂讨论活动中他主动要求参加,对团队活动不再抵触,实现了自我突破。授课教师认为,以学生为中心需要更多关注特例学生,通过有针对性地设置个性化教学活动,弹性调整教学环节,尽可能将全部学生引入教学过程,提升学生学习兴趣和学习效果。再次,及时更新课程内容,把最新成果、资讯转化为教学内容,发挥新工科背景下通识教育优势,将基础理论与学科前沿深入结合,使学生感受到教科书迈出一步就是科学前沿。最后,采用启发式、批判式、互动式等教学手段,培养学生创造性思维和勇于质疑、挑战权威的精神,最终形成全面化和模块化、系统性和前沿性相结合的课程体系。

在课程实践过程中也发现很多实际问题:(1)传统理工类通识课程很少关注人文社科知识的传授,授课内容与理工专业课近似,学生反馈部分专业知识难以听懂,部分原理又太过简单,难以满足新工科人才的培养需求。实际工作中,通过不断调整授课难度,一方面继续增加理工科知识的广度,同时也增加人文、社科、管理类的知识,持续拓宽通识课程的教学内容;另一方面,对学生感兴趣的材料科学原理进一步剖析,力求让学生有明显的收获。(2)跨学科教学是新工科背景下通识教育的重要内容,通过多学科交叉融合,激发学生的创新思维,提高学生的综合能力,然而目前由于课程设置的问题,实现跨学科教师联合授课难以实现。未来希望能够在通识课程中实现多学科联合授课、开展学术论坛等方式,让学生跨越学科壁垒,增强综合素质。(3)实践教学是新工科背景下通识教育的核心内容之一。应当加强学生实践能力的培养,提高学生的应用能力。"航空航天材料概论"课程通过"无人机校园探索""太古集团企业参观"等方式,让学生在实践中提高综合素质。不过,从学时

---

① 陈宝生:《在新时代全国高等学校本科教育工作会议上的讲话》,《中国高等教育》2018 年第 Z3期。《中共中央 国务院印发〈中国教育现代化 2035〉》,《人民教育》2019 年第 5 期。

计算上，实践学时与教学学时的换算比为 5：1，学生可能会由于课程学时过多而放弃课程。未来应该建议教务处实现更合理的学时换算比，让通识教育发挥其应有之义，最终实现具有创新精神和跨学科综合能力的高素质人才的培养目标。

五、目标为导向的通识教育教学改革

"航空航天材料概论"课程以"纸上谈兵"团队讨论、"无人机校园探索"、"手工模型实验"、"翻转课堂"、"太古集团企业参观"等品牌活动为抓手，通过课程体系重构，向内平衡教学内容的深度和广度，向外积极探索学生自主学习，内外融合，全面提升学生的综合能力与素质，多元化互动教学使学生学习习惯和学习能力得到本质的提升。首先，课程利用学院网络资源，推动智慧教育。智慧教育可以为学生提供更多元化的学习资源和学习方式，让学生充分利用材料学院虚拟仿真实验中心的教学资源，提升学习效率。其次，建立学习共同体，促进教师之间的交流和互助，形成传帮带机制，促进教学改革与创新，以课程组为单位，让授课经验成为可以共享、传承的资源。再次，实行课程体系重构，通过课堂教学、实验教学、实践教学等多种途径，构建"全员参与、过程管理、质量监控"的内外联动课程体系，鼓励学生以团队形式参与课内外活动，全面提升学生的综合能力。本课程通过案例教学、课堂互动、翻转课堂、团队合作等多元化互动教学，培养学生的学习习惯和学习能力，鼓励学生积极参与讨论和提问，激发学生的创新思维和探究精神，提升学生的自主学习和创新能力。

在"无人机校园探索"团队活动中，学生一方面学习了大疆无人机的结构组成、飞行原理、操作技巧，体验了时下最流行的空中摄影，将课堂知识逐步转化为实际能力，培养了学生创造性思维和动手能力；另一方面，学生深刻地感受了厦门大学美丽的校园风景，激发学生爱校情怀。团队活动可以让学生学习如何更好地与队友交流、沟通、学习、进步，以培养学生的团队协作精神。特别是在视频处理过程中，从录音、剪辑到字幕、渲染，学生们研磨每一处细节，通过团队配合力争将视频做到最佳的品质，与嘉庚精神实现了完美统一。

六、总结与展望

学高为师、身正为范。教师是教书育人实施的主体，也是课堂教学的第一责任人。因此，未来要继续加强教师的自我学习和自我修养，提高教师对课程和思政的理解与认识，自觉开展立德树人、价值塑造、技能传授，把科学的思维方法、做人做事的基本道理、社会主义核心价值观的要求、服务国家的理想和责任充分融入课程教学中，使学生真正成为合格的社会主义建设者。其次，应充分利用多种教学模式提高学生在课堂教学中的参与度，强化课堂教学中的问题意识，帮助学生养成独立思考的习惯、磨砺坚强的意志、勇于担当责任，将思想政治教育、创新创业教育与专业知识传授有机融合；通过集中备课收集教学过程中的痛点问题，针对痛点，创新教学载体和教学方式，着力提升教学效果和教学质量。再次，在提升思想政治素质、教书育人能力的前提下，结合课程特点充分挖掘课程蕴涵的育人元素，引导学生用正确的立场去看待事物、分析问题、认识社会。将知识、能力、素质有机融合，注重课程的高阶性、创新性和挑战度，课堂教学让学生怀揣远大抱负却又脚踏实地，树立时代责任和历史使命，坚定学生对中国特色社会主义的道路自信、理论自信、制度自信、文化自信。

第三篇

课程建设与改革

培养"全方位践行力"的哲学专业本科教学改革[*]

——以"哲学践行教育"课程为例

曹剑波　黄　睿[**]

摘要：在"新文科建设"的时代背景下，面对哲学课堂学生参与度低和哲学专业就业难的现实困境，建构了培养"全方位践行力"的哲学教学改革理念与实践。基于哲学观、人才观和教学观的更新，以"哲学践行"来统领"课程、教学、评价"整体性变革，在课程设计上，采取项目化学习的课程结构和多教师协同的授课安排；在教学方法上，采取分组研讨的教学方法和听说读写的任务机制；在学业评价上，采取真实任务的表现评价和小组合作的团队评价。

关键词：新文科建设；哲学践行；哲学专业；本科教学

一、改革背景

培养"全方位践行力"的哲学专业本科教学改革，是在"新文科建设"的时代背景下，面对哲学课堂学生参与度低和哲学专业就业难的现实困境，经过长期积累与探索建构起来的教学改革理念与实践。

（一）推进"新文科建设"的学科发展趋势

新文科建设主张文科教育走出书斋，在服务中实现自我，推动学术文化从精英走向大众，在解决现实世界各种"疑难杂症"中显示社会价值。[①] 新文科建设所提倡的"超学科视野"，不仅指学科之间的交叉、跨越、融合，还包括学科与"非学科"、专业内与"专业外"各行各业人士的跨界合作。[②] 在此背景下，哲学专业有必要从本科教育开始关注"哲学＋"人才的培养，如牛津大学的 PPE 模式（哲学＋政治学＋经济学）、华东师范大学的"新型 PPE"（哲学＋心理学＋教育）、复旦大学的"PMC"项目（哲学＋数学＋计算机）、"中国哲学＋古典学"项目，以及复旦大学正在跨学院筹建的"PP"本科专业（哲学＋物理）、"PM"硕士专业

---

* 基金项目：福建省教育教学研究项目（本科教育类）一般项目（FBJG 20220150）和厦门大学揭榜挂帅项目"哲学方向本科生'全方位践行力'培养研究"阶段性成果。

** 曹剑波，厦门大学哲学系教授、博士生导师，福建省社会科学研究基地马克思主义的规范与认知理论研究中心主任。黄睿，厦门大学哲学系博士后、特任副研究员。

① 刘振天、俞兆达：《新文科建设：新时代中国高等教育的"新文化运动"》，《厦门大学学报（哲学社会科学版）》2022 年第 3 期。

② 赵奎英：《试谈"新文科"的五大理念》，《南京社会科学》2021 年第 9 期。

(哲学＋医学伦理)以及"PPL"博士专业(哲学＋政治＋法律)等。[1] 这些动向反映了世界一流大学的哲学专业在新文科精神指引下,正在从培养狭隘领域内的专业研究者转向培养有广阔知识面的行业实践者。培养"全方位践行力"的教学改革正是对这一趋势的回应和发展。

(二)哲学课堂"三率低"的课堂教学现状

对杭州、上海的 472 名大学生开展的调查显示,57％的大学生上课使用手机的时长超过半节课,59％的受访者认为课堂上使用手机是因为教师讲课过于死板。[2] 我国台湾地区的调查也显示,88％的大学生上课不提问、不发言。[3] 上述现象在厦门大学部分课堂上也能观察到。由于教师通常固定在讲台上,缺乏跟学生的互动和情感交流,难以建立良好的师生交往关系,无法形成情感融洽、气氛适宜的学习情境,课堂气氛沉闷,这些课堂都是"低头族"的"重灾区",学生到课率、上课的抬头率和点头率[4]都难以得到保证。如何通过教学改革帮助大部分教师提升"三率",是亟待解决的问题。

(三)哲学专业"就业难"的学生现实困境

传统的哲学人才培养模式只停留于书本知识,忽视了哲学与社会、与市场经济的关系,导致哲学专业毕业生的市场竞争力较小。[5] 根据 2020 年西北某高校的调查,哲学专业本科生在毕业后一年内甚至一年以后才就业的占 73.7％,与其他专业相比属于中等偏下,近 1/4 毕业生从事的工作与哲学完全不相关。[6] 对此,哲学教育应做出积极变革,在本科课程与就业能力之间建立联系。通过培养"全方位践行力",可以为毕业生开拓儿童哲学教师、思维培训师、哲学咨商师、人文治疗师等全新的就业途径,也可以帮助学生在儿童哲学、商业咨询、思维培训、企业社会责任、临终关怀等领域从事社会创新或创业活动,从而催生大批真正发挥哲学学科社会效应的就业岗位。

二、改革理念

"全方位践行力"培养模式改革,是基于对"哲学是什么""哲学专业要培养什么样的人才""哲学应该怎样教"三个大问题的通盘思考,在哲学观、人才观和教学观全面更新的基础上开展的深入变革。

(一)哲学观

对"哲学是什么"的理解影响着教学内容的选择。传统的哲学教育存在重理论轻实践

---

[1] 陈周旺、段怀清、严峰、孙向晨、田素华、苏耕欣、李宏图、张涛甫:《新文科:学术体系、学科体系、话语体系——复旦大学教授谈新文科》,《复旦教育论坛》2021 年第 3 期。

[2] 郑海帆:《大学生课堂使用手机行为的现状调查与对策研究》,杭州师范大学硕士学位论文,2017年,第 28 页。

[3] 王清思:《为何大学生上课不再静悄悄? 儿童哲学团体探究教学法融入大学课堂教学之研究》,《大学教学实务与研究学刊》2016 年第 1 期。

[4] "到课率"指学生在上课时的出勤率;"抬头率"指学生抬头听讲的比率,反映学生听课的效果;"点头率"指对教师讲课有所响应的比率,反映学生听课时的情感投入。"三率"本质上是教学效果的体现。

[5] 王亮、张铁:《以就业为导向的哲学人才培养定位理论分析》,《就业与保障》2021 年第 15 期。

[6] 于谦:《哲学专业本科毕业生流向及就业分析》,《就业与保障》2020 年第 7 期。

的问题。随着哲学与现实的关系越来越受到重视,20 世纪 80 年代西方兴起了哲学践行 (philosophical practice)运动,其口号是"哲学就是做哲学(to philosophize)的活动"。[①] 这里的"做哲学"指的就是哲学践行,即使用哲学的视野、方法与系统来解决人们的问题,并且改善人类的生存状态。[②] 根据对象与情境的不同,已经发展出众多有关哲学践行的概念。例如,面向孩子的哲学践行(儿童哲学)、面向教师的哲学践行(教师哲学)、面向成年来访者的哲学践行(哲学咨询)、面向老人的哲学践行(老年哲学)、面向企业或商业的哲学践行(企业伦理咨询)等。

在"哲学践行"视野下,哲学专业在知识教学上不仅应关注基础理论,更要关注"投入实践的理论"(theory in practice),提升学生对儿童哲学、教育哲学、应用伦理等"超学科"领域的了解;技能培养上也不能仅限于文献阅读、论文写作等学术性能力,需更关注实践情境中的倾听、理解能力,以及帮助他人走出迷思、理清思路、权衡义利、提升境界所需的思考技能和表达技能。

(二)人才观

对"哲学专业培养什么人才"的理解影响着教学目标的设定。从国家的人才需求结构而言,哲学专业不应也不可能将全体学生都培养为学者。童世骏指出:"要使学生们将来无论从事何种工作,甚至是在哲学以外的专业领域,如教育、医疗、生态和遗传工程、信息技术等,都能贡献其出众的文本解读能力、概念分析能力和规范论证能力。"[③]实际上,哲学教育能够带给毕业生的能力远不止此三种。基于哲学在教育、科技、商业、医疗、社会等领域的广阔应用前景,可以提出"全方位践行力"这一概念来概括学生在社会各领域开展哲学践行所需的全方位能力,主要包含思想力(审辩式思维、创造性思维、协作性思维、关怀性思维)、行动力(倾听能力、表达能力、阅读能力、写作能力)和领导力(社会情感能力、组织管理能力)。"全方位践行力"既是部分优秀毕业生成长为哲学专业研究者所需的学术潜质,也是全体毕业生在社会各领域立言、立功、立德的能力保障。

(三)教学观

对"哲学应该怎样教"的理解影响着教学方法的使用。杨国荣指出:"教哲学固然需要传授哲学的知识,但更为重要的方面,是让哲学教育的对象领悟如何进行哲学思考。"[④]从哲学践行的观点来看,还要让哲学教育的对象领悟"如何帮助他人(或与他人一同)进行哲学思考"。因此,既要摒弃传统的"教师提问,教师回答"(满堂灌)的方式,也要减少"教师提问,学生回答"(苏格拉底式)和"学生提问,教师回答"(儒家问答式)的比例,更多地采用在儿童哲学中已经得到广泛检验的"团体探究"(community of inquiry)方法,即"学生提问,学生回答"方式。我国台湾地区的研究显示,团体探究能有效改善"大学生上课静悄悄"的

---

① [法]奥斯卡·博列尼菲尔:《哲学践行:从理论走向实践的哲学运动——奥斯卡·博列尼菲尔访谈录》,龚艳译,《南京大学学报(哲学·人文科学·社会科学版)》2013 年第 3 期。

② [美]娄·马里诺夫:《哲学践行及其在东亚的再现》,王荣虎译,《安徽大学学报(哲学社会科学版)》2016 年第 5 期。

③ 童世骏、潘斌:《当代中国的哲学教育:如何使我们为人类做出更大贡献的能力强起来》,《中国高等教育》2020 年第 24 期。

④ 杨国荣:《哲学与教育:从知识之境到智慧之境》,《探索与争鸣》2022 年第 1 期。

问题,近半数学生到期末时表示已经"不再觉得提问题很困难",且认可在自主提问的过程中有深刻的收获。[①]

三、改革行动

基于上述背景和理念,笔者以哲学系"哲学践行教育"课程为依托开展了基于"全方位践行力"培养的教学改革,以"哲学践行"来统领"课程、教学、评价"整体性变革。在课程设计上,采取项目化学习的课程结构和多教师协同的授课安排;在教学方法上,采取分组研讨的教学方法和听说读写的任务机制;在学业评价上,采取真实任务的表现评价和小组合作的团队评价。

（一）课程设计创新

1. 项目化学习的课程结构

"哲学践行教育"采取项目化学习(project-based learning)的基本结构,从"如何激发儿童的哲学思考"这一驱动性问题出发,以"开展一次成功的儿童哲学探究"为最终项目成果。在课程的前5周,教师首先就哲学践行的概念、刺激物的收集、提问探究的策略等理论问题进行了先导性的讲授。在其后的11周,学生自主设计儿童哲学教案,经过上台汇报和小组研讨,对教案进行修改。最后,学生在真实课堂情境中面向9～11岁儿童实地教学,以项目成效评价学习成果。因此,学生从一开始就明白所学习的知识不是为了应付考试,而是为了开展成功的哲学践行。在面对"刺激物背后有哪些哲学问题""对儿童的提问和回答如何引导"等现实问题时,学生需要打破哲学各二级学科的界限去阅读文献和思考问题,从而获得对哲学更深刻的理解。

2. 多教师协同的授课安排

课堂中教师和学生构成一个"学习共同体"(learning community),共同体成员经验知识结构的复杂性、多样性能够促进思考的深化。本课程在教案设计、教案展示、实地教学的环节中,每次课都邀请授课教师之外的客座教师1～3人参与对学生的指导和点评。所邀请的客座教师具有教育学、心理学等知识背景,也都具有面向不同年龄开展哲学践行的丰富经验,他们为学生提供了多样的理论视野和课程资源,也从实践需求出发对学生的哲学践行进行了细致的指导,突出了全方位践行力的培养,达成了单一教师授课难以达成的效果。

（二）教学方式创新

1. 分组研讨的教学方法

在项目化学习的总体结构下,针对哲学践行的基本理论,仍需要开展一定时间的知识讲授。在这类课型中,教师借鉴儿童哲学的团体探究策略,采取了"问题导向、分组研讨"的教学方法。教师从要讲授的理论中提炼出核心问题,不直接说明教师自己的思考,而是采用形式多样的研讨式教学。在研讨中,有时随机请学生发言,有时按顺序轮流发言,有时个人分享,有时小组报告,有时是回答式,有时是答辩式,甚至是辩论式,但是最主要采取分组

① 王清思:《为何大学生上课不再静悄悄？儿童哲学团体探究教学法融入大学课堂教学之研究》,《大学教学实务与研究学刊》2016年第1期。

研讨的模式。分组研讨与大班发言相比，给学生更多锻炼的机会，可以充分调动学生的积极性，提高课堂教学效率。在此种教学方式中，教师角色由单纯知识传授者向研究者、对话者、指导者转化。学生既可以接受老师的观点，也可以发表不同的看法，甚至提出批评意见。只有这样，学生才能摆脱对教师知识传授的依赖，自己动脑思考哲学、自己在实践中"做哲学"。

2. 听说读写的任务机制

倾听、阅读、写作和口头表达能力是全方位践行力的重要组成部分。因此，在每堂课教学前，教师针对课程内容给学生布置不同阅读任务，以提高学生对教学相关内容的了解，也训练了学生理解经典文献的能力。在研讨课上，教师着力在师生互动和分组研讨中培养听说能力。在倾听方面，训练学生"先听后说"，以尊重、包容、关怀、细致的方式倾听，在倾听中抓住对方的核心观点和论证逻辑，而不是纠结于细枝末节。在表达方面，训练学生"先思后言"，以思维导图、发言提纲等方式理清思考逻辑，通过自问自答、举例子、眼神交流等方式拉近同听众的距离，实现最佳的交流效果。在课后，布置一定的开放式思考问题和写作任务，以平衡学生知识"输入"与"输出"的关系。

（三）评价模式创新

1. 真实任务的表现评价

在本课程中摒弃了过去由期末闭卷考试一锤定音的考核方式，引进多元评价和表现性评价（performance assessment）的理念，将课程考核成绩分为考勤（10%）、课堂参与（20%）、教案和课件制作（40%）、实地教学表现（30%）四部分。其中，课堂参与的评价主要依据学生在小组研讨和听说读写任务中的表现；后两项真实任务的评价则根据专门开发的评价量规，由主讲教师、客座教师和各组学生互评的方式产生分数（不评价本组表现，且统计时去除最高分最低分）。教案和课件制作的评价量规分为五个维度：刺激物选择、思维梯度、学情分析、思考空间、设计表达（见表1）。教学表现的评价量规也分为五个维度：探究准备、探究组织、探究促进、探究效果、探究氛围（见表2）。在表现性评价中采取量化和质性评价相结合的思路，教师和同学在打分的同时需要对被评者的表现给出具体点评及建议。真实任务中的表现性评价最大限度地贴近了学生在真实世界中开展哲学践行所需的能力，互评的过程也促进了学生之间的相互学习。

表1 儿童哲学教案评价量规

评价维度	评价标准	权重/%
刺激物选择	所选刺激物能引起学生对哲学问题、哲学概念或哲学思想的自主思考	20
思维梯度	所设计的课堂活动能将学生的思考不断引向深入，发展创造性、审辩性、协作性、关怀性思维	20
学情分析	所选刺激物能与儿童自身的生活经验与意义世界建立联系，能引起学生的兴奋和关注，思维难度符合学生年龄	20
思考空间	允许儿童充分表达自身的真实感受与独立思考，为课堂的开放生成留足空间，不用成人思考替代儿童思考	20
设计表达	教学设计清晰易懂、设计美观，课堂活动多样有趣	20

表 2　儿童哲学教学表现评价量规

评价维度	评价标准	权重/%
探究准备	课前参照老师同学意见用心修改教案、制作 PPT,查阅文献熟悉相关哲学讨论	20
探究组织	课堂活动组织高效有序,公平地分配发言机会,给儿童足够时间思考和表达	20
探究促进	鼓励学生的创造性思考,能以提问、倾听等策略促进思考的深化	20
探究效果	充分完成教学目标或有意外收获,能给儿童思想上的启发	20
探究氛围	讨论气氛友好而安全,儿童能积极思考、踊跃参与、互相尊重,生生互动性强	20

2. 小组合作的团队评价

建立恰当的激励机制,是实施分组研讨教学成败的关键。为了充分调动学生的学习积极性和创造性,提高学生积极参与研讨的热情,采取"小组表现为主、结合个人表现"的原则对学生进行评价。具体措施包括:

(1)鼓励学生合作回答问题。教师在课堂上有意提出一些思考题,尤其是初学者经常提出的一些问题,让每组进行研讨,然后由某组的代表回答,或者进行抢答。如果回答不全面,可让同组其他成员进行补充,教师对问题回答的质量和难易程度给分,并计入该组的平时成绩。

(2)鼓励学生合作提出问题。除了教师课堂上提出的问题,学生提出的问题,也可以让其他组进行回答,根据所提问题的质量给分,并计入提出问题小组的平时成绩。

(3)鼓励学生课后研讨。对较难的问题,学生一时不能解答或争执不休时,可以让每组在课后以书面形式解答。教师对每组书面解答给分,计入各组的平时成绩。

(4)鼓励学生合作完成任务。在准备实地教学时,各组不仅要共同备课,还要在课堂上以"一人主讲、多人助教"的形式相互配合,助教要协助回答儿童提问、参与儿童讨论、处理意外状况等,这些教学辅助行为也纳入评价中。

互联网时代音乐慕课建设的探索与思考

廖美群[*]

摘要：慕课教学作为线上教学的新模式近年来被教育工作者在各个领域进行了扩展与推广，在高校音乐教育教学中慕课也逐渐呈现出递增的趋势。音乐教育如何依托现代教育技术，将数据化的教育资源进行整合、优化并有效利用，服务于课堂，是新时代音乐教育工作者面临的巨大挑战。本文立足于高校音乐教育现状，结合中国慕课网音乐慕课的线上开课数据进行分析，基于高校音乐慕课初具规模的建设情况，探索音乐线上课程如何突破传统教学的壁垒，为获得业界的广泛认同，需要寻求研究方法、研究内容以及多维研究视角的转变。

关键词：音乐慕课；美育；音乐理论；音乐表演

伴随着科技飞速发展的脚步，信息化浪潮在全球的兴起，教育发展步入一个新的轨道。利用数字化信息技术将各种教学素材进行数据化分类整理，通过教学活动将信息化教学资源进行传播与共享，并且以新的教学组织形式、新的教学设计完成教学目标成为近年来教育界最热门的教育新动向。直播、录播、在线学习辅导、线上线下相结合等新的教学组织模式对传统的教育思想观念、教学内容及方法产生巨大的冲击，为当下教育教学改革提供了新的探索思路。

"赋物以智、赋人以慧"是人们对当下数字教育达成的共识，如何普及数字教育、如何通过普及数字教育推动教育信息化的可持续发展从而突破传统教育的瓶颈与限制，将数字教育真正从技术开发层面上升到与传统教育理念融合、互相弥补继而走向教育创新、走出重塑教育生态系统的科学化道路是当下值得每一个教育工作者思考的问题。

一、中国大学 MOOC 官网线上音乐课程现状

"慕课"作为当下最具有代表性、应用最为广泛的线上课程平台之一，它是"Massive Open Online Courses"的英文首字母缩写，意为"大规模开放的在线课程"[①]。全国 799 所高校参与合作，涉及各个领域的各个专业学科。慕课在"自主学习""不受时间、空间限制""可重复利用"这些方面的优势越来越得到教育工作者的认同。

通过中国大学 MOOC 官方网站的搜索引擎（https://www.icourse163.org）得出跟音乐相关的、2023 年正在线上平台展开线上教学的课程数据进行分析，跟音乐相关的在线课

---

* 廖美群，湖南人，厦门大学艺术学院音乐系助理教授，主要研究方向为作曲及作曲技术理论。

① 邓韵：《中文文献中音乐类慕课研究述评（2013—2017）》，《北方音乐》2018 年第 7 期。

程主要由音乐理论课程系列和音乐表演课程系列组成(见表1)。其一,音乐理论课程系列以音乐欣赏、中西方音乐史论课程及音乐基础理论构成。其二,音乐表演类课程系列主要以钢琴演奏及声乐表演为主体。其中,钢琴课又分为钢琴基础入门、考级、即兴伴奏、钢琴文献等;声乐表演以声乐演唱基础及声乐作品赏析构成,其他表演类课程屈指可数。由此可见,音乐线上课程的开发具有广阔的探索空间。

表1 中国 MOOC 网线上音乐课程

音乐理论课		音乐表演课	
课程名称	在线课程数量	课程名称	在线课程数量
中西方音乐史	7	钢琴演奏基础类	21
音乐欣赏	3	钢琴即兴弹奏	5
乐理视唱练耳	4	钢琴教学法	2
和声	2	钢琴文献类	3
曲式分析	1	声乐相关	20
交响乐配器	1	小提琴基础	2
音乐制作	1	陶笛	1
南音	2	古琴演奏基础	1
中国民族器乐经典(民乐欣赏)	1	二胡传统乐曲演奏及示范	1
工尺谱	1	爵士乐演奏基础	1

综上数据,全国音乐类高校开设音乐学专业的约1000所院校,其中包含11所具有独立招生的音乐学院,为什么音乐慕课开课数量远不及其他文、理科的在线课程数量?音乐理论及音乐表演2个学科在平台上虽然开展了线上教学的探索,仍然是以基础性的理论、欣赏课程为主,且停留在初级、入门的基础训练上。他们以录播或直播方式定时上线,根据线上参与上课人数记录分析,音乐欣赏课、乐理视唱练耳课的参与人数居前,说明音乐理论课线上参与的人数更多。

二、传统专业音乐教育的现状及问题

我国音乐教育体系在"中学为体、西学为用"的思想影响下,音乐教育受苏联的影响深远,课程体系由音乐理论课和音乐表演两大类构成。音乐理论课程设置长期以"四大件"[①]为主,其凸显的问题如下:

首先,课程设置较为单一、理论与实践融合性弱。"四大件"中的和声学与曲式学目前是音乐专业学生的必修课程,也是研究生入学考试的专业理论必考科目。在长达两个学期的理论学习的过程中,很多学生将和声、曲式学的条条框框通过应试般的死记硬背,学得过于机械与刻板,难以应用于键盘和声及音乐创作中,与音乐实践相脱离,其实用性与创新性

---

① "四大件"是专业音乐教育中的对四门音乐理论课的俗称,它们是和声学、曲式学、复调与配器。

受阻。其次,教程单一、内容陈旧、课时不够。音乐理论课各高校授课方式多以大班制为主,且多年来教学内容陈旧,在内容上没有改变,以和声学为例,全国诸多高校使用 1957 年朱世民同志根据莫斯科 1947 年版译出的斯波索宾等人的《和声学教程》,由人民音乐出版社出版,沿用至今,被列为经典教程。该教材的谱例分析及习题均以西洋大小调为例,对中国传统民族五声调式和声手法的学习需要增补其他教程。而在实际的课程设置及课时安排上,能将斯波索宾整本教程在一年内讲授完成,学生通过做和声连接习题及完成音乐技术性分析,充分掌握实属不易。教师在大班制授课过程中,留给学生改题的时间非常有限,增补中国民族调试的和声手法学习经常成为一句空话。最后,习题匮乏,问题意识薄弱。传统的音乐理论课也需要像英语或数学科目那样,通过大量的习题与推理来进行熟练巩固。音乐理论课在习题设置上较为单一,其题型设计与实际音乐应用相脱节,很多学生学完和声学,在简单的歌曲伴奏中依然不会编配和声、和声织体化演奏缺少积累与分析,模拟写作缺失,缺乏创作多声部音乐作品的体验过程。以应试的方式死记硬背,欠缺创新的动机。

三、音乐慕课建设的探索

1. 线下专业音乐教育的理论课程如何与线上课程互补

线下的音乐理论课长久以来已经形成固化的教学模式,教程单一、课时不够、习题的设计不能达到音乐实践、创新的教学目的,理清这几个核心问题,音乐慕课在建设之初就应该充分考虑这些因素。

第一,避免将线下课程完全照搬到线上。音乐慕课建设之初,某些课程的做法是将线下上课过程全部进行录制,直接将线下上课视频上传到网上,这不应该成为线上课程的主流方式,实为转换了一个场地进行授课,且学生的学习动态无法掌控。应该保持线下授课的优势,将课业中的困难片段进行录制,供学生反复学习,线下课进行讨论。线下授课以教程的进度为主线,完成教程的讲授过程是容易的,但是学生的掌握程度参差不齐,将教程中的重要内容及困难片段录制成视频,形成线上资料有利于提升教学质量,线上线下相结合、有效互补的教学模式。

第二,布置音乐实践的课后作业,鼓励学生自发录制微课,建立课程交流学习群、活跃线下课堂气氛、知识共享。当代大学生是最具朝气活力的年轻群体,慕课视频作为一种新的载体,其传播效果若能像当下的短视频那样吸引众多年轻人持续有耐心地观看,在线教学必然会构建出新的教育生态网络。慕课学习过程需要借助网络平台的交流互动,如建立课程微信群、QQ 群、钉钉群等让参与课程的学生在线上进行交流讨论,极大地提高了学生学习的积极性。鼓励学生提出问题、自发录制微课并上传学习群,形成讨论,相互欣赏,引发共鸣。

第三,增补的线上课程、课后习题与线下教学内容形成衔接。当学生对某一章节掌握不够,拖延了教学进度时,线上课程不受时间、空间场地等因素的干扰,增补的内容以小视频讲授的方式进行录播,学生抽空进行学习,实现"按需索取"。习题的难度系数亦可进行分类,使不同学习程度的人群受益。

2. 传统的线下音乐表演课与线上音乐表演课的区别

慕课在时间、空间上实现了"一个老师对一群学生"的教学,这与传统的音乐表演教学模式"一对一""面对面"的授课方式背道而驰,"因材施教""口传心授""耳濡目染"是传统表演类课程一贯的教学方式,教师在传统课堂上的言传身教、演唱演奏示范对学生的影响巨大。表演类课程尤其注重学生的情感体验、注重对学生在学习音乐过程中的心理疏导及培养身心敏锐的音乐感知力。

《淮南子·览冥训》曰:"精神形于内,而外谕哀于人心,此不传之道。"说的是齐国歌手雍门周用歌声打动孟尝君的故事。音乐欣赏者要有真实的情感体验,才能发生真正的审美感应。[①] 音乐欣赏的过程也是情感体验的过程,"面对面"的音乐教学与面对计算机看视频的学习音乐的过程犹如走进音乐厅欣赏音乐与在教室里听唱片是两种完全不同的音乐体验。因此,音乐慕课的开发必须抓准课程的核心需求,结合互联网的优势,弥补传统课堂中的不足,音乐表演课程"面对面"教学是优势,而音乐理论分析不足、理解音乐不到位是表演类学生最常见的问题。将慕课平台作为辅助学习工具,将乐曲的分析、背景等相关音乐理论制作成线上视频,在上课前完成观看并提出问题、完成指定作业,形成线上线下相结合的翻转课堂模式,更能解决音乐表演课程的实际问题。翻转课堂的优势在于小视频的制作方便快捷,不需要特别专业的摄录设备以及烦琐的后期制作;小视频内容更新快,精准集中地挑选教学重点,录制时间在 20 分钟以内,能有效解决教学中的实际问题。

四、音乐慕课建设的思考

如果说专业音乐教育表演类线下授课"面对面""言传身教"是优势,线上课程能打破传统线下理论课的固化模式,传统的表演课线下模式是可持续发展的"坚守阵地",线上课程实为"锦上添花",音乐慕课的开发建设就会显得疲乏无动力。但是,党的十八大以来,党和国家高度重视大学生美育工作,强调"以美育人""以文化人""以德树人"的新时代教育方向,音乐作为重要的美育课程之一,音乐慕课的建设就不只是为专业音乐教育服务,而是立足于大众、服务于全社会的德育美育工程。因此,音乐慕课的课程体系建设应像其他学科那样"百花齐放",各科目首先从"零"的突破到初具规模,最终服务于学校、服务于社会是一个必然的数字化过程。因此,加快音乐慕课的建设步伐势在必行。

1. 音乐慕课服务于高校非音乐专业学科,助力各学科融合

慕课在线的课程科目众多,内容极其丰富。通过搜索学校、课程名称或教师即可进入课程学习,并且有一部分课程与高校线下教学保持同步。选课打破了线下跨学校、同校跨学院选课的限制、跨学科选课的限制,不分专业、不分学校,学生完全可以根据自己的兴趣自由地选择想要学习的科目,极大地提高了学生学习的主动性。也就是说,理工科学生可以在线上自由选择喜欢的音乐理论课或音乐表演课进行学习,学艺术的学生也可以在慕课平台上自由选择学习艺术以外的任何科目。并且可以享受名校名师资源,参与课程群与来自天南海北的学友进行讨论、交流。这种新的教学模式进一步促动各高校打造精品课程、一流金课,从而提升慕课线上课程的质量与关注热度。

艺术类学生重专业、轻文化的现象沉疴已久。以独立音乐学院为例,专业课科目远远多于文化课科目,大学本科阶段通修的常见的文科科目只有文学、英语、思政,有的音乐学

---

① 刘承华:《"感应论"音乐美学的理论自觉》,《音乐研究》2018 年第 2 期。

院会根据情况略微调整，如增加计算机操作等课程。音乐学院学生主要学习跟本专业相关的音乐专业课程。主要原因是独立音乐学院的师资以音乐理论及音乐表演学科方向的专业型教师为主，有些音乐学院教文化科目的师资都采取同城外聘的办法。因此，慕课平台上的人文课程，如哲学、历史、心理学、美学、计算机等课程为学音乐的学生提供了学习渠道，弥补了音乐类高校在课程设置上的缺陷。

2. 音乐慕课助力乡村音乐教育

2023 年 3 月 2 日，中国互联网络信息中心（CNNIC）在京发布第 51 次《中国互联网络发展状况统计报告》。该报告显示，截至 2022 年 12 月，我国网民规模达 10.67 亿，较 2021 年 12 月增长 3549 万，互联网普及率达 75.6%。报告中还提到通过互联网推动农村数字化服务发展的情况。在线教育等数字化服务供给持续加大，促进乡村地区数字化服务提质增效。截至 2022 年 12 月，我国农村地区在线教育占农村网民整体的 31.8%，较上年增长 2.7 个百分点。[①]

以上数据表明，移动互联网已经融入了人们日常生活的方方面面，通过网络进行工作、学习已成为常态。近年来发展迅猛的网络视频，如 B 站、抖音、西瓜视频、快手等小视频 APP 注册用户使用率数据，截至 2022 年 12 月，我国短视频用户规模达 10.12 亿。[②]

我国幅员辽阔、城乡教育资源分布不均、乡村基础教育薄弱。某些偏远的地区出现音乐教育缺失的情况屡见不鲜。2023 年 3 月 1 日，在国新办举行的"权威部门话开局"系列主题新闻发布会上，工信部部长金壮龙称，截至 2022 年年底，我国累计建设开通了 5G 基站 231 万个，实现了"县县通 5G""村村通宽带"。[③] 为加速信息化进程，助力乡村建设，国家在基础建设上加大了投入力度。在美育工作全面展开的大背景前提下，乡村地区的音乐师资严重不足，专业化程度欠缺，农村地区没有音乐教师或者到岗的音乐教师任教其他文化科目的情况大量存在，导致音乐专业人才难以扎根乡村，成为制约乡村音乐教育发展的瓶颈。如何培养乡村音乐教师？让偏远地区的乡村中、小学学生能够接受优质美育课？是值得每一位音乐教育工作者思考的问题。

助力乡村音乐教育在线下是一项非常艰巨的工作。自 2019 年以来，厦门大学艺术学院研究生支教团党支部面向宁夏隆德县 600 多名中小学开展"艺教益乐 七彩假期"公益艺术培训、举办红色隆德绘画写生展，为县图书馆捐赠图书 200 册、线上投放 10 个艺术学院教学短视频，受到了当地政府、学生家长及学生的赞誉；2022 年 8 月，厦门大学艺术学院音乐系和美术系师生进一步对该地区进行了艺术帮扶活动，为偏远的乡村小镇带去了七场"手风琴山海情缘"音乐会，以及绘制了百米"一起向未来"的山海情艺术文化墙。

艺术赋能乡村发展[④]，美育助力文化振兴。加快音乐慕课的线上课程的建设可以有效

---

① 《CNNIC 发布第 51 次〈中国互联网络发展状况统计报告〉》，https://www.cnnic.net.cn/n4/2023/0302/c199-10755.html，访问日期：2023 年 3 月 28 日。

② 《专家解读第 51 次〈中国互联网络发展状况统计报告〉》，https://www.cnnic.net.cn/n4/2023/0302/c199-10756.html，访问日期：2023 年 3 月 28 日。

③ 《工信部：我国已实现"县县通 5G""村村通宽带"》，http://www.cinic.org.cn/hy/tx/1411979.html? from＝singlemessage，访问日期：2023 年 3 月 28 日。

④ 《艺术为乡村振兴发展赋能》，《人民日报》2022 年 12 月 22 日第 5 版。

地改善乡村地区的音乐教育现状。其优势体现在以下方面:第一,借助慕课平台推出的专业音乐课程提升乡村教师的音乐水平、提升教学技能;第二,为乡村中、小学提供线上音乐课程,促进中、小学生的身心健康发展及感悟音乐之美、艺术之美;第三,助力有音乐才能的乡村教师或学生实现追求音乐的梦想。

3. 音乐慕课助力大学美育

2019 年 4 月 2 日,《教育部关于切实加强新时代高等学校美育工作意见》明确指出高校美育工作的三个重点、四个主要举措以及高校美育工作的四个组织保障。

厦门大学响应该号召,在各个校区展开了跟美育相关的教学工作。以厦门大学艺术学院黄飞副教授开设的线下美育课"走进音乐厅——管弦乐世界中的中国民歌"为例,该课程面向全校开放,选修不分文理,上课场地为艺术学院音乐厅。因受到音乐厅场地的限制,音乐厅最多只能容纳约 340 名学生听课,对比慕课平台柳舒淇的"吉他体验课"92757 人参与、中央音乐学院修子建等人建设的国家精品课程"音乐奥秘解码——轻松学乐理"10120人参与、中国音乐学院谢嘉幸等人建设的"创造你的音乐生活——大学音乐指南"2464 人参与、山东大学安宁的"音乐导聆"1544 人参与。慕课因不受时间场地的限制,可以是成千上万人同时在线,这个是线下教学难以实现的。无论线上线下美育课都应注重课程内容的设计。不刻意迎合、讨好听众,避免娱乐化趋向。选曲以中、西方音乐经典,侧重以中华美学文化为主旨,推进中国文化传承与创新。

优质的音乐慕课建设绝非一蹴而就,需要高校的资源配合,加大硬件上的投入力度。其一,教室应安装多功能摄录设备,将线下课堂场景实拍。如教师授课场景、学生听课场景等。其二,建立慕课专业制作团队,如摄像、录音、后期编辑、合成等工作,为教师制作课程服务,解决教师的后顾之忧。其三,组建专业教学团队,打造音乐精品课程。通过打磨教案、创新教学手段、设计教学方法等,围绕如何上好课、如何调动学生的学习积极性参与线上学习进行。其四,重视线下课程的准备,有规划地录制课程,面向的受众群体应进行分类,启动专业音乐教育与非专业音乐的音乐慕课课程体系规划,以达到"积水成渊"的效果。

综上所述,高校教师应积极响应音乐慕课的建设,紧跟国家号召及新时代审美的风尚,讲好中国故事、传播中国乐派,主动作为,为新时代中国音乐教育添砖加瓦。

核心素养理念下的"创造性舞蹈认知与体验"
课程教学实践研究[*]

张先婷[**]

摘要:"核心素养"是 21 世纪先进的教育理念之一,在此教育理念引导下,舞蹈课程设置与教学具有不同的定位与要求。核心素养视域中的创造性舞蹈教育强调从知识走向素养,研究者以在厦门大学面向全体学生开设的"创造性舞蹈认知与体验"为教学案例,在课程理念、教学方法与实践上关注对核心素养的培养和对学生全面发展的探索,同时践行从技能性到创造性,从单一性到综合性与整合性,最终实现从知识传递到核心素养的转变。

关键词:"创造性舞蹈认知与体验";核心素养;课程理念;教学方法与实践

21 世纪,人才资源已经成为最重要的战略资源之一,人才在综合国力竞争中日益具有战略性与决定性意义,与此相关,人的知识、能力和素质已成为决定性的生产要素和实现经济社会发展的主要驱动力,这给面向现代化、面向世界、面向未来的中国教育提出了全新的挑战。"培养什么样的人才"和"怎样培养人才"已成为世界各国及国际教育组织都在试图回答的重要问题。

在此背景下,"核心素养"理念为教育描绘了崭新的蓝图。中国教育学会的学术年会中"核心素养与适合的教育"这一理念提出,也激发了各学科各领域对该理念的深入思考与实践。核心素养(key competencies)理念并非单纯的知识呈现,而是"代表了一系列知识、技能和态度的集合,它们是可迁移的、多功能的,这些素养是每个人发展自我、融入社会及胜任工作所必需的"[①]。其中注重"交流""创造""表达"的塑造,由此"创造性教育与美育"尤为重要,研究者以在厦门大学开设的面向全体学生的高校艺术类公共课"创造性舞蹈认知与体验"为例,探讨学生应具备怎样的"核心素养"才能适应复杂的社会,才能在社会中更好的生活,是课程理念、教学方法与实践时围绕的目标,也是落实核心素养与适合的教育在学科中的重要方面。

一、核心素养视域中的创造性舞蹈教育:从知识走向素养

核心素养是全球化的产物,也是统领欧盟甚至是 21 世纪世界范围内教育的总体目标,

* 基金项目:2021 年度福建省社会科学基金项目成果(项目批准号:FJ2021C115)。

** 张先婷,女,舞蹈学硕士,厦门大学艺术学院助理教授,主要研究方向为舞蹈课程与教学论。

① 裴新宁、刘新阳:《为 21 世纪重建教育——欧盟"核心素养"框架的确立》,《全球教育展望》2013 年第 12 期。

从 2000 年"里斯本战略"产生到"教育培训 2010 计划（ET2010）"再到"终身学习计划"，无一不围绕着核心素养，其核心理念是使全体公民具备全面的知识、能力、态度，从而在全球化浪潮和知识经济的挑战中立于不败之地。

2022 年，教育部印发的《高等学校公共艺术课程指导纲要》进一步明确了美育功能以及美育课程的实施，推进了学校美育改革发展，提出"公共艺术课程是我国高等教育课程体系的重要组成部分，是学校艺术教育工作的中心环节，是实施美育的主要途径，对提高学生的审美和人文素养，培养创新精神和实践能力，塑造健全人格，具有不可替代的价值和作用……高等学校要坚持育人导向，坚持面向全体，坚持改革创新，构建面向人人的课堂教学和艺术实践活动相结合的公共艺术课程体系"。①

在此大背景下，作为面向全体学生的高校艺术类公共课程——"创造性舞蹈认知与实践"，以核心素养的培养为教学目标，践行高校舞蹈美育的重要使命，着力推动大学生自由全面发展。

二、"创造性舞蹈认知与体验"课程理念

（一）面向全体学生

"创造性舞蹈认知与体验"在核心素养理念的指导下，以教育部制定的《艺术课程标准》为依托，结合了校园舞蹈教育特色，是以舞蹈为呈现方式并融合音乐、美术、表演、文学等学科的综合性课程，充分推动了实施素质教育以及核心素养中人的全面发展理念，具有一定的前瞻性与探索性。该课程是一门面向全体学生的舞蹈教育，其中有来自全校各学院各专业的学生，有些学生有一定的舞蹈基础甚至舞台经验，而

图 1　学生自编舞蹈作品《疯狂原始人》（拍摄者：张先婷）

有些学生虽是第一次接触舞蹈，但对舞蹈有着的浓厚兴趣，如图 1、图 2 所示，来自不同专业的学生们在课堂中表演她们自编自导自演的小作品，感受着舞蹈艺术的魅力。在这门课程中，每一位学生都有接受舞蹈教育的权利，其目的不是培养高、精、尖的专业人才，而是给予全体学生释放个性的空间、全面发展的途径以达到感受美、欣赏美、创造美的艺术境界。

面向全体学生的舞蹈美育课程改变了过去的教育观点和模式，无论从课程的设计、内

---

① 《深化公共艺术课程改革 推进高等学校美育高质量发展——教育部印发〈高等学校公共艺术课程指导纲要〉》，http://www.moe.gov.cn/jyb_xwfb/gzdt_gzdt/s5987/202212/t20221201_1010266.html，访问日期：2022 年 12 月 1 日。

图 2　学生自编舞蹈作品《动物园奇遇记》(拍摄者：张先婷)

容、教学方法上都充分实践着这一教育理念，是一种大胆的创新尝试。

（二）学生主体与教师主导

国际上对于核心素养和终身学习的理念中，"学习"是一个能动且长期的过程，是在积极主动的方式上建立起来的学习态度，这样的学习方式才能够确保核心素养的最终养成。"从被动到主动，从接受到创造"，其中最根本的即教育观的变革。

"创造性舞蹈认知与体验"实践着"学生主体，教师主导"的教育观。如图 3 所示，教师常常通过富有趣味性的游戏、音乐、图片、律动进行课堂导入，学生们的状态渐入佳境，接着再引导学生围绕课程创造出富有个性的舞蹈动作或组合，教师的主要任务仅是帮助学生寻找创意，明确主题、提出建议、辅助完善，而课堂中一切创意的思考与呈现都由学生来完成。学生为主体，教师为主导，看似降低了教师的教学地位与作用，实则对教师全方位的教学责任、能力、方法提出了更高的要求。这也是符合核心素养理念且是与国际接轨的科学教育观。

图 3　课前的趣味游戏环节(拍摄者：张先婷)

三、"创造性舞蹈认知与体验"课程的教学方法与实践

基于上述内容,在课程理念上"创造性舞蹈认知与体验"是面向全体学生的,并以学生为主体的。在教学方法上,实践着三个阶梯式的进程,即从技能性到创造性,从单一性到综合性与整合性,最终实现从知识传递到核心素养的培养。

（一）从技能性到创造性

创造性舞蹈教育强调创新性的思维与能力,这意味着使学生从被动到主动、从接受到创造的转变。在课堂中,通常使用游戏式、启发式的方法。比如第一节课上,如何使学生们在最短时间内用最轻松的方式认识彼此? 我们进行了一个破冰小游戏。第一轮游戏,学生们在音乐中自由地在教室的每一个角落任意流动,并主动与对方微笑示意,使他们在第一时间内了解所处空间,并通过眼神交流熟悉彼此。第二轮游戏难度加大,在流动过程中,教师突然说出学校中某一具有代表性的名称或地名,学生们根据字数,迅速组成小组并把它的特点用一个造型表现出来。既让学生轻松的熟悉对方,又引入了"舞蹈造型"的概念。在一次课堂上进行这个互动游戏时,笔者说出的名称是"厦大——最美大学",没想到学生们迅速组成人墙,另外一个学生做出"游人翻墙而入"的造型。如图4所示,虽是一个造型却引人深思,最终这个小小的造型经过创意发挥,形成了属于学生们的创意表达。

图4　学生自编舞蹈作品《我的大学》（拍摄者：张先婷）

此外,从技能性到创造性并不意味着完全丢弃技能性的、传统性的东西。相反,要用灵活的方式使学生将传统文化进行创意表达。比如,在传统藏族踢踏舞蹈组合《库马拉》的课堂中往往教师会教学生固定的舞蹈组合,而在"创造性舞蹈认知与体验"的课堂中,首先引导学生发挥想象力去表现夸张的"走",夸张的"走"就演变成了"踏",这使学生们对"踏"有了初步的体验,由此教师再来介绍藏族踢踏的相关知识,并教授《库马拉》中的代表性动作,然后在保持舞蹈原有风格的前提下,将学生分组,使他们对代表性动作进行创意组合,包括队形变化、动作衔接、音乐选择、造型设计等,最终相同的动作元素却形成了截然不同的几种表达方式。

（二）从单一性到综合性与整合性

"创造性舞蹈认知与体验"的课程理念体现了综合性与整合性的特点。舞蹈教育家吕

艺生提到"舞蹈艺术必然要与各种知识相融合，特别是在创作活动中，舞蹈本身就与音乐有着血肉般联系，同时它还与戏剧表演、视觉艺术的绘画、雕塑有关。除此之外，它还与人类各种的文化知识包括语文、数学、历史、体育发生必不可少的联系。这种'联系'在素质教育舞蹈中必然受到重视"。① 在"创造性舞蹈认知与体验"课程设计中，体现为重视教学内容的综合化，将不同学科交叉，跨学科设计与组织教学内容，而舞蹈作为多种艺术形式的一种融合与展现手段。以课程"色彩感应"为例，该课程启发学生观察感知美术作品中的色彩与线条，通过肢体动作用以个人或分组方式表现静态的画面，传递美术作品中所蕴含的情感，最终通过舞蹈方式创作完成，目的在于以此激发学生的想象力、创造力与感知力，发掘艺术之间的异同。课程"我的大学"，教学灵感来源于一度很受欢迎的各高校版本的歌曲《南山南》，这首歌曲中描述了莘莘学子对母校的深刻记忆。课程通过分享回忆、情景表演、舞动校园等轻松活泼的方式，启发学生用舞蹈、戏剧、音乐、朗诵等综合形式共同抒发热爱母校之情。

这种综合性与整合性的特征，易于激发学生在不同学科的碰撞与交融中得到乐趣，养成创造性思维。创造性的整合方式将原本独立的知识整合为新的结构与整体。

（三）从知识传递到核心素养的培养

"创造性舞蹈认知与体验"在知识传递的背后更为关注的是核心素养的培养。其中实践的五项能力，即"认知与体验能力、创造与表现能力、交流与合作能力、综合与整合能力、反思与评价能力"，看似各司其职，实际血脉相连——"认知体验是基础，创造表现是核心，交流合作是手段，综合整合是统领，反思评价是要求"。

根据核心要素的三个维度和"创造性舞蹈认知与体验"课程理念，以及针对全体学生开设该课程的经验，如表1所示，研究者总结出大学阶段基于核心素养的"创造性舞蹈认知与体验"五项能力的要求、构成以及相关的教学案例。在广度与深度上，五项能力加深了对核心素养在操作层面的实践，在知识、能力、态度三个维度上探索着从知识传递到核心素养的培养。

表1 五项能力的三个维度

教学课例	核心要素	构成		
		知识	能力	态度
1. 环境感知课例："认识你自己" 2. 力量训练课例："传感"	认知与体验能力	观察识别不同的动作特征、节奏处理、情感变化，能够较为准确地模仿	细致的观察模仿使内心情感外化为舞蹈表现的能力，进而形成具有个性的创造性表达	善于观察模仿的能动学习态度与乐于求真的探索精神

---

① 吕艺生：《素质教育舞蹈》，上海音乐出版社 2014 年版，第 31 页。

续表

教学课例	核心要素	构成		
		知识	能力	态度
3. 节奏训练课例："CANON"	创造与表现能力	将个人想法付诸舞蹈的创新性表达之中；根据所学知识的有机整合，融入创新元素的积极探索	独立思考，善于发现的能力；将新旧知识整合、重组、创新的综合能力；勇于否定、探索的积极态度	积极主动精神；个人和社会生活中的独立与创新意识；追求目标达成的动机和决心
4. 色彩训练课例："色彩感应"	交流与合作能力	主动与他人交流合作，共同完成作品；学习担任领导者与支持者的双重角色	求同存异的视角与能力；主动与他人沟通合作，并充分发挥个人优势与集体优势的能力	具有强烈团队意识与全局观念；包容和理解不同文化和观点
5. 构图训练课例："线条"	综合与整合能力	从其他学科中获得舞蹈灵感，将舞蹈与之相结合，产生与舞蹈相联系的见解	借鉴其他文化样式的经典之处，挖掘不同艺术的特点，建立显性与隐性的联系	积极主动的探索态度；对文化表达多样性的尊重和开放的心态
6. 情感训练课例："我的大学"	反思与评价能力	能联系对生活的感知与体验、创造与表现，描述、评论自己和他人的作品	不断以新的视角观察与反思，发现生活与艺术中的创意	积极思考艺术间的存在方式，通过语言、文字与艺术多种形式进行交流，并作出客观的评价，以此激发思考与创作

四、结语

综上所述，核心素养理念从欧盟的提出到世界范围内的教育改革迈出了重要的一步，如今已成为全球教育改革的趋向之一，成为培养人的全面发展及终身学习的国际化理念。在这场艺术教育变革中，"创造性舞蹈认知与体验"仅是一个实践的开始，对于面向全体学生的高校舞蹈美育来说，需要完成从知识的单一传授到知识、能力、态度的综合体现，不断提升舞蹈教育理念、开拓舞蹈教育领域、丰富舞蹈教育资源、引领舞蹈教育发展，充分实践核心素养理念这一全面、包容、科学的教育观。

"一流本科课程"建设背景下眼科学课程教学改革探索

刘　真　宗荣荣　李　炜*

摘要：开展一流本科课程建设是提高人才培养质量的重要举措。以新医科理念为指导，以新标准和新理念为指引构建一流本科专业课程眼科学，以满足眼科复合型人才培养的需求。本文首先提出了眼科学课程目前存在的教学问题，进而总结了该课程教学改革的系列措施，为高校眼科学课程改革提供了参考。

关键词：新医科；眼科学；一流课程；教学改革

课程是人才培养的核心要素，课堂是教育教学的主要阵地，只有对课程和课堂进行高质量改革，才能进行真正的教育革新。《教育部关于一流本科课程建设的实施意见》要求"全面开展一流本科课程建设，树立课程建设新理念，推进课程改革创新，完善以质量为导向的课程建设激励机制，形成多类型、多样化的教学内容与课程体系"。厦门大学医学院课程建设遵循这一要求，以新医科理念为指导，建设多元化的医学课程，并进一步改革医学育人模式。眼科学作为医学院临床医学专业的核心课程，也应以新标准和新理念为指引构建一流本科专业课，以满足复合型人才培养的需求。本文在总结现有眼科学课程存在的主要教学问题的基础上，围绕课程的教学目标、教学内容、教学策略和教学团队等方面，阐述一流本科课程建设及改革的措施。

一、眼科学课程教学目前存在的主要问题

学院目前的眼科学课程教学模式为课堂理论授课、临床实践、课后提交作业和期末闭卷考试，已不能满足新医科背景下的人才培养要求，主要存在以下几点亟待解决的问题。

（一）教学大纲内容陈旧

眼科学课程教学大纲包含课程目标、课程内容、课程考核、课程评价等方面的内容与要求，是保证教学质量和实现教学目标的重要指导性文件。目前大纲的教学内容相对陈旧，未及时更新改进，而且安排比较随意，章节之间的逻辑关系不清晰，使教学目标偏离了人才培养的要求。

（二）教学方法单一

眼科学课程的传统教学主要以教师讲解幻灯片或黑板板书的方式向学生传授知识。

* 刘真，福建厦门人，厦门大学医学院实验师，主要研究方向为近视的发病机制。宗荣荣，福建厦门人，厦门大学医学院实验师，主要研究方向为角膜与眼表疾病。李炜，福建厦门人，厦门大学医学院教授，主要研究方向为角膜与眼表疾病。

这种教学模式缺乏课堂互动,学生参与度不高,学习效果不佳。眼科学是一个复杂的学科领域,涉及眼部解剖学、生理学、病理学、诊断和治疗等多个方面的知识。传统单一的教学方法可能会导致学生难以理解、难以掌握大量的知识。

(三)临床实践培养质量不高

眼科学是一个实践性很强的学科,需要学生具备实际操作和技能。然而,在目前传统教学模式下,学生进行临床实践训练的时间不够,质量不高,无法真正掌握眼科学的实际应用。同时,临床实践过程中,缺乏一定的法律意识和人文精神教育。

二、"一流本科课程"建设背景下眼科学课程教学改革的措施

(一)调整课程目标

课程目标具体包括知识、能力和情感三个层次,课堂教学活动都是围绕课程目标进行展开。因此,任课教师必须明确教学目标,学生必须明确学习目标。课程目标要与时俱进,适时合理调整,以满足现阶段国家和社会对专业技术人才的要求与需求。眼科学课程也要改变以往单一传授知识的培训目标,而应该融合知识、能力、情感,培养符合国家"新医科"要求的复合型医学人才。在知识层面,要求学生对不同类型的知识应达到相应的学习程度;在能力层面,要求学生通过临床病例分析和课堂讨论,运用理论知识解决实际临床问题;在情感层面,融入心理学教育、思想政治教育等内容,鼓励学生从新角度、新视野去理解"医者仁心"、"救死扶伤"和"以病人为中心"等医德理念。最终,使眼科学这门课程成为社会主义核心价值观具体化、生动化的有效教学载体。

(二)调整教学内容

眼科学作为一门临床医学专业的必修课程,是医学教育不可分割的组成部分。眼科学专业性强,学习内容丰富,同时与其他临床和基础医学学科联系广泛,包括眼的生理、病理、生化、药理、免疫、遗传等理论知识以及眼的各种特殊检查和显微手术技术等实践操作。因此,在教学过程中,必须将知识进行提炼、简化,形成系统化、结构化,做到课程重点突出,结构完整。

本课程在教学内容上,遵循医学课程教学原则,重点全面地讲解眼的解剖与生理、眼科常见病、多发病与急重眼病。同时结合医学基础知识、眼科研究前沿和临床辅助检查,阐明眼科疾病的临床表现、诊断与鉴别、病因、发病机制、治疗及其预防,扩大知识的深度和广度,着力培养学生解决临床实际问题的能力和临床思维。其次,为了满足培养国际化医学人才的需要,拓展医学生的国际视野,增加中英文双语的眼科教学内容。参照中文统编教材及英文原版教科书,并结合医学院的教学实践和师生的英语水平编写专业简练的双语教材,引导学生逐渐适应、习惯用英语学习眼科学的核心内容。

(三)调整教学策略

教学策略是对完成特定的教学目标而采用的教学活动的程序、方法、形式和媒体等因素的总体考虑[①],主要包括教学组织形式、教学方法和教学媒体等部分。"现代课程理论之父"泰勒在《课程与教学的基本原理》中提出,学习活动是通过学生的主动学习行为完成的,

---

① 黄艳芳主编:《职业教育课程与教学论》,北京师范大学出版社 2010 年版,第 67 页。

并不取决于教师为他做了什么。因此,本课程教师作为课堂教学活动的组织者和引导者,及时更新调整教学理念和策略,开展以学生为中心的个性化教学。

1. 教学方法改革

根据课程及学生的特点采用多种教学策略和方法,充分调动学生学习的主观能动性,不断提高课堂教学质量。教师通过呈现法进行知识的讲解、示范和演示,以利于学生对知识进行编码、组织和储存;通过情景教学方法将课程理论知识与实际临床病例相结合,建立联系临床的情境,学生深刻理解每一章节所学内容;通过任务驱动教学方法将基本知识包含于各项任务中,引导学生将新知识与已学知识发生联系,进而把新知识纳入认知系统,提出解决临床问题的方案;通过启发式教学方法(CAI、PBL、引导式、讨论式等),由浅入深、突出重点,将复杂抽象的眼科疾病的临床知识内化为学生自己的知识,同时通过形象比喻和鲜活实例活跃课堂气氛,激发学生的学习乐趣,有效提高教学效果和学生认知程度;通过虚拟现实(virtual reality,VR)计算机系统进行眼部解剖结构可视化教学,眼疾病诊断和眼科手术及仪器的模拟教学,为学生提供生动、逼真的学习环境。

2. 教学组织形式改革

教学组织形式一般分为班级授课、小组学习和个别化学习三种。教学组织形式改革要实现小班化、面对面、点对点的改革。小班化教学在教会知识的同时,更注重引导学生发现、分析和解决问题,真正培养学生独立思考能力和社会担当能力。同时也可运用翻转课堂、微课和慕课等新型教学形式,提高学生学习的效率,提升眼科学课程的教学质量。

3. 教学媒体改革

教学媒体是教学内容的载体,通过一定的物质手段而实现,如书本、板书、投影仪、录像以及计算机等。随着现代计算机技术的发展,互联网为教育的发展注入新的灵魂。教师从网络中搜索丰富的眼科学习资源,同时将知识通过多媒体技术展现出来,及时将眼科的新技术和新进展融入教学中,从而进一步提高教学质量。见习教学中采用多媒体辅助手段将主要的专科检查、治疗操作及典型的眼病图片制作一系列的见习教学课件/录像,便于学生更加直观地学习,加深学生的临床感性认识,充分体现教师的主导作用和学生的主体作用。因此,利用互联网技术,既能提高学习兴趣,又能吸收知识和成长,做到真正地与时俱进[①]。

(四)加强教师团队建设

教师是培养一流人才和实施教学改革的关键因素和根本保障。习近平总书记在2021年考察清华大学时指出:"大学教师对学生承担着传授知识、培养能力、塑造正确人生观的职责。教师要成为大先生,做学生为学、为事、为人的示范,促进学生成长为全面发展的人。要研究真问题,着眼世界学术前沿和国家重大需求,致力于解决实际问题,善于学习新知识、新技术、新理论。"[②]

眼科学课程教学团队,以先进的教育理念为指导,以眼科教学工作为主线,以教学名师

---

① 胡爱莲、孙葆忱:《多媒体信息技术用于眼科教学改革与优化的探讨》,《基础医学教育》2015年第12期。

② 习近平:《坚持中国特色世界一流大学建设目标方向 为服务国家富强民族复兴人民幸福贡献力量》,http://china.cnr.cn/news/20210420/t20210420_525466016.shtml,访问日期:2021年4月20日。

或知名教授为带头人,以附属医院眼科教学基地为建设平台和发展载体,建设教学研究的核心优质队伍。首先,团队加强任课教师的思想政治教育,并要求全体任课教师从源头上加强课程的思政引领。其次,加强教研室建设,发挥课程负责人的作用:以教研室为根据地,以课程负责人为责任人,组织学科和专业相近,课程内容相关的教师共同开展深入的教研活动,丰富教研活动的内容,深化教研活动的效果;定期开展课程标准研讨,对开新课内容进行集体备课、经常进行课堂教学相互观摩、共同开展课题研究,以团队共进的方式提升课程建设和改革的整体水平。最后,教学团队建设要加强个人专业素质培训,积极鼓励教师参加教育技能相关的培训和比赛,积极促进科研反哺教学,真正实现教学水平和教学能力的快速成长。

三、结语

眼科学课程教学改革依托一流本科课程建设的大环境,通过对专业培养目标的深入解读,从加强课程思政、调整教学内容、丰富教学策略、加强教师团队建设等方面进行课程改革的探索。这些改革探索打破传统课堂上教师"一言堂"的教学模式,教师作为知识的引导者以及学习活动的设计者、组织者和促进者,指导学生成为学习体验的实践者和创造者。新型教学模式推动课堂教学的内涵式发展,对厦门大学一流本科建设具有重要意义。

中国文化视域下大学英语翻译课建设探索

常　鹏[*]

摘要：在"中国文化走出去、讲好中国故事"以及课程思政的大背景下，笔者开设了一门中国文化对外传播与翻译课程，将中华优秀传统文化、思政元素融入大学英语教学当中，为了应对如今普遍存在的大学生的"中国文化失语"现象，帮助他们选择正确的文化翻译策略，培养青年人的家国情怀与国际视野，坚定他们的文化自觉与自信，从国家意识形态的战略高度为祖国培养新时代跨文化沟通能力的复合型人才。

关键词：优秀传统文化；中国文化失语；翻译策略；文化符码；思政

在中国文化"走向世界"（go global）和"讲好中国故事"（tell China stories well）背景下，笔者于近年在厦门大学开设了一门中国文化对外传播与翻译的大学英语四级课程，目的是培养厦大学子的家国情怀与国际视野，使其成为跨文化沟通能力的复合型人才。同时，这门课程也是当前"大思政"格局下，旨在将大学英语课打造成为用英语沟通世界、为中国发声、弘扬传播中国优秀文化的平台。虽然这门课只是一门大学公共英语选修课，却对授课教师和选课的学生的文化素养与语言驾驭能力要求颇高，尤其是对教师本人是个较大的挑战。教师需要打破传统的大学英语课堂的僵化思想，重构大学英语的教学模式与内容，将中华优秀文化教育与翻译教学相融合，教师讲授与学生自主实践相结合，让学生们在多元立体、多姿多彩的课堂活动中，熟练运用英语对自己国家的文化进行生动准确的翻译和描述，掌握实用有效的翻译技能与技巧，不断增强他们的文化自觉和自信。

一、加强大学生传统文化教育，克服大学英语课堂"中国文化失语"现象

随着全球化的不断深入，中国与"一带一路"国家和地区交流的井喷式增长，以及中国文化软实力不断提升，一方面，越来越多的国家认识到了中华传统文化的独特魅力与价值，另一方面，我们也经历了西方敌对势力对中国发动的一轮又一轮的舆论抹黑。为此，我们需要培养更多的能够在国际论坛以及国际交流中为中国发声、为中国辩护的新时代大学生，他们能够肩负传播中华民族文化的重任，成为与世界各国沟通交流的使者。

对大学生的这种殷殷期待也可以反映在我们大学英语四、六级考试的翻译题部分。自2012年12月大学英语四、六级考试开始，汉译英翻译的挑战加大，长度增至200字，而且中国传统文化相关主题内容一直是考查的重点。然而，理想很丰满，现实很骨感。很多考生的表现不尽如人意，出现了不少雷人的"神翻译"，比如"药草"被考生译为"medical

* 常鹏，江苏南京人，厦门大学外文学院副教授，主要研究方向为应用语言学与翻译。

grass"，"朝拜"被译为"let your head duang duang duang on the ground"，长江被译为"long river"，"四大名著"被译为"Four big famous books"等。这其实颇能反映如今大学英语课堂中的"中国文化失语"现象。

"中国文化失语"这个概念是 2000 年由从丛教授在他的《"中国文化失语"：我国英语教学的缺陷》①一文提出来的。从教授的话针砭时弊，故而能够引起当时学界的共鸣。正如他文中所言，在当今中国大学生甚至教师身上很少能看到"自古代文化的学者所应有的深厚文化素养和独立的文化人格"。可惜，20 多年过去了，"中国文化失语"依然困扰着我国外语教学界。不得不说，我们的大学英语教学依然任重道远。

造成这种"失语"现象的原因不一而足。一方面，西方文化的强势渗透日久，西方的各种思潮以及文化商品，逐渐占据了我们国人尤其是青年人的头脑，导致如今许多的青年人数典忘祖，言必称欧美。另一方面，外语教学界一直偏重目的语文化的单向输入，忽视课堂里中国传统文化的显性的教授和系统的学习。比如大学英语课，有些教师主要把精力放在对英语词汇、语法或者英语文化的讲授上，他们自己对中国文化知识储备不足，也用心不够，导致学生们在中国文化方面，尤其是中国文化翻译时普遍表现出"失语"现象，在应对诸如四、六级翻译题的挑战时往往感到力不从心，不知所措，因此严重动摇了学生们学习英语的信心和积极性。

有鉴于此，加强大学生的传统文化教育已经刻不容缓，广大大学英语教师亦当仁有所不让，应积极思变，主动探索新的教学方法和策略。在今天的新形势下，大学英语课不仅要让学生"睁眼看世界"，精通英语，熟悉英语文化，也要增强对我国传统优秀文化的学习与传承，成为中国文化走出去的传播者。为了激发学生们的学习热情，笔者在课堂上经常向厦大学子提起曾在厦门大学任教、"两脚踏东西方文化"的林语堂先生。笔者认为林先生是近现代向西方介绍中国文化最成功的中国学人。然而，林先生自传告诉我们他也不是一开始就走上传播中国文化的这条康庄大道的。他曾这样描述自己初到北京任教的情形："因为我上教会学校，把国文忽略了。结果是中文弄得仅仅半通。圣约翰大学的毕业生大都如此。……我当时就那样投身到中国的文化中心北平，你想象我的窘态吧。"②知耻近乎勇，从此他开始恶补中国文化知识，长期浸淫于《红楼梦》《人间词话》《四库集录》等国学名著之间，慢慢克服了自己在中国文化上的"失语"，学有所得，终于自成一家。另外一位笔者常在课堂上向学生提及的学贯中西的楷模是辜鸿铭。辜先生虽然早年留学欧洲，对西方文化颇为精通，但当他学成归来的时候对中国文化并未入门。后来在友人的劝勉之下，他开始闭门发奋苦读中国典籍。之后又在张之洞幕府，发下宏愿，立志读 20 年中国书，"穷四书，五经之奥，兼涉群籍"，"乃译四子书，述春秋大义及礼制诸书，西人见之始叹中国学理之精，争起传译"。③

典型在夙昔，我辈当自强。笔者亦希望这门中国文化翻译课，能够帮助学生效法先贤，通晓自己老祖宗的文化，讲好中国故事，将来可以更加自信从容地面对个别西方媒体的双

---

① 从丛：《中国文化失语：我国外语教学的缺陷》，《光明日报》2000 年 10 月 19 日。

② 林语堂：《林语堂自传》，群言出版社 2010 年版，第 18 页。

③ 《清史稿》卷四八六，《林纾、严复、辜鸿铭列传》。

标与偏见，在国际上为中国赢得更多话语权。针对学生的中国文化失语现象，笔者对症下药，对学生进行了系统的核心中国文化知识的输入，从哲学、历史、文学、艺术等多个方面培养学生的国学素养，充实他们的文化知识，并通过有针对性的翻译训练，使学生具备较强的中英文表达能力，能够学会使用较为生动形象的英语表达把优秀的中华文化翻译传递给英语读者。

二、把握中国文化翻译策略，正确解码中国文化符码

由于中西间文化存在巨大的差异，中国文化的对外翻译难度较大，尤其是中国的传统文化的对外翻译挑战更大，需要选择适合与有效的文化翻译策略。国内外的翻译理论虽然花样繁多，归根结底无非就两种最基本的策略：一为直译，一为意译。不管是泰特勒的三原则，还是严复的信达雅，无论是尤金·奈达(Eugene Nid)[1]的动态对等，还是劳伦斯·韦努蒂(Lawrence Venuti)的归化、异化，其实都围着这两个基本翻译策略打转。至于是直译好还是意译好，国内外翻译界和学界对此一直都莫衷一是，争论不断。比如鲁迅就主张"宁信而不顺"，[2]韦努蒂提倡异化翻译，并将其描述成一种"背离民族的压力"。[3] 纳博科夫(Nabokov)善于文学翻译中的直译，认为"只有直译才是真正的翻译"。[4] 至于意译，赞同的人更多，比如林语堂、郭沫若、大卫·霍克斯(David Hawks)、葛浩文(Howard Goldblatt)等。

其实，有过从事翻译实践的人都知道，直译和意译各自具有优缺点，意译与直译不会势同水火，二元对立。朱光潜在《谈翻译》一文中写道："'直译'偏重对于原文的忠实，'意译'偏重译文语气的顺畅……依我看，直译和意译的分别根本不应存在。……不过同时我们也要顾到中西文的习惯不同，以相当的中国语文习惯代替西文语句习惯，而能尽量表达原文的意蕴，这也并无害于'直'。总之，理想的翻译是文从字顺的直译。"[5]张培基也认为："不同的语言各有其特点和形式，在词汇、语法、惯用语、表达方式等方面有相同之处，也有相异之处。所以翻译时就必须采取不同的手段，或意译或直译，量体裁衣，灵活处理。"[6]

笔者在英语教学中，主张在中国文化翻译时，"Be metaphrastic where possible, be paraphrastic where necessary"，[7]其实就是在融合直译和意译的优缺点。好的翻译正是这两种基本翻译策略完美结合的产物。其实，一个更受欢迎的翻译作品，往往是既能够准确把握源语言文章的内涵和韵味，又能站在目标语读者角度，参考他们本土的语言习惯进行翻译，使得翻译出来的作品变得通达易懂，reader-friendly，即玄奘法师当年提出的"既须求

---

① 马会娟等：《当代西方翻译理论选读》，外语教学与研究出版社 2009 年版，第 4 页。

② 顾农：《鲁迅与瞿秋白关于翻译问题的通信》，《上饶师专学报》（社会科学版）1986 年第 3 期。

③ Lawrence Venuti, The Translator's Invisibility——A History of Translation, London & New York：Routledge, 1995, p.20.

④ Mark Shuttleworth, Moira Cowie. Dictionary of Translation Studies, Manchester：St. Jerome Publishing, 1997, p.96.

⑤ 《朱光潜全集》第 4 卷，安徽教育出版社 1987 年版，第 299 页。

⑥ 张培基等：《英汉翻译教程》，上海外语教育出版社 1980 年版，第 13 页。

⑦ 尽可能直译，必要时意译。

真,又须喻俗"。比如中国传统文化或者中医里常常讲到的"气"字就很难翻译成英文,如果生硬地直译成"air","gas","breath"都是不太通的,或者是偏颇的、片面的。一般来说,如果没有更好的办法,音译为"Qi"或"Chi"也不失为一种可行的做法。然而如果翻译者能够对这个传统文化概念的内涵有更加深入的领会,或许可以与时俱进将其意译为"energy"。这个译法虽然不能完全地解释中国的"气",却可以让外国读者更加接近"气"的内核。再比如"五行",往往被译者想当然地译为"five elements",然而这并不是忠于原文的直译,而是基于西方文化理解上的意译。殊不知中国传统文化讲的"五行"与希腊的四种元素意思很不相同,后者完全讲的是物质的、静止的元素,而前者则是某种能量的、动态的概念。而且五行彼此之间是相生相克的,西方却没有这种思维。通过研究,笔者认为"五行"大概可以译为"five phases of energy",即能量的五种不同阶段或形态,可以简化为"five phases"。等学生们弄明白为何这么翻译之后,对五行的认识加深了,也就明白了"金生水"硬掰为"金属熔化为铁水"其实是对传统文化的曲解,这样的曲解只会贻笑大方,由此产生的翻译也会贻误国外的读者。我们知道,在中医里,金其实是指肃杀和变革的能量,木是生长和生发能量,水是滋润和向下的能量,火是发热和向上的能量,土是则长养和化育的能量。学生在了解这些知识之后,对中国的文化理解加深了,自信心往往增强了,今后再翻译起相关的中国文化概念时也比较胸有成竹,八九不离十。再举"中庸"的英文为例,理雅各(James Legge)将其译为"The Doctrine of the Mean",亚瑟·威利(Arthur Waley)译为"The Middle Use",辜鸿铭将其译为"The Universal Order of Conduct of life"。笔者比较认同辜氏的翻译,虽不是直译,但是更能深契中华儒家文化心法,可谓探骊得珠。

上面这些中国文化名词之所以这么难译,还可以从语言符号学窥其一二。语言从本质上来讲其实就是符号。在长期的使用和流传中,一些语言符号被赋予独特的内涵。它们不再是单纯的语言符号,而具备了一定的文化意义,能引发人们丰富的联想。这样的符号,就是"文化符码"。英语和汉语很多语言和词汇当中各自都载有特定的文化信息,称作"文化内涵词"(culturally-loaded words)。[1]叶嘉莹先生讲授中国诗词时曾援引西方符号学说:"任何语言、任何词语都是一个符号,这个符号如果在一个国家民族里使用了很长久的时间,它就在文化的历史的背景之中形成了一个符码、一个记号,这个记号带着很多的历史文化的背景,所以这样的符号就成为一个文化的符码(Cultural Code)。"[2]这些文化符码大大增加了文化之间沟通的障碍,比如金庸小说在华语世界可谓家喻户晓,但是在西方世界鲜为人知,原因大概就是翻译的难度太大。金庸的作品中国传统文化元素负载量很大,字里行间藏有大量的文化符码。波士顿大学中国文学及比较文学系的副教授Petrus Liu说:"翻译金庸的作品常常令翻译者望而生畏,他的语言很杂博,为了营造类似于传统白话小数的文风,他文中融合了散文和诗歌,运用大量四字成语和其他方言俗语。"(Translating Jin Yong is often a daunting task because of the complexity of his language, which integrates prose and poetry and makes extensive use of four-character phrases and other Chinese

---

① Peter Lang, Second Language Vocabulary Acquisition. Bern, Switzerland: Internatinal Academic Publishers, 2009, p.90.
② 叶嘉莹:《从西方文论看李商隐的几首诗》,《陕西师范大学学报(哲学社会科学版)》2005年第4期。

idioms in order to recreate the feel of traditional Chinese vernacular novels.)[①]其中中国读者熟悉的"江湖"一词，字面意思为"江和湖"，但其意蕴很难翻译成英文。把它译成"gangland"、"underworld"、"martial arts circle"，意思好像是那个意思，但味道似乎都不太对。为什么不对？这就是"江湖"这个词作为中国文化符码，其引发的独特的丰富联想只有华人之间才能领会到。再比如"好汉"一词，据说出自西汉，原指北击匈奴的汉家儿郎，按照这个意思大概就可以译为"hero"、"true man"、"man's man"，而《水浒传》里的武松、林冲等好汉或者金庸世界里的江湖好汉，很多其实都是些命案在身而被朝廷通缉的逃犯，如果译为"criminal"，"manslayer"都不对，倒是按赛珍珠译成 outlaws 听起来更为恰当，让人不禁想起西方绿林好汉罗宾汉。

正如尤金·奈达所说，"翻译是两种文化之间的交流。对于真正成功的翻译而言，了解两种文化远比掌握两种语言更为重要，原因是语言只有在其文化背景中才有意义"。笔者在课堂上鼓励学生学习翻译不仅要跨语言(bilingual)而且要做到跨文化(bicultural)，不仅要能正确解码中国文化符码，也要掌握英语文化中更多的"文化内涵词"，争取打通东西方文化藩篱，成为两种文化语言之间的津梁。为此，笔者的翻译课比较注重培养学生的文化归化能力，这是基于归化翻译策略的翻译能力。个人认为归化翻译最能锻炼学生的能力，不仅要求翻译后的语言地道通顺，还能契合原文的风格韵味，甚至还要能够把原文的文化符码与目标语的文化符码对等转换，达到文通、意通、神通的理想状态。比如笔者让学生翻译"自然""无为"这些老庄文化概念，学生如果片面理解译为"nature"或者"inaction"那就是只得其皮相而失其骨肉了。等到学生明白了老庄所指的自然其实是"自然而然"，按照牟宗三的话说就是"自由自在，自己如此"。[②] 而"无为"也是从"自然"演绎出来的概念，"无为"是对着"有为"而发，老子反对人为造作，主张顺其自然。理解了这层意思，学生就可以把"自然"翻译成"spontaneity"，"naturalness"，"let nature take its own course"；"无为"则可以译为"unaffectedness"，"artlessness"，"do nothing against nature"或者干脆"laissez-faire"。类似这种归化效果翻译的例子在笔者的课堂还有很多，比如"剃发为僧"，可以译为 take the tonsure，中国好人可以译为"Chinese good Samaritan"，"红颜祸水"译为"Helen of Troy"，英雄救美则译为"rescue a damsel in distress"。这里的 tonsure，good Samaritan 和 damsel in distress 都属于西方的"文化内涵词"，背后也都有其典故和故事。这样的翻译练习好处很多，学生们不仅能够正确解码中国文化，也能学到很多生动形象的英语习语和典故，翻译水平提高了，文化品位也上了新台阶。

三、思政元素融入英语课堂，树立大学生正确的文化价值观

习近平总书记在十八届中央政治局第十八次集体学习时指出中华传统文化记载了中华民族在长期奋斗中开展的精神活动、进行的理性思维、创造的文化成果，反映了中华民族的精神追求，其中最核心的内容已经成为中华民族最基本的文化基因。党的十九届六中全

---

① 《全世界拜别金庸，外媒这样用英文描述他的"江湖"》，https://china.chinadaily.com.cn/2018-10/31/content_37174055.htm，访问日期：2023 年 3 月 5 日。

② 牟宗三：《中国哲学十九讲》，吉林出版集团有限责任公司 2010 年版，第 81 页。

会通过的《中共中央关于党的百年奋斗重大成就和历史经验的决议》也指出："中华优秀传统文化是中华民族的突出优势，是我们在世界文化激荡中站稳脚跟的根基，必须结合新的时代条件传承和弘扬好。"

另外根据教育部 2020 年 5 月印发的《高等学校课程思政建设指导纲要》，我们今后要"大力弘扬以爱国主义为核心的民族精神和以改革创新为核心的时代精神，教育引导学生深刻理解中华优秀传统文化中讲仁爱、重民本、守诚信、崇正义、尚和合、求大同的思想精华和时代价值，教育引导学生传承中华文脉，富有中国心、饱含中国情、充满中国味"。

笔者正是通过大学英语这个平台，把传承弘扬中华文化作为使命和思政目标融入了中国文化翻译与传播这门课教学当中。笔者将课程分成哲学、历史、文学、艺术等多个单元模块，每个单元教学都深入发掘主题内涵，系统归纳，不流于泛泛空谈。布置学生阅读相关主题的中外大家的文章，欣赏比较诸如辜鸿铭、林语堂、杨宪益、许渊冲等名家名译以及各个知名汉学家的翻译作品。另外，对学生进行分组，每个小组自选一个中国文化主题，指导他们从各种媒体和渠道获取相关信息，训练他们对其所获信息真伪的甄别能力，并围绕语言与文化这两个轴心，自主学习、自主研究，做成 PPT 在课堂上汇报。

以中国哲学这个单元为例，笔者先在课堂上对中国哲学数千年来发展与演变进行梳理，对儒释道核心思想进行系统性的总结，布置学生选读诸如辜鸿铭的《中国人的精神》、冯友兰的《中国哲学简史》、林语堂的《吾国与吾民》等书当中与主题相关的部分篇目，还让学生们比较赏析理雅各、亚瑟·威利等西方汉学家的部分中国文化翻译作品。之后，对他们阅读过的内容进行考核。另外，笔者还给学生布置相应的汉翻英任务，包括中国哲学的核心概念和思想以及脍炙人口的中国格言、警句和段落等，目的是让他们一边读，一边记，一边完成翻译任务。比如，会让学生试着用英文翻译并解释儒家的"仁""中庸之道""良知""格物致知"等名词，佛家的"缘起性空""因缘""六道轮回"以及道家的"自然""无为""逍遥"等核心概念。也让他们试着去翻译诸如"人之初，性本善""天地不仁，以万物为刍狗""为天地立心，为生民立命，为往圣继绝学，为万世开太平"等名言警句。这样的翻译任务既有广度，又有深度，语言和文化的学习同时兼顾，也不乏趣味性，不仅让学生掌握各种汉译英的技巧，更是让他们在不知不觉、潜移默化中深入了解自己的传统文化。结果，经过一个学期的学习，很多学生有了实实在在的获得感，激发了学习的热情，提高了课程的参与度，坚定了文化的自信与自觉。比如大家通过对横渠四句的翻译，开始意识到张载这四句话并非大话欺人，而是表达了一位中国儒家学者的器识格局和担当。其中"为天地立心"，不要字面理解为"establish a mind for heaven and earth"，这样的翻译，只会显示翻译者的浅陋，令外国读者感到莫名其妙，摸不着头脑。要正确地翻译这句话，先要从儒家"开辟价值之源，挺立道德主体"这样的理解出发，然后或可将其译为"make manifest the moral laws of heaven"或者"bring ethos to the world"。这样的翻译，使学生们领悟到了儒家的思想核心在于道德人心，离开道德谈儒家其实就是皮相之论、无稽之谈。由此，学生对儒家思想的理解和同情加深了，道德感与使命感也得到了加强。他们因而也意识到中华传统文化的价值不可估量，其中蕴含着极其丰富、深刻的人生哲理。习近平总书记曾说过："中国优秀传统文化的丰富哲学思想、人文精神、教化思想、道德理念等，可以为人们认识和改造世界提供有益启迪，可以为治国理政提供有益启示，也可以为道德建设提供有益启发。"①笔者正是将中国优秀的传统文化价值观作为思政元素渗透到了大学英语翻译课当中，引导学生们树立正确的价值观和人生观，使他们由衷地生发出对中国文化的景仰与信心，以此实现大学英语教学与思政教育的互促与共赢。

总之，大学英语教学不光是像过去那样讲讲语法，背背单词，应付各种英语水平考试了事，而是要更加关注大学生们的精神世界，培养他们的家国情怀、世界眼光和跨文化交流能力，使他们能够理解与包容中西方文化、承载起弘扬中华优秀传统文化的使命。笔者通过对这门大学英语课程的建设，以期为新时期的大学英语改革探索出一条可行的路径，将文化、思政与英语技能熔于一炉，让优秀的传统文化根植在当代大学生的心里，增强青年学生的文化自信，培养他们的英语应用能力，有效医治"中国文化失语症"，实现中西文化平等正面的双向交流。

---

① 习近平：《在纪念孔子诞辰 2565 周年国际学术研讨会上的讲话》，http://www.xinhuanet.com/politics/2014-09/24/c_1112612018.htm，访问日期：2023 年 3 月 5 日。

语境中会话意义研究的经典[*]
——格莱斯会话含义理论再审视

郭　枫^{**}

摘要：格莱斯会话含义理论被誉为语用学理论研究的奠基石，其发轫之初便引发学界的广泛关注，同时也遭受了不断的质疑和诸多的理论挑战。会话含义理论是格莱斯"理性乃人存在之根本"这一哲学思想的全面表达，也是对康德理性主义哲学观的继承和发展。在这一理论体系中，格莱斯开创性地将意义"所言"之显性维度和"所含"之隐性维度弥合在一个完整、简明而自足的理论分析框架中，从而有效整合了以往关于言说和表意的零散假设。该理论明晰了语言形式与语言功能不对称性的认知，但同时也存在对语言使用中会话意义的动态构建过程关注不足、忽略会话隐含义的概念基础等理论局限性。

关键词：会话含义；学术价值；理论局限性

一、引言

1967年，在美国哈佛大学威廉·詹姆斯讲坛（William James Lecture）上，任教于加州大学伯克利分校的格莱斯教授以"会话与逻辑"为题做了一次公开演讲，在这次演讲中，格莱斯教授首次提出了会话含义理论。该理论很快便拥趸万千，随之也引发了诸多的质疑和理论挑战。Huang高度评价了会话含义理论的理论价值，他指出"会话含义理论促发了语用学理论革命性的转变，是语用学和语言哲学领域的奠基石"。[①]

当今的语用学研究呈现出繁荣的局面。一方面，会话含义理论作为语用学研究的经典成果已巩固下来，被普遍接受；另一方面，随着认知语言学、语料库语言学等语言学研究领域的快速兴起和发展，认知语用学、语料库语用学、互动语用学、多模态语用学、文化语用学及历时语用学等新的研究路向日渐明朗，跨学科语用研究的趋向对经典语用学理论所带来的理论挑战也不容小觑。[②] 因此，在跨学科研究的宏观背景下重新审视经典语用学理论的理论价值和局限性对推动语境中会话意义的研究有着重要的意义。被誉为语用学理论研究奠基石的格莱斯会话含义理论必定是语用学界侧目的焦点，本文拟对格莱斯会话含义理论进行反思性再审视：（1）回顾会话含义理论的缘起及理论内涵；（2）审视会话含义理论的

* 基金项目：教育部人文社会科学青年基金项目"金课建设目标下高校外语教师信息化教学能力构建研究"（21YJC740047）的阶段性研究成果。

** 郭枫，女，黑龙江鸡西人，厦门大学外文学院讲师，主要研究方向为认知语言学、英汉语言对比。

① Huang, Y. *Pragmatics*, 2nd edition, Oxford：OUP, 2014, p.28.

② 胡范铸：《语用研究的逻辑断裂与理论可能》，《外国语》2017年第1期。

学术价值与理论局限性。

二、会话含义理论"扫描"

(一)会话含义理论的缘起

身为哲学系教授的格莱斯，为何对语言问题充满了好奇心，提出了一个对语言学，尤其是对语用学有着深远影响的会话含义理论？事实上，格莱斯不是直接通过研究人们的日常会话而提出会话含义理论的，他的理论构建始源于对自然语言和逻辑语言二者关系的探讨。换言之，格莱斯的研究旨趣并不在于解决日常语言使用问题，而是试图解决自然语言和逻辑语言二者的差异问题。更确切地说，为了寻求联结词在逻辑语言与其对应词在自然语言所存在的意义差异根源，格莱斯开始关注语言问题。

很多学者认为自然语言和逻辑语言是有差别的，他们分为形式主义和非形式主义两派。形式主义者非难自然语言，认为自然语言不完美、不精确，建议用理想的形式语言来代替自然语言；非形式主义者为自然语言辩护，认为自然语言功能多样，不能被形式语言代替。在《逻辑和会话》一文中，格莱斯明确表达了自己的立场，他首先声明自己不想加入这场争论的任何一方，他认为这两派都不正确，"他们都犯了同样的错误，错误的根源在于他们都没有充分地考虑和重视会话的性质及规律"。[①] 为此，他开始着手探究会话的一般规律，首次提出了"会话含义"这一概念，并归结出推导会话含义所必需的合作原则及其准则，来考察日常会话中的非字面意义的生成和推衍机制。

由上可见，会话含义理论构建的根本目标在于将自然语言和逻辑语言二者之间的差异消解在一个统一的理论框架内。在《逻辑和会话》一文中，格莱斯论证了逻辑语言中的联结词∨与自然语言中 or 的异同，指出会话含义理论一方面解释了逻辑联结词与其自然语言对应语的表意差别，另一方面通过引入会话含义从而明晰了语义学和语用学二者的分工：即语义学研究逻辑意义（又称真值意义），语用学负责阐释语言实际运用过程中的附加意义（又称语用会话含义）。

(二)会话含义理论举要

格莱斯会话含义理论的核心是以"合作原则"为基本框架，该理论可简要概括为"一条原则，四条准则"。

"一条原则"即合作原则：期待会话参与者遵守的普遍原则，"在交谈中，基于双方的共同目的或方向，尽量让你说出的话语符合交谈的共同目的或方向，适时地为会话做出你的贡献"。[②] 合作原则既是人们谈话时遵循的抽象的总原则，也是人们能够理性交谈的前提条件。交谈双方（或多方）顺利交谈而不至于会说出一连串不相关联的话语，就是因为在交谈的不同阶段，交际者互相配合，共享会话的方向和目的。陈国华认为会话包含三个最基本特征：(1)双方共同参与的一件事；(2)双方的目的和方向一致；(3)双方所言具有关联

---

① Grice，H. *Studies in the Way of Words*，Cambridge：Harvard University Press，1989，p.24.

② Grice，H. Logic and Conversation. P. Cole & J. Morgan（eds.）. *Syntax and Semantics* 3：*Speech Acts*. London：Academic Press. 1975，p.45.

性,①以上特征在界定了会话的性质的同时,也揭示了合作原则的本质——合作原则本身就是会话的基本特征。

康德在"范畴表"中列出了四个范畴——质、量、关系和方式,格莱斯借用这四个范畴来统辖交际会话的四条基本准则,从而使他的理论构建具有坚实的哲学基础、高度的概括力和普遍的解释力。"四条准则"的具体内容如下:

(1)数量准则。

①所言须符合交际目的所需的信息量。

②所言的信息量不可超出交际目的所需。

(2)质量准则——"努力保证你所说的话是真实的"。

①不说自知为假的话。

②不说缺乏充分证据的话。

(3)关系准则——"要保证相关"。

(4)方式准则——"要清楚明白"。

①避免晦涩的表达方式。

②避免歧义。

③避免不必要的冗繁,力求简洁。

④要有条理。

为了确保交谈进展顺利,交谈双方必须共同遵守"合作原则"。② 但在复杂多样的实际交谈情景中,人们不可能像遵守交通规则一样严格遵守这些原则及准则,无论交谈双方是遵守还是违反原则及准则,都会产生会话含义。一般来说,会话含义有两大类:一类是一般会话含义,当说话人遵守合作原则及其准则,或是他自己不清楚违反了哪条准则的时候,产生的是一般会话含义;另一类是特殊会话含义,当说话人违反合作原则及其准则的情况下所产生的就是特殊会话含义,格莱斯着力探讨了特殊会话含义的来源。

特殊会话含义的产生均是违反了会话准则,具体来说,一般有以下四类情形:

一是说话人丝毫不声张地、偷偷地、不显山不露水地暗自违反准则。

二是直接宣布不遵守合作原则和准则,明示不合作的态度。

三是面临一种矛盾和冲突局面,例如,无法遵守量的原则(所说的话应该包含交谈目的所要求的信息量),而同时不能违反质的原则(不说缺乏足够证据的话,对所说的话要有足够的证据)。

四是公然藐视某一准则,故意不遵守该准则。如果说话人有能力遵守该准则,而且在遵守该准则的同时也不会违反其他准则,但说话人却公开违法该准则,此时就产生了会话含义。当会话含义以公开违反某一准则的方式产生时,我们就说准则被利用了。③ 具体来看下面的例子:

---

① 陈国华:《格莱斯会话蕴涵理论的学术背景与发展脉络》,《当代语言学》2017 年第 1 期。

② Grice, H. Logic and Conversation. P. Cole & J. Morgan (eds.). *Syntax and Semantics* 3: *Speech Acts*. London: Academic Press. 1975, p.44.

③ Grice, H. Logic and Conversation. P. Cole & J. Morgan (eds.). *Syntax and Semantics* 3: *Speech Acts*. London: Academic Press. 1975, p.49.

(1)子兰：你不喜欢他！喜欢谁？

婵娟：我喜欢我喜欢的人。(郭沫若《屈原》)

婵娟的话公开故意地违反了量准则，没有提供交谈所要求的信息量，从而传达了她不喜欢子兰的会话含义。

(2)宝玉笑道："只许同你顽，替你解闷儿。不过偶尔去他那里一趟，就说这话。"

林黛玉道："好没意思的话！去不去管我什么事，我又没叫你替我解闷儿。可许你从此不理我呢！"说着，便赌气回房去了。(《红楼梦》)

林黛玉的回答违反了质量准则，虽然她说可许你从此不理我，但是这不是真心话，她实际上是希望贾宝玉理她的。这里她想传达自己不开心的会话含义。

(3)甲：你知道我书包放哪了吗？

乙：我忙着呢。

乙违反了关系准则，说了不相关的话，也可以说是违反了量准则，没有提供交际所需要的信息。由此，言外的会话含义便是"我太忙了，没注意你的眼镜放在哪里"。

(4)甲：怎么这么快就回来啦？

乙：她今天脸色不大好。

乙方的回答违反了方式原则，"脸色"一词存在歧义，它究竟是指心情不好，还是身体不好？如果甲方不了解具体情况，就根本无法做出判断。

格莱斯会话含义理论着重讨论了特殊会话含义的生成和推导过程，而对一般会话含义的关注不够，以 Levinson 为主要代表的新格莱斯派对之进行进一步阐释、充实和完善，[1]新的观点和理论不断涌现，语用学理论研究呈现出格莱斯理论家族百花齐放的学术盛景。[2]格莱斯构建的会话含义理论一直是国内外语用学研究的热点。[3] 自 20 世纪 60 年代发轫后，格莱斯会话含义理论引起了国内外语言学界极大的兴趣，理论影响力深远，这与之独特的理论贡献和学术价值密不可分，接下来我们回顾国内外学界对该理论学术价值之"功"与理论局限性之"过"的讨论，进而提出我们的思考。

三、会话含义理论的"功"与"过"

(一)会话含义理论的理论贡献与价值

格莱斯会话含义理论的伟大之处学界有目共睹。《Routledge 哲学百科全书》称格莱斯对会话普遍规律的概括"开拓了语用学的新纪元"，为阐释会话规则所提出的分析工具可以广泛运用于哲学问题上。[4] 封宗信指出会话含义理论的价值在于它高度概括了隐含意义产生和理解的真谛，为解释非语义学现象提供的方法论，为语用学和相关学科提供了无

---

① Levinson, S. Pragmatics and the Grammar of Anaphora: A Partial Pragmatic Reduction of Binding and Control Phenomena, *Journal of Linguistics*, 1987, Vol. 23, No. 2, pp.379-434.

② Jaszczolt, K. M. Rethinking Being Gricean: New Challenges for Metapragmatics, *Journal of Pragmatics*, 2019, Vol. 145, pp.15-24.

③ 肖雁：《语用学研究国际热点与趋势分析：2006—2015》，《外语教学与研究》2017 年第 2 期。

④ C. Edward (ed.) *Routledge Encyclopedia of Philosophy*, London and New York: Routledge, 1998, pp.172-176.

法超越的哲学框架。① 陈国华从哲学的视角肯定了格莱斯的学术创新和贡献,指出格莱斯超越传统逻辑学的研究疆域,率先将逻辑推理运用到各种非字面意义的解读,此后语用意义的研究作为独立的研究领域与语言意义的研究平分秋色。② 我们认同以上学者从哲学、语言学视角及其方法论层面对会话含义理论贡献所做的讨论,此外,我们认为会话含义理论独特的学术价值主要体现在以下三个方面:

首先,会话含义理论构建了有关语境中会话意义的"冰山理论",意义犹如一座冰山,我们能感知到的只是表面显现出来的很少的一部分,即意义的"所言"(what is said)部分,而更大的一部分却隐藏在更深层次,那是意义的"所含"(what is implicated)。会话含义理论将意义"所言"的显性维度和"所含"的隐性维度弥合在一个完整、简明而自足的理论分析框架中,从而有效整合了以往关于言说和表意的零散假设。

其次,会话含义理论深化我们对语言形式与语言功能不对称性的认知。语言形式具有单一性、稳定性和确定性,而语言功能具有多样性、可变性和不确定性。在不同的交际情境中,语言功能体现为不同的交际意义。在日常语言实际使用过程中,言者要在具体的交际情景中运用语言形式表达意义。那么,在日常交谈中,言者双方如何面对语言形式和功能不对称性所可能造成的"一题多解"问题而顺利完成交际呢? 基于会话含义理论,我们有了答案:发话人运用某一语言形式表达实际会话意义时常常有附加的隐含语用意义,受话人透过语言形式所表达的常规字面意义,识别出说话者的意图并结合会话原则推导出语境中会话的多功能信息。

最后,我们认为会话含义理论是格莱斯"理性乃人存在之根本"这一哲学思想的全面表达,也是对康德理性主义哲学观的继承和发展。③ 理性是受话者识别和理解发话者发话意图和目的的前提条件,很难想象非理性者如何能将会话顺利地进行到底。虽然格莱斯没有明确指出理性是他哲学思想的核心,但当我们爬梳格莱斯的著述便会发现:理性是格莱斯学术思想的核心概念,也是会话运作的基础。

(二)会话含义理论的局限性

会话含义理论可以有效揭示会话运作的基本机制,具有较强的理论阐释力,但同时也存在一定的理论局限性。Kasher 质疑格莱斯合作原则的语言事实基础,认为合作原则缺乏充分的语言事实依据,他指出格莱斯会话含义理论的缺陷在于合作原则未能给出任何允准限制条件。④ 在实际的交谈过程中,谈话双方很难达成百分百合作,他们对利益关系和具体情境要素的考量会影响信息传递的"质"与"量"。Leech 指出:"格莱斯合作原则没有解释说话人在交际过程中违反会话准则的动因,合作原则并不能解释会话含义产生的根源",为此,他提出了"礼貌原则"(politeness principle),并把礼貌原则细分为六大类,每类

---

① 封宗信:《格莱斯原则 40 年》,《外语教学》2008 年第 5 期。

② 陈国华:《格莱斯会话蕴涵理论的学术背景与发展脉络》,《当代语言学》2017 年第 1 期。

③ Chapman S. *Paul Grice*, *Philosopher and Linguist*, New York: Palgrave, 2005, p.4. 冯光武:《理性才是主旋律——论格赖斯意义理论背后的哲学关怀》,《外语学刊》2006 年第 4 期。

④ Kasher, A. Conversational Maxims and Rationality, A. Kasher (ed.) *Language in Focus*: *Foundations*, *Methods and Systems*. Dordrecht: Reidel Press, 1976, pp.197-216.

包括一条准则和两条次准则。① Sperber 和 Wilson 也质疑合作原则的现实基础,认为格莱斯所依据交谈双方的"共有知识"之基础是"哲学家的空想",提出用"关联原则"(relevance principle)将格莱斯合作原则的四准则统一起来,以关联性为唯一准则,以演绎推理为途径构建了会话含义的"关联理论"。② 还有学者指出格莱斯准则之间的逻辑主次关系不明,进而重构和修正了准则,将数量准则进一步具体细化③。

国内学界也不乏对会话含义理论的反思和创新性发展研究。姜望琪认为以理性哲学为基础的会话含义理论最突出的缺陷是过度关注信息传递的质量,而严重忽视语言运用的人际社会互动性。④ 王寅指出会话含义理论主要以理性的发话者为中心,特别强调"合作"在语言交际中的作用,来阐释基于"共同"目标和方向的会话运作机制,这只能说是言语交谈中很"纯净"的理想化状态。而自然会话大多是偏离理想标准的,基于发话者和受话者双方的互动,即使他们有意愿合作,对"合作"的理解仍然可能有差别,因此,言语交谈不可避免地会受到个体认知差异因素的"污染"。⑤ 此外,会话含义理论过分关注语言传递信息的认知目的,而对语言的社会功能有所规避,比如"It's a nice day, isn't it?"一句并非以寻求信息或校验命题信息真假与否为目的,而仅仅是人际交往的寒暄,一句维系说话者和听话者人际关系的应酬话。顾曰国指出格莱斯合作原则是建立在一个"理性人"之上的,谈话双方均是"理性人",为了最大程度上与对方交流信息,谈话双方自然要跟对方合作。而"情"在格莱斯会话理论中未被得到重视,现实言谈中的谈话双方也是懂世故人情的、鲜活的人。⑥

国内外学界主要从会话含义理论构架系统的内部出发,对合作原则的本质及其准则间的逻辑主从关系等进行了大量有益的探讨。此外,我们认为格莱斯会话理论对语言使用具体语境中会话意义构建的动态性重视不够,隐含会话义的功能和概念基础有待进一步研究。语言不能穷尽且足够翔实地编码意义,语言仅能编码某些概念线索,这些线索必须由听者充实,才能在特定的使用情景和语境中实现为言者想要表达的意义。换句话说,意义并非一块铁板,而是在具体语境下由言者和听者一道实时构建的。语境中意义构建很大程度上依赖于我们意识无法触及的"后台认知",⑦意义构建是一个动态的认知过程,其间关涉人类通用的认知能力和原则。语言形式的极端简洁性与意义建构的概念丰富性形成鲜明反差,那么,我们是如何运用"贫乏"的语法系统编码丰富的概念系统呢?如何弥合语言

---

① Leech, G. *Principles of Pragmatics*, London: Longman, 1983, p.80.

② Sperber, D. & Wilson, D. *Relevance: Communication and Cognition*, Oxford: Blackwell, 1986, p.38.

③ Horn, L. Toward a New Taxonomy for Pragmatic Inference: Q-based and R-based Implicature, D. Schiffrin(ed.) *Meaning, Form, and Use in Context: Linguistic Applications*. Washington, D.C.: Georgetown University Press, 1984, pp.11-42.

④ 姜望琪:《论社会认知语用学视角:以"我不责怪中国"为例》,《外语研究》2019 年第 1 期。

⑤ 王寅:《新认知语用学:语言的社会认知研究取向》,《外语与外语教学》2013 年第 1 期。

⑥ 顾曰国:《论言思情貌整一原则与鲜活话语研究——多模态语料库研究方法》,《当代修辞学》2013 年第 6 期。

⑦ Fauconnier, G. Pragmatics and Cognitive Linguistics, L. R. Horn & Ward, G. (eds.) *The Handbook of Pragmatics*. Malden: Blackwell, 2006, pp.657-674.

世界与概念世界的鸿沟？认知语言学提供了一条研究进路，认为有限的语词是意义的触发器，触发我们通过复杂的认知操作，从而引导我们沿着丰富的心理路径行进。目前，认知语用学者正在将语用学和认知语言学的理论分析工具有效融合，尝试在认知语言学的理论框架下阐释隐含会话义生成的概念基础。① 社会认知语用学者也试图整合语言使用中的社会、认知因素，构建融交谈者信息传递的认知目的和维护人际社会关系功能为一体的语用意义推导框架，②该框架兼顾语言的认知维度和社会维度，能够相对全面地阐释语境中会话意义构建的动态过程及其机制问题。

四、结论

会话含义理论是格莱斯学术思想史上一颗耀眼的明珠，它是第一个阐释日常会话中非字面意义生成机制的分析框架，为语用学研究提供了重要的理论支点，在学术界产生了广泛影响。其独特的学术价值主要体现在三个方面：第一，它构建了有关语境中会话意义生成的"冰山理论"，将"所言"和"所含"整合在一个简明而自足的理论分析框架；第二，它丰富了我们对语言形式和语言功能不对称性的认知；第三，它诠释了"理性乃人存在之本"的哲学论断。同时会话含义理论也存在忽视语言使用中意义构建的动态性及会话隐含义的概念基础等问题。随着跨学科语用学研究的蓬勃发展，学者唯有打破门户之见，各显神通、通力合作，从认知心理、社会文化、交际互动等多个维度综合考察日常自然会话运作机制，才有可能更加全面、系统、清晰地揭示其意义构建的复杂动态性。作为语境中会话意义生成与推衍研究的经典范式，格莱斯会话含义理论已然是一座绕不过的大山，吸引着众多语言哲学爱好者和语用学者前来攀爬、驻足。

---

① Panther，K. *Introduction to Cognitive Pragmatics*，Amsterdam/Philadelphia：John Benjamins Publishing Company，2022，pp.18-19.

② Kecskes，I. Socio-cognitive Approach to Pragmatics，*Journal of Foreign Languages*，2010，Vol.33，No.5，pp.2-20.

高校英语专业文学课程的疆域拓展与边界跨越*

——探索从英美文学到英语文学的教学改革思路

林　斌**

摘要：应 21 世纪全球化时代需求，"现当代英语国家文学"这门课 15 年来为英语专业研究生开设，旨在打破英语专业文学教学传统上的英美中心视角，以英美以外的英语国家经典作家及其代表作品为主要研究对象，引领学生开展后殖民批判性反思，借此推动第三世界的英语文学经典逐步从边缘走向中心。本文在厘清该课程设置的历史背景、现状与发展前景的基础上，从教学目的、原则与方法等方面的课程建设改革思路出发，着重探讨如何在外国文学教学实践中有效推动学科疆域拓展，从而在英语专业课程体系建设中实现从英美文学到英语文学的边界跨越，并为相关研究领域贡献中国视角。

关键词：外国文学教学；英美文学；英语国家文学；英语文学；从边缘到中心；中国视角

一、序言

《高等学校英语专业研究生课程问题研究》一文指出："课程是学校借以实现教育目标的主要手段和媒介……没有科学的课程体系和合理的课程设置就无法保证教育的健康发展。英语专业研究生教育也是如此。"[①]具体来说，与本科阶段相比，研究生课程设置要更加注重专业性、系统性、前沿性、科学性等特点，在夯实基础的同时提高知识传授的深度和广度，加强学术能力的培养和训练，体现学科发展的历史传承和时代需求。如果说 20 世纪日益困扰外国语言文学专业的一个谜题是外语教学的工具性与人文性之争，那么教育部正式颁布的《外国语言文学类教学质量国家标准》(2018)明文规定"外语类专业是我国高等学校人文与社会科学学科的重要组成部分"，由此明确了外语专业的人文学科定位。随之而来的便是外语专业作为人文学科"重要组成部分"的内涵式发展需求，课程体系建设和课程设置作为培养目标达成的重要手段首先面临着教学改革的压力与挑战。

在包含多个学科方向的英语专业课程体系框架下，言及文学方向的研究生课程设置，长期以来一直存在一个以英美为中心而严重忽略其他英语国家文学的误区或断层，由此导致学生的知识体系不完善，学术认知存在偏见和盲点，与学科发展的人文性定位不符。本

　＊　基金项目：北京外国语大学中国外语教材研究中心中国外语教材研究专项课题、厦门大学研究生院教学改革研究项目。

　＊＊　林斌，山东青岛人，厦门大学外文学院、外国语言文学研究所教授，主要研究方向为美国南方文学、性别与后殖民研究、文学翻译与科技翻译。

　①　常俊跃、于欣慧：《高等学校英语专业研究生课程问题研究》，《当代外语研究》2015 年第 11 期。

文以面向高校英语专业研究生开设的"现当代英语国家文学"这门选修课为例,探索打破这一传统主流定势的新思路。该课程应多元文化并存的全球化时代需求,重点推介英美以外的英语国家经典作家及代表作品,通过对文学作品中殖民和后殖民主义意识形态的批判性反思,促使第三世界的英语文学经典逐步从边缘走向中心,同时也借由跨学科、多维度的理论视角,提升英语专业学生的思辨能力和人文素养。笔者基于这门课开设 15 年来的教学实践,结合当前"新文科"背景下英语专业培养方案修订的课程体系建设要求,从课程设置的历史背景、现状与发展前景出发,尝试在课程设计的目的、原则与方法等方面提出改革思路,着重探讨在外国文学教学过程中如何融入中国视角,进一步推动学科疆域拓展,以实现内涵式发展目标。

二、课程设置的背景、现状与发展前景

从概念上讲,"英语国家文学"指的是英国和美国以外的其他英语国家的文学。之所以将英、美排除在外,是因为后殖民时代背景下人文学术的意识形态导向,其渊源可追溯到以英美为中心的英文教育在 20 世纪的发端。罗伯特·伊戈尔斯通指出,英文专业的师生应该知道"在政治、道德、宗教、教育、历史以及所有其他问题上观点迥异的人们一直以来就英文学科的界定问题一再发生冲突,这些冲突以某些特殊的方式对这个学科本身起到了塑造作用",所以说,学科"不是自然存在的,是我们以一种符合我们的世界观的方式划分'知识'……我们视为理所当然的那些门类和研究它们的学科都是人为建构的,反映了建构者的世界观"。[①] 正是由于新时代给人类世界观再度带来了深刻转变,我们有必要对英文学科的人为建构性进行一番再审视、再反思。

追根溯源,英文与其他学科相比是一门相当年轻的学科,它兴起于 19 世纪末,直到一战结束后才得以确立,历史上与英国在印度的殖民统治直接相关。这一历史背景有助于解释这门学科缘何被称作"英文"。此前,英文作为一门学科的前身是"经典研究"(classical studies),主要涉及古希腊罗马的戏剧、诗歌等文类,旨在造就传统意义上的英国绅士。而当时英国人普遍认为,现当代文学最多只是拙劣的模仿之作,仅供世人娱乐消遣,并不具备多少研习价值。英国殖民统治时期,东印度公司考虑到基督教的传教风险和成本,转而利用英国文学来推行所谓"英式生活方式"及其价值观,以此来达到教化和奴役当地居民的目的。1835 年颁布的《英语教育法》明令规定英语为印度的通用教育语言,并且明确要求学校在课程体系中设置英文阅读与写作教学。"英文"最初被赋予的教化功能后来同样被用于解决英国国内日益激化的阶级矛盾,被当作意识形态工具从殖民地反向引入宗主国,在教学实践中专门针对被视为"本土野蛮人"的劳工阶层来传播上流社会的"文明"价值,以巩固统治阶级对民众的掌控。

事实上,"英文"一开始属于通识教育的范畴,未能进入高等教育的殿堂,但知识界曾就此展开论争:一方认为研习英文有助于提升大众的道德情操和审美趣味,另一方则认为英国文学难登大雅之堂,更不要说与古代文明的经典文本相提并论了。其结果是前者占了上

---

① R. Eaglestone, *Doing English: A Guide for Literature Students*, London & New York: Routledge, 2009, pp.3, 9.

风，牛津大学于 1893 年首开英文学位课程，率先将诗歌纳入教学大纲之中，但此时吸引的受众多半是女学生，使这门学科带上了性别偏见。最终改变这一局面的是以下两个关键性历史事件：一是 1917 年英国文学作为一门学位课程在剑桥大学设立，蒂利亚德（E. M. W. Tillyard）、理查兹（I. A. Richards）等学者继承了阿诺德（M. Arnold）等 19 世纪人文主义思想家的衣钵，将其定位为"还世界以人性的感觉，以对抗技术迅猛发展和'机器时代'"的有效手段；二是 1921 年英国政府发布了以英格兰文学教改项目主持人亨利·纽博尔特（Sir H. Newbolt）命名的《纽博尔特报告》，这一举措明确表示对新学科予以官方支持，并且将其擢升至替代宗教教育、传播价值理念的神圣地位。① 由此可见，"英文"作为一门学科的体制化过程实质上是以殖民统治者的政治需求为导向的，体现了权力关系的运行机制，尤其是中心对边缘的价值规训效力。

到了 20 世纪下半叶，随着英国力量的日益削弱和民权运动的兴盛，围绕西方文学经典界定展开的权力之争开始出现转机。美国文学批评界名家、"哈佛巨子"哈罗德·布鲁姆打着"审美自主性"的旗号，通过《西方正典》（1995）这部鸿篇巨制重申了西方学界传统上赖以界定经典的"大黄蜂"（WASP）标准，试图以莎士比亚戏剧诗文为西方文学传统的准绳，再次确立以"白人盎格鲁-撒克逊血统的基督教新教"男性作家为主体的经典殿堂。他在序言里指出，"在现今世界上的大学里文学教学已被政治化了：我们不再有大学，只有政治正确的庙堂"，"审美与认知标准的最大敌人是那些对我们唠叨文学的政治和道德价值的所谓卫道者"。② 然而，他所推崇的"审美自主性"却内化了西方社会主流意识形态主导下的精英审美价值，而纵观西方文学史，正是这一偏见使得英美白人男性作家的文学创作长期霸居西方主流文学的中心地位，并将英美以外的英语国家以及女性、少数族裔等弱势群体一并放逐到边缘地带。以《诺顿英国文学选集》为例，这场经典之争当中蕴含着文学阅读和文学史书写的修正性视角：从几个版本的修订演变历程来看，主要影响来自现当代文化批评，首先是女权主义研究的影响，后期加大了女性作家、作品的比例，其次是后殖民主义研究的影响，近年来特别关注了殖民开发、奴隶贸易、种族族裔等问题。③ 回顾 1979 年第一版《诺顿美国文学选集》，"从其历史时段的划分、录选的作家、作品等方面看都反映了英美主流文学的特征，即过世的、白人的、欧洲的、男性的（常缩写为 DWEM）"，故其"并没有真实地反映美国文学的历史和现实，没有体现美国文学的多元化特色……而在随后出版的几版选集中，针对这些不足之处所做的修正都有一定程度的反映"④。

为布鲁姆所诟病的"政治正确的庙堂"可谓 20 世纪中期以来西方文学领域"重划疆界"的一次深刻变革。自二战结束时起，整个西方世界的政治格局发生了天翻地覆的改变。确切地说，遍及全球的各个殖民地逐渐开始了一个去殖民化的艰苦斗争历程，陆续走上了一条政治、经济、思想独立的道路，由此开启了一段从边缘走向中心的文化之旅。相应地，西

---

① R. Eaglestone, *Doing English: A Guide for Literature Students*, London & New York: Routledge, 2009, pp.13-14.

② ［美］哈罗德·布鲁姆：《西方正典：伟大作家和不朽作品》，江宁康译，译林出版社 2005 年版，第 2、28 页。

③ 韩加明：《〈诺顿英国文学选集〉版本演变述评》，《外国文学动态》2009 年第 2 期。

④ 季峥：《美国主流文学的经典——第一版〈诺顿美国文学选集〉研究》，《外国语文论丛》2009 年第 2 辑。

方文学研究视野随之逐步拓宽,在 20 世纪末加快了"去中心化"进程,尤其是促进了英语文学作为一门与传统的英美文学相并列的分支学科的合理化发展。边缘作家、边缘文化、边缘视角等三者共同从"边缘"走向中心,其直接后果就是导致了文学经典的重新界定和文学疆域的重新划分。按照王宁在《重划疆界:英美文学研究的变革》一书导言里的阐述,新历史主义为文学史编撰提供了一种"合法性依据",因为它揭示了"在撰史的背后起到主宰作用的是一种强势话语的霸权和权力的运作机制";文化研究则以"非精英化和去经典化"为重要特征,"削弱了精英文化及其研究的权威性,使精英文化及其研究的领地日益萎缩,从而为文学经典的重新建构铺平了道路"。① 在全球化时代,"跨越疆界"已成为文学研究的必然趋势,它不仅向英语世界的传统边界发起了挑战,也在英语世界内部引发了震动,尤其是对传统的"英美中心主义"造成了巨大的冲击,英美以外的英语国家及其文学得以纷纷登堂入室,正式进入了西方学界的研究视域之中。

2006 年 6 月,以"当代英语国家文学研究的文化视角"为主题的学术研讨会在南京大学召开,这次会议对于国内的外国文学研究界,尤其是英美文学研究界有着划时代的意义。一方面,中国社科院外文所陆建德研究员在主旨发言中将"英语文学"(literature in English)与传统上的"英国文学"(English literature)作为两个不同的概念和研究领域区分开来,并特别提出前者"实质上反映出学科视野的拓展及学术研究疆域的扩大",并且"希望能够把中国文化视角引入英语文学研究中,能够比较不同国别文化视角的差异,以探求文学作品背后隐藏的政治、思想和文化利益";另一方面,作为呼应,南京大学杨金才教授在闭幕式上指出了此次研讨会的重大意义,认为此次会议"从文化视角拓宽了文学研究视野,展示出当代英语国家文学的时代特征,显示了当代英语国家文学研究的巨大空间和发展趋势,而且从文学与政治、宗教、哲学和社会等各种文化势力之间的交互关系与影响出发,深入探讨了当代英语国家文学的主导倾向和发展规律"。② 此后,英语国家文学研究在国内学界渐次展开,如今已趋向成熟。

在这个背景下,"现当代英语国家文学"这门课的开设无疑能起到为英语专业学生填补知识结构空白的作用。近年来出现的一个新现象是,该研究领域对于研究生学位论文选题产生的影响变得日益明显。因此,面对英语专业培养方案修订的现实任务,我们更有必要重新思考如何实现从"英美文学"到"英语文学"的跨越。然而,受传统定势思维禁锢,该研究方向的学位论文多年来几乎是清一色的英美文学选题,英美文学以外的选题往往会受到质疑,甚至遭到否定,而且培养方案里英国文学和美国文学的相关课程占据了压倒性优势。在当下的"百年未有之大变局"之中,拓宽学科疆界是顺应时代发展的人才培养需求。接下来遇到的一个实际问题便是如将"英美文学"改称"英语文学",那么国别文学是否就没有了存在的必要呢? 其实不然,"英语文学"的概念包含了"流散"(diaspora)视角,"流散群体"这个说法背后是全球化视野,但同时"民族国家"(nation state)的概念仍会在很长一段时间存续下去。国别文学至今仍以多元分类共存的一种标准存在,它为多元文化融通互鉴提

---

① 王宁:《〈重划疆界:英美文学研究的变革〉导读》,格林布拉特等:《重划疆界:英美文学研究的变革》,外语教学与研究出版社 2007 年版,第 5～6 页。

② 张海榕:《"当代英语国家文学研究的文化视角"学术研讨会综述》,《外国文学研究》2006 年第 4 期。

供了扎实的依据。此外，"世界文学"的总体概念在全球化背景下关注度越来越高，为文学领域带来了一种超越国界的大视野。在笔者看来，全球化时代虽然给分类带来了复杂性，但目前至少有国别和语言两种分类标准并存，在从英美文学到英语文学的学科发展过程中"英语国家文学"或可起到一定的过渡作用。

时至今日，"现当代英语国家文学"这门课已经连续开设了 15 个年头，不仅没有像笔者最初所担心的那样受到边缘化的待遇，而且还展示出越来越旺盛的学术生命力。可以说，这个发展历程缘起于"经典"界定与文学疆域的重新划分，折射出全球化发展趋势对人文学科发展走向起到的引领和推动作用。

三、课程设置的目的、原则与方法

从这门课在英语专业课程体系中的定位上看，"现当代英语国家文学"涵盖了来自主要英语国家的现当代作家作品，特别是美国和英国以外的一些主要作家的代表性作品，旨在拓宽英语专业文学方向学生的学术视野，同时通过专业的阅读训练和批判性实践，从多元理论视角出发，帮助学生提高问题意识、文本分析能力和批判性思维，以便进一步开发其学术研究潜能。在研究对象和研究方法的选择上，笔者在教学实践中通常遵循选择经典文本、结合文本细读、引入理论视角等三个原则，以下分别加以具体说明。

1. 选择经典文本

首先需要厘清"何为经典"这个基本问题。意大利作家卡尔维诺在《为什么读经典》一书中列出了"经典"的十四条特质，特别强调了经典作品经久不衰的深远影响力。[①] 于个体而言，经典作品的内涵丰富，包罗万象，永不枯竭，它所传递的讯息让人无法忽略，在成长过程中可以化作个人经验和记忆的一部分，乃至成为个体身份的一个有机组成部分；无论初读或重读的年龄几何，它经得起反复阅读，每读必有新收获，也总会有新发现。于群体而言，经典作品有其自身的价值，尤其经得起时间考验，其存在对历史的文化积淀和当下的社会风尚起到了评判和矫正作用——当它处于中心位置之时会让有悖于人类永恒价值的那些声音变得无足轻重，在它所代表的人本主义价值观遭到排斥或贬抑之时则会以其边缘地位反衬出主流社会的荒谬来。于评论家而言，最重要的是经典作品所特有的巨大阐释空间，主要有以下三点：其一，经典作品具有普适性，在各种文化、语言、社会风俗上都曾留下难以磨灭的烙印；其二，经典作品具有延展性，在不断被世人阐释的过程中得以拓展，多重视角的阐释只能无限丰富其内涵，而并不影响其本身的价值；其三，经典作品具有互文性，它一经产生就会被自然而然地纳入众多经典作品的系谱之中。因此，经典解读是多层次、多维度、多元立体的，从文本本身到其受众、媒介以及语境，从作者到读者、评论家乃至其他作者的各种关联都值得充分挖掘、探究。

除了布鲁姆在《西方正典》里列举的那些举世公认的旷古经典，还有在现当代语境下已拓宽延展的"现代经典"概念。文学评论家埃斯特·隆巴迪认为"现代经典"是"基于读者自认为熟悉的世界"的，进而指出"现代主题和风格与时俱进"，因为"生活在战后时代的读者关心许多新的东西。……一个见证了极权主义、帝国主义和企业集团的世界不能让时光倒

---

① ［意］伊塔洛·卡尔维诺：《为什么读经典》，黄灿然、李桂蜜译，译林出版社 2006 年版，第 1～10 页。

流。或许最重要的是,今天的读者带来了一种冷峻的现实主义,这种现实主义源于对种族灭绝的严重性的思考,以及长期在自我毁灭的边缘生活的经历"。① 在这个语境下,不仅文学风格和形式发生了革命性的转变,而且文化变迁也使得曾经的禁忌不复存在,获得了名正言顺的文学表述特权,比如性与暴力。隆巴迪列举了帕慕克(土耳其)、库切(南非)、格拉斯(德国)、菲利普·罗思(美国)等作家作为"现代经典"的开拓者,以及凯鲁亚克的《在路上》(1957)、海勒的《第二十二条军规》(1961)、小沃尔特·米勒的《为莱博维茨的颂歌》(1960)等"现代经典"的范例。在她看来,"现代经典"就像是一名鹤发童颜的"老顽童",指出"文学中的现代经典就是这样——皮肤光滑,年轻,但有一种长寿的感觉"。

基于上述概念界定,"现当代英语国家文学"这门课在选择研究对象上以每年一度的诺贝尔文学奖、英国布克小说奖、美国国家图书奖和普利策奖等英语文学界的至高荣誉作品为主要参照,但又不限于此。如埃斯普马克所言,诺贝尔文学奖的遴选标准历时性地体现了瑞典学院对诺贝尔有关"理想方向上最杰出的作品"的遗嘱所做的诠释,评奖标准因此一直在不断更新,在 20 世纪总共经历了七个不同的发展阶段:从最初"高尚而可靠的理想主义"(1901—1912),到一战期间的"中立政策"、1920 年代的"伟大文体"、1930 年代的"普世趣味",再到二战以后的"实验先锋派"、1978 年以后"对无名大师的关注"和 1986 年以后反欧洲中心主义的"世界文学"。② 尽管时有遭到西方中心主义"政治倾向"的质疑和指控,但该奖项对文学价值日益增强的重视也是不容忽视的,其颁发归根结底是为了表彰"这种将人类的经历塑造成文学的独特艺术力量"。1969 年最初专门针对英联邦英语文学设立的布克小说奖始终坚持把"文学卓越"当作它所关注的焦点,通过半个世纪的努力在文学界逐渐确立了衡量文学作品水准的权威性,多年来在英语文学界一直保持着主导地位,现已被公认为当代英语小说界的最高桂冠。如芮小河所述,"除了英国籍作家,越来越多来自英联邦其他成员国及爱尔兰、巴基斯坦、南非、母语非英语的作家闯入候选名单并获得殊荣。大量入选小说及获奖小说代表着来自不同文化、历史、信仰、性别的声音,布克奖成为众声汇集的舞台。……由于布克奖在当代英语文学界的影响,其入选名单常常被视为衡量当代英语文学状况的一支敏锐的晴雨表。"③2005 年增设的布克国际奖隔年颁发给"不论任何国籍"的获奖者,前提是"他或她的作品有英文版本";2014 年,布克奖再度开疆破土,宣布向包括美国作家在内的全世界用英文写作的作家开放,真正成为英语文学界的风向标,"更是凸显了其向全球扩张、实现英语文学大一统的野心"。近年来,随着越来越多的前殖民地作家从边缘走向中心,布克奖在英语文学界重塑经典的影响力也日渐加强,在后殖民时代背景下折射出世界文学多元化、国际化的发展趋势。在此基础上,世界文学的优劣评判当然也离不开中国视角的参与。

2. 结合文本细读

言及文学课的教学方法,伊戈尔斯通提供了一个"六步法"的实用性模板:(1)记下自己

---

① E. Lombardi, What Is a Modern Classic in Literature?, https://www.thoughtco.com/what-is-a-modern-classic-book-738758. Last visit on September 5, 2023.

② K. Espmark, *The Nobel Prize in Literature: A Study of the Criteria Behind the Choices*, Boston: G.K. Hall, 1991.

③ 芮小河:《曼布克文学奖的是是非非》,《读书》2007 年第 4 期。

对文学文本的最初反应；(2)关注其他人的反应；(3)据此提出自己的见解；(4)阅读评论家的相关著述；(5)分析不同的批评立场；(6)最终构建起自己特有的一套文学批评工具。[①] 由于个体对文学文本的最初反应因人而异，基于个人阅历、阅读经验、理论素养等多个因素，这一模板更多强调的是对话，即通过将个人见解与他人反应、专家论点进行跨越时空界限的对照分析，在作品研读中不断积累自身的阅读经验，最终达到一个基于自身明确批评立场的专业水准。需要强调的是，在这个过程中，作为研究对象的文学文本才是开展上述一切活动的基础。福斯特在畅销书《如何阅读一本文学书》里推出了"阅读语言""文学文法"等一系列概念来表述文学读者所能习得的"一套常规与模式、规范与准则"，正是这些工具把专业读者与通常仅对文学作品做出直觉和情感反应的普通读者区别开来，他进一步将其归纳简化为"记忆、象征、模式"这三个关键词，并指出"在区分文学教授和普通读者时，这三条最为关键"。[②] 可以说，在伊戈尔斯通的"六步法"模板和福斯特的"文学文法"概念中都隐含着文本分析和观点生成的基本方法——文本细读(close reading)。

作为 20 世纪西方文学批评的一个核心理论概念和当今文学研究的一项基础专业技能，"文本细读"与语言专业旨在训练语言技能、提高语言感知和运用能力的"精读"之间有着本质差别。根据美国文学批评家伊莱恩·肖瓦尔特的定义，文本细读是"缓慢的阅读，有意将自己从讲故事的神奇力量中分离出来，关注语言、意象、典故、互文性、句法和形式"，"从某种意义上来说，近距离阅读是我们用来打破习惯性和随意性阅读习惯的一种陌生化形式。它迫使我们成为文本的主动消费者，而不是被动消费者"。[③] 她特意强调"文本细读"并非"仔细阅读整本书"，而要关注"某些特定的重要句子，有时甚至是短语"，并"把它们组合在一起，以达成一种解释或阐明一种观察结果"；在她看来，有意义的问题包括"为什么作者使用特定的单词、意象、语法结构，甚至标点符号？作为读者，这些选择如何影响你的反应？作者还可能做出什么其他选择？有来自其他作品的典故或引语吗？这一段的语言结构如何阐释这本书的主题？"由于"现当代英语国家文学"课程大纲所选定的阅读文本大都是篇幅较长的小说或戏剧作品，有限的课堂时间不足以用来引导学生进行细致的文本解读，任课教师可直接采用以点带面、抓点提串的提问方式来进行，通过预先布置一些引导性的思考题来帮助学生从感性认识的浅表层次逐步过渡到理性思维的学术高度，同时也可以这种方式达到激发学生的问题意识的目的。[④]

3. 引入理论视角

首先要明确的是，理论在文学阅读和研究中到底有何功用呢？美国学者芮塔·费尔斯基在《文学之用》一书中指出，"阅读"这个字眼在文学研究中的使用范畴涵盖了从随意翻看畅销书籍到在权威学术期刊上发表深奥的圣经诠释文章这两极之间的不同活动，这些活动之间的诸多差异往往被忽略不计，而后者所涉及的阅读还包含着一个受制于许多基本规则

---

① R. Eaglestone, *Doing English*: *A Guide for Literature Students*, London & New York: Routledge, 2009, pp.33-34.

② ［美］托马斯·C.福斯特:《如何阅读一本文学书》，王爱燕译，南海出版公司 2016 年版，第 3～5 页。

③ E. Showalter, *Teaching Literature*, Malden: Blackwell, 2003, pp.98-99.

④ 林斌:《文学阅读的专业内涵及教学策略——也谈外国文学教学的人文思想渗透》，《外语教学理论与实践》2019 年第 2 期。

和行业规范的学术写作过程,比如注重创新求异、要求引用权威、使用批评术语、禁用某些语体风格等。① 其中的"创新求异"对于学术研究来说最为关键,初学者要想进阶,便不能仅仅停留在阅读经验所带来的感性认识层面上,而理论视角的引入恰好有助于提升文本解读的理性思维水准。

对于刚刚正式步入文学研究领域的大多数学生来说,理论的难度不仅在于它理性思维的抽象性,还源于它包罗万象的复杂性。当代文学理论家乔纳森·卡勒在阐释"什么是理论"这个问题时指出,理论指"那些对表面看来属于其他领域的思考提出挑战,并为其重新定向的作品","种类包括人类学、艺术史、电影研究、性别研究、语言学、哲学、政治理论、心理分析、科学研究、社会和思想史,以及社会学等各方面的著作",其作用在于"为别人在解释意义、本质、文化、精神的作用,公众经验与个人经验的关系,以及大的历史力量与个人经验的关系时提供借鉴"。② 在文学研究领域里,这些跨越学科的多元化理论视域有助于学生跳出原有的单向度思维模式,摆脱故事情节和作者意图的束缚,由表及里,从内到外,从不同的视角去思考、发现文本的意义,使得文本意义的不同维度渐次显现出来,从而以文本为基础并在文本之上构建起一个多层次的立体阐释空间,并实现文学对于个体、群体乃至全人类的多重价值。

在现当代西方文论这个完整的知识体系中,英美新批评、俄国形式论学派、读者反应论、结构主义、马克思主义、女性主义、后结构主义、后现代主义、后殖民主义、同性恋与酷儿理论、生态批评等各种文学批评话语之间在历时和共时轴上的交互性可以看作一场思辨性对话。于 20 世纪 70 年代末 80 年代初来临的"理论转向"并不意味着"理论的终结",而是"反映了那些经过理论历练和希望站在文学本身的立场上向文学研究中理论话语的统治发起挑战的年轻一代学人的观点,他们希望为讨论文学文本、阅读经验和评论文本找到一条道路"③。可以说,文学理论为批评实践提供了多样化的视角、方法和模式,文学批评切入点因人而异。在不同的理论框架下,同一文本得到各不相同的解读,共同搭建起一个异彩纷呈的开放性、立体化阐释空间,文本的意义由此得到了极大丰富。如塞尔登等人所说,"学生们对于他们碰到的理论需要能够做出理智的判断和认真的选择,从而采取一种批评姿态,并在自己的批评实践中调整由此获得的见解"。④ 正是在这个过程中,批评者逐步形成了自己的文学观念,而批评者的文学观念会直接影响到其对文本的评说与判断,也就是说,"批评者如果没有文学观的支撑,其批评也将游移不定……只有坚守批评者的文学观,坚持批评者对当下文学的理性判断,才可以充分发挥文学批评对作家和读者的引领作用"⑤。

基于以上认识,"现当代英语国家文学"这门课将古典和现当代西方文学理论作为先修内容,首先引入后殖民研究的相关理论,帮助学生从理论学习的通论阶段进入专论阶段,从而对理论在文学批评实践中的功用获得正确认知。之所以采纳后殖民研究视角,主要是考

① R. Felski, *Uses of Literature*, Malden: Blackwell, 2008, p.14.
② [美]乔纳森·卡勒:《文学理论入门》,李平译,译林出版社 2008 年版,第 3~4 页。
③ [美]拉曼·塞尔登等:《当代文学理论导读》,刘象愚译,北京大学出版社 2006 年版,第 9 页。
④ [美]拉曼·塞尔登等:《当代文学理论导读》,刘象愚译,北京大学出版社 2006 年版,第 13 页。
⑤ 吴艳:《文学批评要坚守正确的文学观》,http://www.zjzj.org/ch99/system/2009/12/22/002023865.shtml,访问日期:2023 年 9 月 5 日。

虑到多数英语国家所共有的殖民与去殖民经历,以及中国学者的主体性身份。一方面,从定义上看,英语国家文学的研究对象涵盖在英语国家(尤其是英美以外的国家)及地区用英语书写的所有文学类别,它们共同关心的问题多半来自这些国家都有过的帝国主义和殖民化经历,以及它们的民族不止一次有过的移民经历,因而在文学上表现出殖民化的影响、去殖民化的可能性,以及界定国家身份、权力关系的迫切需要等。同时,从历时的角度上看,前述各类文学奖的评判标准里不仅包含了不同历史时期的人们对"文学性"的理解和阐释,也蕴含着文化变迁和政治语境的影响,其中殖民与去殖民显然是一个不可忽视的重要因素。另一方面,该视角有利于将思政教育融入外国文学的专业教学和研究之中,使任课教师能够立足于马克思主义批评立场,通过文学理论与批评实践相结合的方式,帮助学生从第三世界的主体视角来了解后殖民及相关主体理论的发展源流和核心概念,掌握其基本文学批评方法,尝试运用相关视角进行文本分析并产出成果,参与到外国文学的中国学术话语体系建构之中。

四、结语

如《对英语专业研究生学术能力内涵及其发展过程的再思考》一文所示,英语专业研究生整体学术能力包括语言能力、知识能力和研究能力,而这些能力都是在专业学习、实践、研究得到不断提升的,而研究生阶段的学习应在培养目标、课程设置、教材建设、教学指导、评估考核等不同环节上予以统筹规划,使之满足培养高素质、高层次创新型人才的国家战略需求。[1] 为了目标达成,每门课的课程设置都起着关键作用。如前文所述,"现当代英语国家文学"作为英语专业文学方向的一门重要基础专业课,从英语国家及其文学的概念界定和研究状况入手,以传统的英美文学经典批评为起点,在概括介绍多个具有殖民/去殖民经历的英语国家文化背景的基础上,致力于打破英美中心主义的传统学科局限,将英语文学的研究视野扩展至英美以外的其他英语国家,打造一个多元文化对话交融的平台。在上述研究型教学的开展过程中,任课教师指导学生在文本细读的基础上,结合后殖民等相关理论的学习,提升其主体意识、问题意识和批判意识,逐步形成自己的观点并撰述成文,从而实现专业性、系统性、前沿性、科学性及价值引领兼顾的学科培养目标。

---

[1]　王雪梅:《对英语专业研究生学术能力内涵及其发展过程的再思考》,《当代外语研究》2013年第2期。

建构大学生文化自觉与文化自信策略研究[*]

——以"TEDTALKS 大学体验英语"课程为例

王 昕^{**}

摘要：大学英语课程是大学生必修课，也是大学生运用英语进行中外文化交流的重要渠道。如何将培养提升大学生文化自信与大学英语教学有效结合，从而提升大学生的文化自觉与自信，已成为今天大学外语教育的核心问题之一。笔者开设的"TEDTALKS 大学体验英语"课程在有效培养提升大学生文化自信、文化自觉视域下，做了有益探索和尝试。本课程通过明确教学目标，听说读写全方位、全过程优化教学内容，改进教学策略和教学方式，对不同文化的融合和反思，求同存异，突出中华文化教育，做好中华文化的传承，帮助学生提升语言技能的同时，有效地培养强化学生的本民族文化意识。

关键词：文化自信；文化自觉；外语课程思政

教育部高等学校大学外语教学指导委员会于 2020 年 10 月发布《大学英语教学指南》（2020 版）。其中强调"增强国家语言实力，传播中华文化，促进与各国人民的广泛交往，提升国家软实力"。^① 通过弘扬和彰显大学英语课程中的中国元素，补足缺失的中华民族文化与文明，进一步强调英语学习的中国化，帮助大学生实现英语语言学习与传播中国文化的双重教学目标，进而培养当代大学生文化自信能力与素质^②。2023 年 2 月，习近平总书记在学习贯彻党的二十大精神研讨班开班式上强调，中国式现代化，深深植根于中华优秀传统文化，体现科学社会主义的先进本质，借鉴吸收一切人类优秀文明成果，代表人类文明进步的发展方向，展现了不同于西方现代化模式的新图景，是一种全新的人类文明形态。^③ 大学生运用英语是进行中外文化交流的重要渠道。大学英语课程涵养文化内涵、求同存异、吸取文化精华，具有良好的文化品格，培养批判的思维方式，开阔国际视野，厚植家国情怀，突出中华文化教育，做好中华文化的传承、弘扬和创新发展，讲好中国故事。

---

* 基金项目：福建省教育厅中青年教师教育科研项目（高校外语教改专项）（JSZW21001）。

** 王昕，厦门大学外文学院讲师，研究方向为英语语言学、英美文化研究、跨文化交际等。

① 大学外语教学指导委员会：《大学英语教学指南》，高等教育出版社 2020 年版，第 3 页。

② 何莲珍：《新时代大学英语教学的新要求——〈大学英语教学指南〉修订依据与要点》，《外语界》2020 年第 4 期。

③ 《习近平在学习贯彻党的二十大精神研讨班开班式上发表重要讲话强调 正确理解和大力推进中国式现代化》，http://jhsjk.people.cn/article/32619496，访问日期：2023 年 9 月 5 日。

一、课程体系构建

课程目标、课程内容、课程呈现方式和课程评价是课程框架最主要的因素[①]，笔者尝试在大学英语教学中开展了培养学生文化自信策略探索和实践。"TEDTALKS 大学体验英语"课程采用高等教育出版社引进的国家地理《TEDTLKS 大学体验英语》(第 4 版)第四册[②]。教学素材全部来自 TED 大会上的真实演讲，TEDTALKS 演讲内容贴近生活，演讲人汇聚各国思想领袖与实干家，他们展现分享积极有益的精神理念与工作生活经验，期望用思想的力量改变世界。演讲包含的主题涉及面广，视角新颖独特，他们或传递真理，弘扬真谛，播撒真情，或宣介相关领域最新信息和发展动态。

(一)制定课程目标

首先是制定知识技能、能力素养、思政培养"三元一体"课程目标，包括知识技能(双语输出与沟通表达能力)、能力素养(思辨能力、有效沟通的能力)、思政(跨文化交流能力、中国情怀和国际视野)。大学英语教学强调英语语言学习和交流能力的提升，尽管这是必要的，但也不可避免地带入了西方文化的价值预设和话语体系[③]。大学英语教师在教学过程中，要融入中国话题的英语素材，在课堂授课环节中渗透育人思想，以问题为导向引导学生积极思考，润物细无声地实现育人目标，课堂上以"讲述中国"为主线，教师引导学生巩固所学知识，对教学内容进行延伸与深化。

(二)明确课程内容，听说读写全方位地融入中国文化

大学英语教学要通过听说读写全方位地融入文化自信，将文化自信融入大学英语教学英语听说读写的全过程。教师在课程中启发学生，引领学生，监控教学过程，同时激发学生学习的学习兴趣和学习自觉性以及思维创造性。

"TEDTLKS 大学体验英语"课程基本理念：体现了人文素养、英语运用能力、思辨能力、跨文化能力、自主学习能力五大能力为一体的思辨英语教学模式，保留了传统视听说课程的教学特点，更加体现课程思政元素的融入[④]。

该课程除了辅助提升学生的语言技能，还进一步在教学中增强了本土化关联，融入了具有国家特色的本土文化和思政内容，不断引导学生加强对中国特色、中国文化、中国现实国情的关注和思考。学生能够在中外文化、科技探索、环境保护、人生思考、风土人情、伦理道德等多个层面多个主题感受到震撼，进行深入思考，同时学会将个人行为和责任放大到社会乃至全球层面去考量，进而激发学生的批判性思辨和创新潜能。

(三)优化全过程教学

主要教学模式包括如下四个环节：第一，布置学生课前完成预览练习，旨在让学生注意在 TED 演讲中出现的关键词。第二，教师精选和 TED 内容相关的练习并指导学生课上进行练习，旨在评估学生的理解程度。第三，师生、生生交流互动，完成批判性思维任务，引

---

① 钟启泉：《现代课程论》，上海教育出版社 2003 年版，第 28～31 页。

② 徐鹰、钟书能：《增强学习者投入 提升学习效果——〈大学体验英语听说教程〉编写理念与特点》，《中国外语》2019 年第 3 期。

③ 张雁：《文化自信视域下大学英语课程反思与实践》，《宁波工程学院学报》2017 年第 2 期。

④ 王润华：《"课程思政"理念下的外语教学》，《黑龙江教师发展学院学报》2021 年第 3 期。

导学生关注身边环境,培养学生使用英语流利地讲中国故事。该环节旨在培养学习者反思、应用和评价等综合能力。第四,演讲技巧任务,引导学习者进行合作学习,并对单元主题和话题进行创新性思维。旨在让学习者模仿 TED 演讲者的演讲策略,增强认知投入。

1. 课前

学生通过扫描利用 ismart 教学平台上的音视频等资源,以听看学等方式对课堂上要学习的知识提前进行学习,课堂上展示的学习资源上传至网络学习平台或班级交流群中,以便学生进行课前预习与课后复习。借助现代教育技术实施翻转课堂,颠倒学生的学习过程。这一过程的逆化给学生以充分的时间与空间先吸收低阶的知识学习打好基础。优化的教学补充整合了课程思政内容,改变了原来的学生被动接受知识的僵化模式,学生成为探索知识的主导者。学生在课程中不断尝试和探索,不断提升自信,真正实现英语课程教学和思政内容的有机融合。

2. 课堂中

基于课前知识的学习,教师有针对性地设计有助于培养学生高阶思辨能力的问题,组织学生通过提问、质疑、小组讨论、呈现观点、辩论等形式,帮助学生把课前所学知识进行内化,加深理解。教师提出与思辨能力相关联的问题;对开放性问题进行点评和引导;有目的地规划教学课程,如课前引导学生查阅资料、收集信息、归纳整理,同时注重引导和启发。学生陈述问题时,教师引导学生讨论、质疑、批判和点评,将思辨教学真正融入每一个教学环节与活动中①。教师加强引导学生,不断深入了解中国文化的主要成就和深刻内涵。在小组展示发言以及分组辩论环节,学生积极主动发言,阐述自己的理念和见解;同时教师把控并且积极引导整个教学过程,确保学生在英语表达上做到准确地道,思想内容上客观积极、弘扬正能量。

3. 课后

建立课程学习小组,充分发挥学习小组合作的便利性、高效性和互动功能,组员间从最初的相互磨合逐渐发展到相互合作、密切交流,让具有不同英语水平的同学都有施展才能的空间。小组间合作交流活跃学习气氛,帮助同学们树立自信心,活跃思维,并激发同学们始终对英语学习保持热情和动力②。在教学中,根据教学内容,融入适宜的中国文化,使学生能够认识和体会不同的中西文化,提高文化素养和交流能力。

二、教学案例分析

笔者在课程的第一学期尝试把中国文化学习讨论侧重点放在学习如何表述中国的传统文化、名胜古迹、自然景观和民俗风情等方面。央视和高等教育出版社联合策划推出了纪录片《你好,中国》,旨在向世界介绍中国的文化,传递中国的声音。这100集纪录片用动画的方式讲解中国传统文化的100个常见名词,中英双语,一方面体现了中国文化的博大精深,另一方面也非常有利于同学在短时间内学习掌握各种传统文化的英文表达,实现向

---

① 张晓婷、罗依林:《TED 演讲教学应用与英语专业学生思辨能力提高》,《海外英语》2021 年第 1 期。

② 段笑晔、郝雯:《"课程思政"视阈下外语类大学生文化自觉与自信提升的探索与实践》,《科教文汇》2020 年第 2 期。

国外介绍中国的目的。

在教学实践中，TED 演讲课程内容和中国文化纪录片内容如何做到高效有机结合还处于初步尝试阶段。教师在课堂上合理地融入中国优秀的传统文化，积极引导学生进行一些知识点中体现的中国文化精髓的练习，通过中西方文化对比，引导学生思考中华优秀传统文化的英语表达方式，在学生输出能力有限时，适当地对其进行补充。通过问卷反馈以及课内外与学生沟通，笔者了解到除了补充中国传统文化的音视频内容，他们更期待能有与时代密切接轨的主题和内容，在中外文化对比中，学会欣赏世界文化的多姿多彩，辩证探讨西方世界的同时，对中国文化予以更深切的关照。

笔者尝试第二学期培养中国文化自信提升文化自觉的教学重点转变到结合国内外热点、现实问题发问，激发和引导学生深入思考讨论，进行批判性思维。课程学习单元涉及当下中国和世界的多个领域和主题。例如在"科技"单元中，同学们不满足在 TED 演讲者介绍的西方世界科技领域已取得的成就。在小组展示中，就如何看待中国在世界舞台上展现的科技实力这一话题，同学们纷纷列举了"北斗卫星导航系统""天眼"等千禧年之后的国之重器。

再例如在拥抱压力这一单元学习中，演讲者是美国斯坦福大学的心理学教授。依据美国权威心理学研究机构数年的公开数据，长寿幸福的人并不是没有压力的人。相反，他们是那些压力很大但不消沉的人。与其逃避不安和压力，追求有意义有价值的生活才是当代青年面对压力的最佳回应。TED 大会主持人提问，"怎样才是对抗压力最明智的做法？演讲者言简意赅一针见血答复："选择那些对你生活有意义的事情，然后相信自己能够处理好伴随而来的压力。"这一 TED 演讲彻底颠覆了同学对压力的认知。在本单元的小组展示发言中，同学们分析讨论了与主题密切相关的"996 现象"，当代年轻人对"躺"和"卷"怎么选等话题的思考，全班同学也都主动分享表达了自己的看法和见解。

同学们对具有现实意义的单元都有格外的热情和讨论的动力。在"金钱"主题中，世界首富之一比尔·盖茨接受 TED 大学主持人的访谈中，畅谈了比尔·盖茨基金会 20 年间慈善捐赠致力减少全球不平等，对抗疾病，对抗贫困，发展医疗教育，促进落后国家和地区的经济发展。同学们在交流分享个人心得时，不约而同地谈到厦门大学校主陈嘉庚先生，厦门大学由陈嘉庚先生独自支撑 16 年，直到 1937 年，他将厦大无偿捐给政府。陈嘉庚先生在 16 年的时间里，无论遇到什么困难，他都要优先保证学校的经费供给。在 1929 年遇到世界经济危机，自己的企业遇到困难，濒临破产边缘，陈嘉庚义无反顾："宁可变卖大厦，也要支持厦大。"嘉庚大公无私精神深深地感染每一个厦大学子。

在大学英语课的讲授和讨论中，无论是小组讨论，还是全班自由发言，同学们都发言踊跃，积极参与。究其原因，主要是这些话题围绕着时代的进步和发展，更是当下大学生最关注的鲜活话题。同学们的思维得到碰撞，在交流中达成共识。当然学生用英语交流如上信息时会有语言层面的挑战，教师会在准备环节参与小组讨论，尤其是关注能力较弱学生的表达，给予相应语言技能指导，更关键的是教师在全过程，包括准备、小组展示、全班交流讨论的各个教学环节都引导学生积极正面地面对学习、生活等方面碰到的困惑，全面及时正向地提供反馈①。学生在教师引导下，师生互动、生生互动，对中西文化异同有感悟，有反思，从而在英语教学中加强文化自信。

---

① 吕蓓、丁熙：《英语专业视听说课堂中的"课程思政"探讨——以"视听说教程 1"为例》，《三门峡职业技术学院学报》2020 年第 4 期。

三、课程评价与反思

(一)学生端

在学生问卷反馈中,学生首先明显感觉听说能力得到较大提升。TEDTALKS 部分演讲者讲一口标准的英语,语音语调规范流畅,堪称典范,可以用作口语教材,供学生跟读模仿。部分演讲者来自非英语国家,学生熟悉不同的语音语调,能更好地满足现实交际需求。其次,有相当比例学生反馈词汇量显著提升,他们不仅从 TEDTALKS 演讲音视频中获取了大量词汇,而且还在准备和分享讨论中通过查找资料、分析观点,间接学到了更多词汇。

更令人鼓舞的是,学生最大的收获还是来自小组活动。在 TEDTALKS 的视听前、视听中以及视听后,参与小组活动的学生对有关中国元素的信息、内容或案例等思辨性问题进行分析、推理、评价、讨论、展示,不仅提升了个人的思辨思维和团队合作精神、创新意识,而且培养并提升了文化自信心。

(二)教师端

教师作为学生学习的引导者,不仅需要关注语言教学,更应该与时俱进关注社会与文化发展,坚守本国文化立场,不断提升自身文化素质。大学英语教师对于中华文化知识的储备还有待增强,对于中华文化融入大学英语授课全过程的教学理念亟待加强。

高校英语教师需要主动适应高等教育的新要求,主动学习中华文化,关注社会发展,提升文化素养,从自身言谈举止与政治素养中体现对中华文化的热爱,成为学生的引路人。教师通过多渠道方式学习中华文化,只有对中华文化进行全面深入的了解,才能在课堂上巧妙地将中华文化与英语学习结合起来,不断解决英语教学过程中中华文化缺失的问题,帮助学生在提高英语水平的同时感受中华文化的独特魅力[①]。

教师自身要做终身学习者,学会多方面多渠道学习,利用线上线下参与文化知识培训,通过多元学习充实提升母语和目的语文化综合能力。在教学实践中采用不同的文化教学模式,结合课程内容和现实生活,在外语课堂上引导激发外语学习者的文化主体性。教师注重将外语教育的人文性落在实处,在吸收外来文化的过程中不忘本民族的文化和文明,学会用英语讲述中国故事。

四、结语

文化自觉和自信是民族自立国家自强的时代呼唤,培养和提升大学生文化自觉文化自信对每一位外语教师都是一项新的挑战。大学英语课程不仅要关注学生的语言发展,而且关注建立文化自觉与自信。外语教师不仅要着力提升学生语言水平,更要培养学生的文化和道德素养以及家国情怀。新的时代和新的形势呼唤我们大学外语教师充分结合时代特征,深化课程改革,加强中华文化的知识输入与知识输出,提升学生同世界进行语言和文化交流的能力。

---

① 赵洁:《文化自信视域下中华文化融入大学英语教学中的策略探索》,《学园》2021 年第 14 期。

厦门大学公共体育教材建设的回顾与思考

林顺英　林秋华　秦　勤　刘小龙*

摘要：本文运用文献资料法、访谈法、比较分析法、逻辑分析法等研究方法，回顾和梳理厦门大学公共体育教材建设的发展轨迹和发展历史，并以 1991 年、2003 年、2021 年编写的三版教材作为不同时期的代表，从体育教材建设理念、目标、内容等方面对教材建设进行系统分析，在此基础上探寻体育教材建设发展的特征及存在的不足，以期为厦门大学公共体育教材的深入开发与建设提供参考与借鉴。

关键词：体育教材建设；公共体育；回顾；思考；厦门大学

体育教材是体育课程实施的主要媒介之一，是体育课程深化改革的重要内容，对教学目标的实现、教学大纲的制定、教学内容的选择、教学方法的组织，及大学生的身心健康和谐发展等起到决定性的作用。一直以来，党和国家都高度重视学校教材建设，出台了系列政策文件。2019 年 12 月 19 日，教育部《关于印发〈普通高等学校教材管理办法〉的通知》（教材〔2019〕3 号）中指出："双一流"建设高校与高水平大学应发挥学科优势，组织编写教材，提升我国教材的原创性，打造精品教材。2020 年 10 月 15 日，中共中央办公厅、国务院办公厅印发《关于全面加强和改进新时代学校体育工作的意见》（中办发〔2020〕36 号）中指出：加强体育课程和教材体系建设。学校体育教材体系建设要扎根中国、融通中外，充分体现思想性、教育性、创新性、实践性，根据学生年龄特点和身心发展规律，围绕课程目标和运动项目特点，精选教学素材，丰富教学资源。2021 年 9 月 29 日，国家教材委员会制定印发了《"党的领导"相关内容进大中小学课程教材指南》（国教材〔2021〕5 号）中指出："党的领导"相关重大理论和实践成果系统、全面、有机融入教材提出了明确要求，提升教材的育人功能。本文回顾和梳理了厦门大学公共体育教材建设的发展历史和轨迹，以三版教材作为不同时期的代表，从建设理念、目标及内容等方面对体育教材建设进行系统分析，在此基础上寻找教材建设发展特征及有待进一步提升的问题，以期为厦门大学公共体育教材深入开发与建设提供参考与借鉴。

一、厦门大学体育教材建设发展总体情况

百年厦大，百年体育。1921 年创办之初，厦门大学就设有体育部，负责全校体育工作事宜。访谈中了解到，新中国成立的前三十余年，我国高校体育课教学没有通用教材，有的

---

* 林顺英，福建龙海人，厦门大学体育教学部副教授，主要研究方向为体育教育训练学。林秋华，福建莆田人，厦门大学体育教学部讲师，主要研究方向为体育教育训练学。秦勤，厦门大学体育教学部讲师，江苏江阴人，主要研究方向为体育教育训练学。刘小龙，福建漳州人，厦门大学体育教学部助教，主要研究方向为体育教育训练学。

自编讲义,有的使用体育专业教材。20 世纪 80 年代末,在终身体育思想观念的影响下,随着学校教育和课程改革的不断发展,教材编写逐步发展起来,从 1985 年四川高教局正式出版《大学体育》开始至 1992 年年底,全国有 23 个版本的教材。[①] 1984 年以前,福建省和厦门大学均未编写出版过体育教材。1984 年秋,福建省教育厅委托厦门大学体育教研室黄渭铭老师牵头,编写《高等学校体育基本理论》教材,1985 年出版,供全省高校使用。[②] 截至2022 年,厦大体育教学部教师主编教材共 23 部(见表 1),其中大学体育教程 15 部,体育专项课程教程 8 部,分别在厦门大学、福建省乃至全国高校中使用。

表 1　1985—2022 年体育教学部教师主编教材

类型	时间	教材名称	出版单位
大学体育教程	1985	高等学校体育基本理论	福建教育出版社
	1988	高等学校体育理论	福建教育出版社
	1989	高等学校体育实践	福建教育出版社
	1991	高等学校体育教程	福建教育出版社
	1994	高等学校体育理论教程	福建教育出版社
		高等学校体育实践教程(福建省教委重新组织编写)	
	1997	大学体育理论教程	福建教育出版社
	2000	大学体育理论	厦门大学出版社
		大学体育实践与方法	
	2001	普通高等学校体育教程(理论、实践部分)	厦门大学出版社
	2003	现代大学体育教程	北京体育大学出版社
	2007	大学体育理论教程	北京体育大学出版社
	2018	大学体育	厦门大学出版社
	2019	大学体育与健康教程	厦门大学出版社
	2021	大学体育与健康教程(第 3 版)	厦门大学出版社
专项体育课程教程	1998	普通高等学校武术教程	厦门大学出版社
	2001	普通高等学校健美操教程	中国财政经济出版社
	2002	木兰拳	北京体育大学出版社
	2005	健美操	高等教育出版社
	2007	武术与健身教程	厦门大学出版社
		形体与健身教程	厦门大学出版社
	2018	户外冒险教育	厦门大学出版社
	2021	传承与创新·健身手拍鼓	北京体育大学出版社

① 林向阳:《普通高校体育教材的调研报告》,《北京体育大学学报》2005 年第 11 期。
② 陈志伟:《厦门大学百年体育发展史》,厦门大学出版社 2021 年版,第 94～96 页。

二、大学体育教材建设理念的分析

(一)体育教材建设理念的演变

教材设计理念是随着不同时期教育理念的变化而相应变化的,从高校公共体育课程及教材建设的发展历史中,可以找到教材设计理念演变的历程。[①] 从表 2 中可以看出,我国大学体育教材建设指导思想随着教学模式的不断改革经历了"运动技能—终身体育—快乐体育—健康第一"四个阶段,教材内容由技术型、知识型向素质型、能力型转变。各个时期的大学体育教材内容设计具有一定的关联性,对其演变历程分析要具完整性,避免单纯将各个时期分开讨论。

表 2　改革开放以来我国大学体育教材建设理念演变历程

时间	指导思想	具体内容
改革开放后至 20 世纪 90 年代初	以"运动技能"为主	以运动技能教学模式为主,设计理念以此为指导
20 世纪 90 年代初至中期	以"终身体育"为主	以体育锻炼教学模式为主,设计理念以"终身体育思想"为指导
20 世纪 90 年代中后期至 21 世纪初	以"快乐体育"为主	以快乐体育教学模式为主,设计理念以此为指导
21 世纪初至今	以"健康第一"为主	以立德树人为根本,以"以人为本、健康第一"为指导思想,设计以此为指导

(二)体育教材建设理念的比较

三版教材建设理念紧密结合时代发展、学校体育教育改革及学生身心健康发展需求,服务于厦门大学各个时期的学校教育。

1991 年的《高等学校体育教程》[②]针对当时高等学校体育存在"重视运动竞技、轻视基础理论"问题,在设计中强调理论知识讲授,改变以往重技术轻理论现象,主要是引导学生把体育运动作为日常生活的重要组成部分。

2003 年的《现代大学体育教程》[③]注重学生身心健康,介绍体育锻炼知识和方法,以培养学生终身体育锻炼为核心,将"终身体育"思想始终贯穿于教材建设中。

2021 年的《大学体育与健康教程》[④]以立德树人为根本,以"健康第一、终身体育"为指导,加强"体教融合、体医融合",做到健身性与科学性、时尚性与民族性、教育性与实用性相结合,重视课程内容的体育人文与体育文化含量,充分挖掘体育课程思政的隐性教育。

三、大学体育教材建设目标分析

(一)体育教材建设目标

教材建设目标主要服务学校体育课程教学目标,教材结构、形式、内容的设计目标都是

---

① 曾一兵:《普通高校公共体育教材分析》,湖南师范大学硕士学位论文,2007 年,第 26 页。
② 黄渭铭:《高等学校体育教程》,福建教育出版社 1991 年版。
③ 林建华、许景朝、何珍泉:《现代大学体育教程》,北京体育大学出版社 2003 年版。
④ 陈志伟、林致诚、林顺英:《大学体育与健康教程》,厦门大学出版社 2021 年版。

建立在实现体育课程目标的基础上。1990 年教育部颁布的《学校体育工作条例》中指出:"增进学生身心健康、增强学生体质;使学生掌握体育基本知识,培养学生体育运动能力和习惯……"2002 年教育部颁布的《全国普通高等学校体育课程教学指导纲要》,指出了体育课程的教学目标的 5 个领域目标,即运动参与目标、运动技能目标、身体健康目标、心理健康目标、社会适应目标。

(二)体育教材建设目标的比较

从表 3 中可以看出,1991 年、2003 年、2021 年三版教材建设目标虽然既有共性也有个性,但终极目标都是为实现不同时期的体育课程教学目标服务。

表 3　三版体育教材建设目标的特点分析表

	特点
共同点	三版教材建设目标始终贯彻当年党和国家制定的政策文件精神,教材结构、形式、内容设计都是为实现教学目标服务,体现于各个时期的教材建设中
不同点	1991 年编写的《高等学校体育教程》是根据 1990 年 2 月 20 日国家教委和国家体委发布实施的《学校体育工作条例》的精神,为了使高等学校体育教材系统化、科学化和规范化,使理论与实践紧密结合,在整合 1988 年编写的《高等学校体育理论》和 1989 年编写的《高等学校体育》的基础上进行精心修改和充实,加强教材的理论性和逻辑性
	2003 年编写的《现代大学体育教程》是根据 1999 年中共中央、国务院《关于深化教育改革,全面推进素质教育的决定》、2002 年教育部颁布的《全国普通高等学校体育课程教学指导纲要》精神,依据体育课程的基本思想,把"素质教育、健康第一"和"以人为本"作为指导思想组织编写,旨在不断增强大学生的体育参与意识,提高大学生的体育技能和健康行为方式,培养大学生进行终身锻炼的好习惯
	2021 年编写的《大学体育理论与健康教程》,是根据中共中央办公厅、国务院办公厅印发的《关于全面加强和改进新时代学校体育工作的意见》,教育部印发的《全国普通高校体育课程教学指导纲要》和《关于全面深化课程改革落实立德树人根本任务的意见》的有关精神,为了适应高等学校体育改革与发展的需要,为了更好地服务于厦门大学"双一流"高校建设的需要,全方位提升学生参与运动的动力,提高体育课程教学质量,促进大学生身心和谐健康发展

四、大学体育教材内容分析

教材最核心部分就是教材内容,其选择重点主要表现对教学目标的贡献率。首先要为学校人才培养目标服务,加大教材内容的弹性和灵活性;其次要为大学生生理、心理发展特点和培养兴趣爱好服务,加大教材内容的时代性和多元性。从表 4 中可以看出,三版教材内容的选择与组织,各有所长,各具特色。

1991 年编写的《高等学校体育教程》,在教材内容上增加体育基本理论、主要运动项目的基础知识和我国传统养生术及卫生保健知识,共 20 章,分上下 2 篇,图文并茂。其中下篇运动实践内容 8 章,占教材章数总比例的 40%,目的在于使学生掌握一二项运动基本理论与技能;上篇体育理论内容 12 章,占教材章数总比例的 60%,使学生掌握必要的体育理论和锻炼方法,增加教材的社会性、民族性和世界性,拓宽知识面,增加学生的学习兴趣。

2003 年《现代大学体育教程》教材分基础知识篇(约占 30%)和运动锻炼篇(约占 70%),共有 21 章。理论上对体育锻炼与健康促进做了全面深入的阐述,提升大学生对体育锻炼与健康促进的认知水平；15 个运动锻炼项目涵盖球类、体操类、武术类、户外运动、休闲娱乐趣味项目等，扩大了选课范围。本教材特点：一是体系新颖。树立"健康第一"的观念，紧紧围绕体育锻炼与增进健康的关系，使学生充分认识到体育锻炼的益处和进行终身体育锻炼的重要性。二是内容精练。积极吸收国内外最新的大学体育教材研究成果，摒弃了陈旧、繁冗的内容，使教材内容精练、实用。三是结构合理。每章开始有"学习目标"，结尾有思考题和增长知识的"视窗"，版式活跃、通俗易懂、图文并茂，方便教与学。四是科学性强。以大量的科学事实和科研成果为依据，叙述语言严谨、科学，尽量做到言之有理、论之有据。五是实用性强。注重理论联系实际，教材内容选编国际重大体育组织的英文缩写和网址，专业术语中英文对照。

2021 年《大学体育理论与健康教程》联合厦门大学医学院和附属翔安医院，结合厦门大学体育教育教学工作的时代发展需求而编写的。教材围绕体育与健康来组织内容，构建了理论(约占 35%)与实践(约占 65%)紧密联系的 11 章，涵盖理论与实践、课内与课外、多学科领域融合的大课程观内容，为学生身心健康发展服务。从教材内容组织来看，理论知识与数字化运动实践相结合，改变传统教材结构内容的具体项目技术分析、图解等，运动实践内容用有声有形有动感的二维码视频来启发学生对体育运动的认识与掌握。每章节不仅有考试内容与评分标准，而且有相应的参考文献，提升教材的科学性与可靠性，还有相关知识网站推荐，为大学生运动发展空间提供方便。实践部分内容涵盖三大球类、小球类、潮舞类、武术类、户外冒险、水上项目、体育养生等 7 大类运动项目 37 门课程。该版教材与时俱进，一方面增加体育课程思政元素点，另一方面大胆引入数字化教材，有较高的理论价值和实践应用价值。

表 4 三版体育教材内容一览表

时间	教材名称	教材内容
1991	高等学校体育教程	上篇为理论部分 12 章，涵盖了体育概述、高等学校体育目的与任务、体育锻炼对增强体质的作用、体育原则与方法、体质变化的规律、体育手段、体育卫生、常见运动伤病的预防与处理、我国传统的养生术、社会群众体育、新中国体育事业的伟大成就及国际主要体育组织和运动竞赛活动。 下篇为实践部分 8 章，介绍田径、体操、艺术体操、篮球、排球、足球、武术、游泳等运动项目基础知识。
2003	现代大学体育教程	基础知识篇 6 章，包含健康教育，体育锻炼的科学基础、原则与方法，运动处方，保健，身体形态、机能、素质测量与评价。 运动锻炼篇 15 章，包含田径、游泳、乒乓球、羽毛球、网球、足球、篮球、排球、艺术体操、健美操、武术、健美、体育舞蹈、野外生存、休闲娱乐等 15 个项目的技术与锻炼方法。
2021	大学体育与健康教程(第 3 版)	理论部分 4 章，主要阐述了高等学校体育的地位、特点、任务、目标、行政法规以及厦门大学公共体育的基本形式、本科体育课程教学规定、执行《国家学生体质健康标准》测试的相关信息、健康与运动四部分，其中第四章从生理、疾病、营养、中医体质、卫生、运动处方等六个方面阐述健康与运动的关系。 实践部分 7 章，主要介绍 37 门体育课程(即篮球、气排球、三边足球、网球、羽毛球、乒乓球、高尔夫球、英式橄榄球、健美操、体育舞蹈、瑜伽、形体与形象塑造、啦啦操、健身与健美、动感单车、排舞、健身手拍鼓、太极拳、击剑、木兰扇、跆拳道、长拳、自卫防身、攀树运动、马拉松、攀岩运动、定向越野、野外生存生活训练课、游泳、潜水、帆船、桨板、皮划艇、赛艇、形意强身功、健身气功等)的概述、技战术或套路、竞赛规则、考核内容及评价标准等。

五、厦门大学公共体育教材建设发展特征分析

1. 在三版教材建设体例中,1991 年和 2003 年按传统章节体例设计,分为上下篇和基础知识篇、运动锻炼篇,其中运动篇按每项运动项目为一章,如羽毛球技术与锻炼方法等;而 2021 年不分上下篇,实践部分按三大球类、小球类、操舞类、武术类、户外冒险运动、水上项目运动、体育养生等七大类进行设计,大类教材设计方式完整性和归属感更强,可扩大对同类运动项目的认识和了解,拓宽运动视野,提升大学生参与运动的兴趣。

2. 教材建设时代感较强,与时俱进,参编者由单一的体育教师逐步向多方组合的体育、医学教师,让教材内容突破体育边界,满足学校人才培养的时代需求,为学校培养"五育并举"全面发展的专业人才服务。

3. 教材设计理念经历了"运动技能—终身体育—快乐体育—健康第一"四个阶段,教材内容由技术型、知识型向素质型、能力型转变。同时,三版教材根据厦门大学不同时期学校发展需求和体育教学实际来设计,各有所长,各具特色,具有很强的可操作性和实用性。党的二十大精神进教材也是当前体育教材建设必须融入的内容。

4. 教材建设目标基本上按照各个时期体育课程教学目标的要求来设计,既有共性又有个性,其终极目标都是为实现不同时期的体育课程教学目标服务。

5. 教材建设内容中理论内容比例由高变低,占教材总比例的 60% 减少为 35%;运动项目数量由少变多,8 项增加到 37 项;运动项目由传统项目居多转变为传统项目与时尚项目并存,由民族传统项目扩展到国际性运动项目。然而,传统体育文化与现代体育文化教材化的问题、理论部分与实践部分的内容权重比例以及新兴体育项目在教材设计的比例等,这些问题都值得深入探究。

6. 随着时代进步和信息化技术的广泛应用,教材设计形式由图文并茂的纯纸质材料逐步过渡到纸质教材与数字化教学资源一体化设计,大学生在阅读新形态教材时,可通过手机扫描二维码观看由本校任课教师拍摄的相关专业技术动作,或者登录出版社运营的网站进行线上学习。与信息时代接轨的新形态教材,值得进一步深入开发与建设,提升体育教材育人育智育心育体功能,更好地为新时代高校培养专业人才贡献更大的力量。

理工科数学基础课程改革实践

——"自然科学中的数学"课程建设

宋 翀 周 达 方 明 曹晓宇 苏培峰 罗福森[*]

摘要：在国家开展"双一流"大学建设的形势下，理工科公共数学基础课被赋予了新的目标和使命。"自然科学中的数学"课程是厦门大学数学科学学院在理工科数学基础课程的一次改革实践。该课程凝练面向学科交叉的数学课程核心基础知识，梳理和提炼传统微积分、线性代数、概率统计等核心内容，针对不同学科构建可定制的模块化课程体系；创新教学模式，实行"大班授课、小班研修"全面指导学生学习；组建跨学院联合课程组，实行"ABC角"制度，加强院系之间合作交流，助力学生构建多元知识体系；充分利用现代教育技术，注重过程考核，建立多元评价体系。

关键词：数学公共基础课程；模块化课程体系；"ABC角"制度

一、课程改革背景

2019年10月，教育部发布《教育部关于一流本科课程建设的实施意见》（教高〔2019〕8号），建设适应新时代要求的一流本科课程，全面开展一流本科课程建设，树立课程建设新理念，推进课程改革创新，实施科学课程评价，严格课程管理。

数学是一切自然科学与工程的基础，许多科技问题的本质是数学问题，如人工智能、理论模拟、工程设计等。中国在许多自然科学及应用领域逐步处于全球创新位置，但"卡脖子"的问题凸显，对具备数学核心能力的人才培养提出了前所未有的需求。在当前信息爆炸和知识不断加速迭代的形势下，新时代大学教育的重点已经从传统的知识传授转变为对学习能力、逻辑思维能力和综合素质的培养[①]。而国内高校通行的本科数学课程体系已沿用多年，传统的教学内容和模式在国家全面施行大类招生背景下已经难以满足新形势的诸

---

[*] 宋翀，湖北咸宁人，厦门大学数学科学学院教授，主要研究方向为基础数学。周达，湖北黄石人，厦门大学数学科学学院副教授，主要研究方向为概率统计。曹晓宇，福建龙岩人，厦门大学化学化工学院教授，主要研究方向为有机化学。苏培峰，福建漳州人，厦门大学化学化工学院教授，主要研究方向为计算化学。罗福森，福建三明人，国家海洋局第三海洋研究所副研究员，厦门海洋职业学院副教授，主要研究方向为计算数学。

[①] 孙和军、王海侠：《"双一流"建设背景下的理工科大学数学公共基础课教学改革策略的思考》，《黑龙江教育（高教研究与评估）》2019年第6期。陈朝东、陈丽：《大学数学小班化教学改革实施的实证研究——以四川大学为例》，《数学教育学报》2016年第6期。

多需求,面临着诸多挑战[①]。

二、基本思路和方法

课程的核心目标是提炼并融会各门数学基础课程的核心基础知识,打造"自然科学中的数学"全新课程,创新教学模式并发挥团队合作教学优势,以学生为本强化数学综合能力培养,最终服务于理工科不同领域的人才培养需求。本课程前期已经在厦门大学化学化工学院中心科学实验班完成了三轮教学,教学改革思路如下:

(一)以理工科专业实际需求为导向重构课程体系

打破各个基础数学课程之间的壁垒,面向学科交叉打造"自然科学中的数学"全新课程体系。一般理工科数学基础课程包括微积分、线性代数、概率统计,以及部分现代数学初步内容,如线性泛函、数学物理方程、随机过程、有限群论等。这些课程之间有密切关联却被人为割裂,新课程打破这些传统独立课程之间的界限,将各门课程核心内容统一加以提炼,理顺知识点之间的内在逻辑并重新串联整合为一个完整的内容体系。全新配套讲义的编写上更注重不同知识点间的穿插衔接,强调对数学知识脉络的整体理解。同时,针对不同学科的实际培养需求,组建多学科联合课程组。联合课程组在课程主讲教师(AB角)与专业指导教师(C角)的共同参与下,根据学生所在专业的实际需求规划内容模块与教学深度,针对性地规划设计教学大纲。此外,模块化的设计能实现教学进度和学程的灵活调整,更能适应各个专业培养计划在不同时期的更迭改变。另外,在教学设计上更侧重数学理念和思想解读,增加在理工科专业中的应用实例,强化与专业学科的交叉,了解所学数学知识的专业应用有效激发学生的学习兴趣,并为之后的专业课程做好充分准备。

(二)以学生数学兴趣和能力培养为导向创新教学模式

实行"大班授课,小组研修"的教学模式。主讲老师在大班授课过程中,主要讲解核心数学知识点和关键数学思想,再结合应用实例展示数学在其他学科中的交叉着力点。为了配合大班授课进行更为个性化的指导,每周至少组织一次小组研修课。在研修课中,每位小组导师负责约5名学生,一方面结合不同学生的习题作业和课堂知识掌握情况进行个性化辅导,另一方面通过专题讲座、辩论问答等方式拓宽学生的学术视野和知识面,培养学生自主学习的能力。加强过程考核,丰富考察方式,扭转应试顽疾。在每个教学模块结束之后,进行阶段性考核,并结合小组研修课表现,对学生进行综合评分。针对不同模块教学内容的特点,设计相适应的考核方式。另外,综合运用信息化技术,更为高效科学地开展教学活动,为提升学生的自主学习能力提供丰富的资源。

(三)以组织灵活性和可延展性为导向健全团队教学机制

打通院系间沟通协作渠道,组建"模块主讲教师+专业指导教师+小组研修导师"联合课程组,建立跨学科团队合作机制,形成可推广可延展的教学组织实施方式。打破由数学学院按课程指派任课教师的传统方式,组织跨院系的联合课程组。由数学学院按各个教学

① 程月华:《探析数学/统计学本科公共教学质量保障体系建设——中山大学"双一流"建设的实践》,《数学理论与应用》2016年第3期。王梅、朱宏伟、赵凯:《综合性大学数学公共基础课教学探索与研究》,《高等理科教育》2008年第3期。

模块遴选对应专业背景的主讲教师；由各个理工科院系指定熟悉专业培养需求，数理功底深厚的专业指导教师担任 C 角；由数学学院优秀研究生以及各学院的专业教师、工程师担任小组研修导师。在教学设计上，专业指导教师（C 角）直接参与知识模块设计和教学大纲制定；在教学过程中，各模块主讲教师每周集体备课，沟通教学与学生学习情况，并根据小组研修导师的反馈意见调整教学重点；课程组定期组织教学研讨，逐步优化教学内容与模式。教学团队多维度合作形成合力对学生学习过程进行管理，确保达成既定教学目标。

三、课程创新和教学经验

（一）打破传统公共数学课程之间的壁垒，围绕核心数学知识点构建面向理工科专业需求的"自然科学中的数学"全新课程

传统数学公共课教学依据微积分、线性代数和概率统计等内容分别设置多门独立课程。这种方式强调数学本身的系统性和完整性，教学过程没有充分照顾到专业实际需求，教学内容之间的衔接也不够顺畅。本项目将传统公共数学的课程内容进行重新梳理。一方面凝练微积分和线性代数中的核心知识点。另一方面将概率论、数理统计、常微分方程、偏微分方程、随机过程、群论等在自然科学中得到广泛应用的数学课程内容进行整合，并进行模块化设计，不同专业可根据实际需求进行取舍和编排，形成在大一学年即可完成的"自然科学中的数学"课程体系。

以厦门大学化学化工学院公共数学教学体系为例，在传统公共数学课程体系中，高等数学 A 主要讲授一元微积分（74 课时）、多元微积分（58 课时）以及级数、常微分方程（26 课时）；线性代数Ⅱ为 26 课时，概率统计Ⅱ为 30 课时，共 214 课时，其他数学知识散布在各门专业课中。在"自然科学中的数学"全新课程中，一元微积分和多元微积分都压缩成各 36 课时，线性代数 36 课时，级数和常微分方程 24 课时，概率统计 36 课时，数理方程 16 课时，共 184 课时。对比来看，新的课程体系总课时比传统课程体系总课时减少 30 课时，但是所涉及的数学门类更为广泛。例如，在传统的"概率统计Ⅱ"中，只教授概率论的部分，却没有对数理统计相关知识的介绍。考虑到大数据时代统计学的重要性，在新课程体系中，加入了参数估计、假设检验以及回归分析、机器学习等相关部分的介绍。

如何在减少总课时的情况下，实现课程覆盖面的提升？这主要得益于联合课程组对教学内容精准把控，一方面将一些对相关专业并不必要的内容进行简化，另一方面将一些数学技巧性强、计算机可替代的内容进行了一定程度的删减。例如，在多维随机变量中，传统"概率统计Ⅱ"是作为独立一章，课时超过总课时的 1/4，难点在于应用多元微积分的相关计算。但这一章的核心概念主要是联合分布以及相关性，对于非数学专业的同学，很少会需要去手算具体的概率分布，运用现代统计计算方法完全可以实现数值计算。这就腾挪出大量的课时用于更重要的统计学部分的教学。同样，在微积分部分的教学中，新课程体系大幅减少了积分计算的技巧训练，增加了对于复数以及傅里叶变换等在实际信号处理、人工智能、机器学习等领域更加重要的知识点介绍。

课程在实现内容凝练整合的同时，也十分注重与学科应用的联系。在厦门大学化学化工学院的教学实践过程中，联合课程组在教研过程中十分注重与化学知识点的结合。例如在线性代数模块中介绍化学计量矩阵与 Pauli 不相容原理；在常微分方程模块中，加入化

学反应中的酶动力学方程;在概率统计模块引入玻尔兹曼分布、单分子酶动力学随机模型;在傅里叶变换中引入 PXRD 信号谱分析等。

（二）实行"模块化教学、ABC 角授课制、小组研修"的全新教学模式

在模块化教学中,先将原本相对独立的数学课程进行整合,后将统一课程打散模块化,由多位不同研究方向的教师根据所擅长的模块内容进行授课。课程组授课老师 6 名,分别来自厦门大学数学科学学院的三个系（数学与应用数学系、信息与计算数学系、概率与数理统计系）,基本涵盖了现代数学的不同方向,为实现模块化教学提供了重要基础。在前期实践过程中,"自然科学中的数学"被分成 6 大模块（一元微积分、多元微积分、线性代数、概率统计、级数与常微分方程、数理方程等）,平均每个模块大致 30 个课时。在课程持续建设过程中,课程有进一步划分子模块的准备。以概率统计模块为例,目前已经按照概率论、数理统计和随机过程的子模块进行授课。模块的划分,一方面能让教师根据擅长的领域进行授课,另一方面也更方便不同的理工科专业有针对性地进行模块的"菜单化"课程定制,这是课程未来要着力建设的重要部分。

ABC 角授课制,指由数学专业教师负责授课,由理工科专业教师参与教学内容制定,通过跨院系交流,更有针对性地进行课程内容的设计,加强教师队伍结构的多元化。在 ABC 角授课制中,AB 角由数学专业老师担任,C 角由理工科专业老师担任。而 C 角的设置也是该制度中最有特色的部分。长期以来,公共数学的教学内容是由数学专业的老师来制定,所以会更多考虑数学本身的体系特点,而对特定专业的实际需求考虑不多。在课程实践中,厦门大学化学化工学院的 C 角老师由理论化学研究经验丰富的教授担任,C 角老师深度参与教学内容的制定。结合化学专业的需求,课程组一共梳理了 19 个知识点,这 19 个知识点涵盖了在后续化学学习和研究过程中常用的数学内容。更重要的是,课程组将这 19 个数学知识点与化学知识点的映射关系进行了细致而完整的梳理。因此,在教学过程中,AB 角授课老师就可以做到有的放矢,在讲解数学知识点的同时,还能对相关知识点的化学应用进行针对性的介绍。这样一来,数学就不再是抽象的,而是跟具体的实际应用紧密结合。例如,老师们能结合动量算符的证明介绍分部积分公式,结合泡利不相容原理介绍行列式的性质,结合黑体辐射公式介绍级数展开和玻尔兹曼分布,结合势阱理论介绍二阶微分方程的边值问题,结合薛定谔方程介绍分离变量法等。

小班研讨课,一方面可以及时了解学生的学习情况,通过习题和辅导巩固课堂所学知识,另一方面通过开展专题讲座、开放式问答、小论文等方式,开阔学生眼界,更加深入地了解所学数学知识在所在专业的应用价值和学术前沿。在厦门大学化学化工学院的课程实践过程中,小组研修的导师组由化学化工学院教授和工程师、数学科学学院研究生助教以及化院优秀高年级本科生担任。导师组会定期针对教学内容开展教研,并对习题答案进行讨论与整理。每个研修小组由 5～7 人组成,每周进行至少一次研修辅导。经过实践发现,小班研修显著提升了教学质量,不仅提升了班级的平均成绩,而且有效地缩小了方差。在传统数学公共课教学中,考试成绩呈现非常显著的两极分化趋势,通过研修导师的过程管理,这样的两极分化没有在本课程中发生。另外,授课老师也会结合研究前沿,开展专题讲座。近年来人工智能方法在化学以及材料科学中的应用越来越受到重视,而人工智能方法的核心是数学和统计学。因此,老师们就开设了"机器学习及其应用"为主题的讲座,向同

学们介绍以机器学习、深度学习为代表的方法如何应用到实际问题。不少同学在听到讲座之后,参与到化学化工学院老师的机器学习课题研究当中。课程还以小论文的方式让同学们更进一步领会课堂知识的应用价值。例如,在傅里叶级数和变换部分,授课老师以小论文的方式让各位同学收集实际的化学表征数据,并对数据进行处理和分析,让同学体会真实的数据科学。

四、课程实践成效

(一)教学成效

课程以厦门大学化学化工学院 2019—2021 年 212 名(含 15 名药学拔尖计划学生)本科生为试点在大一完成三轮教学实践并持续优化,目前正在厦门大学化学化工学院 140 名 2022 级本科新生(含 15 名药学拔尖计划学生)中进行第四轮教学实践。在 2021—2022 学年的教学测评活动中,83% 的同学认为教学内容丰富,有助于扩大知识面;81% 的同学认为教学节奏紧凑,但努力可以跟上;95% 的同学认为上课内容前沿性强,能接收到新成果、新思想、开阔视野;95% 的同学认为上课启发性强,经常举一反三、发散思维。另外,最近三年期末考试的卷面成绩来看,可以很明显地看出成绩的提升,相比 2019—2020 学年,2021—2022 学年的期末卷面成绩提高了 26 分。同时,从分布来看,2021—2022 学年的卷面成绩分布更为合理,良好的同学人数为 40 人,占班级总人数的 50%,优秀的同学人数为 9,占班级总人数的 12%。

另外,同学们在数学相关的学业竞赛和本科生科研方面也取得很好的成绩。全国大学生数学建模竞赛省级一等奖 1 项,省级二等奖 5 项;美国数学建模竞赛二等奖 1 项,三等奖 1 项;全国大学生数学竞赛省级二等奖 1 项。同学们积极参与人工智能相关课题研究,包括"基于机器学习的分子势能面和力场预测与红外光谱模拟","多组学的数据分析细胞的分群和谱系示踪","机器学习中的超参数优化","MLatom 中的梯度学习","机器学习辅助 PXRD 谱图解析 MOF 结构"等,并在 *Topics in Current Chemistry* 等高水平刊物发表论文多篇。

(二)教学资源和规章制度积累

目前课程已经录制了全程教学视频,第二期的教学视频也正在录制和优化过程中。同学们可以及时观看教学视频,部分视频也已经在 B 站进行试播放。教学大纲和教学讲义持续优化,经过三期教学实践之后,大纲和讲义的内容趋于稳定。课后习题持续积累,经过小班研修导师组的努力,目前习题解答已经结集成册。在规章制度方面,课程组已经制定了助学导师管理制度,对助学导师的招募流程、工作职责、考核办法都进行详细的规定。小班研修是本课程实施过程中非常重要且特色鲜明的一个环节。正是有了助学导师团队的努力,同学们可以较好地消化课堂内容。另外,鉴于 2023 年以及未来课程的实践依托于化学大类招生,课程组也制定了人员选拔制度,确保在公平公正的情况下,让对数学有兴趣有热情的同学进入课程学习。

(三)教学团队

联合课程组的构成包括 6 名数学 AB 角授课老师、1 名 C 角老师,以及 10 名左右的研修课导师。每学期初,AB 角老师与 C 角老师会针对教学内容更新、助学导师招募、学生选拔等事宜进行讨论。在课程进行过程中,教研活动每周会进行三次,以线上的方式讨论课堂内容以及作业的解题方法,并且由助学导师反馈学生的学习情况。正是在这种密集的教学研讨和反馈机制之下,老师对教学内容可以进行动态性调整,研修导师可以对习题进行多角度多层次的理解,并给出多种解答。

负责教学的 6 名数学老师,2 人获得国家级高层次青年人才,1 人获得厦门大学南强青拔 B 类人才,1 人入围"优青"答辩环节,1 人获得厦门市优秀教师称号,4 人次获得厦门大学青年教师教学技能比赛特等奖,3 人次获得一等奖。

依托该课程建设,团队获得福建省本科高校教育教学改革研究项目 1 项,校级本科高校教育教学改革研究项目 2 项。

五、展望

1. 模块的进一步梳理

目前,课程的模块数量为 6 个,平均每个模块 30 课时。要适应不同理工科专业的不同需求,模块的数量需要做进一步的细化。课程组已经尝试将模块数增加到 20 个,平均每个模块不到 10 课时。

2. 教学视频的进一步优化

课程组正在录制第二期的教学视频,无论版面设计,还是时长安排,都需要进行进一步的优化设计。结合模块的进一步划分,课程组计划将视频按照模块进行编排,这样有利于将课程进行慕课化。

3. 学员情况的持续追踪

课程组将持续对课程结业的同学进行追踪调查。数学作为自然科学的上游学科,不应该只是从短期的学业成绩、竞赛表现等方面进行短平快的评价,更应该从人才培养的长远考虑。目前从课程组前面三期的学员情况来看,不少学员已经可以深度参与本科科研导师团队关于计算化学、人工智能等方面的研究工作,这是我们课程组喜闻乐见的结果。

有关中国传统文化通识课程教学中的若干思考

王日根[*]

摘要：人文历史类尤其是有关中国传统文化类通识课程理应通过知识传授、事实呈现、课外研读等途径以激发学生的学习兴趣、提高对中国传统文化的认识水平、增强对本国文化的自信心自豪感，从而摆脱西方近代化以来对主流话语的独占状态、实现精神上的独立自主。通过教学，学生对优秀传统文化更加珍视，对中国式现代化道路更加笃信，对人类未来走向更加乐观。这些都是人文历史类通识课程应该秉持的原则和遵循，也是人文学者对新时代学科体系学术体系话语体系建设应尽的义务。

关键词：中国传统文化；通识课；教学研究

在 30 多年的教学生涯中，我主要承担本科生专业课"中国历史文选""中国古代史""中国历史文献学""中国社会经济史研究""中国海洋史"以及通识课"明清小说中的社会生活""中国科举制度史"等课程的教学，自觉与本科学生一直保持着密切的联系，但随着时代变迁，我对于通识课程也有了若干继承与更新方面的思考，谨陈于下，求教于方家和同道。

一、对优秀传统文化更加珍视

我于 1989 年起便开设"明清小说中的社会生活"，还于 2000 年出版《明清小说中的社会史》[①]教材，该教材是当时学校教务处给予资助由中国财政经济出版社出版的，当时开设这门课程兴致极高，选课学生也热情满满。我是凭着自己从小便长期浸润在明清小说的文化氛围中，大学期间拜读了夏志清、浦安迪、周汝昌、王蒙、杨义、陈大康等大家的研究成果后，开始构架自己的课程大纲的，我将"明清小说中的社会生活"分成：反思英雄豪杰——三国演义分析，反思江湖侠客——水浒传分析，反思心性——西游记分析，走向俗世——金瓶梅分析，世俗中小商人的众生相——三言二拍分析、伦理观念面面观——醒世姻缘传分析、社会各阶层的大舞台——儒林外史分析，大家族小家庭生活场域——红楼梦分析，传统官场的写照——官场现形记分析，社会病态的诸多面向——二十年目睹之怪现状分析等章节，这样的安排既想摆脱正史中的帝王将相之家谱局限，也追求对于社会各阶层、各方面的全景呈现。追问社会实态，往往既不是所谓社会上升期的一派欣欣向荣，也不是所谓社会衰败期的一派灰暗或全无亮色。我想引导学生避免理想化和抑郁感，在社会上升期也看到

---

[*] 王日根，江苏兴化人，厦门大学历史与文化遗产学院教授，博士生导师，主要研究方向为专门史（中国社会经济史）、海洋史。

[①] 王日根：《明清小说中的社会史》，中国财政经济出版社 2000 年版。

需要进一步改进之处,在社会停滞期或下降期也能识别出挽救社会颓势的诸多努力,并向之表达敬意。

"中国科举制度史"是我开展博士论文《明清会馆史研究》而拓展的一个兴趣领域,我觉得中国科举制度具有中国本土特色,对中国传统时期国家治理模式中文治传统形成具有显著意义和价值,此前研究科举制度较多是对制度本身的辨析,更是着眼于科举与教育的关系史研究,本项研究则力求把科举制度及其社会影响与明清时期的国家治理及特征结合起来,阐述明清文治倾向的由来。将科举制度研究与社会治理结合起来,这在以往较少开展。

本课程对科举制度"始简终巨"的历史演变线索的梳理、科举制度与明清疆域拓展、科举制度与边疆地区的"习礼成俗"与融入华夏大家庭、科举制度对世人世界观人生观价值观树立的影响、科举制度运行良否对社会治理的影响以及科举被废对传统王朝体系的影响等都进行了系统性、体系化和有新意的阐释。从科举正途与异途的辨析中,本课程得出了与以往学界不一样的认识,从科举影响下的民营教育发展中,我们亦能谛听到中国传统社会重学重知的铿锵足音。从明清商业与文化的相互带动中,我们也能触摸到中国社会不懈奋斗、努力进取的精神状态,由此凸显了本课程的前沿性。具体体现在:

本课程对科举制度的历史和制度精神进行了归纳,阐释从科举制度出发研究国家治理模式的必要性。科举制度自隋朝开始,作为一种选官制度,继承了中国传统延续已久的"选贤尚能"的精神,力图消除禅让制度、察举制度、九品中正制度等选官制度中强调社会等级的弊病,逐渐将选拔范围扩大到其治下除了贱民之外的社会各个阶层的成年男子。将科举制度的选官精神与国家治理模式联系起来,便能发现"文治"已成为科举制度化之后国家治理社会的主要模式[①]。

科举制度在实际运行过程中,培养起读书人的君子人格,塑造科举士子"修身齐家治国平天下"的修养追求和家国情怀,也造就出"官民相得"的社会良性运行状态[②]。科举制度中包含的公正、平等、选任贤能的精神,成为其延续1300年的基本前提,也成为千余年中维系国家长治久安的制度性力量。应该指出,科举制度运行过程中存在日久生弊现象,但克服这些弊端的各种规制也不断制定出来,一定程度上促使科举制度实现自我的新陈代谢。科举制度源源不断地培养出具有君子人格和家国情怀的人才,为"文治"的国家治理体系提供和储备充足的后备力量。

科举制度带动了全社会重视教育风气的养成,明清时期,读书仕进成为全社会主流价值观,民营教育也在社会各阶层的大力支持下得到了前所未有的发展。其中,蒙学即基础教育主要由民间社会自发组织;社学虽多是在官方引导下普遍设置于基层的教育机构,但经费投入、师资力量主要依靠民间社会的力量;其他私塾、族学、书院也大多由民间社会捐建而成[③]。科举制度作为一种社会动员机制,使得整个社会弥漫着"万般皆下品,唯有读书高"的风气。社会文化程度整体得到了提高,哪怕有些孩童因为贫寒或兴趣不足而止步于童生阶段,也成为具有一定文化程度的劳动者。一些"化外"之地,最初往往由于得到倾斜

① 王日根:《明清科举制度与文治》,科学出版社2020年版,第3页。
② 王日根:《明清民间社会的秩序》,岳麓书社2003年版,第523页。
③ 王日根:《民营教育的历史观照》,湖北教育出版社2000年版,第175页。

政策，获得保障晋升名额，一定时期内多能在教育和科举方面取得跃进式的成绩。科举制度促成了尊师重道之风和社会文化的繁荣，社会普遍将科举视为日常生活中最重要的事务，获得任何层级功名的人士和家族都会受到当地社会的推崇和敬仰。即便科举制度被废除之后，那些曾经获得科举功名的儒生们依然被视为具有高级知识、可以进入官僚体系服务社会的人才①。

科举制度确保了官僚队伍流动渠道的畅达。量能任官、异籍就任等规定由此得以落实，确保了官僚资源的合理配置，保障了中央政府对于地方的有效管理，推动不同区域的政治、经济和文化发展。明清科举选官的程式化运行有时会导致因储备人才过多而造成官场的恶性竞争现象，以及因官员徇私舞弊而致使贫寒阶层的读书人无法脱颖而出的现象，这些实际情况反映了现实的一个侧面。明清时期虽然时常有科场舞弊、地方主义观念滋长、官官相护等不良现象，但科举制度保障了官员的高度流动和时常更新，很大程度上克服了这些弊端，使官场风气更多地表现出正气和效率。晚清科举制度遭遇困境但也多有变革，亦可见其在构建"文治"的国家治理体系方面的贡献。

近代以来，科举制度被视为导致中国科技和思想落后的束缚因素，坚船利炮的外部打击，逼使清政府针对科举制度的态度和政策日益由"渐废"趋向"立废"的决断，朝野上下聚焦于科举中出现的弊端并加以放大，过激地认为科举制度阻滞了中国社会的进步。这些对于科举制度的评判并不客观准确。明清时期的科举制度是比较制度化、程式化和规范化的。由科举而升格的官员必须经历考满和考绩等业务考核，并且赏罚严明；具有读书科考经验的教师也都经过社会和官方的认可，获得教书育人资格；民间社会对科举制度抱有长期的认同感，将投入科举事业发展视为善举和上进之道。

本课程认为：第一，科举制度经历明清的程式化和定制化之后，由中原扩及边陲之地，成为中央王朝行政治理趋于成熟的一个标志。科举常成为检验一地教育成就与社会经济综合实力的重要途径。第二，科举制度的运行也促进了有序的社会流动，推动着传统社会官僚队伍的不断循环更新，增强了两朝政治运行活力。第三，从社会效果上看，科举制度使大量有志于"修身齐家治国平天下"的贫民子弟获得了报效国家和民族的机会，为中华文明的创造作出了卓越的贡献，同时，科举制度客观上带动了教育的普及，科举本身的激励可增强读书人的积极性，科场上的成功者与失败者都能获得知识的滋养，在官场内外的各行各业中为社会进步发挥着各自的作用。

从理论上说，本课程全面检视明清科举制度及其实施中的发展演变，既考察科举制度的不断加严乃至形成庞大的制度体系，又更加用力于社会对该制度呼应实态的呈现，揭示科举制度已远远超过选官的本意，带动社会形成"万般皆下品，唯有读书高"的价值观，养成各界倾力投入科举的社会风尚，促成各个体、家族、乡井直至大小区域之间的文化竞争，科举制度主导下的官场所呈现的文治倾向非常明显，其中的偏颇与矫正是并行的，不应片面夸大一面。

本课程既是对以往研究的继续推进，也力求对科举制度的制度史与文化精神做更加深入的思考与分析，这是一个前人较少聚焦思考、具有学术难度且能体现时代要求的课题。

---

① 王日根：《中国科举考试与社会影响》，岳麓书社 2007 年版，第 420 页。

本课程是作者长期从事明清科举制度研究逐渐积累而成的一项成果,搜集了较多面向、较多种类的史籍、文学类书籍、政治学书籍和教育学教育史著作及相关成果,本课程奠基于以往较为丰赡的学术成果之上,更融入了教育学、政治学、社会学等学科的相关学术关怀,可以说具有一定的跨学科性,所提炼的问题均来源于经过考订的各类官私资料,资料解读奠基于作者长期从事文献整理的基础之上,形成的结论力求辩证公允,切近历史实际。

本课程与刚刚被翻译出版的艾尔曼《晚期帝制中国的科举文化史》[①]都是着眼于科举与社会关系的讨论,该书较多地揭示了明清 500 余年科举对士子的约束,表现出较多的批判色彩,本课程则更多采取辩证的方法,既不讳言科举运行过程中存在诸多弊端,但更多地阐释了科举制度对明清文治状态形成所产生的积极作用。

或许这样的课程定位对于想切实了解中国传统文化的本科各专业学子都有一定的吸引力,通过课程学习,对中国传统文化有所把握,也大体能向别人传达中国传统文化的内涵。

二、对中国式现代化更加认同

在文明演化过程中,各个国家各个民族都无法跳脱影响其发展进程的自然环境,同时亦与其思想观念、价值取向的形成相关联。中华文明是世界上最悠久的文明形态之一,而且与其他文明形态纷纷中断不同,中华文明具有鲜明的延续色彩[②]。在中国人的血脉里,我们形成了若干笃信不移的信念。

中国人普遍具有皇权意识,从皇权建立之初,即使是陈胜吴广这样的小小军事官吏都具有"彼可取而代之"的心理,显示皇权的崇高,也显示人们的进取意识。这样的意识在中国历史发展的不同时期都反复呈现出来,刘邦、朱元璋均属于从社会底层而最终位尊九五的人物类型。

中国人普遍具有秩序意识,尽管我们经历了那么多的王朝更替,尽管我们也不乏战争、暴动、起义和灾荒的洗礼,但老百姓对秩序的追求却是执着的。王朝国家是历代建立秩序的主体力量,但是社会各阶层又何尝不是积极的贡献者。三国时期,汉献帝孱弱不堪,却涌现出董卓、袁绍、曹操、刘备、孙权这样诸路豪杰,他们先是在自己的地盘上建立秩序,继而不断向外拓展,这样的状态在春秋战国时期、五胡十六国时期及其后的王朝更替之际都反复上演过,正是因为人们对秩序的执着,分裂时期总是为大一统所取代,进入共存共荣的时期。人们讴歌汉唐,赞赏康雍乾盛世,其实都是对大一统盛世秩序的歌颂和神往[③]。

中国人普遍具有革新意识,在中国历史早期,农业文明逐渐代替游牧文明、渔猎文明,是因为生产力的发展水平可以让农业文明率先臻于一个更加成熟的阶段,但是随着人类科

---

① [美]本杰明·艾尔曼:《晚期帝制中国的科举文化史》,高远致、夏丽丽译,社会科学文献出版社 2022 年版。

② 在文化传承发展座谈会上,习近平总书记强调"中华优秀传统文化有很多重要元素,共同塑造出中华文明的突出特性",总结提炼中华文明具有突出的连续性、突出的创新性、突出的统一性、突出的包容性、突出的和平性。立足当下,面向未来,只有全面深入了解中华文明的历史,才能更有效地推动中华优秀传统文化创造性转化、创新性发展,更有力地推进中国特色社会主义文化建设,建设中华民族现代文明。

③ 王日根:《乡土之链:明清会馆与社会变迁》,天津人民出版社 1996 年版,第 2 页。

技水平的不断进步,交通通信设施的逐步完善,人们对生活质量追求的进一步提升,商业交往则吸引了无数的欲求致富者的兴致,商人地位的提升贯穿于中国传统社会的演进历程中,直至近代商人阶层发挥着越来越大的作用,走向了政治舞台的中央①。从中国历代政治制度、经济制度、法律制度、军事制度、外交制度的变迁中,我们不难看到其前进步履,不难体会到社会的革新面貌②。

正因为我们的文明兼顾继承与创新,所以我们绝不是停滞的社会,我们的赋税制度经历了从人头税到土地税的逐渐过渡,我们的赋税形态也经历了从劳役、实物到货币的趋势性演进。我们对行之有效的县制大体维持,同时我们也不断探索州、道、省等新的制度可行性③。

在中华民族共同体的形成过程中,始终存在着核心与边缘、先进与落后的巨大差距,但是王朝系统也在不断摸索与实践着诸如区域自治、土司、巡检司等特殊制度,逐步缩小其与文明先进地区的差距,科举制度既是一种测验文化水准的选官制度,同时也将地区公平、扶植后进的精神贯穿其中。

中国社会的发展进程注定了近代以来洋务运动、立宪改革乃至废除帝制均无法将中国带上现代化的轨道,唯有中国共产党带领中国人民推翻帝国主义、封建主义和官僚资本主义,将马克思主义与中国实践相结合,与中华优秀传统文化相结合,坚持以公有制为主体,大力发展民营经济,兼顾东西部,协调城乡关系,维护社会的公平正义,才走出了一条非全盘西化、却也能迅速实现现代化的路子,创造了人类文明的新形态,也在依靠资本扩张、殖民掠夺、领土侵占而实现现代化的西方模式之外,探索出了一条人口规模巨大国家现代化、全体人民共同富裕的现代化、物质文明和精神文明相协调的现代化、人与自然和谐共生的现代化、走和平发展道路的现代化的道路,这是建立在中华五千年文明史基础上的、体现全体人民意志的、有利于人类进步的康庄大道,是中国人民从容、坦荡、壮怀激烈的民族精神体现。习近平总书记指出:“不触动旧的社会根基的自强运动,各种名目的改良主义,旧式农民战争,资产阶级革命派领导的民主主义革命,照搬西方政治制度模式的各种方案,都不能完成中华民族救亡图存和反帝反封建的历史任务,都不能让中国的政局和社会稳定下来,也都谈不上为中国实现国家富强、人民幸福提供制度保障。”④中国式现代化道路是中国共产党领导中国人民艰辛探索、长期实践而走出的一条光明路径。

三、对人类未来走向更加乐观

中国古代人们在推进文明进步的过程中,一直不舍地追问人的本性是善是恶这样的终

---

① 传统四民观念是士农工商,商人阶层在传统政治制度中长期处于受歧视的地位,但是在东南海洋区域这些观念被突破,商人形成阶层之后,他们会主动弘扬传统优秀道德,乐于主持和参与社会公共事业建设,赢得了儒商的美誉,也受到社会大众的拥戴,他们也在国家事务、社会治理等方面发挥着积极的作用。

② 王日根:《耕海耘波:明清官民走向海洋历程》,厦门大学出版社2018年版,第6页。

③ 中国长期绵延的历史彰显出鲜明的阶段性和不断更新的色彩,无论是行政制度,还是文明程度都沿着一条逐步上升的轨道运行。

④ 习近平:《在庆祝全国人民代表大会成立六十周年大会上的讲话》,《求是》2019年第18期。

极问题,具体又可分解出德对于维护社会秩序的意义,德之下再分析出公德、私德,德的范围可以区分出家庭美德、社会公德。

对利的追求或许是人之为人的本性,但这一本性必须运行在合理的范围内,中国古代一直有"重农抑商""农本商末"的意识,实际上包含了对一味逐利商人的抑制,并不是单纯地否定商业活动。《金瓶梅》的主角西门庆是一个颇有经商潜质的成功商人,他在经商实践中也形成了自己一系列的经商法则,创造出以人力入股的主雇关系模式、多种经营模式等,这些都可算作是其经商能力的展现。但是社会上也多有对其放纵情性的指责、对其过多纳妾的鄙视和对其地方恶霸品格的否定。这样的社会舆论天然构成祛恶扬善的氛围,对于社会风气的醇化是有积极意义的。

有关明清小说,社会上曾经普遍流行这样的观念,即明清小说会对青少年有一定的毒化作用,红楼梦中都说到贾母也反对他们家的少男少女看《西厢记》,后来的若干家庭也禁绝子弟读《红楼梦》,其实,只要我们对这些小说的作者、写作背景、主旨追求等进行了正确的解释、分析,学生尤其是进入大学各专业的学生会有自己的判断能力。深入明清小说之中之后,我们会深切体会到"话须通俗方传远,语必关风始动人"的教化意义,三言都号称"喻世""醒世""警世",让学生全面地多方位地认识社会,明确是非,才能做到正确取舍,走积极、进取、阳光、乐观的正轨。

明清小说以往被称为稗官野史,但即使是野史,作者们也普遍以"史"自居,儒林外史就是试图写成一部人间历史,它不仅写追求功名利禄的蠹吏,也写利欲熏心的假名士,写极尽铺张的徽州盐商,也写以振兴文教的迟衡山,写严于律己宽以待人的虞博士,写乐于济人的杜少卿等,《儒林外史》的作者吴敬梓是科场的失意者,他更多地写到科场内外的灰暗之处,本也是能够理解的,不过他也不是一味地发牢骚,他同样写出了像王冕的清高雅洁、甘露寺乡邻的厚道朴实、牛老爹卜老爹的古朴醇厚、王玉辉等的使命自任,这些显然都是社会中存在的正能量①。

过去多贬斥科举制度,我们却应该更多地看到中国传统社会尤其是明清时期科举在人才培养、重教重学、贤能官员任用等方面的积极意义,从正史、地方志、家族谱牒中我们可以读到若干这类人才对社会的贡献,近代以来对中国社会变革产生重要影响的林则徐、张之洞乃至毛泽东等都与科举制度下的教育熏染有密切的关系。科举制度之下,若干科学技术发明也不断出现。这一制度也影响到琉球、朝鲜、越南,对西方文官制度的建立亦有借鉴意义。

因此,我对继续开设"明清小说中的社会生活""中国科举制度史"仍多有信心,我注重将教学与科研实践相结合,近年来出版的《明清科举制度与文治》等贯彻到教学中,对学生也能产生较好的激励作用。

---

① 王日根:《"良知"的呼唤——〈儒林外史〉与明清世相》,盛嘉主编:《学者的使命》,厦门大学出版社2012年版,第35~51页。

高校非电商专业电子商务课程教学探讨

王　晔*

摘要：电子商务是现在高校教学的一个热门课程，不少非电商专业纷纷开设电子商务课程作为选修课，但是面临着教材缺乏、内容难以把握以及思政内容如何融入等难题。本文认为非电商专业开设电子商务课程，内容上应该轻技术内容重商业逻辑和新的经济理论，方法上要充分应用案例教学，融入案例讨论和角色扮演的方法，鼓励学生自主摸索和探讨，以学生所熟悉或者能够理解的现实环境背景来学习理解电子商务。在思政内容的融合上要与国家的电子商务发展战略和中国的经济发展大势相结合。

关键词：高校非电商专业；电子商务；教学探讨

一、电子商务教学中存在的问题

笔者从 2016 年在某高校经济学院开设电子商务课程，该课程为院内选修课程，主要面对的是大二以上的本科生，从院里的教学安排来看，主要选修该课程的为经济学院的大三学生。因为面对的对象是非电子商务专业的学生，在过去 7 年的电子商务课程教授经历，笔者主要面临以下几个问题：

（一）缺乏合适的教材

在选择教材的时候，面临的难题在于合适教授非电商专业的教材缺失，市面上的电子商务教材大多针对电子商务专业，主要内容在实用方面，大部分的内容在于如何搭建电子商务网站、使用何种编程工具方面。这对于非电商专业的学生而言，显得过于枯燥且专业性太强，但在经济理论层面又显得偏向单薄。笔者于是考虑从电子商务经济学的角度来选择教材，但是就目前的相关教材而言，电子商务经济学的教材与学生学习的微观经济学等经济学内容重复太多，深度不够，而且内容也较为陈旧，同时实用性上也有所欠缺。于是最终笔者决定自编教材。

（二）如何确定合适的内容

教材的缺失其实反映的一种情况就是电子商务课程内容的确定。因为电子商务这种业态刚刚兴起的时候，主要的内容就是网络销售，然而网络销售从商业理论角度，与传统的商业理论并没有太大差异，更多的差异体现在实施层面。这也就是为什么大多数电子商务教材都偏向于如何搭建网站、编程、网络安全等技术方面。

但是随着电子商务 20 年的发展，电子商务已经常态化，数字经济发展以及众多的业态

---

* 王晔，厦门大学经济学院财政系助理教授。

不断出现,电子商务的概念也更加广泛,甚至有一种观点认为电子商务就是商务活动的电子化,即对电子商务一种广义的解释。这就导致在数字经济下,电子商务的内容变得过于庞杂,如何遴选内容让一个学期的课程能够有代表性就变得较为困难。

过于扩大电子商务的内涵很容易导致教学内容的失焦,对于非电商专业的学生而言,大多内容涉及网站、编程等方面并不合适。笔者在教学内容安排中,也面临这方面的问题,例如,互联网＋、大数据、APP、云计算、共享经济等这些更新的业态或者工具,是否属于电子商务相关的内容。

（三）如何与时俱进、将理论联系实践

电子商务课程的教学,不能够单纯局限于理论教授,如何联系实践尤为重要。即使在电子商务专业的教学中,理论与实践相脱节也是较为普遍的现象。如何做到理论联系实践,一种在管理学经常用到的就是案例教学。但是就笔者的经验,尽管网络上电子商务的案例并不少见,但是大多过于简单,缺乏足够的讨论点和学习点。

（四）如何提升电子商务教学的思政内容

电子商务虽然并非一个意识形态很强的课程,如何在电子商务教学中融入思政教育也是一个较大的难点,思政教育融入如果过于说教、过于牵强,那么很难达到思政目标。笔者在教学中也在探索如何将思政内容有效地融合进电子商务课程中。

二、电子商务教学的主要内容设计和心得体会

（一）主要内容安排

在确定教学内容的时候,笔者充分考虑了学生的情况,作为非电商学生,教授过于具体的电商内容意义不大,更多应该从大电商的角度,拓展电商范畴,而不仅仅局限于在网络上销售产品。学生的经济学基础较为扎实,因而在电商教学方面的理论知识需要加强,但是又不能与微观经济学内容过于重叠,所以笔者将理论部分放在网络经济学方面。同时结合大数据教授电商营销、市场分析相关内容,主要锻炼学生的数据收集、分析能力。

在电子商务的内容方面,传统电子商务的内容无疑不可或缺,但是笔者教学的重心并不在于技术层面,而主要突出的传统电子商务中网络经济的新内容以及传统电子商务与传统商务模式的商业逻辑差异,例如,物流方面、商业逻辑方面、市场方面等。另外,涉及的是传统产业的电子商务改进,例如,传统产业加互联网。但是笔者认为单纯的互联网＋不仅仅包含传统产业电子商务化,例如,现代农业的互联网＋不少内容在于生产阶段而非营销阶段,笔者对此也有所选择。

这里所谓的传统电子商务针对的是对电子商务一个狭义的理解,即网络零售,如淘宝、京东或者商家自建营销网站这类。正如前文提及,很多新的商务模式特别是数字经济下的新型业态,是否属于电子商务仍然是存在争议的,例如,即时通信、共享单车、外卖软件等。同时有些新的技术工具也并非局限于电子商务,例如,大数据、云计算等。

对于前者的处理,笔者仍然将其归于大概念的电子商务内容,与传统的网络零售不同的在于他们销售的是一种实体服务(如共享单车、共享汽车)或者是数字服务(如即时通信、交友、婚介等),因而本质上不存在差异。而对于新的技术工具,尽管其并非电子商务所独有,但是对于电子商务的发展有着重要的推动作用和现实意义,那么仍然值得向学生介绍

相关的知识。

笔者在安排电子商务教学内容中，主要安排了几大内容：(1)中国电子商务发展史，介绍中国电子商务发展历程、重大事件、标志性企业和人物。(2)网络经济学内容，参考王晔主编的《网络经济学》教材，主要遴选了网络外部性、正反馈、锁定、转移成本、路径依赖等概念和内容。(3)互联网＋的相关内容，包括工业、零售业、农业、旅游等互联网＋等内容。(4)电子商务营销模式以及盈利模式的相关内容。(5)关于电商生态圈的相关内容。(6)介绍共享经济、长尾理论、大数据、物联网、云计算等最新的电商工具和模式。

(二)教学方式

在理论联系实践方面，笔者考虑从两方面入手：一是增加大量的现实案例分析，用大家熟悉的案例，通过报道、自传、影视内容等。二是让学生直接进行 APP 设计，提高学生的参与度和学习热情。教学方式以课堂讲授、案例分析以及小组案例讨论三种方式相结合。主要介绍以下案例分析和小组案例的安排和情况。

1. 案例分析中的案例选择

电子商务案例准备是该课程的一个难点，网上的电子商务案例往往都过于简单而缺乏深度和可学习的内容。笔者在案例选择中，主要坚持几个态度：一是案例的内容要越详细越好，最好案例描述的内容就是亲身经历者甚至创始人，或者是行业的专业人士。二是失败的案例可能比成功的案例更有意义，一家电商企业从成功走向失败，这个过程的探讨能够让学生更有代入感，更能够沉浸式地去思考。因此在课程中选择的案例就秉持这几个思路，例如，对于凡客诚品的案例，笔者就选择的其创始人陈年的反思，另一电商案例也选取了一位创业者对自己创业过程中的想法、做法的回顾和反思。顺丰嗨客的案例，笔者选择的是其中一位高管对于该项目的复盘和设想。其中还有一个案例，是笔者朋友创业的案例，为此笔者专门对朋友进行了采访，并收集了第一手的资料，形成了独一无二的案例资料。

需要指出的是，笔者选取的内容并非严格意义上的案例，一是往往内容并非完整，需要补充很多背景资料；二是内容存在很大的主观性，不乏存在片面或值得商榷的观点和思想。这就意味着老师不是仅仅将案例内容展示给学生看，而是要做到几点：首先，尽量收集不同角度的观点以及背景资料相互印证；其次，老师需要对案例进行充分且尽量中立视角的解读，当然老师的解读无疑也是带有主观判断的，因此让学生也能够积极参与，发表观点，促使学生深入思考。

笔者认为案例的准备是电子商务课程的重中之重，在过往的教学过程中，笔者也形成了一个较为完善的案例库，并不断对这个案例库进行扩充和完善。

2. 如何组织学生进行案例分析

让学生能够参与案例的讨论、分析才能够巩固学生的知识吸收，笔者的做法只是告诉学生一个需求，让学生分组来进行 APP 的设计，让学生自行决定电商的内容、数据的获取、程序的流程、营销的方法等。

由于学生的社会接触面较窄，需求的内容不能过于超出学生的认知范围和生活经验，例如，让学生去设计一种母婴产品或者汽车服务的商业模式就显然超出了学生的社会经验。也正因为这种限制，目前能够提供学生讨论的案例并不多，笔者暂时只选择了几个内容,如学校外卖、二手书交易等三四个项目。

在学生的案例分析上,笔者采用了模拟路演的情景式模式,首先让做案例的学生以创业者的身份准备好项目可行性报告、PPT和讲述内容,同时组织5位学生扮演投资商的角色,以小组为单位,让不同小组去进行项目融资路演,由投资商对路演进行提问,并最后讨论得到他们最愿意投资的小组。

（三）电子商务课程的思政教育

对于电子商务课程的思政点融入,笔者着重通过电子商务业态发展的背景和对我国经济发展的作用,使学生了解电子商务的重要性以及未来的发展趋势。如学生通过传统产业互联网＋的学习,了解到传统产业通过融入互联网是我国实现产业转型、结构升级的根本途径,是我国经济高质量发展的重要环节。通过对于共享经济的了解,知道通过共享经济的资源整合、在绿色经济中的重要作用等。

（四）教学心得和体会

笔者教授的电子商务课程总体来说得到了学生的好评,表现在以下方面:一是选课的学生长期处于较高的数量,每年均超过百人,不少其他院系的学生也通过同学的推荐选择了这门课程。二是该课程的学生评分也长期在院内教学评定中处于前列,笔者也多次因该课程获得学院的一级教学奖励。

特别是在学生分组案例讨论环节,学生都表现出极大的热情,尽管方案都有稚嫩之处,但是不少奇思妙想也让笔者受益匪浅。之前的案例讨论笔者还有一定的介入,例如,笔者作为评委进行打分,到后来笔者采用了学生投资商的角色,让项目在学生中形成完整的闭环。这个改变不仅让学生能够更容易进入角色,而且考虑到经济学院学生的特点,让学生结合财务会计、公司理财的知识,增加了项目资金预算和现金流计算,巩固了学生的学科知识。

同时学生的案例讨论中也让笔者感受到了时代的代差,学生对于一些新兴电子商务热点的了解并积极放入案例讨论,也让我了解了一些最新的商务模式。例如,在二手书交易的电子商务讨论中,不少学生提出了盲盒的概念,这也是近一两年才有学生提出的。而对于这种新型的营销模式,笔者本人也了解较少,可以说这是一个相互学习的过程。

不少学生即使课程结束仍然在大学生创业大赛或者全国电子商务设计大赛中,使用了课堂学习的知识,甚至直接拿当初课堂的案例进行重新的整理、调整,用该案例参加大学生创业大赛或电子商务设计大赛。

三、未来电子商务教学的思考

尽管笔者在电子商务教学中取得一些成绩,仍然存在很多不足和需要改进的地方,也存在一定教学方面的困扰。

（一）紧扣时代热点,紧抓政策导向,更好地融入思政教育

在笔者过去的电子商务教学中,如何更好地融入思政内容是笔者一直在探索的方向。要避免思政内容形式主义、流于说教,较好的方法是将电子商务发展放入中国经济发展主要是数字经济发展的大格局之下,紧抓政策导向和时代背景,例如,较早的互联网＋、传统企业的数字化转型,到以后的数字经济发展,区块链、元宇宙等,不能将电子商务狭义化,让

学生从更高的角度来理解电子商务发展的脉络以及对于我国经济建设的重要作用。

（二）电子商务课程在非电商专业的定位

如今市面上大多数电子商务教材都是面对高职院校的需求，其教材内容也往往偏向于实用性、操作性，甚至不少教材重点在于技术性，因而对于非电商专业的学生，首要的就是电子商务的定位问题，高职院校电子商务专业对于电子商务的教学主要针对的是未来电子商务的从业者角度，而对于非电子商务专业的学生，过于强调技术性则教学效果偏差。

笔者在教授电子商务课程中，是基于学生属于经济学院的学科背景，因而增加了更多的理论层面的内容，如数字经济、网络经济等，这些知识是需要经济学基础的。同时对于具体的电子商务项目，更多从前期市场分析、产品分析、财务分析角度来授课，相对淡化电子商务的运营和技术层面的内容。原因也在于学生有着一定的会计和财务管理的知识。

当然如果学习该课程的学生为非经济学、管理学专业，或者说缺乏经济学、会计等基础知识的时候，笔者所教授的内容并不合适缺乏相关学科基础的学生，如何针对非经管专业的学生教授电子商务课程，笔者也缺乏相关的经验。

（三）对于电子商务内容的系统性安排

在教授电子商务课程中，笔者遇到一个较大的问题是整个课程缺乏系统性框架，所教授的章节更类似于不同主题的讲座，整体缺乏章节之间的脉络和逻辑关系。从而显得课程整体较为散乱。电子商务的内容一直在发展变化，新的业态、技术工具不断涌现，而且以往泾渭分明的一些业态也在数字经济的背景下开始融合，导致电子商务的框架变得模糊。正如前文讨论，由于非电商专业的学科背景各异，这又导致问题的复杂性。但是由于电子商务的包容性和渗透性，任何学科的学生都很难避免在未来工作中接触、应用甚至从事电子商务相关工作，而且电子商务课程对于大多数专业而言，仍然是必要的。那么如何确定一个系统性框架，是否针对非电商专业不同的学科背景设置不同的框架，例如，如果学生属于计算机相关的背景，那么电子商务课程是否应该更偏向于技术性？这个仍然需要较长时间的实践和探讨。

经济学实验与实验经济学

——来自实验经济学教学实践的研究

杜 云[*]

摘要：当下国际一流大学的经济学科的教学实践环节中,引入计量经济学、实验经济学等现代研究工具的做法已经十分普遍。经济学的实证和实验,多是应用到经济理论、政府政策分析方面,但经济学的实验不同于自然科学实验,基于经济变量基础之上的实验经济学,是经济学新学科的科学基础,有着特定的研究范畴。本文结合国内外高水平大学中经济学教学的实践来剖析现代实验经济学的内涵,力图解释经济学不仅是可以用于实验的,实验经济学作为一种新的研究方法或工具,在教学实践中务必加以重视和发展。

关键词：经济学实验；自然科学实验；实验经济学

一、实验经济学的学科背景

现时代,世界上所有的一流大学的经济学科都倡导和推广经济学实验。换句话说,实验经济学和经济学实验,其概念和运用已经较为普遍,成为科学的一个组成。但是,基于实验的复杂性,实验经济学运用的广泛性和可靠性方面,多数运用者还局限于把经济学实验简单地用于对某些经济理论的验证,或者对现行的政府政策方面进行数学测试。这也就形成了一种局面,在国内外大学的经济学院里,经济学所使用的实验,在方式上大多表现为构建经济模型、采用计量数据、模拟经济环境、测试检验关联等。进一步,所有的这些实验,虽然各具特色,但方式、方法上仍然属于模拟自然科学实验,力图以一种"数学"的准确性和科学性,来体现为经济学理论研究和政策分析服务。

实验和数学既有联系,更有差别。经济学的实验最早被认为是以"客观"的方式来修正一直被认为不可定量测算的经济环境。在呈现多维手段、崇尚自由经济的芝加哥大学,系主任加里·贝克尔(Gary S. Becker)就一直将经济学的理论挖掘与道德、家庭、伦理学,甚至犯罪学关联起来,进行大量有趣的社会和经济问题研究。有一种说法是,贝克尔是帝国研究者,其研究领域极为广泛,也正是因为他的若干开拓性的研究结果极其显著,并由此斩获1992年诺贝尔经济学奖。其中,在贝克尔早期的观点中,他特别提及实验经济学的产生环境是复杂的,它和数学是不同的。但当时情况下,他只是提醒,经济学的实验和传统的物理学、化学或者生物学实验是大不相同的。他认为,这些自然科学的实验是较为客观和直接的,更符合实验的内涵。

---

* 杜云,江西安义人,厦门大学经济学院副教授,主要研究方向为数字经济学、经济思想史。

　　的确,经济学发展的动力是源源不断的,现代经济学奠基人之一,马歇尔(Alfred Marshall)在 1903 年联合经济学家约翰·梅纳德·凯恩斯(John Maynard Keynes)的父亲老凯恩斯(John Navel Keynes),时任英国剑桥大学教务长,两人合作竭尽全力地将经济学从伦理学科分支下分离和独立出来,构建了史上第一个经济学专业,由此开始了经济学的真正独立发展的时代。随后,作为英国经济研究的中心,剑桥大学、芝加哥大学等倡导自由经济的西方主流经济学的研究机构就开始思考经济学实证,以及"真实性"问题。在那之后,行为科学、概率论等能够表达出客观和真实的一些思想,就不断地充实和丰富经济学实验的范畴。

　　这是一个伟大的历程,从美国经济学家张伯伦(E. Chamberlin)最早构建自然实验方法开始,弗农·史密斯(Vernon L. Smith)更是创新了经济学中关于历史、现状和未来的实验模型[①],这个模型的中心思想就是,经济事务也是历史上可重复的、可预测的,甚至是可控的。由此,经济学不仅是"归纳"和"演绎",也不仅是一些"模型"和"变量",它可以在一般和普遍中发现关联,而这种关联或者经济学关系是可以用实验的方法来验证的,是一种自然科学的异质化。

　　作为历史上主流经济学家之一,剑桥学派的马歇尔对待数学的概念是极为谨慎的,但他从数学的角度创立了经济学中的图表法,这被认为是实验概念的原始性开始;当然,在这之前,尚有杰文斯(Stanley Jevons)、门格尔(Anton Menger)、瓦尔拉斯(Leon Walras)等人发起的边际革命,他们将数学运用到经济学,开创了新的数理的、微观经济学研究方法;其后,经由凯恩斯引入概率论,杰拉德·德布鲁(Gerard Debreu)采用拓扑论,数学深度融入经济学已经成为熟悉的范式。一个亮点是,迄今为止,计量经济学的运用也超过了半个世纪。基于这种事实,经济学家斯蒂格勒(George Joseph Stigler)坚持认为,现时代的经济学研究中,90%以上的表达形式可能就是计量和数学。而进一步,经济学大家萨缪尔森在他多次再版的经济学教材中强调经济学忠于数学,是关于分析数学的科学。但值得注意的是,同时代下,不仅是经济学界的一些人,更多的关于政府政策的决策人员在对待经济学的数学范式的时候,似乎仍然隐含着经济学是一种"准科学"的看法。这种观点,在相当长的时期内存在,以至于在学术界都构成了一种屏蔽,导致经济学数学分析方法论上限于一个认识误区,即对经济学对实验方法的忽视和排斥,以为经济是不能被验证的。

　　100 多年来,经济数学化一直在持续。它是有好处的,数学给出的简化分析有助于经济学理论更加清晰和具有说服力。而实验经济学发展至今,包括经济学对实验的不断改进和创新,也驱使经济学家对实验经济学的重视和运用,在麻省理工学院、哈佛大学、芝加哥大学、哥伦比亚大学等推崇自由经济思想的学术机构中,实验经济学都得到极大的运用空间。

二、实验经济学的实质是科学研究

　　一般而言,实验经济学重视实验室的构建,特别是硬件和软件的同步推进,显然这对于

---

① 　Vernon L. Smith, An Experimental Study of Competitive Market Behavior, *Journal of Political Economy*,1962,70(2),pp.111-137.

各大学和研究机构的经济学的实验室有着强烈的刚性要求。作为创建世界一流大学的厦门大学,近年来的投入和效果均是巨大和明显的。厦门大学经济学院的教学和科研实践,一直在指导者、研究者和学习者之间推广和使用统计的、计量的方法和工具来科学研究理论经济学和应用经济学等一级学科。由此,实验经济学俨然作为科学的研究被广为推崇。

应该说,在国内大学和研究机构中,已经有不少机构开展了实验经济学的教学和研究。厦门大学就是在已有的教育部计量经济学实验室的基础之上,做了若干的丰富和利用。特别是在相应的一些经济学课程里面也逐步挖掘出相当数量的经济学实验和类似实验,并有序地开展和运行。到目前为止,厦门大学经济学院设有开放性实验科学课程,也有以挖掘数学模型和计量相结合的研究课题,共同打造了一流大学研究型经济学院的高能科学机制,并逐步形成经济学科方面,专业高素质、创新能力强的人才培养的新机制。

从成果的回报上来说,本文提及的厦门大学实验经济学的发展和成就仍然是初阶段的,但它丰富了实验经济学的内容,特别是实验经济学与计量经济学的比较上,经济学的实验不等同数学,也和计量、统计有较明显的区分。而比较国内外实验经济学与经济学实验的进展和实践,显然,针对性的分析实验经济学的内涵、发展方向和趋势是非常重要的。

一个值得肯定的思想是,经济学的实验是构成科学的实验经济学的理论前提和方法基础。在经济学实验中,学生参与科研型、学生科技活动型、数据实验课题型、模型构建提高型,以及和综合素质与能力培养型等都是实验经济学在发展过程中的一些必然阶段,更是实验经济学教学实践过程中的重要手段。与此同时,实验经济学的教学实践也说明,真正能够使得基于实验基础之上的一种新的经济研究方法得到广泛认可,使得实验经济学能够得以发展的基本条件是,实验经济学理论的拓展和经济学实验教学实践,二者务必同时推动。

毋庸置疑,即便是在20世纪,国内大学的经济学院也非常注重对于经济数据的对待和处理,从早期的图表、数据和比例分析,到依托统计学和计量方法,对经济事务的研究愈发纵深,也从靠对过去的经验统计数据加以分析、观察寻找答案,到现代以一种客观、科学的角度来得出研究结论。

这一进步是了不起的,也是科学的范式体现。在19世纪,来自英国杰文斯、瓦尔拉斯针对古老的穆勒经济学理论,做出重大的数学变革,创设了数理经济的道路。虽然"卖弄"了数学技巧,但是对一些政策的阐述和建议却更为贴切经济现实,这也使得对经济学的检验变得重要起来。

有趣的是,德国的历史学派学者是极其强调历史的和经验的分析,他们找出大量的经济数据,并以观察、归纳和演绎的方法来对经济事务特别是政策来进行分析。

若干研究表明,德国历史学派也好,制度学派学者也罢,他们的经济学数据和经验的检验是事后的[①]。并且,基于传导机制,其分析的实证效果和政策建议的滞后性非常明显。即便是自由经济学派学者,他们在马歇尔倡导的数学范式下,开始使用统计方法来做研究,但似乎相当于以一种"新学说"来验证"旧学说",会常产生一些自我矛盾。

---

① Levitt, Steven D. John, Field Experiments in Economics: The Past, the Present, and the Future, *European Economic Review*, 2009, 53 (1), pp.1-18.

数量技术学派的任务应运而生，弗里德曼（Milton Friedman）和其他金融学学者则开始使用计量经济，以及更为新式的计量金融工具来研究经济和政策，而他们的前提就是需要模型、经济变量和数据，正是这些相对客观和中性的数字，使得经济学的研究被赋予了一些科学的含义，而不再是权利、伦理、逻辑和其他缺乏"证伪"内容。

实验开始被重视了，基于历史数据、现实需要以及未来的改变，正是经济学家希望给任何一个国家的执政党或领导人提出政策的科学依据，他们的研究成果希望能够形成施政规划，这需要他们不再是基于经验的统计数据而描述出来的简单计划，而是需要一种科学决策来改变历史。

提出来的方案，是否会对未来一个国家形成正向影响？显然，如果能被实验验证，这个意义重大。如此，经济学在历史的发展过程中，始终需要对这个问题给予正面的回答。由此，一些模拟自然科学的经济学实验也就开始具有特殊的实践意义了，其科学性也在不断地发展和总结。

三、经济学实验的实务问题

综观世界上实验经济学的现状，其出发点都是把实验经济学作为一种独立的研究方法来定位的，也就是说，实验经济学是为其他经济理论提供一种以实验结果为主的学科，其自身并不构建经济理论，目的只是为经济决策者对某一项实施的政策或者理论提供数理依据。

这也就使得所有的实验经济学的研究者的出发点就是实验，经济学实验的组成和实务，具体表现为以下几个方面：

1. 经济学需要实验是普遍共识。经济学实验的功能是强大和基础性的，注重开展经济学实验是经济学教学中不可或缺的经验和总结。然而在经济学教学和科研中引入实验却是比较难的，尤其是在实验实务中，但是，强调经济学需要实验却是普遍共识。

在厦门大学的一些经济课程的实际教学和科研实践中，就发现一个经济理论的提出往往会遭遇巨大的质疑，即便是众所周知的经济增长模型的讲解过程，其理论因素是未能得到检验的验证的。在经济学教学的范式中，默认这些理论假定似乎是一种必然的现象，是被假定是"合理的"，很少有人来质疑这些模型的假设的科学依据。如何解决这一质疑，唯有通过实验的检验才能验证这些假说的真伪，这使得经济学引入实验成为必然。

2. 在经济学的理论发展和创新中，有很多新的观点被提出，他们的切入点是需要证据的，以此来推翻或者对旧理论进行"革命"。这个过程当然有时候并不是自发的，而是研究者在教学和实践过程中会不时发现，一些计量结果可能出乎意料，与现有的理论主张可能不同，甚至完全矛盾，然而他们在提出新观点的时候会遭遇到理论在位者的巨大阻力，显然，引入实验，需要破除一些人为因素，但即便是不可考虑这些，也会督促经济学研究者引用实验的结果去拓展和变革现有的理论。

在厦门大学 2014—2016 年的一项关于虚拟经济学的研究中[①]，研究人员通过经济学实验，发现一些新问题或者说新规律，譬如信息世界中企业的竞争策略，已经不再是传统经

---

① 杜云：《虚拟经济学》，厦门大学出版社 2015 年版。

济下的企业之间简单的联盟和垄断表现了,其规律更加依赖于技术的外部性和用户的规模报酬率,甚至实验显示一种反馈机制在其中发挥着效应。厦门大学经济学院关于"虚拟经济学"的这个实验中,表现出,即便是某一领域下的经济理论已经非常成熟,甚至在人们普遍认为该理论不可更改并处于权威顶点的时候,单纯的理论批判不足以指导我们如何去发展它。这个时候,经济学实验,就是推进该"权威理论"突破极限、更为向前的一种重要途径。

3. 经济学实验和实务需要科学设计。厦门大学 2016—2022 年的较为长期的浸入式的实验经济学的教学实践中,面对数量众多的学生群体和研究课题以及教学实验的真正难点,在于方法及过程的是否可控制性,这也成为经济实验发展过程中不可忽略的一个重点问题,就是实验经济学的内涵和教师的日常工作内容是什么。

科学设计一个经济学实验室所有问题的出发点。一般来说,教师或实验者对于实验设计的目标认识被认为是非常明确的,但基于实验的内容和目标,通常可以把实验界定为两个方面。首先是单纯的实验,譬如对政策的"良好性"进行检验,也就是理论假设和验证,其过程就是"验真"或者"验伪",反映一个非常基本的经验事实。在此基础上,多数实验者会对实验结果的偏差进行一些参照和比较,采用多重设计来进行实验设计。

经济学教学实务中也发现,在构造一个关于竞选和选举的经济学实验的时候,就会关系到其他变量比如法律和世俗的变量等。如此引入一些关于地方选举和不同国别之间的政党选举、议会选举,则将涉及行为人动机、环境、投票的激励因素,以及时间等变量和数据。

四、实验经济学教学实践意义

通过历经五年的经济学实验的实践和观察,研究人员可以发现,在现实的一些经济学的教学实验中,得出的结论或许是用另一组数据来解释一组变量,其结论是直接和简单的。但有时实验的变量和数据的使用原因,若干经济学实验的结果和表达出的结论或许存在一定的偏差,也可以说是建立在一种概率分布的基础上的。

结合国内外的研究,本文认为,实验经济学的研究结论较多地与行为科学紧密联系。这是因为采用样本数据和政策评估的过程是不对称的,实验者较难处于一种合乎"理性"的状态,这就使得实验得出的关于经济理论结果存在偏差,表达为某种概率上的分布。

在厦门大学的实验经济学的实践和发展中,也有一些国际杰出研究者一道进行合作。如实验经济学的创始人,2002 年诺贝尔奖获得者弗农·史密斯于 2023 年再次参加厦门大学实验经济学学术专题活动,他再演了历史上最丰富的关于市场价格发现模型的实验结果[①]。同时,来自马里兰大学的经济学教授奥兹贝(Ozbay)也对购买彩票的经济行为做出一个关于经济学实验,以解释期望效应理论,同时提出了关于"渐进学习"的理论模型,并表示,用实验的方法计算已经得到其中参数的值,非常有研究意义。与此同时,来自美国斯坦福大学的教授杰克逊(Matthew Jackson)则做了一个将正式借贷机构引入贫困村庄的准实

———————————

① Smith,Vernon L,Papers in Experimental Economics,*Cambridge University Press*,New York,1991.

验,他对发展中国家的一些家庭间借贷生活进行了数据收集,构建准实验和随机对照组试验,获取了一些宝贵的研究成果,这些都具有客观和中立的科学意义。

芝加哥大学经济系主任贝克尔早年的研究也提示着,多样化的研究表明学科之间有一些相似之处,譬如生物学和经济学,伦理学和犯罪学,其中的关联或许就是行为科学和实证数据,由此表明,实验经济学的发展也是经济学科在世界社会和科学领域的表现,经济学研究方法本身就呈现出多样化和变革性。实验经济学的教学实践,不仅丰富了经济学领域研究的多元化、国际化,也使得国内数量众多的学习者和研究者有了机会去了解和把握这一新兴经济学的最新发展动态和成果。

显然,实验经济学的拓展,必然促使经济学科在国内外研究的时代升级,即便是较为基层的实验经济学的教学实践也发现,实验经济学与决策论、博弈论和管理科学的联系也是密不可分的。在大数据背景下,实验经济学的新思路、新趋势也是不断涌现,而借助于实验经济学,传统的经济学的研究将突破极限,获得新的研究空间。

基于新工科创新人才培养的建筑设计课程教学探索

李苏豫　王绍森　韩　洁　王量量　王明非　林秋达*

摘要：立足国家战略发展需要，基于新工科理念，在厦门大学建筑学"一核一轴两翼"创新教学体系架构下，建筑设计课程深入探索教学创新实践。以思政引领，结合技术与人文，联动多元平台等创新教学模式，逐步形成"系统化、前沿性、多维度"的建筑设计课程建设，有力支持了建筑学专业复合型创新人才培养目标。

关键词：新工科；复合型创新人才；教学创新；建筑设计课程

一、基于新工科的建筑学创新人才培养

（一）建筑学创新人才培养目标

随着开启全面建设社会主义现代化国家新征程，城乡建设密切联系着经济、政治、文化、社会和生态文明建设等方面，成为现代化建设的重要引擎。习近平新时代中国特色社会主义思想明确中国特色社会主义事业"五位一体"的总体布局，确立创新、协调、绿色、开放、共享的新发展理念，对统筹推进经济建设、政治建设、文化建设、社会建设、生态文明建设做出重大战略部署。

中国建筑教育面临的学科外部的挑战主要包括生态可持续问题、数字技术发展和未来社会的不确定性等。[①] 建筑创作之路要有中国文化特色又要跟时代相结合。[②] 而文化自信、生态文明、新型城镇化、乡村振兴等系列重要战略，正在不断引领和拓展建筑学人才培养的目标和内容，使得建筑学教育同时面临新机遇和新挑战。如何应对生态保护、"双碳"目标、乡村振兴、城市转型等国家战略需求，建筑学专业人才必须是具有创新思想、实践能力、国际竞争力的高素质复合型人才。福建是首个国家生态文明试验区，海上丝绸之路核

---

* 李苏豫，江苏南京人，厦门大学建筑与土木工程学院副教授，主要研究方向为建筑设计及其理论。王绍森，安徽砀山人，厦门大学建筑与土木工程学院教授，主要研究方向为建筑设计及其理论。韩洁，江苏沛县人，厦门大学建筑与土木工程学院副教授，主要研究方向为建筑设计及其理论。王量量，山东德州人，厦门大学建筑与土木工程学院副教授，主要研究方向为建筑设计及其理论。王明非，四川资中人，厦门大学建筑与土木工程学院副教授，主要研究方向为建筑设计及其理论。林秋达，福建厦门人，厦门合立道设计集团总建筑师，主要研究方向为建筑设计及其理论。

① 王建国、张晓春：《对当代中国建筑教育走向与问题的思考：王建国院士访谈》，《时代建筑》2017年第3期。

② 何镜堂、程泰宁、魏敦山、王建国、孟建民、刘力、周恺：《笔谈：中国建筑创作十年（2009—2019）》，《建筑实践》2019年第12期。

心区,在城乡建设可持续发展、生态保护、文化传承与人居建设协同发展方面具有多重可推广经验,创新复合型建筑师培养也是其建设发展的必要支撑。

厦门大学建筑学科在落实"立德树人"根本任务基础上,紧密联系国家发展战略和地区城乡建设需求,以国家视角、全球视野和未来角度,扎根本土,立足前沿,不断提炼探索建筑专业复合型创新人才培养。

(二)新工科理念下教学体系架构

国家战略和地区发展等,引领了建筑学复合型创新人才培养目标确立。随着数字建筑技术的快速发展,设计方法和建造技术不断变革,建筑学专业人才培养更需不断接轨产业革新需求,改革教学体系,拓展教学内容,强化具有创新能力、实践能力和国际竞争力的高素质复合型人才培养。

厦门大学建筑学科从学科发展脉络出发,依托"侨、台、特、海"的区域特色,以新工科理念为基点,提出"一轴两翼",即以建筑设计课程为主轴,以技术和人文为两翼的培养新体系,建构"职业性、前沿性、地域性"的建筑学专业创新综合型人才。[①] 2018 年,"基于数字技术的建筑师培养体系研究与实践"入选教育部首批"新工科"建设项目,并于 2020 年以显著成果通过验收。

新工科理念下"一轴两翼"的培养体系,进一步密切国家战略和地方发展人才需求,同时突出"课程思政"为抓手,构成"一核一轴两翼"的特色教学体系架构(见图 1)。由此,以促进素质教育、提高人才培养为主旨,丰富课程体系,改革教学方法,推进教学平台建设,融合教学、研究、设计实践,深入推进建筑学教育与新时代科技、经济、社会、文化、生态建设等方面的多维度融合。2019 年建筑学专业本科硕士均以"优秀"通过建筑学专业评估,2021 年入选"国家一流专业"建设点,2022 年获批建筑学一级学科博士点。

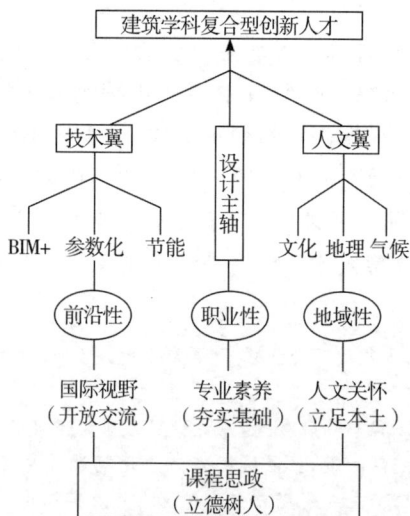

图 1 "一核一轴两翼"建筑学特色教学体系

---

① 王绍森、李立新、张燕来:《基于专业教育的特色教学探索——以厦门大学建筑教育为例》,《当代建筑》2020 年第 5 期。

二、建筑设计课程的创新目标

建筑设计课程,作为建筑学专业特色教学体系"一核一轴两翼"的设计主轴,不再是相对单一的建筑师培养目标。新时代发展提出新挑战,构建新发展格局和高质量发展,"双碳"目标,城乡建设与生态环境,建筑设计需要紧跟时代、服务国家建设,适应多元化的新型生活方式等。新观念变革提出新要求,生态文明建设、城乡协调发展,坚定文化自信、讲好中国故事等,建筑设计需要回应文化、社会等多重复杂需求。新技术革新打开新维度,数字技术、人工智能,参数化,空间量化分析优化,新材料、结构、建造等,为建筑设计融入多样的新技术、新思维、新方法。

技术和人文两翼系列课程的平行介入和支撑,强化了建筑设计课程的复合多元创新目标。技术翼主要涵盖 BIM+、参数化、绿色建筑等技术系列课程,拓展开放交流的行业前沿和国际视野。人文翼主要涵盖文化、地域等以人文系列课程,彰显文化自信和人文关怀。由此,建筑设计课程以融合技术和人文,多元综合的设计教学方向和内容,来夯实专业基础和创新素养。

建筑设计课程的建设与教学改革立足国家战略发展和新工科理念的创新人才培养,全方位多角度持续探索,力求突出"高阶性、创新性、挑战度"。重点解决的问题包括:

1. 强调多学科支撑的专业技术培养,探索如何在传统公共建筑设计理论、设计方法讲授的基础上,复合先进技术方法、整合社会人文知识,构建综合的建筑设计课程教学内容体系。

2. 融合创新思维,在传统设计思维基础上导入参数化、智能建造、绿色生态、文化传承、城乡融合等理念,并通过课堂—调研—点评—实践基地实践等教学环节的融合,培养学生解决复杂问题的综合能力和高阶思维。

3. 强化专业性、前沿性、国际化,服务区域经济社会发展,深化产教融合协同育人,夯实支撑扎根本土地域与国际化视野的复合型创新建筑学专业人才培养目标。

三、建筑设计课程的创新教学

(一)"思政"引领"建筑设计"

以习近平新时代中国特色社会主义思想中的文化自信、生态文明、高质量发展、城市建设、乡村振兴等重要内容,融入建筑设计课程,在建筑设计教学过程中,启发培育创新能力、工匠精神、坚定文化自信,引导树立正确的文化观、建筑观、创作观,以及中华民族伟大复兴的社会责任。

建筑设计课程的设计选题,立足国家战略发展,密切关注社会发展和城乡建设的重点方向,即时关联专业前沿问题,具有前瞻性、挑战性、选择性。例如,可持续建筑设计、乡村振兴发展与营建、城市有机更新、建筑遗产保护、智能建造与装配化、绿色建筑等。建筑设计课程的教学方法,强调问题导向的研究性设计训练,关注专业性、社会性等复杂问题。①

---

① 李苏豫、王绍森:《开放,多元,地域,创新——厦门大学可持续建筑设计竞赛教学札记》,《建筑与文化》2019 年第 10 期。

通过专业的设计思考和实践，突出立足于国家建设需要、专业发展前沿的扎实设计与创新能力的培养。

（二）"设计"结合"技术人文"

建筑设计课程结合相关的技术、人文系列课程，建构综合知识体系的教学框架。建筑设计课程主要教授建筑设计的基本原理、创作理论、方法及表达，夯实专业素养。通过技术系列课程，重视建筑技术的学习应用，整合创新技术策略，主动探索前沿高效解决问题的设计方案。而人文系列课程，则启发学生的文化和社会关注，鼓励多元的创新探索和综合解决问题能力。

建筑设计课程不再单纯以建筑类型、建筑功能作为教学体系划分，而是以设计概念和思维、前沿技术和热点问题为教学主导，鼓励跨学科运用，拓展设计概念、设计逻辑和设计方法。在建筑设计课程教学中，结合数字化设计、绿色建筑、装配式建筑等科技前沿，增加数字化设计创新实验方向（见图2、图3），建筑设计和数字化技术协同，建筑数字技术和建筑设计理论结合，提高在建筑设计中主动应用前沿技术的综合能力。结合城市存量发展、乡村振兴、文化传承、新生活需求等方面的热点，增加对建筑空间再利用，遗产更新活化、城乡解读与应对策略等方面的设计探索（见图4、图5），掌握人文社科领域的基本研究方法，以文献、案例、理论、资料、社会调查等，在建筑设计训练中融会贯通历史、哲学、人文、经济等相关内容与思考。

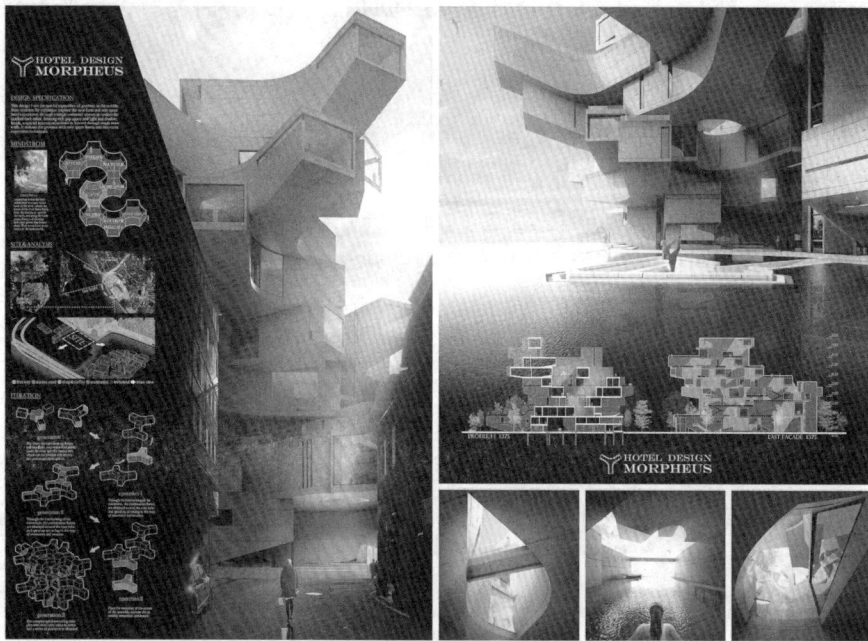

图2 莫斐斯——酒店设计

图 3　时光流转——沙坡尾历史文化博物馆

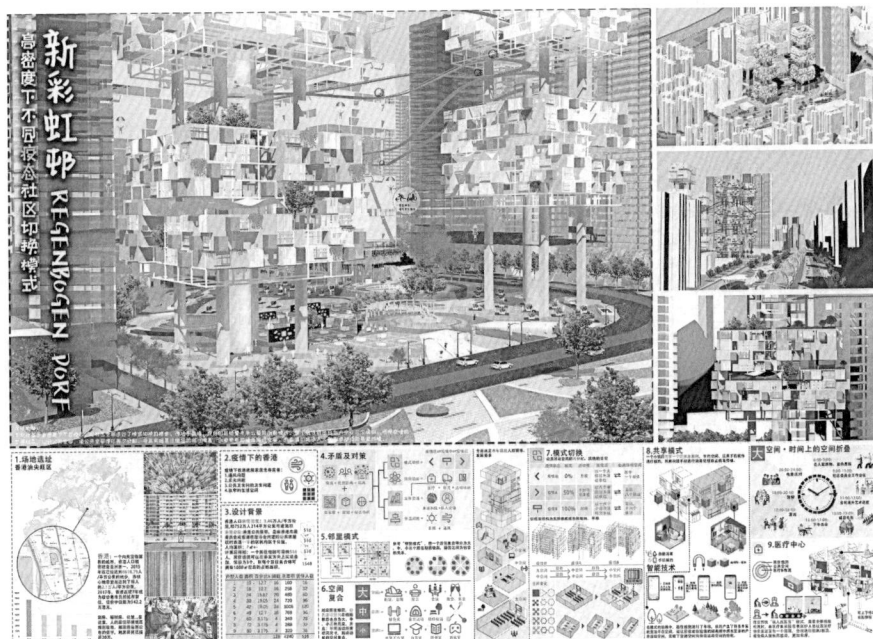

图 4　新彩虹邨——高密度下不同疫态社区切换模式(全国大学生可持续设计竞赛获奖)

图 5　叠合书舍——对社区开放的模块化高校图书馆改造设计(全国大学生可持续设计竞赛获奖)

(三)"教学"联动"多元平台"

建筑学"新工科"包含思想力、学习力与行动力培养,课堂内外的思考与建造,促进独立思考、批判分析、身体力行等综合能力与素质的培养。[①] 厦门大学建筑学科着力城乡建设和文化传承、服务地方,例如厦门大学新教育建筑、漳州古城更新、鼓浪屿文化遗产、"新闽南"建筑创作、传统村落保护等,多次荣获国家及省部级奖项,并承担重要科研课题。校企联合科研、实践和专业培养,不断深入共创。乡建社、数字建造社、文化遗产学社,以设计竞赛、设计下乡、共建实践、文化走读等多种方式,提升学生专业综合能力与素养。

依托校院与国内外知名建筑院校建立的多向合作,引入联合设计教学交流等,形成扎根闽台地域、拓展国际化视野的多维度课程教学。例如,"厦港街区联合教学""建筑遗产联合工作营"等。

新工科创意设计智慧实验室,厦门大学 BIM 虚拟仿真实验教学中心(省级),厦门大学"数字建造与创意设计教学实验平台"等,为深度开展数字乡建、数字建筑、智能建造等建筑设计课程教学新方向内容提供了紧密支持。

建筑设计课程教学联动以上多元平台,打造了与教学密切相关的丰富的前沿实践实训,形成"教—学—研—产"互动,促进了课程教学模式创新。相关成果获中国"互联网＋"大学生创新创业大赛铜奖,全国大学生可持续设计竞赛、UIA 霍普杯国际大学生建筑设计竞赛等重要奖项。

(四)教学模式革新

建筑设计课程打破传统建筑设计教学中从功能主义、环境主义、建筑技术出发的路线,

[①]　孙一民：《建筑学"新工科"教育探索与实践》,《当代建筑》2020 年第 2 期。

强化思维与概念对建筑设计的引导作用。教学模式强调启发式、多样化、互动性与个性化，突出问题导向和研究、思维拓展、设计训练与实践体验，结合具体课程题目灵活选择。强调以下教学模式的整合：

1. 以教学问题为导向，采用菜单定制＋匹配式设计教学方法的教学模式。

2. 以参数化设计—BIM—智能建造，乡村数字博物馆—文化遗产保护为两大教学特色，逐渐培育技术与人文的深度融合。

3. 以教学评价为整合手段提升设计能力，将调研发现、虚拟建造和全三维模型介入教学评价环节，强调评价过程中调研、手工模型、三维空间、虚拟现实的动态体验与真实场景的互动切换。

4. 以线上线下讲座、论坛为辅助补充，及时更新行业动态，进行课程调整。

在教学模式整合的基础上，教学组织实施具体包括以下内容：

1. 数字化特色教学的技术教学组织：综合运用现代教育技术、数字仿真模拟、三维建模打印、建筑构造选型、建筑材料、建筑物理实验等，根据设计选题，有针对性地组织教学。

2. 乡村振兴与文化复兴特色教学的课程组织：结合福建传统乡村的实际需求开展调研与考察，将教学工作开展在祖国大地上构建知行合一的教学途径。利用乡村数字博物馆的数字化平台、无人机信息采集技术、整合测绘教学等，根据设计选定具体方向，结合工作营、竞赛等多种方式，探索乡村公共建筑设计的新模式。

3. 授课层次的组织包括：多层级组织实施课堂公开授课、一对一教学、专家讲座、竞赛专题指导、工作组合作、外校联合评图、实地调查、科创研习等，以学生为主体，广泛开展启发式、讨论式、案例式等教学形式，问题研究引导设计，理论与案例相辅相成，鼓励结合自身优势特长，自主学习和研究性学习、对具体设计问题展开深入分析，培养学生创新设计思维和科研探索能力。

四、思考和展望

基于新工科建筑学创新人才培养的建筑设计课程教学创新，坚持知识、能力、素质有机融合。通过系统课程训练和实践、竞赛、研习等训练环节，对标乡村振兴、全面复兴中华优秀传统文化等重要国家发展战略，主动融合参数化设计、BIM、低碳环保、城乡文化遗产保护等重要学科方向，逐步形成"系统化、前沿性、多维度"的建筑设计课程建设，以建构建筑师专业素养，突出设计与实践能力，树立文化自信、培养工匠精神，开阔国际前沿视野。在迈向第二个百年奋斗目标的时代背景下，基于国家战略发展和社会需求，理解建筑学科发展的新特征和新趋势，不断将复合型创新人才培养目标融入教学理念、教学模式、教学主体将越来越重要。反观近年来累积的建筑设计课程教学实践的经验成果，将在如下主要方面持续深入探索。

（一）重点突出闽台地域性与国际化并举的城乡公共建筑设计教学特色

在厦门大学与意大利国家研究委员会、联合国教科文组织亚太遗产培训中心"海上丝绸之路沿线城乡聚落文化遗产保护与价值提升"三方战略合作指导下，充分发挥 XMU-CNR-WHITRAP 的平台效应，结合现有与我国台湾地区建筑院校的联合教学平台，拓展闽台地域性与国际化并举的城乡公共性建筑设计研究与实践教学，聚焦闽台城乡、"一带一路"沿线发展,强化建筑文化遗产保护与可持续发展设计、强化低碳环保理念,有效补充国际化优质教学资源,构建接轨国际、立足本土的多元教学网络体系,深化课程创新优化模式和国际化成果,深度推进培养具有国际视野的创新人才。

（二）全面推动课程建设与产学研紧密结合,与地方建设发展深度联合

充分结合厦门大学校外社会实践基地、各类产学研基地建设,围绕列入世界遗产名录的福建土楼、泉州侨乡、鼓浪屿等世界遗产地,福建乡村振兴、"侨、台、特、海"重要公共建筑项目等福建地方建设发展重点,及时将建设发展中的代表性典型问题纳入公共建筑设计课程教学内容,调整与落实纵向贯通和横向联系的教学系统。以课程教学、实践、研究,联合国际合作研究、培训与实地工作营等将陆续展开。在教学、实践、创新创业等方面综合有效对接恰当相关资源,结合改革实践具体应用,持续调整、优化与完善教学资源平台,推动教学成果向创新创业的转化,为地方城乡建设提供更多智力支持,探索新时期建设建筑学专业人才培养的厦大模式。

（三）完善价值多元的课程建设系统,推进职业建筑师素养的复合创新人才

深入总结归纳课程建设和发展的经验和成果,将累积的课程系列优秀成果和典型案例材料整理、整合,推动建立课程教学、实践、案例等的档案系统,通过思政课程、实习实践课程、国际交流课程等建构价值多元的课程体系,形成精品课程,提升教学成果的共享价值,积极推广分享先进的教学思考和经验。持续推进国内外高水平建筑设计机构、团体等优质资源平台的整体建构和密切联动,夯实"新工科"特色的复合创新人才培养。

历史视角下建筑设计入门阶段教学方法改进初探

宋代风　刘姝宇 *

摘要：行业技术快速迭代时代背景下，为提升设计方法教学效率，基于现代质量管理理论，对不同历史时期经典教学体系入门阶段部分展开分析与比较，探讨建筑设计入门阶段教学体方法的底层改进逻辑。研究表明，类型学意识的培养、标准化设计流程与做法的建立、形式分析理论工具的开发是相关教学工作重要改进方向。

关键词：工作体系；布扎；包豪斯；德州骑警

一、引言

随着建筑设计行业的技术进步，自建筑设计入门阶段起，学生即需站在潮流前沿，进而要在有限的课程空间内掌握日渐增多的必要技能（从动画制作、参数化设计乃至 AI 辅助设计）。较之以往，学生用于锤炼设计方法的时间被大幅压缩，入门阶段的教学效率迫切需要得到提升。为此，设计入门阶段的教学体系首先需在底层逻辑层面做出改进，以让学生在整体层面上更为快速地掌握基本水准之上的设计能力。回顾建筑教育的发展历史，尤其是对经典教学体系入门阶段部分展开分析与比较，可以为该问题的解决提供有益借鉴。

二、布扎体系

1339 年，作为世界上第一所美术学院，意大利佛罗伦萨国立美术学院成立伊始，就已开设了建筑学专业。至 1563 年，美第奇家族在创立艺术设计学院（Accademia Del Disegno）之时，建筑已被列为与绘画、雕塑同等地位的艺术形式。1671 年，法国成立了世界上第一所独立的建筑学院——皇家建筑学院（The Royal Academy of Architecture）。历经多次历史波折，皇家建筑学院于 1816 年以建筑系的形式并入巴黎美术学院（École nationale supérieure des Beaux-Arts），并在这一历史时期逐步建立了一套完整的建筑教学体系，即"布扎"（Beaux-Arts）体系。

19 世纪中期，前往巴黎美术学院学习建筑的美国学生在归国实践与教学中将布扎体系引入美国。1903 年，宾夕法尼亚大学（以下称为"宾大"）引入的保罗·菲利普·克瑞（Paul Philippe Cret）基于美国国情，建立了美国布扎体系。20 世纪初，布扎体系开始在美国大学的建筑院系中普及。20 年代，中国近现代建筑教育先驱梁思成、杨廷宝、童寯等人在"宾大"接受布扎体系教育后，又将其引入中国，影响了中国建筑教育的早期发展。

---

* 宋代风，厦门大学建筑与土木工程学院副教授。刘姝宇，厦门大学建筑与土木工程学院副教授。

基于"建筑物是建筑要素人为组织的结果""建筑的存在意义在于其艺术性"等基本认识,布扎体系中的建筑设计入门阶段的教学训练主要包括分解构成(analytique)、构成(composition)以及 B 级平面问题(the class B plan problem)等环节。

大体而言,分解构成可被理解为建筑局部设计训练,设计对象一般为某小型建筑的立面或某个建筑的入口、门廊等立面片段。B 级平面问题一般指小型建筑设计训练,多以小型公共建筑为对象。这一阶段的设计训练开始涉及建筑三维问题的处理。立面和剖面一般会在平面问题基本解决之后成为主要考虑的问题。构成则是二者之间的过渡性训练。

通过这些训练,学生将在尺寸和尺度(size and scale)、格局(parti)、建筑个性(character)以及建筑个性与格局、立面的关系(character in the parti or scheme as well as in the treatment of facade)等方面建立初步认知。更为重要的是,学生将由此掌握一套规范化的设计工作流程,掌握运用建筑要素处理设计问题的基本技能。

如现代质量管理理论所指,流程与做法正是一个方法体系的核心。无论是分解构成、构成还是 B 级平面问题,其工作流均高度类似。以建筑设计入门阶段最初的训练"分解构成"为例,可以对布扎体系传授的设计流程形成一定的认知。

如前所述,"分解构成"要求学生在 5 周或 6 周时间内,完成一个立面片段的设计及相关的图纸表现工作。其流程一般包括以下步骤①。

(1)快题设计。在训练第一天,学生要在规定时限内(通常为 9 个小时)根据设计任务提出一个设计草案。一般要求在约 216mm×279mm 的画纸上绘制比例约为 1∶100 的平、立、剖面图。

(2)设计发展,包括"整体体量与比例研究"与"建筑要素及细部研究"两个阶段。第一步,通过绘制立面小图(比例约为 1∶100)来推敲实体体量之间的比例关系。技术层面上,要求将门窗洞口涂黑以突出体量,绘制阴影以表达实体体积,加入人体作为尺度参照。第二步,放大建筑立面(约 1∶50)及各建筑要素立面(约 1∶15~1∶8),基于案例分析与文献调研展开优化设计。

(3)设计表现,包括"图纸构图"与"成图渲染"两阶段。第一步,图面构图,即通过"试错法"展开构图研究。首先,在草图纸上按缩略比例绘制图面的边界。其次,绘制平、立、剖面图及各建筑要素细部的缩略图。再次,用一张画有图纸边界的拷贝纸蒙在各个缩略图上面,通过移动这些图纸,发展出各种构图的可能,进行多方案比较。最后,在选定的构图方案中加上阴影与配景,并完成细节设计。第二步,成图渲染,即依据确定的构图方案,按照比例要求放大各个图纸,在拓印后通过单色渲染完成最终的成图。

要让初学者在一天之内完成一个成熟的草案设计,并在 2 周的深入设计中保证方案的优雅,了解古典建筑要素的美学特征(如比例)与基本使用方法,布扎体系中的建筑设计教学就必然与对经典案例的模仿密切相关。与音乐学习相似,建筑设计教师也希望学生能够精通建筑艺术自身的发展历史,尤其是对古希腊、古罗马和文艺复兴时期的经典建筑了如

---

① 徐亮、顾大庆:《布扎的"分解构图"及其在中国建筑教育中的移植和衰变》,《建筑师》2019 年第 2 期。

指掌,并能够对这些经典展开模仿①。换言之,布扎体系教学理念的核心属于类型学。其成功的关键在于,在设计训练的每个步骤中,学生都会被提供一套严谨的、涵盖了语汇、规则与评价的"词典",或者说"样板"。对于这套"词典"的掌握程度与运用能力成为判断一个建筑师专业水准的依据,也由此可以将"重艺术"的建筑师与"重技术"的工程师得以区分。

三、哈佛包豪斯

二次工业革命后,社会的发展对于建筑设计产生出新的空间和功能要求,这些都无法在传统先例中找到参照性的应对之策。快速城市化背景下,资本也不再要求所有的建筑物都呈现相当的艺术性。布扎体系培养的建筑师在建筑设计的社会化大生产中因而遭遇了前所未有的挑战。

随着20世纪初现代建筑的普及,工业化的营建方式开始成为现代主义建筑师们实现建筑形式创新的源泉。表面上看起来只懂教育"传承"而无法教育"创新"的布扎体系得到了严重批判,构图甚至开始成为一种几乎被禁止的概念。

20世纪30年代,格罗皮乌斯被聘请到哈佛大学之后,开始尝试继续实现他在包豪斯时期所提出的设想,即建立一种新的适应时代发展的建筑教育体系。在培养目标层面上,传统的布扎体系致力于培养专注美学问题的建筑艺术家,新的体系则以培养具有职业技能、能满足社会需要、符合时代精神的建筑设计师为目标。

与之前的历史时期相比,现代文明对于建筑师的角色定位、对建筑物的品质诉求是如此迥然不同,在20世纪上半叶,一个建筑师如果依然将眼光投向过去,其所能够适应的设计市场必然在现实世界中难以为继。这样的时代背景下,现代建筑的教学也不能再依靠对先例的模仿自然成为一个被广泛接受的认识。格罗皮乌斯提出,要创造出时代所需的新建筑最重要的是对现实问题进行客观研究,并通过科学知识打开一个全新的视野。

一方面,格罗皮乌斯为低年级设置了一个由建筑、规划、景观三个专业共同参与的整体设计课程。项目选址大多选在学校附近某个区域,学生以小组为单位进行研究。与布扎体系不同,任务书不指定具体功能,而是要求学生通过实地调研,自主发现用户需求,并站在城市发展的角度,提出通过建筑设计对该区域进行改进的方式。

另一方面,格罗皮乌斯认为,新的机器美学应该是现代设计中各门类通用的形式语言。他强调从现代绘画中发展出的设计原则的重要性。为此设置了由各个设计门类共同参与的设计基础课,讨论点、线、面、体、肌理等抽象问题,引导学生通过抽象的形式语言分析艺术作品,培养学生对于图形与色彩的理性思考与创造能力。通过"质感研究"与"材料研究"认知建筑材料的特性与形态发展潜力②。

简而言之,如包豪斯体系的批判者所言,哈佛包豪斯提供的方法体系大体就是一个先根据功能分析产生建筑图解,再通过抽象的装饰增加建筑吸引力的过程。

---

① 曾引:《从哈佛包豪斯到德州骑警——柯林·罗的遗产(一)》,《建筑师》2015年第4期。

② 张轶伟、曲菲:《通识与专业之辨:包豪斯预备课程在美国建筑教育的传播》,《建筑师》2021年第4期。

四、分析与综合

1950 年代，美国大学中的各种人文学科开始极力想成为专业化的、自律学科。在一个以硬科学为主要知识标准的社会里，人文学科也希望用一种符合硬科学要求的评价手法与硬科学竞争。此趋势下，建筑学亦不例外。一个典型的事件是，1967 年，普林斯顿大学建筑学院院长格迪斯（Robert Geddes）向美国建筑师协会提交了名为"普林斯顿报告"的文件，批判当时建筑教育体系的种种不足，指责建筑教育更加倾向于培养学生的艺术天分，而不是将其训练成为以技术和科学为基础的专家。通过这一事件我们可以看到 60 年代设计方法运动出现时的社会背景。

设计方法运动的历史贡献在于提出了名为"分析与综合"的工作模型。该模型将设计理解为一个由"分析、综合和评价"等主要阶段构成的工作流程。于是，分析方法，特别是图解分析方法得到了极大的发展。

以设计住宅为例，设计者需要将"居住"视为一个前所未遇的新对象。借助一系列的图解工作，分析与"居住"相关的各种活动以及它们之间的相互关系，通过矩阵列表、权重分析以及拓扑关系分析（泡泡图）等方法对分析结论进行图示化表达。进而对起居、就餐、就寝和卫生等一系列居住活动之间的关系产生出新的认识。

在建筑设计教学领域，"分析与综合"模型以及方法的流行导致设计前期的准备工作较之以往更加重要和烦琐。在提出设计方案之前，学生需要花费大量时间用以分析问题和制作分析图解。与之相比，在布扎体系下，提出设计草案的过程通常只要一天。

以 1962 年曼彻斯特大学的二年级设计课教学大纲为例可知，这一时期的设计课程一般将设计工作流程分为 4 个阶段："制定任务书"、"调研和评估"、"创造"（提出具体的建筑形式）以及"细化"（方案的深入发展与成果呈现）。该教学大纲中对于第二阶段，即"调研和评估"有着具体的任务规定，而对于"创造"与"细化"的具体方法则语焉不详。显然，"分析与综合"模型的重点在于分析，而弱点则在于综合。一般认为，相关方法学著作中的研究重点都被放在了分析环节上，而对于综合环节的讨论往往语焉不详[①]。

从质量管理理论角度观察，这样的工作体系虽然设置了结构完整的流程，却并未匹配相应的技术做法。实践中，在这样的教学体系指导下，分析问题头头是道，落笔下去无从做起，建筑造型缺乏美感的情形屡见不鲜。最终，这种结构性的先天缺陷令欧美建筑学界对于"分析与综合"模型的热衷在 80 年代开始消退。

五、得州骑警

"分析与综合"模型在建筑教育领域广为流行的同一时期，以克林·罗为首的被称为美国得州骑警的年轻教师群体在奥斯汀建筑学院发起的教学改革为当代建筑教育的发展探索了一条不同的道路。

其教改的核心理念在于，现代建筑设计是可以进行教学的，但需要通过分析大量重要的现代建筑，从中理解和提取出某些基本的原则，而形成一套具有可操作性的、有用的建筑

---

① 顾大庆：《向"布扎"学习——传统建筑设计教学法的现代诠释》，《建筑学报》2018 年第 8 期。

方法体系。

在得州骑警的教学方案中,一个重大的创新是增设一门与设计课同步进行的、起到配合作用的理论课程。该课程一般从大二开始,每星期一个小时。在该课程中,无论是古典建筑还是现代建筑,其经典实例都将得到分析研究。1956—1958 年教改过程中,教师们为三年级学生开设了"建筑分析练习"环节。在该环节中,学生不仅要对建筑的"平、立、剖面及空间"进行形式分析,还要将建筑构件区分为承重单元和非承重单元,以形成对于建筑结构的理解,并对结构与空间之间的关系展开认知。简而言之,得州教改试图通过案例分析这一练习帮助学生掌握经典现代建筑的设计逻辑与形式组织原则。

伴随着《透明性》这样的理论著作、"九宫格"这样的训练工具,得州教改实现了流程与做法的匹配,避免了"分析与综合"模型的结构性缺陷,在建筑教学的本质上实现了对于类型学的回归,提升了教学效率,也实现了对于构成理论的回归,能够培养与容纳学生的创造力。因此,其行为并不是对布扎体系或包豪斯体系的简单否定与复辟,而是一种批判性的扬弃,可视为将二者取长补短有机结合的成果。

六、历史经验

如康定斯基所言,构成是一个"将对象打碎成要素进行重新组合"的过程。作为形式创造工作的建筑设计,其工作实质同样符合这一定义。理论上讲,重组可以创造出无限的可能,但问题在于,并非每一种新的形式都是美好的。重组出的可能结果越多,越需要设计者能够快速准确地做出选择。站在这个视角上,通过对经典建筑教育体系的回顾、梳理与比较,当前的建筑设计入门教育可以获得有价值的改革启示。

其一,布扎体系到得州教改,历史实践表明,为了让学生基于类型学方法接受技能传授与展开自我学习的思路是有效且高效的。所谓类型学方法,简而言之就是建立"套路"的观念,培养建立个体"套路词典"的技能。

从 14 世纪到 19 世纪,从阿尔伯蒂、帕拉迪奥再到迪朗,数百年间,欧洲的建筑大师与理论家依托西方古典建筑体系建立了一系列的"套路辞典",成为布扎体系的基石。布扎体系的历史局限并非在于"类型"的理念本身,而是后人对于"类型"其演绎本质的认知扭曲,对于古典建筑"套路"与"语汇"词典的循规蹈矩。

一旦现代建筑的"套路辞典"具有编纂的可能,类型学方法的复兴就成为自然而然的最佳选择。现代心理学研究表明,人只会对唤醒其深层记忆的视觉形象产生共鸣。这也是柏拉图所言"艺术是对自然的模仿"这一论断的深层逻辑。而"分析与综合"模型的教学实践也从反面对类型学方法的有效性做出了证明。

其二,仅就"展现时代精神"这一艺术目标而言,包豪斯体系毫无疑问相对于布扎体系具有重大的进步性。其进步意义在于,其指出形式创造的基石是现代绘画理论。形式分析由此具有了抽象化的理论工具,现代建筑个性化"套路词典"的建立从而具有了可能。

其局限性则在于,其核心理念,即"新形式的创造基于对新工艺的认知"意味着过于巨大的学习成本。形式的创新在享受新工艺"红利"的同时,也受到新工艺的制约。所谓的现代建筑的死亡与以后现代建筑为代表的新思潮的兴起,正是其历史局限性的结果。形态构成理论的确提供了建筑形态分析与创造的工具,但是抽象的形态构成训练与具体的建筑形态的创造之间仍缺乏有效的关联。

其三，无论是布扎体系、包豪斯体系还是得州教改，都提供了较为完善的标准化的工作体系。依据现代质量管理理论，工作体系决定工作的效果与效率，工作体系的基本组成内容为流程与做法。简单而言，所谓流程即具体工作步骤，所谓做法即每个步骤的基本技巧与技术。设计训练本质上就是设计实践的一种模拟，设计教学的核心任务之一就是设计体系的传授。从这个层面看，布扎体系进行了最为充分的体系建设，而包豪斯体系、得州教改，则提供了较为简单的同时也是开放性的体系框架，传授设计工作的具体步骤与技巧的决定权被授予每一位任课教师自身。这样的架构好处在于可以适应任课教师的个体差异，不足之处则在于其教学质量更多受教师个体能力差异影响，难以保证教学质量基本水准的稳定。

七、实践应用

基于上述历史经验，强化类型学理念，依托建筑形式语言研究的最新成果，厦门大学建筑系二年级建筑设计入门阶段的教学实践对于设计教学体系在流程与做法层面上展开了若干优化，主要调整措施如表 1 所示。

表 1　建筑设计入门教学优化措施

序号	常规教学步骤	新增步骤	做法优化
1	题目讲解		
2	场地调研		
3	案例分析		● 明确优质案例选择标准 ● 优选案例分析资料来源 ● 形成体块操作"案例库" ● 形成表皮材质"案例库"
4	——	建筑还原	● 建筑形式语言理论教学 ● 平面生成还原方法教学 ● 形成布局架构"案例库" ● 形成衍化逻辑"案例库"
5	概念设计		● 依托案例库选择建筑布局架构
6	"一草"设计		● 依托案例库选择体块操作手法
7	"二草"设计		● 依托案例库选择表皮材质构造
8	定稿与制图		

综上，优化常规的设计教学流程，同时开发具体的标准化技术做法，开发易读易学的理论分析工具与分析方法，培养学生的类型与套路意识，培养其建立自身个性化"套路词典"的能力，可以在相同的时间内更加专注于建筑空间与体量的组织，更加快速地引导大部分学生掌握建筑设计"由简入繁"的基本方法。同时需要指出，在实践中对于富有创造能力的学生而言，如何引导他们正确地理解类型学的演绎本质仍存在较为显著的改进空间。

专业启蒙与职业选择[*]

——建筑设计基础课程教改札记

周卫东　向立群　孙明宇^{**}

摘要：在大类招生实行的背景下，厦门大学建筑系从当代建筑设计教育中①找寻规律和要点，结合其他院校优秀经验，在建筑系整体教学框架下，进行教育改革。本文介绍了建筑设计基础课程的教改原则、方法和组织策略，以及具体操作方式，总结了教改以来的成果并反思其不足，以期为进一步提高教学质量做铺垫。

关键词：建筑类教学改革；通识教育；空间建构

一、缘起：通识与专业

厦门大学建筑与土木工程学院于 2013 年开始实行大类招生，是对高校实行通识教育改革的回应。大类招生并非相近专业的简单归并，而是涉及人才培养模式、课程体系、教学方式方法的一次深刻改革，是高校教学改革的深化和发展，也是提高人才培养质量的重要举措。

从建筑学专业教育来看，建筑教育的本质问题在于，应该培养合格的职业建筑师还是具有鲜明个性的建筑师？ 在回答这个问题之前需要明确职业建筑师和创新型建筑师的一些差异性——职业建筑师的培养，要求学生能够在设计方法、建筑结构与构造、设备及计算机运用等方面打下坚实的基础；创新建筑师的培养，则要求关心社会、文化等诸多问题，具有批判精神，设计课程的设置则需更多地考虑多样化和特色化。21 世纪以来，面对行业发展特点，越来越多的建筑院校已经意识到将两者进行结合的必要性，开始纷纷建构将通识教育与专业教育有机结合的综合型人才培养体系。对学生设计能力的培养是建筑教育的首要任务，在此过程中，辅助性的能力的培养也是至关重要的，如语言表达、文章写作、组织协调、调研分析、社会公关能力等②。因此，作为一年级专业启蒙课程——"建筑设计基础"课程的教学目标包括：形成正确的设计观念；建立正确设计思维；掌握基本的设计技能；掌握空间的基本设计方法和了解基本的建造技术。

---

*　特别感谢林育欣、邓显渝、张若曦、李芝也、张乐敏、王伟、王量量、贾令堃、李翔等对于一年级"建筑设计基础"课程教学、教改工作的支持和贡献。

**　周卫东，湖南衡阳人，厦门大学建筑与土木工程学院助理教授。向立群，黑龙江哈尔滨人，厦门大学建筑与土木工程学院助理教授。孙明宇，黑龙江哈尔滨人，厦门大学建筑与土木工程学院副教授。

①　韩冬青、龚恺、黎志涛：《东南大学建筑教育发展思路新探》，《时代建筑》2001 年第 s1 期。
②　孟建民：《我们需要怎样的毕业生？——我国建筑教育问题谈》，《时代建筑》2001 年第 s1 期。

基于上述背景和目标，厦门大学建筑与土木工程学院下设的建筑学与城乡规划两个学科学生在大一学年统一修习学科入门课程——设计基础，学生将在一年级的第三学期开始前，进行专业分流。建筑学专业的"建筑设计基础"课程类别、学分保持不变，仍为 4 学分的必修课，课时数由原本的每周 2 次、每次 4 课时，调整为每周 2 次、每次 3 课时。

二、原则与转变

（一）调整原则

1. 以建筑学专业特点为主，兼顾城乡规划专业

"建筑设计基础"课程一直作为建筑学专业大一年段的核心课程，所承担的教学任务和所要达到的教学目的都是举足轻重和不可替代的，担负着建筑学专业基本认知、专业启蒙和基本能力的重要责任。另外，建筑与土木工程学院建筑系将大一和大二的设计课程作为设计基础大平台统筹的教学格局下（见图 1），一方面建筑基础课程需要兼顾城乡规划专业的适宜性，例如城市与建筑的教学板块设置，同时也坚持强化建筑学专业特点，为以后建筑学专业学习和职业实践夯实基础。

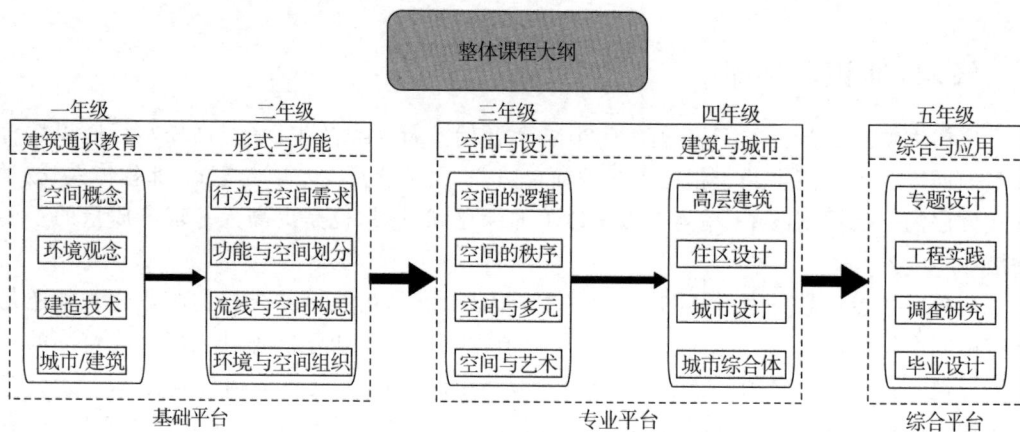

图 1　厦门大学建筑系教学平台设置

2."适宜"遴选与"差异"分流

实行大类招生后，通过对基础知识的学习和基本技能训练，学生能够逐步对专业产生较为准确的认识和把握，发展自己的兴趣和特长，自主选择专业，有助于减少进校前选择专业的盲目性。因此在大类招生政策"厚基础，宽口径"的原则下，学院在大一设置了两门建筑专业课程："建筑学科入门"和"建筑设计基础"，"建筑学科入门"课程以通识性教育为主，而"建筑设计基础"课程强调"适宜"遴选和"差异"体现相平衡的训练方式和练习强度。本课程能让真正适宜建筑学专业学习的学生凸显出来，建立学习该学科的学习兴趣和信心，并得到一定的职业基本能力的培养，同时也让不太适合和对专业不太感兴趣的同学既能清楚认识到自己的不适应性及自身的兴趣和能力的差异，又能收获建筑学专业的基本认识和基本训练。经过一学期的学习练习，课程组发现学生的兴趣和方向的差异性体现愈发明显，专注和主攻的课程也有所偏向。基于此，在春季的第二学期开始之初，课程设置 A、B 两类的课程要求和评分标准，并由同学自愿填报。A 类以强化建筑学基本能力培养和训

练为标准,B类以认知和通识为目的,相互平衡,自由选择。

（二）具体转变

1. 传统"绘制与渲染"的基本功训练向"空间观察与操作"的转变

中国正规的高等建筑教育始于"布扎"模式。顾大庆认为"布扎"对中国建筑教育的影响可以分为三个阶段:1920年代至1950年代初期的移植时期,1950年代中期至1980年代初期的本土化时期,1980年代中期至今的抵抗、衰退时期[①]。经过多年的经验积累和历练改进,沉淀了许多建筑学基本认识的精华,以一种看似枯燥的反复练习将建筑的艺术性潜移默化地扎实地传送给学生,使得学生的收获是看得见的,是实在的。这个体系下的建筑学基础课程或称为传统学院派建筑教育,有着非常突出和不可否认优势和现实性,教学可实施性非常强,在相当长的时期中是占主导地位的。但是这个体系以制图与渲染技能训练为核心,归根到底是一种表现模式,并非设计模式。而现今建筑界,尤其是现阶段的建筑教育,却与传统学院派建筑教育的慢节奏呈现某种不和谐不协调,建筑基础学习越发呈现直接的激发和操作,虽是看似稚嫩的碎片式的直接操作却似乎更能让当下的学子产生兴趣。在新旧更迭的过渡阶段,课程组采取折中的办法,将传统学院派建筑教育"绘制与渲染"放在课外,以课外作业的形式加以辅导和练习,课内主干作业转向"空间观察与操作",让空间的训练直接发生、观察和操作[②]。

2. "形态组织与构成"向"空间体验和建构"的转变

"形态组织与构成"教学是撇开实用因素、制作因素、经济因素等,从纯形式的角度探讨形态要素及其组织规律。构成教学是以造型训练为核心的教学模式,也非设计的模式。

自1950年代得州骑警对包豪斯学派教学中的偶然性、随意性和主观性提出批评以来,建筑教育界逐步走向一个共识,即认为现代建筑教育的核心是空间教育[③]。后来苏黎世瑞士联邦高等理工大学在此基础上发展了一种严谨的教学方法和模型,即"苏黎世模型"。1990年代中期,国内部分领先的建筑院校开始了初步的尝试,由于现实条件所限,借鉴苏黎世模型,折中了一种形态组织与构成的课程练习。初步完成了由传统学院派的技法训练向空间教育的转变。厦大建筑与土木工程学院也在2000—2011年间运用这一训练办法,这一课程训练在具体教学中还是存在重视觉效果轻秩序逻辑、重空间形态轻材料建构的缺陷。因此在大类招生背景下,尝试由单一的"形态组织与构成"向"空间体验和建构"的转变。以模型作为设计发展的主要手段,利用模型材料的操作产生空间来认知建筑空间体验和建构概念。避免只注重造型能力的培养忽略建构技术的建立,规避纯形式与技艺的分隔,回归建筑空间建构的本源。

3. 由"投影图"向"轴测图"的转变

建筑图作为建筑设计专业的语言,在建筑创作和基础教学中具有无法替代的核心作用,也是建筑专业必备的基本能力之一。建筑图主要分为投影图、透视图和轴测图三类。投影图存在侧重表达某种局部而不能描述全貌的缺陷,透视图亦存在单一视点的单一场景

---

① 汪妍泽、鸣浩:《布扎"构图"再认识》,《建筑学报》2021年第4期。

② 崔鹏飞:《直接发生:空间训练基础》,中国建筑工业出版社2005年版,第9页。

③ 顾大庆、柏庭卫:《建筑设计入门》,中国建筑工业出版社2010年版,第7～11页。

的表达,同时还存在透视变形和视觉错觉的缺陷,已越发不能满足当代建筑概念的表达。而轴测图不仅能直观而又无视觉变形地表达建筑外形,亦能表达建筑内部的空间和构成逻辑,能最大程度上避免教师传授与学生吸收之间的误读,良好地完成教学中各方的交流[①]。轴测图画法近年来得到较大的拓展,常用于建筑图绘制的有以下几类:分解轴测、轴测切片、组合式轴测、内外同现轴测等。根据不同构思表达的需要选择不同类型的轴测图,是这次教学中关于建筑图形表达方面的一次变革。

4.“图形”向“模型”的转变

建筑设计专业表达的传统语言基本分为两大类:图形和模型。建筑模型是另一种极为重要的建筑语言,尤其是对初学阶段缺乏空间经验和建筑图形的掌握不熟练的情况下,显得尤为重要。2000年以前国内建筑界基本依靠建筑图形的表达,相较之下,国外建筑教育很早就对建筑教育和创作中的模型表达非常重视。经过10余年的发展,建筑模型在建筑教育中,不仅是一种成果展示,而是一种设计工作方法,对学生激发空间的创作、对材料和构造的认识有着图形无法比拟的长处。基于此,在每个课程作业伊始时均已工作模型开始,然后再进行建筑图形草图的绘制,充分发挥建筑模型在基础教学中的优势。

图纸和模型是建筑师界定、记录、推进、呈现设计的语汇,掌握这些语汇是基础教学的重要任务。除了掌握平面、立面、剖面图的绘图规范和方法,教案特别强调模型作为设计推敲和表达的工具。模型的操作过程直观、易于观察,例如结构练习中,学生按压、摇晃模型就可以感受和判断承受荷载的大小和方式,并可以通过模型来理解和调整尺度——建筑空间和结构构件的长、宽、高及其比例关系。学生要在成果中用模型照片或照片蒙太奇表达对建筑环境的模拟和设计的意图。模型照片要尽量真实地模拟结构、材料、空间,又要体现氛围和设计美学。教案详细地控制了模型在不同练习中的要求和比例,如场地阶段要求1:500的小比例模型比较体量关系,结构阶段要求1:100的模型研究结构和空间的互动,材料阶段要求1:30甚至1:10的大比例模型表达材料的物质性并观察空间氛围。设置统一规则可以让学生明确训练重点,使其将时间和精力聚焦在关键内容和目标上,也便于学生之间的比较和学习。

三、方法、组织与内容

(一)过程教学法

过程教学,是与传统的经验教学方法相比较而存在的,是反映现代建筑设计人才培养规律的教学方法。建筑设计教育的目的不是产生设计的产品,而是造就设计者。建筑设计能力是一个持续的发展过程,大学教育只是其中间环节。教学计划研究的重点应该放在过程的规定性方面[②]。过程教学在教学结构上的体现整个大学五年对建筑设计人才的培养目标应该划分成若干个教学阶段来逐步完成。

(二)分与合的组织教学

组织教学方式为分组教学(每组8~10人,每周2次,每次3课时)与阶段性集中评图

---

① 韩晓峰:《建筑图研究——基础教学中的轴测图》,《中国建筑教育》2014年第2期。
② 黄旭升、朱渊、郭菂:《从城市到建筑——分解与整合的建筑设计教学探讨》,《建筑学报》2021年第4期。

相结合。学生与辅导教师在日常教学中探讨具体的方案修改和推进。在各阶段评图中,学生答辩由外请评委参加,共同合力评图。通过不同方式的师生交流和反馈,激发学生学习的积极性和互相学习的可能性,形成以学生为主体、教师多层级参与的组织方式。让建筑可教就是通过步骤清晰的反复练习和方案综合,逐步提升学生对基本问题的理解能力和设计能力。教案进程、场地安排、教学组织、设计工具都是为了让学生了解设计的关键要素、层级体系和评价标准。

(三)具体课题与教学要求

具体课题的设置以技能及认知训练的短课题与专题化、练习化、系统化的长课题相结合为基本出发点。设计基础第一学期以基本技能与感知训练的短题目为主,分别为建筑抄绘与测绘、尺度感知、作品分析和未来之城,每个课题周期3～5周不等。第二学期则为专题化、练习化、系统化的长课题,径园与木构营造两个课题均为期7周以上(见表1)。

表1 "建筑设计基础"教学课题的设置

	课题	周数	课时	要求、目标
设计基础一	抄绘与测绘	4	24	• 按照给定的资料正确使用绘图工具进行图纸绘制 • 学习建筑基本语言,初步掌握建筑制图的基本方法和制图规范,掌握由建筑物到设计图纸的对应表达方式 • 学会必要的环境布置及相应的配景绘制
	作品分析	3	18	• 模拟建筑物实体的设计和建造的思路与过程,认识与体会构成建筑的图纸与实体的辩证关系 • 形态和空间基本要素在真实建筑中的具体应用 • 基本掌握建筑实例的分析方法,学习并培养学生独立思考建筑问题的能力
	尺度感知	5	30	• 熟悉人体尺度、人体比例、活动基本尺寸及常见家具、空间尺寸 • 掌握空间设计的基本内容与流程 • 提高版面布局、图纸绘制与模型制作技法
	未来之城	3	18	• 畅想未来城市的可能性
设计基础二	径园	7	42	• 学习场地认知、场地组织的方法 • 学习认识外部空间、设计外部空间的方法 • 激发学生对城市空间的认知与感受
	木构营造	9	54	• 从材料的本性出发,研究与之对应的营造过程和构造逻辑,探讨其在空间设计的重要意义 • 培养以材料和建造方式为构思原点的设计方法 • 了解材料本性、加工手段、构造方式、结构特征之间的关系,探讨不同加工工艺、构造方式所形成的多种空间的可能性 • 初步锻炼学生模拟性操作盖房子的组织能力、协作能力和动手能力

相比第一学期4个题目、每个题目3～5周的短课题,专题化的教学更强调分步骤练习的长课题模式。短课题侧重学生在校期间尽可能多地掌握不同专业技能与认知、这类训练

在专业启蒙之初是不可或缺的。长课题则要避免课时的增加只是面面俱到的"量"的翻倍，而非"质"的提升。第二期教案为 16 周，2 个练习分别为 7 周和 9 周，为学生提供的是分阶段理解复杂设计问题的清晰步骤和提高设计能力的具体方法。长课题专题练习偏重设计过程，不以设计的完整性作为结果，加强学生对时间的把控、对基本问题的理解和设计方法的掌握；长课题注重巩固各步骤，适时团队协作，将其融会贯通到设计全过程，形成最终方案并予以充分的表达和表现[①]。

其中第二学期的"木构营造"长课题设计基础课程的中心课题，为期 9 周，为第二学期的主干课程练习。该训练从木材的本性出发，研究与之对应的营造过程和构造逻辑，探讨其在空间设计的意义。培养以材料和建造方式为构思远点的设计方法，是上学期空间训练的延续和进阶。课题要求了解木材材料本性、加工手段、构造方式、结构特征之间的关系，探讨不同加工工艺、构造方式所形成的多重空间的可能性，针对当下设计与建造的分离的境况，强调具体的营造过程在设计训练中所扮演的角色，使学生树立建房子而非画房子的观念。通过操作、隐性知识和经验来学习的方式越来越广泛地被学界和大型机构认可，为解决棘手问题、产生新见解提供独特而强大的方法，实体建造教学以学生个人建造实践为基本特征，正是这一目标的基本保障。

四、成果、瓶颈与后续

近十年来不断地摸索和总结中，课程组始终坚持在专业启蒙与职业选择两者间做弹性的平衡。尽量降低在专业启蒙中的枯燥与重复感，将学生真正作为学习的主体，为他们提供更多基于个人认知和探索的机会。"建筑设计基础"教育的核心是培养设计思维和能力，需要系统化、步骤化的教学来保障，这将影响和决定学生毕业后长时间的职业建筑实践。同时，课题组也有意识避免在低年段学习中一味强调建筑学本体的专业性，以期让学生对职业选择产生自我觉察。

课程组在全国建筑教育指导委员会的设计教案评选中屡获优秀教案奖，其中"木构营造"专题教案数次获得教学教案评选一等奖。但目前的教案仍需结合教学现状不断改进，例如短课题由于时间紧张，学生的设计深度和表达效果稍显欠缺，一年级课程与其他年级之间的衔接尚显不足。高等教育的教学环节具有成长性，课程组将不断根据新的需求和学科发展方向，不断做出新的教改尝试。

---

① 谢振宇：《以设计深化为目的专题整合的设计教学探索——同济大学建筑系 3 年级城市综合体"长题"教学设计》，《建筑学报》2014 年第 8 期。

基于系统思维的建筑学专题设计研究教学实践[*]

王绍森 林雨欣 周 静 邬纱纱^{**}

摘要:"专题设计研究"是厦门大学建筑系从建筑教育的时代背景与厦门大学的学科特色出发设立的课程,规划了从专题选择到系统思维研究设计的整体思路,将理论研究与设计实践有机结合,实现了设计课程的研究性与真实性。本文回顾教学过程,反思教学理念,分析教学成果。

关键词:专题设计研究;系统思维;理论研究;教学过程

在国内现行5年制的建筑学专业本科教育背景下,学生在1～4年级中接受的建筑学教育主要侧重于建筑学基本素养与能力的培养,处在"宽口径、厚基础、强能力"的阶段。5年级建筑学学生需要在此基础上向研究与设计相结合的过程转化,以满足社会对具备系统思维与创新能力的建筑学高素质人才的需求。

厦门大学建筑学专业立足于国家大政方针和厦门大学"侨、台、特、海"的办学特色,针对大五学生系统理论研究不足及学习时间充裕等特点,在厦门大学建筑系"一轴两翼"^①教学体系的基础上,建立了"专题设计研究"的特色课程,引入系统思维教学理念,采取一系列教学手段,帮助学生掌握基于系统思维的完整设计方法和研究能力,使其与毕业设计、求学深造或实际工作等阶段顺利过渡衔接。

一、课程概述与专题选取

(一)课程概述

"专题设计研究"课程面向本科五年级学生,以训练学生设计思维的系统性和理论与设计相结合的能力为教学目的,以小班教学为教学方式,将小组讨论与设计评图相结合,以"专题研究、系统方法设计、设计研究"为教学内容,学生最终提交研究性小论文1篇及短期设计成果1项。通过对学生理论研究积累及设计方法训练两方面的训练双管齐下,实现提升学生设计思维的系统性和理论与设计相结合能力的目的,具有承上启下的重要意义(见图1)。

* 基金项目:厦门大学双一流学科群"文化遗产保护与传承设计研究"支持项目(SAS2018-01)。

** 王绍森,男,安徽硕山人,厦门大学建筑与土木工程学院教授、博士生导师,建筑学博士。林雨欣,女,安徽六安人,厦门大学建筑与土木工程学院硕士研究生。周静,女,湖北随州人,厦门大学建筑与土木工程学院硕士研究生。邬纱纱,女,福建泉州人,厦门大学建筑与土木工程学院硕士研究生。

① "一轴两翼"的教学体系指以"职业性、前沿性、地域性"为核心理念,以建筑设计系列课程为主轴,以技术课程(BIM+、参数化、绿色建筑等)、人文课程(文化、地理、气候等)为支撑的"特质"建筑专业创新综合型人才培养新体系。

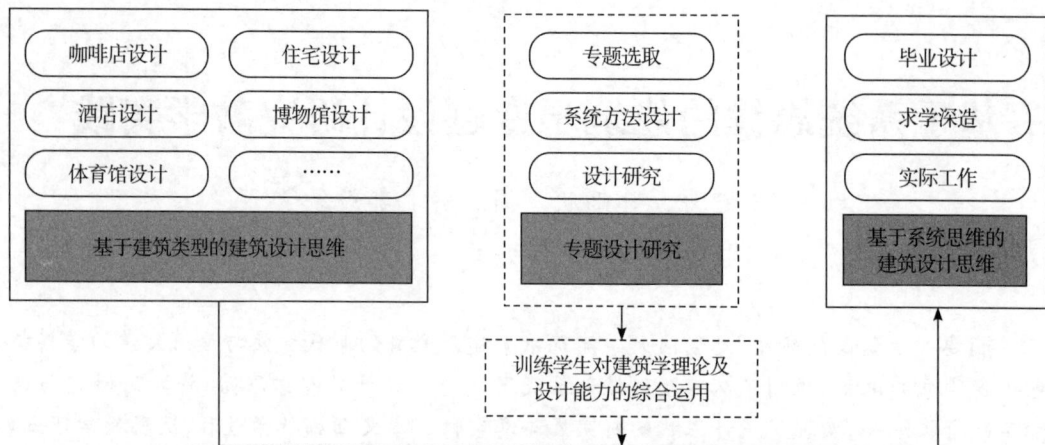

图 1 专题设计研究课程的过渡功能

（二）专题选取

为引导学生紧跟时代、建立系统思维，鼓励学生从社会发展需求相关问题、建筑前沿问题、自身感兴趣的问题等方面入手，选择不同类别的专题作为"专题设计研究"的课题，以期在后续教学过程中拓展学生眼界思维的广度以及学术思考的深度[①]。科学选题是进行理论研究以及设计实践的基础，是二者能够顺利有效进行的先决条件。厦门大学建筑系教研组提出"国家政策—地域特性—学术理论"的选题三大方向，引导学生以系统思维方式对建筑学形成新的思考（见表1）。

表 1 专题设计研究选题三大方向

方向	国家政策	地域特性	学术理论
内容	乡村建设	城市更新	空间适应/叙事空间
	低碳/绿色建筑	文化遗产保护	形式语言
	文化传承	海岛与生活	图式思维（若建筑）
	生态文明发展	旧城改造	建构理论
	……	……	……

"国家政策"即紧跟时代，立足国家战略角度，培养学生从建筑学专业领域对国家大政方针进行解析应对、前沿探索，提升视野高度；"地域特性"即结合厦门地域特色及厦门大学"侨、台、特、海"的办学特色，培养学生从建筑学视角对本地区背景、现状进行进一步的发掘与回应，提升思考深度；"学术理论"即围绕厦门大学建筑学"一轴两翼"的教学体系，培养学生从建筑本体出发，对建筑创作各个基本理论进行深度学习，提升专业厚度。通过对宏观、中观、微观三个维度进行专题选取、深度研究，带领学生全方位、系统性了解及构建建筑学知识理论体系并形成综合设计能力、养成系统思维习惯（见表2）。

---

① 张燕来、王绍森：《从虚构练习到真实建筑——"专题研究设计"课程教学札记》，《中国建筑教育》2018 年第 2 期。

表 2　专题设计系统研究选题

专题分类	选题名称
国家政策	在有机更新中唤醒城市记忆
	多尺度滨海空间城市适应性研究
	老旧小区共享空间改造模式探讨
地域特性	闽南民居的空间及形式演绎
	厦门沙坡尾公共空间改造
	基于地域性的平潭建筑新形式研究
学术理论	图式思维与建筑设计
	传统中国画与现代建筑的空间构成
	视觉传达与图像表意的关联

二、系统思维下的专题设计研究

系统思维源于系统论,1987 年由巴里·里士满博士最先提出,我国科学家钱学森先生在新时期社会主义建设过程中将系统论进行了新的应用,尤其是将系统思维运用到科学研究和科学工程当中[①]。系统思维为学生认识建筑设计的分析、研究、产出提供了科学的视角,同样,也体现了建筑设计学习中"知行合一"的重要性,系统从具体、抽象再到具体的演化过程也就是将理论和实践相结合的过程[②]。因而从系统方法论出发的建筑专题教学过程不仅停留在形式层面,更提升到促进学生认知设计研究过程的价值层面。

在本科的建筑学教育体系中,常以类型划分建筑来开始设计课程研究。从别墅到幼儿园设计,再到高年级医院等公共建筑,规模从小到大,功能也愈来愈复杂。学生则学习每一种建筑类型的设计方法,然而在专题设计研究的基础上建立系统方法设计这个概念之后,我们就有了一套建筑设计的教学体系,可以从整个体系的结构来考虑问题[③]。系统思维方式针对完成专题基础设计课程的学生有明显的优势(见图 2)。

其一,强调文献阅读,通过查阅相关文献,搭建理论体系,将学生从单一的设计型思维拓展到研究思维。其二,强调案例研究,通过案例分析学习一个建筑从场地到概念再到建成的过程。其三,强调抽象总结,在阅读经典和案例分析的基础上,培养学生对学习内容的抽象提炼与内化总结。其四,强调系统设计研究,推动学生将抽象的概念转化为具体空间设计的实操能力[④]。

①　魏宏森:《钱学森构建系统论的基本设想》,《系统科学学报》2013 年第 1 期。

②　潘懋元:《试论理论联系实际的教学方针》,《厦门大学学报(哲学社会科学版)》1956 年第 3 期。

③　张燕来、王绍森:《从虚构练习到真实建筑——"专题研究设计"课程教学札记》,《中国建筑教育》2018 年第 2 期。

④　汪正章:《建筑师的创造性思维——建筑"创作心理学"初探(之一)》,《合肥工业大学学报(哲学社会科学版)》1986 年第 1 期。

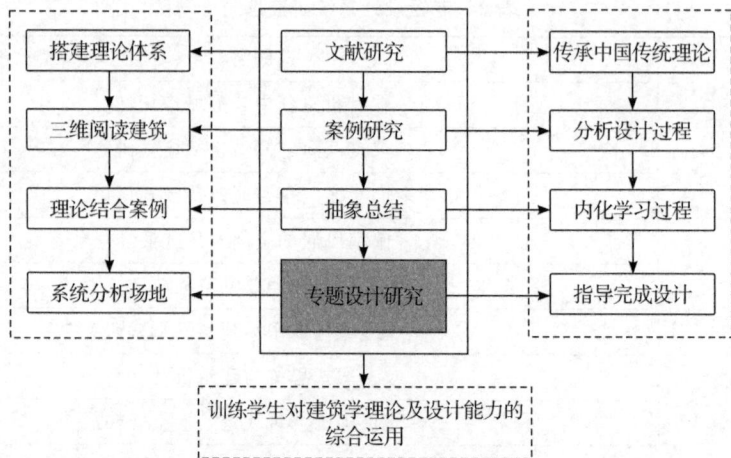

图 2　系统思维研究建筑设计

（一）文献研究：研究思维的搭建

传统建筑培养体系下的学生，缺乏对文献的研读，在散点式的案例中积攒设计手法，未能形成完整的知识体系。因此本课程强调学生应加强论文阅读积累，根据所选专题成体系研读文章，构架自己的知识体系，完成自己从设计思维到研究思维的转化。基于本科前四年课程设计的基础训练，在理论层面上构架自己的知识体系，这也是一种从"具体"到"抽象"的转化过程①。

在国内传统建筑向现代化建筑过渡的时期，因为建筑作为研究对象在中国思潮与流派的发展并不完善，所以在这种情况下，西方建筑思潮及其流派在一定程度上影响了我国建筑的设计发展以及学术体系构建。在一些方面，国内外的建筑理论体系有着共性的内容。而理论研究的差异性则体现在文化方面，在建筑设计教学中文化的差异性恰恰是应该要注意保存的，不能够完全西化，应该有本土的东西存在②。因此，笔者强调从中国传统理论体系中发掘具有现代意义的理论研究，增加学生的理论素养，尤其是对本民族传统和文化理论的理解与传承。我国传统优秀文化的内涵应与当今现代建筑理论的结合，用中国理论来解决中国问题③。正如《园冶》和《说园》均为我国古代优秀的理论书籍，近些年对其中观点体系的现代解读也层出不穷。例如陈从周先生对《说园》中的造园思想应用现代庭院的研究。以及对《园冶》理论和造园美学的研究，结合当下的现代庭院造园实践和探索，为新中式私家庭院的造园活动，规划设计提供解决办法④。

（二）案例研究：他山之石的采拾

在系统理论学习之后，再广涉国内外相关案例，选择与专题相关的创新实践，认真分析

---

①　汪正章：《建筑师的创造性思维——建筑"创作心理学"初探（之二）》，《合肥工业大学学报（哲学社会科学版）》1986 年第 2 期。

②　王洪才：《论教育研究的方法论特征》，《厦门大学学报（哲学社会科学版）》2007 年第 1 期。

③　王建华：《高等教育学的知识重建》，《厦门大学学报（哲学社会科学版）》2020 年第 5 期。

④　庄召建、梅青：《〈园冶〉新解——造园美学的运用与追求美好生活的探究》，《建筑与文化》2022 年第 12 期。

其中的亮点,抽象提取相关内容。比起最初散点式积累案例,就像往最初搭建框架体系采拾增添石头,逐步搭建自己的建筑知识堡垒[①]。同学们身处电子信息极度发达的时代,对案例的学习更多是在二维屏幕上,而会忽视自己身边,甚至每天会经过穿梭的优秀建筑。然而建筑终究是立体的,尺度光影以及材料这些种种三维体验是二维图片永远无法带来的。

自中国建筑迈入现代化进程至今,有大量的优秀建筑处于各个城市。学生可根据自己在所选专题的理论积累基础上,搜集相关优秀建筑案例,认真分析和抽象提取。这种学习提取不能简单地归类为"复制",而是基于理论体系的思考分析以及总结。首先,应根据案例建筑的历史文化背景、所处环境地域以及设计者本身经历和风格,分析其背景因素。其次,综合把握此建筑的核心概念,针对同类型其他建筑的创新点在何。最后,再研究该设计如何从场地结合概念,通过何种理性推导或是空间元素产出最终的空间形式。这样的分析综合研究才会为后面的总结以及设计提供充分的支持。

(三)抽象总结:学习成果的内化

建筑的设计过程总是在一定条件下展开的,并经历着从抽象到具体,抑或从具体到抽象,乃至不断反复的过程。根据以上学习和积累的理论和相关案例,概况总结分析形成自己的设计导则,则是对自己以往学习过程的抽象总结(见图3)。

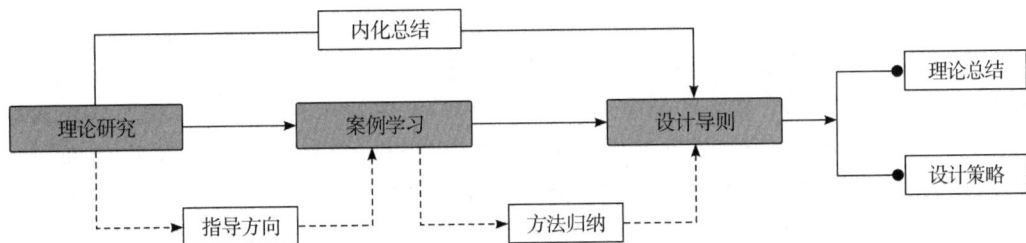

图3 抽象总结学习成果

在理论学习过程,归纳总结所选专题相关理论和方法如类型学、现象学、符号学等基本工具,以系统论等为方法,对所选专题相关的当代建筑的现象作出分析,对该领域国内外理论研究的来龙去脉做一定的梳理。在案例研究过程,基于对理论研究的归纳总结,试图推导该建筑从现场元素综合到设计概念提出的完整过程,如何利用了系统组合、元素象征、手法隐喻、抽象借鉴等综合途径把许多要素组合构成一个整体的作品[②]。例如,澳大利亚国家博物馆表现出整体的不稳定、多元的共存,看似杂乱,却有潜在根据,是文化的外在表现对环境的高效呼应。[③] 在对以上知识内化吸收的基础上,学生对自己所选择的专题设计研究的理解就更为深刻,可将其整理为小论文以指导后续具体设计。

(四)设计研究——方案生成的综合

学生完成上述的积累和总结后,再进行一个建筑的创作时,都必要完成这三个过程。首先须经过对创作题目以及所在现场的诸多因素加以分析,而这种广义理性的分析是综合

---

① 陈武元、王怡倩:《我国高校人才培养的痛点、短板与软肋》,《厦门大学学报(哲学社会科学版)》2021年第6期。

② 杜仕菊、石浩:《新时代系统思维的生成逻辑、核心要素与实践路径》,《思想理论教育》2023年第2期。

③ 王绍森:《广义理性分析、综合、判断——合肥亚明艺术馆设计》,《建筑学报》1998年第2期。

的前提。分析联系种种场地影响设计的因素,如任务分析、功能、环境、周边建筑形态、文脉、空间组合等,是在为方案的综合成型提供原始资料。以此为基础,再结合小论文理论研究,提出该建筑设计的概念,指导最终的设计。其建筑创作过程实际上就是"分析—综合—判断"[1](见图4)。

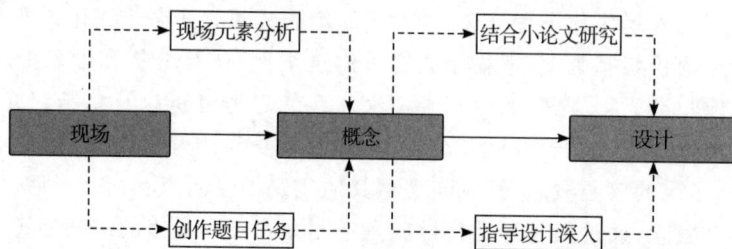

图 4 方案生成综合过程

三、设计研究的应用实践

(一)目的性导向的现场调研

专题设计研究下的现场调研,是以概念产生为目的性导向的过程分析,有别于传统的现场调研和设计思维。系统思维导向下的现场调研中,学生在调研前根据相对应的设计专题选取调研场地,明确调研目的,根据调研目的的要求,有针对性地开展调研行动,收集和整理相关信息,同时结合实践性导向针对调研过程中发现的现实问题做好记录,最后对相关信息和现实问题进行综合分析,从"元素—关系—结构—系统"多个层面出发,全面深入地处理相关信息和解决现实问题,不断反思和调整,不断提高自我思维的能力和实践的水平。在系统思维的导向下,学生在现场调研阶段逐渐形成了一种既注重遵循调研目的的指引又能够全面涵盖现实问题发现的综合性思维方法[2]。

(二)创新性设计的概念孵化

创新性设计的概念孵化是设计研究的核心阶段,也是决定设计作品最终成型的关键阶段。系统思维引导下的创新性设计概念孵化,力求学生跳脱固有思维的束缚,摆脱传统过于强调学生的技能性训练,而非研究型的创新能力培养的教学模式,培养学生的创新性思维能力和发散性思维能力。基于系统思维导向,学生在前期现场调研获取的信息与发现的问题所综合分析所得出结论的基础上,开展自主思考和探索,挖掘潜在的创新点,同时考虑相关现实问题,通过多角度、多层次的分析和思考,不断孵化、推敲和完善设计概念,最终形成兼具创造性和突破性的设计方案。

(三)逻辑性思维的设计产出

逻辑性思维的设计产出是设计研究的最终阶段,也是设计作品产出的关键阶段。在系统性思维的引导下的设计作品产出阶段中,学生需要通过整理、分析、综合、判断等手段,将所有设计元素有机地连接起来,使得设计作品具有清晰的逻辑性和完整的结构性[3]。引入

---

① 王绍森:《广义理性分析、综合、判断——合肥亚明艺术馆设计》,《建筑学报》1998 年第 2 期。

② 张燕来、王绍森:《从虚构练习到真实建筑——"专题研究设计"课程教学札记》,《中国建筑教育》2018 年第 2 期。

③ 王绍森:《广义理性分析、综合、判断——合肥亚明艺术馆设计》,《建筑学报》1998 年第 2 期。

系统性思维,在设计作品的产出过程中培养学生的逻辑性和系统性思维能力,有助于学生形成全面、系统而富有逻辑的思维方式。

(四)专题设计研究具体实践

1. 案例一:"若建筑"——一浪又艺浪

该案例是一个由真实场景到抽象思维,再由抽象构思到具体营造的系统性设计的典型样本,其设计研究过程按照系统性原则,层层递进,有效地实现了作品的创意设计与呈现。

首先,基于抽象思考的现场调研和行为观察评判。在这一过程中应挖掘场地特色,提取建筑环境系统中的基本元素。此案例选址为厦门市沙坡尾艺术西区,学生在前期调研中主要着力于以下三点:(1)早期历史。艺术西区最早是工业厂房,随着时代经济变迁,工业逐渐衰败,旧厂房闲置,成为城市的消极空间。基于此,这里进行了一次全新的改革,摇身变成现今的艺术西区。(2)现今问题。改造后的艺术西区也经历过辉煌的黄金时段,但在时间的消磨下,如今艺术西区内艺术、活力、创意、年轻的元素正逐渐消失,取而代之的仅是一些普通的小型商业,这种模式化的空间对年轻人的吸引力愈发降低,在这种情况下,"艺术"的名字形同虚设,内部商业经营状况也堪忧,空间彻底失去了原有的魅力。(3)未来定位。艺术西区有着滨海的丰富自然资源与场地优势,学生希望将此打造成集商业、游览、运动、艺术等元素的滨海城市景观中心以及年轻人聚集地。

其次,"若建筑"关联与路径设计。学生通过现场调研关注建筑原理,感悟建筑与城市,并将城市环境、建筑空间、场所特性、自然文化等进行抽象思维,从而形成属于自己的场所图示记忆,进而创造出自己心中的图式,它抽象又形象,似建筑又非建筑,即所谓的"若建筑"。此案例中学生先是提取现实具体场地环境中的元素,如底层商铺、室外楼梯路径、顶部观景平台的形态及空间,场地内的艺术装饰的形式,人流聚集、穿梭的路径。继而用线条抽象出建筑环境之间的空间关系,形成展现创作者内心世界的"若建筑"[①]。将抽象画进行衍生转换,保留旧建筑,插入海浪元素,拓宽路径,丰富空间,融入环境,形成设计的表现元素(见图5)。

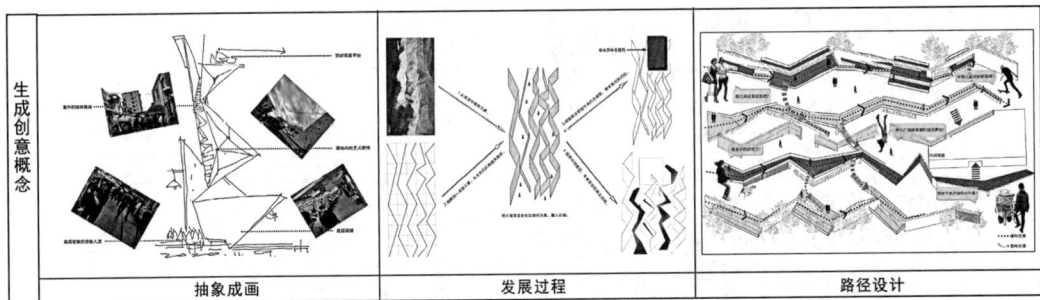

图5 《"若建筑"——一浪又艺浪》的创作概念

最后,完成建筑设计与效果表现。学生需要将抽象的思维图式等再转化为具体的建筑,遵循系统性思维,实现建筑设计表现的完成。案例中学生将挖掘的元素、梳理的关系、场地的结构进行系统的综合运用,完成建筑表现,具体体现在四个方面:(1)插入元素。引入海浪、涂鸦等元素,建筑展现流动的意向,分割的墙展现涂鸦及艺术创作,进一步加强浪

---

① 王绍森:《弱建筑与若建筑》,《新建筑》2014年第3期。

漫的艺术氛围。(2)关系利用。在翻涌的海浪中融入老街区的路径元素,游览过程中将展览、商业、景观融合,创造迷宫式的游览体验。(3)保留结构。保留原有建筑的青砖形式等,形成新旧之间的冲击。(4)综合系统。将各种元素、关系、结构进行适应性的组合、叠加、布局,实现建筑与场地环境的融合(见图6)。

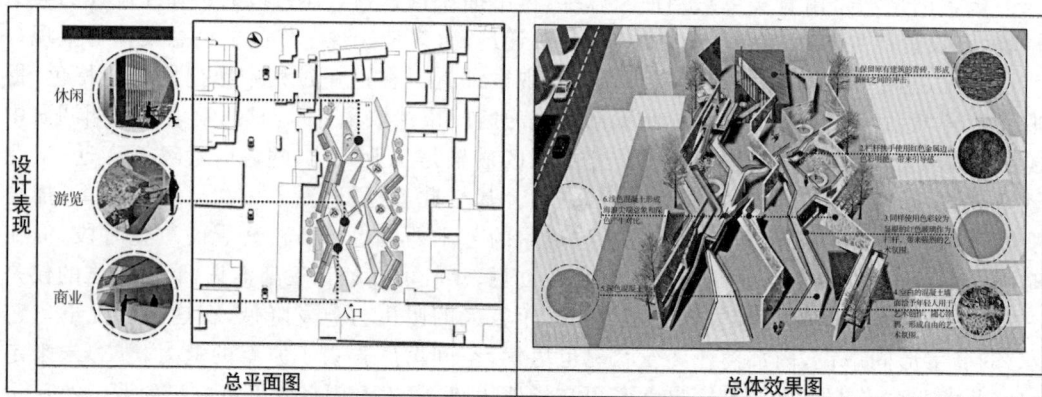

图6 《"若建筑"——一浪又艺浪》的设计表现

2. 案例二:厦港片区城市更新——寻"塔"而至/在有机更新中唤醒城市记忆

该案例沿着系统性思维设计手法进行展开,其设计逻辑思维具体展现在三个方面(见图7)。

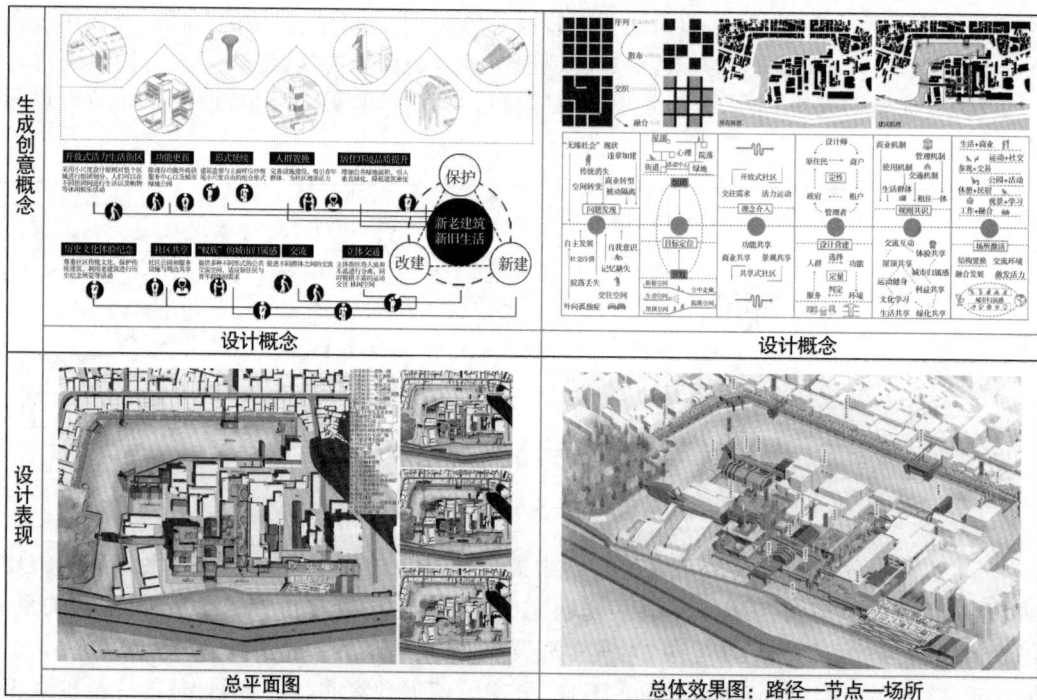

图7 《寻"塔"而至/在有机更新中唤醒城市记忆》概念和表现

首先,系统分析。案例中学生调研场地位于厦门市思明区沙坡尾避风坞,通过实地调研,发现沙坡尾避风坞存在流线不连续,各个空间节点之间通行有阻碍;休闲木栈道连续性不够,与周边活动空间没有形成串联系统;停车场空间利用率低,周边店铺人流量少,空间消极等诸多问题。从前期调研中发现避风坞的居住、街道、周边配套现状存在的问题,综合对人群的走访,获悉居住者、游客等对建筑环境的多元认知。基于这些收集到的信息加以分析,找出理性的内核,指导进一步的概念生成。

其次,综合判断。通过对整个系统的系统性分析和深入理解,学生能够更充分地把握系统各个部分之间的相互关系,并在设计中充分考虑到这些因素。灯塔作为滨海空间重要的记忆点,学生选用此作为空间构成节点,通过串联步行休闲路径为不同的空间场所构成提供"单元中心"。同时,不同的"塔"在功能和作用上也会根据不同的场所进行适应调整,成为项目空间重构的基本框架。这种设计思路以城市记忆为出发点,以城市更新为推动力,探究城市滨海空间的营建策略。这种策略的优势在于它充分考虑了城市环境的本质特征,通过对城市记忆的挖掘和重构,实现了城市空间的更新和升级。同时,该策略也注重了对城市居民和游客的需求,通过对空间路径和节点的设计,为他们提供了更好的交流和体验平台。

最后,设计呈现。基于开放、共享的理念,学生运用组团布局的方式来创造具有开放性的互动空间、院落空间和街巷空间等。在具体的设计实践过程中,完善路径规划,创造宜人沿途路线;增加配套的公共活动设施,打造节点;增加廊桥和灯塔等元素;丰富场所特色,营造空中花园、观景平台等功能空间。这些措施不仅丰富了场所功能,提升了场所的美学价值,更为人们提供了更加舒适、便利、美好的使用体验。

3. 案例三:厦门滨海生活空间——海边上下左右的风景

理论基础在设计实践中扮演着重要的角色,能够为学生打下坚实的基础。该学生因对园林的热爱,深入研究了园林学理论,从而为自己的设计实践提供了理论支持。基于理论研究的基础,学生进一步思考如何将理论知识应用于实践中,从而创造出更加优秀的设计成果。

学生通过调研发现目前的滨水景观缺乏生气、海岸线单调无趣,没有充分利用得天独厚的环境。而传统的中式园林在设计上,一直都追求人与环境的和谐共生,以图达到建筑与景观的和谐共融,中式园林把人工与自然紧密结合,表现出"因地制宜""依山就势"的特性,同时又创造丰富的视觉感受,通过围合、层进、回转、错落等营造曲径通幽的景观效果。因此学生产生联想,希望在滨海空间中营造一个独特的立体园林式景观,传统的园林是平铺、蜿蜒曲折的,但我们将其进行翻转,将二维的平面转换成三维的立体园林,即采用中式建筑的理念,把横向的设计变化为纵向的设计,在满足不同人群的需求的同时使建筑变得丰富有趣(见图8)。

该设计在二维与三维的转换上实现了突破,结合了传统与现代,营造出独具滨海风情的立体园林生活空间。这一创意不仅充分体现了学生对理论知识的掌握,更是将理论与实践完美结合的典范。因此,充分挖掘理论研究的价值,将其与实践相结合,不仅能透彻地理解理论,更可以提高设计作品的质量。

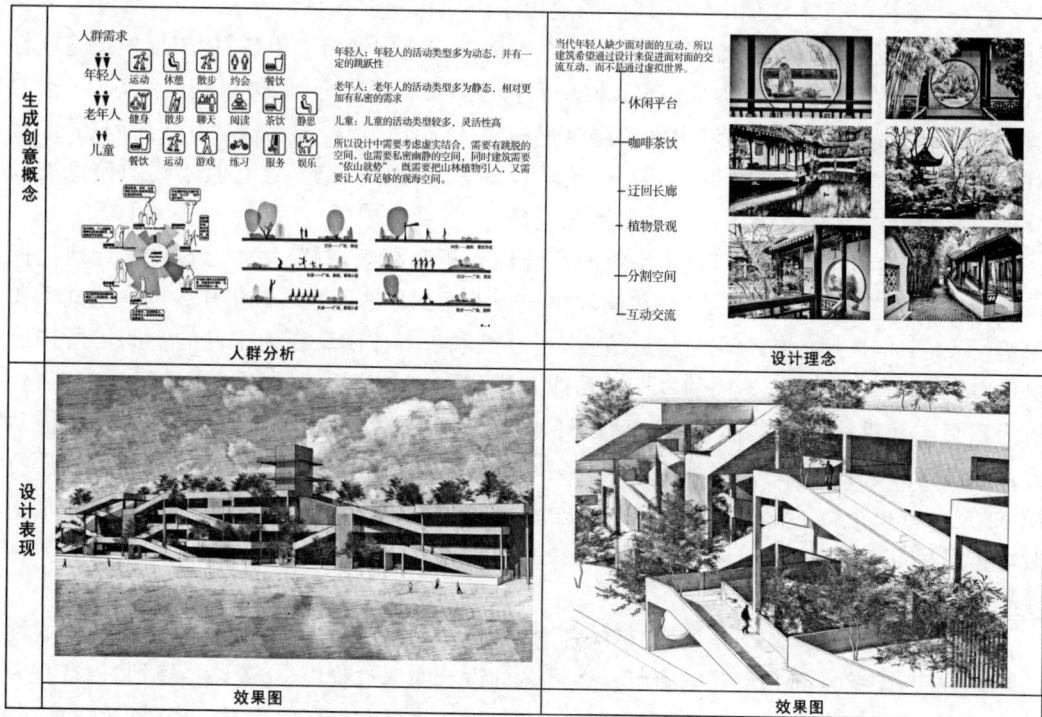

图8　学生作业：海边上下左右的风景

四、结语

专题设计研究的教学目的是培养学生具有针对性的设计研究能力，使其能够在设计实践中融入学术性的思考和方法，同时也能够在学术研究中贴近实践、具有创新性。引入系统思维，力求学生形成全面而系统的思维方式，培养学生的信息提取能力、问题发现能力、创新思维能力、逻辑思维能力和综合分析能力。

在系统思维导向下，学生学到了一套从涵盖调研到思维生成到设计表现的层次递进的思维模式，同时在设计的现场调研阶段逐渐形成了一种既注重遵循调研目的指引，又能够全面涵盖现实问题发现的系统性思维方法，在设计概念的孵化阶段让学生形成一种极具创新性的系统性思维方式，在设计作品产出阶段让学生形成一种既富有逻辑性又全面的系统性思维方式，最终提升学生综合设计能力。

国内外大学通识教育改革比较及分析[*]

王兆守　　王江浩　　张智慧　　裴政涛　　张全昊　　汪妍安琪　　王远鹏[**]

摘要：通识教育是现代多元化教育的其中一种，它为学生提供了多种多样的知识和价值观，目的就是将学生培养成综合素质水平高，对个人、对社会、对国家都负责的公民。近年来，我国高校逐渐重视通识教育的改革，很多一流高校加入如何让通识教育得到进一步改革的队伍中。经过不断努力，部分高校的通识教育改革确实取得了一定的成效，但远远没有达到让通识教育得到全面改革完善的最终目标。随着中国的崛起，国家需要更多的能够适应现代化趋势的全面的新一代人才，因此，对通识教育进行全面改革刻不容缓。本文通过介绍通识教育的发展背景，以国外通识教育改革成功的高校为例，与我国高校进行比较分析，以期为大学通识教育改革提供新思路。

关键词：通识教育；教育改革；改革热点

一、通识教育改革的历史发展背景

追本溯源，通识教育原名博雅教育，最早是由亚里士多德提出来的[①]，后来，伴随社会不断发展进步，"博雅"变为"通识"。[②] 自从通识教育归纳到高等教育中后，其发展方向和目标经历了很多次改变，但其育人的本质却从未变过，因为不管怎么变化，最终的目的一直是培养出人才，唯一的差别就是过程和方式罢了。通识教育刚被提出的时候，旨在引导学生进行思考，给予他们想象的空间，提倡开放式教育。后来经过文艺复兴的洗礼，教育对象不仅仅局限于学生，而是扩张到全体公民，所有人都有了接受教育的权利。紧接着，通识教育的核心内容由原来的自由开放式教育变为理智教育。18世纪末，为了满足社会发展的需求，国外大学纷纷尝试引入自然科学等学科，引起了实用价值教育浪潮，这一浪潮在19

* 基金项目：厦门大学2021年课程思政教学研究项目、厦门大学第七批校级在线开放课程立项项目、厦门大学"翻转课堂"教学改革研究项目（JG20170403,JG20180206）。

** 王兆守，男，福建尤溪人，厦门大学化学化工学院助理教授，博士，主要从事生物化工研究。王江浩，厦门大学物理科学与技术学院2019级物理学专业本科生。张智慧，厦门大学物理科学与技术学院2020级物理学专业本科生。裴政涛，厦门大学化学化工学院2019级化学专业本科生。张全昊，厦门大学化学化工学院2019级化学专业本科生。汪妍安琪，厦门大学外文学院2019级法语专业本科生。王远鹏，男，湖北公安人，厦门大学化学化工学院教授，博士，主要从事生物化工研究。

① 侯宇晨：《谈课程思政：积极心理学视角下的大学通识教育改革》，《科学咨询（教育科研）》2021年第24期。

② 唐怀军：《持续加强和完善大学通识教育》，《云南民族大学学报（自然科学版）》2022年第5期。

世纪 20 年代被推至高峰,并引起了一场重大的教育运动。后来人们都意识到了大学课程不应该只含有人文教育的学科,更应该添加一些具有实用价值的课程,比如自然科学等,自此,通识教育得到了初步的完善,同时包含了人文教育和自然科学这两类学科。

二、国外通识课教育改革较为成功的高校引例

(一)哈佛大学

为了适应时代发展的变化,美国的哈佛大学对通识教育进行了多次的探索与改革,其中较为成功的是 1869 年哈佛大学校长艾略特提出的有利于完备学生知识体系的"自由选修"的教育理念和 1919 年哈佛大学校长洛维尔提倡的平衡必修课与选修课的理念,[①]这两位都为通识教育的改革做出了卓越的贡献,为后世的探索与研究提供了明确的方向。哈佛大学通识教育的改革真正始于 1945 年,经历了以下三个阶段的探索:

1.《自由社会中的通识教育》确立的分类必修教育

二战后,美国的经济、军事等方面遭受了严重的损失,因此,美国政府急需一批专业的技术人才来弥补这些缺陷。但当时人文教育占据主流,为了顺应社会上实用主义的需要,哈佛大学于 1945 年发表报告《自由社会中的通识教育》。该报告指出,高校培养出的学生不能只是技术人才,还需要接受通识教育,即由学生变为公民的过程中首先需要接受的教育。为了达到这个要求,哈佛大学将专业教育与通识教育同时设立,各成体系,两者相辅相成,即学生要想顺利毕业,就必须修够一定学分的专业类课程和通识类课程。这是哈佛大学对通识教育进行的第一次改革。

2.《核心课程报告》确立的核心课程教育

第一次的改革虽然让通识教育走进了学生的必修课中,但由于通识课之间缺少相关性,虽然通识课的种类越来越多,实际上却是在渐渐远离完备学生知识体系的初衷。为了应对这个弊端,哈佛大学又进行了新一轮的改革。1978 年提出的《课程核心报告》指出,通识教育不再强调知识的完备性,而是强调让学生学会在自己学科领域之外学习新知识,即强调跨学科性和综合性。

3.《通识教育工作组报告》确立的通识教育计划

在核心通识课的改革中,为了锻炼学生能够在不同学科之间同时获取知识的思维能力,很多通识课都远离学生自己的专业,这就导致学生很难同时将专业课和通识课掌握深透。为了应对这个弊端,哈佛大学于 2007 年发表《通识教育工作组报告》,该报告指出,通识课的目的是能将学生在大学期间学习到的知识与毕业后的生活联系到一起,帮助他们以后更好地适应社会。

(二)美国俄亥俄州立大学

21 世纪,人类社会发生了翻天覆地的变化,特别是科技水平的飞速发展,让各行各业都掀起了革命性的变化。在这样的历史趋势下,俄亥俄州立大学意识到了近几十年一直不变的通识教育体系框架存在的问题,经过长时间的探索与研究,也进一步开展了深度的通

---

① 张友燕:《哈佛大学通识课教育改革对我国高校通识课建设的启示》,《黑龙江高教研究》2021 年第 2 期。

识教育改革的工作,具有以下特征:

1. 自然主义取向的通识教育,聚焦实现"全球公民教育"

哈罗德·泰勒曾提出了理性主义、新人文主义、自然主义三种类型的通识教育哲学理论。① 自然主义重在培养学生利用所学到的知识去解决生活中遇到的困难,课程改革的中心在于社会的发展形势和学生的个人兴趣。俄亥俄州立大学通识教育改革强化了通识课程的整体性和普遍性,提出要设立通识教育的整体教学目标,即让所有公民都能够接受教育的远大目标。将"培养学生能够解决问题,能够独立思考,有全局意识的公民"作为学校的人才培养目标,并将之贯彻到人才培养的每一个环节中去。这次目标的设立,一方面符合社会经济发展的需要,重视学生个体的能力培养,另一方面,要求学生具备全球视野,为能够成为全球领导者做准备。

2. 跨院系的全校性通识教育管理,要求分层合作协调

改革前,通识教育主要由艺术和科学学院负责确认和审查,而现在有 11 个学院提供通识教育课程,总课程门数也扩展到了 1250 门左右,基本保证了通识教育课程能够全面覆盖各个学科。同时,这次改革提出了一个新的课程评价体系,即在通识教育正式列入提纲之前,需要经过为期不超过五年的全面评估。与此同时,为了方便师生利用网络资源进行教与学,实现教与学的灵活性,学校鼓励教师进行线上授课。

三、通识教育在我国的建设情况

我国的通识教育始于清朝末期,发展距今不到 200 年,起初被称为通才教育,并未得到重视。直到进入改革开放新时期后,人们才开始认识到通识教育在大学教育中所起到的重要作用,自此,通识教育才得到真正的重视。专业教育是为了让学生学习到一门技术,能够让学生在日后的生活中有一技之长,能更好地生活下去。与专业教育所起到的作用不同,通识教育重在培养学生的内在,旨在让学生成为一个健全的、合格的公民,是对学生内在素养的塑造。近年来,随着科技水平的不断发展与进步,社会对新时代人才的需求越来越大,因此,我国对高等教育也越来越重视,与此同时,我国对高等教育的发展也提出了更高的要求。但近年来高校之间的竞争主要在学科建设和科研建设上,忽略了教学质量。这种重科研的现象就导致了通识教育不被重视的现状。

(一)国内通识课教育的主要模式

1. 任意选修的选课模式

任意选修的选课方式就是学生只需要在规定时间内修够一定的通识课程学分即可,其中学生可以在学校开展的上百门通识课中自由选择。但是这些通识学分在学生的大学培养方案中占的比例较小,往往很难引起学生的重视。但部分高校由于师资力量匮乏或其他原因不能开展足够的通识课程,只能在网上购买其他高校的网络课程来让学生进行选择,这种方式虽然方便,但也有很大弊端,就是学生只需要在期末之前把这些网课刷完就可以拿到相应的学分,而不需要按时上课,所以效果不太理想。而在选课阶段,很多学生都不知

---

① 叶玲娟、王松良:《美国俄亥俄州立大学通识教育改革:背景、特征和启示》,《中国农业教育》2021年第 5 期。

道需要弥补哪些方面的知识去健全完善自己的知识体系,只是根据自己的兴趣爱好或者跟风去选课,看到那些比较难的课程就会自觉避开,看到那些简单的课程就会一哄而上,从而导致简单课程选不上、较难课程选的人数不够而不能开课的现状。

2. 核心课程模式

核心课程模式的重点是突出通识教育的全面性,也就是学科之间的联系性,强调要把不同学科之间的内容联系到一起,再进行融合,目的是能够让学生全面发展,实现不同学科之间的连贯性,学以致用。我国目前已有许多高校采用了核心课程的模式,并且取得了较好的成绩。比如北京大学的"元培学院",其培养方案与其他高校不同的地方是,在大一期间先让学生学习通识课程,而专业课程到了大二才开始开展。目的就是培养学生如何去查找文献,以及如何从文献中获取自己需要的信息,进而锻炼他们的探索与实践能力。复旦大学也采取了与之类似的培养方式,此外,复旦大学还采取了小班培养模式,目的就是便于管理,同时能够更好地激发学生的探讨精神,增加学生对通识课程的兴趣。

3. 大类培养模式

大类培养模式就是学校先将有关联的学科专业整合为大类专业,在招生的时候先不分专业,即在新生入学的第一年或前两年先按照大类教学模式进行培养,先让学生接受通识类基础课程的教学,到了第二或第三学年再细分专业进行专一化培养。目前我国有不少高校都采取了这样的培养模式,比如南京大学的匡亚明学院,在新生入学的前两年先让学生学习一些通识大类基础课程,到了大三再划分专业,学习专业化课程,进行专一培养。再比如厦门大学物理科学与技术学院先将学生按照物理大类进行培养,在第一学年让学生学习一些基础课程,到了大二再细分为物理学类和天文学两个专业;在 2022 年又将物理和数学合并为数理大类,也是先将学生进行大类培养,再细分专业进行专一化培养。

（二）国内高校通识课建设困境

我国高校通识教育发展受阻的主要原因包括:一是起步比较晚,很多"双一流"高校像清华大学、北京大学等的通识教育课程改革到了 21 世纪初才开始进行;二是受重视程度不够高,我国只有部分高校的通识课程做得比较成功,其中较为典型的就是以复旦大学为代表的采取核心课程模式的高校和以南京大学为代表的采取大类培养模式的高校,但是由于我国高校数量众多,教学水平差距较大,通识教育很难引起所有人的重视。虽然近年来通识教育改革已经成为各个高校教育改革的重点,很多高校也都尝试着开设各种各样的课程作为通识课,但是通识课真正得到全校师生重视的高校却屈指可数。相比之下,国外对学生通识教育就比较重视,从通识课程在全部课程中的占比就能看得出来,美国很多高校的通识课程在本科生全部课程中的占比一般都在 35% 左右,而我国平均仅占 10%,差距很明显。虽然很多高校都有把通识课列入学生的必修课中,却没能得到相应的重视,这就导致大部分学生选通识课的目的都是修够毕业所需的学分,而不是学习到新知识,提升自己的内涵,完善自己的价值观,这远远偏离了学校开设通识教育课程的初衷。

四、国外通识教育改革对我国的启示

（一）引起对通识教育的重视

哈佛大学自从着手进行通识教育的改革后,通识教育在本科生教育中所占的地位越来越高,远远领先于其他课程,这样的成果源自学校大力的资金以及人力支持,能够保证通识教育课程的顺利开展。相比之下,我国对通识教育的重视程度不太够,不管是学生还是老师。领导层方面,对通识教育的资金投入力度不太够,我国大部分高校只重视对学生科研成果方面的培养,而对如何培养学生成为一位合格的公民却不太重视,这就可能导致学生离开校园后成为所谓的高才低能的人。学生方面,很多学生对通识课都不够重视,认为通识课都是用来混学分的,没有用心去学习,课堂上玩手机、写其他科目作业的人也有很多,甚至部分学生只是在课前签个到,然后直接逃课,结果经过了一个学期后,可能只是混到了这门课的学分,而至于有没有学到什么,就不得而知了。

(二)明确通识教育的教学目标

通识教育的真正目的是健全完善学生的价值观,把学生培养成为一个能够认知自我、德智体美全面健康的个体,便于学生毕业后能够更好地实现从学校到社会这样的一个平台的过渡,能够更好地适应社会,实现自我价值。通识教育具有实用价值、个体价值等基本特征,正是因为有了这个特征,通识教育能够让人的精神世界得到升华,能够让人的知识世界得到丰富完善,能够满足人近乎一切的需求,让人具有更高的创造能力。[①] 要想进行通识教育改革,首先要明确通识教育的教学目标。相比之下,国外的通识教育涉及的范围就比较广泛,不仅能够让学生的理论知识层面得到提升,还能锻炼学生动手参与其中的能力,可谓理论与实践同修。我们也应该吸取经验,构建完整的课程体系,开阔学生的视野,同时将优秀的传统文化灌溉给学生,让学生感悟中国传统文化的庞大魅力,让学生懂得欣赏。同时也要让学生了解中国在世界舞台中的地位,让学生了解国际形势,开阔学生的国际视野。爱因斯坦说:"青年学子在离开学校时,是一个具有和谐人格的人,而不是一个专家,这应该永远作为学校的目标。"社会需要专业化人才,这就导致了高等教育越来越专业化。但大学教育与职业院校不同,虽然说两者的最终目的都是培养"职业人",但大学教育应该先把学生培养成一个真正的"人",再培养成"职业人",如果省去了这个步骤,那么大学和职业院校又有什么区别呢? 大学教师不应该只是奔着发表高水平论文、评高职称等利益性的目的教学,而是应该为了如何将自己的科研成果转化成知识,激发学生对科研的求知欲,锻炼提高学生的探索能力,提升学生的自我价值。

(三)开设具有内在逻辑性和整体系统性的课程内容

1. 通识课程的内容选择要有目标性

通识课程的目标决定了通识课程内容的丰富性。通过通识课程,学校想要达到的目的是培养学生的价值观、锻炼学生的思考能力和思维方式、开阔学生的国际视野等诸多方面,所以通识课程不能简单地局限于人文主义上的教学。通识课相比于专业课,有着更加多元化的特点,而且背景比较广泛,能够弥补学生在专业课上单一思维方式的缺陷。数字化为学生们带来了极大的便捷之处,学生对电子设备的依赖性越来越高,随之而来的就是学生的书写能力越来越差,因此,在保证内容多元化的前提下,通识教育应该加强对学生书写能力的培养。现在提笔忘字的现象在大学生群体中已经越来越常见,不少高校的老师也反映当代大学生的书写表达能力变得越来越差。要想有足够的写作和思考灵感,就需要不断地

---

① 蒲清平、何丽玲:《新时代高校课程思政教学提质增效的实践路径》,《思想教育研究》2022 年第 1 期。

阅读,通过阅读,学生不仅可以实现知识上的积累,还能够从书中得到升华,能够更加清晰地进行自我认知,从而更好地完善自我。这些都是学生在阅读中潜移默化获得的成果,并不是带着功利性的目的从通识课上学到的,更不是通过上了几节课就可以学到的,是长久养成的习惯造就的。香港科技大学作为泰晤士亚洲大学排名第八的名校①,在建设人文通识教育过程中就很重视理工科学习与日常生活和人文思考的结合。该校的育人宗旨就是关注社会与日常,关注科学的社会价值,在理工科类课程中鼓励人文思考、立足于现实问题和日常生活。

2. 各门通识课程之间应该具有内在的逻辑性和系统性

一套完整的通识课程体系需要将不同领域的知识系统的联系起来,化分散为统一,比如可以将一些和学生本专业相关的一些通识课程由原来的选修改为必修列入学生的培养方案中去,这样就可以让学生清楚地了解到这些课程之间的内在联系,知道自己应该选一些什么课完善自己的知识体系,从而避免了学生因随意选课而导致的碎片化知识学习。

(四)创造多元化的授课模式及考核方式

目前我国的通识课教育方式依旧停留在灌输式教育,即整节课差不多都是在老师的讲课中度过的,这样的教学方式很难能引起学生对课程的参与性,不过这也和我国通识课采取的大班式教学有关,一个班级100多人确实很难实现因材施教,老师也没有足够的精力去熟悉课堂上的每一个人,在这种情况下老师不得不采取单一的考核方式,这也就导致了在学生眼里,所谓的通识课只不过是大型的知识普及课,教学评价的激励机制在这种氛围下也就荡然无存了。为了应对这种尴尬境地,应该采取小班化教学方式,将一个班级的人数控制在30人左右,将人数降下来能够有效提高通识课的教学质量,因为这样教师就可以做到因材施教,照顾到班上的每个同学,就更容易激发每个学生的学习兴趣和求知欲望了。同时也要改变以往单一的考核方式,目前我国通识课的考核方式不外乎期末考试或者是课程论文,这样的考核方式让学生很难感受到在整个课程中的参与度,应该提高学生平时在课程中的表现分占比,增加平时课堂上的互动环节,提高学生的参与度等。

(五)通识课程改革与时代相适应

遥望历史,每一次的成功改革都是在总结当前时代的得失与否的前提下进行的,通识教育的改革也应是如此。说到底,通识教育是一种构建完善学生价值观的教育,而不能只看作为中立的教会学生知识的教育。要结合中国特色,培养出符合中国特色社会主义核心价值观的优秀大学生。成功的通识课教育改革除了要具备国际视野之外,更应该蕴含本国的文化背景,符合国情。我国社会主义核心价值观自2012年被提出以来就被高校列入教育体系中,但这种教育往往只通过思政课程完成。大学生正处于一个从学校向社会过渡的重要阶段,高校不能只看重对他们的知识上的教育,人文精神层面的教育也同为重要。通识教育是引导学生、培养学生社会主义核心价值观的主要途径,高校应该加强对通识教育的重视程度,肩负起学生全面健康发展的重大责任。

五、结语

通识教育不仅教授学生课本上的相关知识和相关理论,更是对学生的思维模式、道德

---

① 杨莉:《粤港澳大湾区理工科优势大学人文通识教育发展现状》,《高教学刊》2023年第1期。

修养、思想境界等整体素质的多维培养,教学效果不应仅体现在考试成绩上,更应该体现在学生综合素养和解决实际问题能力的提升。① 因此,对通识教育进行改革和创新是至关重要的。近些年来,随着科学技术的不断提升,学生的求知欲也越来越强烈,在这种趋势下,教师更应该适时对教学内容及教学模式进行改革与创新,将理论知识与实际问题、实际生活相结合,激发学生的探索欲望,开阔学生的眼界,提高学生的综合素养,以达到通识教育的理想效果。

---

① 王兆守、俞若涵、张霖梦等:《通识教育课程教学改革与创新的探索——以"食品安全与健康饮食"为例》,计国君主编:《2021高等教育教学实践探索:厦门大学解决方案》,厦门大学出版社 2021 年版,第 158~165 页。

国际中文教材建设的中国化、国际化与本土化[*]

马杜娟[**]

摘要：随着汉语走出去步伐的加快，教材建设成为国际中文教育事业发展的瓶颈之一。本文在分析国际中文教材"中国化""国际化"与"本土化"的内涵及三者关系的基础上，提出国际中文教材建设要坚持"中国化""国际化"与"本土化"的和谐统一，不能偏废。

关键词：国际中文教材；中国化；国际化；本土化

中国的对外汉语教学事业走过了半个多世纪的发展历程，从"对外汉语教学"到"汉语国际教育"再到"国际中文教育"，这不仅是学科名称的变化，更是新时代背景下学科内涵的提升。近年来，在"人类命运共同体"理念和"一带一路"倡议的指引下，国际中文教育事业面临着新的发展机遇与挑战。立足当代世界变化的新形势和新格局，研究国际中文教育的新因素、新问题和新对策，以平等包容的态度引领汉语和中国文化走向世界，是国际中文教育研究面临的新课题。

教材建设是国际中文教育的重要内容，也是"三教"问题关注的热点，近些年，国外汉语学习者的结构和需求逐渐多元化，国际中文教材本土化的呼声越来越高。2022 年 12 月，国务院副总理孙春兰在国际中文教育大会上指出："中国愿广泛开展与各国政府、学校、企业和社会组织等合作，以学习者为中心，以需求为导向，坚持质量为先，推广国际中文教育标准，因地制宜开发教学大纲、本土化教材教辅和教学工具。"[①]因此，本文从国际中文教材的发展需求出发，分析国际中文教材"中国化""国际化""本土化"的内涵及关系，认为应充分认识教材"本土化"发展的内涵，成功的国际中文教材应该是"中国化""国际化""本土化"的有效融合与和谐统一。

一、教材建设的中国化

统观国际中文教材的已有研究，"国际化"和"本土化"谈及较多，"中国化"则较少提及。实际上，不管"对外汉语教学""汉语国际教育""国际中文教育"这些名称如何变换，"汉语"始终是根本，是中国文化走出去的载体，马秋武等（2017）指出"汉语国际教育的核心是汉语

* 基金项目：国务院侨办 2022 年度华文教育研究课题"面向泰国中学华文教育的汉语常用口语格式配套资源建设"（22GQB112）。

** 马杜娟，女，河南获嘉人，厦门大学国际中文教育学院/海外教育学院讲师。

① 《孙春兰强调：扎实推动国际中文教育高质量发展》，http://www.gov.cn/guowuyuan/2022-12/09/content_5730892.htm，访问日期：2023 年 2 月 25 日。

教学"①。要传播汉语自然离不开中国,教材的"中国化"问题不但要谈,而且是比"国际化"和"本土化"更重要的内容。国际中文教材"中国化"的内涵和层次大致包括以下三个方面。

(一)汉语特征——教材中国化的根本和核心

"要搞好汉语教学,首先要做好汉语本身研究"②,汉语与印欧语差异很大,语音、词汇、语法、汉字等都有自身的特点,这给汉语走向世界带来了一定的困难,因此做好汉语本体研究,"经过对比提取并贯彻汉语的特征是改革对外汉语教学的根本"③。汉语特征是一个立体综合的系统,有总体和分体、内部和外部、历时和共时之分,就汉语教材来说,抓住现代汉语的总体特征和各部分语言要素的分体特征,将内部语言特征与外部文化特征融为一体,体现汉语的时代特色,是实现教材"中国化"的根本和核心。在汉语特征系统中,语言要素的本体特征是关键,教材要抓住常用汉字、词汇和语法,充分体现汉语不同于其他语言的组合特征,尊重汉语习得规律,精讲多练,才能打破"汉语难学"的固有认识,高效习得。李如龙先生曾提倡,在汉语作为第二语言的教育中沿用汉语母语教育的"形音义、字词句"的要诀,使用"字词句直通"的教学理论,很值得汉语作为第二语言的教材借鉴。

(二)中国传统文化的普适性内容和素材——为教材中国化增添传统特色

中国传统文化历史悠久博大精深,与世界其他国家和地区的文化有同有异,一味不加取舍地推广中国文化可能会引起学习者的误解和抵触,聂学慧(2013)指出"要消除舆论界及民众对中国文化的误解和偏见,文化的定位与选择尤为重要"④。中国传统文化中有许多普适性的内容和素材,与世界其他国家的价值取向一致,既能体现中国特色又容易被接受,这些内容和素材应该被优先选入教材,激发学习者的兴趣和对中国文化的亲近感。比如,方欣欣(2013)研究了中外合作文化推介的内容与形式,得出了"中国画可以先行于中国书法进行推介;中国象棋很有意思;中餐馆是最热闹的地方,是学生最有兴趣的参与中国文化活动的场所"⑤等结论。汉语教材可以吸纳这些易于被学生接受的内容和素材,用适合学生水平的词句加工成可读性强的对话、短文等,供学生学习。

(三)时代感强的话题——为教材中国化注入时代活力

国际中文教育事业的蓬勃发展和中国改革开放以来经济社会的飞速发展是密不可分的,许多海外学习者对中国的现状了解不多,汉语教材应该以具有时代感的话题展现中国社会的方方面面,成为展示当代中国的媒介。在大数据时代,我们可以轻松捕捉到当代中国的瞬息万变,例如国家语言资源监测与研究中心基于大数据语料库,利用语言信息处理技术筛取,并经过专家评议选出了2022年度"十大流行语",包括"党的二十大、中国式现代

① 马秋武、宋缨、严倩倩:《汉语国际教育的发展路径与前景》,《现代语文》2017年第2期。
② 马秋武、宋缨、严倩倩:《汉语国际教育的发展路径与前景》,《现代语文》2017年第2期。
③ 李如龙:《汉语特征研究论纲》,《语言科学》2013年第5期。
④ 聂学慧:《汉语国际推广背景下中国文化的定位与选择——以美国孔子学院为例》,《河北学刊》2013年第4期。
⑤ 方欣欣:《中外合作文化推介的内容与形式探析》,《首都师范大学学报(社会科学版)》2013年第S1期。

化、全过程人民民主、端稳中国饭碗、数字经济、太空会师、一起向未来"等[①]，国际中文教材可以从近些年的流行语中找出中国社会发展的热点问题，结合海外学习者的兴趣爱好和接受能力，用合适的话题将之编入教材中，以增加学习者对当代中国的了解。

二、教材建设的国际化

国际中文教育是全球教育国际化大潮中的一部分，顺应了教育全球化时代发展的趋势。简·奈特（Jane Knight）认为"教育国际化是把国际的、跨文化的或者全球性的维度融入教育的目的、功能及实施中去的一个过程"[②]。刘剑清、王小飞（2015）提出"教育国际化是世界各国为解决教育上的共同问题而做出的一种人为的、有组织的行动的结果，是世界各国应对教育全球化的一种积极举措，是全球化时代教育发展要素跨境配置及教育教学重构的过程"[③]。国际中文教材要顺应这一趋势，积极主动通过自身建设实现"国际化"，全方位立体化地打造国际品牌。国际中文教材"国际化"的内涵和层次大致包含以下三个方面。

（一）汉语国际化语言标准建设——为教材国际化提供指导和依据

一种语言要走向世界，首先要建立国际化的语言标准。语言标准要具备国际竞争力，汉语才能真正走出国门，走向世界。回顾过去，我们先后出台了《汉语水平等级标准和等级大纲（试行）》《国际汉语能力标准》《国际汉语教师标准》《国际汉语教学通用课程大纲》《国际中文教育中文水平等级标准》等一系列标准，但与国外的语言学习标准相比仍存在差距，学术竞争力还有待提升。美国有《21世纪外语学习标准》，英国有《外语学习标准》，欧盟有《共同参考框架》，这些标准不但发挥了巨大的社会效用和经济效用，为促进国家地区的繁荣和发展作出了贡献，也是语言国际传播的强大动力和支持，推动了语言教学、教材建设、师资培训等有效开展，可以说语言标准的制定是语言国际传播的基础和依据。国际中文标准应该在汉语走出去的实践中不断修订完善，才能为教材的"国际化"提供指导和依据，教材的建设也要紧跟语言国际化标准，以标准规定的体系、要素、数量、等级、选题等细则编写国际中文教材。

（二）中外合作的教材编写出版团队和机制——实现国际化要素的跨境配置

国际中文教育的发展过程是汉语和世界各国各地区教育、语言要素充分融合和重新配置的过程，要保障这一过程的顺利实施，单靠中国国内一些专家学者是难以完成的，必须改变传统的编写模式和思路，联合国外专家团队共同创新，优势互补。在中外合作编写出版汉语教材的实践中，国际化的要素可以在如下几方面得到自然的融合：首先是教育教学理念的碰撞与融合，传统的汉语教材体现了中国式的教育教学理念，与国际接轨程度不高，在中外合作的过程中，国际先进的教育教学理念可以被吸收进来，如"全纳教育""学生的主体

[①]　《2022年度十大流行语》，https://baike.baidu.com/item/2022％E5％B9％B4％E5％BA％A6％E5％8D％81％E5％A4％A7％E6％B5％81％E8％A1％8C％E8％AF％AD/62470788？ fr＝aladdin，访问日期：2023年2月25日。

[②]　简·奈特：《激流中的高等教育：国际化变革与发展》，刘东风、陈巧云译，北京大学出版社2011年版，转引自邓云川：《从教育对外开放政策看云南高等教育国际化未来走向》，《云南开放大学学报》2019年第1期。

[③]　刘剑清、王小飞：《教育国际化内涵及政策定位》，《国家教育行政学院学报》2015年第5期。

性""翻转课堂"等,为教材编写带来全新的思路和视角;其次是教学过程的优化与提升,目前的汉语教材对教学过程与环节的展示过于呆板,需要一线教师根据教学经验灵活调整,国外专家团队的加入可以将灵活多样的第二语言教学过程引入汉语教材,实现教材的优化与提升;再次是教材内容的继承与创新,传统汉语教材中虽有很多内容既可以体现中国特色,又易被国外学习者理解和接受,但也有一些过时陈旧的内容应该被替换,引入国际化的内容材料,使教材在继承的同时获得创新。

(三)现代化、立体化的多维教材体系——满足汉语国际化的多样性需求

汉语教材正经历着从纸质教材向有声教材、多媒体教材、网络教材、数字化教材的发展,但目前市场上的教材仍多以纸质教材为主,不能满足日益增长的多样化学习需求。应学凤(2012)指出汉语教材出版面临着三大问题和挑战——学习主体和学习条件的变化、学习环境的变化、阅读习惯的变化[①]。要解决这些问题和挑战需要改变教材编写出版的传统模式,加速建设现代化、立体化的多维汉语教材体系,在以下三方面做出努力:首先,教材内容的多元化和弹性。内容的多元化不仅指教材内容贴合学生的国际视野和生活实际,有针对性和可读性,也指教辅、读物、学习资源等的多样性。内容的弹性指教材在容量和学习要求等方面的设计要有一定的伸缩度,让教师在不同教育体系和不同学时要求中可以灵活掌握,使学生感到难易适度。其次,教材形式的多样化和立体化。汉语教材要创新编写出版机制,用产业化的运作思路整合资源,运用先进的现代科学技术手段和网络数字媒体资源,使纸质教材与多媒体教材、网络教材和数字教材协调发展、优势互补。再次,教材出版发行模式的国际化。充分借鉴国外优秀出版机构的运作模式和先进经验,发挥市场机制,政府和民间机构通力合作,做好汉语教材海外发行的渠道建设,同时保护汉语教材版权,防止盗版。

三、教材建设的本土化

随着国际中文教育事业的深入开展,"通用性教材"在海外遭遇"水土不服"的现象越来越多,编写本土化汉语教材的呼声越来越高,"本土化"教材应该是在教学内容的组织安排和教材的呈现形式上符合当地(目标国)思维特点和使用习惯,与目标国价值观不起冲突的教材[②]。在编写本土化汉语教材的过程中,充分结合所在国或地区的国情、文化、教育制度、风俗习惯等,已经成为学界的共识。国际中文教材的"本土化"应包含以下三方面的内容。

(一)教材内容——符合学习者的母语特点、习得规律、社会文化习俗

学习者的母语特点是汉语作为第二语言的教材需要考虑的首要方面,是基于学习者母语与汉语的对比研究得出的。汉语属于汉藏语系,在语音、词汇、语法、语用等方面都有自己的特征,与其他语言对比时,部分汉语特征会得到凸显,这些特征的集合就是教材需要重点突出强化的内容,另外,汉语教材还要在注释、释义、排序等方面考虑学习者的习得习惯,符合他们的认知规律。文化教学是教材编写的重要内容,文化内容如果设计不当就容易引

---

① 应学凤:《汉语国际推广背景下对外汉语教材数字出版转型探析》,《中国出版》2012年第19期。
② 狄国伟:《国际汉语教材本土化:问题、成因及实现策略》,《课程·教材·教法》2013年第5期。

起曲解和偏见,直接影响汉语教学的效果。周小兵等(2014)将二语教材本土化中社会文化习俗的实现方式分为词汇、文化、教材背景设置和话题选择三个方面①。本土化汉语教材要剔除当地文化的禁忌成分,同时适当选择人名地名、食物节日等富有当地特色的词汇,将一定的当地生活、国情民情融入教材的话题选择,将教材的背景设置为当地,这些都有助于缓解文化误解和冲突,助力汉语在当地的传播。

(二)教材设计——符合当地的教育制度和教学安排

不同国家地区在教育制度上存在一定的差异,汉语教材的"本土化"首先要认真研究各国各地区的教育制度与中国教育制度的区别,包括不同教育阶段的内容、形式、培养目标、升学制度及要求等,还要了解汉语教学在当地教育体系中所处的地位,通过这些来确定不同阶段、不同层次的学习者学习汉语的态度、目的等。比如,欧美国家的儿童汉语和成人汉语存在较大差异,儿童汉语教材应注重兴趣的培养,将汉语知识与文化内容融入日常游戏和活动中,成人汉语教材应注重入门期的学习成效,强调学以致用,以简洁实用的内容展示汉语的魅力,打破"汉语难学"的固有认识。其次,教材的"本土化"还要和当地的教学安排密切结合起来,了解各类学校和教育培训机构的课程设置、开课阶段和顺序、修读性质、学分学时、成绩测试标准等,比如汉语培训和全日制学校的汉语教学就有很大区别,汉语培训时间短、学时集中、目标明确、强化特色明显,而全日制学校的汉语教学一般来说时间长、学时分散、学生修读目的各异,因此本土化教材编写要在教育制度的总体要求框架内,结合当地学校制定的具体细则做出合适的调整。

(三)教材编写——符合当地的教学过程和教材使用习惯

由于教育制度和历史文化传统的不同,不同国家地区的教学过程和教学习惯存在差异,中国的传统教学过程在海外不断遭受到"教学手段单一、教学过程呆板乏味"等批评,这固然和师资水平良莠不齐有关,但教材编写也难辞其咎。国际中文教育的"本土化"需要大量的本土汉语教师,他们更了解当地的教育教学情况,更容易培养学生对汉语的亲近感,但也常在教材甄选和教学内容的选择方面陷入一定误区。因此,汉语教材的"本土化"要在充分调研的基础上,与当地教学经验丰富的人员一起制定教材的版式、体例、教师用书、教辅读物、多媒体数字资源等,尽量贴合当地的教学过程和教材使用习惯,为教师教学提供帮助。例如,根据张晓彤(2013)的研究,俄罗斯人的俄语学习书上刚开始都会有详细的发音舌位图,字母分清音和浊音且成对儿出现,而我国出版的汉语教材在拼音部分则没有这么详细②,因此在编写开发针对俄罗斯的本土化汉语教材时,应该邀请当地专家根据当地学生的学习习惯,对俄汉语音进行对比,并用丰富的图示表达出来,以增加趣味性和实用性。另外,在编写本土化汉语教材时,适当借鉴所在国的比较成熟的其他外语教材的做法,也是贴近当地教学过程和学习习惯的一个有效途径。

四、教材中国化、国际化和本土化的关系

通过上文对国际中文教材"中国化""国际化""本土化"三个层面上的内涵分析,可以看

---

① 周小兵、陈楠、梁珊珊:《汉语教材本土化方式及分级研究》,《华南师范大学学报(社会科学版)》2014年第5期。

② 张晓彤:《关于汉语教材本土化的思考与建议》,《语文学刊》2013年第22期。

出国际中文教材建设是一个多维立体的系统,不能一种教材包打天下,要在国际中文教育的脚步中与时俱进,充分把握"中国化""国际化"与"本土化"的关系,满足不同环境中汉语学习者的多样化需求。

以往研究对教材"中国化""国际化""本土化"的关系较少谈及,特别是对"中国化"的定位欠清晰。从时间上来看,"中国化"是汉语教材区别于其他语种教材的根本,是最早随着对外汉语教材的诞生就出现的,但也是最模糊和最容易被忽视的。随着汉语国际教育事业的开展,出现了汉语教材的"国际化",紧随其后的就是汉语教材的"本土化",关于后两者的研究多强调汉语教材要有国际化的眼光和视角,选材契合国外文化语境,考虑当地学习者文化背景、审美情趣和语言接受习惯,以免引起价值理念和文化观念的冲突等。随着教材"国别化"和"本土化"研究的深入,许多学者开始意识到"国别化教材"与"通用型教材"并不是"你死我活"的对立关系,"国别化/本土化教材"也应充分体现汉语和中国文化的特征,注重内容的"中国化",教材"中国化"这一根本问题逐步得到重视。

综上,国际中文教材的"中国化""国际化""本土化"密不可分,"中国化"是教材必须坚持的根本,"国际化"是教材在国际中文教育的时代洪流中必须坚持的发展方向,"本土化"是教材在深度"国际化"的过程中出现的必然要求,三者必须协调发展才能满足国际中文教育的发展需要,单独强调某一方面而否认其他方面都是不可取的。

面向人工智能时代的国际关系学课程建设
——基于"人工智能与国际关系"教学的思考

黄 飞[*]

摘要：人工智能＋是发展新文科的一个重要方向，本文通过总结"人工智能与国际关系"这门课程的教学经验来思考新文科课程建设的理念、实践和挑战。本文认为，课程一方面需要有人文社会科学的基点和视角来进行学科交叉，另一方面应该对人工智能有一定技术上的理解，还应该注意人工智能给人文社科带来的研究方法上的创新以及学习方式的挑战。课程的前沿性、交叉性给教学带来新的机遇，但也存在一些困难和挑战。

关键词：人工智能；国际关系；学科交叉；新文科课程建设

一、引言

新文科是当前人文社会科学发展的一大趋势，我国相关教育和科研部门都给予了重视，并发布了指导纲要，提出了一些发展新文科的重要原则。近年来，人工智能发展迅速，对社会的影响日益显著。这是新文科应该关注的重要问题之一，新文科课程建设可以围绕这个问题开设相关系列人工智能＋的课程。

笔者基于专业基础和研究兴趣，为本科生开设了"人工智能与国际关系"的选修课。笔者在 2018 年第一次开设这门课程时，在国际关系教学中还属于拓荒。最近几年，这个领域已经成为国际关系学科中非常有前景的方向之一，吸引了越来越多的学习者和研究者。目前，这门课已经开设过两轮，选课学生除了国际政治专业的本科生，还有经济、艺术、生物等专业的学生。在教学过程中，通过不断地摸索，笔者也对课程建设有了更多的思考。

本文主要关注教学实践问题，讨论学科交叉的理念如何在这门课中落地，"人工智能与国际关系"主要涉及的是国际关系和人工智能的学科交叉。不同的学科建设人工智能＋的新文科课程的时候会有不同的特点，但也会有很多相通之处，本文对其他学科可能也有一定参考意义。

二、课程设计和教学中如何实现新文科所要求的学科交叉

国际关系学科中本来就存在一定的学科交叉，比如国际政治经济学中政治学与经济学的交叉。人工智能和国际关系的交叉研究虽然 20 世纪在美国就已经存在，但是受限于当时技术条件，这个领域并没有取得很大的进展和持续的关注。人工智能技术发展时起时

---

* 黄飞，河北承德人，厦门大学国际关系学院助理教授。

落,在相当一段时间内陷入沉寂。直到2016年AlphaGo和2022年ChatGPT的出现,人工智能才呈现突破和加速发展的趋势。人工智能与国际关系的交叉研究这几年重新受到重视,我国也有一些学者开始积极参与①。

在这样一个新兴领域中,进行体现学科交叉的课程设计和组织教学是一个不小的挑战。

笔者在设计和组织教学时,把课程分理论驱动以及数据与计算驱动两大部分,前者讨论国际关系理论视野中的人工智能,把理论和案例结合进行教学。后者讨论人工智能与计算社会科学视野中的国际关系,介绍国际关系研究的前沿方法和手段,把讲授和实验结合进行教学。

上半学期以前者为重点,下半学期后者为重点。

(一)理论驱动——国际关系理论视野中的人工智能

两个学科进行交叉,一般来说并非平分秋色,而是有各自的学科侧重点。正如国际政治经济学的学科特点一样,虽然其中有着政治学与经济学交叉的思想,但是国际政治经济学仍然属于政治学,而非经济学。国际关系学与人工智能的交叉也仍然是国际关系学的一个新领域。这门课与本学科的一些专业课程可以实现密切衔接,如国际政治概论、国际关系理论和国际安全乃至国际政治经济学等课程的基本内容都可以在这个新的领域实现拓展。把这些关系理顺,教学就有了基础,学生学习起来也会感觉路径清晰。

科技是国际关系发展变化的重要推动力,每一次科技革命都在相当程度上改变了国际关系的性质和范围。人工智能经过多年的发展,现在已经实现了一定的突破,开始有了广泛的实际应用。在提高效能的同时,也带来了新的社会政治、法律和伦理问题。人工智能影响到了国际关系的很多方面,尤其对国际安全和全球治理的影响越来越大,探讨人工智能在国际关系不同领域的具体影响是教学的一个重要部分。同时,国际关系学有自己的理论体系,学生需要借助理论去理解和分析这些新问题新现象。在教学需要中把理论和实际有机结合,探讨不同理论视角的长处和局限。在这个部分,课程围绕着国际关系的主要的理论范式展开讨论,并以具体领域的案例来配合教学。

第一,主要的国际关系理论是现实主义。从这个角度看来,人工智能能极大地增强国家实力,特别是军事实力和经济实力。各国普遍认为人工智能能给国家实力带来革命性变革,各国政府在人工智能研发方面投入巨资,发展最先进的技术,吸引最有才华的研究人员,这导致了强国之间的激烈竞争。各国对彼此的人工智能活动高度关注,从现实主义的角度看,这会引发人工智能的军备竞赛和安全困境。在现实主义的理论视角下,笔者给学生提供了中美人工智能竞争的案例进行讨论。目前,中美关系中竞争性的一面日渐突出,美国在尖端科技领域对中国实行制裁打压和"脱钩"的政策,人工智能是其中的一个关键领域。在案例分析中,引导学生分析中美人工智能技术发展各自的长处和短处,以及中国在这场竞争中应该采取的对策。

第二,自由主义国际关系理论。从这个视角看,国家之间不是只有战争和竞争,国家之

---

① 封帅:《建构人工智能国际关系研究的中国视角:历史考察与议程设置》,《国际关系研究》2021年第6期。

间也有可能进行合作。在人工智能领域，我们看到各国通过国际组织，例如联合国等机构，进行合作来集体应对人工智能挑战。一些国家甚至正在联合起来成立新的机构，专门应对人工智能的潜在风险。在这个理论视角下的一个案例是全球人工智能伙伴关系（GPAI），它由 15 个政府于 2020 年 6 月正式启动。GPAI 表示要促进国际合作并"最终促进采用值得信赖的人工智能"。这类的机构来应对人工智能带来的挑战是否有效？要求学生进行评估。

第三，建构主义国际关系理论。建构主义国际关系理论强调国际社会除了物质力量还有观念力量的存在。对于国际关系中的无政府状态、安全困境以及民主和平论，建构主义提出了自己的解释方式。在这个理论视角之下，该如何使用人工智能的一些观念和规范会在实践中形成，并影响国家的行为。面对日渐强大的人工智能，超越国家民族文化的人类身份认同也可能凸显。在建构主义理论视野中选择的一个案例是关于人工智能自主武器系统的合法性问题。2014 年以来，联合国召开会议讨论如何使用人工智能武器系统中的技术，一个争论焦点是致命性的自主武器系统，这种武器在没有人为干预的情况下可以选择和杀死目标。很多国家对致命性自主武器系统的抵制要求国际社会禁止"杀人机器人"，认为移除人类对武器系统的控制将违反国际人道主义法和人权[①]。

第四，马克思主义国际关系理论。在新的国际背景下，马克思主义国际关系理论采用的非国家行为体的分析方法，以及对多维度全球综合治理等问题的关注，马克思主义国际关系理论批判西方国家主导下的全球治理体系中的不平等现象，并且呼吁提高发展中国家的国际地位和作用。尤其是新葛兰西学派和法兰克福学派的批判理论包含了规范性的、解放性的要素，为建构一种"具有解放目的的历史社会学"提供了新的可能。

通过这样的理论与案例结合的分析，本专业的学生很容易把以前学过的国际关系基础理论延伸到与人工智能相关的前沿领域。教学理论和案例的结合，也有助于激发学生的学习兴趣，提高对理论的实际运用的能力，并可以就理论本身进行反思，不把理论教条化。来自其他院系的学生即使缺乏国际关系理论基础，也能借助案例基本上理解所学内容，甚至可以从自己学科的角度提出一些新颖的见解。期中的考核是一篇小论文，要求学生就以上的内容选择一个自己感兴趣的问题进行研究，大部分学生都能完成得比较好。

（二）数据和计算驱动——人工智能与计算社会科学视野中的国际关系学

学科交叉的另一个方面引入人工智能作为国际关系的研究方法。研究方法是国际关系学科中的重要教学内容，国际关系专业的本科生和研究生都有定性和定量的研究方法课程。不过，这些课程主要是传统的定性方法和统计学，针对的是有限的案例和小数据。对于大数据以及和人工智能相关的计算社会科学方法涉及得很少。

计算社会科学是由数据驱动的研究人的行为和社会互动的新进路，它是计算科学、网络科学和复杂性科学以及社会科学的交叉。与人工智能（特别是机器学习）技术相结合，计算社会科学的预测功能可以得到较大幅度的提升[②]。计算社会科学很大程度上是在大数据的催生下兴起的。在这一部分的教学中，首先要把一些基本概念讲解清楚。这些基本概

---

① 董青岭：《新战争伦理：规范和约束致命性自主武器系统》，《国际观察》2018 年第 4 期。

② 董青岭：《机器学习与冲突预测：国际关系研究的跨学科视角》，《世界经济与政治》2017 年第 6 期。

念包括人工智能、大数据、计算社会科学、神经网络、机器学习、深度学习和复杂性。理解这些概念对于大部分文科生都有一定的挑战性,但经过学习也是可以基本理解的。针对文科生的特点,要用尽量简单明了形象图示的方式讲解。除了概念本身,也要帮助学生理清这些概念之间的联系。

接下来就是学习不同的分析方法,主要包括自动文本分析、社会网络分析和基于主体的建模。简单介绍不同分析方法的基本原理,然后将利用相关分析方法的论文作为案例来分析讨论。"计算国际关系学"可以借助一种或多种工具,如数据挖掘、自然语言处理、文本分析、网络爬虫及机器学习等方式,收集规模数据,为构建真正的多方法研究设计奠定基础。[①] 与传统国际关系学科相比,其研究方式更关注数据技术和计算工具在国际关系研究中的运用,在一定程度上能超越传统定性和定量研究的分歧。实际上有些计算社会科学的方法对文科生可能比传统的定量分析方法更友好,比如借助一些现成的软件,进行自动文本分析就比较容易上手。同时也让学生感觉到国际关系的学习也可以更具应用价值和可操作性,有助于激发学习兴趣和提高专业认同感。对本科生来说,讨论过多的社科理论不如对通过解决实际问题更能体现专业价值。

以计算社会科学为平台,还有助于推动国际关系和社会科学中不同学科如经济学、政治学、心理学、社会学等的交叉融合。过去学科被不断细分,然而在这个过程中我们却忽略了对社会整体的认知和理解。理解每个细节并不等于理解一个复杂现象整体是怎么运作的。

计算社科科学的出现有助于打破不同学科的区隔。在这部分的教学中,需要注意培养学生的复杂性思维,以复杂系统的视角看待国际政治。国际关系研究曾深受经济学简约思想的影响,现今需更关注复杂社会的各个侧面。这一时代国际关系研究的素材正发生急剧变化,真实数据、模拟数据和生成(伪造)数据都将成为未来研究数据的来源。在万物互联的智能化时代,万物皆数、万物可计算的思想会进一步成为现实。[②]

这一部分的难度对文科背景的学生要高一些。从学习效果上看,学生之间存在一定的差异,有些学生可以在理解概念和方法之后进行简单的应用,有的学生停留在对概念的理解上,应用能力还不足。但学生通过学习,至少了解到了这个前沿领域的一般性知识和发展状况以及代表性文献,以后可以根据自己的需求决定是否进一步深入学习。

三、如何引导文科学生学习相关技术知识

文科学生是否应该学习一些数理和技术知识? 对这个问题,笔者持积极肯定的回答。目前,对人工智能的学习已经下沉到中学,2018 年 5 月,第一本面向高中生的人工智能教材《人工智能基础(高中版)》发布。实际上,如果没有一定的数学和编程能力,对计算社会科学只能浅尝辄止。应该鼓励有能力有兴趣的文科同学去积极学习相关的数理和技术知

① H. Akin Unver. Computational International Relations: What Can Programming, Coding and Internet Research Do for the Discipline? *All Azimuth A Journal of Foreign Policy and Peace*, 2019, Volume 8, Issue 2.

② 漆海霞、董青岭、胡键:《大数据时代的国际关系研究》,《中国社会科学》2018 年第 6 期。

识。当然,这个问题也不能一概而论,如果课程的目的只是满足通识要求,则在这方面可以有所变通。应该视课程的性质、选课学生的兴趣以及在学校整个课程体系中的定位来决定。

"人工智能与国际关系"是一门专业选修课,选课学生多来自国际关系学院的本科二三年级,来自其他院系的学生也主要是人文社科专业。大部分学生已经修读过定量和定性分析方法入门的课程,但数理能力普遍不高,不过也有部分学生表现出对计算社会科学方法有比较强烈的学习兴趣。根据这种情况,笔者认为可以用人工智能发展史的知识为引导,激发学生兴趣;鼓励有兴趣的学生同时参加学校里开设的 Python 课程或培训,或者利用网上丰富的资源进行自学;编程困难较大的学生,可以多学习一些现成的软件。让学生在考核时根据自己的能力有所选择,可以是传统的论文形式也可以是技术性的项目。在ChatGPT 出现的背景下,鼓励学生利用有规范的人机合作来学习技术和完成技术性项目。

(一)人工智能发展史的知识

这一部分的内容比较有趣也比较易懂,把神经网络、机器学习这些概念放在历史发展的脉络里可以让学生对这些概念的产生和发展有一个更清楚的理解。笔者向学生推荐了《人工智能简史》一书,这本书通俗易懂地介绍了人工智能发展的历史,学生的阅读体验不错。课程的第三周用两个课时对这部分内容进行讲授和组织讨论。

(二)技术性知识

Python 是进行数据处理的重要计算机语言,适用于用人工智能算法实现机器学习。限于课时,无法在课上单独教授 Python 语言。但是,笔者了解到学校每年都有开设相关的课程和培训,有的与课程同步,所以会推荐有兴趣的学生去学。笔者会在课上给学生演示一些程序的运行及其结果,让学生体验动手操作的真实感受。当有些学生可以编写一些简单程序,比如用爬虫程序爬下来数据,他们兴奋感溢于言表。当学生把一些概念原理用程序实现的时候,他们对概念的理解就又深入一大步,比如能用 Python 搭建一个最简单的神经网络,就比看再多的文字都理解得更好。

此外,还会把微词云、DiVoMiner、UCNET、Netlogo 等软件和使用方法介绍给学生,进行实验设计、数据分析和可视化操作,帮助学生探索国际关系学发展的计算路径。虽然用 Python 也可以进行文本分析和社会网络分析,但是对于不善于自己编程的学生来说,微词云、DiVoMiner、UCNET 这样现成的软件用起来更加容易上手。Netlogo 是基于主体建模的软件,比 Swarm 的使用更简单,也比较适合文科生。

在期末考核时,笔者给了学生自主的选择。一个选择是阅读相关主题的几篇计算社会科学的论文,写一篇文献综述。对于动手意愿和能力比较强的学生,鼓励他们自己找问题设计实验,用 Python 或软件进行数据分析或得到实验结果。

(三)积极应对 ChatGPT 影响下的教育变革

ChatGPT 刚刚出现不久,这种强大的生成式人工智能对大学教育冲击巨大。这门课程也还没有来得及把对 ChatGPT 的思考纳入进来,但是笔者希望以后在这门课上能让学生了解 ChatGPT 并有规范地使用它,把原来课堂上的师生互动变成师—机—生三者的互动。有规范的人机互动可以帮助学生提高学习效率,活跃思维,尤其可以帮助一些对编程和数理分析有困难的学生克服困难,用得好会是教学很大的助力。简单地禁止在学校课程中使用,并不能改变 ChatGPT 冲击就业市场这个事实。不如让学生早点适应人机共生这样一种未来社会的形态,当然在课程中需要明确使用规范。①

以上这些与技术相关的内容,在教学中除了对学生有要求,对教师也是很大的挑战,社科出身的教师需要进行大量学习并随时更新知识。笔者博士期间虽然修读过相关的一些课程,但是计算社会科学这个领域现在发展很快,笔者教学过程中又参加了一些学习和会议,包括清华大学举办的计算社会科学暑期讲习班,南京云创大数据公司举办的大数据讲习班以及上海社科界组织的人工智能社会影响会议等活动。教师还应该积极融入计算社会科学的共同体中去,多和同行交流,不断改进教学。

四、结语

新文科课程建设的背景下,国际关系教学也应致力于培养一批面向人工智能时代的复合型的、有交叉思维的人才。有的学校(比如清华大学)在这个方向上进行了巨大的投入,联合多个院系进行文理工的交叉,建设计算社会科学的平台,其中也包括相关的国际关系研究与教学。

在厦大,可以通过加强不同院系之间的协作,对课程进行更系统的规划。"人工智能与国际关系"这门课程可以继续作为一门导论性质的课程,也可以根据需要进行拆分为理论、方法两门课程进一步充实相关内容。目前,对 ChatGPT 为代表的生成式 AI 的思考还没有来得及纳入教学之中,这会是今后继续进行这门课程建设的一个方面。新文科仍然处在发展的初期,这个领域还没有成熟的教学体系,很多问题都有待于在实践中进一步探索。

---

① 周洪宇:《ChatGPT 何以赋能教育革新?》,《人民政协报》2023 年 3 月 22 日第 10 版。

"引理入商"的教学实践:以"大数据审计"课程改革为例

熊　枫　庄思莉*

摘要:党的二十大报告指出,要"加快发展数字经济,促进数字经济和实体经济深度融合"。随着数据科学的快速发展,大数据已经成为一种不可或缺的资源。本文关注大数据审计的定义、实施步骤,通过展示厦门大学审计专业硕士课程"大数据审计"的教学改革内容,讨论如何进一步优化"大数据审计"的课程设置,用以满足国家数字经济的发展需求。

关键词:大数据审计;教学改革;数据科学;风险管理;数据分析

一、大数据与机器学习方法对会计、审计的影响

2018 年 5 月,习近平总书记在中央审计委员会第一次会议指出,要善于运用新技术、新手段,坚持科技强审,加强审计信息化建设,积极推进大数据审计,强化上级审计机关对下级审计机关的领导,加强对内部审计工作的指导和监督,调动内部审计和社会审计的力量,进一步增强审计监督合力,提升审计监督效能。[①]

大数据与机器学习方法从两个方向对会计和审计产生影响,一方面,大数据与机器学习方法重构了现有的商业模式,如平台经济,要求会计、审计关注新的商业模式,如根据商业模式的改变对会计准则进行适当的变革;另一方面,大数据与机器学习方法改造了会计、审计流程,如财务共享中心、大数据审计等。

大数据指规模超过传统数据处理软件工具处理能力的数据集合,这些数据来自各种不同的来源,包括社交媒体、传感器、传统数据库等。不同领域的企业,如市场营销、金融服务、医疗保健等,基于大数据的使用对商业模式进行变革,如实施数字化转型,给企业审计带来了新的挑战。大数据的多样性和复杂性使得审计过程变得更加复杂,而传统审计方法已经不能处理大数据带来的挑战。

大数据审计指审计人员使用数据科学技术对企业进行审计,以及对部分基于大数据实施商业活动的企业进行审计。对前者而言,大数据审计通过对数据进行全面和深入的分析,以评估数据的准确性和完整性,通过计算机自动完成操作,增强审计可靠性及效率,减少审计风险。对后者而言,大数据审计涉及对数据的风险管理、内部控制和数据分析等方

---

* 熊枫,广东广州人,厦门大学管理学院副教授,主要研究方向为大数据审计、财务会计、组织问责制、政府采购营商环境评估。庄思莉,福建泉州人,厦门大学管理学院硕士研究生,主要研究方向为财务会计。

① 《习近平主持召开中央审计委员会第一次会议》,http://www.gov.cn/xinwen/2018-05/23/content_5293054.htm,访问日期:2023 年 3 月 5 日。

面的评估。

由此可见，无论是哪种大数据审计，都需要审计人员具备一定的数据科学技能，例如数据挖掘、机器学习和数据可视化等技术。① 因此，对现有的审计课程进行改革，教授学生相关知识，显得十分有必要。

二、大数据、人工智能、会计职业发展及"大数据审计"课程改革

随着大数据、人工智能技术不断成熟，许多学者对会计学科和会计职业的未来提出担忧。② 从会计职业的角度来看，单一学科传统核算型会计人员供给过剩，传统从事基础性和高重复性工作的会计职业将会被淘汰；③从会计专业教育的角度来看，如何培养出适应大数据时代需求的多学科交叉"会计＋大数据"复合型会计人才，是高校会计专业人才培养面临的新挑战。④

2021 年财政部发布的《会计改革与发展"十四五"规划纲要》强调加大会计信息化人才培养力度，推动各单位加强复合型会计信息化人才培养，高等院校适当增加会计信息化课程内容的比重，在会计人员能力框架、会计专业技术资格考试大纲、会计专业高等和职业教育大纲中增加对会计信息化和会计数字化转型的能力要求的比重。⑤

正如前述研究所示，教育改革的方向及具体措施需要从多个方面实施。从培养目标的角度来看，我们希望重视数据驱动的决策对会计课程设计的影响，在会计课程中灌输的知识、技能和能力，以增强学生在当代技术方面的能力；⑥按照"交叉、复合、创新"的培养思路和"价值理念＋人文素养＋专业功底＋数字能力"的培养要求来布局多学科交叉融合。⑦

---

① D. Sledgianowski，M. Gomaa，C. Tan，Toward Integration of Big Data，Technology and Information Systems Competencies into the Accounting Curriculum ，*Journal of Accounting Education*，2017，38，pp.81-93；张敏、王银屏、李昂：《新文科建设背景下的融合性课程设计——以"大数据审计"课程为例》，《财会月刊》2022 年第 15 期。

② 孙铮、刘凤委：《改革与创新是会计未来发展的主旋律》，《会计研究》2019 年第 1 期；M. A. Vasarhelyi，A. Kogan，B. M. Tuttle，Big Data in Accounting：An Overview，*Accounting Horizons*，2015，29（2），pp. 381-396；J. D. Warren，K. C. Moffitt，P. Byrnes，How Big Data Will Change Accounting，*Accounting Horizons*，2015，29，pp.397-407.

③ 索拉夫·杜塔：《会计演变之我见》，《会计之友》2020 年第 1 期；谢诗蕾：《探索信息化时代会计人才培养的转型之路》，《财会月刊》2020 年第 1 期。

④ 况玉书、刘永泽：《人工智能时代高等会计教育变革与创新》，《财经问题研究》2019 年第 7 期；周守亮、唐大鹏：《智能化时代会计教育的转型与发展》，《会计研究》2019 年第 12 期；胡俊南、杜思远、王振涛等：《大数据时代多学科交叉复合型会计人才培养研究》，《财会通讯》2022 年第 7 期。

⑤ 财政部：《关于印发〈会计改革与发展"十四五"规划纲要〉的通知》，http://kjs.mof.gov.cn/gongzuodongtai/202111/t20211126_3769461.htm，访问日期：2023 年 3 月 1 日。

⑥ B. Ballou，D. L. Heitger，D. Stoel，Data-driven Decision-making and Its Impact on Accounting Under-graduate Curriculum，*Journal of Accounting Education*，2018，44，pp.14-24.

⑦ 唐大鹏、王伯伦、刘翌晨：《"数智"时代会计教育重构：供需矛盾与要素创新》，《会计研究》2020 年第 12 期。

从课程设置上看，我们可以考虑拓宽专业口径和学生软实力、梳理会计专业课程；①构建"互联网＋MPAcc"大数据智能审计能力培养框架模型，建设多层次的信息化课程体系以满足大数据智能审计人才培养的需求；②使用 Tableau 和 Excel 软件获得交互式数据可视化能力。③ 在教学方法上，实施多元化教学，通过安排学生小组讨论、案例分析提高学生的自主学习能力、创新能力、团队意识，以及解决实际问题能力等。④

根据上述经验，"大数据审计"课程将综合数智化会计人才的培养目标，对课程内容进行不断改革与更新，以满足对新时代数字经济人才的需求。

三、"大数据审计"课程改革

"大数据审计"课程于 2019 年秋季首次开设，是面向厦门大学全日制审计专业硕士研究生的选修课程。通过调查发现，大部分学生在本科都没有接触到有关大数据、机器学习等内容。因此，在"大数据审计"课程的初期设计阶段，本课程重点在于向学生介绍商业数据分析的逻辑，注重培养学生的数据分析思维；引导学生思考会计审计实务中，如何运用数据分析（思维）解决实务中的问题。

"大数据审计"课程共开展了四轮次教学，分别是 2019—2020 学年春季学期、2020—2021 学年秋季学期、2021—2022 学年秋季学期以及 2022—2023 年度秋季学期。表 1 展示了四轮次教学中详细的课程（课时）安排。

表 1 "大数据审计"课程第一轮至第四轮教学安排

教学模块	第一、二轮		第三、四轮	
	内容	课时	内容	课时
基础教学	商业大数据导论	3	商业大数据导论	1.5
	大数据与会计	3	大数据与会计	3
	商业数据分析	3	商业数据分析	3
	数据准备与清洗	3	数据分析模型	3
	数据分析模型	3	现代审计及审计分析	1.5
	数据可视化	1.5		
	现代审计	1.5		
	审计分析	3		

① J. E. Rebele, E. S. Pierre, A Commentary on Learning Objectives for Accounting Education Programs: The Importance of Soft Skills and Technical Knowledge, *Journal of Accounting Education*, 2019, 48, pp.71-79.

② 程平、王绪冬：《基于 ADDIE 的"互联网＋会计"MPAcc 大数据智能审计能力培养——以重庆理工大学 MPAcc 教育为例》，《财会月刊》2018 年第 21 期。

③ D. J. Janwrin, R. L.Raschke, W. N. Dilla, Making Sense of Complex Data Using Interactive Data Visualization, *Journal of Accounting Education*, 2014, 32, pp.31-48.

④ 张多蕾、刘永泽、池国华等：《中国会计教育改革 40 年：成就、挑战与对策》，《会计研究》2019 年第 2 期。

续表

教学模块	第一、二轮		第三、四轮	
	内容	课时	内容	课时
分析实验	数据透视表	2	数据透视表	3
	可视化软件	1	数据准备与清洗	3
			数据可视化	3
			模糊匹配	3
案例教学	对课本案例进行分析和解读（第一轮）	3	智能制造 DB 成本管理	3
	将前述小组完成的非营利组织案例转化为课堂讲授（第二轮）	3	非营利组织以及东芝公司案例（审计分析）	3
期末案例	按照小组对期末案例进行演讲	6	按照小组对期末案例进行演讲	6

第一轮教学基于参考资料 *Data Analytics for Accounting* 展开，该资料涵盖了基本的数据分析方法，以及相关的数据分析实验[①]。需要指出的是，因为相关参考资料为全英文且部分实验服务器在国外，鉴于大部分学生都没有接触过有关大数据与机器学习的内容，且本科课程多为全中文教学，在第一轮教学的重点为确保学生掌握数据分析方法的同时，提高英文水平。第二轮教学中对教学内容进行调整，优化了教学安排，将有关数据分析的基本内容与参考资料中的案例整合，并且引入更多元化案例，进一步引导学生思考如何运用大数据与机器学习方法，解决会计、审计中遇到的实务问题。第三、第四轮教学中，教学内容及安排进行了进一步调整。首先，在第三轮教学中，有关基础教学内容的时间安排进一步缩短，把更多的课时分配到实验内容，包括数据透视表、数据清洗、数据可视化以及模糊匹配。其次，在第三轮教学中，有关案例分析的内容，进一步融合由中国专业学位案例中心开发的案例，引导学生思考发生在中国资本市场的案例，如资金管理等。在此基础上，在课堂上进一步讨论如何使用 Tableau 和 Excel 等软件进行数据可视化和数据分析等操作。最后，在第三轮教学中，考虑到第一、第二轮的教学改革中，有关瑞幸咖啡的案例分析已经较为完善，从第三轮教学中，学生的团队作业改变为回顾过去三年的财务舞弊案例，思考如何运用大数据方法提前预测、解决企业财务舞弊问题。在第四轮教学中，考虑到数据分析实验已经较为成熟，本课程首次尝试将课程教学中的实验部分转移到管理学院的实验室，由教师指导学生完成相关操作。由于实验课时需要，在第四轮教学中，有关数据分析的基础内容教学进行了进一步压缩，部分资料通过上传至网上由学生自行学习。

四、"大数据审计"课程教育改革反思

近年来，大数据与人工智能的发展趋势，使得会计、审计职业面临着机遇与挑战。厦门

[①] V. J. Richardson，R. A. Teeter，K. L. Terrell，Data Analytics for Accounting，*McGraw-Hill Education*，2018.

大学管理学院审计专业硕士积极进行教育改革，引入大数据与机器学习相关课程。正如前述文献讨论，构建一个"大数据＋专业"的课程体系，将有助于培养会计、审计专业的数据分析能力。在过去四轮的教学改革中，"大数据审计"的教学目标为运用数据分析（思维）解决审计实务中的问题。现阶段的教学内容，已经可以涵盖基本的数据分析内容；在此基础上，通过融合不同公司治理情景的案例，如非营利组织、资金管理需求、上市公司财务舞弊审计等，引导学生思考如何运用大数据等机器学习方法解决相关问题。在"大数据审计"课程考核中，对个人作业以及团队作业进行更新。学生根据要求，设计一个基于大数据技术的审计研究方案。在团队作业中，引导学生思考近年来发生的财务舞弊案例，如何运用大数据和机器学习方法解决相关财务舞弊问题。在第四次课程中，学生在老师的指导下，在实验室亲自使用数据分析的有关软件，确保能够掌握相关数据分析的技巧。

五、"大数据审计"课程的改革方向

经过四轮建设，"大数据审计"课程教学运行良好，下一步改革的方向，计划进一步融合基于审计循环的大数据分析软件，以丰富充实"大数据审计"的教学内容。基于与浪潮铸远公司的产学研合作项目，"大数据审计"的部分学生已经参加了大数据审计软件的案例开发，内容包括确定审计目标、收集数据、数据清洗和预处理、数据分析等步骤。在第五轮教学中，"大数据审计"计划引入浪潮铸远的大数据分析教学软件，引导学生完成基于大数据方法的审计案例分析，包括明确审计目标（评估数据准确性、识别潜在风险、评估内部控制情况等）、收集来自不同来源的数据（数据库、社交媒体、传感器）、清晰数据及预处理（去重、填充缺失值、删除异常值）以及通过数据分析揭示数据中隐藏的模式和趋势，识别潜在风险并评估内部控制情况等。

在课程内容设计方面，大数据审计现阶段可以应用在许多不同的行业和领域。在金融领域，大数据审计可以帮助银行和其他金融机构识别潜在的欺诈行为和洗钱活动，并加强合规性管理。在制造业和零售业，大数据审计可以帮助企业提高供应链管理效率，并减少库存成本和流通时间。在医疗领域，大数据审计可以帮助医院和医生更好地管理病人信息和健康数据，并提高医疗服务的质量。大数据审计面临的最大挑战之一是如何处理大量的数据。这需要审计师具备强大的数据管理和分析技能，并使用最新的技术和工具。同时，大数据审计还需要保护数据隐私和保密性，确保不会泄露敏感信息。由此可见，"大数据审计"的课程内容设计，可以进一步拓宽边界，增加教学内容。

2023 年，在文心一言和 ChatGPT 的新技术发展背景下，有关新一代的技术如何影响会计和审计专业实务，需要更多的思考和教学改革。"大数据审计"的课程改革方向，将进一步思考如何教育学生更好地与人工智能软件"合作"，以提高效率。

关于"网络经济学"课程的教学探索

易　英[*]

摘要:网络经济学是电子商务专业的重要课程,虽然网络经济学研究内容非常丰富,但是到目前为止没有较为成熟的理论框架,这对于课程的教学来说是一个挑战。本文在该课程多年的教学基础上,总结了该课程教学的一些经验体会,包括教学内容的组织、教学形式的探索以及如何促进学生自主开放地学习。

关键词:电子商务;网络经济;教学

电子商务专业于2001年在厦门大学开设,根据该专业教学指导委员会的要求,网络经济学是该专业的一门重要的必修课。随着近年来电子商务的普及和互联网经济的蓬勃发展,该课程也受到管理学院其他专业学生的关注,故近年来该课程也对管理学院其他专业学生开放。

网络经济学可以被视为经济学理论在网络经济形态下的应用和发展,研究者从不同的角度和侧重点进行研究,发展出多种理论体系和研究成果。但网络经济学作为一门新兴学科,其理论体系尚未成熟,并且随着相关产业和实践的发展,其研究对象本身也还处在不断发展变化中。理论体系的不成熟,也使得优秀的教材极为缺乏。而研究对象和内容的不断变化,也让教学过程充满挑战,需要及时调整教学内容。

我国互联网经济经过多年发展,目前产业规模稳步上升并持续释放出经济新动能。据CNNIC第51次《中国互联网络发展状况统计报告》,2022年我国网上零售额达13.79万亿元,同比增长4.0%;短视频、线上办公、互联网医疗等互联网应用加速普及,其中互联网医疗用户规模达3.63亿,同比增长高达21.7%。[①] 近年来,国家对于数字经济的发展也日益重视。我国互联网经济从20多年前对美国模式的简单模仿发展至目前互联网与实体经济的深度融合,并且新型实践层出,已产生了质的飞跃。如何及时将我国国家政策和战略以及中国特色的实践经验融合到课程教学中,也需要不断积极探索。

出于以上原因,网络经济学课程的教学充满诸多挑战,在多年的教学过程中,经过不断的教学尝试和探索,现在已形成较为有效的教学实践,对此本文做了以下几方面总结。

一、教学目的的明确和教学内容的组织

由于网络经济学研究仍处在不断更新发展且尚未形成学界公认的成熟理论体系,结合

---

* 易英,湖南省汨罗人,厦门大学管理学院管理科学系副教授,主要研究方向为网络经济学和电子商务。

① 中国互联网信息中心:《第51次〈中国互联网络发展状况统计报告〉》,https://www.cnnic.net.cn/n4/2023/0303/c88-10757.html,访问日期:2023年3月2日。

电子商务专业教学要求以及其他专业学生的修课要求，做好教学工作的第一步便是明确网络经济学课程的教学目的和要求，从而组织好教学内容。

（一）教学目的的明确

学习该课程的电商专业学生在前期的一些专业课程中对网络经济现象和规律有一定程度的了解，而管理学院其他专业的选修学生对此相对了解较少。但修读网络经济学课程的所有学生已经修完学院大类通修课程微观经济学、宏观经济学和管理学原理，这对于本课程的学习来说已经提供了较好的基础。对于电子商务专业来说，需要系统地掌握网络经济学基础理论、相应的定性定量分析方法和模型工具等。基于此，本课程的教学在满足电子商务专业要求并兼顾其他专业的需求下，首先明确该课程的教学目的。

网络经济的飞速发展带来了许多新的经济学现象和问题，该课程以相关经济学和管理学理论为基础，较为系统地论述和分析了网络经济中的各种经济学问题。在课程教学目的方面，该课程不仅帮助学生了解网络经济中各种不同于传统经济的新现象和新问题，而且让学生系统地学习基本的网络经济学理论和分析方法，并使学生在掌握这些理论和方法基础之上对不断涌现的网络经济学相关新现象、新问题具有一定的理解和分析能力。从课程教学要求上来说，学生需要掌握网络经济学基础理论，并对网络经济中的实际问题能够进行相关定性和定量分析。

（二）教学内容的安排

为了达到以上教学目的和要求，需要对目前繁多的网络经济学研究内容进行梳理，从而选择适合的教学内容和教材。

学界有关网络经济的研究很多，网络经济学的理论体系框架目前尚无定论。[①] 早期的网络经济学还包括对电信、电力、交通（公路、铁路和航空）等基础设施行业的经济学研究，因为这些行业共同具有网络式的经济结构特征。但是我们的网络经济学课程是针对电子商务专业的需要而开的，所以我们主要着重基于电子商务及其赖以实施的信息技术基础结构产业，对与此相关的网络经济学研究内容进行整理和归纳以作为教学主要内容。经梳理后确定的教学内容包括以下十个部分：第一章导论、第二章网络外部性、第三章网络产品和数字产品、第四章正反馈与临界容量、第五章切换成本与锁定、第六章兼容与标准、第七章网络市场结构、第八章网络经济下反垄断、第九章网络经济下的企业策略、第十章网络经济下的公共政策。第一章导论部分是对相关名词、术语、网络经济学涉及的研究内容和动态的梳理与介绍，该部分帮助学生了解网络经济和网络经济学，可以引导对随后的相关章节学习。第二章到第八章涉及的是网络经济中主要特征、规律以及相关分析，是网络经济学最基本的理论，这些理论、模型、分析方法也是相对得到学界共同认可、比较成熟的。学生学习了这些基本理论和方法之后，无论是对于网络经济相关现象的理解还是网络经济相关问题的分析都能达到一个新高度。第九章和第十章是策略和政策方面的，既包括微观方面的企业策略和政府产业政策，也包括宏观方面的公共经济政策，这些涉及管理的内容无疑对于管理学院的学生来说也相当重要。

总之，教学内容的安排上既对于电子商务专业的学生来说相当有针对性，又兼顾了管

---

① 张铭洪、杜云、王晔等：《网络经济学教程》，科学出版社 2017 年版，第 7 页。

理学院其他专业学生的需要。在具体教学中,也将考虑管理类专业的需要,内容不仅包括经济学方面的,也注重拓展基于这些经济学理论分析而得到的管理学方面的启示、策略等。

(三)教材和参考资料的选择

虽然根据专业教学的需求确定了主要教学内容,但教授网络经济学课程多年来,笔者一直苦于没有比较成熟的系统完整的教材。这一方面是由于网络经济学这一学科的发展不够成熟,另一方面也是由于网络经济本身的快速发展造成理论研究滞后于实践。

电子商务专业教学指导委员会对于网络经济学课程的重视也促使国内出版了不少网络经济学课程教材。但是这些教材仍有许多不完善之处,或者对于厦门大学电子商务专业的教学目的来说难以完全适合。根据教学目的和内容,课程选择了科学出版社出版的由厦门大学张铭洪教授主编的《网络经济学教程》。该教材内容与拟安排的教学内容基本相符,而且该教材作为国家级精品课程立体化系列教材,目前出版了第二版,内容结构根据网络经济学研究的发展在第一版的基础上有所调整。张铭洪教授主编的这本教材对网络经济学基础理论做了较为系统的梳理,提供了较好的教学框架。

教学参考书方面,卡尔·夏皮罗和哈尔·瓦里安所著的《信息规则——网络经济的策略指导》(中国人民大学出版社)是信息网络经济方面早期较为经典的著作之一,而奥兹·谢伊所著的《网络产业经济学》(上海财经大学出版社)提供了自成体系的博弈论模型分析工具。虽然这两本著作出版较早,但一直作为本课程教学的主要参考书并推荐给学生阅读,这两本著作有助于学生分别从定性和定量分析两个角度学习网络经济学。此外,高等教育出版社的由王晔和张铭洪主编的《网络经济学(第二版)》和电子工业出版社出版的由盛晓白等编写的《网络经济学》均为国家级规划教材,内容体系相对较为完整,故也作为课程的参考书。

作为经济学的一个分支,网络经济学主要着重研究经济理论和方法,各种教材中缺乏关于经济学原理和规律带来的管理学启示和拓展,而这恰恰是针对管理类专业开设网络经济学课程所需要的。成熟优质教材的缺失给网络经济学课程的教学带来挑战,但也带来机会和任务,即根据教学要求和教学结果不断总结经验,为完善教材作出贡献。厦门大学管理科学系的徐迪教授就参与了上面提到的电子工业出版社出版的《网络经济学》的编写,这也是厦大管理科学系对此作出的尝试。总之,教材的建设是网络经济学课程的教学过程中需要花费精力进行的重要工作之一。从针对电子商务专业的教学目的出发,结合教学实践编写适合本专业使用的教材或资料成为一项较为迫切的工作。此外,根据电子商务的不断发展和创新,及时对教学内容涉及的教学资料进行修正和补充非常重要。

二、课程教学形式探索和教学效果的提升

近年来,厦门大学对教学越来越重视,无论从教学设备和软件的配置还是教学方法和技巧的培训,学校都做了大量努力,希望教师能不断创新教学模式并提高教学技能。通过参与这些学习培训项目,教师确实能更好地利用各种工具提升教学效果。但笔者也体会到技巧、工具和方法的采用目的在于加强教学效果,需要寻找适合自己并为学生所接受的方式来达到教学效果的提升。

案例教学是教师指导和组织学生对案例进行调查、阅读、思考、分析、讨论和交流等活

动,案例教学能够加深学生对基本原理和概念的理解[①]。管理学院对案例教学非常重视,曾请国外商学院的老师给我们培训过案例教学,也购买了其案例库供教学使用。在培训中笔者体会到案例教学的魅力,也希望能将其某些特点应用到网络经济学课程教学中。电子商务专业的网络经济学课程的教学内容其实是与各种互联网和电子商务实践紧密结合的,尤其是在网络经济和电子商务创新发展变化快的背景下,将理论联系实践进行教学也是一项充满挑战的任务。笔者感到将案例教学的特点融入网络经济学课程教学有助于这一任务的完成,经过一些尝试笔者对此有所体会。

(一)案例教学方法的应用方式

规范的商学院案例教学要求较高,从案例教室的配置、案例材料的写作、案例教学步骤的实现等都有较为严格的规范。作为在网络经济学课程中的应用,由于各方条件局限以及自身案例教学技能和经验方面的不足,笔者觉得选择其思维和方法部分应用于教学中更为合适。案例教学法强调以学生为中心,教师要通过选择案例、提出问题和推进讨论来引导学生进行思考。案例教学是启发式的,学生案例讨论深入且互动效果好,从而会让学生对教学内容留下极为深刻的影响。启发式的教学可以帮助学生更好地在课堂上理解知识、消化知识,对于教学效果提升益处很大[②],但是案例教学也是极为耗时的,所以在课时有限而教学内容较多的情况下,照搬商学院案例教学也是不现实的。出于这两方面的考虑,笔者选择只是部分尝试其中一些方法和思维,即争取在网络经济学课程的主要理论的授课中应用案例资料,适当提出问题启发学生思考,然后再利用案例资料联系知识点进行讲解,达到理论联系实践的目的。笔者希望这样的应用能够避免单纯讲解理论知识的枯燥,并且能够引发学生兴趣跟随教学进行自主思考,从而达到提升教学效果的目的。

(二)案例资料的选择和应用

案例资料是进行这一教学尝试所必需的,但一开始就碰到难题。最初,笔者查阅了许多国内网络经济学相关参考书上提供的案例,这些案例都不是规范的商学院案例教学的案例。商学院案例教学的特点在于提出问题,然后教师按照设计好的案例教学步骤引导学生讨论和解决这些问题,这一过程中嵌入知识点和分析方法等,这往往对于案例资料要求较高。在网络经济学相关参考书籍中找到的案例资料因为并非为商学院案例教学而设计的规范案例,所以这些案例资料达不到这么高的要求。笔者也曾尝试过在学院购买的商学院案例库中寻找可用案例,但是鲜有涉及网络经济学课程内容方面的案例,所以只能自己收集资料,整理出相对适合教学使用的案例资料。为此,一方面是从网络经济学相关参考书籍和学术文献中根据教学内容寻找收集需要的案例资料;另一方面,长期以来笔者一直关注网络经济实践的发展热点,并持续不断地从各相关网站上收集网络经济产业的新闻、调查报告、统计数据等资料,将这些资料进行梳理后,逐步归纳整理完善成一个个教学中可用的案例资料。经过长期的整理和积累,现在基本达到每章都有一个可用的案例资料。这项资料收集整理工作是持续不断的,随着时间的推移和网络经济实践的变化,会用更合适或

---

① 张家军、靳玉乐:《论案例教学的本质与特点》,《中国教育学刊》2004 年第 1 期。

② 张策、刘鹏、魏萌:《课堂教学基本改革刍议——教态、工具、方法、信息化、面向产业更新内容与课程思政》,《软件导刊》2023 年第 6 期。

更新的案例资料不断替代完善,既能在内容上紧跟热点不滞后,也便于学生理解、产生共鸣从而引发兴趣。

在 2020 年教育部印发的《高等学校课程思政建设指导纲要》中,要求经济管理类学科"要帮助学生了解相关专业和行业领域的国家战略、法律法规和相关政策,引导学生深入社会实践、关注现实问题,培育学生经世济民、诚信服务、德法兼修的职业素养"。而案例是进行课程思政教学的天然载体①。在案例资料选择上,要注重的方面是需要结合国内产业和政策实践,寻找合适的思政契合点融入教学中,做好课程思政教学。我国网络经济产业在过去 10 多年来得到长足的发展,电子商务实践也有许多可圈可点的创新和特色。在课程已收集积累的案例资料里,国内的案例资料占据大多数。运用国内的案例资料对于学生学习来说更为合适,这些处于身边的事实有助于学生理解我国在网络经济产业方面的相关政策。目前国家大力推进数字经济的发展,涉及相关经济和产业政策的推出、行业和市场法律法规的完善等方面,本课程将继续收集和完善这些案例资料用于教学。

(三)教学效果的提升

从尝试将案例教学思维融入网络经济学课程的教学以来,确实看到了教学效果的提升。首先,学生的学习兴趣有所提高,在利用案例资料教学过程中,学生明显会产生更多教学中的互动,比如在课堂参与思考并回答提问,课间课后也有同学会和笔者探讨问题。其次,更多联系实践的案例资料内容不仅丰富了教学,更重要的是确实加深了对理论知识的理解,会让学生对相应知识点留下更为深刻的印象。从期末考试的学生答题来看,学生确实对相关知识点理解回答到位,常常还能将课堂上提到的一些案例资料中的内容用于回答和分析中,这也从侧面反映出教学效果确实得到提升和加强。

另外,为提升教学效果还需要加强与学生的沟通,根据从学生那里得到的教学反馈信息及时调整教学,才能更有效地改善教学效果。相比教学检查座谈会这一传统的沟通渠道,教学群组等线上沟通渠道更为直接、及时、高效。对教师来说,只要及时、耐心、平等地与学生交流,就可拉近师生距离进行真诚有效的沟通,从而获得有效的教学反馈信息,调整改善课程的教学。

三、课程考核方式设计促进自主开放的学习

网络经济学课程的考核方式应该与课程特点相适应。该课程的内容涉及广泛,并且随着网络经济实践的快速发展和相关理论研究的完善教学内容也不断有所发展变化。该课程的学习不是让学生死记硬背相关理论知识,而是让他们深刻理解这些理论和方法并能将其活学活用地运用于相关问题的分析,所以该课程倾向于通过强调平时考核持续促进学生的自主学习。另外,网络经济学与大多相对成熟的学科不同,有些方面的研究仍无定论,对这些内容需要多方向、多角度的探讨,并不需要给出统一僵化的结论。在处理这种目前尚无定论内容的教学时多以介绍主流研究结果为主兼顾介绍其他研究结论,保持教学的开放性,这在开放性在课程的考核方式上也有所体现。

---

① 武淑平、吕波:《基于"三位一体"案例的本科管理类课程思政教学模式研究》,《高教学刊》2023 年第 5 期。

(一)平时考核的加强

强调平时考核实际上是一种过程控制,即对过程的有效控制有助于正确结果的产出。网络经济学教学也是这样,通过平时考核能控制学生的学习过程,有助于学生对教学内容的掌握。另外,主动性地动手、动脑的学习过程会让学习效果更为深刻。所以该课程以小组课程报告和展示讨论作为平时考核方式。这种围绕课程的案例教学加强平时考核比重的方式也得到许多同行的认同①。

该课程报告要求学生建立学习小组协作完成,报告可自由选择网络经济学方面的具体选题,收集资料、数据和案例进行基于网络经济学理论、经济学和管理学理论的分析。要求参考资料可靠、依据合适的理论分析框架,论证分析逻辑清晰有条理,给出分析结论。该课程报告的分析方法方面,定性和定量分析均可,鼓励同学尝试定量化分析方法。这一课程报告不仅要求提交一篇符合厦门大学本科毕业论文格式规范的学期论文,而且每个小组要联合各组员演示讲解其研究报告,并回答老师和其他同学对报告的提问。这个课程报告作为平时考核在学期初即布置下去,学生要查找资料和数据,编写案例并完成分析,能将学生的学习主动性调动起来。这一任务不仅有助于学生掌握网络经济学及其相关理论和方法并灵活应用,也激发学生独立思考和自主学习。笔者通过一些激励方式让同学多发言和提问,也促使同学更认真地完成课程报告,否则将难以应对老师和同学的提问。因为这一任务差不多贯穿大半学期,能让学生维持一种持续的自主学习状态。从教学结果来看,这种方式效果相当不错,大多数同学都能认真完成报告,从而达到预期教学要求。有些同学甚至能进行较为深入的分析和研究,作为初步学习符合学术论文写作规范的尝试。

(二)考核方式对教学开放性的适应

根据目前网络经济学研究发展的特点,网络经济学的课程报告和期末考试均对教学开放性也作出了一些适应。在课程报告的评价上,除了前面提到的评定要求,也注重同学从网络经济学延伸出去的管理策略的分析和对政府宏观政策的探讨。而在期末考试题中,不仅有案例分析题考查学生的综合应用能力,而且案例分析题中部分提问本身就是开放式的,能让平时学习更为深入、善于独立思考和能够灵活应用的学生更好地发挥。

四、结束语

本文总结了电子商务专业的网络经济学课程的一些教学心得体会,包括教学目的、内容、方法和考核等方面的内容。在网络经济学课程所做的教学尝试确实提升了教学效果,能更好地促进学生自主学习。当然这些教学尝试还远远不够,在目前对教学工作越来越重视的氛围下,本着爱岗敬业的精神,需要不断进行教学创新以持续地提高教学水平。

---

① 付华、刘敏:《案例教学在网络经济学课程中的应用》,《数字通信世界》2020 年第 11 期。

基于应用型公共卫生人才培养的环境卫生学实验教学改革*

赵　苒　雷　照　郭东北　李红卫　林　怡　张　洁　陈小旋　苏艳华　张小芬**

摘要：长期以来，环境卫生学实验课程多以验证性实验为教学重心，忽视了其应用型课程的本质。作为预防医学专业的核心课程，"环境卫生学实验与实践"具有很强的实践性、社会性和政策性，教学应以培养学生担当民族复兴伟大使命、解决环境卫生实际问题为主要目的。因此，亟待在教学内容和教学体系上进行改革和创新。在总结实验教学经验的基础上，我们积极挖掘史实、案例、环境政策等课程思政元素，通过重构课程体系、编写课程教材、改革教学模式、完善教学资源、创新教学设计、引入现场评价、改革考核方式等，进行了实验课程教学模式的改革与创新，达到了深化专业课程教学与思政育人同向同行、提高环境卫生监测基本理论和基本知识水平、重视环境卫生质量监测基本操作技能的实训、淡化与解决问题脱节的验证性实验操作环节、强化以问题为导向的环境卫生质量监测与评价、培养运用知识解决实际环境卫生问题的能力等教改目的，全面提高了教学质量并收到了良好的教学效果，为培养具有良好职业素养的高层次应用型公共卫生人才提供借鉴。

关键词：环境卫生学；实验教学；教学模式改革

预防医学教育具有很强的实践性、社会性和应用性，新时期预防医学人才培养应强化发现、分析和解决实际公共卫生问题，及处理突发公共卫生事件的等方面的技能和素质的培养。[①] 作为五年制预防医学本科教学不可或缺的组成部分，实验教学对于提高学生的实践和创新能力起着举足轻重的作用。"环境卫生学实验"是预防医学专业的专业核心课程，也是重要的实践与实训课程。其教学目的是使学生获得环境卫生学基础知识和技能，重点

---

* 基金项目：2019 年厦门大学教学改革研究项目（本科教育）"以解决问题为导向的环境卫生学实验课程教学模式改革与实践"（JG20190133）；2019 年度厦门大学本科教材项目"环境卫生监测与评价实训"；2019 年省级虚拟仿真实验教学项目"地震灾后重点病媒生物监测与评估虚拟仿真教学实验项目"。

** 赵苒，山东寿光人，厦门大学公共卫生学院副教授，主要研究方向为环境卫生学。雷照，陕西富平人，厦门大学公共卫生学院高级工程师，主要研究方向为遗传学。郭东北，安徽砀山人，厦门大学公共卫生学院工程师，主要负责实验室管理。李红卫，黑龙江哈尔滨人，厦门大学公共卫生学院副教授，主要研究方向为营养与食品卫生学。林怡，福建厦门人，厦门大学公共卫生学院副教授，主要研究方向为环境毒理学。张洁，湖北鄂州人，厦门大学公共卫生学院副教授，主要研究方向为环境流行病学。陈小旋，福建福州人，厦门大学公共卫生学院高级工程师，主要负责实验课程教学。苏艳华，河南开封人，厦门大学公共卫生学院助理教授，主要研究方向为环境流行病学。张小芬，广东揭阳人，厦门大学公共卫生学院工程师，主要负责实验课程教学。

① 孙士杰：《预防医学研究性教学模式的实践与探索》，《中国高等医学教育》2010 年第 11 期。

培训学生发现和处理常见环境卫生问题的能力与素质，对培养全面发展的应用型预防医学人才至关重要。①

在我国从站起来、富起来向强起来飞跃的新时代，公共卫生的新定位是健康中国建设基石，在维护国家安全与社会稳定以及社会经济发展中具有基础性、战略性、全局性地位。② 党和国家高度重视公共卫生体系建设和人才培养，先后作出系列重大战略部署，对公共卫生与预防医学人才解决实际问题的能力培养也提出了新要求，在使学生全面、系统掌握环境卫生学实验技能的同时，应注重引导学生践行社会主义核心价值观、养成环境保护意识、加强职业素养。尤其在新型冠状病毒肺炎疫情暴发以来，全国深入开展了爱国卫生运动，环境卫生监测和消杀等工作在疫情防控中起到了举足轻重的作用，同时也对预防医学人才的实践能力、应急能力的培养提出了更高的要求。③ 长期以来，国内公共卫生学院同类课程在教学内容和课程体系方面尚存在一些问题亟待解决。④ 因此，在"环境卫生学实验"课程的体系、教材、教学模式、教学设计、评价与考核方式等方面的教学改革势在必行。

一、环境卫生学实验教学背景

（一）环境卫生学实验课程现状

在教学内容方面，"环境卫生学实验"一向以验证性实验作为教学重心，由教师讲授实验的原理、方法和注意事项，学生"照方找药"，在专业知识与思政目标的有机融合及"课程思政"在立德树人中发挥作用方面有所欠缺。学生往往根据给定的检验方法进行实验操作，从思想到行动上参与度均不高，难以调动学生的主观能动性，同时，理想信念与专业技能结合不足。此外，还存在学生操作不规范、考核体系待完善等问题。⑤ 这种"验证性实验"的教学内容、教学与考核方式，使学生为了做实验而做实验，成绩往往与实验结果直接相关，导致学生重结果、轻过程和分析，相互抄袭而不思考，从而与解决环境卫生学的实际问题的教学目标背道而驰。

在配套教材方面，目前国内所采用的教材主要有《环境卫生学实习指导》《预防医学实验教程》《预防医学综合实验》。这些教材所列的实验项目主要是根据预防医学专业本科生培养目标，结合环境卫生工作实际而选定的代表性内容，包括物理因素检测、化学污染物分析、微生物检验、生物学效应检测、流行病学调查资料分析、环境质量评价、预防性卫生监督

① 景林、罗莎杰、罗园、李东梅：《环境卫生学实验教学改革与探索》，《成都中医药大学学报（教育科学版）》2017年第2期。
② 李立明：《新型冠状病毒肺炎疫情后公共卫生展望》，《中华流行病学杂志》2021年第7期。
③ 瞿述根、万新龙、周佩佩、廖步鹭、黄宏、刘晓冬：《公共卫生人才培养与应对突发公共卫生事件能力建设》，《中国卫生监督杂志》2020年第4期。
④ 秦小江、侯晓敏、陈亮京、许欣荣、白剑英、张红梅、夏娜、梁瑞峰：《传染病疫情背景下高校本科生环境卫生学教学改革探讨》，《环境卫生学杂志》2022年第4期。黄玉晶、陈济安、舒为群、邱志群、赵清：《任务教学法在军队环境卫生学教学中的实践》，《西北医学教育》2009年第6期。
⑤ 马小惠、张杰、于亚鹭、黄志超、郎曼、吴军：《环境卫生学实验教学改革探索》，《中国中医药现代远程教育》2020年第5期。

和综合实验等。由于受实验课时的限制,各院校也只是选择了部分实验项目作为"环境卫生学实验"教学内容。

作为预防医学专业的核心课程,"环境卫生学实验与实践"具有很强的实践性、社会性和政策性,教学应积极融入全球环境政策,以培养学生解决环境卫生实际问题为主要目的。因此,亟待在教学内容、教学体系、配套教材等方面进行改革和创新。

(二)以应用型公共卫生人才培养为导向的课程改革

新型冠状病毒肺炎疫情等突发公共卫生事件的应急处置,对我国公共卫生与预防医学人才培养提出了更高的要求。为适应国家公共卫生事业发展对专业人才的需求,进一步强化教学改革、培养应用型公共卫生人才、优化预防医学人才培养体系已成为必然趋势。

新时期对于应用型预防医学专业人才培养的改革与发展目标,不仅体现在对于专业知识深度和广度要求的拓展,更应以生态文明、爱国主义和科学精神为主线,[①]体现在运用熟练的实验操作技能解决现场和实际工作问题能力要求的提升。针对目前公共卫生教育教学体系中实践实战能力培养环节薄弱的短板,为培养适应我国疾病预防控制工作需求的应用型公共卫生人才,我们以厦门大学五年制预防医学专业的环境卫生学实验教学为抓手,进行了系统的改革与探索。通过教材建设、虚拟仿真实验项目建设、融入"以问题为导向的教学法"(problem-based learning,PBL)[②]等开放式实验教学方法、加强过程考核等综合教学改革方式,着力解决环境卫生学实验教学内容、教学和考核方式与实际岗位需求脱节的问题,同时实现公共卫生实践操作技能与公共卫生执业医师岗位职业要求的衔接,提升人才的岗位胜任力。

二、教学改革思路和方法

(一)改革基本思路

由于"环境卫生学实验"是一门实践性和社会性很强的应用型课程,教学必须以立德树人、培养能够担负起"健康中国"重任的高层次公共卫生人才为根本任务,以培养学生解决环境卫生实际问题为主要目的,因此亟待在教学内容和课程体系上进行必要的改革与创新。与此同时,2018年举办的"首届全国大学生公共卫生综合技能大赛"以及国家公共卫生执业医师资格考试有关"公共卫生基本操作技能"考核的内容和方式,已经为环境卫生学实验教学改革指明了方向。

为充分体现培养学生综合运用知识解决实际环境卫生问题能力的课程改革思想,并融入以问题为导向等先进教学方法,[③]通过借鉴"公共卫生执业医师实践技能""公共卫生综合技能大赛"的要求,在总结实验教学经验的基础上,形成了以解决问题为导向的环境卫生学实验课程教学模式的改革与创新思路:①提高环境卫生监测基本理论和基本知识水平;

① 关素珍、徐海明、张亚娟、李玲、李丽萍、李宏辉、德小明:《课程思政巧妙融入环境卫生学"课中课"教学模式创新探索》,《高教学刊》2022年第8期。

② M. Mcparland, L.M. Noble, G. Livingston, The Effectiveness of Problem-based Learning Compared to Traditional Teaching in Undergraduate Psychiatry, *Medical Education*, 2004, Vol.38, pp.859-867.

③ 唐娟、蒋建利、陈志南:《结合以问题为导向教学法的开放式教学新模式在基础医学实验课教学中的应用和效果评价》,《细胞与分子免疫学杂志》2022年第4期。

②重视环境卫生质量监测基本操作技能的实训；③淡化与解决问题脱节的验证性实验操作环节；④强化以问题为导向的环境卫生质量监测与评价；⑤培养运用知识解决实际环境卫生问题的能力。探索以培养应用型公共卫生人才为目标的"四新四高"路径(见图1)。

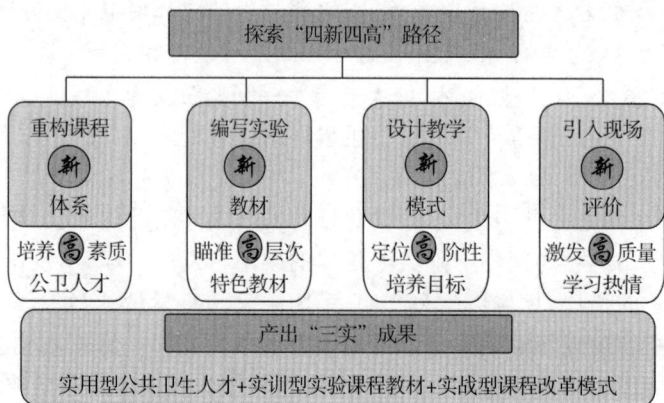

图1 探索应用型公共卫生人才培养的"四新四高"路径

(二)改革方法

1. 重构课程体系,编写课程教材

针对预防医学专业实验教学多以验证内容为主、实操训练缺乏系统性、思政目标融合度不足等问题,专业任课教师与实验教学中心教师合作,优化整合相关实验项目,探索开发开放式、设计性实验项目,注重跨学科知识的融会贯通,[①]并与实际工作紧密结合,旨在进一步加强预防医学专业本科生实践技能的培养,打破以教师为中心的教学模式,以学生为主体、以教师为主导,把实验的主动权真正交给学生。例如,将大气环境质量监测作为一个有机整体,将学生们分为几个实验小组,请小组成员就模拟环境污染室内空气质量监测共同讨论实验方案和方法,随着课程进度和不同监测指标的学习,将各监测指标结果汇总、进行综合分析评价,通过讨论得出环境质量监测的结论,引导学生树立环境保护意识,加强学生职业素养和职业道德的锻炼和培养。通过在实验过程中的分工合作,在培养学生实操能力、巩固学生理论知识的同时,也锻炼了学生的团队协作、分析问题、解决问题能力,同时很好地激发了学生的学习兴趣,进而达到培养应用型公共卫生人才的目标。

通过开展以解决环境卫生实际问题为导向的课程体系重构和课程内容优化,构建的实验教学框架包括:①环境卫生监测基本理论;②环境样品的采集与保存;③环境卫生监测基本操作技能;④空气清洁度、小气候及物理因素的监测与评价;⑤室内空气中化学污染物的监测与评价;⑥生活饮用水卫生监测与评价。改革前后实验项目对比见表1。

---

① 张晓峰、高淑英、任锐、张旸、李百祥：《预防医学专业实验课程教学改革模式》,《医学研究与教育》2013年第1期。

表 1 改革前后实验项目对比

项目	改革前		改革后	
	类型	项目名称	类型	项目名称
内容	验证型	基本理论 水中重金属的检测 水中 BOD、COD 的检测 水中三氮的测定 水中余氯、有效氯、总氯的检测 空气中甲醛的测定 大气中氮氧化物的测定 大气中持久性有机污染物的测定	验证型	环境质量监测基本理论 室内小气候监测仪器基本操作 物理因素测量仪器基本操作
			设计型	室内空气样品采集与保存实训 末梢水样品采集与保存实训 公共用品用具微生物采样实训
			综合型	室内空气清洁度的监测与评价 室内小气候的监测与评价 室内物理因素的监测与评价 室内空气中无机气体的监测与评价 室内空气中有机气体的监测与评价 室内装修所致空气污染治理技术与评价 生活饮用水感官性状和一般化学指标的监测与评价 生活饮用水氯化消毒及消毒副产物的监测与评价

为配合课程体系改革,联合国内兄弟院校、疾病预防控制机构专业人员共同编写了《环境卫生监测与评价实训》作为"环境卫生学实验与实践"课程教材,于 2022 年由国家一级出版社厦门大学出版社出版,并计划推广至相关院校和单位,指导环境卫生实际工作。本教材以厦门大学预防医学专业"环境卫生学实验与实践"课程为基础,充分体现培养学生综合运用知识解决实际环境卫生问题能力的课程改革思想,更新环境卫生学实验内容,目的是要重建环境卫生学实验与实践课程体系,重在培养学生的实际工作能力和创新意识,提高学生的实验操作技能以及发现问题、分析问题和解决问题的能力,使培养的毕业生能够尽快适应公共卫生与预防医学实际工作的需要。本教材以解决环境卫生问题为导向,重点培训学生发现和处理常见环境卫生问题的能力与素质,对培养全面发展的应用型预防医学人才至关重要。在学生具备了环境质量监测基本理论和监测基本操作技能的基础上,教师提供监测现场和环境卫生问题的背景资料,学生按照下述步骤,开展环境卫生质量监测与评价,并撰写实验报告:①制定采样监测计划;②采样设备/容器的选择/洗涤/校准;③有代表性的环境样品采集与保存;④选择标准检验方法开展实验室检测;⑤规范报告实验结果;⑥对标判定环境卫生质量作出综合评价;⑦提出潜在的健康风险和防制策略与措施。教材主要供公共卫生与预防医学学科相关专业本科生使用,也是公共卫生执业医师考试和环境卫生学工作者的重要参考资料。

2. 改革教学模式,提高综合能力

改革以培养和提高学生发现问题和解决环境卫生问题的能力与素质为目标,运用问题引导式教学模式，全面提高学生开展环境卫生监测与评价的能力，使学生在具备了环境卫生监测基本理论和基本操作技能的基础上，针对空气污染、水污染等环境卫生实际问题，设计监测方案、选择实验方法、收集相关数据、报告监测结果，进行环境质量综合评价，并提出相应的健康风险以及防制策略与措施。

同时，将现代信息技术充分融入实验教学过程，最大可能达到预期的教学效果。团队自主开发"地震灾后重点病媒生物监测与评估虚拟仿真教学实验项目"获福建省省级虚拟仿真实验教学项目，联合兄弟院校开发的"重大自然灾害后饮用水与病媒生物应急处置虚拟仿真实验项目"获国家级虚拟仿真实验教学一流课程。

3. 完善教学资源，引导自主学习

"环境卫生学实验与实践"课程的教学资源建设包括：电子课件、教学视频、电子教材、参考文献、试题试卷库、课程作业、教学材料等。每章配以相应的练习题、测试题及课程作业，引导学生养成自主学习与实践的习惯。并借助虚拟仿真实验项目，拓展实验教学内容广度和深度、延伸实验教学时间和空间、提升实验教学质量和水平。

4. 创新教学设计，激发学生兴趣

教学设计以全球环境政策、生态文明建设、环境污染背景资料等所提出的环境卫生问题为出发点，从环境监测设计到方法选择、从环境样品采集到实验室检测、从监测结果报告到环境质量综合评价，学生全程参与、分组协作。教师的引导，使学生主动探索，激发学生对解决环境卫生问题的浓厚兴趣，增强学生对环境与健康工作的责任感和使命感，并从解决环境卫生问题的实践中获得成就感。

5. 引入现场评价，提升学习热情

在环境卫生学实验教学中，改变传统评价方式，采用环境卫生学实验过程评价。即在所开展实验项目的关键环节设置评分点，对学生实验过程中关键环节的表现评价是以小组为单位进行的，以此更突出团队评价。这一措施有力地推进了学生之间互相帮助、互相学习合作的模式，学生的学习热情和学习效率都明显提高。

6. 改革考核方式，科学合理测评

为了更加科学合理地测评教学效果，检验学生运用所学知识和技能解决环境卫生问题的能力，已对课程考核方式进行改革，重视过程考核。满分 100 分，其中，平时成绩占 50%（包括出勤、实训环节及课堂现场评价的表现占 30%、环境卫生监测与实验报告占 20%），在线测试和期末实训考核占 50%（包括环境卫生监测基本理论在线测试占 20%，期末实训操作考核占 30%）。

三、改革的创新点和经验

（一）改革创新点

1. 以解决实际问题为导向，以立德树人为出发点，培养学生综合能力

有关"环境卫生学实验与实践"课程教学模式，国内基本上有两种：一种是把环境卫生学实验教学内容融入"预防医学综合实验"中，类似公共卫生学院预防医学系 2008—2017 年的教学模式；另一种是传统的"环境卫生实习"模式，以环境介质中污染物的检验为核心。这两种模式均未跳出"验证性实验"的思维，停留在学生为了做实验而做实验阶段，忽略了实验课程的最终目标是提高解决环境卫生实际问题的能力。本项目以敬业、诚信、担当为思政目标,淡化与解决问题能力培养脱节的验证性实验操作环节,采用问题引导式教学模式,重在培养学生利用所学的环境卫生学基本知识和技能来解决环境卫生监测、综合评价以及提出治理策略与措施的能力。

2. 以健康中国意识为驱动,以背景资料为出发点,提高学生学习主动性

课程紧扣生态兴则文明兴、生态衰则文明衰的深邃历史观,人与自然和谐共生的科学自然观,绿水青山就是金山银山的绿色发展观,良好生态环境是最普惠的民生福祉的基本民生观,山水林田湖草是生命共同体的整体系统观,针对空气和水环境可能存在的污染现象,教师给出环境污染问题的背景资料,学生自主制订采样计划、主动采集环境样品,选择国家标准方法进行实验室检验,对照环境卫生标准进行环境质量综合评价,找出环境污染或环境质量问题的可能来源,提出解决问题的策略与措施,并对干预措施进行评价。

3. 以教学体系改革为指导,以实践育人为落脚点,优化实验教学内容

实验教学是培养学生理论联系实际、分析问题、解决问题能力的重要教学环节。不仅是为了传授学科知识、验证学科理论、掌握实验操作的基本技能,更是通过实验培养学生的设计思维、开拓意识、创新能力和动手能力。为了能够更好地培养学生动手能力和创新思维,在实验教学体系的构建中,改变以验证性实验为主的局面,增加扩大知识面的综合性、设计性与创新性实验,以解决环境卫生问题为导向,强化基本理论、基本知识、基本技能的"三基"训练、注重思想性、科学性、创新性、启发性、先进性的"五性"培养,建立适应社会需要的实验教学课程内容。

(二)改革经验

1. 提高认识,增强实验教学的自觉性

实验教学在预防医学专业本科教学中有着举足轻重的作用,各项实验操作和动手能力的训练有利于加深学生对理论知识的理解和巩固,有利于提高学生解决实际问题的能力、培养科研兴趣。通过定期召开授课教师教学布置会,确立本学期"环境卫生学实验与实践"课程教学工作目标和重点,树立课程作为思政教育主体的观念;通过学习交流,实现教学相长,帮助每位教师真正意识到实验教学的重要性。

2. 健全制度,确保实验教学的规范化

根据教学年度总规划制定每学期的"环境卫生学实验与实践"课程教学工作计划,落实完成情况,并由系部和实验教学中心领导小组于学期末全面检查。建立健全实验仪器、设备、耗材的管理、领用、借还、维修保养、损坏赔偿等制度。聘请实验教学助理,协助开展相关工作。规范实验过程考核、期中期末考核和课程档案的撰写、保存与管理。

3. 深化教研,提高实验教学的推广度

积极开展教研活动,将思政育人理念贯穿育人全过程,借助实验手段推进课堂教学改革,对每位实验任课教师提出具体要求和目标。要求授课教师积极采用先进实验教学手段,改进教学模式,融入"课程思政"教学内容,优化课堂教学过程,真正达到以学生为主体、教师为主导的教学局面;目标是激发学生学习兴趣,调动学生学习主动性,学以致用,启迪科研思维,着力培养学生发现、分析和解决实际问题的能力。

综上所述,随着新时期社会经济的发展和对人才实践能力要求的不断提升,预防医学人才培养面临全新的挑战和机遇，对于专业课程教学的优化和改革也提出了更高的要求。通过以培养具有良好职业素养的应用型公共卫生人才为导向，对"环境卫生学实验"课程体系的优化、教材的更新以及在教学模式、教学设计、评价与考核方式等方面深化教学改革，不断提升教学质量，始终把提升学生的创新思维、强化实践应用能力培养贯穿教学的全过程，为培养新时期能解决实际公共卫生问题的高层次应用型公共卫生人才提供了借鉴意义。

模数混合电路设计综合项目实践与探索

刘恺之[*]

摘要:数字调谐接收系统,是面向高频电子线路实验的模数混合电路设计综合项目,从电路系统的设计、电路搭接、调试与故障排除,到关键数据的测量与记录,结果分析,撰写综合报告,达成了对学生完成一项工程化程度颇高的实践综合考验。经此训练,学生已不再惧怕复杂电路、复杂连线、复杂调试,而是显得更加平心静气、游刃有余、乐在其中、意犹未尽,用实操体会感受从课程、专业到工程实践的融会贯通。项目的实践也融入了思辨能力的考验,提炼出勇于探索的实践素养和高效自主的认知归纳能力,践行"学以致用"的实干情怀。

关键词:高频电子线路实验;综合项目实践;课程思政

一、引言

电子线路实验是配合"电子线路Ⅰ""电子线路Ⅱ""数字电子技术基础"这3门理论课程的实验课程,面向电子信息工程、集成电路设计与集成系统、微电子科学与工程等3个专业的大二学生开设。在一整学年的课程安排中,需要涵盖模拟电路、数字电路和高频电路。第一学期的"电子线路实验(上)"主要涉及实验基本原理、方法,实验仪器与常用元器件的认知,基本低频模拟电路与数字电路的设计与验证。第二学期的"电子线路实验(下)"则主要涉及高频电路和较为复杂的电路系统设计与实现。

高频电子线路实验,一方面因高频电路的理论分析与电路设计难度较大,另一方面高频电路受电源、信号源、元器件电气特性、电路搭接、测量仪器与测量方法等因素的干扰或影响较大,在实际的课程实践中,往往会面临两难的境地:选择基本电路模型进行验证,能较好地保证实验的顺利开展,学生达成度较高,但探索性、综合性差,不能很好地满足学生的求学需要。选择综合性强、复杂度高的电路系统进行设计,能较为全面地覆盖理论知识,有较强的实用性,突出工程化特点,但难度高、故障率高、纠错效率低,实验完成度大打折扣,也容易影响学生的求学热情。多年以来,高频电子线路实验项目的设计与选取,走的还是稳妥和相对保守的步伐,主要涉及LC调谐放大器、LC振荡器、混频、调幅、调频、检波、锁相环应用等常规的、相互独立的电路模块作为一个一个的实验项目。

---

* 刘恺之,男,福建惠安人,厦门大学电子科学与技术学院工程师,主要研究方向为电子技术应用、控制工程。

二、综合项目实践的前期准备

近年来，随着几个教学团队的层次化联动，在课程的设置上有更加合理的梯度，涉及部分实验方法与技能，在前期的人才培养阶段有了较好的铺垫，学生整体的掌握度和熟练度有了较大的提升，这就为后续的课程安排带来了强化综合能力、提高课程要求的可行性。数字调谐接收系统①，就这样被设计为了第二学期"电子线路实验（下）"的课程综合项目。

这是一个可以将前述多个独立的高频电路模块整合在一起的功能完整的电路系统，同时也是一个可以涵盖并串联第一学期"电子线路实验（上）"所学关键知识点的模数混合电路。在第一年的课程实践中，该项目仅以电路系统的分析与理解、系统电子装联与功能验证为主，并未涉及电路的模块化分解、单元电路设计、多电路模块的分步级联与测试、系统总装与联调。积累了教学经验后，结合下一年级学生的能力和特点，在第二年的课程实践中，该项目就从验证为主、设计为辅，转变为设计为主、探索为辅的综合实验项目。从电路系统的设计、电路搭接、调试与故障排除，到关键数据的测量与记录，结果分析，撰写综合报告，达成了对学生完成一项工程化程度颇高的实践综合考验，学生也乐在其中、意犹未尽。

难度、复杂度较高的综合项目开设，除了教学团队本身需要具备改革探索的热情，更需要的是实事求是的项目验证和扎实完善的教学准备。教学的主体在于学生和任课教师，实验课程的生师比是 20∶1，若课程助教能很好地融入课程、提供足够的辅助作用，相当于可以将生师比提升至 15∶1，学生在遇到困难时能够及时获取到指导与帮助，会有显著改善，这样就大大强化了课堂质量。因此，为了顺利开展这项综合实践，主要针对以下 3 个方面开展细致的铺垫工作。

（一）学生知识体系的构建与实践能力的锤炼

一条重要的途径是课程与其他课程的衔接互补。课程间的衔接，主要是与其他教学团队的"创意电子设计基础"和"新生研讨课"进行。这 2 门课程面向的是全院电子信息大类所有学生开设，主要起提升学习乐趣和实践能力的作用。涉及对电路初步认识、学习、设计基本电路模块，融入日常生活中富有趣味性的电子产品，增加电子信息大类本科一年级的实践动手环节。既注重学生自学能力、动手能力和创新意识的培养，又帮助学生了解电子产品设计的最新发展动态。电子线路实验教学团队也融入相应课程，根据学生能力特点靠前指导，主动提前接入学生知识体系的初步构建与实践能力的针对培养。

（二）教学团队的明确分工与协调配合

为了确保教学秩序与教学质量，针对课程所面向的 3 个专业学生数在 120 人左右，将课程设置为 2 个平行教学班，每班 60 人左右，实际选课人数一个班 60 人、另一个班 57 人。每个教学班均配备 5 位指导教师，生师比提升至 12∶1。电子线路实验室有 2 间，每间实验室均安排 1 位经验丰富的指导教师为主负责，另外 1～2 位指导教师协助实验辅导。课程开始前，2 位经验丰富的指导教师通过多轮的相互观察实验过程，将项目可能存在的困难点和故障点一一列出，并提炼应对措施和解决办法。

---

① 刘舜奎、李琳、刘恺之：《电子线路实验》，电子工业出版社 2022 年版，第 215～220 页。

（三）助教的综合遴选与课程指导

遴选了4名研究生助教，每个教学班分别安排2名助教。其中1人从事模拟集成电路设计的研究学习、1人从事数字集成电路设计的研究学习、2人从事半导体物理与微机电系统的研究学习，均具有扎实的电路基础和实验技能。其中1人还是本校保研学生，对曾经所学的课程和实验室情况熟悉程度高，在他的带领下，熟悉实验仪器设备、翻阅当年提交的实验报告，4名助教很快融入课程教学活动，在课程预习、实验故障初步排查指导等方面，提供了很好的支持作用。

三、高频电子线路实验的内在挖掘与合理设置

课程本体的内在挖掘与合理设置，一方面坚持长期以来的教学实践，课前布置调研任务，督促学生思考与仿真；课中设置不同难度层级的实验内容，引导学生探索与实践；课后安排思考，提升学生分析与总结能力。另一方面突出对电路的理解和自主设计，锻炼学生运用所学知识构建电路实现功能并解决实际问题的能力，同时，强化EDA仿真软件在电路设计上的辅助作用，培养和提升学生在工程化实践中的系统性思维。持续形成课程教学知识传授、能力培养与价值引领之间的协同效应，营造技术报国、实干兴业的学习与实践氛围。在此基础上，实验内容逐步体现项目化、工程化、指标体系梯度化，通过设计各式各样具备实用价值的电子电路，积攒电路功能与性能指标调试的经验、提炼设计方法。近年来的综合设计类实验项目比重逐步增加，锤炼了学生从畏惧设计到乐于设计的心态成长，沉淀了学生自身的专业素养，践行了学以致用的工程态度[1]，不断提升专业感知。现代电子技术有着无数与生活息息相关的应用场景——手机可以随处上网、车辆进出停车场无人值守自动缴费，本质上都离不开模拟电路、数字电路和高频电路。也因为应用场景的高度复杂化，模拟、数字、高频的高度融合几乎无处不在。综合设计类实验项目实践的落脚点也从先前各项独立的模拟电路综合设计、数字电路综合设计，逐步拓展到模拟、数字电路融合设计，再更进一步走向了尝试模拟、数字、高频电路的融合设计。

具体来看，数字调谐接收系统，也是一款超外差式接收机[2]，通常由接收天线、高频放大器、混频器、本地振荡器、中频放大器、检波器、低频放大器和扬声器组成，正是面向高频电子线路实验的模数混合电路设计综合项目。其系统的基本组成如图1所示。

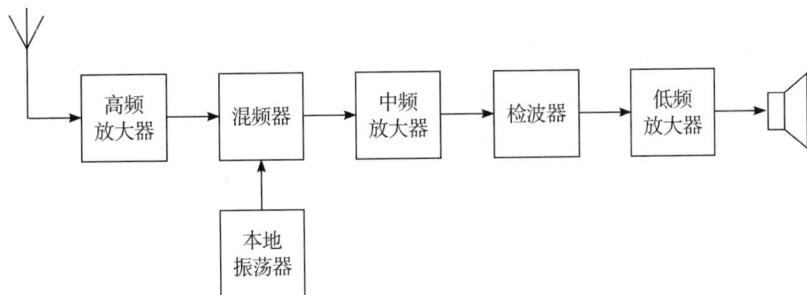

图1 超外差式接收机的基本组成框图

---

① 刘恺之、刘舜奎：《综合设计类实验项目改革——学以致用的工程态度提升专业感知》，《2020高等教育教学实践探索——厦门大学解决方案》，厦门大学出版社2020年版，第184～189页。

② 张培玲：《高频电子线路》，机械工业出版社2018年版，第4页。杨霓清：《高频电子线路实验及综合设计》，机械工业出版社2009年版，第216页。

通过数字电路产生频率较为精准的信号作为本地振荡信号，用于混频进行载波的频率变换，这便是"数字调谐"的主要思路。高频放大器和中频放大器均可以通过 LC 调谐放大电路实现，混频器可以通过模拟乘法器构造电路实现。若调幅信号的幅度足够且其包络反映出调制信号本身的特征，则可以选用二极管大信号包络检波电路构造检波器，否则需考虑使用同步检波电路实现。低频放大器可直接采用第一学期下半段所制作的"音频放大器"。用于产生本地振荡信号的数字电路，可以采用锁相环与分频器构造的倍频器实现。

为了达成较理想的课程效率，接收天线到高频放大器这部分，就直接由信号发生器产生幅度适当的调幅信号做替代；同时，该信号为普通调幅信号，后续的检波器便可直接选用二极管大信号包络检波电路实现。这样一来，对该项目进行分解，学生只需要分别设计并搭接出锁相环倍频电路、混频电路、LC 调谐放大电路和二极管包络检波电路，再搭配上学期末完成的音频放大器，就可以实现系统的总装了。

结合实际的课程安排，将系统拆解的电路模块融入原有的教学进度中，在期中先安排 1 周验证 LC 调谐放大电路，再安排 2 周设计并制作可调式分频电路，安排 1 周设计锁相环倍频电路，安排 1 周设计混频电路与检波电路，最后安排 1 周进行系统总装与联调。总体而言，时间紧、实验内容多、设计难度较大，得益于学生们先前的系统培养与训练，最终的达成效果令人满意。

在第一年的课程实践中，所制作的本地振荡器仅输出单一频率信号，即体现了固定电台的接收效果。在第二年的课程实践中，为了模拟调台，要求学生设计可调式本地振荡器。兼顾课程进度的实际，只要求设计的电路实现输出 3 个不同频率信号即可，即模拟调出 3 个电台。本地振荡器选用锁相环倍频电路实现，输出信号频率可调，即设计可调式分频器。这部分采用数字电路设计实现，可以通过 EDA 软件进行仿真，再将设计好的电路进行搭接验证即可。事实上，本地振荡器是整个系统的主要设计环节，锁相环倍频电路模型不复杂，可调式分频器的设计需要投入更多的思考。综合看来，要达成该项目的实践目标，有以下 3 项重点和难点：

（一）可调式分频器设计

该部分实验主要的内容要求为：采用 2 片 74191、1 片 7400、1 片 7476、1 片 7486 和 1 片 74283 进行设计。采用 1 个轻触开关（逻辑开关）作为输入控制，采用 7 段数码管作为可调数显示。可调部分在轻触开关控制下，循环输出 7、8、9，且不应出现其他无关数。当输出 7 时，分频器分频系数为 2.5；输出 8 时，分频系数为 3.5；输出 9 时，分频系数为 4.5。

两周的时间安排，第一周实际上有很多学生表现为一筹莫展，一方面因为所学数字电路理论课程在上一学期，有所疏远。另一方面对实验内容所要求的"不应出现其他无关数"无从下手。模拟实际调台效果，显然一款合格的电子产品，不应让使用者需要先按几下无效的按键后才按出有用的电台接收效果，这实际上相当于设计一款能跳过无关项的可循环自启动计数器。结合课堂实际情况，一方面针对理论知识的疏远，在临近课堂结束时，直接通过 EDA 软件现场构造电路并仿真验证逻辑功能，对所需理论知识进行了回顾；另一方面允许简化设计，即电路允许出现其他无关数。基于此，在第二周的实验过程中，绝大多数学生均能完成设计。少部分同学在课堂时间内来不及完成电路搭接与调试验证，则通过实验室开放时段加以补充完善,因为下一堂课的锁相环倍频电路需要调用这套分频器。这样环环相扣、层层递进的课程安排,实际上也是对学生自主学习与实践的一种促进。多数学生搭接电路的效果虽然不尽如人意,但至少在低频信号里得到的测量结果满足实验要求。

(二)锁相环倍频电路设计

也称为频率合成器,该部分实验主要的内容要求包括:采用 1 片 HC4046、可调式分频器模块,构造可调倍频电路。4046 输入 1MHz 的 TTL 方波,当分频器数码管输出 7 时,频率合成器输出 2.5MHz;当分频器数码管输出 8 时,频率合成器输出 3.5MHz;当分频器数码管输出 9 时,频率合成器输出 4.5MHz。完成此功能,也就实现了可调式本地振荡器。

(三)混频器的设计

该部分实验主要的内容要求包括:采用 1 片 MC1496,搭接混频电路,高频调幅信号输入的载波频率分别为 7MHz、8MHz、9MHz。本振信号接入锁相环频率合成器的输出信号。当分频器数码管分别输出 7、8、9 时,观测混频输出信号是否均为 4.5MHz 的调幅信号。一组典型的学生实验案例如图 2 所示,3 种情况下混频器输出载波频率均极为接近 4.5MHz,可以认为实验达成了载波的频率变换,也就实现了混频的作用。

级联混频器和本地振荡器,加以必要的电路调试,通过观察与记录关键波形和数据,确保达到了频率变换的目标,数字调谐接收系统的核心环节便成功了。后续级联搭接中频放大器、检波器和音频放大器,难度都要低得多,只是电路规模愈加庞大、连线愈加稠密。但是,有了前期的实验积累,学生们已经不再惧怕复杂电路、复杂连线、复杂调试,而是显得更加平心静气、游刃有余。临近学期末,课程也告一段落,学生回顾这半学期来循序渐进的综合项目实践,亦发出了这样的心声:"通过这次实验,我受益匪浅,这次实验与上一次实验的结合呈现出新的功能与作用,也让我眼前一亮,我发现一些规模大的实验电路也是从一点一点小的部分组成、搭接而来的。我认识到,虽然我们现在学习的每一个实验看似很小,但它们都能为以后学习并且搭接大的实验电路打下基础,所以我们更应该努力学习好这每一个小的组成部分,将来才能更好地理解大的电路。"

受限于课程时间安排的实际情况,最终的项目验收,没有要求所有学生均在面包板上搭接完整电路并试音,侧重的是让学生体会多个电路模块的级联、参数的测试、运用恰当的理论知识和实验方法对出现的系统级故障进行分析与排除。事实上,在面包板上相对无序、无规则的搭接高频电路,会带来各式各样与预期基本理论分析的结果存在差异甚至大相径庭的实验结果,这也正是本项目特意预设的一个探索点。通过现象观测与分析,除了结合配套的"电子线路Ⅱ"理论课程知识,还可以衔接信号与系统、电磁场与电磁波等专业知识加以理解;用实操体会感受从课程、专业到工程实践的融会贯通。有学生亦感悟到:"其实感觉模电非线性课本上的东西还没有学得太明白,实验课上的操作让我理解了一些理论上的知识。"当然,在最后一堂课上,为了让学生直观感受到一个完整系统的功能呈现,数字调谐接收系统同样进行了演示,其完整的电路搭接如图 3 所示。

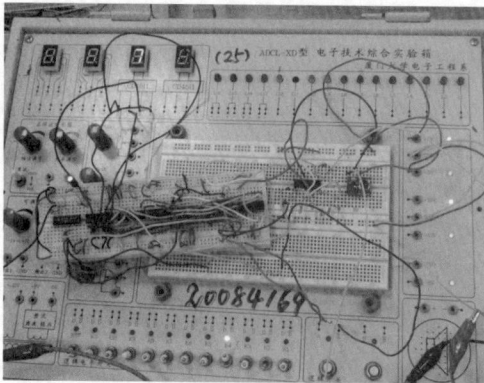

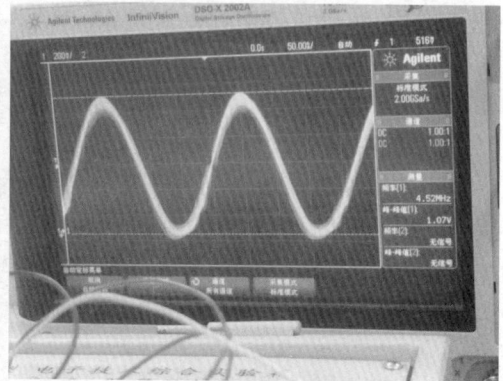

(2a)数码管输出 7 时,混频器输出 4.52MHz

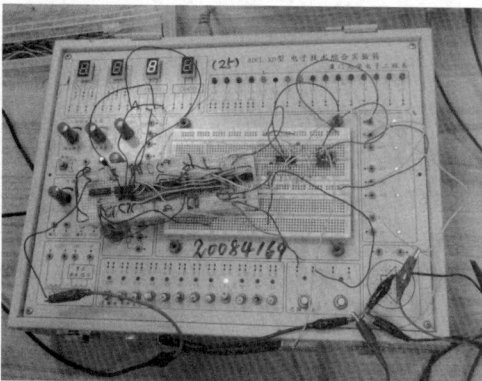

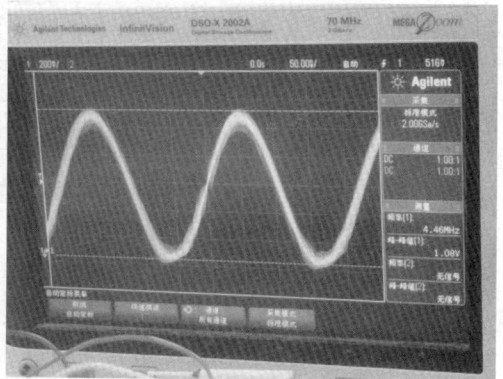

(2b)数码管输出 8 时,混频器输出 4.46MHz

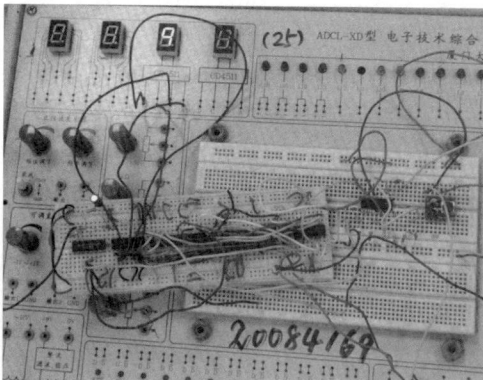

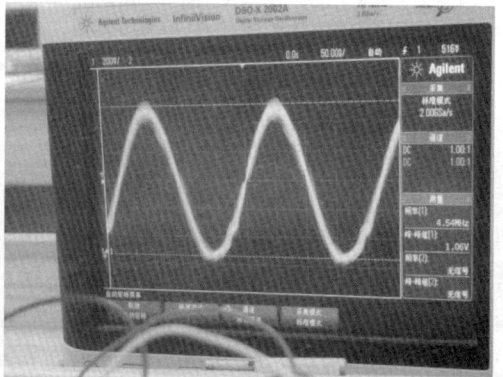

(2c)数码管输出 9 时,混频器输出 4.54MHz

图 2　混频器设计的一组典型学生案例

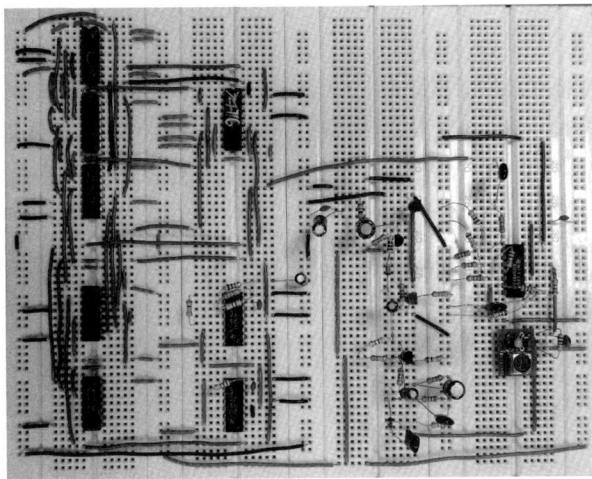

图3 数字调谐接收系统完整电路搭接演示

四、课程思政探索

"电子线路实验",是电子信息类专业的基础实验课程,也是带领学生走进"电子"世界的重要一环,本身就是一项培养和锻炼学生通过观察、分析现实状况,运用专业知识与技能解决实际问题的教学过程。强调的是对现实场景的直观感受、捕捉信息,具有很强的实时操作性,带有浓厚的现实体验感。[①] "电子线路实验"是一门课程,更是一个独立思考、解决问题的能力培养过程。虽突出动手能力,但亦离不开正确的思想与有效的方法。在课程的思政探索上,既要引导学生了解国内元器件、集成电路厂商与国际先进厂商的差距(产品性能、市场占有率等),提升学生对自主可控的认识,更要培养学生具备工程应用能力,塑造既能讲明工程原理又能解决实际问题的"工程态度",提炼勇于探索的实践素养和高效自主的认知归纳能力,践行"学以致用"的实干情怀。

综合项目实践,是一个很好的思政落脚点。实验的直接成果,可以看成是一款具有一定复杂程度的实用性电子产品,作为这款产品的专业设计师与制造者,秉持"设计师多一分思考,用户多一分使用乐趣"的自主意识,融入课程中,从元器件的选型、功能特点的充分发挥,到功能电路的细节处理与优化,再到系统集成的全面质量把控,学生可以获取扎实的锻炼、长足的进步。另外,要融入思辨能力。实验内容与要求,在设计上故意留下了小陷阱,"尽信师则无师"。课堂上,不应完全不假思索地遵照教师的实验要求与安排,应该相信自己的理论素养、结合积累的实验技能,细心观察与记录,发现问题后充分运用理论知识和经验分析并判断,勇于向教师提出合理质疑、大胆陈述分析见解。生师互动,在"跳坑"与"跳出坑"的过程中更加深刻体会"博学,审问,慎思,明辨,笃行",也与校园文化环境(博学路、笃行楼)不谋而合。

---

① 刘恺之、刘舜奎:《线上教学的电子线路实验课程建设与实践》,《2021高等教育教学实践探索——厦门大学解决方案》,厦门大学出版社2021年版,第393~398页。

五、总结

　　课程方案的设计优劣，教师授课的投入深浅，是左右教学质量与成效的关键要素，实验课程尤是如此。教与学相长，没有专注的"教"、何求专注的"学"。多年来代代教学团队接续努力，不断积累与改革，铸造了今天电子线路实验颇具一格的课程特色，在未来的课程实践与综合项目设计及思政探索中，仍须谨记：路漫漫其修远兮，吾将上下而求索。既要自信自立，更要守正创新，但求不断适应匹配新时期高等教育对电子信息人才培养的需求与目标。

产教融合背景下高分子材料专业实验课程改革研究[*]

——以高分子材料制备与加工实验为例

产教融合背景下高分子材料专业实验课程改革研究[*]

——以高分子材料制备与加工实验为例

许一婷　刘新瑜　曾碧榕　罗伟昂　戴李宗[**]

摘要：面对国家和社会的高分子产业结构不断升级，培养具备工程思维、工程实践能力、创新能力和服务地方企业需求的高水平应用型工程人才显得尤为重要和必要。立足厦门大学高分子学科特色以及传统实验教学存在的局限，提出产教融合背景下高分子材料专业实验课程教学模式改革。依托平台建设、项目驱动，以国民经济需求和解决企业关键技术难题为导向开设实验项目；构建"双课堂"模式，推进"双师型"教师队伍建设，配合"案例教学"更新教学方法；结合虚拟仿真平台，切实发挥"虚实并举"教学模式职能；融合课程思政教育，启发学生学思结合，知行合一，协同带动实验课程体系改革与创新人才培养模式。

关键词：工程教育；实验教学；产教融合；虚实并举；思政教育

在《中国制造 2025》中明确规划了未来十年 18 个高分子材料重点发展领域，包括了航空航天设备、海洋工程设备及高技术船舶、新能源汽车等。《国民经济和社会发展第十四个五年规划和 2035 年远景目标纲要》也明确了高分子材料在未来国民经济发展中的重要作用。高分子材料不仅是在国民经济中占比较大的基础性产业，同样也是国家先导性产业，既是石化行业内的新兴战略产业，也是国防军工、航空航天、电子信息、新能源等新兴战略产业的重要配套材料。党的十八大以来，厦门市致力于以创新引领产业转型升级，以工业化带动城市发展加速推进，明确培育壮大生物医药、新材料、新能源、文旅创意 4 个战略性新兴产业，前瞻布局第三代半导体、未来网络、前沿战略材料、氢能与储能、基因与生物技术、深海空天开发 6 大未来产业，打造千亿产业链群。面对国家和社会的高分子产业结构不断升级，未来对应用型高分子人才的需求仍然很大。因此，培养高分子材料行业高素质人才尤为重要和必要。

2021 年，习近平总书记强调"深化产教融合、校企合作，深入推进育人方式、办学模式、管理体制、保障机制改革"，伴随着《关于深化产教融合若干意见》《国家职业教育改革实施

---

   * 基金项目：2018 年福建省研究生导师团队（闽教高〔2018〕57 号）；福建省本科高校教育教学改革研究项目（FBJG20210271）。

   ** 许一婷，女，福建惠安人，博士，厦门大学材料学院教授，主要研究方向为有机无机杂化功能高分子材料。刘新瑜，女，福建惠安人，硕士，厦门大学材料学院高级工程师，主要研究方向为高分子材料分析技术及实验室管理。曾碧榕，女，福建莆田人，博士，厦门大学材料学院副教授，主要研究方向为阻燃功能高分子材料。罗伟昂，女，湖南湘潭人，博士，厦门大学材料学院高级工程师，主要研究方向为阻燃高分子材料。戴李宗，男，福建南安人，博士，厦门大学材料学院教授，主要研究方向为功能高分子材料。

方案》等一系列产教融合、校企合作政策的相继出台，加速了产业与教育深度合作、校企协助育人的教育模式的改革①②。产教融合结合专业特点改革实验实践教学环节已经成为深化校企协同育人、实现教学向产业靠拢，服务地方企业的主流趋势。"产教融合、校企合作"这一育才模式成为促进高校、企业和区域经济良性发展的重要途径，是加快建设技能型社会、持续推进创新型战略驱动、实施人才强国战略的重要举措③。

厦门大学材料科学与工程学科是"211"、"985"和"双一流"重点建设学科，高分子材料是其中重要组成部分。高分子材料专业实验课程是高分子学科理论知识与生产实践相结合的重要环节，也是材料科学与工程专业学生工程训练的重要组成，在培养"工科"视域下工程人才关键能力方面具有重要推动作用。"高分子材料制备与加工实验"是厦门大学2022年新开设的一门实验课程，是对"材料制备技术（高分子方向）"理论必修课程的有力支撑，同时也是相关专业课程"高分子化学""高分子物理""高分子加工工艺"等的专业拓展。工程教育核心理念是以学生为中心，以成果为导向，基于此课程立足厦门大学的办学特色，充分结合福建省高分子行业发展现状，探索新的实验教学模式，提出了以学科建设为头，以产教融合为路，进一步完善高水平应用型工程人才培养体系。

一、高分子材料专业实验教学存在的局限性

高分子材料是一门与时俱进且与生产生活密切相关的学科。在传统的高分子材料专业实验教学过程中，多数实验教学在内容和形式上都依附于理论教学，虽说当下课本内容系统且全面，能够使学生较好地掌握完整的高分子合成理论体系，但与学术前沿科技、产业应用存在一定程度的脱节，学生很难将理论知识践行至时代发展和科技进步等实际应用中④。此外，开设的实验项目老旧，多以验证性实验项目为主，缺乏真正的设计性、应用导向性的实验项目，不利于学生实际工程素质和实践操作能力的培养，也难以满足新时代企业发展对学生实践创新能力的需求⑤。

同时，在教学方式上，传统的实验教学把验证理论知识、熟练实验操作和巩固加强理论知识为教学主要目的。惯用"填鸭式"单向的传输教学模式，即任课教师将实验目的、实验的原理、实验的步骤及实验的条件等实验内容制定成册，学生按部就班地听从老师指导和遵循实验条件及步骤即可完成实验，这种"照单抓药"的教学理念导致学生缺乏独立的实验设计与思考以及出现问题时分析问题、解决问题的能力，助长了学生惯性思维和依赖心理。

---

① 闫瑞强、张贤康、刘贵花、肖圣威、何志才、陈卫：《产教融合背景下〈材料专业技能拓展训练〉课程教学改革》，《高分子通报》2022年第6期。

② 闫瑞强、王庆丰、黄国波、金燕仙、何志才、王凯：《产教融合背景下高分子材料与工程专业本科生实践环节的教学改革》，《高分子通报》2022年第4期。

③ 石贵舟、余霞：《应用型高校产教融合型课程教学改革与创新实践》，《南京工程学院学报（社会科学版）》2022年第4期。

④ 张竟、汤继俊：《〈聚合物合成原理与工艺〉教学改革和思政教育的探索》，《广东化工》2022年第6期。

⑤ 罗静、刘仁、施冬健、魏玮、东为富、刘晓亚：《工程认证背景下高分子材料与工程专业实验教学的改革初探》，《高分子通报》2021年第5期。

这不利于激发学生学习自主性,也不利于锻炼学生科研创新和培养工程实践思维[①]。

二、产教融合背景下创新高分子材料专业实验教学模式

依据厦门大学高分子学科特色以及长期教学经验基础,我们提出"产教融合"创新高分子材料专业实验教学模式,依托平台建设,立足产学研项目,构建"双课题"模式,虚实并举,带动实验课程教学模式改革与创新人才培养模式。

1. 依托平台在企业建设第二课堂,构建"双课堂"模式

一般而言,国内多数企业很难接受纯粹实验或实习的实践内容,这也是目前实践环节难以有效落实的主要原因。为此,在高校和企业建设产学合作平台和实践基地是培养学生实践能力的有力保障。

在平台和实践基地建设方面,结合厦门大学的高分子材料学科特色与优势、学科前沿、国家重大需求与产业市场,我们在与专业相关的企业设立了实践基地。例如,与信和新材料、鑫展旺、海斯福等 30 余家企业形成可持续的深度合作,建立长期稳定的科研合作关系与人才培养模式,建设了 12 个校企合作平台,保持高校与企业合作关系的稳定运转。同时积极推动"平台升级",组建 8 个省部级平台,包括福建省防火阻燃材料重点实验室、福建省固体表面涂层材料技术开发基地;共建 6 个产业技术创新联盟,提升服务产业能力。这些平台为高素质本科生培养提供了支撑。由厦门大学牵头,联合 2 家高校和 15 家石油化工与新材料行业龙头企业,共建的(3+15)产学研协同创新系统"石化下游原材料和新材料产业协同创新中心"在 2019 年由福建省教育厅立项培育。平台建设提升了产学研结合的多元化教学实力。

平台建设为学生深入企业参与生产实践提供了沃土。建设"双课堂"教学模式,即教学场地由学校延伸到企业,在企业建设第二课堂,教师和学生深入企业生产一线,由企业工程师和教师进行现场教学,在讲解了实验原理、实验工艺和工程实践操作之后,学生将进行现场实验,自主完成实验内容,锻炼学生应用工程思维和创新思维去发现、分析及解决实际工程问题。

企业第二实验课堂的另一重要内容是建设"双师型"教师队伍。校企双方共建师资队伍,培养真正的"双师"型教师,为实验课程的顺利开展奠定坚实的人才支撑服务。除了企业专业技术人员,工程管理人员也是企业实验课堂指导教师的重要组成部分,有助于培养学生的工程实践思维。

2. 项目驱动,优化实验课程体系建设

根据行业企业对核心岗位的能力要求和学生认知、能力递进规律,我们的实验课程改革重点突出工程实践能力培育,兼顾学生工程思想、创新创造能力和综合素质能力培养。目前我们的产学合作项目涉及功能涂层材料、橡塑材料、聚合物基复材、纤维、泡沫制品、氟化工、混凝土外加剂等高分子材料相关产业领域。实验项目设置以产学合作项目为驱动,重新整合实验课程教学内容,有效促进实践环节的确实落地。具体实施中引导学生积极参

---

① 刘杰、苗时雨、李佳璇、师红旗、罗亚莉:《新工科背景下高分子材料专业实验课程改革研究——以"材料失效分析"为例》,《高分子通报》2022 年第 9 期。

与实验项目提出、实验方案设计到具体技术难题解决等各个阶段，让学生面对实际问题从分析、设计、决策、完成等步骤亲自体验每个环节，着重提升学生的工程实践能力，培养其知识与技能，理论与实践交叉融合能力。配合"案例教学"模式，以课程授课、专家讲座等形式，采用企业一线的实际工程项目案例作为讲解素材，以项目化实验为载体，丰富学生的工程项目基础知识与工程思维锻炼。学生主动参与案例分析过程，通过阅读和分析案例以及课堂讨论等各个环节中发挥其主动性，增加课堂趣味性。

三、产教融合背景下实验课程教学内容改革探讨

1. 实验教学内容紧扣国家战略需求

在现在的高等教育体系中，如何真正做到"产、学、研"三者的融合是值得每一个高校教师探索的课题。自赫尔曼·施陶丁格（H.Staudinger）1920年首次提出"高分子"的概念后，短短100年的时间，高分子材料在国内外蓬勃发展，不仅成为一门成熟的学科，更是实体制造业的重要组成，广泛应用于多个领域。因此，在"高分子材料制备与加工实验"课程中，在"双课堂"模式下紧扣国家战略需求设置的实验项目，将课堂上学习内容与实际生产生活相联系，帮助学生理解高分子材料的应用价值。

聚丙烯酰胺是一种可以应用于水处理领域、石油开采领域、造纸行业以及生物医药行业等的高分子材料，并在柔性传感器、柔性储能材料等前沿领域得到广泛的关注。课程设置"丙烯酰胺光引发聚合及产物表征"实验项目，制备具有导电能力的聚丙烯酰胺凝胶，引导学生对于前沿科学问题的思考，激发学生的创新精神。同时学生进行聚丙烯酰胺的制备时，通过介绍和比较不同的制备方法，学生充分理解光引发聚合聚丙烯酰胺产品生产过程中成本低、能耗少的优点，积极响应国家"节能减排"的号召，培养"绿色化工"的意识。

涂料是一种能够均匀地覆盖以及良好地附着在物体表面形成固体薄膜的物质，是配套工程装备制造业的"刚性需求"。依托建设的"福建省固体表面涂层材料技术开发基地"，设置"涂料、漆膜的制备"实验项目，涉及涂料的基础理论知识以及涂层材料领域的关键共性技术，包括涂层材料的环保、低碳节能，涂层间的性能"匹配"，涂层的耐老化、多功能化，助剂与添加剂的协同作用以及固化方法的匹配，涂装设备与工艺，涂层材料的普适性等方面相结合，使学生充分了解在涂料领域方面的科学问题，从工程应用的角度出发培养学生的发散性思维。

混凝土是现在土木工程中应用最为广泛的建筑材料，应用于各类建筑，特别是作为交通基础设施的路桥建设。混凝土事实上是一种复杂的有机无机复合流体，外加剂应用于混凝土中，涉及聚合物复杂流体的系列基础科学问题。在"混凝土聚羧酸减水剂制备工艺及应用"的实验教学过程中，学生将前往厦门路桥翔通科技有限公司去实地学习有关混凝土外加剂的知识，充分了解企业一线的生产过程，自行合成减水剂，并进行混凝土拌和。混凝土减水剂作为一种小剂量的添加剂，却能对混凝土的性能产生很大的影响，可以引发学生对软物质学界的领军人物诺奖获得者德热纳提出的"弱力引起大变化"的思考。

碳纤维增强环氧树脂复合材料，是一种具有高其比强度、高比模量综合指标的材料。碳纤维复合材料对重量、刚度、密度、耐疲劳等性能有严格要求的领域，以及在要求耐高温、化学稳定性的场合都颇具优势。在介绍碳纤维复合材料的应用时，着重强调碳纤维复合材

料在航空航天方面的应用,同时对比我国与美国、日本等发达国家在高性能碳纤维研发上的差异,以此培育学生的爱国情怀。厦门及周边地区是中国大陆最重要的碳纤维制品生产基地之一,具备成熟的产业背景。在"环氧树脂及碳纤维复材预浸料的制备与检验"的实验中,学生将前往厦门百安兴新材料有限公司学习碳纤维复合材料的相关知识以及预浸料环氧树脂的具体要求、检验方法,并进行碳纤维复材预浸料的制备及复材的成型操作(见图1)。引发学生对我国亟待攻克的碳纤维及其制品"卡脖子"关键技术的思考,激发科技自立自强的责任感。

图1 学生在企业进行碳纤维复材预浸料的制备及复材成型实验

2."虚实并举",打造虚拟仿真平台

在"产教融合、企校合作"创新实验教学模式下,学生已经参与了许多企业先进的高分子合成实践。也有许多高分子合成工艺流程众多,或涉及企业核心技术,往往只能参观一下大型的工艺设备,了解一下工艺流程却不能动手操作,教学与实践的不协调使得课程对学生的工艺训练达不到预期目标。因此有必要在"双课堂"教学模式中引入一种虚拟仿真实验,在仿真实验教学过程中与课堂上的理论学习相结合,通过模拟仿真工艺过程将理论学习、企业实践、模拟操作有效结合,形成一种"理论学习—企业实践—虚拟仿真实验"相结合的新型实验教学模式,从而激发学生的学习兴趣,达到学习和实践相结合的目的。"产教融合,虚拟仿真"虚实并举,将科研成果反哺实验教学,将工程实践转化为虚拟仿真实验教学内容,依托虚拟仿真技术,更好地发挥课堂教学和企业实践的教学功能,不断提升学生的工程实践与创新能力。

以聚丙烯合成为例,聚丙烯合成是典型的配位聚合体系,其合成工艺包含丙烯置换、丙烯液化、加催化剂、进料及排料等多个化工单元操作,涉及精制系统、聚合系统、闪蒸系统、丙烯回收系统、循环水系统等多个复杂且庞大设备,该理论学习过程十分抽象。结合企业实践,学生也只能对聚丙烯合成的实际生产过程的工艺流程设计、物料供应、聚合及产品后处理设备和工艺条件的控制过程进行实地参观,能亲自实践实操环节很少,学生对聚合组分、聚合工艺、生产条件与控制过程等工艺仍然了解不够透彻。在此基础上再引入聚丙烯合成工艺仿真项目,将工厂生产过程及内部大型设备虚拟化,真实模拟企业实训环境,让学生在开放、交互、自主的虚拟环境中开展实验,学生可以反复参与模拟学习,犹如身临其境,让学生有一种"亲临"工厂实践的感觉。在一定程度上培养了工科学生理论联系实践的能力,积极调动学生的课程积极性与参与性,激发学生的创造性,促进学生实践动手能力和创新能力的培养。

四、高分子材料专业实验教学课程思政教育

教育部关于印发《高等学校课程思政建设指导纲要》的通知(教高〔2020〕3号)特别强调"专业实验课程要注重学思结合、知行合一,增强学生勇于挑战、勇于创新和善于解决问题的工程实践能力;要注重强化学生工程伦理教育,培养学生精益求精的大国工匠精神和探索未知、追求真理、勇攀科学高峰的责任感和使命感,激发学生科技报国的家国情怀和使命担当"。高分子材料涉及航空航天、军工国防、海工装备等多个前沿领域和重大战略产业,蕴含大量工匠精神、科学素养、创新精神等思政元素,为课程思政教育的开展奠定良好的基础①。课程紧密结合科技前沿技术和团队成果,从实验原材料、实验方案、实验设备等方面入手深入挖掘课程思政元素,通过价值引领,将马克思主义和科学精神融入课程教学,以此提高学生分析和解决高分子材料制备与加工问题的能力。在实验教学中密切融入党建文化(见图2),围绕"高分子材料制备与加工实验"中的中国故事、"卡脖子"技术等案例,向学生输送"科技报国、学术自信、工程伦理与专业认同"。

图 2   学生参观企业党建文化

五、结语

针对厦门大学材料科学与工程专业建设过程中实验环节的现状,以"高分子材料制备与加工实验"为例,通过产教融合创新实验课程教学模式,将实验课程的课堂与企业的生产相联系,通过校企合作平台建设、产学研项目驱动,构建"双课堂"教学模式,进一步引入虚拟仿真实验教学,融合课程思政教育等多种举措,协同带动专业实验课程体系改革以及创新人才培养模式,目的是更好地为国家、为社会培养具有高尚思想品德、扎实专业基础、广阔国际视野、工程应用创新思维的科技人才。

---

①　秦建彬、史学涛、张广成、狄西岩、顾军渭、闫毅:《实践类课程开展课程思政教学改革的思考与实践——以高分子材料制备与成型创新实验为例》,《大学化学》2022年第3期。

第四篇

教学模式创新

回归舞蹈教学的初衷[*]

——"两次倒转"机制下的舞蹈理论教学创新研究

张先婷[**]

摘要：舞蹈理论课程既有普通理论课程所具有的性质，又包含舞蹈艺术的特殊性，即尤为强调教学内容对舞蹈实践的指导性以及用实践理解和反作用于教学内容。目前，舞蹈理论课程教学普遍呈现出两大问题：课程内容教与学分离，舞蹈理论与实践脱节。上述问题的实质是没有达到"教学统一"，没有实现知识的有意义传授以及忽略了学生与知识间的动态关系建构。北京师范大学教育学部郭华教授提出的"两次倒转"教学机制则回归教学的根本问题，即外部知识如何被学生获得、占有并转而成为学生个体的内在力量与精神财富。本文从"两次倒转"机制出发，探索如何解决舞蹈理论课程教学中出现的问题，并结合案例思考该机制带来的教学创新以及探讨如何回归舞蹈教学的初衷，即通过艺术核心素养的建立达到对人的培养。

关键词：舞蹈理论教学；舞蹈理论与实践；"两次倒转"；教学统一

从 20 世纪四五十年代舞蹈理论体系的建立到今日已走过了 80 余载，各高校的舞蹈学科与专业也在奋力完善着舞蹈理论课程体系，从中也涌现出了很多成功的教学案例，但总体来说舞蹈理论课程仍旧给人以刻板、枯燥、价值不大的印象。同时更值得关注的是因为舞蹈理论和实践千丝万缕的联系，聚焦舞蹈理论课程教学，也存在着薄弱环节：课程内容教与学分离，舞蹈理论与实践脱节；聚焦舞蹈理论课程对人的培养，其中所起到的作用更是流于表面。那么，为什么舞蹈理论课程会留下如此之印象呢？课程中呈现出"教学分离""理论与实践脱节"的原因是什么？又是什么造成了大部分舞蹈理论教学仅停留在知识的传递却没有深入对人的培养中去呢？

一、舞蹈理论课程教学中的问题

（一）课程内容教与学分离

从舞蹈教学发生发展的历史进程来看，模仿与传递人类已获得的舞蹈认识成果占据了教学的主要部分，尤其是在广袤的民族民间舞蹈艺术的学习中，"教学即传递"更成为一种主要的传承方式。从大量的舞蹈实践中升华而来的舞蹈理论也自然而然地以传递这些宝贵的知识与经验为主。如从中国古代舞蹈中脱颖而出的汉代盘鼓舞呈现出"翘袖折腰，扬

---

* 基金项目：2021 年度福建省社会科学基金项目（项目批准号：FJ2021C115）成果。

** 张先婷，女，厦门大学艺术学院助理教授，主要研究方向为舞蹈教育学。

袖踏鼓"的灵动风格,该风格是老一辈艺术家考察大量的汉画像砖和庞杂的史料获得的珍贵的研究成果,我们无须再进行反复的考察即可获得。所以,在舞蹈理论课堂上经常看到这样的情况:教师仅是知识的搬运工,在知识与学生之间没有架起一个有效的桥梁,以至于大部分学生在学习舞蹈理论时通常感觉到枯燥乏味,无法激起学习兴趣。

而另一种教学则陷入另一个极端里,即教师"充分"释放学生的天性,任其毫无边际的自学自悟,或学生自我沉浸在庞杂的舞蹈理论知识的海洋里,闭门造车地进行着个人探索并把这样的方式看作是一种积极主动的研究过程,导致学习方向根据兴趣而左右摇摆或只能在相对低水平的经验上徘徊。以上或类似情况,教师虽"教",但没有引发"学"的真正意义;学生虽"学",但无视"教"的引领和价值,这都是"教与学分离"的体现,也使得舞蹈理论课程普遍陷入了"难教"更"难学"的尴尬境地。

(二)舞蹈理论与实践脱节

在目前部分高校的舞蹈学科中,仍弥漫着一种"重实践、轻理论"的现象,学生们在舞蹈技巧方面如鱼得水,在舞蹈理论层面却捉襟见肘。舞蹈理论来源于舞蹈实践,是在舞蹈实践基础之上的升华。这就要求舞蹈理论课程的教学必须坚持理论与实践相统一,坚持以舞蹈理论促进舞蹈表演与创作的发展与创新。

"重视舞蹈理论的作用""坚持理论与实践统一"是对舞蹈理论课程的要求,同时也是教学中的难点。难在如何把符号化的舞蹈知识活化为实践中可感知的情境,也难在如何在舞蹈表演创作时灵活地运用到舞蹈理论知识中的闪光点,使得作品更加生动饱满。例如对舞蹈专业的学生来说,当欣赏舞剧《永不消逝的电波》时,如何清晰准确地把握其中巧妙的时空交错结构,并反思如何运用该结构于个人创作表演之中呢?当面对唐代史料中所记载的《霓裳羽衣舞》时,又如何穿越历史的长河,感同身受于杨玉环舞动时那"飘然转旋回雪轻,嫣然纵送游龙惊"的美妙意境呢?这些都是需要在教学中不断实践的重要问题。

综上所述,在大部分舞蹈理论课程的教学中,知识仍停留在记忆表面基本没有内化,很难对舞蹈的表演与创作起到实质性的指导作用。知识是静止的,没有流动与循环;理论与实践是脱节的,缺少关系的桥梁。舞蹈理论课程教学中出现的这种"课程内容教与学分离""舞蹈理论与实践脱节"的现象,究其本质是没有达到"教学统一",没有实现知识的有意义传授以及忽略了学生与知识间的动态关系建构。要解决舞蹈理论教学中出现的问题,首先要回归教学的根本,"即外部知识如何被学生获得、占有并转而成为学生个体的内在力量与精神财富,即教学活动的运行机制问题"。①

二、"两次倒转"机制回归舞蹈理论教学的初衷

关于"教学如何统一""回归教学根本"的问题,众多教育家和教育工作者作出了努力的探索与实践,并取得了一定的成果。回顾一些教育理念与方法的提出,如布鲁纳的发现学习、杜威的"做中学"以及近几年兴起的"翻转课堂""慕课微课"等,在不同程度上实现了教育方法途径的更多可能性;聚焦舞蹈教学方面的实践,如"创造性舞蹈""素质舞蹈教育""参与式舞蹈教学"等也较大程度上提升了教学的趣味性与丰富性。这一系列的尝试都在解决

---

① 王策三:《教学认识论》,北京师范大学出版社2002年版,第84页。

一个问题："如何使学生主动、愉快、彻底地学习外在于己、远高于现有认识水平的人类认识成果。如果说，将教学过程看作学生个体认识的过程，把人类认识的'终点'作为学生认识的'起点'，是把人类总体认识'倒过来'了，那么，用自己的头脑去'发现'、在情境中'体验体悟'、在欣赏活动中'泡'开诗人凝练的东西，便是典型、简约地再经历原初认识的'再认识'过程，是把'倒过来'的过程再'转回去'的过程。这个'再认识'的过程与原初认识不同，是选择关键的、有意义的环节，进行逻辑的、结构的、系统的、有目的地展开的过程。这样的过程正是学生个体认识应有的过程。"①

北京师范大学教育学部郭华教授提出的"倒过来"与"转回去"的这一过程被称为"两次倒转"，是在教学认识论基础上经过长期研究与实践提出的有意义的教学机制。那么，"两次倒转"教学机制能否解决舞蹈理论教学中出现的上述问题呢？在"倒过来"和"转回去"之间是否可以回归舞蹈教学的初衷，即通过艺术核心素养的建立达到对人的培养呢？

（一）"倒过来"——强调已有舞蹈认识成果的价值

教学的起点并非以创造新知为主要目的，而是应首先获取丰厚的认识成果。这提醒我们，应充分尊重包括舞蹈艺术在内的已有人类认识成果的价值。"两次倒转"机制中的第一次"倒转"（倒过来）即将教学的前提定位在人类认识的成果之上。

回顾舞蹈理论体系建设的历史，有众多艺术家为此付出了极大的心血才获得了目前丰厚的艺术宝藏。中国舞蹈理论奠基人之一的孙景琛先生带领其研究小组潜心编撰《中国民族民间舞蹈集成》的过程为我们带来深刻的启示。该集成可以说是中国舞蹈界在世纪之交为中国传统文化艺术的收集、传承、保护与弘扬等方面的重大献礼，但这份礼物背后所付出的艰辛却是鲜为人知的。"从 1981 年到 2000 年，'民舞集成'这项跨世纪的工作前后花去了孙老师近 20 年的时间，共查明了除港、澳、台以外的民间舞蹈 17636 种，出版了全国 30 个省市的 40 卷集成。"②尽管距离集成的出版已过去 20 年的时间，时代的更新带来科技手段的日新月异，如今各种摄影摄像的技术手段使得舞蹈教学、传播、保护等方面更为便捷，各种后现代主义的思潮也在催促着舞蹈理论教学内容需要不断追求更新，但更新的同时不应忽略传统，正如《中国民族民间舞蹈集成》等宝贵的舞蹈认识成果不应该被时代所遗忘。舞蹈理论教学应回归教学的初衷，应强调已有舞蹈认识成果的价值，这些成果中所蕴含的确定性和教学价值，更应作为重要的教学内容在课堂中被学生认知，并启发学生在此基础之上开展更为深入的研究。强调已有舞蹈认识成果的价值，是舞蹈理论教学中实施"两次倒转"机制的前提，也是回归"教学统一"的第一步。

（二）"转回去"——关注学生与知识间的动态关系建构

根据上述内容我们得出，"两次倒转"机制中的"第一次倒转"肯定了已有舞蹈认识成果的价值，也决定了学生学习内容的高起点。但值得注意的是，若只有抽象的理念和静止的成果而没有具体的操作模式，"倒过来"就可能流于形式和片面，甚至沦为粗浅的经验传递。教学失败的案例——"填鸭式""灌输式"的教学就是这样。所以，学生需要与知识间建立起

---

① 郭华：《带领学生进入历史："两次倒转"教学机制的理论意义》，《北京大学教育评论》2016 年第 2 期。

② 郑慧慧、吴曼英：《舞蹈理论事业的"推进者"——纪念导师孙景琛先生逝世 10 周年》，《舞蹈》2018 年第 5 期。

一种动态的关系,这决定了"第二次倒转"(转回去)的必要性。如上文中所提到的,现有的舞蹈理论体系是艺术工作者多年来实践考证和潜心研究的成果。当学生面对这些与自己的知识体系有着极大差距的成果时,如何使自我认知与知识间架起一座关系的桥梁呢?

舞蹈理论教学中的关键是缩短抽象的认识成果与作为认识主体的学生之间的关系,是把原本枯燥的知识点活化为可舞动可感知的身体体验的过程,也是使学生置身于实践之中且在一定程度上经历成果的"再现"并在其基础上展开合理"创作"的过程。在这个过程里,对教师及学生的身份都提出了更高更具体的要求,教师不再是"知识的搬运工",而是"关系的推进者",即要求教师把握教学材料整体结构、领会学科精神以及确定学生水平与发展方向,发挥舞蹈艺术的实践性特征,引导学生建立与知识间的动态关系;学生也不再是"知识的接收器",而是"关系的探险家",即从思想到实践上充分经历角色的转变,最终成为认识的主体并将现有舞蹈认识成果转化为核心素养。

从上文中得出舞蹈理论课程要回归教学的初衷需要经历"两次倒转":强调已有舞蹈认识成果的价值,关注学生与知识间的动态关系建构。"两次倒转"如天平的两边相互依存,放弃任何一次倒转都没有意义。这提示我们,从理论角度正确认识"两次倒转"机制及其关系是开展舞蹈理论教学的前提,而从实践角度落实该机制则是推进舞蹈理论教学的关键。

三、"两次倒转"机制在舞蹈理论课程教学中的应用

因内容繁杂枯燥、知识点难于理解与记忆等原因,"舞蹈概论"与"中国舞蹈史"一直是舞蹈理论教学中的难点课程。如果只是通过死记硬背的方式使学生记住知识点,那么原本可以产生共鸣的东西就变得索然无味,舞蹈艺术的魅力也就渐行渐远了。如何让原本乏味的理论课教学变得有生命呢?如何将舞蹈理论与实践巧妙地结合呢?笔者尝试运用"两次倒转"机制并结合个人教学经历,分别从以上两门课程中选取一个教学案例以供思考。

(一)教学案例:"舞蹈的节奏性特征"

"舞蹈的动态不是一般的自然的无秩序的动态,而必须是合乎舞蹈艺术规律的运动,因此就离不开节奏性这个要素。任何舞蹈都是有节奏的,没有节奏便没有舞蹈。所以,我们说舞蹈的动态形象是一种具有节奏性的动态形象。"[①]"节奏"内化于学生每天的舞蹈练习与表演之中,但是如何从理论层面充分理解舞蹈的节奏性特征,且在其编创与表演时发挥指导作用呢?在课程中,教师设计了如下环节:

首先,教师请学生观察教室里的时钟并提出一个简单的问题:观察时钟运行时,你感受到了什么?试想这个问题学生很容易得出答案,也许得到"时光的流逝"、"时间在有规律的流动"或"秒针的滴答声"等(类似的答案都可以引申至"节奏""规律"上来)。教师再次启发学生:"除了时钟的流动,在生活中还能够感受到哪些节奏呢?"这时可以得到很多开放性的答案:如年龄的增长、呼吸心跳的频率、四季的更替等。教师通过以上问题使学生逐渐进入一个思考规律、感受节奏的情境之中,然后提出关键性的问题:生活中我们可以感知上述各种各样的节奏,试想舞蹈的节奏包含什么?节奏的变化又会产生哪些效果?接下来,教师邀请2名学生进行体验,其余学生观察并思考。请其中1名学生任意做出一个8拍的舞蹈

---

① 隆荫培、徐尔充:《舞蹈艺术概论》,上海音乐出版社2003年版,第363页。

动作,然后再分别演绎这组动作加快 2 倍节奏和放慢 2 倍节奏的效果,最后使学生们观察并分析三种节奏产生的不同效果。可想而知,虽是同一组动作,但快版呈现出活泼紧凑之风,慢版呈现出舒缓轻柔之感。最后,通过以上体验鼓励学生们观察并总结:舞蹈的节奏性特征不仅意味着速度的快慢,还体现为动作力度的强弱、能量的大小,以及随之带来的风格和情感的变化。尽管这个知识点听起来很简单,但在此过程中学生不仅学习了知识,而且收获了细致的观察、体验的乐趣、思考的过程,更重要的是该过程确立了学生作为认识主体的力量并进而在活动中得到内化和确证。

（二）教学案例:"《大武》的重现与创新"

在"中国古代舞蹈史"的课堂上,因缺少相关影像记载而无法直观的感受当时古代舞蹈的风貌,多是侧面的通过查阅教材、史料、画像石等方式进行探索。比如学习歌颂周武王灭商之功的乐舞《大武》时,若只从文字中去琢磨其"集结、进军、凯旋、臣服、国泰民安、集结朝拜"这六部分内容则不免枯燥,也仅仅了解《大武》的背景、内容和风格。

在"两次倒转"教学机制的启发下,笔者进行了如下尝试。课程中,教师一方面带领学生们了解《诗经》《周礼·春官宗伯·大司乐》以及教材中所记载的《大武》的创作背景、主题思想、表现内容等,另一方面则启发学生们根据已有史料记载,以小组实践的方式还原并合理地编创《大武》,体会"武王伐纣以除其害,言其德能成武功"的历史意义。[①]在此过程中,学生必须思考并以实践的方式回应:怎样才能充分表现《大武》"发扬蹈厉、庄严肃穆"的风格呢? 又以什么样的队形体现其"回还移动"的流动性呢?如何才能使六个舞段清晰明了又能恰到好处地链接呢?在这个体验中,学生首先必须"倒过来",即充分参考已有史料,这也是"重现"的前提,更重要的是在掌握史料之后,则要"转回去",即充分发挥其主观能动性去重现、合理创作、表演,将自己置身于境亲身体会周代《大武》的辉煌风貌。而随后的互相观摩、评价也给予了学生沉淀、思考的机会。关于这个主题在笔者之前的教学实践中,学生已将其编创成完整的作品,且不同的小组呈现出了不同的演绎:在舞蹈语汇方面,有的小组运用古典舞的元素进行编创,有的则具有创新性地使用了当代舞元素;在作品架构方面,有传统的戏剧性结构,也出现了反映历史与现代关系的时空交错结构;在创意创新方面,有的小组独具匠心地增设了庆贺战功之宴饮场面,且融合了女乐表演,有的小组则添加了歌诗及历史讲述部分,呈现古代诗乐舞为一体的综合特征;在道具服装方面,有的小组手执干戚,有的小组则执剑而舞。值得一提的是,执剑组却遭来其他小组的质疑:《大武》的性质是对前代干戚舞的继承,干为盾,戚为斧,即朱干玉戚。《大武》创作于周前期,当时尚未出现剑。既然没有剑,《大武》怎么可能执剑而舞呢?未曾想这场"剑舞之争"却引发了学生查考史料、批判质疑、以求佐证的过程。这无疑给学生们留下了一个更为深刻的体验——《大武》,不再只是躺在"中国古代舞蹈史"期末考卷上的答案,而是将静态的知识活化为身体舞动的特别体验。

四、结语

毋庸置疑,教学的目的是培养人,教学的作用是在实践中主动地化解人类认识与个体

---

① 王克芬:《中国舞蹈发展史》,武汉大学出版社 2012 年版,第 43 页。

认识之间的差距。在探寻"培养人的具体化"背景下提出的"两次倒转"理念不仅解决了教学活动的运行机制问题,更重要的是让学生成为人类历史发展进程中的主体成员之一,成为有爱、有使命、有信心、有力量、有探索精神的未来社会历史实践的一分子。在此过程中,教师、学生与认识成果之间的关系不再是分离孤立的,而是成为统一活动中缺一不可的组成部分,共同完成三者之间的动态循环。这提示我们,舞蹈理论课程教学不是传递了知识就能够成就人的艺术审美与品格,不是有了理论的积累就能收获实践的成果,而是需要"两次倒转"机制蕴含的精神,需要回归舞蹈教学的初衷——培养具有艺术核心素养的人。自觉地将舞蹈教学活动看作历史实践的一部分,带领学生进入历史,强调已有人类艺术成果的价值,关注学生与知识间的动态关系建构,在实践中使知识转化为主体内在的艺术素养并在广袤的人类艺术长河进程中贡献个体应有的力量。

以区域国别为导向培养国际事务人才的探索创新[*]

——基于"近代国际关系史"课程教学改革

衣　远^{**}

摘要：厦门大学国际关系学院是福建省首个基于国关专业培养国际事务本科人才的单位。从学院区域国别研究的优势特色出发开展系统性的课程教学改革，是值得探索的人才培养路径。以专业必修课程"近代国际关系史"为例，主讲教师先通过强化与串联区域国别教学内容建立起系列课程集群，再设计与组织修课学生开展科研活动，并进一步引导学生参加多渠道的学业竞赛与实践实习。结果证明，通过全过程的质量管理将教学、研究与课外发展等环节贯通，有利于形成"教—学—研—行"互促共进的复合型特色人才培养模式。

关键词：区域国别；国际事务人才；近代国际关系史；教学改革

一、引言

2006 年，厦门大学在南洋研究院的基础上成立了福建省首个培养国际事务本科人才的国际关系学院。这一举措响应了新世纪以来我国对高端国际化人才的旺盛需求，也为弘扬厦大"面向东南亚、面向华侨华人、面向海洋"的办学传统开辟了新平台。同国内传统的国际关系学术机构相比，厦大国关学院在开展以东南亚为中心的区域国别研究方面具有天然的地缘优势和深厚的学术积淀。尤其是随着 2013 年"一带一路"倡议的提出，东盟作为我国周边外交的优先方向和高质量共建"一带一路"的重点地区，[①]被赋予了前所未有战略价值。厦大国关的本科生培养也着力以"海上丝绸之路""区域国别""华侨华人"等系列主题为龙头，旨在适应百年未有之大变局，为中国更好地参与国际治理、高质量建设"一带一路"乃至推动构建人类命运共同体提供强有力的人才保障。

而从实践层面来看，要实现上述目标主要需突破两大方面的难点：一是厦大国关学院所依托的师资多为历史学和经济学背景，如何将东南亚华侨华人史、东南亚区域经济等传统研究强项同国际关系专业的建设进行有机结合，是实现特色化专业人才培养的关键；二是如今的本科生成长于 21 世纪网络时代，整体英语水平和信息搜集能力较强，但经常存在知识体系碎片化的问题，对世界的关注也偏重欧美发达国家，对其他区域国别的情势及战略重要性则往往缺乏清晰认知和学习兴趣。基于此，国关学院的教师团队细致总结了近年

---

* 本文为福建省教育厅 2021 年省级一流本科课程建设项目"近代国际关系史"的研究成果。

** 衣远，男，湖南长沙人，厦门大学国际关系学院/南洋研究院副教授，主要研究方向为东南亚国际关系、地缘政治、族群政治、文化外交。

① 《中国—东盟携手 20 载 命运与共创未来》，http://world.people.com.cn/gb/n1/2023/0830/c1002-40066786.html，访问日期：2023 年 8 月 31 日。

来的综合办学经验,进一步明确了以区域国别研究的优势特色来推动国际事务人才培养的基本思路。这既契合了我国当下通过学科交叉融合来推进"新文科"建设的理念,[①]也顺应了2022年"区域国别学"被国家列为一级学科的新形势。

在本科人才培养过程中,课程教学体系的优化设计是落实培养理念的关键环节。而"近代国际关系史"作为国关本科各系的必修主干课程,已通过持续多年的教学积累先后入选了厦门大学本科大类平台课程建设计划、厦门大学一流本科课程建设计划和福建省级一流本科课程建设项目,在此次本科人才培养的创新探索中也承担了关键性的教学改革任务。因此,课程主讲教师从全过程质量管理的理念出发,先通过优化本课程的教学设计和构建课程集群的方式着力强化学生有关区域国别的多学科知识基础,再依托自身主持的科研项目设计匹配本科生兴趣特点和研究能力的学生课题来推进专业实践训练,然后引导学生将课堂学习和科研实践中获得的综合技能及研究成果进行多渠道的延伸对接,从而尽力探索和发挥课程教学的多重效应,实现优质培养国际事务特色人才的目标。

二、教学优化与课程集群建设

通过前期课程建设,"近代国际关系史"已建立了人员稳定、年龄梯队合理、教学水平突出的教学团队,制定了详细的教学大纲和统一的教学质量标准,并在启发式、参与式、互动式教学以及网络教学平台建设等方面取得了显著进展。同时,该课程还依据"新国标"重新设计了学时安排,[②]加强了同后续课程"现代国际关系史"的衔接,并积极响应教育部有关深入贯彻落实习近平总书记关于教育的重要论述和全国教育大会精神、将课程思政融入课堂教学建设全过程的指导要求,[③]采用了最新出版的"马工程"教材,[④]力求保障教学活动的规范化。不过该课程多年来积累的教学经验也显示:低年级本科生在学习过程中较多依赖中学阶段培养的识记和应试技巧,已掌握的延伸性综合知识体系相对薄弱,无论是对内容庞杂的细节史实还是对宏观抽象的历史脉络均存在一定的驾驭难度。进一步,学界长期以来围绕近代国际关系史的叙述也带有强烈的欧洲中心主义视角,且偏重大国强权之间的竞争博弈,不利于学生对国际关系的历史演变形成更为全面的认知和基于比较视野的思考。

针对上述问题,课程主讲教师2021年以来思考借鉴了学界近年来关于"全球国际关系

---

① 《教育部启动实施"六卓越一拔尖"计划2.0》,http://www.xinhuanet.com/politics/2019-04/29/c_1210122557.htm,访问日期:2023年3月22日。

② 参见教育部高等学校教学指导委员会:《普通高等学校本科专业类教学质量国家标准》,高等教育出版社2018年版,第39～43页。

③ 《教育部关于印发〈高等学校课程思政建设指导纲要〉的通知》,http://www.moe.gov.cn/srcsite/A08/s7056/202006/t20200603_462437.html,访问日期:2023年3月22日。

④ 《国际关系史》编写组:《国际关系史》,高等教育出版社2022年版。

学"的建设潮流，①并通过参加政治学与国际关系教学共同体、华南三校国际关系人才培养研讨会等平台持续同兄弟院校交流教学经验，②从而对本课程的教学安排进行了持续的优化设计与实践，具体包括：在课堂讲授环节中补充有关亚洲、非洲等地的综合性区域国别知识内容；在课堂展示、期中测验的环节中引导学生比较和思考近代欧洲国际关系体系同世界其他区域性国际关系体系之间的异同及互动关系，增强学生对世界文明多样性的理解和把握；在期末考试环节中引导学生辩证地思考和分析近代以来以欧洲为中心形成的国际关系体系的变迁历程以及当今以西方视角为中心的国际关系理论体系所具有的积极之处与局限性。通过以上试验，学生自 2021 年以来总体学习表现稳步提升（详见表 1），并在学习过程中建立起关于区域国别研究的探索兴趣与知识基础。课程也因此收到了来自学生的积极反馈，在 2021—2022 学年和 2022—2023 学年的教学测评中分别获得 96.51 分和满分 100 分。

表 1　近年来"近代国际关系史"课程的学生成绩情况

总成绩	教改试验前	教改试验后	
	2019—2020 学年（专业必修）	2021—2022 学年（专业必修）	2022—2023 学年（校选）
90 分及以上	0	0	66.67％
80～89 分	53.85％	59.57％	33.33％
60 分以下	9.62％	0	0
平均分	76.52	78.34	88.56

除了针对"近代国际关系史"课程本身优化教学设计，主讲教师还着力探索了相关课程的集群化发展。为此，教师在延续开设院选课"当代日本外交"的基础上，又于 2021 年起新开设了"东南亚文化"的专题选修课程，并通过教学内容和逻辑线索的有机对接构建了"1＋2"的系列课程集群（详见表 2）。这一措施不仅能帮助学生围绕亚太区域和具体国别的历史、文化、民族、语言、社会、政治以及对外关系等多个角度增强综合知识储备，也有利于引导学生将国际关系学、比较政治学、历史学等多学科的观察视角与分析路径相结合，从而形成开展区域国别研究的基础能力。

---

① 全球国际关系学（Global IR）是近年来由阿米塔夫·阿查亚和巴里·布赞等学者率先提出并合作开展的研究探索。它指出既有国际关系学以欧洲历史为中心的世界历史观所存在的局限性，倡导在全球层面拓展国际关系学科的研究视角，并强调从非西方世界发展出可适用于全球情境的国际关系理论，从而实现真正的全球知识生产实践。这一理念主张相较于传统国际关系学更为包容而全面，也有利于国际关系理论"中国学派"的发展。参见 Amitav Acharya, Barry Buzan, *The Making of Global International Relations: Origins and Evolution of IR at Its Centenary*, Cambridge: Cambridge University Press, 2019.

② 政治学与国际关系教学共同体是由清华大学国际关系研究院于 2018 年创办，并以主办年会的方式就政治学和国际关系学专业的人才培养以及全国相关高校院系的教学理念与方法等议题开展交流研讨；华南三校国际关系人才培养研讨会由是厦门大学、中山大学和暨南大学三校的国际关系学院于 2021 年共同创办，主要就三校国际关系专业的课程教学及人才培养开展年度研讨与合作。

表 2　系列课程集群的组成

课程名称	课程类型	课程功能	开课对象
近代国际关系史	专业必修课程	基础入门	本科一年级
东南亚文化	专业选修课程	专题延伸	本科一/二年级
当代日本外交	专业选修课程	专题延伸	本科三年级

三、学生研究实践的精准化对接

在课堂教学的基础上,教师指导学生开展同专业相关的研究实践也是落实学以致用和提升人才综合素养的重要途径。服务于上述目标的大学生创新创业训练计划项目虽已开展多年,①但在实践过程中仍存在若干常见问题,如师生指导交流不足,甚至处于"放养"状态;学生在研究过程中的产出品质不高,最后只能匆忙完成报告交差结项。这不仅易导致大创项目流于形式,也显著制约了人才培养的效能。在此背景下,如何提升大创项目选题的科学性与合理性,使其既能同学生的知识储备和驾驭能力相匹配,也能同教师的教学活动及研究专长相联结,就成为亟待探索解决的问题。为此,教师在通过系列课程集群进行教学铺垫之后,又进一步围绕大创项目的选题设计与指导管理开展了积极思考与探索。

为力求学生大创实践同学院教学及科研工作的紧密关联性,教师以自身主持的教育部项目——"'一带一路'背景下中国与中南半岛国家地缘合作研究"为基础,从中提炼出"厦门与中南半岛国家的城市外交"作为学生开展研究实践的切入点。这一构思既立足于国际关系学科,又具有较强的区域国别研究导向,还与厦大国关学院在东南亚和华侨华人方面的研究传统高度匹配。而为了保障此次探索试验的品质,教师也着力避免"多项放养"的传统指导模式,而是综合考虑厦大自身的地缘优势以及厦门大学马来西亚研究所提供的学术支撑,首先选取了厦门与马来西亚槟城的友城关系作为研究对象。接下来,教师通过网络发布课题招标,募集到 5 名来自厦大国关学院的本科生组队开展题为"中国城市外交的地位与作用研究:以厦门—槟城友好城市关系为例"的大创研究。它以中马两国之间的首对友好城市为研究案例,不仅致力于梳理厦槟两城之间在经济、文化等领域的交流发展历程,使学生借由具体案例来深化对国际关系历史发展的理解,还试图探析这一双边城市外交在推动厦门社会经济发展以及促进中国面向世界开放与合作中所扮演的角色,从而为总结我国城市外交的经验、精细化推动"一带一路"建设、反思现有的城市外交理论等提供有益参考。参加项目的学生均修读过教师主讲的各门课程,对国际关系史、东南亚区域国别、中国—东南亚人文交流等主题也具有浓厚兴趣和知识储备,从而在 2021 年初获得了省级大创立项。

该项目具有国际关系学、外交学和历史学的交叉背景,需要研究者兼具理论运用、外语阅读、史料整理以及访谈调查等方面的综合能力。为此,指导教师要求项目组成员阅读有

---

① 由我国教育部推出的大学生创新创业训练计划项目主要包括创新训练、创业训练和创业实践等三大类型,旨在培养适应创新型国家建设需要的高水平创新人才。

关城市外交理论的代表性文献，[①]在比较思考中提升分析问题的理论水平。通过每两周一次的组会汇报和明确的分工安排，项目组各成员都在资料搜集与处理工作中获得了团队科研活动的实际体验与能力训练。而针对获取一手研究材料的访谈活动，指导老师除了组织学生团队前往厦门当地的外事机构和展览馆等相关单位开展调研学习，还克服新冠肺炎疫情期间的重重困难，通过联系马来西亚的槟城华人大会堂、槟城留华同学会、槟厦友好协会等众多组织机构，安排项目组对推动厦槟友城关系的马来西亚政界、商界、文化界、教育界、法律界等众多领域的代表性人士开展了系列线上访谈。在实际访谈过程中，学生的多语言表达能力、沟通能力、采访提问技巧和史料解读能力等都得到了全面提高。而访谈记录的撰写与汇总也是对学生在材料组织、逻辑思维和写作能力等方面的综合锻炼。

经过两年的研究开展，该大创项目已完成了近 2 万字的城市外交理论翻译资料集、1.2 万字的厦槟城市外交大事记汇编、涵盖政经文教等领域的厦槟城市交往活动集以及 7 万字以上的国内外一手访谈记录，不仅为形成结项成果提供了有力保障，还从多个角度填补了以往研究资料的不足与缺失。另外，该项目也得到了来自厦门市人民政府外事办公室、槟城华人大会堂和马来西亚宏愿开放大学等方面的广泛关注与支持。而这本身也对促进厦槟友城关系的发展起到了积极作用。2022 年，该项目在第六届厦门大学本科生创新创业年会中被评为"优秀大学生创新创业训练计划项目"。

四、综合素质与成果的多渠道延伸

除了系统性的课堂教学及研究指导，教师还积极引导学生以自身积累的综合素质和研究成果实现多渠道的运用发挥及延伸拓展。自 2021 年参加大创项目组的学生在本科生评奖、专业竞赛乃至外事类实习等方面都取得了显著成绩，还有多名学生通过研究生推免或留学申请获得国内外知名高校的录取（详见表 3）。同时，项目组的研究成果还为厦大马来西亚研究所的相关课题提供了前期基础，实现了合作研究；指导教师也基于大创团队所搜集的研究素材撰写了以厦槟友城文化交流为主题的学术论文，并已在马来西亚获得出版，[②]从而实现了"教—学—研—行"相长的积极互动。

---

① 主要包括：韩方明：《城市外交：中国实践与外国经验》，新华出版社 2014 年版；[美]索黑拉·阿米尔、[土]艾弗·西文编：《城市外交：当前趋势与未来展望》，王勇译，上海人民出版社 2022 年版；赵可金、陈维：《城市外交：探寻全球都市的外交角色》，《外交评论》2013 年第 6 期；Rogier van der Pluijm，Jan Melissen，*City Diplomacy：The Expanding Role of Cities in International Politics*，Clingendael：Nederlands Instituut voor Internationale Betrekkingen，2007.

② 参见衣远：《中马城市外交中的文化交流探析——以厦门和槟城为例》，[马]陈焕仪、[马]林岳桦主编：《一带一路：2020 世界华文文学暨一带一路跨文化交流线上国际学术研讨会》，马来西亚印务纸品出版有限公司 2022 年版。

表 3　2021—2022 年大创项目组学生的延伸性发展业绩

类别	优秀评奖	专业竞赛	外事类实习	研究生推免/留学录取
内容	1. 厦门大学学业优秀奖学金(4人次) 2. 厦门大学社会实践奖学金(1人) 3. 厦门大学社会工作奖学金(1人) 4. 厦门大学志愿服务奖学金(2人) 5. 厦门大学思政课优秀实践成果奖(3人)	1."我是外交官"全国大学生外交风采大赛团体亚军(1人) 2."我是外交官"全国大学生外交风采大赛"最佳新闻官"(1人)	1. 联合国工业发展组织投资与技术促进办公室(中国·北京)厦门区域协同中心区域专员助理(1人) 2. 中国国际贸易促进委员会厦门市委员会实习生(1人) 3. 长沙市人民政府外事办公室实习生(1人) 4. 中国国际投资贸易洽谈会志愿者(2人)	1. 复旦大学国际关系与公共事务学院(1人) 2. 南京大学国际关系学院(1人) 3. 爱丁堡大学国际关系专业(1人,有条件录取)

五、结语

　　厦门大学国际关系学院的建立是厦大东南亚研究及华侨华人研究传统同我国国际事务人才需求相结合的重要探索。然而在实践层面,要如何落实传统特色与新建专业之间、课程教学同实践指导乃至科研活动之间的紧密结合,从而综合提升国际事务人才的培养品质,仍需面对一系列具体的问题和难点,也缺乏足够的前人经验可供参考。在此背景下,重视以区域国别研究的特色优势来推动课程教学改革,并以全过程质量管理的思路来打通教、学、研、行等关键环节,是对优化本科人才培养工作的有益探索和创新:通过教学理念的更新和课程集群的打造,学生既增进了对国际关系专业的理解与掌握,也强化了对东南亚等区域国别的持续关注与理解;后续大创项目的精细设计与指导则有力提升了学生的综合知识运用与研究协作能力;延伸性的学业竞赛及实践实习活动还为学生未来的求学深造或求职就业奠定了良好的基础;而学生在此过程中频繁开展的国内外交流活动也为促进我国与世界的民心相通、和谐共荣作出了贡献。同时,教师通过系统性的教改探索与创新,还拓展了自身的研究思路与科研成果。这一师生互促的良性循环也为上述教改模式的进一步充实完善乃至未来推广提供了重要的动力支持。

简论高校钢琴演奏专业"直觉之美"教学体系构建[*]

王九彤^{**}

摘要:伴随着新文科建设、美育教育的开展,在高校钢琴演奏教学中,以艺术"直觉之美"构建科学合理的教学体系,对新的钢琴演奏人才培养有着重要意义。"直觉之美"教学体系构建,可以充分发展、培育学生直觉审美能力,摆脱既往只重技术、机械单一的培养窘境,使人才培养更符合艺术的内在规律,同时也更符合新文科建设和美育教育的时代要求。

关键词:钢琴演奏;直觉之美;教学体系

伴随着新文科建设和美育教育的开展,高校钢琴演奏教学已由以演奏技术为重点转为艺术综合素质的教学培养。当此之际,急需我们反思既往的钢琴演奏人才培养体系,在尊重演奏专业人才培养内在特点和规律的基础上,如何紧跟时代步伐和人才培养新要求,全方位提升富有内涵的钢琴演奏人才的艺术水平,这是高校钢琴演奏教学必须解决的问题。长期以来,钢琴演奏教学的人才培养既忽视了艺术直觉的培育,教学体系中演奏技术也几乎成为唯一的授课内容,这不仅有着明显的结构缺失,而且也与新的人才培养要求不相符。

中国百年钢琴演奏教学,为我们积累了丰厚而宝贵的经验。其中在 20 世纪初,经由俄罗斯钢琴家鲍里斯·查哈罗夫对钢琴演奏风格的介绍,启迪我们应重视钢琴演奏艺术之美,通过运用音乐艺术直觉来塑造音乐艺术形象。就高校钢琴演奏教学而言,以艺术"直觉之美"构建科学合理的教学体系,对新的钢琴演奏人才培养有着重要意义。

一、钢琴演奏"直觉之美"与直觉意识

钢琴演奏不仅是音乐技巧艺术,也是涉及人文精神的综合审美艺术,其中"直觉之美"是统筹音乐技巧与人文精神的关键因素。而就"直觉之美"而言,"直觉论"是其理论基础。

"直觉论"来自古希腊,古希腊人曾试图将直觉现象作出理性化的解释和规定。伊壁鸠鲁就特别强调感觉的作用,他说:"永远要以感觉以及感触作根据,因为这样你将会获得最可靠的确信的根据。"[①]后来,"直觉论"的直觉作为一个思想观念,被德国古典理性主义哲学创始人康德提出,其中不仅包括人的理性存在而且包括在物质基础上人还有"超验"的认知力量。就直觉而言,其本质就是感性认识的纯粹性与主观性;直觉性作为一项人类天然具有的才能,反映了高级感性认知能力。以此为基础,人的直觉性渐渐被广泛普遍地思考

* 基金项目:厦门大学教改项目"直觉论视野下的钢琴教学改革研究"成果之一。

** 王九彤,辽宁抚顺人,厦门大学艺术学院副教授,主要研究方向为钢琴演奏与教学。

① 全增嘏主编:《西方哲学史》(上册),上海人民出版社 1983 年版,第 229 页。

和探究。一般而言,直觉通过非逻辑的思考形式,是短时间的判断力的结果,这个结果是人类自我认知的新视角,为人类打开了一扇自我培养、重塑、改进的窗口,即让个人的理性知识、文化修养不断积累,拓宽直觉思考的文化空间。及至近现代,直觉论也被称为"直觉主义",是西方哲学、伦理学和美学的学说。直觉主义美学认为,美是直觉创造出来的,艺术是表现感性形象的个体的直觉认知。意大利哲学家维科和克罗齐的美学原理,提出了"艺术即是直觉"的观念,尤其是克罗齐的直觉论,把人的认知和欣赏能力提升为创造性的直觉性才能。对黑格尔深有研究的中国学者贺麟先生曾指出:"所谓直觉是一种经验,广义言之,生活的态度,精神的境界,神契的经验,灵感的启示,知识方面突然的当下的顿悟或触机,均包括在内。所谓直觉是一种方法,意思是谓直觉是一种帮助我们认识真理,把握实在的功能或技术。"[1]

由上可见,经过历史的沉淀,直觉论对音乐表演艺术的价值越来越为广泛认可。西班牙大提琴家卡萨尔斯认为:"直觉感觉是,而且永远是作曲和表演的决定因素,而理解力和技术也起着重要的作用。……然而,直觉感觉才是创作的决定性的因素。真正赋予音乐以生命力的音乐的本能。"[2]美国小提琴家梅纽因也认为艺术毕竟只能凭直觉去掌握。2019年在上海音乐学院音乐表演理论学科国际高峰论坛上,有学者指出:"表演理论研究中的一个重要问题,是表演(表演者与接受者)的直觉与理性问题。"[3]由此可见,在钢琴演奏中个人的认知知识和本能直觉积累十分重要,人的直觉能力直接引领舞台演奏的状态,直觉本身是钢琴演奏所要探寻的方向。

二、钢琴演奏"直觉之美"与审美精神

直觉论以人的认知本能为核心,分初级和高级。初级阶段基本是本能自我创造性行为,而高级阶段就进入社会环境、文化传统和理论思想的综合认知水平。心理学上界定18~25岁是青年生理、心理发展最为重要的阶段,大学生是高级直觉认知的重要时期。在这个时期,用充分的知识文化浸润学生的头脑和心灵,引导学生学习音乐艺术和理解音乐艺术的价值,会让钢琴教学获得更深远的教育意义。审美知识是贯穿大学青年学生的必修课,审美知识本身也是人类探究感性认知的历史过程,这个过程积累了大量对于美感认知的真知灼见。同时,大学也是人的一生精神播种的最佳时期,需要唤醒青年人内心的直觉,新鲜的认识判断会让自我创造更有动力。

构建"直觉之美"钢琴演奏教学体系,就是培养学生自我感受音乐之美的直觉能力,从而对钢琴演奏的美感获取最直接的认知。审美的体验和感悟多种多样,其中直觉是最本真自然的自我感悟,正所谓"自然灵气,恍惚而来,不思而至。怪怪奇奇,莫可名状,非物寻常得以合之"[4]。李泽厚先生《美学四讲》曾对审美作出完整的解析。人的认识功能包括想象

---

① 贺麟:《近代唯心论简释》,商务印书馆2011年版,第82页。

② 转引自赵娴:《谈音乐表演中的直觉和临场心理》,《河南师范大学学报(哲学社会科学版)》2000年第2期。

③ 参见郑梦娴:《如何言说的音乐表演理论——首届上海音乐学院音乐表演理论学科国际高峰论坛叙事》,《人民音乐》2020年第5期。

④ 转引自刘烜:《文艺创造心理学》,吉林教育出版社1992年版,第101页。

力和理解力，只有通过主客体连接、自然与理性连接、内在感应与外在形象连接才能对美作出完整欣赏和判断。就钢琴演奏而言，也应以此为通道，通过直觉感悟激发对美的灵感创造。灵感是审美精神的内在动力，早在古希腊，诗人和哲学家就认识到灵感对于艺术创作的重要性。古希腊哲学家德莫克利特曾说："没有一种心灵的火焰，没有一种疯狂式的灵感，就不能成为大诗人。"①重视灵感的获得是个人审美直觉的来源，灵感是主客体长期互动产生的思想火花。在灵感的基础之上完善个人对演奏作品的全面审美认知，这就是一个非常珍贵的"直觉之美"审美来源。这个审美来源也是审美自信、审美修养发展的基础，在此基础之上，通过长期的熏陶，审美的理性和感性共同发展"直觉之美"的内心动力，建立具有创造性思维模式的探究性审美精神。

　　"直觉之美"钢琴演奏教学体系构建，正是基于美学思想的研究，全方位、多角度地致力于直觉审美能力的培养，从而兼顾演奏能力发展和各方面综合素质发展，提升人才培养质量。

三、钢琴演奏"直觉之美"教学体系构建

　　钢琴演奏"直觉之美"教学体系，以直觉意识和审美精神为基点，通过作品风格审美、演奏技巧提升、实践经验积累来实现。

　　其一，钢琴作品风格审美方面，以研讨与演奏分析为主，开展美学思想的系统学习和研究。钢琴演奏艺术源于西方，首先需要系统学习西方美学思想，明确作品的艺术审美目标，进而联系中国美学及文化思想，提升钢琴演奏表达的境界，这是直觉认知提升的必要步骤之一。具体而言，以钢琴音乐美学思想和原理为基础，建立中外美学思想的认知体系，其内容包括古希腊罗马美学思想，18、19 世纪德国古典主义美学思想及中国美学、文化思想。三方面美学思想，是钢琴演奏"直觉之美"教学体系的底蕴内容。

　　其二，钢琴演奏技巧方面，选取现代钢琴演奏技巧的代表性作品——肖邦、李斯特钢琴练习曲及中国经典钢琴曲作品，进行细致解读和示范演奏，帮助学生正确认识和处理艺术与技术的关系，把握技巧内涵，这是直觉认知提升的必要步骤。具体内容包括肖邦钢琴练习曲解读与示范演奏，李斯特钢琴练习曲解读与示范演奏，中国经典钢琴曲解读与示范演奏。钢琴演奏是表现音乐的美和作曲家精神世界的艺术，是内心体验与实际演奏相结合的艺术。演奏者个人的内心世界是反映演奏技术和风格的重要根基，内心的体验和感受是钢琴演奏的"源头活水"，而这些统由演奏技巧来实现。

　　其三，实践经验积累方面，习奏会和音乐会是钢琴演奏"直觉之美"能力提升是重要平台。钢琴演奏活动本身就是发现美和创造美的过程。舞台演奏是高度审美注意，是对于演奏对象和形式的注意。审美注意把个人审美态度具体化了。演奏过程审美注意不仅停留在对象的形式结构本身，同时会通过审美态度，进入审美经验，亦即完成了审美的准备阶段，进入审美的实现阶段。美感经验是最直接的，不假思索的。钢琴作为表演艺术，离不开每日的训练，舞台则是其检验场所。在每日练习、每周回课基础上，每月习奏会和每学期的音乐会都是演奏实践的积累，也是自我审美注意和美感经验的积累，只有不断演奏实践才

---

　　① 　转引自林公翔：《科学艺术创造心理学》，福建人民出版社 1990 年版，第 274 页。

会获得直觉审美认知的提高。在高校钢琴演奏实践过程中,演奏审美心理的训练与演奏能力的培养相辅相成,舞台实践尤其重要。通过舞台表演,与听众共鸣,实现传播与接受的交流,从中才能获取能力检验和提升。

此外,编订全新的钢琴演奏教材也是提升钢琴演奏"直觉之美"认知的重要措施。在钢琴教学的各个阶段都需要有相应的音乐审美与演奏内容认知的提升,这是一个发展内在探究音乐直觉之美的组成部分,需要通过教材实现。例如,巴赫《钢琴平均律》教材,每首《钢琴平均律》乐曲包括两个部分:《前奏曲》和《赋格》。《前奏曲》表现了巴洛克时期艺术的审美基础,节奏准确和均匀,就如巴洛克时期的建筑,协调、和谐而又均匀;《赋格》代表巴洛克时期的宗教信仰,赋格是复调创作的极致,每个不同音乐的声部具有完美的"鞭策"的语句,歌唱而又具有深刻自我反思。新教材应将音乐思想、音乐艺术、时代人文等知识有机融入其中,如此才能引领学习者进入直觉思维探究音乐之美的殿堂。

综上,钢琴演奏"直觉之美"的本质就是演奏过程中个人对美的对象产生理性的审美判断,即自我认知和审美的结合。青年学生直觉认知广阔,在钢琴演奏教学的中通过"直觉之美"教学体系构建,可以充分发展、培育其直觉审美能力,摆脱既往只重技术、机械单一的培养窘境,使人才培养更符合艺术的内在规律,同时也更符合新文科建设和美育教育的时代要求。

虚拟仿真技术在医学教学中应用的一点思考

冷历歌 *

摘要：虚拟现实（virtual reality，VR）和增强现实（augmented reality，AR）等虚拟仿真手段在现代医学教育中越来越发挥出其重要作用，并呈现高速蓬勃的发展趋势，本文从虚拟仿真手段在医学教学中的发展概况、优缺点和发展前景出发，做一个系统追溯和概述，探讨虚拟仿真实验室的布局和在未来医学实验教学中的应用前景。

关键词：医学教学；虚拟仿真技术；信息网络化

随着人工智能和网络技术的迅速发展，以及科研实践的深入需要，虚拟仿真手段日渐成熟和完善，虚拟仿真实验作为继理论基础和实验研究之后的第三种科学研究方法和重要补充，在科技进步和社会发展中发挥了越来越重要的作用，代表着未来研究方法的重要发展方向。近十年来，中国医学虚拟仿真实验平台和实验教学也蓬勃发展起来[1]，本文就医学虚拟仿真实验教学做一个系统性的追溯和概述，探讨虚拟仿真手段在未来医学实验教学中的重要作用及应用前景。

一、国内国外虚拟仿真手段在医学教学中的应用概况

清代时，蒙古族医学家觉罗伊桑阿用笔袋装着笔管，模拟骨关节和骨，开创了骨科局部解剖学的模拟教学的先河。从清代至今[2]，医学虚拟仿真教学经历了基础解剖模型、局部器官功能性模型、计算机交互式训练模型、生理驱动式模型和虚拟仿真模型的五个阶段。从单一局部模型向机体整体复杂模型、从功能性模型向信息网络化模型转化，并将交互性、仿真性融合在一起，将多个基础医学学科，如解剖学、组织胚胎学、生理学、病理学、免疫学、病理生理学，按照器官系统整合在一起。

国外的医学虚拟仿真教育很早就已经诞生，在 20 世纪 80 年代中期，虚拟仿真模拟技术还仅仅只在麻醉领域应用得较为广泛，但发展到目前为止，虚拟仿真手段已经应用到医学教育的各个领域。20 世纪末，英国布里斯托尔成立医学模拟中心（Bristol Medical Simulation Centre，BMSC），中心花费 150 万英镑打造了首个高级综合模拟系统，用于培

---

　　* 冷历歌，黑龙江省哈尔滨人，厦门大学医学院副教授，主要研究方向为解剖学教学改革。

　　① G. Colombo, G. Faeoetti, C. Rizzi, A Digital Patient for Compeer Aided Prosthesis Design. *Interface Focus*，2013，Vol.3，No.2.

　　② A.R. Cohen, S. Lohani, S. Manjila, et a1, Virtual Reality Simulation：Basic Concepts and Use in Endoscopic Neurosurgery Training. *Childs Nerv Syst*，2013，Vol.29，No.8，pp.1235-1244. 李轩、隋建峰：《机能虚拟实验室在基础医学实验教学中的应用体会》，《基础医学教育》2011 年第 10 期。

训、考核、教学等用途,中心内含有模拟 ICU、模拟手术室、模拟病房等,吸引了全世界各地的医疗从业人员[①],同时,中心还配有教学人员、管理人员和设备工程师等。

2001 年以前,我国虚拟仿真技术在医学教学领域的应用还较少。2010 年以后,我国医学虚拟仿真教学才开始大幅迈进,呈现爆发式增长。近年来,多地多个医学院校已经在校内建立起医学虚拟仿真教学中心(见表 1)。

表 1 我国近年来医学虚拟仿真中心发展现状

年份	数量	学校	名称
2013 年	7 所	成都医学院	医学虚拟仿真实验教学中心
		四川大学	华西临床医学虚拟仿真实验教学中心
		天津中医药大学	中医学虚拟仿真实验教学中心
		上海中医药大学	中医药虚拟仿真实验教学中心
		南方医科大学	医学形态学虚拟仿真实验教学中心
		山东大学	医学虚拟仿真实验教学中心
		第三军医大学	军事作业医学虚拟仿真实验教学中心
2014 年	15 所	北京协和医学院	医学虚拟仿真实验教学中心
		内蒙古医科大学	蒙医学虚拟仿真实验教学中心
		浙江大学	医学虚拟仿真实验教学中心
		温州医科大学	医学虚拟仿真实验教学中心
		南通大学	医学虚拟仿真实验教学中心
		南京医科大学	基础医学虚拟仿真实验教学中心
		哈尔滨医科大学	医学虚拟仿真实验教学中心
		上海交通大学	医学虚拟仿真实验教学中心
		安徽医科大学	基础医学虚拟仿真实验教学中心
		厦门大学	医学虚拟仿真实验教学中心
		重庆医科大学	医学虚拟仿真实验教学中心
		四川大学	口腔医学虚拟仿真实验教学中心
		成都中医药大学	中医学虚拟仿真实验教学中心
		遵义医学院	医学虚拟仿真实验教学中心
		第三军医大学	灾害医学虚拟仿真实验教学中心

① 刘振华:《虚拟现实技术在教育领域的应用研究》,《滨州职业学院学报》2006 年第 3 期。H. Tal, Animal Experimentation and Scientific Research, *Refuat Hapeh Vehashinayim*, 2013, Vol.30, No.4, pp.16-22. K. Torres, A. Toes, L. Pietrzyk, et al. Simulation Techniques in the Anatomy Curriculum:Review of Literature.*Folia Mothod* (*Warsz*),2014,Vol.73,No.1,pp.1-6.

续表

年份	数量	学校	名称
2015 年	11 所	南京中医药大学	中医学类虚拟仿真实验教学中心
		南华大学	医学虚拟仿真实验教学中心
		武汉大学	医学虚拟仿真实验教学中心
		南昌大学	医学虚拟仿真实验教学中心
		潍坊医学院	临床医学虚拟仿真实验教学中心
		山东协和学院	医护虚拟仿真实验教学中心
		广州医科大学	基础医学虚拟仿真实验教学中心
		广西医科大学	医学虚拟仿真实验教学中心
		南方医科大学	医学检验技术虚拟仿真实验教学中心
		第三军医大学	航海医学虚拟仿真实验教学中心
		四川大学	口腔医学虚拟仿真实验教学中心

二、医学虚拟仿真实验教学的特点

（一）医学仿真模拟教学的优点

1. 必要性

医学是一门实践性的科学，医学生的成长要经过基础理论学习、临床见习、临床实习、进入临床工作后的医学继续教育等多个阶段。随着医疗卫生资源的细分，各级医院科室发展的侧重和功能定位，使得临床实践教学资源变得越来越紧缺，医学生和年轻医师的临床实践操作机会大幅减少。与此同时，患者的维权意识不断提高，医学传统的教学模式中，采用真实的患者作为医学实践的基础，违背了人性化和理性化的原则，以至于常常得不到患者的理解和配合。因此，医学虚拟仿真实验教学应运而生[1]。

2. 优越性

医学虚拟仿真实验教学的优点在于可以降低实验教学的重复性成本，打造生动逼真的临床实践情景，营造了安全无风险的教学环境，突破时空的阻碍，随时可以再现情景，实现了教学的交互性和可重复性。

（二）医学仿真模拟教学的局限性

1. 缺乏感性认识

如医学仿真教学中的腔镜操作缺少力的反馈，对患者的病情恶化及死亡没有直接感性的认识等。造成对医疗风险的严重性认识不足，缺少对患者人文关怀的培养。

2. 虚拟仿真培训过程不符合临床疾病发展进程

在一个真实的临床病例中，一个化学诊断检验或影像学检查往往需要几天来得到结

---

[1]　王志坚：《基于虚拟现实技术的现代教育探索》，《常州工程职业技术学院学报》2007 年第 3 期。万学红、孙静：《现代医学模拟教学》，北京大学医学出版社 2006 年版，第 37～38 页。蔡春凤：《基于模拟的医学教育发展历程与趋势》，《西北医学教育》2007 年第 2 期。

果,并且也无法完全保证结果的准确性,在这几天中,患者的治疗可能无法根据检查结果发生改变。患者以往的治疗也可能在几天后才能产生效果,无法反映在检查结果中。但虚拟仿真患者的检查和治疗都是立竿见影的,不符合临床的真实情况。再比如手术操作,缺少术前准备和术后管理这些重要阶段,只进行了手术的训练,使得学生对无菌观念的重视较差,意识不到对无菌操作不重视给病人带来的严重感染风险及后果。

3. 医学虚拟仿真系统更新换代快,成本昂贵

一些医学虚拟仿真设备技术高端且更新换代快,往往需要较高成本,虽然节省了人力成本,但设备投入巨大。

三、医学虚拟仿真实验教学示例

(一)急诊技能教学中心

虚拟仿真患者 Sim Man3G 可以模拟出上百种国际标准病历,例如磷中毒、心室颤动等,可以分泌各种体液,如眼泪、唾液、鼻涕等,并可根据病历的不同,呈现不同的症状和体征,考查学生诊断和综合处理能力,学生可通过不同渠道给药,仿真人可以根据药物种类与剂量的不同呈现出不同的药物反应,体现不同治疗效果。

(二)妇产科技能教学中心

妇产科和泌尿外科因为情况特殊,是患者不太容易配合临床教学的科室,妇产科的虚拟仿真培训教学可以弥补学生临床实践机会的不足。虚拟仿真孕妇不但可以模拟整个孕期,还能培训医学生对胎儿的监护,还可以全程模拟分娩过程及分娩过程中的各类突发状况,训练学生临床急症的处置能力。

(三)腔镜培训中心

可模拟腹腔镜、宫腔镜、关节镜、神经内镜、胃镜、结肠镜等进行手术和检查的练习,同时,医学生还可在屏幕上看到模拟的手术情况,通过反复多次的练习逐渐熟练临床技能。

四、医学虚拟仿真实验教学的应用与人才培养

(一)医学虚拟仿真模拟教学中心的布局和功能

1. 满足不同层次、不同阶段教学、训练、考核的要求。为从医学生、实习生到主治医师等不同阶段的医疗从业人员提供不同难度的培训和考核。

2. 实现从理论教学到临床实践的桥梁作用,改变二者脱节的现状。真正实现从书本到临床的跨越。

3. 利用模拟中心进行反复无创伤训练。

4. 利用模拟中心的实景环境,实现情景化的模拟教学。

5. 通过虚拟仿真中心的虚拟患者和病历软件,可以解决临床医师考核的非客观因素,建立新的科学、客观、综合的评价体系。

(二)人才能力的培养

1. 动手操作能力的培养:医学生可反复操作,针对不同情况反复练习,达到熟能生巧。

2. 临床思维和创新能力的培养:对于国际标准病历的诊断治疗过程进行训练,培养学生临床思维,建立起合理的临床诊疗过程。

3. 团队意识的培养：在虚拟手术室进行模拟手术，分工合作，通力合作，培养医学生的概念，手术是一个团队在操作，不同位置不同分工，只有培养起团队意识，才能达到一加一大于二的效果。

4. 自主学习能力的培养：医学生可根据自己的时间自主预约，合理安排，自主学习。

五、展望

医学院校应适应科技发展和信息网络化进程，整合碎片化爆炸化的信息，适应医学模式转变，着力打造医学模拟教学中心的建设，为理论向临床转化搭建好桥梁。

大学英语口语教学 PBL 模式实践

雷应传*

摘要:在国际竞争日趋激烈的时代背景下,英语作为国际交际语言对大学生能否将英语作为一个有效交际语言提出了更高挑战。就大学英语口语教学而言,大学生英语口语差以及口语教学效果差是大学英语教学存在的普遍现象。本文针对厦门大学公共英语口语教学现状,分别从学生角度和教师角度分析了大学英语口语教学中存在的主要问题,基于这些问题,笔者结合 PBL 模式的主要特点以及英语口语教学的重要训练要素,探索了"一分钟演示"的 PBL 教学模式。最后笔者详细总结了实施该模式的课程实践经验。

关键词:PBL;大学英语;英语口语教学

一、引言

厦门大学公共英语教学目前采用"2+2"模式,即学生课堂英语学习两节课,辅之以课外两节课的自主学习。在学生选课方面,大一新生入学之后,学生需参加英语水平测试,根据测试成绩(仅有笔试,没有口试)实行分级教学。分级教学共分四个级别,最高级别为大学英语(四)级,该级别课程均为教师自己设计,不统一采用固定的教材,学生可以通过选课系统选择自己想修的课程。

这个模式的典型特点是教师的课堂教学时间被缩短,同时给学生较多的自主学习时间。缺点是学生课堂训练减少了一半时间,使课堂学习时间尤为宝贵。同时,部分学生,尤其是理工科学生由于专业课课程较为繁重,大学英语课程的课外自主学习大打折扣。

入学后进入四级(最高级别)学习的学生的主要特点:整体英文水平较高,有较强的学习动力。存在的问题包括:由于分级测试仅做书面测试,没有进行口语测试,部分学生笔试成绩较高而被分入四级,但口语水平偏差,教师需要进行差别化教学。

针对厦门大学大学英语四级教学现状,笔者进行了十轮(2017 年 7 月—2023 年 6 月)基于项目的学习模式(PBL)的教学实践,课程名称为英语口语训练(PBL 模式)。截至目前,授课学生总数超过 1000 人,并将学习过程做了电子化记录,以学期为时间单位追踪了学生整个学习过程,与学生做了大量访谈并予以电子化存档。所有的口语作业及课堂口语展示均以音视频方式做电子化存档。目前保存了 300 多份完整的学习档案(包括学生的学习计划、每周的口语作业录音和语音训练录音)。保留的多份问卷调查(包括教学效果调查、课程满意度、课程设置等多个维度)以及课程进行中及课程完成后与学生的深度访谈和

---

* 雷应传,厦门大学外文学院讲师。

反馈充分证实了 PBL 教学模式在大学英语教学改革中的有效性。

二、为什么实施 PBL 教学模式

本文拟就大学英语口语教学存在的主要问题以及 PBL 教学模式的启示角度探讨笔者设计的"一分钟演示"的 PBL 教学模式。

（一）大学英语口语教学存在的主要问题

1. 针对厦门大学公共英语教学，从学生角度而言，口语教学主要存在以下几个问题：

（1）学生不敢开口讲英文。这是大多数大学英语教学碰到的主要问题，笔者认为造成这个问题的主要原因是学生缺乏足够强度的训练，同时由于学生在英文学习上以测试为导向的学习占大部分时间，学生缺乏足够的听力输入，很难培养较好的语感。同时也由于班级人数较多（一般情况下班级人数均大于 30 人），学生课堂上无法开展有效的开口训练。

（2）学生讲的英文经常不符合英文表达习惯。大部分公共英语课程学生花大量时间准备四六级考试及各种出国考试，课程学习时间较短，学生缺乏足够的学习和训练时间来培养语感，碰到稍微有点复杂的句型或句子时，表达错误、硬译或生搬硬套是常见的现象。

（3）学生英文学习中存在严重的应试倾向。应试倾向在大学英语教学中普遍存在，在厦门大学公共英语不同级别的学生中，级别越低的学习群体越是体现明显。最常见的表现形式是学生将课堂学习及课后自主学习任务做应试处理，大大降低了学习效果。最典型的做法包括：学生将本应作为口语练习的作业写成作文再背诵出来、学生对口语话题缺乏足够的操练、学生不做或低质量地做教师无法检测的听力输入型练习、对老师布置的口语作业，学生不从交际的角度去思考如何完成口语任务而是作答式地完成、学生通过知乎等中文网站搜索问题后翻译成英文而导致英文句式结构及逻辑问题。这些都是教师在设置教学任务时必须预先考虑到的问题。

2. 从教师教学角度而言，大学英语口语教学主要存在以下几个问题：

（1）课堂教学上，教师开口过多，学生过多被动听教师讲课。一方面，教师应该认识到自己的英文再好也不是本族语，在外语的某些方面总是有所欠缺。另一方面，教师都是经过长时间的语言训练，在中英文的差异方面有着较为深刻的认识，教师要学会通过有效的教学手段让学生领会这些差异，这也是母语为中文的英文教师胜过英文为母语的英文教师的主要方面，教师要学会扬长避短。学生在课堂上过多听教师讲课而忽略了课堂训练，进而因为教师过多讲理论而忽视了学生口语方面巨大的个体差异，造成课堂教学效果的弱化。这是大学英语口语课堂普遍存在的状况。

（2）教师缺乏有效的课堂管理手段。大学英语课堂学生人数普遍较多（班级人数普遍超过 30 人）是影响课堂口语教学效果的主要因素。因此，教师更需要采用直接有效、紧凑、可操作性强、务实的课堂管理手段来提高课堂教学效果。这些课堂管理手段包括：确保班级学生课堂参与量的公平性；确保分数（尤其是平时成绩）的公平性；确保课堂训练的高效率；教师如何高效利用互联网（如班级 QQ 群或微信群）完成课堂训练；教师在提问的时候学生的平等参与等。此外，教师在课堂教学上应针对课堂的实际情况，尤其是班级人数较多的情况，避免在课堂教学组织上浪费过多时间。具体做法包括：训练或要求学生往教室电脑拷演示文稿的时候用固定格式的文件名、可以用网络解决的教学任务尽量用网络手段解决、教师布置的课堂任务尽量简洁清楚、教师要利用自己的教学经验告知学生在完成教学任务过程中哪些方面不建议做。

(二)PBL 教学模式的启示

1. PBL 模式七要素简介

PBL 英文全称为 project-based learning(基于项目式学习)。简要来说,PBL 着眼于"21 世纪成功所需技能"。根据业内普遍接受的 gold standard PBL[①],它以学习目标(包括:关键知识点、理解及成功所需技能)为核心,主要包括七个关键因素:(1)设计并围绕一个有挑战性的问题;(2)保证探索该问题过程的持续性;(3)保证探索问题的真实性;(4)学生的主动参与及选择权;(5)学生/教师的反思过程;(6)对学习成果的批评及修改;(7)公开展示学习成果。

2. PBL 模式七要素对传统教学模式的补充作用

就问题设计而言,PBL 强调问题的真实性、挑战性、可研究性以及学生对问题的可选择性;就教学互动而言,PBL 要求学生和教师对学习过程中出现的问题及时反思和修正;就学习成果而言,PBL 要求学生的学习成果可公开展示。

这些因素都是对传统教学的重要补充,PBL 教学模式要求教师将教学中心转移到问题的设计上,以学生为中心,根据学生的实际情况设计问题,学生能够深刻意识到研究这个问题的实际意义,并将这个问题的研究延伸到学生的课后自主学习,最终学生通过一学期努力的学习成果可以通过作品得以公开展示。这个模式落实到大学英语口语教学上,表现为教师能够设计一个有意义的问题,这个问题可开展一学期的学习,学生能通过网络搜索到足够的英文资料(音视频为主)来完成学习任务,教师和学生及时不断地反思修正,学生的学习成果可公开展示。更重要的是,教师要将语言训练作为核心技能训练融入这个环节,让学生在研究问题的过程中语言技能得到充分训练。

3. "一分钟演示"的 PBL 教学模式

根据 PBL 模式的主要特点以及口语教学的训练要素,笔者探索了"一分钟演示"的 PBL 教学模式。

"一分钟演示"对大学英语教师而言并不陌生,因为其时长短而具备课堂可操作性被广大教师广泛采用。而 PBL 模式的"一分钟演示"不仅要求具备 PBL 模式的所有七个关键因素,尤其是传统教学模式缺失或不是考虑重点的问题的真实性、持续性、可研究性以及作品可公开展示性,同时还要确保语言训练的关键因素(如语音语调、逻辑结构、措辞、演示风格)均融入"一分钟演示"。这需要对"一分钟演示"从内容和形式上均赋予 PBL 模式的属性。

三、笔者的课程实践

结合 PBL 教学模式关键因素和厦门大学公共英语教学现状,笔者开设了名为"英语口语训练(PBL 模式)"的大学英语(四)级课程。该课程以英语口语演示为核心技能训练,设

---

① Gold Standard PBL: Essential Project Design Elements,https://www.pblworks.org/what-is-pbl/gold-standard-project-design,访问日期:2023 年 6 月 29 日。

计思路是通过训练口语演示技能来达到口语训练的目标。该课程的关键要素如下：

（一）将"一分钟演示"作为课程考核方式和训练方式

根据厦门大学英语四级的教学要求和学生的实际情况，本人将"一分钟演示"作为期末考试形式及学期训练方式。考核的核心：学生经过一学期的学习，能在预先准备的前提下，就指定话题做"一分钟演示"，学生能做到敢于上台演示，并言之有物。学生在教师第一节课就清楚知道教师的考核形式并为之努力，教师对"一分钟演示"有清晰明确的考核标准，这些标准可以量化到学生的平时成绩中做形成性评估。学生对"一分钟演示"的话题选择在教师要求的范围内有较大自主权，教师对话题内容有较深入的研究并能辨识学生的研究深度，教师在平时课堂训练中注重在话题研究范围内的语言训练，学生的期末演示可以公开展示，也可做成视频文件形式上传互联网做知识共享。"一分钟演示"的 PBL 模式内化了口语训练的关键要素，以要求略高于平常口语表达而使学生的口语训练实践能满足日常交际，同时学生的课外研究性学习也可为他们今后的专业演示/研究做准备。

笔者设计的"一分钟演示"的 PBL 教学模式从语言训练方面内化了口语训练的关键因素，将重点放在解决学生实际口语交际中存在的主要问题，有的放矢地解决口语中存在的主要问题，而不因为覆盖面过广而导致教学效果的流失。该课程考核标准包括：

1. 语音语调及演示风格

①语音基本准确、语调自然、流利。

②语音清晰，关键词突出重点，语流自然，能引导听众理解演示内容。

③演示时自信、放松、自然；与观众有自如的目光接触，能吸引观众。

2. 演示文稿设计

①能清晰展示演示要点和逻辑结构。

②与演示语言及非言语交际自然融合。

③视觉化细节。

3. 逻辑结构

①观点清晰，突出。

②用细节支撑观点。

③结构清晰，衔接自然。

4. 语法及措辞

①语法正确（或虽有一定错误但不影响交际）。

②措辞到位、地道。

③措辞无中式英文及硬译痕迹。

5. 研究能力

①选题及演示反映了对学期项目的研究深度。

②选题具备原创性，与现实世界有关联，具备问题意识。

③信息量丰富且相关性强，反映了研究深度。

在期末考试中，教师将以上五个要素进行百分制打分得出平均成绩作为期末考试成绩。同时在学期后半段的课堂演示中也对学生的个人演示及小组演示采用该标准打分至少四次，通过多次练习，学生清楚知道自己的短板而加强训练。

（二）一学期围绕一个核心问题做研究性学习，并确保研究问题的真实性、挑战性及可研究性

由于研究问题要贯穿一学期的英语学习，教师在设计问题的时候要确保问题的可研究性，具备现实意义，与学生密切相关或学生可以感知到与其密切相关。

本人在约十轮 PBL 教学实践过程中，先后设计并采用了多个针对高科技、创新、思维等多个研究问题。以"高科技"研究问题为例，以本人针对计算机专业学生选用的研究问题"Silicon Valley"为例，设计核心问题为："What are the driving forces of innovation in Silicon Valley?"课程以热点科技人物为出发点，探讨了 Elon Musk, Jeff Bezos 等热点科技天才（介绍分析人物）、人工智能（高科技伦理讨论）、国内大型科技公司做 SWOT 分析（联系中国实际）、国际科技大公司的成功经验（批判研究）、美国加州的人文和科技创新文化（跨文化交际知识）。在传统语言训练上，涵盖了人物介绍与批评、观点陈述与批评、数据分析等细节。在保证话题深度的同时，贯穿英语口语技能训练的多个方面，保障学习材料的深度和时代性（确保学习材料均是最新的热点问题）。教师在设计问题的时候，既要保证问题的开放性，也要保证教师对问题的理解程度，避免问题过大而使教师无法把握，毕竟英文课的主要目的还是训练英语语言技能。

（三）注重课堂上的高强度训练

针对班级人数多为 30～45 人数的状况，且一次课为两节课约为 90 分钟，"一分钟演示"能保证每个学生每节课参与度为 100％，每个学生每节课至少有一分钟的上台演示或是和教师面对面的口语对话，"一分钟演示"并不是一分钟的闲聊，它是高度浓缩的，老师对学生的演示或对话实时做出简短精练评价（因为课堂时间极其有限）并反映在评分标准的五个因素里。在笔者设计的课程里，每次课均有一次成绩，实时反映到平时成绩中，平时成绩占总成绩的 60％，学生可以实时知晓并跟进自己的平时成绩，通过将平时课堂训练成绩严格计入平时成绩，使学生重视平时训练而不是期末考试最终的一次表现。"一分钟演示"的高度浓缩性、高强度训练、清晰的教学要求使学生花更多时间和精力准备演示。

（四）强化以听力输入型训练为主的课外自主学习

口语训练需以听力输入为主，因此音视频输入应当作为学生课外自主学习的主要手段。课外自主学习较难监控，教师也不宜干涉过多而影响学生的学习积极性。教师要学会充当课后学习资料的组织者和课后学习的促进者。教师应提供大量的参考资料给学生，但又必须列出重点必看项目，给学生较大的自主权。教师提供听力输入型材料时，也要精挑细选，确保这些材料在语言上特点明晰，思维上逻辑严谨。在笔者设计的课程中，主要听力材料均以有效链接形式公布，方便学生随时做输入型练习。

（五）循序渐进地推进教学目标

教师必须清楚地意识到学生的"一分钟演示"考核目标不可能一下子就达到，不同的学生有不同的短板需要克服，教师在教学过程通过每次课的打分以及通过网络（如通过 QQ 语音信息在教学群中公布的作业）清楚地知道学生个体的学习问题，对不同的学生提出不同的学习建议。循序渐进的教学策略主要包括四个阶段：

1. 教师摸底

在第一二次课阶段教师对学生的总体摸底已经让学生清楚地知道学期测试目标和努

力方向，有针对性地对学生进行语音语调尤其是语流上的纠正和改善。

2. 面对面口语对话

这个阶段为过渡阶段，主要帮助部分学生克服上台恐惧，先通过面对面对话逐步克服讲英文的焦虑感。程度较好的班级可以跳过这个阶段。

3. 演示技能的训练

教学通过对逻辑结构、措辞、演示文稿设计、研究深度等相关主题围绕学期研究问题进行专项训练。这个阶段的形式可以根据学生的学习特点灵活掌握，主要帮助学生通过上台练习敢于开口，并掌握基本演示技能。

4. 学生自由发挥

教师不再限制具体格式要求，让学生通过自己的研究来做演示，演示包括个人演示和小组演示，小组演示还包括团队精神的培养，使学生在团队合作中互相学习，互相受益。每次课程结束后的课程反思中大部分学生都提到从团队合作中受益匪浅。

（六）运用高效有序的课堂管理手段

为保证"一分钟演示"的教学效果，教师需采用高效有序的课堂管理手段。由于学生普遍重视绩点，尤其是最高绩点，教师第一节就应该清晰地告诉学生学期成绩的给分方式，给分方式要尽量简洁，具备清楚的可操作性。比如，笔者的课程在第一节就清楚地告诉学生这门课重训练，少讲甚至不讲理论，并清楚地告知学生每次课均有一个分数反映到平时成绩中。对于教学指示，能够用文字解释说明的要求均在课前或课后予以清晰简练的文字说明，学期开始的几个星期教师也要有意识地训练学生学会看懂教师的指示和每节课的要求及重点。对学生的平时成绩要予以足够关注，让学生意识到平时课堂练习以及课后研究与练习的重要性。班级群的管理要高效，避免过多无意义的闲聊，将教学 QQ 群或微信群作为学生学习交流的社区，学生能够主动分享学习成果及经验，而课堂训练则是学生训练语言的场所，学生每经过一次课堂训练都能有新的收获，不畏惧上台演示，而学生也会主动分享或演示自己的学习成果。同时，教师和学生通过班级群等方式反思和改进学习成果。

（七）将课程思政融入大学英语教学

教师在语言教学的同时，要深化学生的思想政治观念。在研究话题的过程中学生要带着问题意识去研究，开拓学生将英语作为将来专业研究的工具，同时让学生深刻领悟大学生的历史使命，明白学英文的最终目的是为祖国的繁荣富强作贡献。这些都需要教师在学生学习过程中耐心引导学生。笔者的 PBL 课程中均先后融入"美国社会歧视现象的批判研究""如何讲好中国故事""如何提高中国企业的创新能力"等相关主题。

四、结语

笔者设计的大学英语口语教学的 PBL 模式尝试通过英语口语演示训练来达到训练学生英语口语的目的。课程以"一分钟演示"为训练模式，通过对其中五个关键因素的训练来完成语言训练目标，同时，语言训练紧紧围绕一个核心问题开展可研究性学习。该模式在课堂教学方面强调学生 100% 的参与度以及高强度、高浓缩的课堂演示训练，在课后学习方面强调自主性学习和研究性学习。学生经过一学期（12～18 次课，每次课 90 分钟）短暂但高强度的课堂训练，能 100% 做到敢于开口讲英文，基本能做到言之有物。同时，学生能在经过准备的前提下,能就指定话题做"一分钟演示",演示效果基本能得到以英文为工作语言环境的认可,部分学生的演示可达到或接近英语为母语的演示标准。同时,从课堂学习强度、课堂学习效果、学生课后自主学习时长、研究深度以及研究成果的可展示性等方面有力证实了该模式的教学效果。该模式是厦门大学公共英语教学改革背景下强调"以学为中心,以教为主导"的课堂教学模式创新。

跨文化修辞视域下的大学英语写作
混合式教学模式探究

宗 睿 胡深爱*

摘要：本研究基于跨文化修辞学的教学理念，构建大学英语写作混合式教学模式，并结合定量和定性分析，考察在该教学模式下大学生英语写作语篇修辞能力的变化情况。结果发现，经过一学期中外籍教师团队线上、线下教学活动的开展，学生对元话语特征及篇章主旨句的掌握均有提升，篇章结构的进步相对较小。线下课堂中，教师引导学生分析阅读文本中的语篇修辞特征；线上教学环节中，外教领读延伸阅读材料，与学生展开互动协商；交互培养学生应用语篇修辞策略的能力。本研究应用跨文化修辞学教学理念指导实际教学，具有一定的理论及实践意义。

关键词：大学英语写作；语境化的跨文化对比；互动协商；混合式教学模式

一、引言

外语写作能力是外语人才的核心竞争力[①]。国内外二语写作研究日益深入，二语写作教学实践呈现出多维度发展的趋势。近年来，二语写作教学注重语篇修辞能力的培养，但套用三段论等写作模板的教学模式以及将修辞理论简化为格式化的写作规范限制了学生在写作过程中理性思考并提出观点的能力，也容易导致学生写出的作文千篇一律[②]。二语写作教学应结合跨文化背景分析语篇修辞特征，以提升学生灵活运用修辞策略的能力[③]。跨文化修辞学指结合不同社会和文化背景分析写作者书面语篇特征的研究[④]，其理论的发展经历了 Kaplan 模式、Connor 模式和多元发展模式三个阶段[⑤]。基于跨文化修辞学的大

---

* 宗睿，女，山东青岛人，厦门大学外文学院博士研究生，主要研究方向为心理语言学与应用语言学。胡深爱，女，浙江温州人，厦门大学外文学院教授，主要研究方向为心理语言学与应用语言学。

① 王俊菊：《"二语写作研究"专题》，《山东外语教学》2022 年第 5 期。

② Y. Bayyurt, S. Akcan, *Current Perspectives on Pedagogy for English as a Lingua Franca*, Berlin: De Gruyter Mouton, 2015.

③ K. McIntosh, U. Connor, E. Gokpinar-Shelton, What Intercultural Rhetoric Can Bring to EAP/ESP Writing Studies in an English as a Lingua Franca World, *Journal of English for Academic Purposes*, 2017, Vol.29, pp.12-20.

④ U. Connor, Intercultural Rhetoric Research: Beyond Texts, *Journal of English for Academic Purposes*, 2004, Vol.3, No.4, pp.291-304.

⑤ 鞠玉梅：《跨文化修辞学视阈下的二语写作研究：理论模式与研究路径》，《外语界》2016 年第 5 期。

学英语写作教学活动围绕三个教学理念展开,即注重语境化的跨文化对比、互动调试、文化及体裁的动态化理解①。语境化的跨文化对比指教师应积极引导学生,关注不同社会及文化语境下的写作目的和读者预期;互动调试指不同语境下作者和读者对语篇修辞协商互动的过程;文化及体裁的动态化理解指文化处于不断变化之中,二语写作教学应兼顾国家层面的文化差异与课堂、学科层面的文化及体裁差异。在此基础上,Walker(2011)强调以学生为中心的教学理念,学生通过自我反思意识到修辞写作规范的可协商性,促进跨文化背景中语篇修辞层面的互动协商②。Casanave(2017)强调教学中个体差异的重要性,鼓励学生打破思维定式,思考不同文化背景下的读者需求③。

跨文化修辞学视域下的二语写作教学研究大多通过实际教学活动探究跨文化修辞学的教学理念。Xing等(2008)通过线上教学对比中英文学术写作中语篇修辞特征的差异。结果发现,在线学习能有效促进中美大学生在修辞层面的交流互动,提高学术写作能力④。Abasi(2012)邀请前伊朗记者为学习波斯语的美国大学生介绍伊朗的社会政治环境,引导学生理解不同文化背景下语篇修辞及结构的差异。结果显示,教师应积极引导学生思考导致语篇修辞特征产生差异的社会、文化因素,建立文本与社会、文化语境之间的联系⑤。刘立新、游晓晔(2018)考察中美大学生线上互动写作活动在实际教学中的应用。结果发现,中美学生围绕主题构思、篇章结构及语言形式差异进行交流互动,体现了文化及体裁的动态化理念,有助于形成合适的语篇修辞策略⑥。综合以往研究,跨文化修辞学教学理念指导下的二语写作实际教学活动中,教师应结合社会、文化语境解读文本的语篇修辞特征,引导学生对不同文化背景下的写作规范差异进行互动协同,从而产生积极的教学影响。然而,以往研究主要关注单一教学模式,围绕学生的互动展开,较少关注线下、线上教学的结合;在教学内容上,以修辞策略的应用为主,文本对文化语境的延伸作用有待发掘;在教学效果评测中,对学生写作能力发展的跟踪研究较为缺乏,实际教学效果有待进一步探究。

本研究聚焦跨文化修辞在二语写作教学中的应用,构建中国大学英语写作混合式教学模式,探索二语写作教学中促进语境化的跨文化对比和互动调试的有效途径。研究旨在通过中外籍教师团队线上、线下教学的融合,促进互动及协商,在不同文化背景下深化学生对语篇修辞概念的理解,在实践与反思中总结二语写作教学经验,为教学实践提供参考。

---

① U. Connor, *Intercultural Rhetoric in the Writing Classroom*, Ann Arbor: University of Michigan Press, 2011.

② D. Walker, How to Teach Contrastive (Intercultural) Rhetoric: Some Ideas for Pedagogical Application, *New Horizons in Education*, 2011, Vol.59, No.3, pp.71-81.

③ C. P. Casanave, *Controversies in Second Language Writing: Dilemmas and Decisions in Research and Instruction* (2nd ed.), Ann Arbor: University of Michigan Press, 2017.

④ M. Xing, J. Wang, K. Spencer, Raising Students' Awareness of Cross-Cultural Contrastive Rhetoric via an E-Learning Course, *Language Learning & Technology*, 2008, Vol.12, No.2, pp.71-93.

⑤ A. R. Abasi, The Pedagogical Value of Intercultural Rhetoric: A Report from a Persian-as-a-Foreign-Language Classroom, *Journal of Second Language Writing*, 2012, Vol.21, No.3, pp.195-220.

⑥ 刘立新、游晓晔:《基于跨文化修辞学视角的跨洋互动写作教学活动设计》,《现代外语》2018 年第 2 期。

二、研究设计

（一）参与对象

该课程是一门面向国内某高校大学英语二年级学生的专业选修课。参加该课程的学生共 30 名，大学一年级期间已修习过两学期大学英语课程，课程内容涉及的写作文体为议论文。教师团队包括 1 名中国教师及 2 名外籍教师。

（二）教学内容与设计

课程旨在通过分析输入文本的论证过程，以理论启发实践，锻炼学生原创写作，即主观输出的能力。课程围绕修辞策略的应用展开，学生通过系统学习，掌握基本的谋篇布局及论证技巧的能力。课程对标英语专业四、六级考试及雅思考试写作部分的评分要求，以分析阅读材料语篇层面的修辞特征为课程重点。课程内容包括 7 个单元，每个单元目标清晰，均配备相应的课程材料及写作任务。表 1 是第 3—4 周课程内容示例。

表 1　课程内容示例

项目	课程目标	课程材料及任务
内容	1. 学习逻辑论证中的归纳论证法及演绎论证法。 2. 分析议论文中的篇章连贯性。 3. 运用演绎推理及归纳推理在篇章写作中建立论点。	1. 阅读材料：The advantages of speaking a second language 2. 写作任务：What are the advantages and disadvantages to having one language in the world? 3. 外教领读：Why it's time to stop worrying about the decline of the English language

教学模式基于混合式教学设计理念，依托语境化的跨文化对比与互动调试两个教学理念展开，主要环节包含线下课堂教师面授及线上平台师生讨论。线下教学围绕课程目标展开，在教师的引导下，学生通过阅读文本、小组讨论及课堂展示等活动，分析阅读材料，概述主要观点，剖析论证过程的逻辑框架。学生在课堂上对同一话题展开写作，应用修辞策略论述中心思想。

线上辅导基于线上网络教学平台，中国学生与外教分别代表两个不同的文化团体。线上讨论中，外教领读延伸阅读材料，解读读者预期、写作目的等要素，中国学生与外教围绕文化差异展开讨论，体现语境化的跨文化对比教学理念。外教进一步对学生线下课堂完成的作文展开讨论，学生与外教围绕中心思想、论证结构、篇章组织等方面进行互动，学生解释作文修辞策略使用的原因，以线上反馈的形式灵活地调整作文的修辞规范，体现互动调试的教学理念。本课程的教学内容以议论文写作为主，未分析不同体裁的写作特征，因此不涉及文化与体裁的动态化理念。

（三）数据收集与分析

参与课程的学生在第 1 周及第 13 周分别参加两次课堂写作任务，第 1 周的写作题目为"Should college students hire cleaners?"，第 13 周为"Should universities accept equal numbers of male and female students in every subject?"。任务限时 60 分钟，作文字数 300 字以内。两次写作任务均在教室内使用电脑完成，并通过线上平台提交。

2 名国内某高校英语专业写作课授课教师分别对 60 份作文进行评分。作文评分标准的设定主要包含三个指标,即篇章结构、元话语特征和篇章主旨句。各项指标评测满分为 100 分。篇章结构分为演绎式及归纳式,篇章结构为演绎式且论证结构清晰的作文得分较高。元话语特征重点考察写作者以协商、互动的语气组织语篇、表达观点并引导读者理解观点的能力,元话语使用频率较高且应用较为准确,表示学生元话语掌握较好。篇章主旨句位置准确且观点清晰、合理,表示学生篇章主旨句的掌握较好,反之则较弱。通过相关性分析检测两位评分者的评分一致性,结果相关性显著,表明评分者信度较高。

本研究使用 SPSS 27.0 分析学生课程学习前后篇章结构、元话语特征及篇章主旨句的应用情况。为进一步考察前后测的修辞特征变化,对各项数据的前后测差异进行配对样本 t 检验,显著性水平设为 $p < .05$,效应量 d 值标准设定 0.2 为效应量较小,0.5 为效应量中等,0.8 为效应量较大[①]。

三、研究结果

表 2 呈现了课程前后学习者三项语篇修辞特征(即篇章结构、元话语特征和篇章主旨句)的变化情况。经过一学期的学习,学习者的三个指标整体呈上升趋势。

表 2　课程前后语篇修辞特征变化情况

语篇修辞特征	测试	均值	标准差	标准误差均值
篇章结构	前测	64.18	11.33	2.07
	后测	69.08	10.57	1.93
元话语特征	前测	61.92	7.69	1.40
	后测	67.60	8.50	1.55
篇章主旨句	前测	62.22	9.80	1.79
	后测	69.48	10.34	1.89

表 3 是语篇修辞特征三项指标前测和后测的配对样本 t 检验结果。S-W 检验表明,三个指标的前后测样本的差值服从正态分布。分析发现,学生篇章结构的成绩均值由前测的 64.18 分到后测的 69.08 分,差异显著($t = -2.30, p < .05$),但效应量仅接近中等程度($d = 0.42 < 0.5$);学生的元话语特征成绩均值由前测的 61.92 分增长至后测的 67.60 分,差异显著($t = -3.32, p < .05$),达到中等效应量($d = 0.61 > 0.5$);篇章主旨句的成绩均值由前测的 62.22 分到后测的 69.48 分,差异显著($t = -3.53, p < .05$),达到中等效应量($d = 0.64 > 0.5$)。由此可见,篇章结构前后测的结果呈上升趋势,但鉴于其效应量仅接近中等,应进一步分析;在元话语特征及篇章主旨句方面,每项指标前后测的结果均呈上升趋势,呈显著性差异。

---

① J. Cohen, Statistical Power Analysis, *Current Directions in Psychological Science*, 1992, Vol.1, No.3, pp.98-101.

表 3   课程前后语篇修辞特征配对样本分析情况

语篇修辞特征	成对差分				t	df	p	d
	均值	标准差	95%置信区间					
			下限	上限				
篇章结构	−4.90	11.69	−9.26	−0.54	−2.30	29	<.05	.42
元话语特征	−5.68	9.38	−9.19	−2.18	−3.32	29	<.05	.61
篇章主旨句	−7.27	11.28	−11.48	−3.05	−3.53	29	<.05	.64

结合学生的课程前后写作文本,我们进一步对语篇修辞特征的三项指标加以分析。结果发现,在篇章结构上,前后测样本间的变化较小,篇章结构的组织形式为演绎式;在元话语使用上,前测样本较为单一,主要以强调语为主,后测样本更为丰富,模糊语等不同类型的元话语使用明显增多;在篇章主旨句上,前测样本中的观点表述不清晰,较多以道德呼吁为主,后测样本中的观点表述相对全面,与论证部分紧密连接。

四、讨论

本研究探讨大学生英语写作中的语篇修辞能力在篇章结构、元话语使用及篇章主旨句三个特征上的变化情况,课程教学围绕语境化的跨文化对比和互动调试两个教学理念展开教学。结合定量和定性分析发现,学生经过一学期的学习,篇章结构的变化相对较小,元话语特征和篇章主旨句的使用能力取得一定提升。以下我们将在个案分析的基础上,深入探讨学生语篇修辞能力的发展变化。

个案分析的主体为学生 JY、中国教师 RZ 及美国教师 SG,教学环节包括线下和线上。线下教学环节的参与者为学生 JY 与教师 RZ。教师引导学生分析阅读材料"The world is going to university"的篇章结构,学生进一步概述文章观点,并以思维导图的形式展现观点的论证过程,之后学生以"Should college students hire cleaners?"为题进行当堂写作。线上教学环节的参与者为学生 JY 及外教 SG,具体包括两个部分:首先,外教 SG 在线上讨论中结合社会、文化语境,领读文章"When college dormitories become health hazards";其次,基于学生 JY 在线下课堂的写作文本,SG 与 JY 展开进一步讨论。第一部分的领读环节中,外教 SG 结合自身经历,解读文章"When college dormitories become health hazards"中的具体观点。该文章写道:

Enduring less-than-ideal living conditions is something of a rite of passage for many college students. While the cost of higher education keeps rising, though, outpacing inflation every year since 1985, maintenance of student dormitories at many institutions has not always kept up.

SG 指出大部分美国大学的学费较高;面临经济压力,美国大学生需要通过课外打工赚取一定补贴,打工文化较为完善。JY 解释道,中国大学生往往被视为廉价劳动力,打工文化没有形成。社会、文化语境的差异导致中美两国学生在是否应该花钱雇用清洁工打扫宿舍的问题上产生了不同的观点,影响了写作者的写作目的和读者期待。第二部分的线上讨论环节中,外教 SG 基于学生 JY 的写作文本,围绕元话语使用及篇章主旨句两个层面展开协商互动。JY 在"Should college students hire cleaners?"中写道：

First，college students **should** live independently. By this I mean that students may be the first time to live away from parents，they are no longer under their parents' protection. They **should** learn to arrange the routine life. Second，it can save plenty of money. College students **need to** rely on their parents' financial support. They get money from their parents. Thus，they **have to** use it in a wise way to make contribution to study rather than to be lazy.

JY 指出大部分中国学生依赖父母的资助读大学，尚未实现经济独立，而父母资助并非理所应当，所以认为花钱雇清洁工是一种懒惰的表现。基于学生文本可见，在元话语的使用上，JY 频繁地使用 should、need to、have to 等强调语，强化观点输出，让观点显得过于绝对化，导致篇章主旨句的观点表达更类似于一种道德规劝。SG 基于 JY 的观点指出：

A crucial reason is that a truly successful and industrious university student **might** seek accomplishments not only in academic field but also in becoming a civilized person as well.

SG 认为大学生关注学业发展的同时，也要培养独立的人格，实现全方面发展。结合领读文章可知，美国大学生需要较早实现经济独立，当他们思考是否应该雇用清洁工的问题时，更注重独立生活能力的培养。因此，SG 强调在篇章主旨句中提出观点时，应以一种观点讨论的角度展开，元话语的使用以 might 等模糊语为主，从而增强观点的合理性。综上所述，SG 基于领读材料解读话题，与 JY 围绕写作文本进行互动协商，引导 JY 理解不同社会、文化语境下的读者期待和写作目的，并不断进行协商调适。

经过一学期的课程学习，学生 JY 第 13 周对题目"Should universities accept equal numbers of male and female students in every subject?"的写作中，学生元话语的使用更加合理，篇章主旨句的观点表达更为清晰，例如：

Firstly，choosing a subject without considering students' own interest **might** affect their learning ability and motivation. Despite the fact that many people believe men tend to be rational and women tend to be sensible，it is not reasonable for schools to enroll students according to their genders. There are many great male writers like Mo Yan and Lu Xun who pronounce their own brilliance in the history of literature. Female scientists like Tu Youyou made scientific discoveries that would change the world. Every student has different capabilities. Some students **might** perform better in science subjects，others **might** possess more talent in studying art subjects. It is the social prejudice that makes people form this stereotype.

在该段中，JY 从道德诉求转向论证观点，认为选择学科时应考虑学生的个人兴趣和能力，元话语的使用以 might 等模糊语为主，增强了观点的合理性；同时，篇章主旨句中的道德诉求在协商调适的过程中，渐渐转变为作文结尾处的道德启示，即学科选择的性别差异是一种由社会偏见导致的刻板印象。JY 在第 1 周与第 13 周的转变表明，经过一学期的线上互动协商，JY 加深了对元话语特征及篇章主旨句的认知，经过不断调试形成了合适的修辞策略。然而，JY 在篇章结构层面变化较小，其原因是学生在本课程教学前已较为系统地学习了议论文写作的演绎式结构,篇章结构层面的互动调试作用不明显。

综合以上分析可知,跨文化修辞学视域下的混合式教学模式,加深了语境化的跨文化对比,促进互动调适。在线下教学过程中,学生在中国老师的引导下分析阅读文本的篇章结构,理解观点论证的逻辑推理过程,构建对语篇修辞特征的初步认知。在线上讨论环节,两名外教领读的文章与线下教学阅读材料的主题一致,基于不同的社会、文化语境解读材料,促使学生意识到不同社会、文化语境对写作目的和读者预期产生的影响。学生在反思过程中,深化对修辞策略的理解,体现了语境化的跨文化对比对写作教学的促进作用。线上讨论环节不仅为学生塑造了跨文化的语境,也触发了学生围绕写作文本进行互动调试的过程。外教在线上讨论中对写作文本的积极反馈,促使学生结合语境化的跨文化差异,反思并调整对语篇修辞特征的理解。学生对修辞策略的理解从固定的写作规范,经过不断协调转化为较为灵活地应用修辞表述观点的写作能力。这一结果表明互动调试教学理念指导下的大学英语写作混合式教学能有效提升学生使用修辞策略进行议论文写作的能力。

五、结语

本研究基于跨文化修辞学的教学理念,设计大学英语写作混合式教学模式。学生经过一学期的学习,语篇修辞层面的元话语特征及篇章主旨句能力得到提升,篇章结构的进步相对较小。教学模式依托中外籍教师团队,融合线下讲解和线上讨论,注重写作教学中语境化的跨文化对比与互动调试;随着学生对语篇修辞策略理解的不断深化,他们能更好地掌握议论文写作规范、谋篇布局及论证技巧,形成灵活应用修辞策略的能力。总体而言,跨文化修辞学指导下的大学英语写作混合式教学模式,改善了以往研究中教学模式单一、教学内容针对性不强等问题,能有效促进学生语篇修辞能力的发展,实现从理解到产出的转变。本研究也存在一定局限,未来研究可以设置对照组开展实验研究,增加更加多样的语篇修辞特征指标,从而更为全面地考察混合式教学的实际应用效果。

浅谈微生物学与免疫学实验课堂教学的创新探索*

张连茹**

摘要:"微生物学与免疫学实验"是面向厦门大学生命科学学院各专业,本科二年级下学期开设的必修实验课。作为首批国家级在线开放课程,线上以及线上线下一流课程,微生物学与免疫学实验课一直在探索创新。由于其研究对象是无所不在且肉眼不可见的微生物,它既能为人类生产生活必需品,同时又是致病菌,既存在于人体中,又与人类共存于环境。对微生物的认识、控制和合理利用蕴含着辩证和哲学的思想以及可持续发展的理念。因而,微生物学与免疫学实验课的创新探索,既有理论意义又有实际应用价值。为此,我们探索出思政引领,培养学生创新意识、创新思维、创新能力科学赋能的实验课堂教学模式(简称"三创"科学赋能),依托国家一流课程、数字课程以及虚拟仿真课程等资源,形成了问题导向,以科学研究过程为模板,以学生为中心的师生学习共同体的教学体系,有效达成价值塑造、知识传授和能力培养融为一体,"三全育人"的实验课教学创新人才培养的新范式和新思路。

关键词:实验课;创新人才培养;三创科学赋能的教学模式

一、引言

中国早已摆脱任人宰割的历史,但与美国等发达国家相比,在高科技领域如操作系统、应用软件、信息技术、芯片等软硬件方面,还存在着较大的差距。在基础研究方面,众多的诺贝尔奖获得者,汇聚在美国各个大学,彰显着我们与世界强国的距离。

习近平总书记在 2020 年 9 月 11 日的科学家座谈会上的讲话中明确指出:"要把教育摆在更加重要位置,全面提高教育质量,注重培养学生创新意识和创新能力。"[①]在党的二十大报告中习近平总书记又强调"全面提高人才自主培养质量,着力造就拔尖创新人才"。目前,我国在学的高等教育人数位居世界第一,我国的高等教育正以突飞猛进的速度发展。然而,我们在拔尖创新人才的培养方面还远远不够,还存在着许多问题。

(一)问题与挑战

我国正处于高速发展时期,而创新是发展的加速器。全社会都意识到教育改革、创新

---

* 基金项目:2021 年课程思政教学研究项目"基于学生心理建构实验课课程思政的元宇宙"研究成果。

** 张连茹,女,厦门大学生命科学学院免疫与微生物学系教授,主要研究方向为微生物药物。

① 习近平:《在科学家座谈会上的讲话》,https://www.gov.cn/xinwen/2020-09/11/content_5542862.htm,访问日期:2022 年 1 月 15 日。

的重要性和必要性。然而,从幼儿园开始,我们就鼓励或推崇听话的孩子。从而形成了传统教学的学生服从、静默式的学和教师控制、给予式的教。即使到了大学,学生仍然习惯于做被动的倾听者、接受者,缺少批判性思维和敢于挑战权威的意识[①]。在实践中,对于固有模式的坚持,几乎成了教学改革与创新难以跨越的壁垒。

首先,理念的固化,导致模式固化。以实验课的教学为例,在创新比赛的赛道上,仍然按照旧有的思维模式,僵化地考察课程设计。其次,实验课的教材架构以及上课流程固定化。另外,教学内容通常以单个技术或方法的学习为主,或者以模块的形式进行包装,既缺乏对技术方法的综合运用,也与快速发展的学科前沿不匹配。

在实验课的改革创新中,最大的障碍应该是固化的思维模式,导致固化的形式、固化的内容以及固化的方法。其根本原因在于针对实验课进行创新设计时,不是基于多年教学实践精耕细作的基础上,针对问题进行的涅槃重生般的改革创新,而是以敷衍的态度,通过在文字上下苦功夫,夸大产出,跨界共享成果,或者以实验材料、实验手段简单替换等方式的创新。在固有的理念或思维模式下,束缚于条条框框,由此导致了学生创新意识不强、学习兴趣不高、创新思维和综合实践能力不足。教学改革不是为了评优报奖,不是面子工程,也不是为学校和个人谋取利益,而是关系到教育的发展方向、人才的培养质量以及我国在国际上的竞争力。

(二)机遇与探索

党的二十大明确提出要"坚持守正创新",全面推进中华民族伟大复兴的征程上,如何"能够培养出具有国际顶尖竞争力、能够决定国际竞争胜负关键的掰手腕的人才"[②],是每个高校教师都要认真思考并付诸行动去解决的问题,同时也为每个潜心教学的教师提供了教学探索创新的机遇。

微生物学与免疫学实验课在创新探索与实践中,深深体会到,教学改革一定要立足课程本身,结合课程的特点。作为一门由认识论和方法论奠基且从实验中来的最接近科研的实验课,坚持问题导向,学生能够利用所学的技术方法,去解决微生物相关的问题,在实践中有思考有发现才能有创新,回归实验课最贴近科研属性的基础上,进行探索与创新。

二、微生物学与免疫学实验课的探索与创新

微生物学与免疫学实验课是面向生命科学学院各专业本科二年级,第二学期开设的必修实验课,也是国家级理科生物学实验教学中心和双一流建设中的主干课程。总共96学时,3学分。已开设了近半个世纪,年均200人次参与学习。实验课教学与学生将来从事微生物相关的科研、生产、品质生活以及创新、创业密切相关。因而,微生物学与免疫学实验课的创新与改革一直在路上。

(一)微生物学与免疫学实验课程的改革历程

微生物学与免疫学实验课的改革经历了单个实验为主到模块式再到线上线下混合式

① 隋延鸣、郑亮、吕林兰:《21世纪中国高等教育面临的问题和发展方向》,《中国多媒体与网络教学学报》2022年第5期。杨德广:《进入大众教育阶段后的中国高等教育面临的10个问题》,《上海师范大学学报》2011年第3期。
② 吴岩:《中国式现代化与高等教育改革创新发展》,《中国高教研究》2022年第11期。

等的教学探索,并且是国家首批在线开放课程、线上一流课程以及线上、线下混合式一流课程。然而,面对国家对拔尖创新人才的需求以及 AI 等新技术带来的学习模式的转变,我们对微生物学与免疫学实验课教学从理念到形式,进行了新一轮的教学改革与创新探索。

(二)三创科学赋能的实验课教学模式的提出

微生物学与免疫学实验课最大的特点为其研究对象是肉眼不可见的微观生命,对其开展研究,难于直观操作,且容易污染其他微生物,需要严格的无菌操作以及特定的操作技能。而且培养周期较长,不能马上观察结果,学生缺少感观的认知,导致学生学习兴趣不高。

微生物虽小到不可见,但是,贴近生活并在工农业生产以及科学研究中都有着重要的作用。为此我们重构实验课堂教学,把实验课设计为项目或问题引导式,将技术方法的学习融入项目或问题的解决中。改革后的课堂教学,转换成为解决科学问题而创设的科研项目,从而培养学生的创新思维和科研能力。

科学研究重在创新,为此我们提出"三创"科学赋能的实验课教学模式,以有意识地培养创新人才。

(三)总体思路

"三创"(创新意识、创新思维、创新能力)科学赋能的实验教学新模式,通过系统科学地进行教学设计、教学内容重构与教学实施,充分激发学生的创新意识、培养创新思维、塑造创新能力。总体思路如图 1 所示。

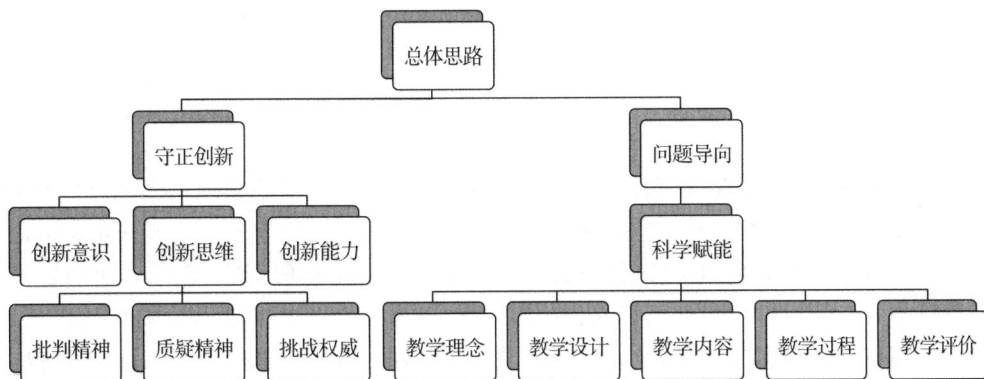

图 1 "三创"科学赋能的总体思路

(四)实施方案

1. 创新意识的激发,主要在教学设计或教学过程中,如结合新冠肺炎疫情,创设问题情景等引导学生思考、学习、探索与实践。

2. 创新思维的培养,主要在教学内容的设计中体现,将技术方法的学习融入问题的解决中,实验课模拟科学发现的过程。而整个一门课,设计为星链式的大科研项目,技术方法为解决问题服务,让学生带着问题去建构解决问题的方法,如现有的技术方法有哪些不利的地方,教师引导学生进行方案设计时要思考如何改进,并尝试具体的改进,从中培养质疑精神和批判思维。

3. 创新能力的培养,教师可以引导学生开展小范围的创新,如解决新的问题,或者寻找到不同的解决方法,或者综合运用各种知识和技能等来体现。

4. 科学赋能,自然科学类课程无论是理论还是实验,重在体现科学性,在教学中亦应如此。

(1)教学设计与内容的科学性,由传统的验证实验等类型的划分,重构为科学发现的过程,而原来所谓的验证性实验,可以设置为对照实验;由技术方法的学习转化为问题驱动的科研探索项目。针对提出的科学问题,在老师引导下,学生通过查阅文献,自主学习等寻找并学会解决问题的方法。学生在获取知识技能的同时,养成通过自主学习寻找解决问题方法的习惯。

(2)科学性还体现在注重科学前沿以及社会需求,比如在 2020 年的新冠肺炎疫情期间,迫切需要解决病毒检测、疫苗设计等问题,因此,结合疫情或现实中存在的科学问题,师生共同通过查阅文献,寻找到解决的办法,并能综合运用各种手段(包括虚拟仿真或其他信息技术)。体现担当意识和家国情怀的责任感的同时,培养创新意识、创新思维和创新能力。

(3)科学性在教学过程中的具体体现,将实验课设计为科学发现的过程。提出科学问题、运用科学的研究方法、培养良好的科研习惯、对实验结果进行合理的分析处理、规范实验报告为科研论文的形式,并对科学问题的解决与应用拓展,进行分析讨论。为学生从事科学研究、创新训练以及毕业论文的开展奠定基础。

(4)评价过程的科学性,由原来只注重实验结果与期末考试,转变为注重整个的实验过程的评价,以及线上、线下综合评价,而且还增加了实验习惯、环保意识以及生物安全等方面的评价。

三、实施举措

传统实验课教学,从教材到教学过程,通常包括实验目的、实验原理、实验器材,到实验步骤含操作演示、实验操作及注意事项、实验报告、思考题目等固定模式。无法把实验课的内容与学生将来可能面临的实际问题相结合,也缺少为学生克服困难、创设解决问题环境的设计。本科二年级学生已从其他课程的学习中,掌握了一定的实验操作技能。因而,微生物学与免疫学实验课的教学,设计为问题导向式的项目探索,技术与方法是为了解决科学问题而学习,并在解决问题的过程中,培养创新意识、科学思维和科研能力。

(一)问题导向的项目式教学

围绕着微生物的接种、培养、分离、观察、鉴定,控制和应用这条技术主线(见图 2),设计以问题导向,以基本技术方法的应用为主的实验项目,在完成项目或回答基础科学问题的过程中,学习掌握相关的技术方法,并能有所提升。以基本技术为主搭建的基础科研项目设计如图 3 所示,其中均将原来的验证性实验,设置为项目中的对照实验。

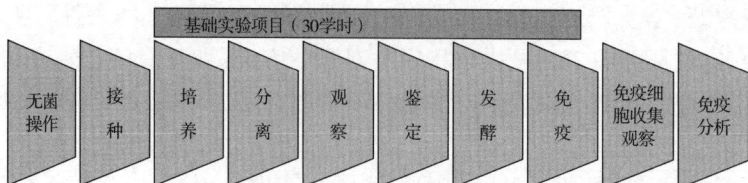

基础实验项目(30学时)

无菌操作 | 接种 | 培养 | 分离 | 观察 | 鉴定 | 发酵 | 免疫 | 免疫细胞收集观察 | 免疫分析

图 2　微生物学与免疫学实验的基本技术

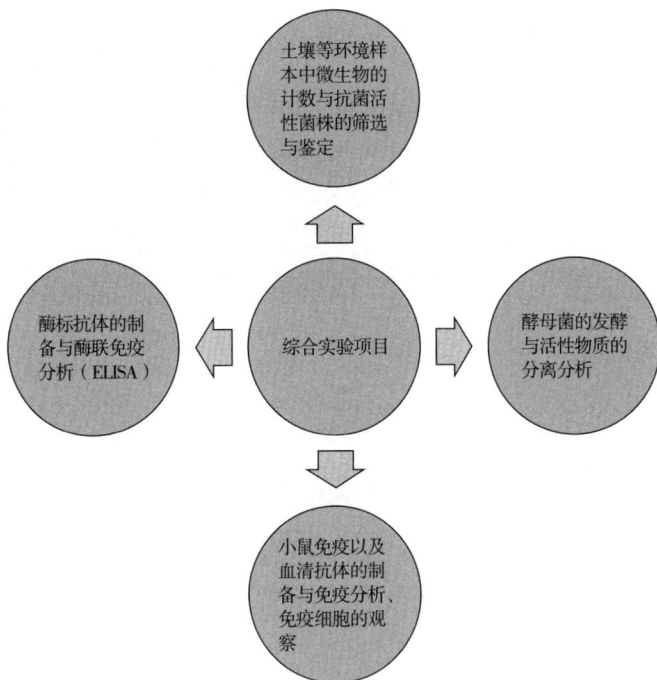

图 3　微生物学与免疫学实验的综合实验项目

如项目 1 要回答,土壤中有哪些微生物?数量是多少?其中有没有对于病原菌有抗性的微生物?如何鉴定这些微生物?实际上,这个项目由许多单个的实验组成,把单个实验围绕着问题串联起来。教学中起到案例或引导学生探索学习的作用。

(二)科学赋能,体现高阶性

融合科学前沿、通过将教学团队中教师的科研成果,有针对性地下沉到本科实验教学,如针对新冠病毒这一病原微生物的防控(见图 4),设计实验以突出科学研究在解决卡脖子的现实问题,并引入世界上最新的技术成果(如 mRNA 疫苗的研发),使学生掌握科学前沿,启发学生的创新意识,培养创新能力(引导式学习)。为了突破本科实验室条件的限制,对于具有高致病性和传染性的乙肝病毒、新冠病毒,以及长周期、难度较大的实验项目,我们适时构建了 spike 基因与新冠疫苗(mRNA)设计的虚拟仿真实验教学项目,鼻喷流感病毒载体新冠疫苗的设计与评价虚拟仿真一流课程,注重信息化技术助力课堂教学手段的提升。此外,注重新技术手段的运用,利用新技术将科研的仪器设备用于本科教学。如扫描电子显微镜和透射电子显微镜以虚拟仿真的形式,用于微生物的形态结构观察的实验,突破光学显微镜难以观察微生物的细微结构的局限。

(三)创设学生为中心,师生教学共同体的创新人才培养环境

经过前面教师引导下的项目探索以及科研模式的历练,通过创设学生兴趣驱动的自主探索设计完成的实验内容,增加学生参与设计和创新实验的比例(探索式自主式学习,见图 5)。激发学生的学习热情的同时,培养学生的担当意识和社会责任感和使命感。

引入兴趣驱动的探索实验,融入了问题的发现,贯穿从方案设计到问题解决的科研全过程。实验中创设问题场景(由问题提出、方案设计、确立方案、开展实验、实验结果的记录

图4　微生物学与免疫学实验的科研对接的实验项目

✓ 通过自主探索实验，鼓励学生创新创造

图5　微生物学与免疫学实验的创新拓展项目

分析与总结到实验报告与拓展延伸等），模拟科研过程，创设条件增加设计和创新实验的比重。同时，结合国情，开展课程思政，教育引导学生树立正确的理想信念，养成良好的科研习惯。培养学生的创新思维和创新能力和科学精神。通过该教学过程，学生不仅掌握了知识和技能，同时也对于学生良好科研习惯的养成、科研诚信以及创新能力和科学精神的培养都非常重要。实验结束后，还有很重要的环节——实验结果的分析与总结报告。改变以往的实验报告形式，模拟科研论文，撰写实验报告，为学生毕业论文以及科研论文的撰写奠定基础。

（四）教学评价的科学性

从以实验结果和期末考试成绩为主，转化为对整个学习过程的考察。首先，在考试题目方面，提供更多没有固定答案，探索性比较强的题目，考查学生的逻辑思维和推理能力。其次，对学生的学习成绩采用线上与线下、理论与实践、平时与期末考试、指定实验与学生自主探索相结合的综合多维度评价模式，全面评价学生的学习成绩，同时加大平时学习测试的比重。成绩构成由线下70%（平时出勤和实验报告＋操作考试＋期末考试）＋线上30%（网络学习和测试45%＋网络考试45%＋讨论10%）组成。此外，学生参与探索实验及其学习行为和思想表现等作为加分因素，全面综合评价学生的课程成绩。

创新意识、创新思维和创新能力是研究型大学一流人才最显著的标志。遵循认识规律，创设由基础、高阶、自主探索阶梯式递进的项目；教学由教师主导、引导、学生自主学习到共同探讨解决大问题，发挥了微生物学与免疫学实验课在创新人才培养中的作用。

四、实施效果与反思

微生物学与免疫学实验课作为专业必修课，除了面向本院学生开设，依托中国大学MOOC平台面向全国开设。

（一）微生物学与免疫学实验课教学资源的辐射作用

微生物学与免疫学实验2017年获国家首批精品在线开放课程以来，在中国大学MOOC在线平台，面向全国已完整开设14期，已有4万多人次点击学习。在满足本院教学的同时，也为社会学习者及西部等欠发达地区的教学提供了教学资源。在线开放的虚拟仿真实验教学资源，在新冠肺炎疫情导致无法开展实体实验时，虚拟仿真实验发挥了重要的作用，有2000多人次点击学习。2020年获批国家级线上一流课程、2022年获批国家级线上、线下混合式一流课程，2018年由高等教育出版社出版微生物学与免疫学实验课的数字课程，并为华南理工等院校使用。2022年微生物学与免疫学实验课程作为思政案例课，上线新华网新华思政。

（二）学生创新能力的提升

微生物学与免疫学实验课程，通过不断的教学改革探索，学生对微生物学与免疫学实验课的学习兴趣不断增加，不仅学生的学习成绩普遍提升，而且在野外实习、实训以及参与大学生创新实践和毕业设计等项目的人数增多。同学开展了"生活环境中耐药菌的分布调查""抗革兰氏阴性耐药菌的菌株的筛选""以耻垢分枝杆菌为模型筛选结核分枝杆菌噬菌体""武夷山土样中抗性芽孢杆菌的分离及其应用初探""芦苇根部真菌的分离和抗菌活性菌株筛选""厦门大学翔安校区芙蓉湖水体微生物的分离与抗菌活性的鉴定""荷叶表面具有抗菌等活性微生物的筛选""大肠杆菌鞭毛动力学的3D建模以及微生物繁殖过程的虚拟仿真"等一系列的创新探索。其研究成果还以本科生为第一作者的SCI论文发表或获得授权专利，并在互联网＋大创等获奖。发挥了微生物学与免疫学实验教学在创新人才培养中的作用。

（三）学生自主学习的能力普遍提高

2020年春季新冠肺炎疫情暴发，学生大部分时间无法到校学习，教师坚持问题导向，对教学内容的系统重构，学生在教师的引导下，通过网络获得对实验课知识体系及技术方法的观摩学习的前提下，在进入实体实验室短短的2周时间内，从校园土壤中有多少细菌的问题出发，学生通过微生物的接种、培养、分离、观察等实验，回答了校园土壤中细菌的数量，并观察认识了土壤中可培养的细菌的类型和特征，为进一步筛选有活性的细菌或放线菌以及对食品等材料中微生物的数量分析奠定了基础。通过第二周的免疫检测的基本方法的实验，为同学们开展病原微生物的检测分析奠定了基础。浓缩原来16周的实验内容为2周的教学实践，充分体现了学生自主学习的能力普遍提升。

不仅如此，在接下来的野外实习中，同学们对微生物方向表现出极大的兴趣，选题方向围绕着环境样品（包括土壤、空气和水体）以及动植物体内的微生物的分离分析或抗菌活性菌株的筛选等开展，由于有线上资源可以随时学习，同学们通过自主选题，设计方案，进行材料的准备，开展实验，并在野外实习的总结汇报上呈现出了翔实的数据和分析总结，涌现出创新性的探索。微生物学与免疫学实验课的三创科学赋能的教学模式，有助于学生创新能力以及自主学习能力的提升。

（四）教学创新总结

1. 实验课的专业教育一定要与育人深度融合，明确育人方向和目标的同时，师生要胸怀天下、自信自立；教学中，要坚持问题导向，通过系统、科学的课程设计，坚持守正创新。

思政元素的融入重在教师的领会与实践,如我们在实验课教学,将党的二十大精神融入教学的全过程,使实验课教学既有声有色,又润物无声。

2. 实验课教学要与科研深度嵌合对接。在教学内容上与科研紧密对接;在教学过程中,以解决科学问题或科研项目的方式、方法来开展实验课教学;在教学方法上,融入科研训练的模式;在实验结果的呈现上,以科研论文的形式升华单纯的实验报告;在教学评价上,多维度全方位并融入良好科研习惯与科研诚信等内容。

3. 实验课教学要有自己的范式,每门实验课都有自身的特点,改革要结合自身的特点,有自己的教学模式与育人体系,避免僵化。此外,在获取信息的渠道多样化的今天,通过引导学习、拓展学习以及自主探索等方式提升同学们自主学习的能力、激发学生批判思维和挑战权威的意识,使之成为胸怀天下、自信自立、会思考、敢创新的"拔尖创新人才"。

4. 实验课教学要守正创新,伴随着 AI 等人工智能以及新技术的出现,我们的数字课程需要更新,也需要有匹配新型教学模式的配套教材。为此,微生物学与免疫学实验课教学,将在已有资源以及教学模式的基础上,坚持守正创新,加强教材建设以及课程的系统设计,不断开拓创新,以胸怀天下的眼界,自信自立,发挥微生物学与免疫学实验课在创新人才培养中的作用。

国际贸易类专业本科生实践教学的创新探索

张 耕*

摘要：在全面深化改革和构建新型对外开放体系的新时代背景下，如何有效激发大学生运用所学专业知识对接市场需求，是当前双创教育面临的挑战。本文结合我校国际贸易类学科的特点，分析了我校国际贸易类专业本科生在实践能力方面存在的不足，以及当前面向国际贸易类专业本科生开展实践教学的难点，最终提出了一些在我校开展国际贸易类专业本科生实践教学的新构想。

关键词：实践教学；本科教育；国际贸易类专业；高校教育；教学改革

2018年教育部要求"要把握新时代哲学社会科学发展的新要求，来加强新文科建设"，由此对我国国际贸易类本科人才的培养创新提出了新的更高的要求。在全面深化改革和构建新型对外开放体系的新时代背景下，通过改革创新举措来培养具有良好经济学理论知识素养和实践创新能力、既了解中国国情又具备国际视野的国际贸易类创新型人才，既具有十分重要的意义，又十分紧迫。而从根本上看，国际贸易类创新型人才培养，其目标在于培养和激发学生的创新意识和创新能力，而其基础则在于科研训练、实践创新以及两者间的深度融合。然而，现状是由于学科特点和历史原因，国际贸易类本科人才的培养过程中，尚存在偏重理论素养的培养，而忽略对专业实践能力的锻造。因此，本文希望能对此问题进行讨论并提出一些针对性的解决思路。

一、国际贸易类专业本科生实践能力不足

近年来，党和国家高度重视高校的创新创业教育，各个高校也加强对大学生创新创业能力的培养，如何有效激发大学生运用所学专业知识对接市场需求，进而提高其创新创业能力，是当前双创教育面临的挑战。与此相对照，虽然过去十年间在高等教育国际交流的大背景下，我国国际贸易类本科人才培养取得了很大进步，仍存在理论和实践结合不紧密、运用理论知识解决现实经济问题的能力不足等问题[①]。这些都严重影响和制约了新时代国际贸易类人才的创新创业能力，并具体表现为以下几个方面：

（一）学生普遍缺乏理论联系实际的能力

国际贸易学属于大文科的范畴，强调经济学以及国际贸易学理论知识的掌握与数理分

---

* 张耕，四川南充人，厦门大学经济学院副教授，主要研究方向为国际经济与贸易。

① 杜永军、王小英、张学翠：《新时代背景下经济管理类专业统计学课程教学改革》，《高教学刊》2023年第4期。

析工具的灵活运用。根据这样的学科特点，大家通常认为在国际贸易学的学习过程中，其首要目标是充分掌握理论知识，并能够运用理论知识分析现实问题。国际贸易类学科包含了理论经济学与应用经济学两大一级学科的本科专业（世界经济、国际贸易），其中本科专业主要有国际贸易专业与国际商务专业，其对实践应用的需求尤为突出。可是由于高校培养模式与用人单位实际需求的脱节，我们培养的国际贸易学科类本科毕业生往往给人一种实践性知识掌握不足、难以在短期尽快上岗操作的印象。其实，这种现象不仅在我们所做的用人单位毕业生反馈意见调查结果中得到印证，也体现在平时学校设置的具有应用性导向的培训环节中学生表现欠佳。例如，在本科高年级学生进行创新创业项目设计以及撰写毕业论文时，学生的选题往往浮于表面或缺乏实践价值，没能有效地将所学专业理论知识与现实问题结合起来，反映出其独立且能够深入思考的能力还有待进一步提高。

（二）学生主动参与解决现实经济问题的能动性不足

虽然在教育部相关政策引导下，厦门大学已经对本科生创新创业项目提供了很多激励措施，但仍需进一步提高学生自主参与和投身创新创业的能动性。具体原因就在于，厦大目前对于文科类本科生的学业考核仍然以重点考查理论知识的卷面考试为主体。本科生大学期间非常重视学业绩点，因为它是将来毕业生无论升学申请或者就业应聘所需要提供的最主要的成绩证明。在此导向下，学生缺乏很强的动力去主动参与实践性活动，为了应付学校的要求，学生的敷衍性和形式化的现象比较普遍。

（三）学生与指导老师的联系不够紧密

本科生阶段，学生与专业老师的联系大多停留在课堂教学的接触层面，课程结束之后就鲜有深入的互通交流。虽然厦门大学设置了由专业老师担任的本科生导师制与班主任责任制，但是存在与辅导员分工不明确、缺乏有效的激励与考核机制，所以在实施过程中效果并不十分理想。由于长时间存在专业老师与本科生联系脱节的问题，本科生在参与大创项目或毕业论文写作阶段联系指导老师时比较盲目，具体体现在学生扎堆选择某些老师来指导，同时导师间不能发挥协同指导和协同创新的作用。此外，高校教师自身的实践能力和实践意愿也有待提高。其原因一方面是当前各高校在引进教师时主要看重的是教师的科研学术能力，引进的师资本身就比较缺乏实践经验；另一方面，现阶段高校对教师的绩效考核或职称评级几乎都没有涉及对教师实践能力的要求或加分，高校教师在实践性方面天然地存在短板。

（四）学生分析问题和解决问题能力不足

出于多年的传统习惯，国际贸易类专业本科课堂教学大多数仍然以教师讲授为主，学生们只是被动的知识接受者[1]。为了践行教育部提倡的实践性人才培养，厦大国际贸易类专业的本科教学也不断尝试进行案例分析教学。然而目前课堂教学中的案例教学往往还只是停留在举举例子，不能启发学生深入思考，无法有效地提升学生的分析问题、解决问题和创新探索的能力。同时，课堂教学中使用的案例，普遍来自二手资料，尤其以国外教材翻译过来的案例为主，本土的案例也通常聚焦于大企业，使得引导学生分析问题的空间比较有限。

---

[1] 高蕾、高晓雷：《本科生导师制在心理咨询专业中的应用》，《高教学刊》2023 年第 4 期。

（五）缺少实务操作机会制约学生实践创新能力的提高

由于历史的原因,国际贸易类专业的本科生在校期间普遍缺乏业界的实践操作经验,学生对课堂教学中的一些应用性知识难以有深入的理解和直观的感受,更无法自如地将其应用于实践创新活动中。反观西方发达国家的国际贸易类专业的培养模式,就非常强调实践机会的提供。以英国高校的国际商务专业为例,除了课堂教学,大多数英国高校均在培养模式中安排了一学期乃至一年的由校方统一组织的海外实习时间,以促进学生能真正了解到不同国家的文化差异。虽然我国因为国情条件受限,但也需要院校两级单位能尽量创造条件为学生提供有效果的实践机会,或开设一些具有较强真实性场景的实践类课程。

二、国际贸易类专业本科生实践教学开展的难点

目前,相比于工科类的本科实践教育,厦大对文科类本科生的实践教育重视程度相对不够。在传统中,工科类专业教育普遍认可只有通过充分的实践才能强化学生将理论知识转化为工作能力。因此,工科类专业一直非常强调本科生的实践教学,在教学环节中安排了大量的学时学分进行实践操作练习。由于本科阶段的专业实习是各高校保证毕业生专业实践能力的最重要的形式,以专业实习为例进行解析。

对于专业实习,工科类专业普遍视之为重要的合格人才培养环节,在培养方案里制定了完善的实习制度安排,在执行上由所在院系领导挂帅,周密安排对接单位、实习目的和实习流程。在大三或大四阶段,工科类专业一般均能安排一个月左右的专业实习周期,由经验丰富的专业老师担任带队老师,带领学生到企事业单位进行现场实习体验,让学生亲身感受到专业实际应用场景[①]。反观经济类专业,由于难以找到能够一次性接受数十名乃至上百名实习学生的单位,各高校国际贸易类专业普遍采取"放羊式"的实习制度,即不由学校统一组织实习,而是由学生自主联系实习单位实习,但不对实习单位性质或实习岗位做任何刚性要求,最后由学生提交一份有单位签章证明的实习报告即可。这样一种没有严格制定实习计划、安排和考核的实习模式,完全无法保证学生的实习质量,遑论保证学生实际进行了对口专业实习,对学生的专业实践能力的提升没有任何保障。因此,当前包括厦大在内的国内各高校国际贸易类本科专业的实习模式并不是严格意义上的专业实习,无法对学生的专业知识掌握提供实践支持,不能成为专业素养培养体系中的重要环节,其结果将往往导致国际贸易类的毕业生在就业初期与用人单位期待的动手能力差之甚远。

必须得承认,造成目前这种厦大国际贸易类人才培养和社会需求间脱节现象的原因,既有体制上的障碍,也存在实际外部环境的困难。在体制方面,厦大对国际贸易类专业本科生的实践必要性认识不足。虽然在本科生培养政策上厦大在校处两级均有安排专门的按人头计算的实习经费,但是在如何使用上面缺乏奖惩、保障和监督机制,导致具体负责执行的二级院系单位无力执行。在外部环境方面,由于厦大所在厦门地区的商业经济发展规模相比国内一线城市差距较大,且受历史上长期不重视的影响,产学间的合作在资源富集、信息交流和协作深度上,均受到较大的限制,用人单位普遍没有与高校大规模制度化接受国际贸易类专业本科生实习的惯例。

正因为存在以上各种障碍,目前国际贸易类专业技能实践难以保证的现状。通过查阅

---

① 董琪:《工商管理专业项目管理课程教学改革探析》,《中国管理信息化》2022年第22期。

学生上交的实习报告，发现他们的实习单位五花八门，大多数的实习单位或实习岗位与所学专业不沾边。而实习报告内容也大多停留在对实习感受的总结而已，鲜有具体描述专业实习内容乃至专业知识收获。当然这种现象不仅仅发生在厦大，在全国各高校中几乎是普遍的现象①。

三、国际贸易类专业本科生实践教学开展的新构想

（一）立足理论与实践并重，创新建设"本科生双导师制度"项目改革

由于目前厦大国际贸易类人才培养中教学和实践间还缺乏深度融合，尽管厦大早就在国内率先对本科生教育提出了本科生导师制的创新模式，为每名学生大一到大三期间（大类招生实施后多数专业改为大二和大三期间）分配了 1 名以专业老师为主体的本科生导师，但是受限于校内师资考核以论文发表为导向的科研倾向，忽视对服务社会的实践性人才的培养，本科生学校期间重理论轻实践的现象还比较普遍。为了解决该问题，建议厦大应积极通过改革，借助教育部专硕培养方案中双导师培养模式，探索创建一种创新的本科生双导师制度，为深化国际贸易类本科生理论教育与实践能力间的深度融合探索新路。

具体举措可考虑：（1）立足于厦大在建设国际商务专硕过程中实施效果显著的双导师培养制度，将其改造移植到国际贸易类本科教育，探索和建设一套具有可操作性的本科生双导师制度。（2）本科生双导师制采取"1+1"的培养模式，即每名本科生从入学或分专业开始，为其分配 1 名校内导师与 1 名校外导师。其中，校内导师负责引导学生的学业难题，校外导师负责引导学生的实践能力。（3）由于厦大国际商务专硕实施双导师制已近 10 年，积累了丰富一批具有丰富实践经验的企业高管导师团，此外，厦大国际经济与贸易系还有大量大中型企业高管人才，并且热心关注母系的发展和人才培养，创新的本科生双导师制完全有条件建设一支实践性能力强的校外导师团队，并且能够保证 1 名校外导师每届指导不超过 3 名本科学生。

（二）改革现有的本科生毕业论文指导制度，突出科研创新和实践取向

目前国际贸易类本科生毕业论文的写作和指导都是由各导师分散进行，学生一方面缺乏科研训练，另一方面分散指导效率不高。未来需要进一步解决目前本科生毕业论文写作和指导的分散性问题，突出学生科研创新和实践取向，既提高本科生研究能力，又强化其解决实际问题的能力。主要举措包括：（1）由学校科研能力强的老师给部分优秀本科生开设"本科优秀论文写作"课程，夯实科研基础。目前这一举措已经在经济学院开展了几年，需要进一步进行认真的总结和完善。（2）优化现有的毕业论文指导模式。现有的本科生毕业论文一般由 1 名导师指导 4～5 名学生的论文写作。但是在执行中，由于对本科生毕业论文重要性的认识存在不足，相当数量的老师在指导本科生论文时十分随意、责任心不强，本科生毕业论文总体水平不理想。建议建立新的本科生毕业论文指导模式，由系选聘一批业务水平高、责任心强的老师，按照每班 10 人左右分小班指导本科生毕业论文。指导过程将按 1 个学分的标准课程设置，对教师的劳务付出既可以考虑计入教师的教学工作量，也可以按课酬进行奖励。（3）对本科生毕业论文的选题引入校外导师的指导，根据其实践管理中发现的应用问题提出可供本科生选题的研究方向，增强毕业论文的实践取向。

---

① 卢扬奎：《把创新创业教育融入高校人才培养体系的研究》，《高教学刊》2022 年第 6 期。

（三）大力建设校外教学实习实践基地，加强实践育人和实践创新

目前厦大国际贸易类专业已经建设了一批校外实习实践教育基地，并取得了一定成效。然而在实习基地的建设和管理中还普遍存在管理制度不细致和不完善、执行不到位、基地的运作存在走形式的问题，以及大多数国际贸易类专业学生的毕业实习仍然采取自主联系、分散实习的方式，没有充分发挥校外实习基地的作用。未来的改革方向应是通过加强校外教学实习实践基地的建设和管理，并将其功能从单纯服务毕业实习转向服务于实践创新人才全方位的培养目标。具体举措包括：（1）建立学生进入实践基地实习的制度细则与管理模式，目标是保证所有国际贸易类本科生必须有一个月在实践基地切实实习的经历，同时须得到实践基地单位的考核通过才能获得实习学分；（2）对原有的本科生实践基地进行重新遴选，对经过实践检验比较好的基地予以保留、续签和扩建；（3）依托实践基地建设移动课堂模式，引导学生走出教室，由校内老师和校外导师共同讲授应用知识；（4）加强项目牵引和对接，针对实践基地单位的应用项目，鼓励更多学生参加项目，强化学生专业知识的应用能力和实践创新能力。

（四）完善实践教学的保障措施

为了进一步激发国际贸易类本科生参与实践创新的积极性，进一步促进学科交叉和校内外资源融合，可采取各项制度性措施来予以保障。主要举措包括：（1）组织人员保障。为了保障国际贸易类本科生实践教学得到贯彻，在院系执行单位需要为本科生实践教学的实施在组织和人员方面提供切实的保障措施。在具体措施方面，可考虑：将本科生实践教学实施计划列入厦大国际贸易系级（或经济学院级）党支部和行政的年度计划中，动员激励教师参与本科生实践教学，并从组织上保障项目顺利实施；院系通过相应奖励措施和修改考核办法，鼓励教师更多从事本科创新人才的指导和培养；通过相应修改考核办法，并创造条件，鼓励教师到专业对口的企事业单位挂职锻炼或短期交流。（2）资金经费保障。国际贸易类本科生实践教学的创新实施离不开充分的经费支持，厦大院校系三级单位可根据自身特性全方位多渠道地为国际贸易类本科生实践创新教学的实施提供资金经费保障。在具体措施方面，可考虑：统筹学校下拨和学院配套的用于创新创业、社会实践、学业竞赛、毕业实习等各项资金，以国际贸易类本科生实践教学专项经费为中心来保障基本的经费支持；通过与学校其他院系学科共建实践教学基地、共同承担实务课题的形式，促进学科交叉融合和资源共享；通过赛事冠名和校友专项捐赠的形式，动员和吸收企业、社会和校友的专项捐款。

四、结语

国际贸易类创新型人才培养，其目标在于培养和激发学生的创新意识和创新能力，而其基础则在于科研训练、实践创新以及两者间的深度融合。然而，目前由于学科特点和历史原因，厦大国际贸易类本科人才的培养过程中，尚存在偏重理论素养的培养，而忽略对专业实践能力的锻造。因此，如何有效激发大学生运用所学专业知识对接市场需求，进而提高其创新创业能力，是当前双创教育面临的挑战。本文对当前厦大国际贸易类专业本科生实践能力存在的不足进行了讨论，进一步对厦大国际贸易类专业本科生开展实践教学存在的难点进行了分析，最后从本科生双导师制、本科毕业论文指导、实践基地建设和实践教学的保障等几个方面，对厦大国际贸易类专业本科生实践教学的开展提出了一些新构想。

面向"新工科"的建筑结构课程教学方法改革探讨[*]

邱志坚　高　婧[**]

摘要：随着"新工科"背景下教育需求的不断变化和建筑行业的不断发展，建筑结构课程教学方法的改革已经成为建筑学专业教育改革的一部分。本文探讨了建筑结构课程教学方法的现状和存在的问题，并以厦门大学建筑系建筑结构课程为例，提出了一些可行的教学方法和策略。通过将理论与实践相结合，运用信息技术手段，采用多元化的教学方法，开展跨学科教学以及优化教材内容等，建筑结构课程教学的质量和效果得到了显著提高。然而，建筑结构课程教学方法改革仍面临着一些挑战和问题，包括教学资源不足、教师专业素养不足以及学生的自主学习能力不足等。展望未来，建筑结构课程教学方法将继续进行改革和创新，以适应"新工科"背景下建筑行业的发展趋势和社会需求。

关键词：建筑结构；新工科；教学方法；跨学科；实践

一、引言

"新工科"是我国教育部于 2017 年启动的工科教育改革项目，旨在培养适应新时代需求的工科人才。该项目将创新能力培养作为工科教育的重要目标，探索新的教学模式，促进教育教学改革和人才培养模式转变。建筑学是一门综合性学科，涉及建筑结构、建筑设计、建筑材料、建筑历史等多个方面。作为"新工科"项目的一部分，建筑学也需要适应新时代的发展，不断探索新的教学模式，培养学生的实践能力和创新能力[①]。

建筑结构作为建筑学专业的核心课程之一，研究建筑物在荷载和作用下的应力、应变和变形等力学问题[②]。教学内容主要包括混凝土梁、柱、屋盖等基本构件的受力性能、计算方法与构造要求，以及混凝土结构设计、钢结构设计、砌体结构设计和结构抗震等。合理的建筑结构设计不仅能确保建筑物的稳定性、安全性和经济性，还能体现建筑的美学价值，是建筑设计和建筑施工的基础[③]。

---

* 基金项目：福建省中青年教师教育科研项目"中国优秀传统文化视野下大学生社会主义核心价值观教育实现路径研究"（JZ170207）。

** 邱志坚，男，江西南丰人，厦门大学建筑与土木工程学院助理教授，主要研究方向为岩土地震工程。高婧，女，陕西延安人，厦门大学建筑与土木工程学院教授，主要研究方向为桥梁工程。

① 王鹏、王乐：《基于新工科视角的建筑结构课程教学模式探究》，《工程教育与管理》2021 年第 36 期。
② 王俊强、赵红娟：《建筑结构课程教学改革研究》，《科技创新与应用》2021 年第 27 期。
③ 王永平、杨军锋：《基于"新工科"理念的建筑结构课程教学改革探索》，《高等工程教育研究》2021年第 5 期。

随着城市化和现代化的发展,建筑行业面临着新的挑战和机遇,对建筑师的要求不断提高。因此,针对"新工科"背景下的建筑结构课程教学需要改革和创新,以培养具有全球视野和综合素质的建筑专业人才,以适应社会需求和建筑行业发展趋势。本文将以厦门大学建筑系建筑结构课程为例,探讨"新工科"背景下建筑学专业建筑结构课程的教学方法,为建筑学专业的教学改革提供参考和借鉴。

二、建筑结构课程教学方法的现状和存在的问题

在传统的建筑学教育中,建筑结构课程注重理论知识的传授,教学方法单一。这种传统的教学方法存在一些问题:

(一)理论与实践脱节

建筑结构课程中理论与实践脱节是一个普遍存在的问题。例如,在选取混凝土结构时,通常会介绍混凝土强度、抗裂性能等理论知识。然而,在实际施工中,除了考虑结构的理论性能,还需要考虑具体的建筑场地、工期、施工工艺等因素,这些都会对混凝土结构的选取和设计产生影响。因此,如何有效地将理论知识与实践操作相结合,帮助学生学会综合考虑各种因素,做出科学的结构设计决策,是建筑结构课程教学方法需要解决的问题之一。

(二)缺少信息技术手段

建筑结构课程需要大量的计算和分析,以便学生能够理解不同荷载情况下建筑物的应力、应变和变形等力学问题。传统的教学方法往往依赖于手工计算和手绘图纸,这不仅费时费力,而且容易出现错误。同时,学生也很难通过传统教学方法理解建筑结构的复杂性和多样性。因此,需要在建筑结构课程的教学中引入信息技术手段,并积极探索利用信息技术提高建筑结构课程教学效果的方法。

(三)教学方法单一

传统的建筑结构课程教学通常采用课堂授课的形式,容易导致学生被动接受知识。例如,钢结构的实际应用场景非常多样化,而教学中通过计算结构的受弯或轴向受力情况来确定钢材截面形式和尺寸,缺乏对结构的构造形式、施工方法和材料选用等方面的探讨,导致学生无法准确理解钢结构的实际应用场景。因此,需要采用多元化教学方法,以适应"新工科"背景下的建筑学专业教学。

(四)缺少跨学科教学

建筑结构课程涉及许多其他学科和领域,例如土力学、材料力学、人工智能和环境学等。目前建筑结构课程仍然是以建筑学科为主导,缺乏与其他学科的交流和合作。在实际工作中,建筑师需要与土木工程师、机械工程师等多个学科的专业人才进行协作和合作,需要具备跨学科的能力和综合素质。因此,需要引入跨学科的教学模式,帮助学生全面理解建筑结构在实际应用中的复杂性和多样性。

(五)教材时效性不足

建筑结构是一个不断发展的领域,新材料、新结构不断涌现。但是,有些教材的内容更新不及时,难以跟上建筑结构领域的发展趋势,导致学生缺乏对新兴技术的了解和掌握。此外,建筑结构设计需要考虑多方面的因素,如建筑的使用目的、环境、质量和安全等方面。因此,需要定期更新建筑结构教材内容和引入前沿技术,确保学生了解最新的结构设计方法。

三、建筑结构课程教学方法的改革探索

为了适应"新工科"背景下的教育需求和未来建筑行业的发展趋势，建筑结构课程的教学方法需要进行改革，可以从以下几个方面进行改革探索：

（一）加强实践教学

建筑结构课程需要加强实践教学，将理论知识与实践应用相结合，可以采用以下教学方法：

1. 案例教学

通过对实际工程案例进行深入的分析和讲解，包括设计原理、结构形式、材料选用、施工技术等方面的内容，让学生从理论到实践的转化更加自然和有效。例如，选择厦门大学建筑系学生熟知的科艺中心工程项目，在考虑建筑的地理位置、气候条件和地震安全等因素下，讲解如何使用现代的建筑材料与技术以确保建筑的稳定性和安全性。

2. 实验教学

建立建筑结构实验室，让学生在实验中掌握建筑结构设计和分析的基本方法和技能。例如，学生根据教材上的理论知识，可以在厦门大学结构工程实验室制作出不同类型的混凝土梁模型，然后在实验设备上进行梁的受弯试验。将实验数据与教材上的理论知识进行对比，让学生了解理论知识在实际试验中的应用和限制，并找出理论与实验之间的差异。

3. 实习教学

打造建筑结构研习基地，让学生进行建筑项目实地调查，了解项目的基本情况，包括建筑结构类型、材料使用、结构系统和施工工艺等。在实习期间，学生可以近距离观察剪力墙结构的施工过程、材料和构造细节，并与现场工程师交流，探讨其在实际项目中的优缺点，以及在实际设计和施工中需要注意的问题，帮助学生理解剪力墙在建筑结构中如何有效承受地震和风荷载的作用。

4. 竞赛指导

鼓励学生积极参与结构设计大赛，教师担任指导老师，提供必要的技术和理论支持来帮助学生解决难题、完善设计方案。例如，建筑系学生可以参加厦门大学结构设计大赛（见图1），在实践中提高自己的设计和团队合作能力，还可以拓宽自己视野和结构设计思路，了解国内外同行的设计水平和技巧。

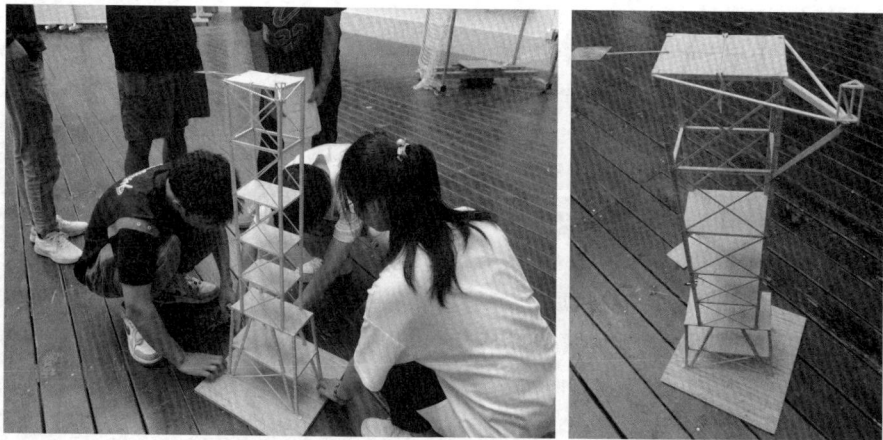

图 1　厦门大学第十七届结构设计大赛

(二)运用信息技术手段

在"新工科"背景下,建筑结构课程需要借助现代信息技术手段来提高教学质量和效果。厦门大学建筑与土木工程学院是国内较早引进建筑信息模型(BIM)教学课程的建筑院校,多年来积累了丰富的教学经验,在虚拟仿真实验体系建设上进行了改革与探索,形成了有特色的数字化教学实验思路:

1. 三维建模技术

通过三维建模软件,例如建筑信息模型 BIM、SketchUp、Revit、AutoCAD 等软件,实现建筑的三维建模、工程图纸绘制和材料选择等操作。学生可以将课堂上所学的建筑结构知识转化为三维建模的实践操作,更好地理解建筑结构的结构特点、材料选择和施工过程等。

2. 结构分析技术

利用结构分析软件,包括 ANSYS、SAP 2000、ETABS 等,模拟和分析建筑结构的力学特性,让学生在数值仿真环境中对结构的强度、刚度、稳定性等进行计算和评估。学生可以模拟混凝土框架结构在地震、风荷载下的响应,评估框架结构的性能,进行合理的结构设计和加固措施,提高结构的安全性。

3. 三维打印技术

将建筑结构模型打印成为三维实体模型,帮助学生更好地理解结构的空间特征和构造原理。例如,学生可以将空间网架结构的复杂形态直接打印出来,并通过添加支撑材料来保证结构的稳定性和完整性。此外,学生可以将不同材料的网架结构模型打印出来进行比较和分析,了解不同材料的特点和应用范围。

4. 虚拟现实技术

将建筑结构模型通过 VR 眼镜等设备呈现出来,让学生在虚拟环境中进行结构设计和模拟,提高实践能力和设计水平。学生可以将超高层建筑模型设置在不同的场景,如强风、地震、火灾等极端环境下,通过观察建筑的受力特点和稳定性,能够更好地进行结构设计,提高建筑的安全性和稳定性。

(三)采用多元化教学方法

为了满足学生不同的学习需求和提高教学效果,建筑结构课程应该采用多元化的教学方法:

1. 在多媒体演示方面

利用数字化技术和软件工具(如 ANSYS、ABAQUS),制作动态的结构分析图、计算模拟图和三维建模图等,直观地展示建筑结构的受力特点和变形形态,加深学生的理解和记忆。

2. 在讲解方面

采用启发式教学方法,引导学生提问和讨论。例如,提出一些典型案例,如"鸟巢"、台湾 101 大楼等超高层建筑,学生分析其结构设计以及施工过程中所面临的问题和挑战,深入地了解实际工程中的结构设计和施工过程。

3. 在实践方面

组织学生参观当地特色建筑,分析当地传统建筑的结构形式、材料运用和构造技术。例如,将厦门地区的古建筑遗产保护问题纳入课程的教学内容,让学生了解古建筑的结构构造、修复和保护技术。探讨海洋环境对古建筑的影响,例如防潮、抗风、抗震等问题,并探索海洋工程技术在建筑结构中的应用。

4. 在课程设计方面

引入项目驱动的方式,设计一座高层建筑的结构方案(如厦门世贸双子塔),考虑建筑的高度、地形、风荷载、地震荷载等多种因素,要求学生分析不同结构方案的可行性和优缺点,让学生更好地将理论知识应用到实际工程中。

(四)开展跨学科教学

跨学科教学能够拓展学生的知识面,加深对建筑结构的理解和认识。可以考虑以下方法:

1. 引入土力学和地基基础内容

让学生在设计中考虑地基基础的作用和重要性,确保建筑的安全性和稳定性。学生通过学习地质勘探、土壤力学、地基基础设计和施工等方面的知识,了解地基基础与建筑结构的相互作用关系,避免在实际设计中出现地基基础不足或者过度的问题,提高建筑设计方案的经济性和安全性。

2. 引入材料力学知识

让学生在设计中充分考虑材料的性能和应用特点,选择合适的材料和结构形式,确保建筑结构的安全、耐久和经济性。例如,将厦门地区独特的建筑风格和特点融入建筑结构课程中,探讨厦门地区常用的建筑材料,如花岗岩、红砖、石灰石等,以及它们在厦门传统建筑结构形式中的应用。让学生了解这些材料的特性、加工工艺和结构性能。

3. 引入环境学和可持续发展理念

让学生深入了解建筑结构对环境的影响,在建筑设计中考虑可持续性和环保性。例如,强调厦门大学对生态环境保护和可持续发展的重视,引入节能建筑设计和绿色建筑设计的相关概念和技术,让学生深入了解建筑环保和可持续发展的理念,提高学生的环保意识和可持续发展意识。

4. 引入人工智能知识

让学生掌握机器学习和数据分析技术,对结构进行优化和自动化设计。例如,采用人工智能预测建筑物在地震或其他自然灾害下的受力情况,进行抗震、加固设计,提高建筑物的安全性和韧性。此外,可以利用人工智能对结构形态进行优化,提高结构设计的效率和可持续性。

(五)提高教材的时效性

建筑结构教材的时效性不足是教学中经常面临的问题。一个有效方法是关注建筑领域(如厦门大学)的创新研究和工程实践,将相关成果和经验融入建筑结构课程。可以考虑加入以下内容:

1. 基于性能的建筑结构设计方法

传统的建筑结构设计方法主要考虑结构的强度和刚度,而基于性能的设计方法则更注重结构的使用性能、耐久性能和抗震韧性,成为未来建筑结构设计的发展方向之一。因此,可以在教材中介绍基于性能的设计方法的原理和应用案例,让学生了解如何通过结构设计来提高建筑的使用性能和可持续性。

2. 基于数字化技术的建筑结构设计方法

借助计算机和数字技术的优势来实现建筑结构设计的优化和智能化,例如基于 BIM 的结构设计、有限元分析等,可以大大提高结构的设计效率和精度,并有效减少设计过程中的误差和风险,让学生能够更加高效地进行建筑结构设计和分析,作出更加准确和可靠的设计决策。

3. 基于人工智能的建筑结构设计方法

在教材中介绍人工智能在建筑结构设计中的应用,如利用机器学习对结构进行自动优化、根据建筑使用场景进行结构设计、利用深度学习进行结构的故障诊断等,让学生了解现代技术在建筑行业中的应用,并掌握人工智能技术在建筑结构设计中的实践能力,以适应未来建筑设计的需求和趋势。

4. 基于绿色建筑设计方法

在教材中介绍绿色建筑结构设计的原理和应用案例,如使用木材、竹子、麻绳等天然材料,而不是钢筋水泥等非可再生材料,让学生了解如何通过结构设计来实现建筑的环保和可持续发展。此外,还可以通过优化结构设计来减少建筑材料的使用量,例如使用薄壁混凝土结构、采用更加高效的结构系统等,来降低建筑材料的消耗和减少建筑的重量。

四、建筑结构课程教学的挑战与未来展望

建筑结构课程教学方法的改革是建筑学专业教育改革的一部分,也是适应"新工科"背景下的教育需求和未来建筑行业的发展趋势的必然选择。通过实践,新的教学方法已经逐步得到了验证和应用,取得了一定的成果。然而,还存在一些问题和挑战:

(一)教学资源不足

由于建筑结构课程所需要的计算机、软件、实验室等教学资源较为昂贵,且需要大量的人力维护和管理,一些学校可能难以提供足够的教学资源,影响了学生的学习效果。

(二)教师专业素养不足

建筑结构课程的内容涉及多个学科,需要教师具备扎实的理论知识和丰富的实践经验。但是,一些教师可能缺乏相关的教学经验和工程实践经验,难以深入挖掘建筑结构课程内容,导致教学效果不佳。

(三)学生的自主学习能力不足

建筑结构课程是一个相对较为复杂的学科,涉及包括力学、材料力学、结构力学、工程地质学等多个领域的知识。如果学生缺乏自主学习的意愿或方法,就难以有效地掌握课程内容,无法达到学习的目标。

展望未来,建筑结构课程教学方法将继续进行改革和创新,以适应"新工科"背景下建筑行业的发展趋势和社会需求。建筑学教师需要进一步探索教学方法,不断提高教学质量和效果,培养更多具有创新精神和实践能力的建筑专业人才。此外,建筑行业的可持续发展和绿色建筑的兴起也给建筑结构课程教学方法改革带来了新的挑战和机遇。建筑学教师需要注重教学内容的可持续性和环保性,引导学生将可持续发展理念融入建筑结构设计和施工中。

五、结束语

建筑结构课程教学方法改革是一个长期的过程,需要不断地进行探索和实践,适应新时代的发展要求。在"新工科"背景下,建筑学专业教育需要更加注重学生的综合素质和实践能力的培养,以适应建筑行业的快速发展和社会需求的变化。作为建筑学专业的重要基础课程之一,建筑结构课程对于学生的综合素质和专业能力的培养具有重要意义。本文旨在通过探讨面向"新工科"背景下的建筑结构课程教学方法改革,以厦门大学建筑系建筑结构课程为例,提出可行的教学方法和策略,包括加强实践教学、运用信息技术手段、采用多元化教学方法、开展跨学科教学以及提高教材的时效性等,以期为建筑学专业建筑结构课程教学改革提供参考。

通识写作课的"读写一致"教学模式及其应用

——以厦门大学"分析性写作"课程为例

向立群　吉美瑶　郑伟平[*]

摘要：长久以来，高校通识写作课面临着课程定位不清晰、授课方式较陈旧、评价机制较单一的困境。本文尝试引入以"元认知"概念为核心的"读写一致"理念，探讨如何更新通识写作课的课程定位、教学方法和评价体系，并将该教学模式应用于厦门大学开设的"分析性写作"通识课程中，总结其实践方式及成效。

关键词：元认知；读写一致；通识写作课；分析性写作

一、通识写作教学的困境

高校通识写作课负有两层意蕴：一为"通识"，二为"写作"。"通识"关注学生的心智特质与品性，旨在扩展视野、健全人格[①]；"写作"关注语言的实际运用，意在提升学生的文字表达及运用能力。在"双一流"建设与"新文科"高等教育改革的背景下，高校课程"通专融合""跨界融合"的需求，对通识写作课的教学提出了更高要求。[②]

当前通识写作课面临的困境可总结为三方面：其一，课程定位不清晰，高校长期以来的专业教育模式使通识教育被难以避免地弱化、虚化、泛化，甚至与专业教育形成近乎对立的关系。人文社科专业通常涵盖学术写作必修环节，学生没有修习通识写作课的必要；理工科专业侧重于对实验数据的归纳、分析，学生在低年级集中修习通识课时，较难认同写作课的必要性。课程定位模糊，导致学生对课程不够重视，主动获取知识的意愿较低。其二，授课方式较陈旧，通识写作课多以教师为主体，学生为"听众"，教师从优秀案例中总结出写作模式，灌输给学生，接受课程知识的效果不佳。其三，评价机制较单一，多数通识写作课的评级机制仅包含平时考勤和结课论文，存在"一锤定音"、缺乏反馈的弊端，难以检验学生吸收知识的程度。

面对通识写作课的困境，任课教师需要着重思考如何更新课程定位目标、教学方法、评

---

* 向立群，黑龙江哈尔滨人，厦门大学建筑与土木工程学院助理教授，主要研究方向为城市无障碍环境及设施建设。吉美瑶，重庆合川人，厦门大学哲学系硕士研究生，主要研究方向为知识论。郑伟平，福建诏安人，厦门大学哲学系教授，主要研究方向为知识论、分析哲学。

① 谭宗颖、王颖、陶斯宇：《中美代表性高校通识教育比较研究及启示》，《科学与社会》2020 年第 10 期。
② 李均、吴秋怡：《通专融合是高校立德树人的重要路径》，《中国高等教育》2021 年第 7 期。白逸仙、耿孟茹：《跨界融合："双一流"建设高校教改新方向——基于 40 所高水平工科行业特色型高校的实证分析》，《湖南师范大学教育科学学报》2020 年第 19 期。

价体系,破解通识写作教学面临的困境。相关研究在破解教学困境方面做出的尝试包括:(1)从教育的功能出发,锻炼学生的信息提取能力,培养学生分析和应用知识的能力[①]。(2)以"沟通"作为题眼,帮助学生在课程中感受生活、拓宽视野,提升思维能力。[②] (3)以信息的甄别、获取、评估作为教学切入点,将通识写作课与批判性思维的培养、学术道德的强化相结合,实现信息素养与写作能力的融合。[③] (4)采用教师与学生面批讨论、学生组内互评等形成性评价方式,尝试提升通识写作课的教学质量。[④]

上述尝试虽然取得了一定成果,但高校通识写作课因开设年限、管理方式、教学团队构成等因素的限制,在教学模式构建和教学方法探讨方面,仍然存在局限。因此,本文尝试引入以"元认知"概念为核心的"读写一致"理念,探讨如何将通识写作课的课程定位、教学方法和评价体系更新融为一体,为提升通识写作课的教学质量作出有效铺垫。

二、以"元认知"概念为核心的"读写一致"理念引入

"元认知"(metacognition)由美国发展心理学家约翰·弗拉维尔(James Flavell)于 20 世纪 70 年代提出,指个人关于自己认知过程、结果,或者其他相关知识的认知。[⑤] "元认知写作"指对写作知识的认知、反思,以及评价。以"元认知"为核心的"读写一致"(integration of reading and writing)理念引入,指在通识写作课的教学设计中,引导学生从某一主题出发阅读文本,并同步进行写作训练的教学方式。[⑥] 这种教学方式要求学生在阅读的同时,分析文本材料的用词习惯、段落组织,以及逻辑论证,要求学生在教师的引导下,系统性地梳理、重组文本,从"元认知写作"层面训练学生的写作能力。学生可将通识写作课中习得的文本梳理、分析能力运用于专业文献阅读中,在知识迁移过程中提升科研能力,从而化解通识课与专业课之间的矛盾。

(一)"读写一致"理念的起源及发展

西方传统语言教育界曾提出,阅读和写作是相互独立的两种语言能力,学生的写作能力并不依赖于早期形成的阅读能力。[⑦] 随着各学派对语言结构和内容研究的逐渐深入,国

---

① 曹柳星:《基于教育目标分类学提升学生思维水平的通识写作课开课理念与路径——以清华大学"工程师"主题写作课为例》,《中国大学教学》2022 年第 7 期。

② 苏婧:《作为沟通的写作——通识语境下大学写作课的建设与思考》,《中国高教研究》2022 年第 7 期。

③ 杨莉、张依兮:《信息素养教育与新生写作课整合式教学研究——以南方科技大学"写作与交流"课为例》,《图书馆杂志》2022 年第 41 期。

④ 贺曦鸣:《通识写作课教学中的形成性评价路径探索》,《东南大学学报(哲学社会科学版)》2022 年第 24 期。

⑤ J. H. Flavell. Metacognition and Cognitive Monitoring: A New Area of Cognitive-Developmental Inquiry, *American Psychologist*, 1979, Vol.34, No.10, p.906. S. Moritz, P. H. Lysaker. Metacognition-What did James H. Flavell Really Say and the Implications for the Conceptualization and Design of Metacognitive Interventions, *Schizophrenia Research*, 2018, Vol.201, pp.20-26.

⑥ M. A. Nazaralieva. Integration of Reading and Writing in Teaching English, *Central Asian Journal of Theoretical and Applied Science*, 2021, Vol.2, No.12, pp.147-151.

⑦ 戴健林、朱晓斌:《写作心理学》,广东高等教育出版社 2003 年版。

内外学者逐渐认识到，在构建阅读或写作的语言内容时，阅读者和写作者具有高度相似的认知机制。[①] 因此，通识写作课不应停留在单纯的写作技能培养上，还应注重阅读与写作的"综合"与"分立"，训练学生在阅读、分析文本的基础上，进行符合学术规范的写作训练。[②]

从认知角度出发，"读写一致"应当以发展学生的认知过程为原则，训练学生的信息读写能力，使学生深入文章的内部建构过程，关注作者与读者的关系互换、写作过程与结果的交替，促进读写能力的多元转化[③]。将建构主义视角与"读写一致"理念相结合，形成真实问题情景教学模式，能够使学生深入文学机理，认识到经验、创作题材、阅读文本在写作过程中的重要性[④]。

在"通专融合""跨界融合"高校课程改革背景下，"读写一致"对于通识写作课的改革影响深远——高校写作课是理论与实践的综合，需要将经典阅读与主题写作有机结合[⑤]；阅读、写作、反馈、修改是写作课的核心，文本不仅是输入信息的通道，也是训练学生思维的素材，通识写作课应以"元认知"概念为核心，培养学生的知识应用思维，帮助学生从理解型写作逐步转向创造型写作[⑥]。

（二）以"分析"为支点的"读写一致"

"读写一致"不仅强调技法，更强调激发学生的内在动力，鼓励学生成为写作的"意义建构者"，打破知识的浅表化与片面化，摆脱传统教学思维静态割裂、单一传输的问题，强调动态统一、双向协作的联动关系。

尽管"读写一致"理念能够有效提升学生的写作能力，但该理念在通识写作课的实践还相对较少。为将"读写一致"融入课堂教学环节，激发学生的主动性，使学生真正成为课堂的参与者，厦门大学"分析性写作"课程组尝试构建了以"分析"支点的"读写一致"："元认知"教学，让学生明确"读什么""写什么"，以及"如何读""如何写"；本课程通过设置主题式写作任务，引导学生分析和输出信息，训练学生的读写能力与批判性思维。

以"分析"为支点的"读写一致"课堂构建方式能够扩充学生的知识积累，提升学生的写作深度。在给定主题下，教师将精选文本推荐给学生，实现信息输入，拓宽学生的视野；学生完成针对性阅读后，通过写作进行知识的深加工，达成信息内化与输出，形成新观点，获得解决问题的新方案。教师与学生的面批讨论，以及学生在课堂的即时练习与反馈方式，共同构建了课程的形成性评价机制，有助于学生自主调整写作目标及计划。

① 谢薇娜：《谈阅读与写作的交融性》，《外语教学》1994 年第 4 期。

② 庄清华：《"大学语文"或可向"学科写作"转型——以美国康奈尔大学的 FWS 为借鉴范例》，《福建师范大学学报（哲学社会科学版）》2014 年第 5 期。牟金江：《国内外英语读写技能综合教学与研究述评》，《课程·教材·教法》2010 年第 30 期。

③ 张德禄、张时倩：《论设计学习——多元读写能力培养模式探索》，《解放军外国语学院学报》2014 年第 37 期。李金云、李胜利：《深度学习视域的"读写结合"：学理阐释与教学核心》，《课程·教材·教法》2020 年第 40 期。

④ 张航：《建构主义视野的读写结合教学模式研究》，《教育评论》2017 年第 11 期。

⑤ 贾延飞：《高校写作课的理论教学与实践教学优化整合》，《教育与职业》2016 年第 4 期。

⑥ 曹柳星：《基于教育目标分类学提升学生思维水平的通识写作课开课理念与路径——以清华大学"工程师"主题写作课为例》，《中国大学教学》2022 年第 7 期。程祥钰：《阅读文本如何深度参与通识写作教学》，https://www.tsinghua.edu.cn/info/1662/99643.htm，访问日期：2023 年 3 月 15 日。

三、"读写一致"教学法的实践

(一)厦门大学"分析性写作"开课背景及学情分析

在"通专融合"的背景下,本着提升学生写作与沟通能力的初衷,厦门大学美育与通识教育中心于 2022—2023 学年秋季学期首次组织开设"分析性写作"通识选修课,作为第一批校级美育与通识教育一流课程,充分发挥了厦门大学通识写作课改革试金石的作用。

试点期间,课程组采用小班制教学,选课上限为 10 人。秋季学期试点结束后,厦门大学写作教学中心(挂靠美育与通识教育中心)、厦门大学写作教学中心课程建设工作组正式成立,将写作课明确为 2 学分、32 学时的选择性美育与通识必修课,选课上限提升至 20 人,与"大学语文"并行开设。自 2022 级本科生起,学生可在写作课和"大学语文"中任选一门,修读写作课的学分可以作为"大学语文"的替代学分。

笔者已完成"分析性写作"课程的两轮教学,2022—2023 学年秋季学期首次开课时,笔者负责的教学班共 9 名学生选课,皆为理工科学生,年级包含大二、大三、大四,另有 2 名人文学院硕士研究生根据自身需求,在教学进度过半时选择随堂听课。2022—2023 春季学期第二次开课时,共 22 名学生选课,人文学科和经济学科学生数量明显增多,年级以大一本科生为主(见表 1)。

表 1　选课学生情况

开课学期	专业类别	年级/人数	总人数
2022—2023 学年秋	生物科学类	大二/2 人	9
		大四/1 人	
	软件工程类	大二/1 人	
	环境科学类	大三/1 人	
	飞行器设计与工程类	大三/1 人	
	飞行器动力工程	大四/1 人	
	人工智能	大二/1 人	
		大四/1 人	
2022—2023 学年春	物理化学类	大二/2 人	22
		大三/1 人	
	人文科学试验班	大一/3 人	
	外语类	大一/6 人	
	建筑类	大一/3 人	
	工商管理类	大一/1 人	
	经济学类	大一/6 人	

两学期的首次课上,笔者均采用线上匿名问卷调查了学生对通识写作课的认知情况。调查结果显示,超过 80% 的学生认为自己不了解大学写作的要求,包括语言风格、篇幅长短、评价标准等;在"你认为什么样的写作是好的"这一问题上,超过 70% 的学生关注写作

的具体表现形式,包括语言表达是否清晰准确、专业性是否足够等;50%左右的学生关注行文结构、问题意识、创新性;仅有不足15%的学生提及"写作"与"沟通"之间的关联。在"你认为自己的哪些方面写作能力还需要提升"(见图 1)以及"你希望在本课程中具体学习到什么"(见图 2)两个问题中,学生的需求集中在"逻辑""分析""论证"方面,希望通过课程锻炼自己的分析能力,进而提高综合写作水平。

图 1　学生认为自己哪些方面的写作能力还需要提升(左为首次开课,右为第二轮开课)

图 2　学生希望在课程中学到什么(左为首轮开课,右为第二轮开课)

(二)以"分析"为支点的"读写一致"教学模式构建

为构造便于学生理解写作知识的元认知教学模式。课程组以"分析"为支点建立的"读写一致"教学模式通过主题式任务、文本阅读、写作实施,形成写作训练的完整循环(见图 3)。

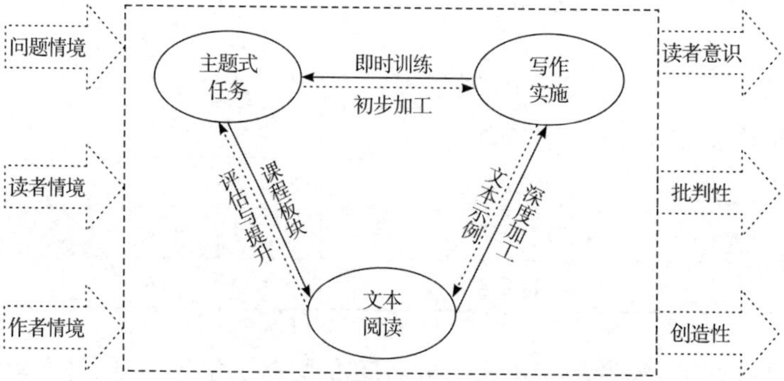

图 3　以"分析"为支点建立的"读写一致"教学模式

教师以"苏格拉底问答法"营造问题情境,形式引导学生检索、筛选信息,帮助学生完成知识内化;围绕课堂主题讲解写作技巧,引导学生阅读与写作任务相关的文本(见表2),提示学生以读者视角审视相关文本,在对比中思考如何完成自己的写作任务,转换读者和作者情境。

表 2　教学环节中的"读写一致"要素

教学环节	读	写
课堂讲授(部分)	名词解释案例(利维坦、爱因斯坦、后现代主义等)	解释一个没有出现于百度百科的前沿名词
	段落写作案例(主题句、支撑句、结论句的写法等)	1. 用四个具有一定联系的句子描绘你所听到的声音,最后添加一个主题句,使其成为一个完整的描述性段落 2. 以教师给定的句子为主题句或结论句,写作一个包含五个以上句子的段落
	1. 构成论证的要素(论点、论据、理由) 2. 案例解析:如何看待高考英语改革 3. 图尔敏模型的运用:论证哈里是英国人、论证张某是谋杀者	1. 论证自己应该在本课程中获得高分 2. 在教师给定的正反双方理由中选定一方,为自己选择的一方理由添加对应论据
主题式写作	主题相关参考文献 教师在面批前给出主题写作初稿评价表	3000 字主题写作 对教师意见产生的疑问、结合教师意见完成的修改稿(若有)

学生结合自身的知识背景和兴趣爱好,在教师的引导下对所选主题发问;阅读教师提供的示范材料,从读者视角审视文本的内容架构模式,思考用词的精准性、句子衔接的适当性、段落起承转合的流畅性,尝试初步分析问题,进行文字初加工;初步写作完成后,利用所学的论证建构、段落写作等知识,结合所阅读的材料,充分输出个人观点,在此过程中,完成批判性思维的培养、创造性写作能力的锻炼。

课程组将教学内容分为总论篇、答题篇、论证篇、研究篇四个模块(见表3),包含五次随堂练习;在为学生搭建清晰知识框架的同时,课程组引入了多元教学手段——针对总论和论证篇章,分别设置了文字写生、课堂辩论赛两个实践环节,意在强化学生对读者意识的理解,潜移默化地提升其批判性思维能力。

表 3 "分析性写作"的教学模块

教学篇章	教学内容	相关任务
总论篇	1. 思想的启蒙和独立（课程简介）	随堂练习1：为一篇高考作文评分
	2. 分析性写作的哲学与逻辑基础	
	实践课：文字写生	实地参观博物馆，现场完成写作，交流心得
答题篇	1. 概念与句子	随堂练习2：名词解释＋系词"是"的练习
	2. 段落的写作	随堂练习3：根据要求完成两个段落的组织
	3. 答题的"道"与"术"	
	4. 文献的获取与处理	
论证篇	1. 论证要素分析	随堂练习4：完成"我应该得高分"的论证＋为某些理由添加证据
	2. 如何建构一个论证	随堂练习5：根据给定结论和证据，完成演绎论证
	3. 以论证为中心的主题写作	
	4. 辩论与论述	
	实践课：课程辩论赛	教师给定辩题，学生抽签
研究篇	1. 研究要素论	
	2. 如何写作"大创"项目书	
	3. 如何写作毕业论文	

（三）"读写一致"教学模式的成效

在"分析性写作"两轮教学中，笔者与学生每节课至少互动 3 次，每次 2～3 位学生，每节课涵盖 6～8 位学生。学生由最初的不爱表达、不善分享，逐渐向主动表达、乐于分享转变。文字写生环节的引入，使学生能够跳出教室的局限，按照自己的意愿和兴趣写作，并在与其他同学交流的过程中，开启思考问题的多元视角。课程辩论赛环节的设置，使平时相对内向的学生也拥有了表达自我、团队协作的机会，在快速的"你来我往""唇枪舌剑"中，更深入地理解论证的内涵。教师对于每次随堂练习给予的反馈，以及对主题写作初稿进行的面批，都能够让学生逐渐意识到写作不是散漫和随意的思想表达，而是基于读者意识和批判性思考的精心组织与输出。

不同于高考作文对于主题、结构、文采的要求，大学写作更加注重表达的"言之有理""言之有物"；经过一学期的训练，学生的逻辑思维和论证能力显著增强，能够有意识地检索文献、寻找数据和案例，为自己的论点寻找相对应的理由、证据；同时，能够换位思考，根据潜在读者调整写作风格和预期，减少读者的"生词量"；在语言的规范性及简明性方面，也能够做到有意识反思句子结构,避免冗长,文字组织能力显著提升。

四、结语

"元认知"概念具有广泛适用性和实践指导性,近年来正逐步向深层次、多群体、多样化发展,因而被普遍应用于语言学及二语习得研究中,并引起语言学界和教育学界的高度重视。厦门大学分析性写作课程组以"分析"为支点,关注"元认知写作",并基于"读写一致"理念构建的课堂教学模式,在两轮开课中均取得了良好成效,能够提升学生的论证能力,培养其读者意识,锻炼其批判性思维,为通识写作课的改革提供了新的思路。

当今时代,人们接触信息的渠道越来越多元、接收到的内容却越来越"碎片",自媒体的"横行",使内容生产者注重用更博眼球的标题吸引用户的注意力,用更短时间来激发用户继续了解的欲望。在"通专结合""跨界融合"背景下开设的"分析性写作"希望向学生传达的是,"碎片化"时代的好文章,不该只有博眼球的标题、紧跟热点的选题、华丽流畅的辞藻,更应当能够向读者传达作者见微知著的深入思考,让读者愿意花时间,随着作者的文字展开一场思维的碰撞。未来的教学过程中,课程组将继续在"读写一致"理念的引导下,创新教学模式,不断拓展从"元认知写作"层面训练学生能力的方式,使通识写作课在培养学生写作与沟通能力的同时,展现出新的活力。

基于工程教育认证的土力学实验教学改革与探索

康开贵　陈东霞[*]

摘要：工程教育认证的核心理念是"以学生为中心""以产出为导向""持续改进"。土力学是土木工程专业重要的基础课，而土力学实验是课程教学中必不可少的环节，本文分析了厦门大学土力学实验教学存在的教学内容、方式、考核方法等方面问题，以工程教育认证为目标，通过完善教学内容、建立多元教学模式、融入思政元素、健全考核方式等加以改革、探索，力求提升学生的综合能力，达到工程教育认证的目标。

关键词：工程教育认证；土力学实验；电阻率实验；CAE仿真

工程教育认证是国际通行的工程教育质量保证制度，旨在推动完善中国工程教育的质量保障体系，逐步推进工程教育的改革，努力提高工程教育的质量，加大教育界与企业界的相互联系，提升工程教育的人才培养在产业发展上的适应性，进一步促进国际相互认可[①]。

2016年我国加入《华盛顿协议》成为正式成员，隔年土木工程专业评估就被纳入全国工程教育认证的整体框架，自此工程教育认证秉持"以学生为中心""以产出为导向""持续改进"的核心理念，开始按照国际标准展开评估（认证）[②]。中国工程教育专业认证协会于2022年发布了《工程教育认证通用标准解读及使用指南》（2022版），该指南再次明确了以学生产出目标为主线、以产出目标评价机制为底线的认证要求。指南要求专业人才培养应解决复杂工程问题，确保本科层次工程人才培养达到以工程师为目标的要求，满足《华盛顿协议》实质等效要求[③]。

根据工程教育认证对学生的毕业要求，厦门大学土木工程专业制定了符合学校办学特色的六点毕业要求，主要包括工程知识、专业技能、研究能力、社会法律、职业规范、团队精神，该毕业要求涵盖了认证通用标准中的12点毕业要求指标。土力学是土木工程专业非常重要的一门专业基础课，是学生从事土木类工作及科学研究的重要基础，根据毕业要求对课程进行了凝练，主要涵盖了其中4个指标点：（1）掌握土木工程专业基础知识；（2）能够应用数学、自然科学及工程科学知识，理解土木工程领域工程问题的科学表述；（3）能够通过查阅文献资料，分析研究复杂土木工程问题的机理，构建合理的数学、力学模型；（4）能够

---

　　[*]　康开贵，福建永春人，厦门大学建筑与土木工程学院工程师，主要研究方向为岩土工程。

　　[①]　吴琛、邓毓旺：《从评估到认证是土木工程专业发展的必由之路》，《高等理科教育》2017年第3期。

　　[②]　肖桃李、杜国锋、赵航等：《基于工程教育认证的土木工程专业课程体系的改革与实践》，《高教学刊》2018年第20期。

　　[③]　中国工程教育专业认证协会：《工程教育认证通用标准解读及使用指南（2022版）》，中国工程教育专业认证协会2022年，第1页。

通过对各类信息及试验数据的整理、分析与解释获得合理有效的结论。其中,第(3)(4)项都涉及实验能力的培养要求,可见土力学实验是土力学课程教学不可或缺的一部分。[①]

目前,土力学实验教学上仍存在一些普遍性的问题,对学生分析、解决各种复杂工程问题的能力缺乏培养,为了更好地满足工程教育认证要求,笔者以问题为突破口,逐一提出解决方案,并围绕培养解决复杂工程问题能力、符合毕业要求指标的中心,增加多元素教学方法,对厦门大学土力学实验教学进行改革与探索。

一、土力学实验教学存在的问题

(一)实验教学内容简单陈旧

厦门大学土力学课程总学时数为48学时,其中实验教学占9学时,开设的实验项目包括:密度、含水量、液塑限联合测定、直接剪切、固结、三轴演示等实验。因为学时有限,往往只能选择操作容易、实验时间短的试验方法,比如含水量实验选择了烘干法,密度实验选择了环刀法,直接剪切实验只选择砂土快剪实验,更有甚者不能满足实验标准的基本要求,如黏性土的固结实验要求每级荷载观测时间由标准的24小时改为9分钟。

此外,实验前的准备工作均由实验教师提前完成,学生缺乏对扰动土样的直观认识,与实际工程脱节,不利于学生实验能力的培养与提高。

(二)实验教学方式单一枯燥

厦门大学土力学实验教学采用传统的教学模式,即要求学生做好课前预习,教师采用板书讲解并进行操作演示,学生分组后开始实验,课后以小组为单位处理数据并共同撰写实验报告[②]。鉴于此,任课教师无法检验学生的预习效果,学生听讲后对实验过程、仪器操作只是一知半解,碰到操作问题很少主动思考原因,对知识点的应用不清晰。另外,因仪器设备台套数有限,每一小组3~4人,不能保证所有学生都能完整操作,课后数据处理也不能保证都是独立完成。

(三)实验考核评价不合理

原有的土力学实验成绩主要由出勤情况和实验报告两部分组成。出勤情况是硬指标,实验报告是教师对学生实验水平评定的基本依据,是软指标。实验教学成效不仅体现在仪器操作水平,还包括对实验内容知识点的理解,以及分析处理数据的能力,这些成效不能在实验报告中得到体现,也就不能真实反映学生的水平。同时,实验成绩在土力学专业课程成绩的占比非常小,学生重视程度不够。

---

① 吴新烨、王东东、高婧等:《基于多参数分级机制的工程教育专业认证毕业要求达成度评价研究》,《中国软科学研究会2019年中国软科学文集》,2019年。

② 刘亚娟、黄显德:《基于OBE理念的现代通信原理实验教学改革与研究》,《湖南邮电职业技术学院学报》2021年第20期。

二、土力学实验教学改革探索

（一）完善实验教学内容

实验项目可以分为三大类，即验证性实验、综合性实验、设计性实验。验证性实验主要培养学生对土工仪器的操作能力；综合性实验是由几个独立实验项目组成，要求学生在熟悉仪器操作基础上将多个知识点串联起来，开展深入一些的研究；设计性实验是由学生在熟悉了理论知识、仪器操作后，独立设计实验方案，并通过实验得到验证。[①] 可见，综合性、设计性实验要求学生掌握专业基础知识，特别要求学会资料查阅、分析机理、构建模型、数据处理等方面，满足厦门大学土力学教学毕业要求指标点。因此，在现有验证性实验基础上，可增加综合性、设计性实验。

土的电阻率是表征土的导电性的重要参数，电阻率法因其在工程场地上的操作具有连续、快速、无损伤等特点而被广泛应用在岩土工程[②]，《土工试验规程》（YS/T5225—2016）中收录了该实验方法。[③] 土的电阻率实验是将土的基本物理性质实验（主要是含水率、干密度、孔隙率等影响因素的测定）与大学物理的伏安法（电阻的测量）交叉融合的综合性、设计性实验，学生选择不同的含水率、压实度制备直径 39.1 毫米、高度 80 毫米的试样，将试样接入搭建好的测量线路测得土的电阻，最后计算电阻率，将各组实验数据归纳处理可知含水率、压实度与电阻率的关系曲线（见图 1），对该曲线关系要求学生课后查询资料进行分析，从微观的角度进行解释：土的电阻率由 3 条路径组成，分别为土颗粒间、孔隙水间、土水之间。当含水率小时，土的导电能力由土颗粒的接触性决定，当含水率增大，少量水的介入，在土颗粒之间搭建"液桥"，有效接触面积增大，接触电阻随之减小，同时"液桥"增强了电流在土水之间的传导，对孔隙水的连通也起到促进作用，增强了导电性，进而对土体的导电性能加以提升，所以含水率微增就会引起剧烈反应；随着含水率的持续增大，当到达最优含水率附近时，土体内陆续出现弱结合水、自由水，土水之间还是孔隙水之间的连通能力达到最大化，之后水分起到的改善作用变小，因此土的导电性能提高较少，电阻率的衰减也就变缓慢。含水率不变时，压实度越大，土颗粒孔隙连通性差，接触不佳，导致电阻率增大，而后土颗粒间的孔隙越小，两者之间有效接触面积越大，导电能力就越高，同时，因为孔隙的减少，土的三相性中的固相和液相占比更大，孔隙水的连通性增强，使得土的导电能力提高，电阻率减小。[④]

同时建议学生使用 Matlab 软件进行数据拟合，关系曲线如图 2 所示，得到拟合公式（1），相关系数 R^2 为 0.9945，拟合度较高，对比拟合关系式的电阻率与实测电阻率误差，进一步说明该方法可行。

---

① 高磊、龚云皓、宋涵韬：《土力学实验教学中存在的问题与改革建议》，《实验技术与管理》2017 年第 34 期。

② 储亚、刘松玉、蔡国军等：《锌污染土物理与电学特性试验研究》，《岩土力学》2015 年第 36 期。

③ 中国有色金属长沙勘察设计研究院有限公司：《土工试验规程：YS/T5225—2016》，中国计划出版社 2016 年版，第 345 页。

④ 陈议城、黄翔、陈学军等：《含水率及孔隙率对黏性土电阻率影响的试验研究——以桂林红黏土、粉质黏土为例》，《科学技术与工程》2020 年第 20 期。

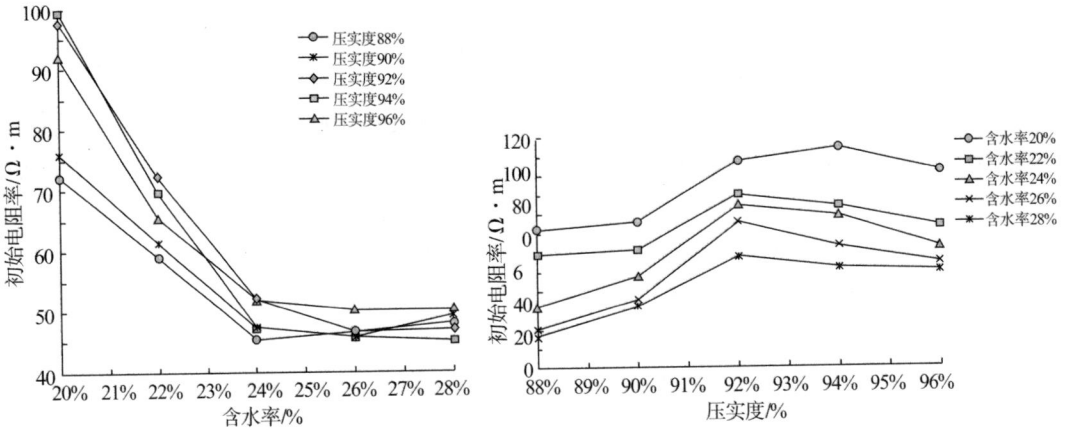

图1　同一含水率及同一压实度下土的电阻率

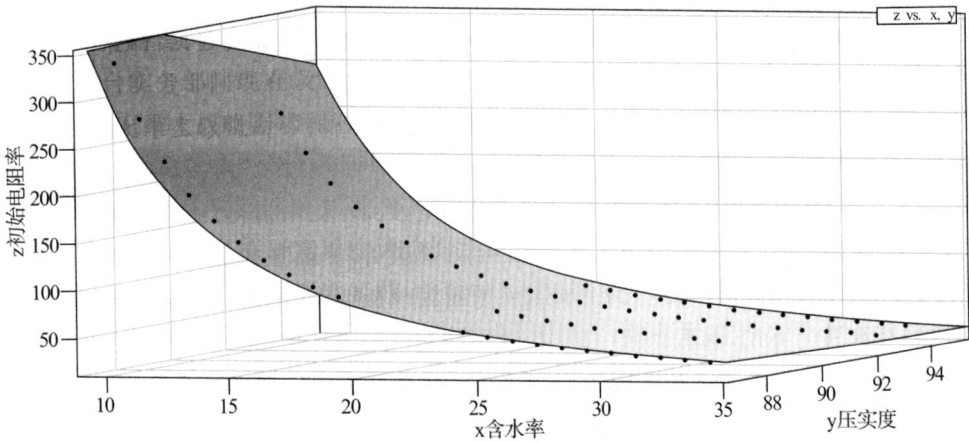

图2　含水率、压实度及土的电阻率拟合

$$\rho = 1.993\mathrm{e} + 10\omega^{-1.843}K^{-3.075} \tag{1}$$

土的电阻率实验主要考查了学生对土力学及大学物理的基础知识掌握程度,锻炼学生查阅文献的能力,培养学生分析数据、写作表达的能力,提升学生分析复杂工程问题的能力,契合土力学教学毕业要求指标。

(二)建立多元化教学模式

土力学实验的主要目的是为解决岩土工程方向的实际工程提供各类技术参数,如土的含水率、密度、液塑限含水率、最大干密度、最优含水率、比重、颗粒级配等物理性质参数,土的压缩系数、压缩模量、渗透系数、内摩擦角、黏聚力等力学性能参数,但是在实际教学过程中,这些参数只是在计算公式中出现,至于怎么应用、何时应用往往不得而知,枯燥、复杂的计算让学生无处下手,渐渐地失去兴趣。计算机辅助工程 CAE(computer aided engineering)指利用计算机对复杂工程、产品的结构力学性能进行分析、求解,对结构的性能及进行优化的近似数值分析的方法①。Simdroid 是北京云道智造科技有限公司开发的一款国产通用的仿真 APP 开发分享平台，用户通过 CAD 建模、网格剖分、边界与载荷施加、物理场求解、结果数据可视化后，可进行仿真 APP 开发，达到改变参数即可自动计算的快速应用。② 厦门大学土力学实验教学积极引入相关仿真 APP 加强教学效果，以"土体边坡稳定性"为例，通过不同坡角和坡高的土体三维模型的创建，计算土体在自重作用下的极限承载力，对容易发生失稳的坡度区域进行分割、局部网格细化，可以见到土体内部面上的剪应力达到其抗剪强度产生滑动的图像变化，通过分析结果判断土体的失稳情况。

通过改变边坡尺寸、土的密度、内摩擦角等参数，可以得到不同工况下的边坡云图、动图，学生可以清楚参数的实际意义，也能增加对前沿科学工具的了解，达到提高学生学习的兴趣，为今后学习、应用 CAE 辅助工具打下一定的基础，满足土力学教学毕业要求指标。

（三）融入思政元素

2020 年 6 月，教育部为落实习近平总书记关于教育的重要论述和全国教育大会精神下发《高等学校课程思政建设指导纲要》，自此拉开高校思政课程建设的大幕，强调"把课程思政建设成效作为'双一流'建设监测与成效评价、学科评估、本科教学评估、一流专业和一流课程建设、专业认证、'双高计划'评价、高校或院系教学绩效考核等的重要内容"。并指出高等教育的根本问题就是明确人才培养的目标、过程、成效，检验的根本标准是立德树人的成效。要做到立德树人就必须融合价值塑造、知识传授和能力培养，在知识传授和能力培养的同时引导学生塑造正确世界观、人生观、价值观，这就需要在常规培养模式基础上加入思政教育体系，因此高校在制定人才培养方案（公共基础课程、专业教育课程、实践类课程）时应构建科学合理的课程思政教学体系，要坚持学生中心、产出导向、持续改进，不断提升学生学习效果。可见，课程思政建设与工程教育认证的中心思想是一致的，因此在厦门大学土力学实验教学中融入思政元素是必不可少的，可以着力培养学生学思结合、知行统一，增强创新精神、解决问题的实践能力，提高学生学习积极性。

（1）授课过程中要求学生按照国家标准和行业规程进行操作，介绍一系列违反标准造成的工程事故，增强了学生遵纪守法的意识；

（2）强调学生实验过程中互相配合，按操作规程使用仪器设备，树立严谨的科学精神和团队协作能力；

（3）要求学生不得抄袭实验数据，随意编撰数据，培养了学生积极探索、求真务实的学习态度，精益求精的工匠精神；

（4）以卡萨格兰德、太沙基、泰勒、库仑、黄文熙等老一辈土力学奠基人、发展人的事迹鼓励学生遇到问题时不随意放弃，要认真分析原因，查阅相关资料，培养学生实事求是的科学态度，分析问题、解决问题的能力；

（5）课上通过图文等方式展示我国诞生的工程"奇迹"，如世界第一高桥——北盘江大

---

① 吕偿、李林、李彦霞：《CAE 技术在材料力学全过程教学中的应用与探索》，《教育观察》2020 年第 9 期。

② 王雪飞、米建龙：《Simdroid 在大型 LNG 储罐外罐系统中的应用》，第 18 届中国 CAE 工程分析技术年会暨第 4 届中国数字仿真论坛，2022 年。

桥,世界最长大桥——杭州湾跨海大桥,世界海拔最高铁路——青藏铁路等,充分展现中国在国际工程领域的领先地位,大大提升学生爱国主义情怀、民族自豪感。

(四)健全实验考核方式

打破土力学实验成绩单一的评价指标,建立多方位评价体系,从预习能力、动手能力、分析能力综合考核厦门大学学生的学习水平。减少出勤指标占比,该指标仍为硬性指标,缺席一次就没有实验成绩;采用课前提问的方式,对学生的预习效果进行考核,在实验操作过程中随机抽查学生的动手情况,进行相应记录;对综合性、设计性实验主要检查学生的计算、分析情况,基础条件为完成各自实验过程,优秀条件为能自主收集所有数据进行综合分析并给出相应结论,对优秀学生可适当予以加分;要求学生可以使用 CAE 仿真 APP 进行实验数据运用,与土力学课程相结合,能够理解该工况的计算方法。本课程通过以上几大类的考核方式,对土力学实验课程成绩进行评定,作为土力学课程的充要条件之一。通过考核条件的改革,努力提升厦门大学学生在实验方面的学习能力、技巧、兴趣。

三、结语

加强国家及行业主管部门对高等学校的土木工程专业教育的宏观指导和管理是工程教育认证的主要目的,通过认证,可以更好地保证、提高土木工程专业教育的质量,更好地贯彻"教育必须为社会主义建设服务"的方针,更好地使我国高等校土木工程专业毕业生匹配满足国家规定的申请参加注册工程师考试的教育标准,更好地创造条件使得我国与其他国家、地区相互承认同类专业的学历。[1]

工程教育认证非常重视本科实验、实践教学,在这个背景下,厦门大学土力学实验作为一门对理论知识、实际操作要求较高的课程,应该抓住机遇,不断完善实验教学内容,建立多元化教学模式,多角度融入思政元素,健全科学合理考核标准,对实验教学内容及过程进行改革,通过不断尝试,总结经验,提高教学效果与水平,努力践行"以学生为中心""以产出为导向""持续改进"的工程教育认证核心理念。

---

[1] 黄素梅、董作超:《土木工程专业评估背景下本科教学管理科学化的探索与实践》,《高教学刊》2019 年第 14 期。

新工科视域下"机械振动"课程教学改革与实践

——以"振动台实验"教学为例

肖望强　蔡志钦*

摘要:"振动台实验"作为机械振动课程的重要组成部分,是机械工程专业教学的延伸实践。面对新工科背景下对学生创新能力和实践能力培养的要求,"振动台实验"教学也需要进一步改革和完善。本文即结合笔者在"振动台实验"教学实践中发现的问题,从课程教学体系、教学内容、方法手段及评价机制等方面提出一些针对性的改革思路和建议。通过对课程的沉浸式设计和实验操作训练,培养学生解决实际问题的知识综合运用能力和创新能力。教学效果表明,该方法能够提高教学质量、巩固课后学习成果,增强了学生解决实际问题的知识综合运用能力和创新能力。

关键词:新工科;人才培养;机械振动;课程设计

新工科视域下的高校工科教育,着重在培养工程实践能力强、具备国际竞争力的高素质复合型人才。以立德树人为引领,以应对变化、塑造未来为建设理念,以继承与创新、交叉与融合、协调与分享为主要途径,培养未来多元化、创新型卓越工程人才为内涵,为我国产业发展和国际竞争提供智力和人才支撑。

一、本门课程教学改革的必要性

为主动应对激烈的社会变革,培养一大批多样化、创新型卓越工程人才,我国教育部提出"新工科"建设项目,这是高等院校工科专业谋求进一步发展的重要机遇,同时也对高等教育的课程改革提出了新的更高要求。①

在当前机械产品设计研发过程中,振动分析成为必需的环节,大多数机械装备及零部件等企业有专门的部门或工程技术人员从事振动分析工作,一些用户也要求企业在产品研发过程中必须出具机械振动分析的技术报告。大多数高校机械专业已将机械振动课程,列为专业培养体系中的一个必要内容。② 而传统课堂中由老师操作实验演示,学生观看的单向输出型学习模式,无法让学生加深对实验细节问题的理解。而仅单纯地增加实验设备,又面临着开支庞大,无法有效发挥设备利用率等问题。

---

* 肖望强,男,厦门大学航空航天学院教授、博士生导师,研究方向为结构减振、超结构研究等。蔡志钦,男,厦门大学航空航天学院讲师,主要研究方向为复杂共轭曲面主动设计理论与方法、新型齿轮传动理论与应用。

① 罗新:《工科建设指南(北京指南)》,《高等工程教育研究》2017 年第 4 期。
② 石国宏、刘建慧:《机械振动课程学习与实践》,《机械管理开发》2017 年第 2 期。

新工科概念的提出，则是推动了传统工科教育向新工科教育的改革与创新，它强调教学教育应着重考查学生运用多学科知识解决高复杂度工程系统问题的能力。而目前传统的工科教育教学模式，已经很难满足面向未来的、国际化和全球化创新型人才的培养需求，因此对于课程本身的优化改革是十分必要和迫切的。

二、教学改革的可行性

通过对设备的实验操作和以小组为模拟研发团队的模式，课程不仅培养学生实验研究能力、掌握实验研究方法、让学生体验机械振动实验的奥妙，还增强了团队协同意识与个人沟通表达能力。由于机械振动是现实工程思维的知识基础，笔者在教学中尝试通过"知识互融、协同共享"的教育思路，着重培养学生的工程思维与实际解决复杂系统的嵌入融合，增强学生的团队合作意识，使之具备科研工作者的思维又具备工程师动手能力。因此对，"机械振动"课程实施新工科建设内涵下的教学创新研究是可行的。

三、"振动台实验"课程概况

本文以"振动台实验"教学为例，详细阐述该门课所做的教学改革应用实践。

机械结构的振动问题，是各种工程设计中必须重点关注的问题，振动在实际生活中随处可见，我国高校的力学、航空、航天、机械、动力、交通、土木等专业普遍开设了以振动力学为核心内容的相关课程，因此机械振动基础这门学科，是属于工科专业中重要的基础课程之一。该课程讲授单自由度系统和机械振动控制，目的是使学生理解机械振动的基本概念，需要通过实验课的实训，逐步建立起机械振动的知识框架。

作为"机械振动"系列基础辅助课程之一"振动台实验"，其教学之目的包括：能让学生了解典型结构从零件到整机可靠性试验的全过程；掌握结构可靠性测试的要求；掌握典型力学结构如简支梁、悬臂梁、等强度梁、多自由度质量弹簧系统、圆板、悬索等如何进行振动幅值、振动频率、同频相位差、阻尼系数、振型的测量方法；完成对典型结构机械阻抗、机械导纳、传递函数、频响函数、振动系统的物理模型的分析。基于实验操作的环节，学生牢固地、深刻地建立正确的振动学理论，了解实际工程中解决振动问题的方法，牢牢把握机械振动学的发展动态。

四、新工科视域下实验课的教学实施方案设计

笔者立足于厦门大学航空航天学院的实际授课，结合自身多年教学科研经验，针对过去传统工科实验课程中面对的瓶颈，知行合一地提出了振动实验教学新模式探索道路，让学生在学习该门学科的过程中，能够提升自我的实验创新能力、振动基础原理推理演绎能力，能够充分调动自我主动学习的能动性，力求最大化朝向新工科要求下的高校工科人才培养的目标前进，具体从以下几个方面展开。

(一)课前准备

当前机械结构正向大功率、高速度、高精度、轻型化、大型化和微型化等方向发展，振动问题也越来越突出，因此掌握振动规律就显得十分重要。提前设计与课程相关的现实工程

问题用于课堂讲授、课堂上实验,培养学生初步的实际解决问题的能力。①

首先,"振动台实验"是整个机械振动设计理论的重要研究手段之一,助教在授课前提醒学生复习本次课程涉及的数学和力学基础知识,重视基本问题的引入衔接。其次,学生在教师引导下进行课前预习和提前理解振动实验流程的认知,以上两步预备工作是本课程顺利开展至关重要的第一步。

1. 让学生提前了解我们的振动实验设备原理

实验室采用的型号为 MPA403/M124M/GT500M 的振动实验设备,系统的额定推力达到 1000kgf,冲击推力达到 2000kgf,额定加速度为 $981m/s^2$。提前制作实验前的预习课件并通过助教发放给学生,课件里详细介绍了试验系统的构造以及各个部分的功能。教师通过振动软件的示范操作,让同学感受物体在不同激振力(正弦激励、随机激励)下的振动情况(如图 1 振动台的工作原理与流程)。

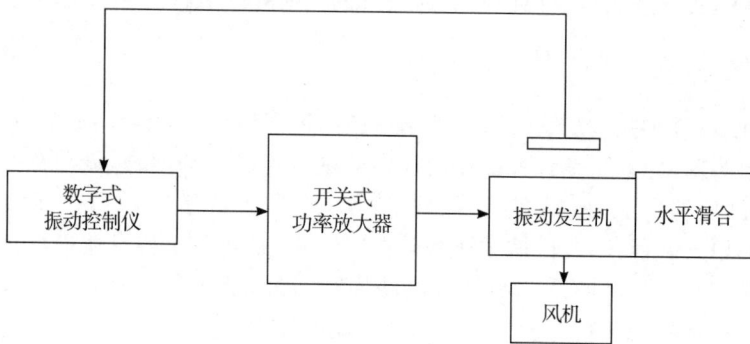

图 1 振动台的工作原理与流程

2. 在实验课的内容设计上,进行案例活用

(1)结合教材大纲要求的知识点讲解,教案素材穿插具有经典知名意义的工程实例和工程背景讲解分析,让学生更加直观地理解一些偏工程实际的知识,使课堂内容更加生动活泼,具有趣味性。

(2)在条件允许的情况下,笔者在备课时尽量多融入自身在研课题的工程应用实例,这样既让学生接触到了当今业界最实时的科研内容,又让学生体会到了如何将书本上的知识用到实处,使得学生主动地从现象到本质的层层挖掘,并且掌握如何运用振动的基本研究原理来分析实际的工程应用问题,产生学习的成就感,悄然间帮助学生从工程实践中凝练科学问题的能力。

(二)课中教学

以"不同刚度下的固有频率实验"为例,利用振动台系统加载激振力,将两个相同质量,不同刚度的方钢框架模型固定在水平滑台上。观察在不同刚度之下,所对应固有频率。在模型中加装加速度传感器,通过测试采集仪可以采集不同激励条件(加速度峰值和频率)下的钢框架响应结果,能够获得与之对应的位移加速度分布情况。以此了解动力学方程下求解的固有频率理论,掌握振动的动力学特性(如图 2 方钢框架模型)。

---

① 章敏、冯国瑞、程欣等:《基于小型振动台的抗震实验教学改革研究》,《大学教育》2019 年第 6 期。

图 2 方钢框架模型

1. 学生组队与高年级研究生带教协助

实验课首先组织学生对模态和固有频率方法进行认知实验,使学生建立正确的振动学理论。通常学生采取 6～8 人为一组的小组形式,并按照动手能力、知识掌握程度等指标均衡分配,保证每个小组各项能力均衡,可以顺利组织实验。其次,在辅助人员配置上,选聘高年级研究生作为助学助手,协助教师解决实验过程中各小组遇到的问题及协助批改实验报告,为高年级研究生在将来工作中承担团队带头人角色起到提前实习训练的作用。

2. 给予并鼓励学生自我凝练、自我创新的学习空间

通过笔者在研的课题如高铁转向架减振技术、钢轨减振降噪技术研究等工程实例,进行个案抽取。以具体实际的研究过程中,亟待解决的每个应用场景,映射到"振动台实验"课程中,产生代入感极强、趣味性高的效果,充分调动学生主动学习的积极性,激发学生的创新能力。这样的教学方式更直观、更生动、更有效,有利于学生牢固掌握教学内容。其合作探索的能动性、对新知识的主动学习能力以及团队各个成员的沟通协调能力、领导管理能力,都得到充分训练。把书本抽象的理论关联到现实的工程思维,从内心更加认同"振动台实验"课的重要性,进一步更好地掌握振动的动力学特性。

(三)课后固学

1. 参阅技术文献和作业巩固作为课堂知识的进一步强化训练

课后根据"不同刚度下的固有频率实验"的教学目标,延伸设置一些拓展探讨性强的研讨型小论文作业。教师给予学生相关课题的参考资料索引提示,学生通过查阅技术文献,进一步加深机械振动必须掌握的基本理论、基本概念,建立起在工程技术问题解决中的基本分析方法;强化对工程实际中机械振动问题的感知,并能将之抽象成为力学和数学模型,从而实现学生从课前预习到课后独立完成作业思考的闭环,打通书本理论与现实工程思维之间的隔障。教师与助教全程应对学生提出的各种问题,给予相应的解答启发,帮助学生树立科研的积极性,增强自我的学习获得感与专业方向的自豪感。

2. 依托现有条件给予学生发挥创新空间

此外,笔者还依托航空航天学院的工程技术中心等资源开展实践教学活动,给学生布置一些基于现有实验设备能够完成且达到实验要求的任务。不仅让同学有灵活的创新发挥空间，又能巩固其实验课的学习内容，达到培养学生创新能力和教学理论与实践良好结合之目的，并在大学生创业创新大赛中斩获较好成绩。相信经过实践体验的积累，这些改进的教学方法，能对学生未来在做毕业设计或升学就业时起到重要的指导作用。

（四）考核评价与取得效果

为提高实验教学的效果，并改变传统学生只注重卷面成绩的情况，笔者摒弃以传统的笔试为主要的考核方式，而采取新的评价体系，即学生的实验成绩单独占比总成绩的40％，在实验成绩中，按照成员讨论（20％）、实验报告（60％）和口头汇报（20％）进行综合评定。

本门课程达到了如下教学效果：从被动学习变主动学习。除传统的课堂教学，加强学生工程思维的实践训练，打造交叉融合多样化的场景代入感体验感，拓展思维，进一步培养跨学科综合运用多种知识解决问题的能力，达到学做统一、学用并济的目的。

五、复盘与延伸思考

机械振动课程教学中涉及大量的理论分析及公式推导，通过方程求解得到的描述系统振动规律的表达式往往都十分复杂、抽象，直观上很难想象或很难直接从公式中得出系统各物理参数对振动规律的影响，对各参数物理意义理解不深，教学效果往往不如人意。只有坚持实践出真知，将所学知识与科学前沿相结合，对课程学习保持新鲜和好奇，深刻感受学有所用，理论联系实际，激发学生的创新能力，提升专业素养，引导未来的学术启蒙。[①]

六、结语

实验教学是新时期培养出高素质创新型人才的重要途径，要不断实践进而优化改革，将实验教学和学生的自我实践创新能力结合起来，重点培养学生的自主创造、自我突破的能力，学生才能在学习机械振动这门课程的时候不断进步，不断提升自我，完善知识框架和知识体系。

---

① 李海艳、李延强、于卫霞等：《基于创新能力培养的"振动力学"课程教学改革探索》，《科技风》2022年第10期。

数字化背景下机械类课程"项目沉浸式"教学模式研究

蔡志钦　刘万山　肖望强　姚　斌　邱开心[*]

摘要:随着机械行业不断发展,结合当前的数字化背景,我国的机械类课程教育亟须寻求更高质量的教学模式。针对当前机械类课程教学上存在的问题,本文创新性地提出了一种"项目沉浸式"教学模式。该模式建立了以项目研发为主线的项目制课程设计方法,以企业导师为主导的沉浸式现场直播教学方法。以"机械工程材料"课程为例,进行了"项目沉浸式"教学模式示范。旨在激发学生的学习兴趣和学习主动性,增加学生的实践机会和参与感,优化课程的教学效果,同时提高教师的专业素养和教育教学能力。

关键词:机械类;项目沉浸式;机械工程材料;教学模式;教学效果

一、引言

在新一轮的科技革命和产业变革同我国加快转变经济发展形成交汇的历史性时期,工程科技进步和创新成为推动社会发展的重要引擎,这为工程学科创新变革带来了重大机遇[①],同时也对高等教育教学提出了革新要求。而提高学生的实践和创新能力是提升高等教育人才培养质量的关键,这也就对培养课程体系创新和教学方式创新改革提出了新的要求[②]。

自新工科计划提出以来,为与国家重大战略同步,契合国家产业转型需求,国内各工程专业积极开展了教学模式改革探索,尝试从传统的课堂教学向项目化教学的转变。吴凌天等基于成果导向教育的教学理念,开展了5个轮次的教学实践和持续改进,逐步形成"生物工程项目实践创新课程"教学逻辑与教学方法,通过验证发现该逻辑与方法可以大幅提升学生学习的主观能动性及成绩,有利于保证课程目标的实现,为工科专业教学改革提供了宝贵经验[③]。陈丽等以学生工程实践能力为中心,通过科教融合和产教融合,并依托实验

---

* 蔡志钦,福建漳州人,厦门大学航空航天学院讲师,主要研究方向为机械制造。刘万山,山东临沂人,厦门大学航空航天学院高级工程师,主要研究方向为机械工程。肖望强,河北邢台人,厦门大学航空航天学院教授,主要研究方向为机械减振降噪。姚斌,河南洛阳人,厦门大学航空航天学院教授,主要研究方向为智能制造。邱开心,福建龙岩人,厦门大学航空航天学院硕士研究生,主要研究方向为机械工程。

① 钟登华:《新工科建设的内涵与行动》,《高等工程教育研究》2017年第3期。

② 孙梦馨、郑璐恺、冯勇等:《新工科背景下机械类课程教学创新与实践》,《南京工程学院学报(社会科学版)》2022年第4期。

③ 吴凌天、吴金男、朱益波等:《工程教育专业认证背景下生物工程项目实践创新课程建设的逻辑与实践》,《生物工程学报》2021年第12期。

课程建设团队、企业技术团队和管理团队，实施光电信息科学与工程专业的教学体系改革，形成了一批教学改革研究成果。[①] 李津津等提出了贯通式项目制研究型综合实践教学模式，探讨了该模式下的具体改革措施，为新工科建设提供了一种新思路。[②]

国外较早就针对教学模式改革进行了探索，尤其在项目化教学方面已有一些优秀模式。比如，注重学生自我管理和自我学习的能力本位教育模式（CBE）[③]；强调"产出导向""学生中心""持续改进"的成果导向教育模式（OBE）[④]；强调以产品全生命周期作为载体，培养学生进行构思—设计—实现—运作的工程教育模式（CDIO）[⑤]。

由此可见，在新一轮科技革命和产业变革的历史性时期，正是教学改革的一次重大机遇。同时，国内外教学模式改革研究也已取得了许多丰硕的成果，这也正为机械类课程教学改革提供了丰富的经验。

二、机械类课程教学困境

机械是以相关的自然科学和技术科学为理论基础，结合生产实践中的技术经验，研究和解决在开发、设计、运用中的理论和实际问题的应用学科。因此，机械教学具有很强的实践性，不仅对学生的理论知识具有较高的要求，还注重培养学生的实践和创新能力。正因这种特殊性，传统单一的教学模式往往难以达到培养目标[⑥]。但从目前机械类课程的教学模式来看，主要还是以单纯的理论教学为主，这就容易使学生对课程失去兴趣，学习积极性降低，进而导致课堂氛围不活跃、教学效果差等情况。当前机械类课程的教学困境可以总结为以下几部分。

（一）教学方式单一

机械类课程理论性强，有着大量的原理和抽象的定义，课程种类多且联系紧密、互为依托，但各课程对基础水平的要求又不一致，许多学生难以将各课程构建为一个完整体系。同时，机械类课程又与生产实践密不可分，学生有现场直观的感受才能更好地理解相关理论知识，但目前的理论教学模式普遍为单纯的课堂教学，学生缺乏思维拓展，导致整体的教学效果不佳，教师与学生都比较被动。

（二）教学内容滞后

当前机械类课程讲授的内容局限于传统机械理论和经典的设计方法上，教学内容较为陈旧，对于新理论、新技术的延伸与拓展相对滞后。当今新兴技术的应用与普及速度之快，

---

① 陈丽、雷亮、周冬跃等：《面向粤港澳大湾区的光电新工科人才培养实验教学体系改革》，《实验技术与管理》2019 年第 12 期。

② 李津津、叶佩青：《新工科背景下贯通式项目制研究型综合实践教学模式探讨》，《中国大学教学》2020 年第 10 期。

③ 邵欣、姚雯、王峰等：《CBE 理念下的"工业机器人技术"实训项目探索》，《实验技术与管理》2018 年第 3 期。

④ 施晓秋：《遵循专业认证 OBE 理念的课程教学设计与实施》，《高等工程教育研究》2018 年第 5 期。

⑤ 孟艳艳、贾长洪、刘萌：《新工科背景下基于 CDIO 工程教育理念的应用型本科院校人才培养研究》，《高教学刊》2021 年第 3 期。

⑥ 顾刚、陈海滨：《机械教学中创新型教学模式的应用分析》，《中国新通信》2020 年第 16 期。

学校的相关理论教学内容却更新缓慢,也就容易导致学生缺乏对新兴理论的系统性学习。理论教学没有反应机械学科的最新发展动向,学生也就容易失去兴趣。[①]

(三)实验开展受限

机械类课程与实验开展密不可分,然而目前高校开展的实验课程多为常规的验证性实验,缺乏综合性实验和项目研究型实验。究其原因,首先是该类课程的实验具有特殊性,实验成本投入较大,对实验设备的要求也较高,其次是该类实验具有一定的危险性,开展风险较高。验证性实验的特点在于操作简单、实验成本及风险较低,实验结果明了,学生能够清楚地认识到客观规律。但该类实验所涉及的理论面较窄,难以建立起各课程之间的纽带,学生往往只能根据实验操作规范按部就班地开展实验,难以满足新时代下社会对于创新型人才培养的需求,使学生逐渐失去求知欲与探索欲。

基于此,针对传统机械类课程开展的困境,本文以打造机械类精品课程为目标,结合国内外优秀教学改革成果,以理论与工程实践结合的方式,提出了"项目沉浸式"教学模式,以期改善课程的教学效果,增加学生的实践机会,提升学生的参与感和学习主动性。

三、"项目沉浸式"教学模式设计

"项目沉浸式"教学是强调实践与理论相结合的一种教学模式。大致过程是通过给学生分配一个完整的项目,让学生充当项目负责人,"沉浸式"地体验并完成项目。教师则在学生完成项目的过程中进行教学活动,将理论融入设计、加工实践中,真正让学生理解相关理论。该模式不同于传统的理论学习,它搭建起了理论与实践的桥梁,避免了理论学习与实际应用相脱节,突出了学生的主体地位。"沉浸式"教学是一种卓有成效的教学模式,充分体现了产教融合的理念。本文在"项目沉浸式"教学模式的基础上对教学内容和教学方法进行了研究:(1)基于项目制课程设计的思路,优化课程教学内容,突出实用性和前沿性,与新兴技术有效衔接;(2)探讨"沉浸式"教学模式,改善教学方法,激发学生兴趣。与传统授课模式相比,"项目沉浸式"教学法可极大激励学生主动学习课程理论,提高学生的参与感,达到更好的教学效果。

(一)以项目研发过程为主线的项目制课程设计方法

建立项目制课程设计方法,该方式兼具实验性和实践性。该方式将项目研发过程作为一条教学主线,以理论教学周期内完成项目作为目标,倡导具有不同特长的学生组成企业式团队,突出学生在学习中的主体地位,教师负责项目的把控和工作的推进。课程通过这种形式,将书本晦涩的理论知识渗透到各个项目环节中,学生主动去学习所需的重点知识。有效地将传统验证性实验转换为项目制课程设计,以此提高教学质量。

项目制课程设计思路是以完成零件—工艺—性能为主线的课程设计项目,并将理论教学融入项目实践中。主要包含以下几个步骤:(1)课程初期,学生在明确课程任务后,根据自身优势组成7~8人互补的团队;(2)教师与企业导师根据课程理论框架确定项目任务;(3)学生团队根据兴趣选择不同项目,通过教师授课与自学,团队分工撰写项目实施方案;(4)教师与企业导师对学生的项目计划复核无误后,学生以团队形式完成具体的项目工作,

---

① 杨恩霞、王君:《高校"机械基础"课教学存在的问题与对策》,《教育探索》2013 年第 1 期。

并定期向教师和企业导师汇报进展,确保项目的顺利推进;(5)学生开展相关实验验证所提出的工艺路线,并检验零件的性能是否达到预期;(6)分析项目结果、总结项目经验、撰写结题报告并进行答辩。项目制课程设计思路如图1所示。

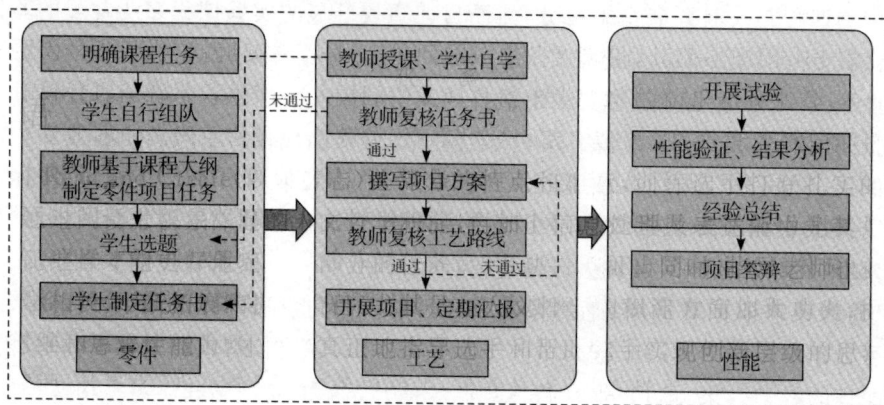

图 1   项目制课程设计思路

整个课程通过项目与理论教学的同步开展,根据理论进行项目设计,在项目中验证理论,二者相辅相成,让学生充分体会从设计到生产工艺再到性能检验的整个过程。该课程设计项目不仅达到了验证性实验的教学目标,还提升了整体的教学效果,锻炼了学生分析问题、自主学习、解决问题、开拓创新的能力,增强学生团队协作、分工配合的意识。

(二)以企业导师为主导的沉浸式现场直播教学方法

建立基于"在线直播＋企业导师演示＋线下理论教学"的机械类课程创新课堂模式。该模式主张在实践教学环节开展"沉浸式"现场直播,让学生与企业工程师面对面交流,营造身临其境的氛围,在理论教学环节融入劳模故事,让学生深刻领悟"大国工匠精神"。

1."沉浸式"现场直播

在实践教学环节,根据项目特点采用线上线下相结合的方式搭建沉浸式场景教学,邀请企业工程师在工厂进行实景直播教学,让学生对理论的相关应用有直观的认识,有助于学生深刻理解课程理论。

沉浸式现场直播教学的具体实施步骤包括:(1)教学团队分工,根据项目制课程设计的内容,每堂课安排3～4名老师(包括企业导师、课程老师、科研助理)进行在线直播授课,课程教师负责讲解,企业导师演示操作,科研助理协助拍摄及保证直播效果。(2)主播教师讲解一步,企业导师操作一步,边演示边讲解,讲解过程注重与学生的互动,不断引导启发学生思考,让学生明确项目案例的关键步骤、注意事项、可能出现的问题及解决办法等。(3)教师在现场实施案例授课结束时下达任务书,学生根据课程安排进行课程项目设计。(4)对于一些新兴技术的教学方面,邀请国内外知名专家,搭建新技术观摩直播平台,通过现场观摩与采访的方式,对机械领域的一些新技术进行学习,激发学生的求知欲与科研热情。

2."劳模进课堂"思政教育

在理论教学环节,通过融入劳模故事、播放相关视频、现场连线等方式,创造学生与劳模面对面的机会,让学生深刻领悟劳模精神和工匠精神。"劳模进课堂"思政教育,将立德树人贯穿教学全过程,树立学生"制造强国"学术理想。引导学生热爱劳动、尊重劳动,以劳动教育促进学风教风建设,强化实践环节,培养劳动技能,端正劳动态度,养成劳动习惯。同时,培养学生开拓创新的精神,与时俱进,走在科技的前沿,成为国家新一代工科人才。

(三)"项目沉浸式"教学模式的注意事项

为确保"项目沉浸式"教学模式的教学效果,需要特别注意以下几个方面:(1)在学生分组方面,在尊重学生意愿的原则上进行合理的调整,及时纠正项目开展过程中不积极的同学,避免出现团队成员工作量差距巨大的不公平现象。(2)针对项目选题,教师与企业导师应严格筛选,以符合课程目标为准则,避免项目间的难易程度不均,难度过高易导致学生产生畏难心理,难度过低则达不到教学目标,且有失公平。(3)项目开展过程中,教师和企业导师应把握好项目进度,要求学生做好定期汇报,与学生进行深入交流,严格把控好学生的项目方案,积极引导。(4)针对学生的项目方案和工艺路线,教师和企业导师在考虑合理性的同时,也应考虑学校和企业的基础配套设施,确保项目的可行性。(5)完成项目后,教师要积极指导学生进行结果分析、经验总结,通过对项目的不断复盘,学生更加深刻地理解项目,并巩固理论知识。(6)对于最终课程的考核,在公平公正的原则上,注重考核学生对理论知识的掌握情况,且应加大对学生专业技能、职业素养提升等方面的考核。

四、"项目沉浸式"教学模式示范

基于以上教学方法,以"机械工程材料"课程为例进行教学模型示范,建立以结构—工艺—性能为主线的项目制课程设计方法,并结合以企业导师为主导的沉浸式现场直播教学方法,显著提升"机械工程材料"课程的教学效果。

(一)课程模块划分

根据"机械工程材料"的课程特点将课程细化为3个基础模块,这些模块涵盖了课程的重点理论内容,结合具体项目实例对各模块进行分析。"机械工程材料"课程模块及项目分解如表1所示。

表1 "机械工程材料"课程模块及项目分解

序号	模块划分	相关理论	项目实例分析
1	性能和基本特征识别	1. 工程材料的性能要求 2. 材料组成和内部结构特征	含碳量对碳钢组织及性能的影响
2	加工特性及改性	1. 铸造行为及性能变化 2. 锻造行为及性能变化 3. 机加工行为及性能变化 4. 热处理、合金化及改性	1. 热处理工艺对硬质合金刀具材料组织与性能的影响 2. 航空钛合金的加工性能研究
3	选材与应用	1. 常用工程材料及特征识别 2. 机械零件的失效分析 3. 机械零件选材的一般原则 4. 典型零件选材及工艺分析	1. 高硬度难加工材料刀具的选材及工艺规范的制定 2. 核反应堆压力壳内部紧固件的选材及热处理规范的制定 3. 减振用粒子阻尼材料的多参数匹配准则制定

（二）课程开展示范

根据项目沉浸式教学法的设计思路，进行"机械工程材料"课程线上线下混合授课。本课程通过组队选择项目、教师线下关键理论授课、企业导师现场实操直播讲解、团队分工制定项目方案、项目开展、定期汇报与导师复核、结果验证与性能检验、撰写项目报告与结题等环节，进行课程示范性教学。项目整体技术路线（以热处理为例）如图2所示。

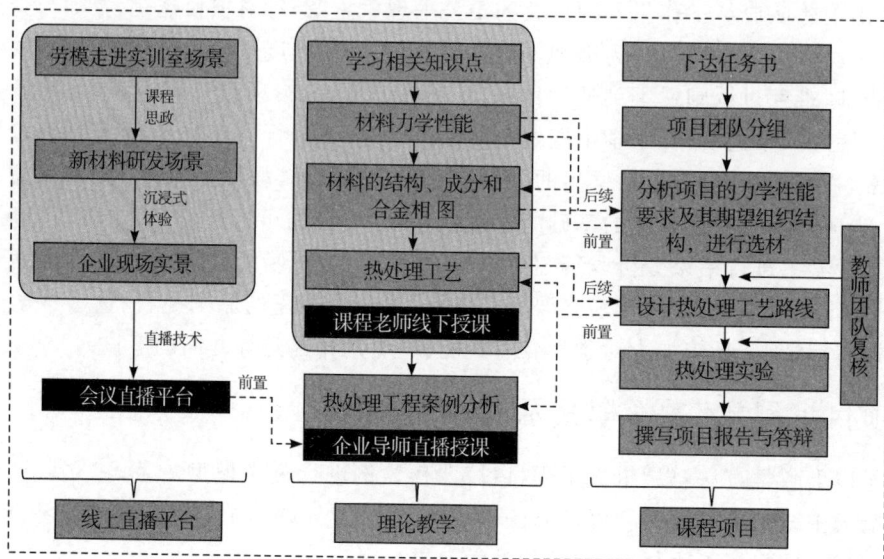

图 2　项目整体技术路线（以热处理为例）

（三）学生考核规范

在学生考核评价方面，要注重考核方式的多元化。项目完成后，小组成员需要对自己开展的工作进行详细分析，并撰写工作报告；项目组负责人需要对实施过程中存在的问题进行总结，得出项目经验，并组织小组成员进行互评；最终形成项目结题报告并进行项目答辩；教师根据项目完成情况和答辩情况对小组进行考核，每位同学的考核成绩为小组成绩和组内互评成绩的综合换算值。

五、总结

本文创新性地提出了"项目沉浸式"教学模式，在该模式的基础上对教学内容和教学方法进行了深入探索。该模式充分激发了学生的学习兴趣，提升了学生的学习体验，显著提高了教学效果和教学质量；对于教师的教学理念和教学能力也有了明显的转变和提高；同时优化了课程的考核方式，对于教学效果的评价方式也更加多元化。该模式除了适用于工程材料课程，在机械制造、机械设计、机械制图等实践性强的机械课程中同样具有广泛的应用前景。

提高线上案例教学互动效果的初步尝试

张梦思　张存禄 *

摘要：案例教学是以学生为中心,引导学生将理论与实践相结合的教学方式,可以充分发挥学生主观能动性,提高学生应用理论知识解决实际问题的能力。新冠肺炎疫情暴发后,以互动为主的线上案例教学面临新挑战,故结合哈佛案例教学法总结了在实践过程中线上案例教学面临的挑战,针对这些挑战进行了一些教学尝试并取得了不错的教学效果。希望将线上案例教学的经验与同行进行交流探讨。

关键词：案例教学;线上教学;互动效果

一、引言

信息技术在教育领域不断普及渗透,使线上教学逐渐成为高校教学的一种重要方式,2020年,新冠肺炎疫情暴发时,线上教学取代线下教学,成为全国各类院校开展教学的首选。线上教学通过视频直播、课程录播等方式很好地解决了师生异地教学的问题。但是相比于线下面对面教学,线上教学会产生一些新的难题,比如教师与学生的互动性不能很好地控制、教师难以观察学生的学习状况等。而案例教学课堂具有高互动、高参与性等特点,这些特点会使其教学具有的问题更加突出。

以"老师提出问题、学生寻找答案、广泛课堂讨论"为特点的哈佛案例教学法,由于其良好的教学效果得到广泛认可。从统计数据来看,哈佛商学院案例库的用户已覆盖全球80％以上的商学院,这充分体现了哈佛案例教学法受到了全球范围内的广大教师和学生的推崇,间接说明了哈佛经典案例教学法的重要地位和良好效果。[①] 这也为中国学校教学环境下传统的线下案例教学积累了宝贵的经验。线上教学步入常态化之后,线上案例教学被不断尝试,在线上案例教学课堂中如何更有效地开展讨论、如何更深入地进行互动等问题在实践中逐渐被众多教育实践者所探讨。

为此,笔者针对提高线上案例教学效果做了一系列尝试。本文首先介绍了哈佛案例教学法,其次根据案例教学的特点梳理了线上案例教学面临的挑战并结合哈佛案例教学法和目前线上案例面临的挑战开展了提升课堂效果的探索实践,最后总结了初步的教学效果。

---

*　张梦思,河南驻马店人,厦门大学管理学院研究生,主要研究方向为供应链管理。张存禄,河南鹤壁人,厦门大学管理学院教授,主要研究方向为领导学,积极推行案例教学方法。

① 牟晖、郝卓凡、陈婧：《中美案例教学法对比研究》,《管理案例研究与评论》2021年第4期。

二、哈佛案例教学法

案例教学，最早应用于美国的法学院。后来哈佛商学院首次把案例教学法应用于商业教育，取得很大成功。现在哈佛案例教学法已经是商业教育领域最有效的教学手段之一，被广泛应用于全球各个国家和地区。案例教学让学生充当案例当中决策者的角色，代入案例情境，分析目前面临的问题，积极思考并给出相应的解决方案或者改进措施。在模拟决策的过程中，调动学生主观能动性，培养其解决实际问题的能力。

哈佛案例教学法以启发式教学和自我引导学习为主，是一种开放互动式教学方法，课程通过对教学案例的分析讨论，培养学生分析情境并进行理性论证的能力。① 其特点如下：

（一）以文本案例为基础

案例教学的开展是以文本案例为基础的，教师提前将案例下发给学生，学生在课前阅读案例内容和查询相关的扩展资料，做出相应的思考。同时教师选择的案例应当紧跟时代、客观生动、具有相关性和典型性。如果案例选择错误或者学生课前准备工作没有做充分的话，会影响到整个培训过程的效果。

（二）以讨论式教学为主要方式

案例教学把被动式学习变为主动式学习，以讨论式教学为主要方式。课前学生独立作业，然后在学习小组里集中讨论；课中，教师引导全班学生，以学生发言为主，使课堂气氛活跃起来，充分调动学生的主动性和积极性；课后，学生总结案例收获。讨论式教学让学生认识到上课并不是一件轻松的事情，需要自己充分思考和主观判断才能发表自己的观点。而传统的教师讲，学生听的教学方式会容易培养学生懒于学习和思考的惰性，使课堂气氛显得沉闷压抑。

（三）以参与者为中心

哈佛案例教学法倡导"以参与者为中心"，认为在案例教学中，大家的收获应该70％来自学生，30％来自教师。要让该方法取得理想效果，教师要最大限度地激发每个学生参与课堂讨论的积极性，此时教师已不是传统意义上的知识传授者，更多的是课堂讨论的启发者、组织者、推动者。学生先要独立思考和分析案例，准备好自己的观点和方案，在讨论过程中，教师把更多的机会让与学生，学生在前台扮演主角。② 学生会觉得"我是自己在做事情"，而不是传统意义上的"在学习"。

哈佛案例教学法实施一百多年以来在各行各业都取得了不错的成效，这也被称为最节约时间、成本最低的社会实践，通过变被动为主动的学习，鼓励学生提出充满创意的决策和行动方案，极度开发学生的潜能。哈佛案例教学法在线下的应用并不少见，但在线上的教学中并没有得到较多的关注和应用。

---

① 杨光富、张宏菊：《案例教学：从哈佛走向世界——案例教学发展历史研究》，《外国中小学教育》2008 年第 6 期。

② 孙伟、陈涛：《以参与者为中心的哈佛管理案例教学法及其启示——基于哈佛商学院 PCMPCL 项目的述评》，《武汉科技大学学报（社会科学版）》2015 年第 1 期。

三、线上案例教学面临的挑战

（一）不便使用黑板记录展示学生发言内容

线下进行案例教学，组织学生进行案例讨论时可以使用黑板记录学生的发言内容，清楚直观且快速地达到总结的作用。而线上案例教学时，实体意义上的黑板不再存在，教师只能使用电子设备进行总结，学生的注意力和总结效果都大打折扣。

（二）缺乏当面互动

案例教学包含案例分析、问答互动、全班讨论、角色模拟、小组练习等各种形式的、带有高现场性和高实时性的互动环节，是实现其教学目标的关键部分。[①] 而当案例教学需要转为线上教学，当面互动转变为线上远程互动，对讨论互动过程的有效性形成很大挑战。

（三）难以监督学生的参与表现

由于缺乏教室的学习环境，缺乏同学之间互动和教师的督促，一段时间之后，部分学生线上学习就出现散漫对待的情况，对于讨论的参与度也大幅降低，但教师不能实时观看到每位学生的学习状态，难以监督学生的参与表现。

（四）难以组织不同意见的争论

线上开展案例教学时，教师组织互动环节与讨论过程的方式必然发生重大变化。在互动讨论式课程中，组织汇总不同意见和课堂节奏的把握很大程度上是通过教师在讨论中对学生发言的回应、深挖、追问，以及引导学生发言的长度、深度和往返节奏来实现的。[②] 而当课程转为进行线上教学时，在意见组织上会遇到更大难度。当学生有不同意见的争论时，教师缺乏像线下教学的整体可控性。

（五）不便及时获得教学效果的反馈

线下教学时，教师可根据学生的表情、动作、互动效果和语言交流来获取教学效果的反馈，但线上教学后这些"评估指标"都不再可视化，使得教师难以及时获得教学效果的反馈。

四、提升线上案例课堂效果的探索实践

笔者将线上教学的方式方法与哈佛案例教学法相结合，开展了多次线上案例讨论课，并发现在网络课堂上，教师和学生做好相应准备、采取合适的线上教学平台和讨论方式、教师创造一个友好的讨论环境、分阶段提供参与机会、鼓励学生在课外和课堂上尽可能多地进行基于互联网的学习以及认可学生在课堂上的贡献才能取得最佳的教学效果。

（一）教师和学生做好相应课前准备

教师应保证案例、辅助材料、作业问题和教学计划都是精心设计的，课程结构完整，每一版块是有效模块，基于此前提下，案例教学才能发挥最优效果。同时设备问题也为课堂带来的一定的不确定性，需要教师提前做好准备，考虑到所有可能发生的突发状况并有相应的应对措施，能够保障案例教学的完整性。

---

① 陶薇：《居家学习背景下高职院校在线教学实践与思考——以商贸类课程为例》，《对外经贸》2020年第12期。

② 张晨：《关于应对疫情、为互动讨论式课程进行线上教学的一些思考》，https://www.tsinghua.edu.cn/info/1684/69040.htm，访问日期：2023年5月1日。

学生应在课前阅读完案例材料和补充材料，这是案例教学讨论课的基础性环节。在上课之前，教师要将案例发给每一个学生，学生必须利用课余时间认真阅读案例，回答案例后面的提问，并准备好自己的解决方案。

（二）采用合适的线上教学平台和讨论方式

线下开展案例教学教师和学生对信息的接收准确度都比较高，同时在封闭的教室里，教师也便于组织讨论和总结。而线上开展案例讨论课对教师和学生都是一次挑战，选用合适的教学平台和讨论方式是影响线上案例讨论课效果的关键因素。可根据不同的案例和课程教学目标采用不同的线上教学平台和讨论方式，也可同时采用多种来取得更好的教学效果。笔者采用的教学平台和讨论方式有如下三种：

1. 使用腾讯会议共享案例材料的 PPT 并使 PPT 处于可编辑状态

讨论进行时，学生可打开腾讯会议的音频或者视频来发表自己的看法，在学生发言时，教师加以引导并记录其观点。此时，共享的白板就相当于线下的黑板，教师要根据讨论的形式采用不同的编辑模式。

（1）针对一个问题进行单方面讨论，采用如图 1 所示的编辑模式：

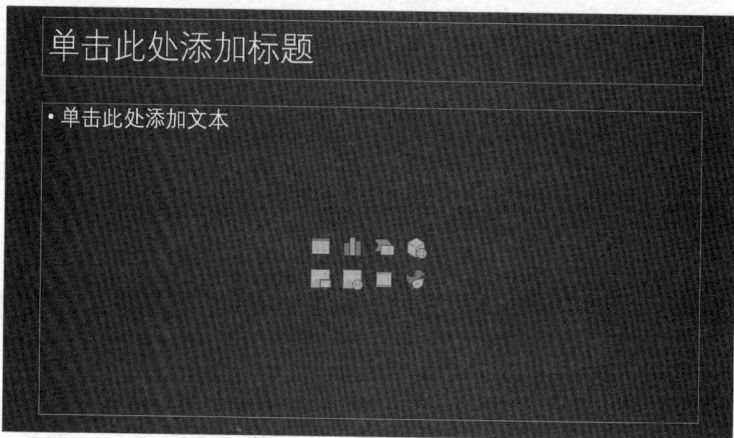

图 1 单问题单方面讨论编辑模式

（2）针对一个问题进行双面讨论，采用如图 2 所示的编辑模式：

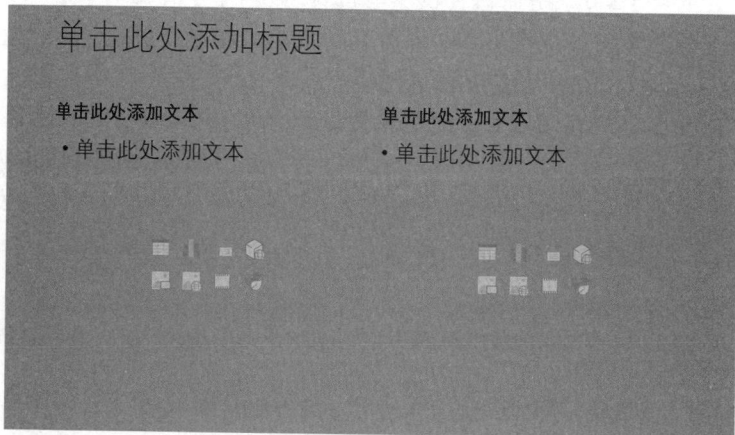

图 2 双面讨论编辑模式

表 1　双面讨论案例——持有库存对企业的影响

好处	坏处
①快速交货，提高客户服务水平 ②平衡供求关系，平稳供应链 ③保证质量稳定 ④通过规模效应降低生产成本 ⑤应对不确定性，防范风险	①资金占用 ②仓储保管费用 ③产品损坏费用 ④出现滞销的呆货 ⑤让公司的运营变得笨重 ⑥掩盖运营管理当中的问题 ⑦降价风险

根据讨论的问题及分析维度，采用恰当的展示方式，能够帮助学生清楚直观地进行总结归纳。

2. 可采用腾讯会议留言板来进行讨论

学生可直接在留言板上发表自己的看法，留言板可以让学生轻松自如地随时提出疑问和发表观点。相比线下课堂，在教师没有提问的情况下，学生往往不会突然举手询疑。[1]这种方式可以让教师了解到更多学生的想法，在此过程中，教师对比较精彩的留言进行点评，对一些存在问题的留言进行指正。

3. 建立腾讯班级群进行讨论

在班级群里，参与讨论的同学都可以打开音频视频，增加学生与学生之间的互动，提高沟通效率。但此时参与人数过多，教师要把控整体节奏。

（三）创造一个友好的讨论环境

成功的案例讨论需要一个欢迎各种学生愿意参与的环境。创建一个友好的讨论环境，会减少学生的焦虑。教师可以试着用简单的、鼓励的问题来热身，然后再进行更发人深省的提示。讨论开始前可以简单地问一句："你今天感觉怎么样？""周末过得怎么样？"或者"写作业的时候有没有遇到问题？"这可以为讨论创造轻松的氛围。教师采用一种开放、真诚和共情的语气和随意的、非对抗性的方式可以促进更开放的对话。

同时教师期望的效果是帮助学生感觉自己已经准备好回答问题，而不是期待他们当场快速思考。在教师和学生互动时的聊天对话阶段，教师也要会发现留言板上那些发表了建议、有贡献的学生，他们可能不敢打开音频视频直接交流，应当鼓励他们分享更多内容，或者试着把他们的观点融入互动中。同时教师需要耐心，接受沉默和"错误答案"。[2]以及为了确保你听到不同的观点，不要默认"选择我"的学生，这样会造成发表想法的学生总是固定的，而是积极寻求通常不分享想法的学生参与。

---

[1]　詹志辉：《线上互动式教学模式新探索》，《计算机教育》2021年第1期。

[2]　P. He, H. Yongjian, A Study on Training Strategies of College Students' Cooperative Learning Ability Based on Online Case Teaching. 2020 5th International Conference on Mechanical，Control and Computer Engineering，Mechanical，Control and Computer Engineering，2020 5th International Conference on，ICMCCE，2020，pp.1732-1735.

（四）分阶段提供参与机会

在大型在线案例讨论课程中，学生很容易迷失在案例讨论中，降低自己的存在感，因此可能会抑制他们发表自己的观点。克服这一障碍并确保有意义的一个成功方法是先采取中小规模的方法，即讨论的规模从小规模逐渐扩展至大规模。在这种方法中，学生有机会在不断增长的规模上开展互动。

1. 小规模

学生以小组形式讨论案例，使每位同学的存在感增强，这样他们可以彼此交谈并进行热身，发表自己的观点。小规模的小组讨论可以放至课前进行。

2. 中等规模

班级被随机分成两个小组，两个小组可以各自组建自己的腾讯会议，教师应该尝试去每个小组的在线会议旁听，以确保进行富有成效的讨论。

3. 大规模

全班同学被召集到一起总结案例，并强调两组学生的最佳观点。

在小型的小组讨论之后，学生们加入两个较大的小组中的一个，进行更亲密和有意义的讨论，然后作为一个完整的班级聚集在一起，回顾他们有针对性的讨论的结果。由于大家几乎都在小组讨论部分贡献了自己的想法，全小组讨论大大丰富了学生的讨论材料，使整场讨论更加热烈。[①]

（五）鼓励学生尽可能多地进行基于互联网的自主学习

线上教学虽然使教师和学生之间出现了距离鸿沟，但也使课堂有了更多可能性。在线下课堂，由于课堂秩序等，学生行为具有单一性，在课堂中出现疑问和难题只能暂时记下来，课下再进行请教和查询。而线上课堂里，如果在讨论时出现学生不明白或者不了解的知识点时，学生可直接使用互联网设备进行查询，及时查漏补缺，大大提高了学习和讨论的效率，这样会使讨论的结果更加完整和准确。当然，教师也要引导学生在基于互联网的学习上融合自己的思考，而不是一味地参考互联网上的信息。

（六）认可学生的贡献，建立自信

为了确保学生尽可能多地参与进案例讨论课堂，教师应该采取措施承认学生的成就。激励更多学生参与到案例讨论中的前提就是不设立唯一的标准答案，案例讨论的正确答案都来自学生和老师贡献的想法。在案例讨论中任何人武断地把自己的想法强加于人，或者把自己的想法作为案例分析的唯一解决方法，都是不受欢迎的。[②] 在每位学生提出自己独特的观点时，教师应对学生的主动发言表示肯定，并从不同的角度来分析其观点，增强学生的自信。如此，学生在积极听取同学意见和广泛参与讨论中，将理论知识融会贯通。

在案例讨论中，每位同学都能贡献出自己的想法，不存在唯一答案，这很大程度上鼓舞了学生参与讨论，建立自信。[③]

---

① W. Ellet, *The Case Study Handbook*, Boston：Harvard Business School Press，2018.

② 吕军书：《浅析案例教学在研究生教学中的运用——以哈佛案例教学为实证》，《经济研究导刊》2011 年第 6 期。

③ ［加］詹姆斯·A.厄斯金等：《毅伟商学院案例教学》，黄磊、赵向阳译，北京师范大学出版社 2011年版，第 16～37 页。

五、结束语

本文简要回顾了线上案例教学面临的挑战和所进行的初步尝试,取得了不错的教学效果。笔者从教务系统上获取了 2021—2022 学年线上开展案例教学的两门课程的学生评价分数,如表 2:

表 2　2021—2022 学年线上案例教学评价结果

总分	学生评教进度	学生参评权重	已评有效问卷/已评无效问卷
99.6	51/53	100	51/0
99.74	75/77	100	74/1

实践表明,以哈佛案例教学法为基础的线上案例讨论课的授课模式深受同学认可,取得了较好的教学效果,同时学生线上参与讨论的次数明显增加,相比于线下案例教学,线上愿意参与讨论和提出问题的学生也大幅增多。学生表示,这种独特的课堂环境让他们更有信心参与到课堂讨论中,且在线上案例讨论课中能够更有效地吸收理论知识,并将理论与实践相结合,这对他们的全面发展有着重要意义。

本文的研究仍存在一些不足,对提高案例教学互动效果的探索仅停留在实践层面,没有结合管理教学的理论进行探讨,下一步将以 OBE 产出导向理论为框架进行提高线上案例教学互动效果的理论研究。进一步研究后本文的线上案例教学方式可以推广到管理培训和远程教学中,为线上案例教学提供新思路。

卫生统计学课程的线上线下混合式教学模式探索与实践

韩耀风　袁满琼　吴亚飞　方　亚*

摘要：卫生统计学课程自 2020 年开始探索线上线下混合式教学，目前已经完成全部教学内容的视频拍摄，依托中国大学慕课平台的在线开放课程也顺利完成了 3 轮授课。在此基础上，卫生统计学已经形成了线上线下混合式教学的设计与实施体系，取得了显著成效，学生期末考试成绩及格率和优秀率逐年提高。

关键词：卫生统计学课程；线上线下混合式教学；效果评价

一、前言

卫生统计学是公共卫生学院本科生的专业方向性课程，为预防医学专业和医学检验技术专业的必修课。该课程是应用概率论和数理统计的基本思想与方法，研究医学与公共卫生领域中数据的收集、整理和分析的一门科学。其思维方法和分析技术不但能作为公共卫生研究的工具，解决公共卫生中的实际问题，而且可以帮助公共卫生工作者开辟新的思路和研究领域，使科研设计更加科学合理，并协助其选择合适的统计学方法进行资料分析以及对分析结果进行正确解释。

教学团队总结多年的教学实践发现卫生统计学课程教学存在以下两个问题。

(1)实践学时相对不足、学生会考不会用。卫生统计学是实践性较强的一门课，然而在我们传统课堂授课中，主要以理论为主，实践相对不足，理论与实践往往脱节。面向公众健康的学科特性确定了公共卫生专业学生往往需要处理和分析人群数据，而人群数据纷繁复杂，存在更多的不确定性，学生往往难以选择合适的分析方法，会考不会用。

(2)能力和素养培养不足。在厦门大学"世界知名高水平研究型大学"的办学定位下，培养研究型人才逐渐成为各专业的培养目标，越来越多的本科生参与科研工作。卫生统计学是公共卫生学院本科生一门重要的专业必修课，它是研究数据的科学，指导人们在科研实践中如何有效获取数据、正确分析数据以及合理解释结果，它贯穿公共卫生研究的全过程。本校研究型人才的培养目标要求我们既要教会学生卫生统计学"三基"(基本理论、基本知识和基本技能)，又要培养学生发现、解决问题和统计思维能力以及举一反三和终身学

* 韩耀风，河南南阳人，厦门大学公共卫生学院助理教授，主要研究方向为生物医学研究中的统计学理论与方法、老年健康。袁满琼，福建龙岩人，厦门大学公共卫生学院工程师，主要研究方向为生物医学研究中的统计学理论与方法、老年健康。吴亚飞，安徽黄山人，厦门大学公共卫生学院博士后，主要研究方向为健康医疗大数据挖掘。方亚，湖北黄石人，厦门大学公共卫生学院教授，主要研究方向为生物医学研究中的统计学理论与方法、老年健康与养老。

习的素养。纷繁复杂、变异无处不在的人群数据更加需要学生具有举一反三的能力。随着现代信息技术的发展,健康医疗数据呈爆发式增长,要求学生具有自主学习统计学新方法等终身学习的素养。然而受学时、场地等因素的限制,在传统课堂教学模式中,除保证学生卫生统计学"三基"的培养,仅有少数学生通过参加科研实践等在能力和素养上得到培养。

卫生统计学课程是厦门大学第一批示范性网络课程平台建设课程。课程平台开始建设以来,卫生统计学网络课程一直处于对外开放状态,逐渐成为本科生卫生统计学课程线上 PPT 学习、视频学习、案例讨论、师生交流等的主要渠道。在此基础上该课程于 2019 年5 月获得厦门大学在线开放课程立项,目前已完成全部视频的拍摄并顺利在中国大学慕课平台完整完成 3 轮次的授课。现有研究发现,线上、线下混合式教学可有效提高教学效果。[①] 课程组在此基础上进行线上线下混合式教学的探索与实践,目前已取得显著成效。

二、在线开放课程的建设

分别依托厦门大学网络课程平台和中国大学慕课平台进行在线开放课程的建设。线上教学资源分为指导性资源、内容性资源、实践性资源、过程管理性资源等(见图 1)。指导性资源有教师简介、课程简介、教学大纲、教学进度安排、混合式教学设计等。内容性资源有教学视频、PPT 课件、案例材料和拓展性自学资源。实践性资源包括作业、测验和习题集。过程管理性资源有在线学习时长统计、视频观看进度、测验与作业完成数量和质量、线上讨论参与度等。在线开放课程资源丰富,深受学生欢迎。在中国大学慕课平台已完成的3 次开课中有超过 9400 名学员选课,获得学员的一致好评。

指导性资源	内容性资源	实践性资源	管理性资源
·教师简介	·授课 PPT	·习题集	·学习时长统计
·课程简介	·典型案例	·作业	·视频观看进度
·教学大纲	·教学视频	·测验	·测验完成数量
·教学进度	·拓展资源	·共享资源	·习题完成质量
·教学模块			·讨论参与度

图 1　卫生统计学在线开放课程线上资源框架

三、线上线下混合式教学模式探索

在线上线下混合式教学环境下,卫生统计学课程的教学过程分为课前准备、线上课堂、线下课堂、课后巩固与考核 4 个阶段(见图 2)。

在课前准备阶段,学生对相应章节内容进行预习;老师准备学生观看教学视频时的思考题,并通过 QQ 群向学生发布,使学生带着问题观看在线开放课程的教学视频,提高学习效率。

在线上课堂中,学生通过中国大学慕课平台观看相应章节的教学视频;老师通过 QQ

① 马芳:《线上线下混合式教学的实践效果评价——以〈生物统计学〉课程为例》,《畜牧兽医杂志》2023 年第 1 期。刘浩:《线上线下混合式教学在中医儿科教学中的应用效果》,《中国当代医药》2020 年第36 期。

群进行在线答疑,通过问卷星收集学生观看视频时的疑问点及难点,通过中国大学慕课平台中的慕课堂进行学生学习进度的监督与督促。

线下课堂的教学过程主要包括:(1)老师进行思考题解析;(2)学生提出疑惑难懂之处并由老师对其进行随堂释疑;(3)老师布置课堂练习并在学生完成后及时进行讲解;(4)课堂讨论。

在课后巩固阶段中既有线下学习也有线上学习,通过课后复习、作业和文献中的统计学方法剖析等线下方式,以及线上习题、案例分析和查阅共享资源等线上方式进行课堂学习内容的巩固;除传统期末考试,将在线学习、在线测试等纳入学生平时成绩。

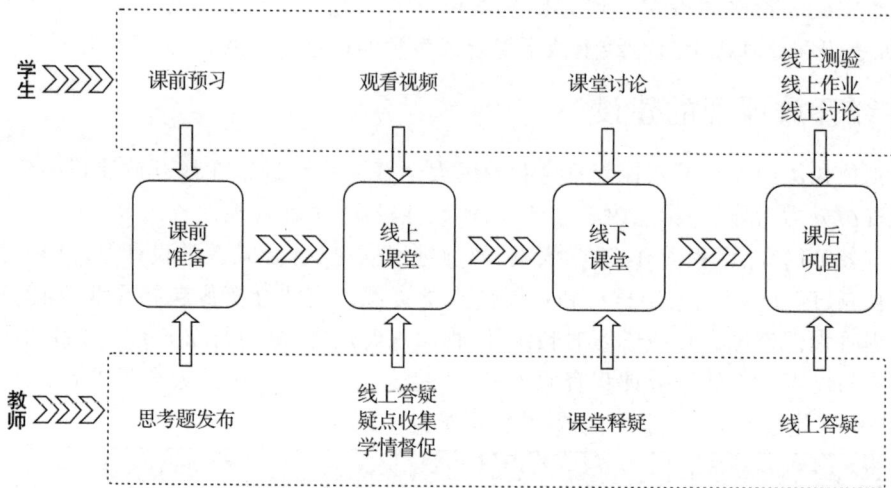

图 2　卫生统计学线上线下混合式教学模式

四、线上线下混合式教学效果评价

卫生统计学于 2020 年开始基于厦门大学网络课程平台探索线上、线下混合式教学,当时是部分章节按照线上线下混合式模式教学。2021 年基于中国大学慕课平台完成在线开放课程建设,开始对全部教学内容采用线上线下混合式教学模式。至今,卫生统计学课程已经采用线上线下混合式教学完成了 3 轮的教学。为对教学效果进行评价,课程组对近 4 年的期末考试成绩进行分析,涉及的年级有 2017—2020 级。2017 级为线下教学,2018 级为部分线上线下混合式教学,2019—2020 级为全部线上线下混合式教学。

图 3 为 2017—2020 级预防医学和医学检验技术专业本科生卫生统计学期末考试最佳选择题(A)、简答题(B)和计算分析题(C)得分率分布图。最佳选择题和计算分析题的得分率分布中,线上线下混合式教学模式下的不及格率明显下降,优秀率明显上升,但简答题相反,不及格率明显上升,优秀率明显下降。说明采用线上线下混合式教学模式后,学生对卫生统计学基本知识和理论掌握度提高了,且解决实际问题的能力也得到了提高,但需要背诵的内容掌握度下降了。在今后的教学中,应注意线下教学中要加强需要背诵内容的训练。

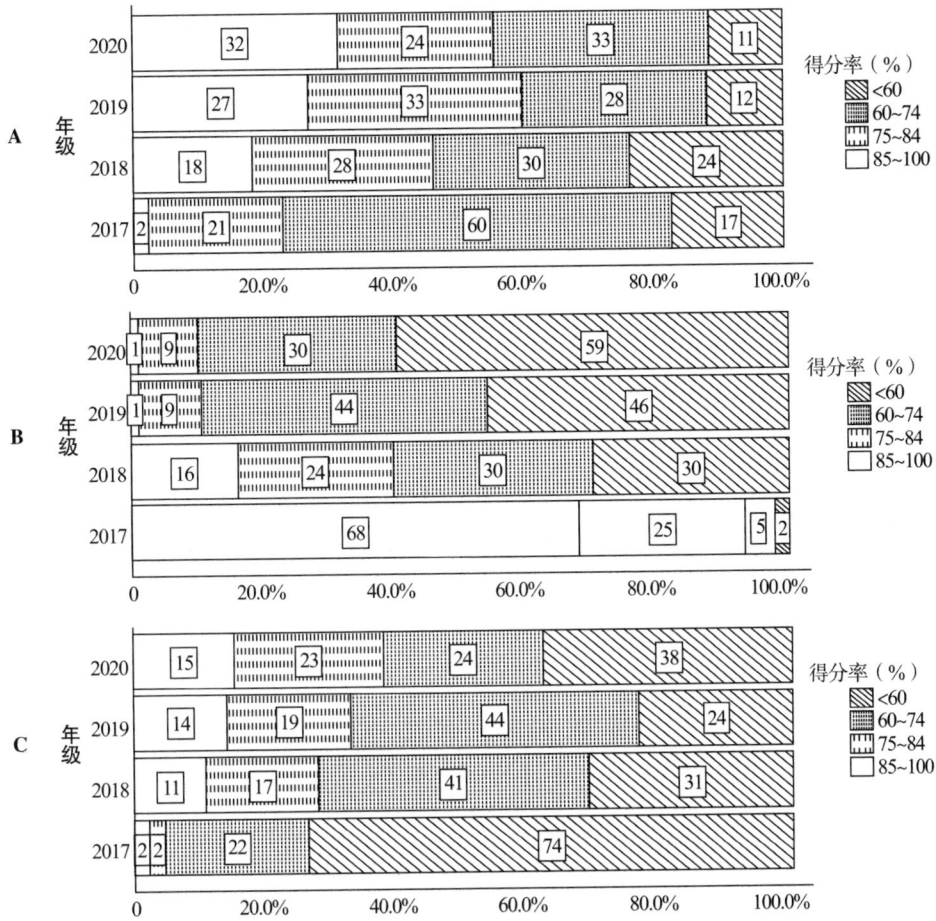

图3 2017—2020 级预防医学和医学检验技术专业本科生卫生统计学期末考试最佳选择题(A)、简答题(B)和计算分析题(C)得分率分布

五、小结

总之,基于在线开放课程,经过探索与实践,卫生统计学课程已经形成了线上线下较好融合的混合式教学模式,并取得了一定的成效。不仅学生的期末成绩得到了提高,而且得到了学生的认可,大大提升了学生对卫生统计学的学习兴趣和积极性,也提升了卫生统计学的教学效率、学生对授课教师的满意度和认同度。

第五篇

人才培养实践

关于中医学专业本科生创新创业训练项目及创新能力培养的思考

孟宪军　沈俊良　闫思敏[*]

摘要：自教育部实施国家级大学生创新创业训练计划以来，高校成为创新创业教育改革的首要阵地和人才培养的主要基地。中医药作为中华优秀传统文化，需要一批顺应时代、具有创新精神的学生将其发扬光大。在此背景下，中医学专业实施一系列措施及手段对学生创新思维及实践能力等综合素质进行培养。本文对实施创新创业教育改革以来指导学生参加创新创业项目情况及相关教育改革经验进行归纳总结，并进行思考与展望，明确对中医学专业大学生创新能力培养的重要性，为培养中医药创新型人才的教育观念转变及培养方式的改革提供帮助。

关键词：创新创业训练项目；人才培养；创新思维与能力

一、引言

创新是民族进步的灵魂和国家发展繁荣的不竭动力，习近平总书记曾深刻指出："新科技革命和产业变革的时代浪潮奔腾而至，如果我们不应变、不求变，将错失发展机遇，甚至错过整个时代。"[①]教育作为国之根本，大学生作为未来时代发展的接任者，良好的创新能力的培养至关重要。大学生创新创业训练计划项目，是教育部决定在"十二五"期间实施的国家级大学生创新创业训练计划。在新发展理念的指导下，通过实施国家级大学生创新创业训练计划（简称"大创"），促进高等学校转变教育思想观念，改革人才培养模式，强化创新创业能力训练，增强高校学生的创新能力和在创新基础上的创业能力，培养适应创新型国家建设需要的高水平创新人才。

伴随新型冠状病毒肺炎疫情暴发，中医药在疾病治疗中的作用愈发受到广大人民关注。中医药在对抗新冠肺炎疫情中的出色表现，使中医药发展迎来了前所未有的大好时机，同时也面临着更加艰巨的挑战。在中医药教学和发展愈加规范的当下，其改革发展中仍存在创新不够、传承不足、人才建设薄弱等问题。厦门大学中医系作为为社会培养并输送中医药人才、肩负传承并发扬祖国传统医学任务的发展平台，在教授中医学理论、传授中

　*　孟宪军，男，江苏连云港人，厦门大学医学院副教授，硕士生导师，主要研究方向为针灸治疗抑郁症的机制研究。沈俊良，男，福建龙岩人，厦门大学医学院硕士研究生，主要研究方向为针灸治疗抑郁症的机制研究。闫思敏，女，河南焦作人，厦门大学医学院硕士研究生，主要研究方向为针灸治疗抑郁症的机制研究。

　①　习近平：《同舟共济创造美好未来》，《人民日报》2018 年 11 月 18 日第 2 版。

医临床经验的同时,对人才培养的模式进行改革,注重培养学生的创新能力以及对科研的积极性,鼓励同学积极参与大学生创新创业训练计划项目,在培养中医药创新型人才、坚定和传播中医药文化自信、挖掘中医药宝藏、开发中医药知识产权等方面具有积极作用。[①]

针灸作为中医药的重要组成部分,在长期的临床试验中积累了丰富的理论基础和实践经验,发挥了不容忽视的作用。尽管实践能力对中医的传承与发展起着至关重要的作用,但如今确需结合创新实验构建具有中医特色的针灸推拿学实践教学体系。秉承这样的目标和理念,我们在本科生教学过程中,在对专业知识了解的前提下,密切关注针灸相关的发展趋势及最新研究,将大学生创新创业项目融入课程,引导本科生进入实验室接触动物学实验,创建本科生创新实践平台—中医药创新实验研究创新俱乐部,鼓励学生参加大学生创新创业训练,同时重视学生创新思维的培养,培养新时代需要的中医药创新人才。

二、针灸相关大学生创新创业项目的具体情况

科技创新是国家和民族发展的不竭动力,需将创新融入每一个学生的教育和培养当中,为有志于创新创业的学子提供指导和帮助是每一位中医系教师坚持的目标。厦门大学本科生创新实践平台创立以来,中医系共指导完成大学生创新创业项目137项。针灸推拿学研究范围包括基于中医学理论防治小学生近视、基于中医学理论的儿科常见疾病推拿疗法、儿童常见体质问题及调理、三伏灸在闽南地区的运用、基于颈椎病防治的紫砂保健药枕的开发与研究、澄江针灸学派传承下的闽南针灸名医针灸经验挖掘和整理、基于中医基础理论下肝经腧穴对抑郁症调节作用比较研究、基于中医基础理论下的大学生的失眠的病因研究、针灸疗法对大鼠慢性萎缩性胃炎的实验研究、针灸十三鬼穴为主调节CUMS大鼠抑郁样行为作用机制的研究等。中医药的宝贵经验存在于课堂,亦存在于生活。作为老师,我们鼓励学生走进医院、走进社会,将所学化为所用,灵活运用中医学的理论知识解决大众真正需要解决的问题;我们引导学生向优秀的医家学习,深入闽南地区探访澄江针灸学派的传人,并且将宝贵的经验整理汇总,从优秀医家身上学习"仁心仁术"的真实内涵;我们带领学生进入实验室,学习动物实验的思路与方法,鼓励同学表达自己的想法与思路,将中医传统疗法与现代实验手段相结合,各方面、多领域地对传统中医理论进行创新,为中医在临床上的进一步发展提供实验基础。

学生在参加创新项目的过程中,也取得了一些成果。其中本科生参与发表"针刺十三鬼穴治疗抑郁模型大鼠机制研究"相关SCI论文共7篇参与发表针灸相关的临床经验与动物学实验中文核心期刊文章共20余篇。在预实验过程中,学生发现大鼠在针刺过程中活动剧烈,将大鼠的头部遮住后大鼠可处于安静的状态,发明了用于针刺时的"头套"使大鼠安静地完成实验,并于2020年成功申请实用新型专利。在慢性不可预测轻度应激模型造模的过程中,学生发现,随着实验动物的长大,原可以轻松束缚大鼠的束缚器虽可以达到造模的效果,但对于较大体积的大鼠约束力过强,需强行将动物"塞"入其中,加之金属材质不可避免地会伤害实验动物本身,在多次思考改良之后,制作出了材质柔软且可以达到同样

① 姚鹏、严俊贤:《近九年中医药类院校大学生创新创业训练计划项目分析和思考》,《广东化工》2021年第11期。

束缚效果的"一种新型的大鼠束缚应激袋"，减轻了实验动物的痛苦，并在 2022 年申请了相关专利。而且，在过去几年中，我们分别对澄江针灸流派的陈应龙、黄宗勖、留章杰先生及其他闽南针灸名家的针灸教育思想和针灸临床经验进行了详尽的调查，获得其生平、学习经历、临床经验、教育思想等宝贵的资料并编撰成册，发表相关论文数篇，出版相关图书三册，使澄江针灸流派得以被大众所了解。

在学习中医学基础理论和前期教学改革的基础上，我们将创新性引入中医系本科生的实验设计、临床见习和学习，鼓励学生在一定的实验研究基础和自己亲身实践上进行大胆的创新。借助大学生创新创业训练项目，以学生实践创新能力培养为核心，以针灸学相关实验、社会调查类项目为依托，在实验项目内容、实验设计与思路、宝贵临床经验等方面进行更加深入的探索和发现，将以往的教学同创新实验和科研结合在一起，将传授针灸在内的中医学知识、创新意识的培养和动手能力的训练协调统一，理论与实践密切结合，采取灵活多样的方法与形式，依托中医系实验室和厦门大学优秀的教学资源，为学生提供充分的学习和实践机会，规范系统地培养学生的创新思维、临床经验和科研能力，为以后的科研和临床工作奠定良好的基础。

三、相关经验的总结及存在问题

创新创业教育作为各大院校人才培养目标的基础手段和重要措施，越来越受到高校的重视，新时代对大学生科研和创新能力的要求越来越紧迫。习近平总书记曾指出："青年是国家和民族的希望，创新是社会进步的灵魂，创业是推动经济社会发展、改善民生的重要途径。青年学生富有想象力和创造力，是创新创业的有生力量。"[①]

然而，本科生科研意识的缺乏和创新思维能力的不足会让他们在主观能动和客观角度上都停留在"被动接受知识"的层面，这样的限制会造成本科生创新思维及科研及动手能力的缺乏。因此，我们围绕厦门大学医学院中医系本科生创新能力提升，从专业知识和能力培养、教学方式改革和学校平台搭建等方面发展。

在学习能力方面，我们为本科一年级的学生开设了关于文献检索的课程，并邀请校图书馆的老师授课，教会学生使用厦大图书馆资源港、进行中英文文献检索。在小学期开设的选修课中，我们鼓励学生以综述或创新型实验设计作为期末作业，锻炼学生检索文献并汇总、创造性地表达自己想法的能力。为本科三年级的学生开设中医药综合实验课程，在老师的带领和帮助下，以小组为单位进行科研设计、学习具体实验操作并将最后的实验结果进行总结汇报，教会学生进行科研设计及初步具有撰写小论文的能力，使之成为学生能够掌握的技能，并培养其独立思考和团队分工协作的能力，使其具有提出假设并进行实验分析的能力。

在课堂上，我们采取 PBL（problem-based learning）、翻转课堂、小组讨论并展示等多种教学手段和方法对学生的创新能力、综合素质进行培养。让学生展开调研、探究，用创新的方法或方案来解决较为复杂的问题，在这样的经历和体验中，学生学习到新的知识并获取新的技能。在翻转课堂上，我们鼓励学生成为课堂的主导者，例如老师模拟门诊患者，学

---

① 《习近平致 2013 年全球创业周中国站活动组委会贺信》，《人民日报》2013 年 11 月 9 日第 1 版。

生作为医生,通过"辨证论治"的中医手段将课堂所学的诊疗方法模拟在线,加深学生印象的同时也培养其主动思考的能力。在授课时,更多地以提问的方式调动学生的专注力和积极性,提问比直接讲授更能激发学生独立思考和发散思维的能力。学生由被动学习变为主动学习时,其学习的积极性和思维的创新性就会大幅提高。此外,提高学生动手能力也是培养创新和科研能力的重要环节,在原有教学进度的基础上,压缩了原有理论内容的授课时长,增加实训的教学内容,在临床技能实践中心进行课堂教学,让每个学生都有动手操作的机会,改变了以往"纸上谈兵"而不能进行实际操作的教学方式,提高了学习的积极性和动手能力。

在本科生培养计划中要求学生参加大学生创新创业训练项目以来,从大创入手进一步培养中医学专业本科生创新思维及科研能力。在前期学习科研方法的基础上,所有本科生都可以选择在自己感兴趣的领域提出问题并自由组队。作为老师,我们会引导学生阅读国内外相关领域的文章了解当下发展现状、提出自己的假设并围绕自己的设想做出实验设计,根据自己设计的方案,进入实验室内,按实验计划展开具体实验步骤,详细记录实验进程,统计结果,撰写报告,完成结题。设计实验思路和动手实验的过程,不仅提高了学生的科研兴趣,同时还培养了学生独立思考、团队合作、创新思维等创新及科研不可或缺的能力。在实验过程中,指导老师对学生实验设计与计划不足之处提出建议,针对学生动手能力还应当继续加强对科研方法和技能训练等内容,让学生能够在实验中得到真正的提高。依托于此,我们成立了"厦门大学本科生创新实践平台——中医药创新实验研究创新俱乐部",为中医系本科生参与创新实验提供了坚实的基础和平台。

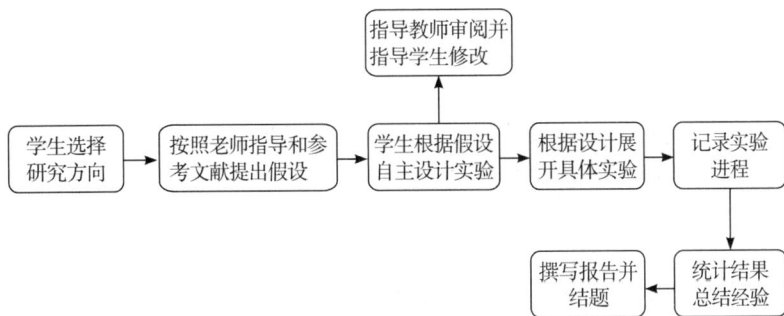

图1 本科生大创基本流程图

在这个过程中,我们也发现了诸多不足。首先,创新教育还未引起所有师生的重视,虽然学校已经将创新创业训练项目纳入培养方案,依旧有一些师生对大创项目和创新思维的培养没有足够的重视和理解,实际参与的效果没有达到预期。其次,创新创业训练项目中导师较少,可能会导致学生缺乏正确的示范和指导,随着中医药优势的显现和发展,越来越多其他专业的同学选择中医药相关领域作为自己大创项目的研究目标,而导师数量的限制可能会导致一些学生缺少系统的指导或转向别的研究方向。最后,创新教育的内容和实践依然有很大的发展空间,目前,中医学专业的教学方式仍以"课堂讲授+实践训练"为主,依然缺少与创新教育直接相关的课程,需要将创新性培养进一步融入本专业的日常教学和社会实践中,开辟与创新教育相应的实验与实习体系,发挥创新教育真正的作用。

四、未来计划措施及展望

在成立创新实践平台的基础上，教师团队也需进行创新训练。指导教师应对研究领域的新兴热点动态紧密关注并加以研究，同时深入了解本科生对于大创项目的未知性和兴趣并存的特点，在科研思维上加以引导，实验操作上加以指导，在平时上课的过程中引入当下研究热点，提高教学质量，激发学生求知的主动与热情，紧跟学校创新创业项目的发展。同时，实验不要拘泥于实验室研究，也可以开展与中医药相关的社会调研和临床研究，例如之前开展对中医名家的调研及对运用中医学理论对青少年的近视防治，进行创新的同时，将中医的发展落实到最需要的地方。这样不但发散了学生的思维，提高了学生的研究兴趣，还培养了学生系统地运用所学知识、创新思维等科研所必备的能力。发挥大学生创新实践平台的真正作用，在为学生提供科研相关帮助的同时，促进多学科的交流和融合，而不只是拘泥于某课题组或某一个实验研究，例如"针药结合"相关研究可将针灸与中药这两种在临床上常相结合的治疗手段引入实验室研究中来。平台的存在使得实验资源实现了互助与共享，帮助动手能力提高的同时也能够实现创新思维的培养。

在未来国家和学校大力发展创新、推广大学生创新创业训练计划项目、提高学生创新能力的大背景下，中医学专业的学生将面对着更大的机遇和考验，传承优秀传统文化之时应当肩负发扬之重任，我们将从多方面加强对学生创新能力和思维的培养，为其在将来的发展提供有效的帮助。

五、结语

在新科技的时代浪潮和经济发展新常态的全新社会环境下，大学生创新思维的培养和实践能力的提高是当代大学生教育计划中的重要命题，也是大学生提高自身综合素质，应对国家高速度、高质量发展所必须具备的能力。国家发展和民族复兴离不开创新精神，更离不开创新型人才的劳动与建设。《新时代的中国青年》白皮书中写道：新时代中国青年生逢盛世，共享机遇；素质过硬、全面发展；勇挑重担、堪当大任；胸怀世界、展现担当。当代大学生应在创新创业中走在前列，成为推动国家发展的原动力。作为一名肩负传承并发展中医药文化的中医学专业学生，更加应当具备创新思想、科研技术、实践能力以及开拓的思维，为中医药事业的发展和人类健康贡献更多创新力量。

技术之利与技术之弊[*]

——新媒体与大学生影视创作关系探析

黄小芳　阎立峰[**]

摘要：新媒体发展对大学生影视创造有积极的助推作用。设备的便携和易得降低了影视创作的技术门槛；数字化技术和软件的普及，使得影视创作从公司的产业化生产向个体化创作转变。网络自媒体成为影视作品的传播主渠道。营销、推介和筹款也依赖于网络媒体和社交媒体。借助于新媒体的传播和动员力量，学生影视作品可以摆脱商业力量的左右，展开形式和内容上的独立探索，从而与过度商业化的"院线"作品区隔开来。当然，就大学生毕业影展而言，当技术和技巧的问题解决后，故事、人物和情感等人文内涵又成为制约要素。

关键词：大学生影视创作；新媒体；影视产业

娱乐产业的发展、新媒体技术的进步以及高校对影视创作教育的日益重视，使得在校大学生创作的影视作品大量涌现，各类高校学生影展也随之而起。"厦门大学凤凰花季毕业影展暨两岸大学生影像联展"即这一潮流下应运而生之产物。该影展由厦门大学新闻传播学院联合台湾政治大学、铭传大学等于每年6月举办，集中展播各高校学生优秀影像作品，为大学生提供一个展示作品与能力的平台。

一、技术之利：新媒体助力高校影视创作

新媒体技术的发展，尤其是近年来受到新冠肺炎疫情影响而催生的用户需求，包括影视媒体等在内的在线娱乐需求呈现出爆发式增长态势，就影视媒体方面而言，一部部热播网剧，让人们惊叹于网络视频传播强大影响力的同时，也掀起了微电影、网络剧等新媒体影视热潮。爱奇艺网剧《隐秘的角落》豆瓣评分达8.8分，近107万人参与打分，"一起爬山"一度成为社交"热梗"，而近期的《狂飙》则可视为官方（中央政法委宣传教育局、中央政法委政法综治信息中心指导）借力新媒体东风，和爱奇艺一起打造出的"国民爆款"。如果说，上述网剧还带有传统影视行业的印记，那么以快手等为代表的平台播出的"短剧"，则更加深刻地表明了新媒体技术如何深刻地影响传统影视行业的格局：这种单集在10分钟上下的网络视频剧，以单集时间短、节奏快等特点，迅猛发展，成为众多网民受众的"电子榨菜"，成

* 基金项目：厦门大学教学改革研究项目"国际新闻传播人才培养模式改革"（项目编号：JG20210113）。

** 黄小芳，女，福建龙岩人，厦门大学新闻传播学院2012级研究生。阎立峰，男，陕西西安人，厦门大学新闻传播学院教授，博士生导师。

为各大视频网站积极拓展的"第二增长曲线"，受到官方认可和监管。仅 2022 年第四季度，获得广电总局发行许可的国产网络剧就有 261 部。

新媒体技术的发展不仅革新了传统影视行业的格局，也深刻地影响着高校影视创作实践与教育。

首先，设备的便携和易得降低了影视创作的技术门槛。由于高校的影视创作教育主要集中于专业院校以及综合院校的影视艺术、新闻传播、媒体与设计类专业，一般的在校大学生要接触到专业的影视拍摄器材、获得专业的拍摄培训实际上并不容易。然而，得益于新媒体技术，尤其是 5G 的发展，为影视行业的便捷化、智能化、网络化插上了翅膀。一方面，智能手机、数码摄像机、高性能的计算机设备为大学生影视创作提供了易于操作的硬件设备；另一方面，通过网络资源学习影视策划、拍摄与制作等，学生在专业知识上的欠缺也可以得到弥补。

其次，数字化技术和软件的普及，使得影视创作从公司的产业化生产向个体化创作转变。技术的发展，不仅为拍摄影片提供了易于操作的设备，也改变了影视产品的外在特征，如网络影视作品拍摄手法不受限制、资金投入较少、影片短小精致等。个体化的创作因此成为可能，影视创作如"旧时王谢堂前燕"，而今"飞入寻常百姓家"。高校学生也热衷于拿起摄影机，用文字、摄影之外的电影语言，讲述自己想要表达的故事，他们成为个体化创作潮流里一股重要的力量，无形中印证了昔日土豆网的宣传口号："每个人都是生活的导演。"

最后，网络自媒体成为影视作品的传播主渠道，营销、推介和筹款也依赖于网络媒体与社交媒体。一直以来，学生的影视创作实践都受制于现实条件，尤其是资金的压力，难以得到支持：学生创作并不是一般的商业作品，传统手段融资难，而单靠学生自己凑钱集资又不现实。2015 年 3 月，厦门大学学生影视创作团队《厦至》剧组的募款行动可视为借助互联网平台实现资金众筹与早期宣传的范例。由于资金匮乏，《厦至》剧组的《厦至 45.8℃》拍摄举步维艰。为了拍摄顺利进行，该剧组于 2015 年 3 月 26 日在微信平台发布了一篇《请给我们一个打动你的机会》的募款公开信，在指导老师的帮助下，该剧组在短短 72 小时内就收到了社会各界近 13 万元的捐款。许多热心人士在捐钱之余，还表示愿意提供商业合作机会、作品展示平台、知识技术支持等。为此，《厦至》剧组又特意致信社会公众《让情怀落地——厦至剧组致各位支持者的感谢信》。这样一来，剧组不仅筹集到了拍摄所需资金，也生发出宣传影片的良好作用。《厦至》剧组公开筹集资金最初实为无奈之举，但无意中见证了互联网在整合社会关系、优化资源配置方面的强大势能。随着 5G 的发展，抖音、快手、小红书等基于大数据算法推荐的短视频 APP 的出现，更让学生创作者进一步突破了资金、渠道等方面的限制。

也正是因为新媒体动员和传播的力量，大学生影视创作能够摆脱商业力量的左右，进而开展形式和内容上的独立探索，从而与过度商业化的"院线"作品区隔开来。说到底，围绕着影视作品商业性和艺术性的争论，本质上是影视作品自身文化与经济双重属性的矛盾。作为经济产品，创作者希望通过影视作品来获得收入；作为大众文化，人们又期待它能有艺术的品格，在娱乐大众的同时启迪心智。由于学生创作并不以营利为首要目的，而网络众筹、抖音平台等，又为学生摆脱外来商业力量的左右提供了可能，学生的影视创作就在一定程度上保持了独立性，具有作者电影的特点，艺术性高于商业性。在厦门大学 2014 年举办的首届毕业影像展中,新闻传播学院参展的影视作品《不忍》《大卫镇》《乌鸦炸酱面》《阿成》《第五日》《遗·诗》《左转第七步》以及纪录片《春更》等,从策划、编剧、拍摄到后期制作,全部由在校生独立完成。《大卫镇》更是获得了第二十三届中国金鸡百花电影节微电影作品大赛优秀奖。

二、技术之弊:技术热情或改变影视作品审美风格

然而,影视专业语言的娴熟,并不一定就代表着作品内涵的表达到位,比技术更为重要的是赋予影视剧作品以人文品格。如果说新媒体技术为大学生的影视创作提供了实践的舞台,那么学生能在舞台上呈现何种水准的作品,则很大程度上取决于创作者的人文素养。苏格拉底说:"一个人没有能用言词描绘出诸神与英雄的真正本性来,就等于一个画家没有画出他所要画的对象来一样。"①能不能用影视语言,讲述出高质量的富有人文内涵的作品来,是大学生影视作品面临的考验。

就厦门大学毕业影展而言,当技术的问题解决后,故事、人物和情感等人文内涵又成为其最主要的制约要素。突破了技术的硬伤,大学生的影视创作不足主要体现在:其一,作品过于形式化,缺乏内在的深度。囿于自身阅历和文学素养的欠缺,容易出现重"面子"轻"里子"的情况,即相比于作品想要表达的内涵思想,更为重视技术呈现等手段技巧。其二,受制于社会阅历与视野的局限,大学生的影视作品原创性少,且原创作品的题材难以突破校园生活与青春爱恋,容易就爱情而谈爱情,就生活而论生活,思维不够开放,成为用影像和音响呈现的"流水账"。即使有些作品在一定程度上反映了当下的社会现实,但也不脱故事情节稚嫩化和套路化的樊篱,对社会的影射流于表层。其三,不善于讲述平常的故事。影视作品作为艺术虽然"高于生活",但它毕竟还是"源于生活"。大学生创作在一定程度上,存在一种倾向,模仿各种先锋、各种主义、各种流派,不够接地气,容易忽视身边的人文景致。这也反映了我们的青年敏感度和观察力的欠缺,对周遭的世界缺乏好奇之心。

技术热情给影视创作带来的另一个潜在危机,是可能改变影视作品的美学风格,甚至成为反美学的力量。根据麦克卢汉的观点,媒介是人体的延伸,并会对人的心理和社会后果产生影响。② 技术的发展,反转了以往文艺作品以作者为中心的特点,全然以"数据"为导向,以"流量"为中心,而新媒体时代的大数据又让影视的"精准"营销成为可能。

影视产业互联网化,以"流量"思维考虑问题,就商业角度而言无可厚非,但就影视产品的艺术性而言,则有可能是个灾难。谁也说不清,过度向市场妥协的影视作品到底是流行文化还是文化快餐。作品一旦以迎合"观众"为目标,就很难引领它们的审美趣味。近年来一些青春题材电影看准了青年的怀旧心理,再借助明星的影响力进行宣传、包装,往往能够以较少的投入获得高额的回报。此类影片尽管屡创票房佳绩,却难以出现经典之作。

基于数据的"粉丝经济"最直接的一个后果就是创作者审美的短视,作品创作奉精准营销为目的,缺乏人文深度与想象。以小红书为例,不少创作者,在现有影视剧的基础上,对

---

① [古希腊]柏拉图:《理想国》,郭斌和、张竹明译,商务印书馆1986年版,第72页。

② [加拿大]马歇尔·麦克卢汉:《理解媒介:论人的延伸》,何道宽译,译林出版社2011年版,第21~22页。

其进行二次创作：通过剪辑、解说等方式，将一部部原创电影或电视剧，剪辑成一小集一小集 3～5 分钟的影视短片，很多电影的男女主人公都被简化为"小帅""小美""阿伟"，几分钟就能看完一集电视剧甚至一部电影。这种得益于技术进步而产生的"电子榨菜"，的确能够在尽量少的时间内，帮助人们尽快了解作品的情节框架和剧情最紧凑部分，但省略了一切关于镜头、蒙太奇、表演、细节、场景、隐喻等成分，颇有尼尔·波兹曼提出娱乐至死的倾向，即成为娱乐的附庸，成为娱乐至死的物种。[①] 这是技术导致的反审美倾向。

此外，就作品的生产而言，技术和设备的大众化，让社会公众广泛参与成为一种可能，影视剧创作不再是少数院校、精英的特权，但这也造成影视创作过程分工不明所导致的"一揽子工程"。大学生的影视创作，常常要身兼数职，甚至一个人包揽了导演、剪辑、编剧、后勤等角色。求"全"的后果往往是作品缺乏深度，难成精品。就这个意义而言，技术和设备的"民主化"，导致了影视创作的反专业化和反分工。然而，不可否认的是，影视行业有其自身的独特性，精良的影视作品仍然离不开专业人的精耕细作。

三、突围之道：重视人文内涵蓄养

创造故事的能力是影视产业的核心竞争力。[②] 好的影视作品不仅是视觉的冲击，更是心灵的震撼。它需要创作者对生活有深刻的感知，对社会有敏锐的观察。拍摄手法与技巧等知识或许可以在短期内突击习得，但影视作品的文化内涵、艺术审美、专业素养等人文品格却对创作者提出了更高的要求。说到底，新媒体的发展虽然极大地缓解了学生影视创作的外部压力，但只是技术层面的提升，并不能够有效地实现思维的突破。

"剧作家是生成的，而不是学成的。"这句常言承认剧作家至少要具备其他艺术家的一个条件，即天赋。[③]"天赋说"当然绝对化了。但大学生要想在影视创作之路上走得更远，就应该不断地浸濡于经典书籍和经典作品之中以唤醒"天赋"。大数据或许能够提供一切可供参考的"数据"，唯独不能提供创作的灵感。而能否讲好一个传达了人性、情感、性格、冲突等基本元素的影视剧故事，是衡量一部作品审美标准的重要条件。阅读经典，提升人文素养，不仅可以缓解高校学生在阅历上的不足，还可以让受限的视野变得更加开阔。有了开拓的胸襟，才会有创作精品的初心；有了深厚的人文积淀，才能对文化、艺术、社会、人性有着更为深刻的探寻冲动与挖掘能力。好的作品既是感官的享受，也是精神的愉悦。事实上，真正有视觉冲击力的镜头，往往来自创作者自身深厚的艺术修养。

专业院校，除了技能培训，和给学生一个实践的平台，也要重视学生人文内涵的蓄养，具体到影视创作而言，则是写作剧本讲好故事的能力。无论是文学作品还是影视作品，说到底都是在讲故事。我们不仅需要有拍故事的决心，还要有拍好故事的能力。大学生影视创作虽有珠玉在前，但一般来说，能够通过作品讲好故事，表现出创作者对于社会、自然、历史等方面的艺术感知和艺术表达能力，进而引发观者共鸣的，仍属凤毛麟角。

总而言之，新媒体技术所带来的便利让大学生在影视创作的实践之路上走得比以往更

---

① ［美］尼尔·波兹曼：《娱乐至死》，章艳译，广西师范大学出版社 2004 年版，第 4 页。
② 阎立峰：《创造故事的能力是影视产业的第一生产力》，《艺苑》2010 年第 6 期。
③ ［美］乔治·贝克：《戏剧技巧》，余上沅译，中国戏剧出版社 1985 年版，第 1 页。

远,但也需要努力丰富作品的审美意味,加强人文基础训练。不仅写故事,更要写好故事;不仅拍片子,更要拍有感染力的片子。借力新媒体,一边加强技巧磨炼,一边加深人文积淀,让"技"与"道"双轨并行,方能使高校影视创作实践行稳致远。

四、结语

技术的发展,不仅革新了传统影视行业的格局,也深深影响高校新闻传播教育。2023年6月,围绕新闻传播学专业的网络争辩,也警醒我们,到底什么才是高校新闻传播学教育的"护城河"?

当技术让影视拍摄和剪辑等技术性处理成为"随时随地"的可能后,"技"的发展,让大学生影视作品能够摆脱商业束缚,在经济与文化的矛盾中实现某种平衡的可能,使作品既能获得经济收入,又能够具有一定的艺术品格。然而,也带来了另一个潜在危机:技术可能改变影视作品的美学风格,甚至成为反美学的力量。

这向高校新闻传播教育提出了挑战。就影视传播而言,当技术的问题不再是问题之后,如何进一步突破高校影视作品故事、人物、情感等人文内涵匮乏的困境,在某种程度上,除了技能培训、提供实践平台之外,高校能否引导、鼓励、涵养在校学生的文化素养,如通过浸濡于经典书籍和经典作品,"唤醒"学生对生活的感知、对社会的洞察,以创造更好的故事。这些或许更重要,也更考验高校新闻传播教育的水平、能力和积淀。

"外研社·国才杯"全国英语阅读大赛 Read and Create (读以言志)中思辨能力的培养

丁燕蓉 *

摘要：培养学生思辨能力是中国高等教育的核心目标之一，"外研社·国才杯"全国英语阅读大赛 Read and Create(读以言志)部分，既考查选手的阅读理解能力、信息处理的能力，又检验选手的表达能力和思辨能力，是英语语言输入与产出的一种综合，对选手来说是一大难题，尤其是思辨能力的培养，其中人文哲学的积淀与创新应用更是一大挑战。平时训练指导时，一则注意安排选手阅读指定的书目，完成读书笔记，并同指导老师和其他选手进行沟通和讨论，以提升阅读理解能力，特别是一些人文哲理的积累。同时，指导老师节选阅读的内容，设置题目，让选手在规定时间内完成写作。然后，进行讲解、分享和讨论注意事项，尤其是对问题在原文中的信息定位、如何进行分析、评价和创新性的写作，以便培养和提升选手的思辨能力。

关键词："读以言志"；人文哲学的积淀与创新应用；思辨能力

一、引言

《中华人民共和国高等教育法》(2018 年修正)总则中第五条规定："高等教育的任务是培养具有社会责任感、创新精神和实践能力的高级专门人才，发展科学技术文化，促进社会主义现代化建设。"这里，创新精神和实践能力的内核都是思辨能力，或者说思辨能力是创新精神和实践能力的前提。从根本上说，创新是思辨能力的体现，而实践只有在高级思辨能力的引导下才能导致创新。因此，培养学生思辨能力成了中国高等教育的核心目标之一。

"外研社·国才杯"全国英语大赛 2020 年升级为顶级大赛，可见其含金量，同时也提出了很大的挑战。其中的一项赛事阅读大赛的 Read and Create(读以言志)部分更是如此，结合了阅读输入和写作输出，既要深入理解作者，又要以自己的方式进行阐述，同时又要体现思辨能力。指导过程中，指导老师不断更新自己的知识储备，不断地探索写作过程，不断地归纳总结其特点、要求；在提升参赛选手对文本信息的理解分析、综合评价和提取运用能力的基础上，关注样题、每年赛后的专家点评、获奖范文评析，找寻选手的突破口，帮助选手在这部分赛题上取得较好的成绩，同时提升选手的思辨能力。

---

　* 丁燕蓉，福建晋江人，厦门大学外文学院外语教学部副教授，主要研究方向为应用语言学和英语教学法。

二、思辨能力与 Read and Create(读以言志)

2018 年 6 月 1 日,教育部、国家语言文字工作委员会颁布实施的《中国英语能力等级量表》的阅读理解能力总表中的八级,就是要求"能读懂语言复杂、题材广泛的材料,综合鉴赏材料的语言艺术及社会价值等。在读语言复杂、熟悉领域的学术性材料时,能通过分析文本,对语言和思想内容进行深度的思辨性评析"。[①] 这里也提到了"思辨性评析"。那么到底什么是思辨? 什么是思辨能力?

(一)思辨能力的概念

西方学术界对思辨能力早有研究。20 世纪 50 年代,美国著名教育心理学家 Benjamin Bloom 提出了影响深远的教育目标分类学。他把教育目标划分为三大领域:the affective domain(情感目标),the manipulative or motor-skill area(动作技能目标)和 the cognitive domain(认知目标)。[②] 大学教育的主要目标应该是第三层级的认知能力培养。Lorin Anderson 对 Bloom 的认知能力分类进行了改进并提出了"Cognitive Process Dimension (认知过程的维度)(1)Remember(识记);(2)Understand(理解);(3)Apply(应用);(4) Analyze(分析);(5)Evaluate(评价);(6)Create(创造)。"[③]这个六级模型如图 1 所示:

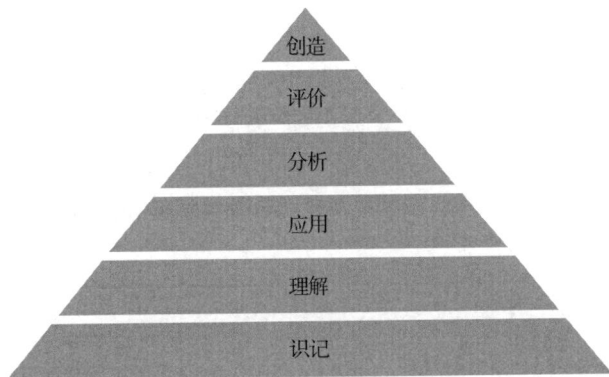

图 1 Bloom-Anderson 认知能力模型分类

这里的"识记""理解""应用"属于认知能力阶梯的低阶层,而思辨能力集中体现在认知能力阶梯的分析、评价等高阶层;创造能力可以视为思辨能力的最高表现,也可以视为建立在辨别能力之上的最高级别的认知能力。

综合国内学者对思辨能力的定义,孙旻将思辨概括为以下方面:(1)能做出有理据的判断;(2)思辨者既要掌握良好的思辨技能(分析、推理、评价等),还应具备某些特定的情感特质,如探究未知事物的热情、警惕自身偏见、以开放的态度对待争议等;(3)思辨过程还包括

---

① 教育部考试中心:《语言文字规范(GF 0018—2018):中国英语能力等级量表》,上海外语教育出版社 2018 版,第 8 页。

② Benjamin S. Bloom, *Taxonomy of Educational Objectives*, Longman Inc., 1956, p.7.

③ Lorin W. Anderson, *A Taxonomy for Learning, Teaching and Assessing*, Allyn & Bacon, 2000,p.32.

元认知或者"元思辨"，即简言之，思辨能力包括分析能力、推理能力和评价能力。[①]

综观国内外的研究，思辨能力包括分析能力、评价能力和创造能力。而反思国内高等教育中英语的教学现状，不难发现盛行的听、说、读、写、译等技能课训练都是在"识记"和"理解"层面展开，加以一定的"应用"。而集中体现在认知能力阶梯的"分析""评价""创新"等高阶层的思辨能力，在国内高等教育中的英语教学方面是比较缺失的。

（二）思辨能力与 Read and Create（读以言志）

"外研社·国才杯"全国英语阅读大赛 Read and Create（读以言志）这部分是给定某本必读书的摘录（包括设定的问题），要求参赛选手根据摘录进行写作，时间是 40 分钟。具体要求如下：

Write a short essay of about 300 words based on your understanding of the excerpt. Remember to write in your OWN words with clarity and logic. Your essay should respond to the following questions：（根据你对摘录的理解，写一篇 300 字左右的作文。记得用你自己的语言写，清晰且有逻辑。你的作文应该涉及以下问题：）

这里，"on your understanding of the except（根据你对摘录的理解）"考察的是选手的"识记"和"理解"能力；"to write in your words（用你自己的语言写）"要求的是选手对以前掌握的表达法的"应用"能力；"with clarity and logic（清晰且有逻辑）"，要求表达清晰且有逻辑；而"Your essay should respond to the following questions：（你的作文应该涉及以下问题：）"[②]对涉及摘录的问题的回答就要求要对摘录的内容进行"分析"、对其观点进行"评价"，同时最后一个问题的开放式回答更是一种"创造"能力的体现。

从阅读的角度来讲，孙魇指出，Read and Create（读以言志）这部分考查了思辨阅读的最高级别，即深入理解作者并以自己的方式进行阐述，并且在写作要求中特别强调了考查认知技能的评价和认知标准逻辑性。[③]

三、Read and Create（读以言志）的特点与难点

Read and Create（读以言志）有其要求特点，以及相关的挑战和难点。

（一）特点

Read and Create（读以言志）是对选手阅读和写作的双重考验，要求选手具有较强的提取、概括信息的阅读能力和能够清楚完整阐述自我想法的写作能力。经过对过往这 5 年赛题的分析，发现这部分赛题具有以下的特点：

1. 这部分赛题既不是一般意义上的定题作文，也不是简单地"回答问题"，而是通过"读后写"的方式，考查选手对原文本信息的理解、分析、综合、提取运用及评价的能力；换言之，通过"写"来考查阅读理解的准确性，同时又要体现选手对问题的认识度。所以，评估的重心，首先在于原文的理解是否到位，其次在于对问题观点的效度表述。

[①] 孙旻：《中国高校英语演讲学习者思辨能力发展个案研究》，外语教学与研究出版社 2017 年版，第 1 页。

[②] 一般会有 2～4 问题，前面的问题答案一般都包含在摘录里，而最后一个问题的答案是开放式的，由选手自由发挥。

[③] 孙魇：《"外研社杯"全国英语阅读大赛与思辨能力培养》，《海外英语》2019 年第 1 期。

2. 该部分赛题的作答可大致分为两大部分：Summary(对原文大意的梗概)＋Comment(相关话题的个人观点)。其中,基础部分是在 Summary(对原文大意的梗概),即对原文本的理解和表述。如果对原文的理解不正确,言辞再好也是败笔。拓展部分在 Comment(相关话题的个人观点),选手要给出自己的理由,往往这部分会体现选手的知识涵养和思辨能力。无论怎样,这两部分缺一不可。

3. 因为涉及回答问题,考查阅读理解能力,那么这部分赛题作答时,应直截了当,不宜采用迂回战术,因为这会给人留下理解不透的印象。成功与否,首先还在于对原文的理解是否准确。

4. 该部分赛题的设计意图,在评分标准中也有体现：内容 60%＋组织 20%＋语言 20%。内容所占的比重是最大的,体现了 Summary(对原文大意的梗概)部分对原文理解、Comment(相关话题的个人观点)部分对个人观点发挥和思辨能力的体现,这两者都很重要。

5. 最后,这部分赛题基于所提供的必读书,因此,选手提前了解全书内容是必要的。必读书都是英语经典读本,内容上大部分有一定深度,有些选篇要在 10 分钟内把内容理解透不容易。参赛选手在备赛期间需要对文本本身、背景、作者、作者的一般立场等先有个了解,总共 40 分钟的比赛时间会自信很多。

总而言之,就是对选手有两方面的考察：一方面考察选手是否能够在既定方向下,将所给原文中的有效信息提炼出来,并用清晰而有逻辑性的语言进行总结;另一方面要求选手对作者的观点以及论证的信度展开分析,并结合自身的阅读经验和思辨能力提出自己对相关问题的认识。

（二）难点

通过对 Read and Create(读以言志)这部分赛题的研究与分析,同时也结合这两年对参赛选手的指导和培训,归纳总结 Read and Create(读以言志)的难点或者说参赛选手易犯的毛病有以下几方面：

1. 选手在有限 10 分钟内对原文有正确理解和把握有一定的难度,往往会理解错误。

2. 选手定位到了问题在原文的相关内容,往往不知如何提取和运用相关信息,就直接用原文的原话来回答问题,没有用自己的话来表述,或者不懂得如何用自己的语言来阐述。

3. 选手无法确定相关的主题,整个写作缺乏一条主线,只靠一些过渡词来简单地实现整个行文的衔接,显得机械化、模板化。

4. 选手的阅读经验有限,思维逻辑和思考的角度有限,对问题的辨识度很有局限性。

5. 选手在论证过程中,所举的例证往往局限于日常生活,在引经据典方面比较薄弱。

6. 选手对古今中外人文哲学、思想文化的积累不够,对问题的看法很难达到一定的高度。

总之,选手在分析、评价、创新等高阶层的思辨能力方面,有待进一步提升。

四、Read and Create(读以言志)中思辨能力的培养

针对 Read and Create(读以言志)的要求和难点,变挑战为突破口,指导老师对参赛选手进行了一系列的指导与培训,尤其是思辨能力的培养。

(一)布置阅读指定书目，选手完成阅读任务并且书写读书笔记

Read and Create(读以言志)每年指定的阅读书目有增无减，涉及的主题也越来越多，文学的、历史的、哲学的、社会学的……虽说是挑战，但也是个机会。选手如果大量阅读，拓展自己的知识结构，积累人文哲学思想，这将大大有助于对相关问题的看法和认识。因此，根据指定书目，每周给选手布置阅读任务，并要求选手完成读书笔记，在规定时间内发到微信交流群，指导老师给予评阅与反馈，选手之间也互评，交流自己的读后感。也就是通过阅读和书写读书笔记来训练"识记"能力、"理解"能力和"应用"能力，为思辨能力打下坚实的基础。

(二)设计模拟题，选手在规定的时间内完成

以周为单位，指导老师每周给选手布置一篇模拟题，涉及每周指定书目的内容，要求选手在指定时间内完成，即模拟竞赛的时间要求内完成，然后提交。省赛之前，指定书目涉及的题材都写过一遍。指导老师要通读完所有的指定书目，然后再细读一些章节，设计的题目也要尽量全面，尤其是问题的设置，前面的问题要涉及原文的内容，后面的问题要具有一定的开放性，让选手能够找到一些关键词，串成一条主线。选手在完成写作的过程中也要能够形成这种做题思维习惯，而不是在简单地回答问题。也就是开始让学生模拟比赛，结合平时英语课程对"识记"能力、"理解"能力和"应用"能力的强化，加强"分析"和"评价"等思辨能力、实现"创新"层级的思辨能力。

(三)详尽地批阅选手的作文，选手互相借鉴，并且写反思

选手每次完成作文，至少两位指导老师都各自详细地进行批阅和点评，从言语的使用、句子结构的表述、是否连贯、符合逻辑，论证是否得当，有没有谬误，主线是否清晰，尤其是最后一个问题选手的认识和表述是否存在问题，应该如何修改……批阅完发到交流群，选手要认真细看老师的批阅，并且进行修改和反思；选手之间也互相学习和借鉴。这个阶段，重点放在"分析""评价""创新"等思辨能力，看看选手是否能够正确地分析摘录文本，对其内容和观点适当地评价？以及对最后一个问题的回答是否能够创新：观点新颖且论证得当、符合逻辑。

(四)通过线上对一些写作技巧的培训

针对 Read and Create(读以言志)的特点与难点，对选手进行一定的培训：首先，如何快速找到前面问题在文中的答案，对相关的信息如何分析和提取，并对这些信息进行一定的改写表达，注意语言的准确性和多样性；其次，根据所有问题以及原文的相关内容，确定一条主线，大脑中拟定一定的大纲，才开始动笔，尤其是对于最后开放性的问题，要如何阐释自己的观点，什么样的例证更有说服力。图 2 就是指导老师对这部分解题思路的讲解。

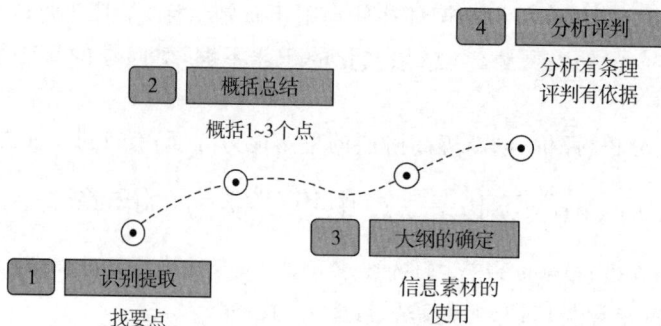

图 2　指导老师讲解 Read and Create(读以言志)解题四步骤

（五）及时发现选手弱项，进行实时的点明

Read and Create(读以言志)部分往往要求选手给出具体的例证来论述某个观点。选手们在论证时往往就从生活中众所周知的情况入手，大家所言皆是，不具备典型性和代表性；同时格局不够，显得例证没有说服力，尤其是在引经据典方面很显薄弱，不会引用一些人文思想文化哲理方面这种比较高的格局例证，这样写出来的作文经常缺乏一定的辨识度。针对选手的弱项，指导老师批阅选手作文时，及时发现不足之处，进行实时的引导。图3就是指导老师对 Getting away doesn't mean to be a loser, but to bide the time.（撤退并不意味着失败，而是为了等待时机。）这样的观点，以老子"以退为进"的理论为支撑，古今中外的历史战争为依据，某种程度上做到了博古通今，提高了分析、评价等思辨能力。

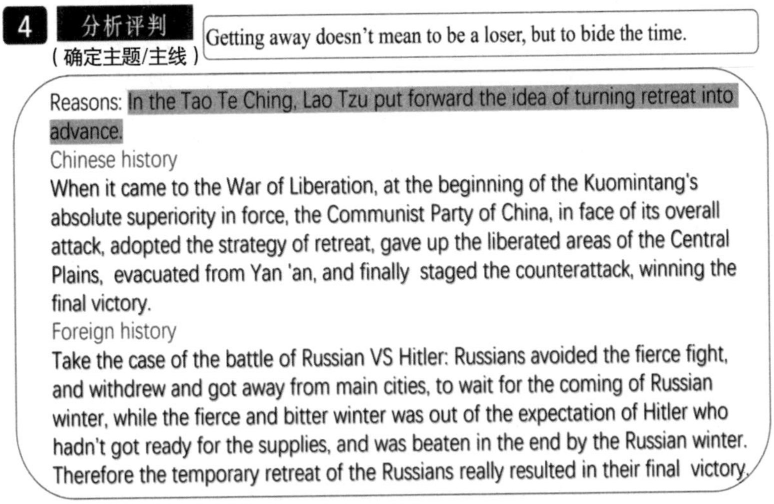

4 分析评判 （确定主题/主线） Getting away doesn't mean to be a loser, but to bide the time.

Reasons: In the Tao Te Ching, Lao Tzu put forward the idea of turning retreat into advance.
Chinese history
When it came to the War of Liberation, at the beginning of the Kuomintang's absolute superiority in force, the Communist Party of China, in face of its overall attack, adopted the strategy of retreat, gave up the liberated areas of the Central Plains, evacuated from Yan 'an, and finally staged the counterattack, winning the final victory.
Foreign history
Take the case of the battle of Russian VS Hitler: Russians avoided the fierce fight, and withdrew and got away from main cities, to wait for the coming of Russian winter, while the fierce and bitter winter was out of the expectation of Hitler who hadn't got ready for the supplies, and was beaten in the end by the Russian winter. Therefore the temporary retreat of the Russians really resulted in their final victory.

图3 指导老师点明如何在论证方面引经据典

（六）在线头脑风暴

针对题目中最后的开放性问题的解答，指导老师平时对选手进行头脑风暴训练。一方面，摘取指定书目的某段话，让选手来分析辩解，关键是要给出理由，考验选手的阅读经验和知识面，以及思考的角度，尤其是思辨能力。另一方面，选手分享自己完成每一篇写作的解题思路，如何下笔，如何进行类比，如何筛选例证，是否联想到相关的人文思想与文化，尤其是古今中外的哲理人文，以及如何提升例证的格局，加强选手的思辨能力。

（七）关注一些社会焦点与热点

"学术性、人文性、工具性的交合向来是阅读大赛的不二理念。对于善用阅读策略，拥有思辨逻辑，能够深耕学术的高潜人才进行定向挖掘，引导他们关注社会，了解中华优秀传统文化，并在此基础上深度思考，构建起更加牢固的家国情怀与社会责任感，是阅读大赛孜孜不倦的追求。"①Read and Create(读以言志)赛题亦是如此。指导老师在指导过程中，尤其是模拟问题的设置要注意一些社会的焦点与热点，比如优秀中华传统文化，平时训练过

---

① 《胸藏文墨，笔书天地——2021"外研社·国才杯"全国英语写作、阅读大赛总决赛成功举办》，https://www.fltrp.com/c/2021-12-06/508101.shtml，访问日期：2022年12月11日。

程中尽量拓宽选手的写作思路，做到相当的气度，真正体现"读以言志"的理念。

总之，得益于整个指导教师团队与参赛选手的共同努力，通过上述的指导与培训，选手的理解分析、信息处理、表达能力有了相当的提高，同时，也对人文哲学、思想文化有了一定的积累，这部分赛题的完成有了突破，选手整体的思辨能力得到了提高，比赛也取得了较好的成绩。

五、结语

针对 Read and Create（以读言志）这部分的特点和难点，训练选手打好扎实的学术专业功底、通过阅读来积累深厚的人文哲学积淀，再加上信息处理及表达能力尤其是思辨能力的训练，这样才能更好地完成这部分的任务，三者缺一不可。同时，指导老师也必须与时俱进，教学相长，不断拓展和提升自己，尤其是在人文哲学的积淀方面加大功夫，提升自己创造性思维和思辨性能力，才能够真正地指导选手和帮助选手实现创新层级的思辨能力。

新文科视域下推进交叉学科人才培养的路径探索[*]

——以厦门大学台湾研究交叉学科为例

黄　涛^{**}

摘要：为顺应新时代建设发展的人才需求，实现到 2035 年建成教育强国的目标。2019 年教育部、科技部、工信部等 13 个部门联合推出"六卓越一拔尖"计划 2.0，国内新文科建设由此肇端。厦门大学作为全国"双一流"建设高校，涉台领域研究一直处于国内领先地位，台湾研究院以新文科建设为契机，在国家级 2011 协同创新工作平台基础上，不断探索创新涉台研究人才培养模式，推动台湾研究交叉学科在服务区域发展和国家战略中发挥积极作用。

关键词：新文科；交叉学科；人才培养

在 2021 年 9 月召开的中央人才工作会议上，习近平总书记强调："我国进入了全面建设社会主义现代化国家、向第二个百年奋斗目标进军的新征程，我们比历史上任何时期都更加接近实现中华民族伟大复兴的宏伟目标，也比历史上任何时期都更加渴求人才。"[①]面对世界百年未有之大变局，要在大国博弈竞争中赢得优势与主动，作为人才高地和创新高地的高校，肩负着培养德智体美劳全面发展的高素质创新型人才的使命任务。

一、新文科建设理念下的人才培养观综述

从 2019 年教育部、科技部、工信部等 13 个部门联合推出"六卓越一拔尖"计划 2.0，到 2020 年教育部新文科建设工作组发布《新文科建设宣言》，再到 2021 年教育部办公厅发布《关于推荐新文科研究与改革实践项目的通知》。新文科建设的核心内容之一就是加快构建世界水平、中国特色的文科人才培养体系。

1. 针对新文科建设要培养什么样的人

各方专家学者也提出了各自思路和建议。在《新文科建设宣言》中就强调要"大力培养具有国际视野和国际竞争力的时代新人"。[②] 在《关于推荐新文科研究与改革实践项目的

---

* 基金项目：教育部人文社会科学研究一般项目"两岸青年交流中的群际接触与融合发展问题研究"（18YJAGAT003）

** 黄涛，男，广西柳州人，厦门大学台湾研究院讲师，研究方向为青年发展问题。

① 《深入实施新时代人才强国战略 加快建设世界重要人才中心和创新高地》，《人民日报》2021 年 9 月 29 日第 1 版。

② 《教育部：新文科建设工作会在山东大学召开》，http://www.moe.gov.cn/jyb_xwfb/gzdt_gzdt/s5987/202011/t20201103_498067.html，访问日期：2022 年 7 月 12 日。

通知》中，教育部着重提到对"拔尖创新人才、文科复合型人才、高素质涉外人才"培养的探索。2021年，教育部负责牵头新文科建设的高等教育司司长吴岩认为，新文科建设下所培养的人应该是"中华文化的传承者，中国声音的传播者，中国理论的创新者，中国未来的开创者"。[①] 教育部文科建设工作组组长、山东大学校长樊丽明认为，"新文科人才培养应该关注国际组织人才培养、国家急需的国际化人才培养、国际学生培养"。[②] 对外经贸大学校长夏文斌认为，新文科建设所培养的人才应具有"坚定的理想信念、较强的综合实力、持续的创新能力"。[③] 可以说培养适应新时代要求的，具有国际视野的应用型、复合型、创新型文科人才已经成为各方专家、学者的共识。

2. 针对新文科建设要怎么培养人

在《新文科建设宣言》中提出强化价值引领、促进专业优化、夯实课程体系、推动模式创新、打造质量文化的任务框架。[④] 在《关于推荐新文科研究与改革实践项目的通知》中则重点对"政产学研协同育人机制、新文科创新创业教育实践"等提出探索实践要求。国内一些知名高校的校长和专家也提出自己的看法。樊丽明提出，要以"人才培养与科学研究紧密结合，本科教育与研究生教育紧密结合，理论研究与实践探索紧密结合"作为新文科建设下人才培养的工作原则，通过"新专业（方向）、新模式、新课程、新理论建设"实现人才培养的既定目标。[⑤] 夏文斌提出"以人工智能和大数据为抓手、以教育评价改革为动力、以协同联动为原则"来推进新文科人才培养工作。北京大学校长龚旗煌提出"要由学科导向转为问题导向，加强学科交叉融合，推进评价改革"，促进人才培养。[⑥] 因此，新文科建设下的人才培养工作，应注重加强学生问题意识培养，加强学科交叉，融合最新技术手段，进而构建新的人才培养模式。

3. 针对具体学科的人才培养工作

对提升新法学人才培养质量，教育部高等学校法学类专业教学指导委员会主任委员徐显明认为要从"更新生源结构、更新培养目标、更新培养体系、更新师资队伍、更新培养模式"等五个方面着力。[⑦] 针对经济学科人才培养，教育部高等学校经济学类专业教学指导委员会主任委员刘伟提出要"加强教材、课程体系建设，改进与完善培养模式，注重本科与硕士、博士阶段的有机衔接"。[⑧] 针对历史学科人才培养，教育部历史学科教学指导委员会主任委员陈春声认为可以"着力打通本科与研究生教育，形成小班化、个性化和国际化的人才培养成长链"。[⑨] 针对管理学科人才培养，教育部新文科建设工作组副组长黄有方认为

---

① 吴岩：《积势蓄势谋势 识变应变求变》，《中国高等教育》2021年第1期。

② 樊丽明：《新文科建设：走深走实稳致远》，《中国教育报》2021年5月10日。

③ 夏文斌：《新文科建设的目标、内涵与路径》，《北京高等教育》2021年第5期。

④ 《教育部：新文科建设工作会在山东大学召开》，http://www.moe.gov.cn/jyb_xwfb/gzdt_gzdt/s5987/202011/t20201103_498067.html，访问日期：2022年7月12日。

⑤ 樊丽明：《新文科建设：走深走实 行稳致远》，《中国教育报》2021年5月10日。

⑥ 龚旗煌：《新文科建设的四个"新"维度》，《中国高等教育》2021年第1期。

⑦ 徐显明：《新文科建设与卓越法治人才培养》，《中国高等教育》2021年第1期。

⑧ 刘伟：《推进中国经济学学科建设和教学改革》，《中国高等教育》2021年第1期。

⑨ 陈春声：《新文科背景下的史学研究与人才培养》，《中国高等教育》2021年第1期。

要"进一步明确建设原则,高度关注国内外变革趋势,借鉴国内外已有的改革实践,鼓励各高校开展特色创新实践",促进学科人才培养。① 概括而言,在新文科建设视域下,各学科人才培养改革的共通的重点主要有三个方面:一是要不断优化学科人才培养方案、课程和教材建设新体系,树立人才培养新理念。二是要努力突破固有学科和专业壁垒,建立学科交叉融合新平台。三是要凝聚政产学研育人合力,形成协同育人新机制。

二、新文科视域下对台湾研究交叉学科人才培养的新要求

2020 年,习近平总书记对研究生教育工作作出重要指示,强调"坚持'四为'方针,瞄准科技前沿和关键领域,深入推进学科专业调整,提升导师队伍水平,完善人才培养体系"。② 因此,高校的学科建设、课程体系建设、人才培养工作等都应该服从和服务于科技进步与国家经济社会发展需要。在新文科建设背景下,全面提升台湾研究交叉学科人才培养质量,积极服务国家对台工作,具有重要现实意义与战略意义。

(一)推动两岸完全统一进程需要培养涉台研究的拔尖创新型人才

在庆祝中国共产党成立 100 周年大会上的讲话中,习近平总书记强调:"解决台湾问题、实现祖国完全统一,是中国共产党矢志不渝的历史任务,是全体中华儿女的共同愿望。"③ 在新时代背景下,新时代党解决台湾问题的总体方略,为做好新时代对台工作提供了根本遵循和行动指南。这就要求我们培养的涉台人才必须能够结合中央对台大政方针,用新观念、新思维、新方式来开展涉台研究,处理两岸事务,推动两岸完全统一进程。以涉台法律人才的培养为例,在新文科建设背景下,涉台法律人才的培养就亟须在夯实法学理论知识基础上,辅之以台湾地区政治、经济、文化、历史等相关理论知识,制定出符合当前对台工作需要的涉台法律人才培养方案,形成宽口径、多维度的人才培养模式。

(二)提高两岸融合发展质量需要培养涉台研究的复合实务型人才

习近平总书记强调:"我们所追求的国家统一不仅是形式上的统一,更重要的是两岸同胞的心灵契合。"④ 党的二十大报告明确指出,"两岸同胞血脉相连,是血浓于水的一家人。我们始终尊重、关爱、造福台湾同胞,继续致力于促进两岸经济文化交流合作,深化两岸各领域融合发展,完善增进台湾同胞福祉的制度和政策"。在此背景下,涉台人才培养工作应该培养一批掌握社会学、心理学、历史学、传播学等理论知识,同时熟悉闽台文化,了解国家有关两岸交流方针、政策,具有较强的从事两岸社会文化交流研究及其实际应用能力的复合实务型人才。过去"社会科学以人类社会现象为研究对象,其传统研究范式在认知准确性方面饱受争议。然而,大数据时代的到来为弥补这一缺陷提供了潜在的解决方案"。⑤涉台人才培养必须提升信息技术在课程设计、人才培养、研究范式中的应用,促进涉台领域教育和科研在对象、内容、过程、方法以及结果上的革新。同时,涉台研究成果也将借助互

① 黄有方:《推进管理学领域新文科建设的方向与举措》,《中国高等教育》2021 年第 1 期。

② 《适应党和国家事业发展需要,培养造就大批德才兼备的高层次人才》,《人民日报》2020 年 7 月 30 日第 1 版。

③ 《在庆祝中国共产党成立 100 周年大会上的讲话》,《人民日报》2021 年 7 月 2 日第 2 版。

④ 《习近平总书记会见台湾和平统一团体联合参访团》,《人民日报》2014 年 9 月 27 日第 1 版。

⑤ 蔡跃洲、万相昱:《大数据时代的社会科学研究新范式》,《中国社会科学报》2019 年 11 月 6 日。

联网、大数据和媒体融合力量，在数字化平台上得到更大范围和更有穿透力的展示、传播、共享，发挥出新的经济效益和社会效益。

（三）提升对外涉台工作成效需要培养涉台研究的高素质涉外人才

新文科建设的目标之一是重新构建学科体系、学术体系与话语体系。台湾问题是中国内政问题，但要解决台湾问题却不能不考虑国际因素。在新文科建设背景下，在涉台外交领域急需我们培养一批具有国际视野，拥有扎实的涉台研究、国际关系、新闻传播等理论知识，并经过实务部门严格训练的高素质涉外人才，在未来国际涉台活动中，通过他们更好阐述中央政府关于台湾问题的立场、传播中国声音。另外在两岸的交流活动中，面向广大台湾同胞准确传播中央对台工作思想，清晰阐明惠台政策，讲好中国发展故事，进而增强台胞对祖国、民族的认同感、归属感，也同样重要。

三、新文科视域下台湾研究交叉学科人才培养模式的路径探索

2014年国家级"2011"项目两岸关系和平发展协同创新中心成立，台湾研究交叉学科应运而生。这为厦门大学涉台研究跨出高校系统，开展跨学科、跨部门、跨领域、跨地区的协同创新研究奠定了基础。为顺应新时代国家、社会对涉台人才的新要求，台湾研究交叉学科人才培养改革不仅对现有专业的教育教学状况重新审视和评估，更重要的是运用新理念对学科建设、人才培养模式、学术研究范式、成效评价机制进行全方位的检视探索，固本强基的同时守正创新。

（一）树立台湾研究人才培养"新"理念

恩格斯曾说："每一个时代的理论思维，包括我们这个时代的理论思维，都是一种历史的产物，它在不同的时代具有完全不同的形式，同时具有完全不同的内容。"[①]时代孕育思想，思想指引行动。台湾研究交叉学科人才培养改革就是要树立新的人才培养理念。

一是强化思想政治引领。爱国是涉台研究工作者的底色，学院积极打造课程思政和思政课程双轨体系，依托第一、第二课堂互动，结合形式丰富多彩的活动，提升思想政治工作效能，让学生牢固树立爱国奉献精神，系好涉台研究工作的第一粒"扣子"。

二是注重学生的能力与素质培养。学院人才培养工作坚持以学生为中心、以问题为导向，重点培养学生创新意识和问题意识。广大教师积极引导学生持续关注国际形势和两岸关系发展的新现象、新变化、新需求，形成明确的台湾问题研究方向定位。

三是加强信息化技术的应用。依托信息技术和人工智，提升传统的人文社会科学项目研究效能已经成为未来发展的趋势。加强网络和信息技术的应用，让涉台人才培养的形式和手段更加多元，为涉台研究工作提供更多技术支撑。学院在继承传统学术研究范式的基础上，指导学生更多运用网络和信息技术去发现和探索两岸关系发展中的重大议题并尝试提出解决之道。

（二）建立台湾研究人才培养"新"机制

新的理念要想落地生根，必须有相应机制的保障。为顺应人才培养工作的需要，学院不断探索优化相关的机制建设。

---

① 《马克思恩格斯选集》第4卷，人民出版社1995年版，第284页。

一是优化交叉学科师资队伍建设机制。教师是人才培养的关键。学院在师资队伍建设中坚持发挥增量优势、发掘存量潜力的原则。既面向世界高水平高校积极引进交叉学科背景师资，又通过创新激励机制鼓励现有教师开展跨学科研究。如设立交叉研究创新成果奖，以问题研究为导向先后建立民进党研究中心、两岸青年研究中心等，鼓励教师根据个人兴趣或学术背景，开展跨学科的研究。同时，要求学院培养的所有学生均需参与到导师或学院课题项目中，边学边做，以做促学。

二是建立交叉学科人才培养协同机制。学院在人才培养工作中坚持兼容并包、开放合作的原则。校内面向全校本科生开设涉台辅修专业，从各专业选拔有意做涉台研究的优秀本科生作为重点培养对象，实现本硕博培养一贯制。校外加强与高校系统、社科院系统、政府部门以及民间智库等涉台单位合作，构建开放、集成、高效的研究生协同创新培养共同体。实现在信息资源、教学资源、实践资源、智力资源等方面的共享。例如，学院与福州、厦门、泉州、龙岩、平潭等多地涉台实务部门合作，联合制订培养方案开展人才培养，学生在学校完成理论学分学习后，到实务部门开展实践学分学习，学习内容包括中央与地方涉台政策法规、地方涉台实务实操、台胞融合发展调研、新媒体使用技巧等，让学生所学知识和技能能满足涉台实务部门现在及未来的需求，努力培养出既能掌握理论和学术研究传统范式，又瞄准国家重大战略需求和对台实务工作，并能开展涉台全方位多领域研究探索的复合型人才。

三是改革交叉学科成果评价机制。评价机制科学合理，将在学科人才培养工作中起到助推器的作用。过去台湾研究工作评价囿于传统评价指标体系，主要是以学术论文作为学术水平评价唯一标准。通过探索实践，学院制定了《博士研究生创新成果管理办法》，努力破除"五唯"。交叉学科培养的博士研究生可以以学术期刊论文、学术会议论文、学术专著、研究报告、咨询报告等多种形式体现学术水平并申请学位。由于研究报告主要是各级政府部门所委托科研项目的结项成果，咨询报告属于国家高端智库研究工作成果，报告写作方式与学术论文有较大差异。这都对涉台研究人才培养提出了更高要求，但同时也能逐渐转变过去人才培养重理论轻应用的问题，为毕业生未来更好适应涉台实务部门工作打下良好的基础。

（三）优化台湾研究人才培养"新"方案

学生培养方案是开展人才培养工作的施工蓝图。学院定期优化交叉学科学生培养方案，强化人才培养的全过程质量监督和措施保障。

一是构建宏、微观课程群。学生培养方案中以宏微观课程群取代过去单一学科课程。宏观课程群主要包括通识基础课程、学科基础课程、实践实训方法类课程。如政治学原理、台湾通史、社会科学研究方法、高级宏观经济学、历史文献学、法理学、田野调查技巧等，主要用以提升学生的理论素养和专业能力。微观课程群主要是研究前沿专题，如中央最新对台政策解读、台湾地区政治人物专题、台湾文化创意经济、台湾行政诉讼实务、涉台大数据库使用等，主要是满足学生跨学科学习及个性化发展的要求。两大课程群相互衔接，据此培养学生用学术理论或专业素养解决复杂问题的能力和开展多学科团队协作能力。

二是打造理论＋实践教学模式。新文科建设背景下，人才培养具有职业性、实践性以及开放性的特点。在两岸关系发展的新形势下，涉台实务部门也对专业人才提出了新的需求,要求涉台人才必须具备更强的创新能力和跨界整合能力,同时要求其对专业及两岸发展趋势具有精准的把握。因此,根据培养方案要求,交叉学科学生除完成在校理论学习,必须全部参加一定学分的社会实践学习。实践学习内容包括在涉台实务部门实习、参加涉台调研服务活动、参加课题项目研究等。通过实践学习引导学生将理论研究与社会实际相结合,积极服务地方涉台工作需求,为推进地方涉台工作提供智力支持。这种教学模式,有利于学生更好地掌握涉台事务处理的基本流程,提升解决实际问题的能力,同时能够促使学生更好地了解行业与政府的基本要求,为毕业后实现角色转换奠定基础。

三是加强信息化技术的开发应用。信息技术的发展促进了智慧教育平台的涌现,推动了基于"互联网＋""大数据＋"的混合式教学模式的兴起。学院在人才培养中主动引入信息化技术,依托两岸融合发展与国家统一政策模拟实验室、大数据与民意调查中心、文献信息中心,探索让学生依托信息化技术深度开展自主学习。学院能够借助大数据中心、民调系统完成科研数据收集工作,培养学生将理论与实验数据相结合的意识,注重信息化技术应用和大数据分析能力培养。教师指导学生在科研工作中将定量研究与定性研究相结合,提升对台湾政治、经济形势研判的准确度,准确掌握台湾社情、民意,积极探索未来两岸融合发展新路。

四是提升人才培养国际化水平。台湾问题是中国内政,但背后有复杂的国际政治因素。因此,涉台人才的培养除了要有扎实的理论基础、较强的解决实际问题能力,还应该具备国际化视野,学会在全球化视野下思考台湾问题。学院积极依托国家留学基金委的支持,每年遴选优秀学生到美国、英国、德国、日本等国家高水平知名高校开展博士生联合培养项目。利用暑假在美国举办专题研习营,邀请律师、学者、专家、议员等具有专业背景人士与学生进行交流。同时利用两岸学子论坛等两岸学术会议,保持与台湾地区高校师生交流互动,利用"亚太局势与台湾问题"等国际学术研讨会,保持与美国、日本等国际学术界的交流互动。学院还专门出台奖励资助办法,鼓励学生积极参加各种境内外高水平学术会议,提升理论素养和把握研究前沿,传播最新涉台研究最新成果。整个台湾研究交叉学科人才培养的机制路径如图1所示。

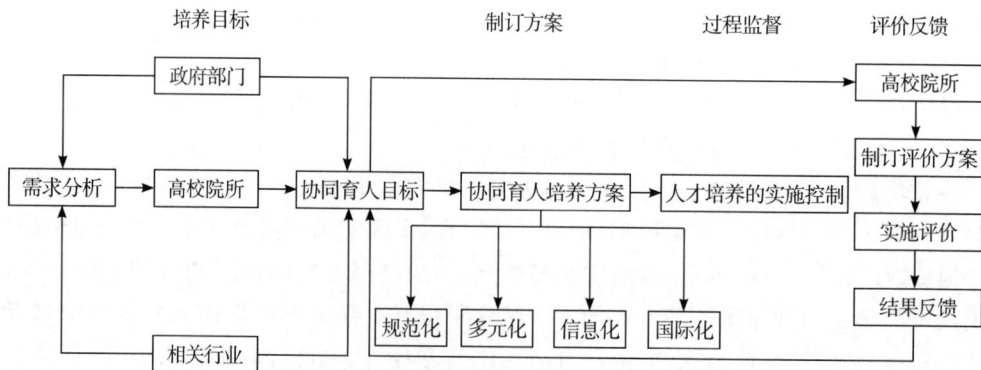

图1　新文科建设背景下涉台人才培养模式

四、结语

"解决台湾问题、实现祖国完全统一,是党矢志不渝的历史任务,是全体中华儿女的共同愿望,是实现中华民族伟大复兴的必然要求。"[①]整体而言,在新文科建设背景下,台湾研究交叉学科的人才培养工作已经取得了一定突破和创新,但距离国家、社会的期待和需要仍有较大提升和进步空间,涉台人才培养体系和机制仍需不断调整优化。未来工作重点主要包括如下方面:一是在课程体系设计上。如何加强开设课程之间的内在逻辑性、统一性,真正让学生博专兼顾,进一步加强提升学生创新能力和解决问题能力。二是在导师组协同指导上。在具有交叉学科学术背景教师数量不足的情况下,导师组要如何协同完成交叉学科学生的培养指导,真正实现合力育人的效果,发挥 1+1＞2 的作用。三是在人才培养的国际化水平上。在中美关系恶化、两岸关系紧张的背景下,学院原有的很多学生培养境外项目都已暂停,后续如何有效保证既有的人才培养国际化水平仍待探索。四是在人才培养质量的评估上。台湾研究交叉学科设置的初衷是为解决科研或实务工作中的实际问题和难点问题,多元择业观造成很多学生毕业后没继续从事涉台工作,或囿于公务员考试制度,毕业生未必就能进入涉台部门工作,如何对学生培养质量进行长期跟踪和有效评估仍有难度。

---

① 《中共中央关于党的百年奋斗重大成就和历史经验的决议》,http://www.gov.cn/zhengce/2021-11/16/content_5651269.htm,访问日期:2022 年 7 月 12 日。

多元融合，以学生为主体[*]

——厦门大学四年级"综合体城市设计"教学创新纪实

李芝也　柯桢楠　向立群　吕韶东　王绍森^{**}

摘要：应对传统教学"教学结构松散，知识递进逻辑弱""课堂形式单一，学生主导性弱"的痛点，本文提出"多元融合"、以学生为主体的教学创新思想：融入国家和区域发展战略目标，以课程为支点，创新为动力，撬动多学科知识融合与结构优化，创造以学生为中心的教学模式，培育高水平专业型人才，提出"多主题""多学科""多模式""多导师"的多元融合模式。

关键词：多元融合；以学生为主体；综合体设计；教学创新

一、课程背景

"综合体城市设计"是厦门大学建筑学四年级下学期的设计课程，共 5 学分 96 学时。课程已获批福建省一流线下课程，并荣获 2021 年首届全国高校教师教学创新大赛（中级及以下组）福建省二等奖、厦门大学一等奖。

1. 教学目标

本课程积极响应"新工科建设"，对标"双一流"学科建设，在"重视基础、强化特色"理念指导下，利用厦门大学综合学科优势，构建"职业性、前沿性、地域性"的人才培养目标。课程要求学生掌握综合体建筑设计流程、熟悉演艺建筑、高层建筑技术要点、了解建筑与城市的关系。课程为高年级专业课主轴，以技术翼（设计技术、绿色建筑、数字建造三大板块）、人文翼（理论与原理、历史与遗产两大板块）为支撑，构成"一轴两翼"的教学体系（见图1），强调先修课程知识的综合应用，前沿科研成果的实践应用，以及"双一流"多元创新综合型人才的培养主旨。

2. 课程团队

依托国家一流专业，建立动态一流课程团队。采用"稳定的核心成员，拓展的动态成员"团队结构模式。核心成员除负责日常教学，还需负责"建筑设计""建筑构造""建筑结构""绿色建筑"四大重点板块的教学设计；动态成员主要为各学科方向学术带头人、各课程

---

* 基金项目：教育部产学合作协同育人项目"基于智能建筑设计云平台的建筑学高年级城市设计系列课程改革与教学实践"（项目编号：22097124084955）。

** 李芝也，厦门大学建筑与土木工程学院副教授，硕士生导师。柯桢楠，厦门大学建筑与土木工程学院助理教授。向立群，厦门大学建筑与土木工程学院助理教授。吕韶东，厦门合立道工程设计集团股份有限公司教授级高工。王绍森，厦门大学建筑与土木工程学院教授，博士生导师。

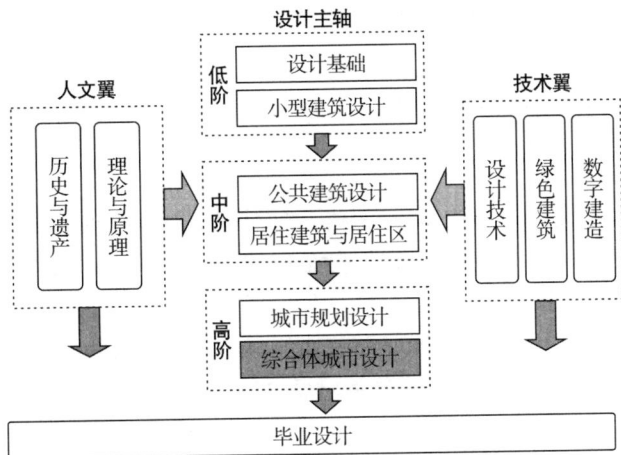

图 1 本课程在厦门大学建筑学"一轴两翼"教学体系中的定位

负责人，以及经验丰富的一线实践导师，积极推动"教授上讲台"，以一学年作为周期进行轮转，为课程注入最新的学术前沿成果，结合国家需求与时政，贯彻科研促教、知行合一的教学宗旨。

二、传统教学痛点

1. 建筑学学科的多元特性导致传统"设计课"教学结构松散、知识递进逻辑弱

建筑学学科复杂多元，集科学、艺术、工程、文化等于一体。这种多元属性决定了建筑教学的松散性。传统教学模式多为"口传心授，言传身教"的"作坊式""师徒式"线下课堂教学[①]。学生在 16 周内完成一组建筑群设计时，将遇到前所未有的复杂知识体系综合应用问题。在传统松散的设计课教学中，学生普遍反映"问题千头万绪""知识散点化""缺乏系统性"，教学效果欠佳。

需要思考的是，如何建立清晰的知识体系与科学的学习逻辑，以设计实践为切入点，带动多学科知识的融合与应用，帮助学生获得解决复杂问题的能力。

2. 传统"设计课"教学模式无法灵活应对新形势下的教学要求，学生学习主导性弱

传统设计课教学模式单一，无法应对多变的教学要求。新冠肺炎疫情暴发，让我们必须思考教学应该如何应对未来的突发事件[②]。此外，互联网技术、数据信息技术等飞速发展也对传统教学产生了巨大冲击，传统课堂已经不能承载新时代学生的学习要求。由于知识架构逻辑性欠缺，传统课堂中，学生被动参与情况居多，与创新人才培养的目标还有一定差距。

---

① 顾大庆：《从寄生到共生——建构一种建筑学与研究型大学新型关系的理论叙述》，《建筑学报》2022 年第 7 期。

② 郭建鹏、陈江、甘雅娟、计国君：《大规模疫情时期如何开展在线教学——高校在线教学模式及其作用机制的实证研究》，《教育学报》2020 年第 6 期。

需要思考的是,如何优化教学模式、转变思维、因势利导,提升学生学习的主导地位[①],形成一种优秀的课程范式。

三、课程教学创新目标与理念

(一)教学创新目标

针对上述思考,本课程教学创新旨在从国家发展视角、从新时代学科建设视角、从面向未来的人才培养视角,探索一条清晰合理、特色鲜明的建筑学人才培养道路。

(二)教学创新理念

核心思想:融入国家和区域发展战略目标,以课程为支点,创新为动力,撬动多学科知识融合与结构优化(见图 2),直击传统教学痛点,创造以学生为中心的卓越教学模式,培养高水平专业型人才,提出"多主题""多学科""多模式""多导师"的多元融合模式。

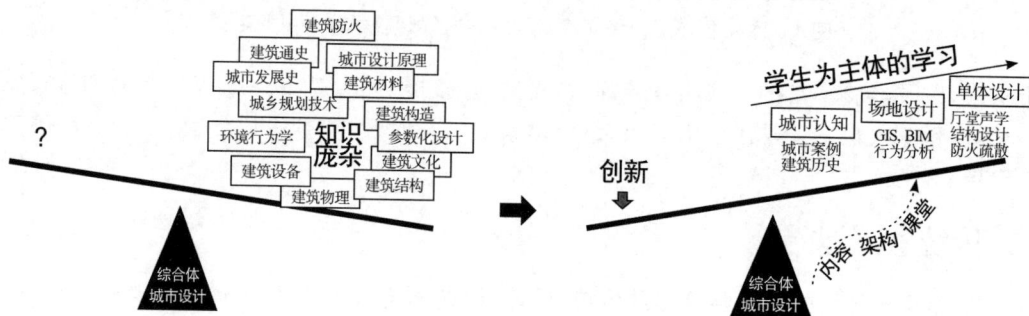

图 2　创新理念示意图

四、教学创新措施

(一)多主题融合:融入国家和区域发展战略目标的课程内容创新

1. 课程选题聚焦国家发展战略

应对我国城市化建设的现实与要求,结合课程特点融入三大思政内容:民族文化自信、生态文明建设、严谨治学信念。每学期发布紧跟时政的设计选题,助力国家建设;同时强调科学分析方法,强化创新意识,培养学生正确的学习态度。

2. 科研引领教学,体现新时期人才培养理念

结合课程思政选题方向,团队学术带头人积极组织学术前沿进课堂。近年来,稳定开展基于大数据技术、GIS、BIM 等技术的研究型教学,开展基于人工智能、计算机信息技术等的参数化建造实践,开展绿色建筑方向设计实践与研究,为传统设计拓展了新的思路。课程成果更加多元,涵盖设计图纸、研究报告、科研论文、竞赛获奖、建造实践等,真正体现了科研引领的教学思想,对接国家发展的人才需求。

---

① 卢峰、黄海静、龙灝:《以学生为中心的建筑学创新人才培养模式探索》,《当代建筑》2020 年第 4 期。

（二）多学科融合：新工科背景下"一轴两翼"多学科协同的课程体系与教学资源建设

1. 优化培养计划，构建"一轴两翼"课程体系

以设计课为杠杆撬动整体课程体系，形成在需求导向下的多课程融合。每年根据教学效果进行培养计划调整与优化，技术翼、人文翼课程依据阶段培养目标进行调整，形成清晰的主从课程架构，凸显设计主导，理论与技术从属的专业知识结构体系。

2. 依据课程设计流程组织多元线上教学资源库

结合新冠肺炎疫情背景转变教学思维，课程中方案设计、实践调研采用线下教学；基础理论、技术部分提供线上微视频资源，增加教学维度，以灵活应对各种教学要求。近年来，团队充分利用厦门大学 SPOC 平台资源，积极建设线上资源，内容涵盖各先修课程知识点，包含"城市设计""演艺建筑设计""高层建筑设计""技术方法""学生自制微视频"五大专题。其中，1~4 专题为各科教师根据本课程涉及知识点与课程大纲要求专门录制的课程微视频（总计 59 课时），第 5 专题为学生自制微视频（见图 3）。此外，团队参与建设国家级一流线上课程 1 门（学习人次超 3 万），自建省级、校级虚拟仿真实验教学项目各 1 项（使用人次超 6600），都已作为重点学习资源录入课程库中。同时，团队积极整理，并向学生推荐中国大学 MOOC、国家虚拟仿真实验教学课程共享平台等线上资源，给予学生明确的学习指导建议。

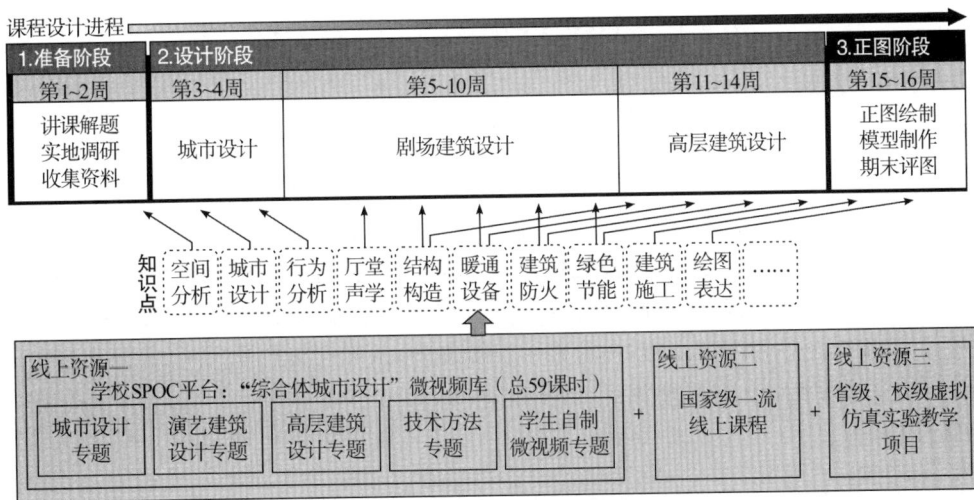

图 3　依据设计流程的多元资源库建设

（三）多模式、多导师融合：以学生为主体的引导型教学模式探索

1. 学科融合背景下"四段式翻转课堂""多师型课堂"探索

对标金课"高阶性""创新性""挑战性"目标，结合优质生源特点，引入四段式翻转课堂模式：启，问题导入，启发思考；承，翻转课堂，检验自主学习情况；转，深入引导，通过教师讲解、课堂练习、互动答疑等完成知识点讲授与应用；合，总结课堂，提出展望。该模式思路清晰，灵活变化，能够较好地适应不同阶段的教学要求。同时，利用团队成员多学科背景定期开展多教师联合课堂，从不同维度把控设计进程，拓宽学生研究视野，形成可持续学习的良

性循环。

2. 学生参与线上微视频库建设

如前所述,课程微视频资源库第 5 专题为学生自制微视频,包括优秀作品展示、设计技能分享、学习心得经验等内容,由教师审核后发布。视频形式丰富多样,有汇报演示、趣味短剧、实地考察、调研访谈等,激发学生学习潜力与热情,同步促进方案设计与知识掌握,并能为新一届学生提供最直观的学习经验。

3. 卓越育人理念下以人为本的科学评价机制

优化全过程评价体系,包含"态度评价""能力评价""成果评价"三部分(见图 4)。充分尊重每位学生个体特点,实时、科学地反映学习情况。此外,建立有效的学习促进机制,每学期中期评图以督促学习进度,促进学生间相互学习,期末评选优秀作业,嘉奖并宣传,树立正面学习典范。

图 4　全过程评价内容

五、学生作业

课程改革有序开展,已取得阶段性成效。重点搭建遗产保护方向、城市设计方向、技术建构方向的课程模块,将教学思路从知识型灌输向能力型拓展,兼顾思维模式的逻辑性与开放性。学生真正成为学习主体,综合能力显著提升,基础扎实后劲十足,较好地解决了理论、实践脱节的传统设计课教学痛点,前沿技术提供了坚实的教学支撑,打开了科研教学相长的良好局面。

(一)主题多样化

以 2022 年春季学期为例,教学团队发布"旧建筑改造""新地域主义""社区复兴""低碳建构"四个主题,学生可对同一场地问题产生不同的思考方向与解决途径(见图 5)。例如,在针对历史街区中的旧商场改造的选题中,作业《影像——机器学习旧景新生》收集了历史场域的主要物质特征,采用机器学习的方式,将特征融合,并利用投影技术在建筑表皮上还原历史场景,同时设立开放剧场空间,鼓励新旧互动,促进当地居民与剧团互动,以实现社区的文化传承和艺术素养提升。符合"社会公众美育"这一发展目标。

作业《南艺游隙》则转向另一种思考:应对老旧社区商业综合体衰败、户外公共空间不足等问题,采用"退化式"的更新策略,通过编码重组空间,将多余空间退让自然,置入智慧步道等措施,结合传统曲艺——南艺表演空间设计,实现空间的退化和社区内涵的进化。

图 5　学生作业（学生绘制）
影像——机器学习旧景新生（左上）、南艺游隙（右上）
化炉为屿（左下）、漫步云端·缝合老城（右下）

为相似类型的城市存量更新"加法"策略提供一种反向思考。

作业《化炉为屿》中，学生选择将废弃的发电厂与城市演艺中心结合，对工业遗产进行复兴。试图通过新建建筑的山水形态来弥合原工业设施对场地的创伤，在保留历史记忆的同时，为城市创造一个新的客厅。在设计过程中，学生充分发挥了其对城市、对工业遗产的认知和思考，并且在教师的引导下，能更深入地跳出兴趣层面，用更科学的研究方法来分析场地条件，最终得出了个性化的设计成果。

作业《漫步云端·缝合老城》中，学生将厦门城市山海步道融入商业综合体的改造中，与城市的宏观发展理念相结合，以健康生活为目标，一方面将旧城与新城有机链接，一方面补足老城区活动空间缺乏的问题，同时提出了一种为设立在拥挤市区的大型剧院提供多维度的疏散缓冲空间的策略。

（二）设计深度化

以设计为载体，融合多学科知识，掌握综合体建筑的结构选型、空间造型、交通组织、防火要求等规范性内容，鼓励学生探索绿建技术、能效评估等，突出新方向、新技术应用，拓展设计广度，培养学生综合认知和多维度整合处理的能力。

设计中，学生提出"基于循环代谢的剧院设计"理念（见图 6），将建筑物理等课程中所学知识点在设计实践中进行深化和扩充。设计从灯光、水资源、有机废物回收的角度,通过应用太能光伏板屋顶、社区农业模块、社区碳集市模块等,将太阳能转化为电能,又将剧院灯光产生的热能收集利用于社区农业温室,将低碳思维与建筑功能、空间紧密结合。此外,学生还充分利用场地自然资源,对海水进行综合利用。以海水源热泵作为主要能量来保证系统循环运行,并尝试不同的海水淡化方式以满足观演建筑需求,通过海水的冷却作用减少观众厅空调能耗,调节风环境。在高层办公建筑的设计中,学生对玻璃幕墙系统进行了优化(见图7),以"基于多目标优化的玻璃系统参数选择"为课题,将幕墙的遮阳、隔热、隔声、空气循环等功能进行了深入的参数化研究,并将最终的研究成果转化为设计中重要的组成部分。

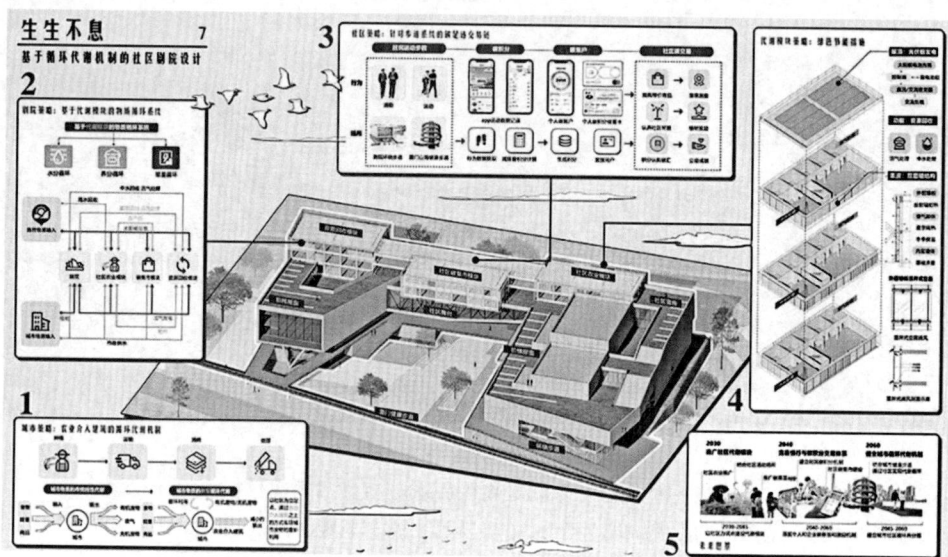

图6　学生作业中"基于循环代谢的剧院设计"理念(学生绘制)

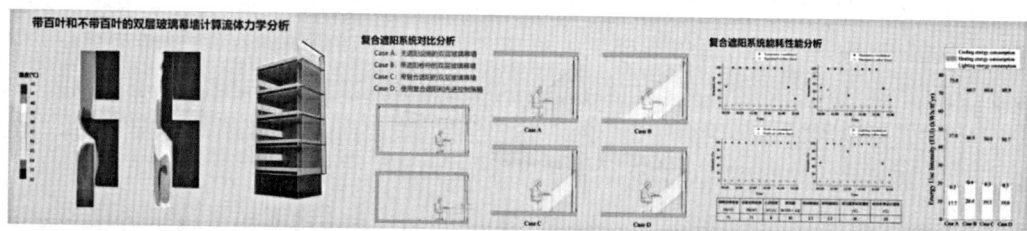

图7　学生作业中对玻璃幕墙性能的思考(学生绘制)

在此过程中,学生通过学习课程资源库、多师课堂答疑,能够较好地保障主体构思的顺利贯彻,及时记录设计过程并转化为新的视频资源,供下届学生参考。

六、课程评价及改革成效

随着课程改革的逐步开展,各方面取得了良好的效果。

学生综合能力显著提升,真正成为学习主体。开展课程改革后,每年对学生进行问卷跟踪,结果显示改革举措对学习能力不同的各层级学生均有较大的帮助与改善。主要表现包括：优秀学生认为课程能够高屋建瓴地引导整个专业知识体系的建构；中段学生认为在这样的教学模式下能够更清晰扎实地理解和运用各科知识点，并且教学内容丰富，更能激发学习兴趣；能力稍弱的学生则认为这种方式能够较好地帮助他们在学习过程中查缺补漏，特别是弥补以往学习课程中错过的重要知识点。

前沿技术提供了坚实的教学支撑，打开了科研教学相互促进的良好局面。在引入技术的同时，团队尝试在传统设计教学基础上进行相关研究型探索，成功带领部分学生完成与设计主题相关的研究报告、科技论文、研究型设计竞赛等，取得了阶段性成果。

七、结语

综合来看，本课程可以提供的借鉴包括：(1)以学生为中心的育人理念；(2)打破壁垒多元融合的新工科课程模式；(3)蜕变于传统模式的灵活教学方式；(4)集思广益，学生参与建设的教学资源与平台。事实上，建筑学设计课程的教学思考与探索远不止于此，特别是强调知识综合应用的高年级，如何将设计课作为起点，探讨在综合型大学中的定位与作用十分迫切和重要，如何"夯实设计基础、促进学科融合"，将成为教学团队继续探索前行的动力。

数字化转型背景下非全日制工程管理硕士培养探讨

张　尧*

摘要:本文针对数字化转型背景下建筑类非全日制工程管理硕士的培养模式进行探讨,论证了非全日制工程管理硕士培养模式改变的必要性,提出了相应的培养策略:引入在线学习平台、提供数字化转型案例研究、组织工程管理论坛、加强数字化技术的考核,并探讨了如何具体实施这些策略。

关键词:数字化;非全日制工程管理硕士;培养策略;培养模式

一、引言

工程管理是工程实践的核心。信息技术的不断发展和应用,数字化建模、仿真、数据分析、协同等技术的出现,正日益改变工程管理的方式和方法。数字化技术正在推动工程管理从传统经验式管理向数字化、智能化、科学化管理转变。国务院在《"十四五"数字经济发展规划》中提到,"'十四五'时期,我国数字经济转向深化应用、规范发展、普惠共享的新阶段"。同时,随着社会经济的快速发展,人们的工作和学习方式也在不断变化,非全日制工程管理硕士教育作为培养工程管理精英的重要途径[①],也面临着数字化转型背景下的新机遇和新挑战。

在数字经济发展、建筑企业数字化转型背景下,如何培养出数字化技术熟练、具有创新精神、能够适应市场变化和工程实践需求的非全日制工程管理硕士,是当前工程管理教育领域面临的重要问题[②]。针对这些问题,本文探讨了数字化转型背景下非全日制工程管理硕士培养模式的新思路和新方法,如图 1 所示,旨在为非全日制工程管理硕士教育的改革和发展提供一些参考意见。

二、非全日制工程管理硕士培养模式改变的必要性

进入新时代以来,建筑业迎来急需转型的新时期,工程建设项目向数字化转变,同时,建筑业对工程技术高端人才的需求也呈现增长的态势。随着建筑业数字化、网络化、智能化发展,新型建筑工程施工与管理技术如雨后春笋般不断涌现,如 3D 打印建筑、工业装配

---

* 张尧,新疆奎屯人,厦门大学建筑与土木工程学院副教授,主要研究方向为结构健康监测与评估。

① 葛巍、方宏远、张凌杰、王娟、华莎、郭歌:《工程类非全日制专业学位硕士研究生培养质量提升路径研究》,《高教学刊》2023 年第 2 期。

② 肖建庄、徐蓉、席永慧、徐伟:《非全日制土木施工工程硕士培养模式与实践(1998—2018)》,《高等建筑教育》2021 年第 1 期。

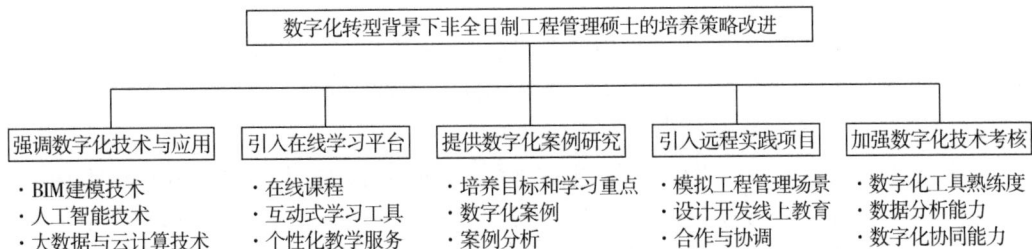

图1 数字化转型背景下非全日制工程管理硕士培养模式的改进规划图

式建筑、智能建造、建筑信息化等,这对建筑业从业人员的专业水平及综合素质提出更高要求,更高层次的人才培养计划越来越被高校重视。因此,非全工程管理硕士培养模式需要进行适当改变,以满足新时代数字化背景下的需求。

(一)掌握数字化技术

数字化技术(如 BIM 技术、大数据与云计算技术、人工智能技术等)的应用可以提高工程管理的效率、质量和创新性。在数字化背景下,掌握数字化技术已经成为非全工程管理硕士培养的必备能力之一。因此,非全工程管理硕士培养模式需要加强对数字技术的培养和教育,使学生能够熟练运用数字技术来解决实际问题。

工程管理的过程中往往涉及海量的数据,而大数据技术可以帮助工程管理人员有效地处理和分析这些数据,从而提供决策支持和预测能力。人工智能在工程管理中同样有着广泛的应用,可以提高工程管理的效率和自动化水平,降低人力成本。云计算技术可以为工程管理提供强大的计算和存储能力,同时降低硬件和软件的成本。虚拟现实和增强现实技术可以为工程管理提供直观的三维可视化效果,帮助管理者更好地理解和处理工程管理问题。

(二)增强创新能力

数字化转型背景下,工程管理需要不断创新,以适应快速变化的市场和客户需求。增强创新能力还可以帮助管理者开拓创新思路,提高解决问题的能力,并促进工程管理的创新和发展。因此,非全工程管理硕士培养模式需要加强对创新能力的培养,鼓励学生独立思考、自主创新。

工程管理人员需要养成开放、多元的思维方式,从不同的角度去看待问题,以发掘新的解决方案。同时,工程管理人员还需要认识到在数字化背景下创新意识的重要性,并从日常工作中收集经验,通过掌握数字化技术发掘新的创新点,在工作过程中分享创新思路。

(三)加强实践能力

数字化转型背景下,工程管理需要更加注重实践。非全工程管理硕士培养模式需要加强对实践能力的培养,让学生能够在实践中积累经验,掌握解决问题的方法和技巧。

非全日制工程管理硕士的学生通常都是在工作之余学习,在工作中会遇到很多实际的问题,只有通过实践才能更好地解决这些问题。加强实践能力培养可以帮助学生更好地理解理论知识,并将理论知识应用于实践中,从而提高实际操作能力。另外,非全日制工程管理硕士的学生大多已经在工作岗位上有了一定的工作经验。然而,不同的工作环境可能会有不同的挑战和需求。加强实践能力培养可以帮助学生更好地适应不同的工作环境,从而更好地应对各种挑战。

（四）提高国际化水平

数字化转型背景下，全球化的趋势愈发明显，工程管理也不例外。非全工程管理硕士培养模式需要注重国际化教育，培养学生具有国际化视野和能力，能够适应不同的文化和市场环境。

中国已经成为世界第二大经济体，越来越多的国际企业和机构开始关注中国市场和中国资源，越来越多的中国企业也走出国门，开展"一带一路"建设，因此需要非全日制工程管理硕士具备国际化背景和能力，以适应国际化发展的趋势。与此同时，国际化水平的提高可以帮助非全日制工程管理硕士更好地融入国际化环境，更好地了解国际企业和机构的运作模式和管理方法，从而更好地实现个人职业发展的目标。

三、数字化转型背景下非全日制工程管理硕士的培养策略

（一）强调数字化技术与应用

在数字化转型背景下，工程管理领域也日趋数字化，数字化技术已经成为工程管理的重要组成部分。因此，在非全日制工程管理硕士的培养策略中，强调数字化技术与应用是非常重要的。非全日制工程管理硕士课程应该将数字化技术与应用纳入课程，例如建筑信息建模（BIM）技术、人工智能技术、大数据与云计算技术等。这些技术可以帮助学生更好地理解和掌握工程管理的实践应用。

BIM 是一种数字化建模技术，可以为建筑和基础设施项目的设计、施工和运营管理提供一种全面的、可视化的解决方案。BIM 可以自动识别、分类、分析和优化建筑项目中的各种数据，提高建筑项目的设计和施工效率，减少资源浪费和成本开支。常见的 BIM 软件包括 Revit、Tekla Structures、AECOsim Building Designer 等。Revit 是由 Autodesk 公司开发的 BIM 软件，具有直观的用户界面，提供了一系列的工具，支持 DWG、IFC 等多种文件格式，可以用于建筑、结构、机电、管道等方面的设计。Tekla Structures 是由 Trimble 公司开发的 BIM 软件，主要用于钢结构和混凝土结构的设计与管理，可以帮助设计师和工程师更快地创建准确的结构模型。AECOsim Building Designer 是由 Bentley 公司开发的 BIM 软件，支持包括建筑、结构、机电、管道等多种设计领域，具有高度灵活性和可扩展性，可以满足各种设计需求。

人工智能技术在建筑业中有着广泛的应用，这些技术不仅可以提高建筑项目的效率和质量，还可以减少资源浪费和成本开支，同时也可以提高安全性和可持续性。智能传感器技术可以帮助建筑业监测建筑物、设备和环境的状态。这些传感器可以自动收集数据并进行分析，从而为建筑管理人员提供有关建筑物性能、能源使用和维护需求的实时信息。智能安全监控系统可以分析视频和图像数据，以便快速识别和响应潜在的安全问题。Smartvid.io 就是这样一款基于人工智能的视频监控和分析软件，可以自动检测建筑工地上的危险行为，例如工人没有戴安全帽或没有使用安全绳等，及时采取措施避免伤害事故的发生。智能能源管理系统监测和分析建筑物的能源使用情况，为建筑管理人员提供优化建议，降低能源消耗，提高能源效率，减少建筑物对环境的影响。EnergyCAP 是一款集能源管理、跟踪和报告于一体的软件，可以帮助用户实现对多个建筑物能源使用的自动监控和优化。

在工程管理中,大数据与云计算技术可以用于预测和识别风险、优化资源分配、优化工作流程等方面,帮助工程师们更好地了解项目的运作情况,识别和预测风险,并优化工作流程以提高效率和减少成本。大数据分析是一种可以从建筑物收集的大量数据中提取有价值的信息的技术。Insight 是 Autodesk 开发的基于大数据分析的建筑性能分析软件,可用于分析建筑物的能耗、光照、热舒适性等多个方面的性能,帮助设计师在建筑物设计阶段进行性能评估和优化。云计算是一种可以将大量数据和计算资源集中在云端的技术,可以提供可扩展和灵活的数据分析和处理能力。PlanGrid 是一款基于云技术的施工管理软件,可以帮助建筑项目管理人员进行实时的沟通和协作,实现项目的实时监测和协作。PlanGrid 还提供了高级的数据分析功能,可以帮助用户收集、分析和展示建筑物的数据,帮助项目管理人员做出更明智的决策。物联网(IoT)是一种可以互联互通的设备和系统网络,其通过传感器和设备收集建筑物的数据分析建筑物的运营状况。AWS IoT 是亚马逊开发的物联网平台,可用于收集、存储和分析各种传感器数据,如温度、湿度、光照等。通过 AWS IoT,建筑物管理人员可以实时监测建筑物的各项数据,如能耗、设备运行状态、维护记录等,从而实现数据驱动的建筑物管理和运营。

(二)引入在线学习平台

在线学习平台可以为非全日制工程管理硕士学生提供更为便捷和灵活的学习环境。非全日制工程管理硕士往往都有自己的本职工作,通过使用在线学习平台,学生可以根据自己的时间和地点来学习课程,并能够随时查看相关的学习资源和教材。因此,引入在线学习平台是数字化背景下非全日制工程管理硕士培养策略中的一项重要措施,不仅可以为学生提供便捷、灵活、高效的学习体验,还可以为教师提供更丰富的教学资源和教学手段。

国内外的一些高校和教育机构提供了工程管理相关的在线学习平台和课程,如清华大学、中国工程院、哈佛大学、麻省理工学院等。这些平台和课程都采用了现代化的教学手段和技术,为非全日制工程管理硕士提供了便利和高效的学习体验。学堂在线是清华大学发起的在线教育平台,提供了大量的工程管理相关课程,如建筑工程管理、施工管理、安全管理等。学堂在线的教学资源丰富,教师团队专业,注重学生实践能力的培养。edX 是一家全球知名的在线学习平台,也提供了各种类型的在线课程。edX 由哈佛大学和麻省理工学院联合创办,拥有许多世界著名大学和机构的合作伙伴。学生可以通过 edX 学习到各种工程管理相关的课程,如建筑信息建模、施工管理等。

在线学习平台可以提供多种互动式学习工具,如在线测验、讨论区、实时问答等,可以激发学生的学习兴趣,促进学生之间的交流与合作。同时,高校和教师可以通过在线学习平台实时监控学生的学习进度和学习情况,及时发现学生的学习问题和困难,并针对性地给出帮助和建议。在线学习平台还可以通过远程教学技术,如视频会议、实时互动等,为学生提供远程教学服务,满足学生异地学习的需求。

除了上述功能,在线学习平台对于非全日制工程管理硕士培养具有一项更加重要的功能,即个性化教学服务。在线学习平台可以根据学生的学习兴趣、学习目标和学习进度,为学生提供个性化的教学服务,如推荐适合的课程、提供个性化的学习计划等,做到真正的因材施教。在线学习平台可以根据学生的学习历史、行为记录和兴趣爱好等信息,通过数据分析技术生成学生画像。这些画像可以反映学生的学习兴趣、学习方式和学习水平等信息，为教师提供更具针对性的教学方案。例如，中国大学 MOOC(慕课)平台就具有学生画像分析、个性化课程推荐、自主学习计划等功能，能够为学生提供个性化服务。在线学习平台还可以利用推荐算法，根据学生的学习记录和画像，智能推荐符合学生兴趣和水平的课程、视频、文章等资源。这些推荐内容可以帮助学生更快地找到适合自己的学习材料，提高学习效率。Coursera 是全球知名的在线学习平台，提供了包括工程管理和项目管理等相关课程在内的大量全球名校课程，能够根据画像分析为学生定制个性化的课程，更重要的是在课程完结之后还提供了相应的认证证书。

（三）提供数字化案例研究

数字化案例研究可以帮助非全日制工程管理硕士学生更好地理解和应用数字化技术。这些案例可以包括 BIM 技术、虚拟现实技术、云平台技术等，通过学生的实际操作，帮助他们更好地掌握数字化技术的应用。因此，提供数字化案例研究是数字化背景下非全日制工程管理硕士培养策略的一个重要方面。

提供数字化案例研究，首先需要明确非全日制工程管理硕士的培养目标和学习重点，以此为基础来确定需要哪些数字化案例研究。以建筑行业为例，非全日制工程管理硕士的培养目标是培养具备工程管理领域理论与实践方面的深厚基础和广泛知识，具有较高的工程管理综合素质和专业能力，能够独立承担复杂工程项目管理的专业技术人才。学习重点应该包括工程管理理论知识、工程管理实践技能、数字化工程管理技能以及行业经验和实践能力。

其次，需要从实践中选取与培养目标和学习重点相关的数字化案例，可以选择国内外优秀企业的数字化转型案例、工程管理实践案例等，以此为基础进行深入研究。需要注意的是，数字化案例研究可以是实际工程项目中的案例，也可以是虚拟的案例。这些案例应当涵盖不同领域和不同数字化技术应用，如 BIM 技术在建筑工程中的应用、大数据技术在项目管理中的应用、人工智能技术在施工过程中的应用等。上海中心大厦、凤凰中心、鄂州机场等项目都是数字化建造的优秀案例。

在确定案例后，需要对案例进行详细的分析，包括案例中采用的数字化技术、实施过程中遇到的问题、解决方案以及成果评估等方面进行深入剖析，以此为基础进行案例研究。数字化案例研究可以通过多种方式实现，如实地考察工程项目、组织工程管理论坛、使用虚拟仿真软件等。这些方式可以帮助学生更加深入地了解数字化工程管理的实际应用情况。实际上，我国很多高校在非全日制工程管理硕士的培养中都加入了实地考察工程项目的环节，例如清华大学就在非全日制工程管理硕士培养中加入了参访"国之重器"港珠澳大桥管理局，上海市云计算产业基地等实践教学课程。与此同时，我国部分高校在非全日制工程管理硕士的培养中加入了工程管理论坛，以开阔学生的视野。

通过对案例的深入研究和分析，教师可以制作数字化案例教材，包括案例介绍、案例分析、数字化技术应用讲解、案例总结等内容，为学生提供具有实践意义的教材，帮助学生更好地理解和应用数字化技术。

最后，在数字化案例教学过程中，可以结合实践环节，通过实际操作、模拟实验等方式，让学生更加深入地理解数字化案例研究内容，提高学生的实际操作能力和解决问题的能力。

（四）引入远程实践项目

远程实践项目通常是由高校与企业合作开展，通过网络技术和远程协作工具实现项目的实施和管理。远程实践项目通常具有跨地域性、多样性、实时性、实战性等特点。通过远程实践项目，非全日制工程管理硕士学生可以在数字化环境中进行实践操作，例如使用数字化建模工具进行项目管理、数据分析等。这些实践项目可以让学生更好地理解数字化技术在工程管理中的应用。因此，引入远程实践项目是非全日制工程管理硕士培养策略的一项重要内容，可以为学生提供更多的实践机会，增强学生的实践能力。

通过建立虚拟仿真平台，学生可以在虚拟环境中模拟各种工程管理场景。在这个虚拟环境中，学生可以应用他们的管理技能、实践解决问题的能力以及领导和协作能力。这种实践项目不仅能够提高学生的实践能力，同时还可以让学生更好地理解和应用课堂中学到的理论知识。

教师通过在线课程设计，可以让学生了解如何设计和开发线上教育内容，同时可以提高他们的项目管理技能、团队协作能力以及在线沟通能力。学生需要协作设计并开发一个完整的在线课程，包括制订教学计划、设计课件、评估学生的表现等。这个实践项目可以锻炼学生的领导能力、团队协作和项目管理技能。

远程团队合作可以让学生了解如何与其他成员合作、协调各自的任务，并完成一个实际的工程项目。在这个实践项目中，学生将需要与其他成员合作，协商并规划任务、进行进度跟踪、解决问题和协调各自的工作。通过这个实践项目，学生可以学习到如何在跨文化环境中工作并获得沟通技巧以及团队管理技能。

现场参观和调研可以让学生亲身体验实际工程管理的流程和挑战。学生可以参观和调研现有的工程项目，了解项目的实际情况、面临的挑战以及如何应对这些挑战。这种实践项目可以帮助学生深入了解工程项目的实际情况，提高他们的问题解决能力和实践能力。

（五）加强数字化技术的考核

在非全日制工程管理硕士课程中，应该加强对数字化技术的考核，包括通过在线测试、实践项目等方式来考核学生的数字化技术应用能力，帮助学生更好地掌握数字化技术在工程管理中的应用。在数字化时代，掌握数字化技术已经成为工程管理人员必备的技能之一，对于提高工程管理人员的素质和能力具有重要意义。

首先，需要加强对数字化工具掌握熟练度的考核。考试测试是一种通用的考核方式，通过设置数字化工具（如 BIM 软件、CAD 软件、ERP 系统等）应用的专项考试，要求学生在规定的时间内完成一系列数字化工具应用操作和问题解决，考核其技能水平。项目作业也是一种常见的考核方式，通过设置具体工程案例，要求学生挑选并使用适当的数字化工具完成相关任务，评估其操作熟练度和应用能力。此外，可以要求学生参加相关数字化工具的认证考试，如 Autodesk 认证、Revit 认证、BIM 认证等，通过考试取得相应的技能证书，证明其具有一定的数字化工具应用技能。

其次，需要加强对数据分析能力的考核。项目实践是常用的考核数据分析能力的考核方式，可以通过给学生提供一些具有挑战性的实际项目的数据集合，让他们进行数据处理和分析，并根据结果来评估他们的能力。此外，还可以通过让学生利用 Tableau、Power BI

等软件制作数据可视化图表或图形、进行数据建模和预测的方式来评估他们对数据分析的能力。

最后,需要加强对数字化协同能力的考核。数字化技术的应用需要多方面的协同合作,包括工程设计师、施工人员、监理人员、业主等多个角色的协同。学生需要具备数字化协同能力,能够熟练地运用数字化工具进行信息交流和协作。组织数字化建模和仿真竞赛是一种合适的考核学生数字化协同能力的方式,让学生参加比赛,评选出表现最优秀的学生,以此考核他们的能力。在竞赛中,学生需要在团队中扮演不同的角色,有效地与他人合作,协同完成任务,需要能够灵活地使用数字化工具,如云存储、共享文档、在线会议等,进行信息共享和协作,需要熟练使用数字化项目管理工具,如 Trello、Asana、Jira 等,协同完成项目计划、进度管理、风险管理等工作,需要掌握数字化协同工具的基本操作和应用场景,能够通过远程方式进行远程协同建模、远程协作数据分析等数字化协同工作。

四、结语

随着数字化技术的不断发展和应用,非全日制工程管理硕士的培养也需要顺应时代的变革,加强数字化技术的应用和考核。厦门大学非全日制工程管理硕士学位点设有工程管理、项目管理、物流工程与管理三个专业。在数字化转型背景下,厦门大学非全日制工程管理硕士毕业生需要具有较强的计划、组织和协调能力,能够在复杂多变的全球化竞争环境下具有国际化视野,能够解决重大工程项目复杂技术与管理问题,能够独立担负工程管理工作。教师通过引入在线学习平台、提供数字化案例研究、实地考察工程项目、组织工程管理论坛、引入远程实践项目和加强数字化技术的考核等实施方案,可以有效提升工程管理专业非全日制工程管理硕士的数字化能力和实践能力,更好地适应数字化时代的要求,为未来的工程管理人才培养奠定基础。

留学生来华学习适应障碍分析

何宏耀*

摘要：留学生来中国学习，需要经历入住、入学等"七重考验"。在此期间如果对教育文化、集体文化、社会交往文化等方面存在认识误区，就会产生学习适应障碍。为尽快克服障碍，留学生应该通过"三个接受"来改变自我认识，建立自信，树立变化意识等。校方也可以通过创造和增加新老学生、中外学生之间的交流机会，建立志愿者服务机制，落实心理咨询服务等措施帮助留学生扫除障碍，圆满完成留学生活。

关键词：留学生；来华；汉语学习；适应障碍

作为对外汉语教学的一线教师，在多年的班主任工作中，笔者发现留学生多少会出现些交际适应障碍（亦称"文化休克"）。这些因中外文化不同引发的适应障碍，轻则给留学生带来负面情绪，影响学习，重则导致学习生活的夭折。同时，这样的负面情绪极易让留学生对中国的认知产生偏差，有损中国形象。因此，有必要对来华留学生出现的交际适应障碍进行认真思考。

一、来华留学生交际适应障碍的体现

相信来华之初，每个留学生都怀着美好的初衷，希望开启一段崭新的生活。但真正到达中国之后，很多东西还是超出了他们的预期甚至承受能力。接下来以留学生活开展的时间为序，归纳出留学生面临的七重考验：

1. 入住

迎接留学生的第一重考验：居住地环境。这里的环境包括所在城市大环境、学校环境以及学校周边环境。特别是高校的新校区，新校区多远离市中心，校园内外环境反差大，尽管校园内部与宣传图片中一样美丽，但笔者还是听见有学生发出"这就是一个大农村，一点儿也不好"的感慨，第一时间产生了失落感。

2. 入学登记

笔者得知一名美国自费留学生放弃学习的导火线竟然是入学登记过于烦琐。关于国际学生报到，除了常规的填表、拍照、缴费、购买保险、办理校园卡、参加分班考试，还需要办理学习居留许可。

根据国家规定，留学生来华学习签证分为长期学习签证和短期学习签证。前者签证在入境后 30 天内必须更换为学习居留许可。完全办理好居留许可需要九个步骤：缴费注

---

* 何宏耀，四川成都人，厦门大学海外教育学院讲师。

册—领取材料—住宿登记—健康体检—开具签证办理介绍信—办理拘留许可申请—提交材料—领取贴有居留许可的护照—住宿再登记（整个过程一般需要三周）。

这九个步骤需要涉及校内外八个部门，个别办事地点超过一个小时公交车车程。

此外，国外高校基本通过电子邮件进行沟通。国内高校现在更常用微信群，留学生不习惯，非常容易遗漏信息。

更遗憾的是，在办理手续的过程中，个别工作人员的低效率还给留学生"增加难度"。一位韩国学生告诉笔者，工作人员常常"不理她"，或者工作人员总是让她去找别人。一位荷兰留学生说：在荷兰工作也有分工，但是遇见的第一位工作人员会带其找到正确的地方。

3. 食宿

除了对宿舍的大小、格局、设施在之前的入学介绍中有所了解，宿舍的实况以及室友是他们最常遇到的两大难关。一位澳大利亚女生第一天进宿舍，因为宿舍管理不善，看到卫生间没有得到及时清理的脏污，就立马提着箱子，哭着说要回家。入住不久，因和室友相处不好，要求更换宿舍的申请也不少见。

对于国人引以为傲的中华美食，也不是所有学生都接受。"太油了"是笔者最常听到的抱怨。

4. 课堂学习

身处纯正中国风格的课堂，所有留学生都需要一定的适应期。首先是上课时间，中国大学上课时间从 8:00 开始，有学生觉得太早，有学生又觉得太晚。将近 3 小时的午休时间更让他们有些左右为难。

其次，关于中式教学。一位美国学生曾说："刚开始觉得中国老师很 weird（古怪）……"这里美国学生谈到的古怪，在于中国老师会公开评价学生，如轮番请同学到黑板上听写、公开这次作业某某没有交等。这些在中国老师看来是关心、鞭策、严格要求，但是在美国学生看来却是侵犯隐私，让他们颜面无存。

此外，抑扬顿挫的声调、怎么也记不住的汉字、灵活多变的语法……学业中的难点也成为压倒某些学生的"最后一根稻草"，最终丧失继续学习的信心。

5. 交际

对外汉语的课堂是小"联合国"。肤色、性格、爱好甚至国家之间关系都会影响学生之间的关系。

课堂外，留学生接触的普通民众也影响他们对中国的看法。除了友好和善，留学生们也常受到冷遇。一个波兰学生说，老板听她说话后，就直接走开不理了。一些学生兴致勃勃地参加"汉语角"，却被嘲笑汉语说得太差。反之，一些金发碧眼的学生的遭遇又太过热情。他们被偷拍照片，被偷窥，甚至无礼地被合照。最令人担忧的是，个别国人的不良行为，就成为他们口中的"中国人……"，以讹传讹，影响他们对中国的感受。

留学生原有的交际关系也有变化。之前朝夕相处的亲人、恋人、朋友渐渐少了联系，这些亲密关系的淡化甚至破裂都会给留学生带来强烈的负面情绪，严重影响他们的学习。

6. 生理

导致生理出现问题的原因概括有：气候变化、水土不服、交际障碍、学业压力等。随着适应不良的负面情绪逐渐累积，很多学生会出现生理问题。情况严重的学生即使有继续学习的意愿,也不得不中断学业。例如除去时差原因,几乎每届都有学生告诉笔者他们晚上失眠,且找不到原因。

7. 学业

每一份付出都希望得到回报。一位美国学生在拿到期末成绩的时候,哭得不能自已,她的原因是"我努力这么久,真的非常认真,老师也非常好,可是还是没有得到 A"。一个瑞典学生拿到成绩后向老师发出疑问"我每天来上课,中期考也不错,为什么期末考试考得不好"?还有个别学生,考试考得不好,然后开始不断地恳求老师"老师,我们非常非常需要高一点儿的成绩,请老师一定帮帮忙。不然,我的父母(学校、国家)会对我很生气的"。而一旦要求得不到满足,他们的失落与沮丧甚至愤懑都有可能出现。

二、留学生来华学习适应障碍的原因

思维决定行为。留学生在学习中出现各种各样的不适应问题,笔者觉得至少是以下四个方面在认识上出现了误区:

(一)以授课教师为代表的教育文化认识

中国的教育文化有独到之处。在欧美国家的教育理念中,尊重学生个性达到了很高的程度。学生从老师那里接收到的基本是正面信息,而国内的教学大多有统一的教学计划,对于学生的意见常常无法兼顾。

有的学生偏爱活泼风格的课堂,喜欢课堂上有活动有游戏,喜欢表现自己,觉得有趣。有的学生偏爱老师讲解的课堂,自己只要听就好,不用互动,不用表现,觉得轻松,而且可以学到更多的知识。

对于学习评价,有的觉得应该重视学习过程,有的觉得应该重视结果。

(二)以同班同学为代表的集体文化认识

来华的语言学习是班级授课,个人与班集体的关系认识很不一样。一些亚洲留学生多和本国人同进同出,集体意识较强,比较容易妥协接受集体的意见。

一般美国学生比较积极主动。他们敢于大胆地表明并坚持自己的意见,如果个人意见与集体意见发生冲突,他们很可能拒绝接受,或者采取放弃的态度。如班级组织活动,如果不是自己喜欢的,就会放弃不去。

还有一些欧洲学生,他们既不像亚洲学生那样容易打成一片,也不像美国学生那样简单直白,他们常常单独行动,不太主动表态,甚至一些学生可以算得上不喜欢表达。他们很冷静,重视自我空间,令人产生距离感。

可见,不同性格和文化背景的学生是否能够很快很好地融入集体,找到归属感,将对他们的学习生活产生重要影响。

(三)以商家、路人为代表社会文化认识

国际学生除了和老师同学打交道,课余之外都会与各类社会人士打交道。很多中国民众对于拥有明显不同外貌特征的留学生"刮目相看",会做出一些"匪夷所思"的行为。如一位英国女生告诉笔者:她与男友在散步,一位父亲突然飞快地将小孩儿放在他们的面前,然后退后几步,就开始拍照。拍完后立刻抱着小孩离开。整个过程都没有说一个字。一位意大利女生在吃饭的时候,一个小女孩被妈妈强迫走到她的面前,说了一句"Hello!"然后跑

掉了。一位来自波兰的男生说，有次和匈牙利朋友在街边长椅上休息，一位穿着旗袍约 30 岁的女性和她母亲主动上来攀谈，很快母亲就开始为女儿牵红线……

可以想象面对这样的"奇遇"，即使没有恶意，但也会让很多学生感觉不自然，感到奇怪。更不用讲，任何国家都可能发生的"欺生"现象，让他们特别是求学开始阶段，都非常不适应。

（四）以工作人员为代表的服务文化认识上

在很多国家，一些阶层意识、服务意识比笔者想象的要强许多。有留学生曾向笔者表示不理解：妈妈的朋友称呼为"阿姨"，但是做清洁卫生的人怎么可能也一样称为"阿姨"？在一些学生心目中，行政工作是一项服务性的工作。行政人员对待学生的要求应该及时反馈，及时处理。反之，当他们自认为的正当要求无法得到满足的时候，就会出现焦躁与烦闷。如办理证件时缺少复印件，国内的办公人员大多会要求学生去自己复印，补齐材料后重新办理。但是国外的工作人员可能就会帮助学生在办公室就地复印，省去多次往返的麻烦。

三、留学生来华学习适应障碍的改善

（一）改变自我认识，重新建立"自信"

"入乡随俗"这个词大家都能够理解，但真正做到却不容易。笔者觉得来华学习的国际学生，是否能够较好地适应新的学习生活，除了极端的生理原因，更多的还是取决于心态，取决于是否有自信。都知道自卑是缺乏自信的表现，其实自大何尝不是缺乏自信的另一种表现。因为缺乏自信，他们需要被肯定、需要被重视、需要被关心。因此，笔者给出的第一个建议就是转变心态，重新构筑自信。新的自信包括"三个接受"：

1. 接受差异

面对新环境，不要一直抱着"我们国家不这样！"的想法。应该少些排斥，多些了解——"我不喜欢，但是能理解"，"我不喜欢，但是习惯了"。例如，一位学生谈到挤车很不屑：为什么不排队？为什么要挤？老师让他设想：如果你不上这辆车就会迟到受罚，你会怎么做？学生想了想，低声说"我会挤上去"。

2. 接受被忽视

在一些国家的教育理念中，将"个性"放在很重要的位置。来到中国以后，这些个性鲜明的学生发现，很多事情没有他们想象中来得顺利。他们的意见可能被忽略、被驳回。他们似乎不被重视，由此引发出失落、烦躁、嫉妒等各种负面情绪。对此，这类学生需要摆正自己的位置：当大家坐在同一间教室里开始新的学习时，这是一个全新的平等的起点，需要通过自己的实力得到新的肯定。

3. 接受失败

生活不是一帆风顺，而是充满着挫折，消磨着他们的骄傲。不止一个学生展示着大量的汉字练习诉苦：老师，我每天都写汉字，你看我写了这么多，但老是记不住，我该怎么办？面对这样的局面，应该提醒学生：其实不能给自己太大的压力，给自己一定缓冲的空间。调整自己的心态，坦然接受自己某方面的不足。如此，当心态放松之后，慢慢努力，意想不到的成功就来临了。

（二）树立"变化"意识

来华留学生的学习动机各自不同。学习动机强的学生，因为心理准备充分，大多能快速地调整心态：这里是中国，和我的国家不一样。我就是来感受不同的。学习动机相对弱的学生，学习汉语多为父母要求。来华以后，不仅不能正视差别，甚至放大负面情绪。

笔者曾请同学谈谈来华后感受。大多数学生都能够客观地看待问题，会谈到心态变化，会看到好处与不足。但也有位女同学，言语之间全是批评：中国什么都不好，没有觉得好的地方。可想而知，如此情绪之下，留学生活对她而言该是一种煎熬。

古人云：既来之，则安之。新环境是挑战也是机遇。当学生能够在新环境中建立起新的生活秩序，即达成了新的成就，曾经的挫折失败都会成为日后的宝贵回忆。

（三）回国

留学适应障碍中最严重的情况不是心理上出现不适，而是由心理问题引发了严重的生理问题。程度轻的包括失眠、无力、头晕等，程度严重的会引发精神疾病，极端的会出现自杀等严重后果。如果身心出现反复不适，一直得不到改善，回国，是比较好的建议。回到熟悉的环境，有些不适就会无药自愈。

四、留学生来华学习适应障碍的预防

留学生出现适应障碍是情有可原的。当问题苗头出现后，如何帮助学生尽快消弭，笔者觉得可以从以下几个方面着手：

（一）办好开学典礼

典型的中国式开学典礼是在一个大礼堂，包括领导、老师代表、学生代表讲话等环节。从实质效果来看，抛开新生外语能力不足、无法听懂内容，对新校园生活的介绍，对新生的引导、提醒等内容还很不够。

如果注重开学典礼礼仪性的同时加强开学典礼的实用性。礼堂仪式结束后，有新老学生聚会，有工作人员或志愿者通过图片、视频等宣传材料进行讲解，并给新生指明进一步了解和咨询的方式方法，新生也能在此刻结交到第一位朋友。

（二）介绍同乡社团

尽管从外语学习角度上看，与同乡相处有时候不利于第二语言的学习，但是从克服"适应障碍"来讲，同乡互助是再好不过的了。即使在学业上，本国人交往不利于口语练习，但是从语法理解等方面也能够给予大大的帮助。笔者曾经见过学生自己制作的土耳其语的汉语学习教材，对很多英语不好的土耳其新生来说，真是无价之宝。当然，与同乡社团交际，但是不局限于同乡社团交际，是留学生应该明白的重要建议。

（三）创造语伴、汉语角、节日聚会等活动机会

来华留学中，语言学习与文化交流同等重要。留学生的学习除了课堂，课外的实际交流更为重要。校方在开学之初，及时举行新生欢迎会、汉语角、语伴见面会等交际活动，都能帮助新生更快地结交朋友，丰富生活。这些中国朋友对留学生无论是生活和学习，都能有很大的帮助。

（四）建立志愿者网络服务机制

初来乍到，举步维艰。留学生需要咨询的问题细小而烦琐，工作人员很难保证都能及

时回答。在电脑网络发达的今天，可以充分利用网络的优势，搭建起更便利的平台。例如一边是来华学习汉语对中国文化充满好奇的各国留学生，一边对世界充满好奇热情热心的中国大学生，是否可以设立志愿者 24 小时网络服务机制，通过微信、媒体软件等各种渠道，让需要帮助的国际学生与愿意提供帮助的中国学生对接。这样既能够为留学生提供帮助，也能够为中国学生提供练习外语等机会，提高咨询效率。

（五）设立心理咨询热线或办公室

当留学生出现严重的负面情绪时，专业的心理咨询能够帮助学生判断问题的严重性，理清思路，找到问题所在，从而给出积极的建议，帮助留学生建立信心，继而顺利完成学业，达成愿望。

五、结语

留学生们来到中国学习汉语，感受中国文化，结交中国朋友。如果留学生活是一段美好回忆，他们就会成为最好的文化使者，相信中文国际教育一定会做得更好。

国际中文教育专业学位研究生培养模式的
困境与路径探赜[*]

张灵芝　张艳梅^{**}

摘要:随着学科属性的进一步明晰,国际中文教育专业学位研究生培养质量倍受学界关注。由于缺少成熟的理论指导等诸多原因,国际中文教育学位研究生的培养质量问题越来越突出,出现中国大规模专硕和专博培养与国际中文师资短缺并存的矛盾现象。在国际中文教育专业学位研究生培养过程中,"学术性""职业导向性""实践性"是应有之义,通过认证体系、行业体系、招生准入、区域合作等制度和机制的建立与完善,精准对接世界各国中文教育市场的不同需求,如此国际中文教育专业学位研究生培养模式才有可能彻底摆脱对学术型硕士培养模式的简单复制,进而建构起既符合实际又有前瞻性的科学培养模式。

关键词:国际中文教育;专业学位研究生;培养模式

近日,国务院学位委员会和教育部面向社会正式发布《研究生教育学科专业目录(2022)》,自 2023 年起实施。新版目录中,原"汉语国际教育"专业学位领域上升为专业类别并更名为"国际中文教育",划归教育学学科门类,增设博士专业学位,由此国际中文教育专业人才实现本、硕、博贯通培养。无疑这一举措对汇集各方资源力量支撑国际中文教育学科建设,实现国际中文教育事业发展和学科建设的有机统一,助推构建更加规范、包容、开放的国际中文教育体系,将起到至关重要的作用,国际中文教育由此获得了更为广阔的学术空间。但由于国际中文教育专业学位研究生教育还处于实施的初始阶段,我们在理论上还远远未达成一定的共识,对于国际中文教育专业学位仍需进行全面深入的认识及准确的把握,更有必要建构一个既符合实际又有前瞻性的质量保障体系。

一、国际中文教育专业学位研究生人才培养的目标与定位

1. 从学科发展来看,"国际中文教育"与其他诸多学科不同,具有学科与事业双重属性

仅从学科名称来看,国际中文教育是在中国综合实力快速上升和"走出去"战略背景下产生的一个新兴学科,但其学科理论体系建设尚处于草创阶段,还有诸多不成熟的地方。^①

---

* 基金项目:全国汉语国际教育专业学位研究生教育指导委员会年度项目"基于 NBPTS 标准的汉语国际教育硕士人才培养模式研究"(项目批准号:HGJ201732)。

** 张灵芝,女,湖南长沙人,厦门大学国际中文教育学院助理教授,硕士生导师,教育学博士。张艳梅,湖南长沙人,武汉工程大学外语学院副教授,硕士生导师,汉语言文字学博士。

① 吴应辉:《汉语国际教育面临的若干理论与实践问题》,《云南师范大学学报(哲学社会科学版)》2016 年第 1 期。

随着全球"中文热""中国热"持续升温,世界各国的中文教育也进入升级转型关键期,急需大批具有硕士博士学位的高质量、高层次、高水平中外领军人才支撑全球国际中文教育提质增效,实现高质量创新发展。从本质上讲,建立国际中文教育专业学位研究生的质量保证制度,就是要真正地提升人才的素质和建设一流的学科团队。国际中文教育在国内学界已有一大批知名专家,但是在国际上的影响力却很微弱。作为一种文化和一种重要的交流手段,国际中文教育应该更好地传播中华文化,讲好中国故事,促进中华文化的国际传播。学科建设和发展,最重要的是人才的培养,中国有责任和义务把国际中文教育建成世界一流的学科。但现在,这一优势还不够突出,还没有形成这样的局面,一些发达国家的大学甚至对这个学科的一些领域提出了挑战。当前,国际中文教育专业学位研究生的教学质量保障还面临许多深层次的矛盾与问题,尤其是培养质量保障上存在瓶颈和缺陷,制约了国际中文教育学科建设和可持续发展。

2. 从专业的角度来看,"学术性""实践性""职业导向性"是其应有之义

国际形势瞬息万变,国际中文教育专业实践中需要解决的问题往往具有不确定性、独特性和价值冲突性,往往需要从业者对国际中文教育实践和服务有深刻的理解和准确的表达,从而推进国际中文教育实践发展及主要标准提升,建构国际中文教育学科的"中国话语体系和中国叙事体系",才能更好地"讲好中国故事,传播好中国声音"。只有在坚持高水平的基础上,培养的人才能够在国际中文教学的学科背景下,更好地了解国际中文学科发展的最新动向,从而创造性地解决国际中文教育中的实际问题。因此,质量保障是国际中文教育专业学位研究生教育的应有之义。

一方面,从学位的本质看,学术性是国际中文教育专业学位研究培养的应有之义。现在世界处在一个多元文化交流融合的时代,国际形势瞬息万变,我们必须要有迎接多元挑战的学术上的准备[1]。专业学位研究生教育的职业性特征并不意味着对学术性的摒弃。就中国当前的情况来看,高校最大的优势在于人才资源丰富、专业力量雄厚、设备精良、年轻学生的学术思维活跃。前沿科学的发展要求两者相互补充,两者的协作对学科的发展和创新是最有利的。如果舍弃学术性,不仅不能提高国家中文教育专业学位的地位,更不可能培养出能讲好中国故事、传播中国声音的专业人才。作为中文的母语国,我们有责任、有义务超前准备、谋划国际中文教育学科发展和人才培养的顶层设计以及方向引领。

另一方面,"实践性"和"职业导向性"是国际中文教育专业学位赖以存在的最根本特征。实践性是对当下教育情景的感知、辨别与顿悟以及对教育道德品性的彰显,对于国际中文教育专业学位的发展有着丰富的意蕴。国际中文教育从业者迫切需要能应对当前变革时代所带来的实践困境和多重实践需求以及经验反思的能力。正如舍恩所说的,"在专业实践的地形中,既有实践者能运用已有理论和技术可以有效解决问题的地表,也有技术手段无法解决的复杂情况的沼泽地"。[2] 在复杂的情境中进行何种实践,不仅依赖于他们所掌握的各种理论或实践知识,更依赖于他们即时性的评价和判断能力。国际中文教育对象日益多元复杂,从业者更需要面对复杂情境迅速形成更具实践性、动态化、符合语境特征

① 贾益民:《新时代世界华文教育发展大趋势》,《世界华文教学》2019 年第 7 期。
② D. Schon, *The Reflective Practitioner*, New York:Basic Books,1983,p.14.

的实践智慧。同时,各种新兴信息技术不断融入国际中文课堂。基于大数据和自然语言处理技术、机器人语伴等新技术参与国际中文教学,最大限度地激发了语言教学的交互性,有效解决了时空限制以及个体差异等问题。面对互联网支撑下琳琅满目的信息技术,国际中文教育从业者该如何更合理恰当地应用这些技术,解决变化莫测的教学问题,实践性培养就显得尤其重要了。

3. 从服务于国家民族发展的战略视角出发,国际中文教育是消除隔阂和误解、促进文明互鉴和民心相通的重要途径

在经济全球化的形势下,尤其是在"一带一路"倡议、构建"人类命运共同体"等国家政策的指引下,中国与世界的联系日益紧密。作为一个负责任的大国,中国在国际社会的影响力超过以往任何时期。当前,共建"一带一路"已经到了精耕细作和高质量发展的新阶段,需要借助于语言的载体和工具作用,增进中国与世界的多元对话和理解,为实现中华民族伟大复兴中国梦营造良好的国际舆论环境。习近平总书记指出:"推动高质量发展,是当前和今后一个时期全党全国必须抓紧抓好的工作。"高质量发展也必然成为国际中文教育专业学位方向与道路选择的根本遵循。

面对百年未有之大变局,中国逆势发展,正日益走近世界舞台的中央。中国综合国力的快速提升,必将引发全球更大的中文学习热潮。中国已经是世界上第二大经济实体,它的硬实力正在逐步被全世界所认可,但软实力依然薄弱。国际中文教育是提升我国软实力的重要途径。面向国家战略需求,抢抓发展机遇,高质量的人才是关键。只有思国家之思、急国家之急,培养出高质量高规格的国际中文教育人才,才能真正做到"出思想、出理论、出学派",学科的发展也才能取得根本突破。

二、国际中文教育专业学位研究生培养模式存在的问题表征

国内汉教硕士专业学位授权点高校已从设立初期的 24 所增加至 198 所,累计培养国际中文教育各类专业人才 7 万余人,其中包括来自 72 个国家的本土中文师资 1.5 万人,有效填补了海内外中文教师岗位缺口,提升了国际中文教师队伍的学历层次和专业化水平。从 2018 年开始,以 7 所高校为试点,我国启动了教育博士专业学位汉语国际教育领域研究生的招生工作,旨在培养国内外国际中文教育领域的复合型、职业型高端人才[①],这也是国际中文教育专业博士学位的前身。然而,由于缺少成熟的理论指导等诸多原因,国际中文教育学位研究生的培养质量问题越来越突出,出现中国大规模专硕和专博与国际中文师资短缺并存的矛盾现象。

1. 专业学科定位模糊,影响学生培养质量和学科自身的发展

我们对经国务院学位会议核准的第一批和第二批共 61 所培养国际中文教育专业学位的高校进行了初步的调查,发现其学科归属不尽相同。有些院校是独立设置的,比如北京语言大学的汉语国际研究院以及厦门大学的国际中文教育学院。有的学校依托外语学院或文学院,有的学校本硕博分属不同的学院(见图 1)。从专业博士招生来看,目前各学校

---

① 李宝贵:《教育博士专业学位研究生招生问题的透视与改进——以汉语国际教育领域为例》,《教育科学》2019 年第 10 期。

专业称谓不一致，比如"汉语国际教育领域教育博士""汉语国际教育方向教育博士专业学位研究生""汉语国际教育领域教育博士专业学位研究生""教育博士专业学位汉语国际教育领域研究生""学校课程与教学领域汉语国际教育方向教育博士专业学位研究生""教育博士专业学位汉语国际教育方向研究生""汉语国际教育领域博士专业学位研究生"等。这些都是因为学术界尚未就明确的学科定位问题达成一致意见，其深层原因在于学科定位不明晰及学科管理没有统筹规划。从国际中文教育博士生培养的初步经验来看，各校对国际中文教育专业博士认识存在较大的分歧，培养方案可谓千差万别，质量评价标准也很不相同，这在一定程度上反映了学界对国际中文教育专业博士还缺乏科学的认识。实际上，院校之间由于自身的发展和资源条件各不相同，在培养模式上确实会存在很大的差异。但是对于一个新生学位的基本认识包括对学位的性质和运作规律应该有一个较为统一的理解，这也是我们开展中文教育专业学位培养的认识论依据。

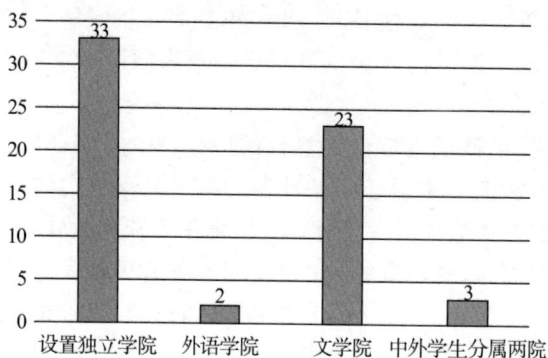

图1　部分高校国际中文教育专业博士学位专业学院归属　　图2　归属的独立学院不同名称

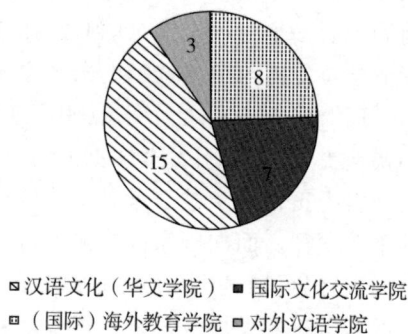

2. 从培养环节来看，重理论轻实践，实践环节缺乏有效的指导

我们以国际中文教育专业本科及毕业研究生为研究对象，运用定性的方法，结合访谈补充问卷不能反映的特殊情况。我们一共收集到361份有效问卷，包括国内生328位和海外生33位。调查对象主要来自厦大等6所开设了国际中文教育专业学位的相关高校。有效问卷的回收率为100％，对调查结果的处理采取了频次统计和描述性分析相结合的方法。学生中有46.81％的学生，也就是169人，他们对自己的学校所开设的课程不是很满意。其中，实习实践环节相对薄弱（77.56％）、对教学技能培训的不重视程度（74.79％）、教学方法太单一（55.40％）。而另有50.97％的学生则认为整体的课程结构较为简单化，49.86％的学生则认为课程与本科课程的重复性高。

结合访谈，我们发现国际中文教育专业学位研究生培养过程中，绝大部分高校在实际培养过程中，出现了与专业学位设置初衷相偏离的情况。一方面，课程设置偏重学术，与学术型硕士的模式雷同，论文选题和评审更偏向于学术类。另一方面，学校在实践环节比较薄弱，实习基地不稳定，学生在校内掌握的实际教学技能有限。很多学校对学生出国实习的时间并没有限制，相当一部分学生在缺乏系统、针对而深入的教学指导的情况下就通过报考志愿者出国实习的情况。专业学位的培养目标是应用型、实践型人才；学术型培养的是理论型、基础型人才。但由于国际中文教育专业学位发展至今不过十多年的历史，发展的时间并不长，相应的培养工作研究明显滞后。

3. 从培养和就业的角度来分析,人才培养供求不匹配,培养质量与需求相脱离

一方面,国际中文教育专业学位研究生的就业市场"供"多于"求",就业对口率较低;从2010年开始,将国际中文教育专业硕士的审核权限从原来的教育部全部下放到各省、自治区、直辖市的教育机构,各高校的国际中文教育硕士都是以中国学生为主。调查结果显示,绝大部分毕业生的就业市场以中小学校、国有企业、政府机构为主。而外籍学生无论是回国还是在他国工作,无论是在当地学校教中文,还是在所在国从事中文相关的其他工作,对中文和中华文化的国际传播影响都很大。

另一方面,国际中文教育专业学位研究生培养与就业的通道未打通、人才市场堵塞,人才培养质量无法适应所在国的现实需求。不同国家和地区国家战略、政治经济制度、民族政策、宗教信仰、图腾禁忌、习俗礼仪等思想文化价值观各不相同,各国之间的教育认同和人才市场的开放程度并不一致,导致国际中文教育的国际认证在海外很难被承认,例如美国、新加坡,要想取得所在国际中文教师资格,就必须在所在国的教育体系中接受教育。在某些不发达的国家,孔子学校的公派教师和志愿者满足了相当大的师资需求,还有一些国家,在生活、文化等方面都不太方便,报考的志愿者比较少。近几年的专业学位毕业生大部分在国内不同行业就业,而真正从事国际中文教育工作的比例很低;所培养的专业学位研究生不太符合国外需求,许多专硕毕业生使用当地语言进行跨文化沟通交流的能力严重欠缺,很难适应国外生活和工作,加之收入水平及生活环境等因素,很难进入有关国家从事国际中文教育工作。国际中文教育专业学位本为服务世界各国中文教学需求而设立,目前出现了上述看似矛盾但却是事实的问题。

三、国际中文教育专业学位研究生培养路径思考

国际中文教育专业学位培养至今已经10余年,随着国际中文教育在全球范围内的转型升级以及专业博士的设立,专业学位研究生培养有必要理清思路,总结经验,才有可能收获质量品质和发展希望。如何精准定位,实现从数量到质量的提升? 如何因地制宜、融入本土并根据不同区域、不同国别的需求导向建立定位精准、职业性和实践性突出且质量可靠的专业学位研究生项目? 如何完善标准、培训合格的国际中文师资,从而更有效地推动专业学位研究生培养内涵发展? 国家专业学位培养主管机构需要就这些关键问题进行顶层设计,引导高校合理定位,强化标准化意识、特色意识、实践意识和职业化意识,坚持走专业化发展之路,避免千校一面和同质化倾向,探索面向全球不同区域和国别的国际中文教育从业者培养模式,建立规模与质量均衡发展的良好国际中文教育专业研究生培养生态。

1. 优化国际中文教师认证制度与行业体系,建立政府和社会对国际中文教育专业学位研究生教育质量的监控机制

从国际范围来看,随着质量保证制度和质量监控制度的不断健全,比如美国高等教育资格认证委员会(CHEA)通过办学资格认证的方式监督和保障专业学位教育项目的质量,以保障人才培养的标准化和高规格。各国纷纷成立专业学位教育协会、理事会,从宏观的视角制定学生培养的指导意见和原则,如英国经济与社会研究所(ESRC)以及澳大利亚研究生院院长与主任理事会(CADDGS)等。此外,在完善的质量监控制度下,各国专业学位研究生教育的淘汰率也很高,比如美国总体淘汰率高达38%,从某种意义上说,是对专业

学位研究生教育质量和信誉的保障。除了通过认证机构和各种学会进行质量监控，各国还在努力构建具有国际化、普遍性的专业学位研究生教育运作机制，使其规范化和标准化。

从国际中文教育领域来看，目前全球性组织颁发的国际中文教师资格证书至少有十几种（见表1），每种证书都宣传自己的行业背景与名校背景等。与此相对应，很多国际中文教师培训机构针对国际中文教师资格证书考试举办了各种各样的培训项目。现在的国际中文教师认证已经变味成一门获利巨大的"生意"，说到底在于经济效益。国际中文教师培训市场鱼龙混杂，缺乏完善监管体系，不但会对证书的权威产生一定的冲击，也严重影响了国际中文教师的专业地位。在遵循市场规律调整的过程中，政府必须积极加以规范和引导，尤其是全国汉语国际教育专业学位研究生教育指导委员会（以下简称"汉教指委"）应该发挥更大的质量管控作用。另外，笔者调研发现，当前国际中文教育专业院系挂靠比较混乱，除单独设置，还有不少学校挂靠文学院或者外文学院。这一方面是因为一些高校师资不足，只能依附在师资力量强的学院来完成相关课程，另一方面也体现出其内部管理尚未理顺，很大程度上影响了社会大众对国际中文教师专业化的认知和认同。因此，对于专业学位培养单位的审批需要进一步严格把关，而目前的学位点资格审核权已下放到省（自治区、直辖市），且在资格审核中完全没有汉教指委的参与，建议今后专业学位点审核中加入汉教指委对专业水平进行评估的条款。

表 1　各种国际中文教师资格证

证书名称	颁发机构
国际中文教师证书 CTCSOL	由教育部中外语言交流合作中心（原国家汉办）主办
TCSL 证书："对外汉语教师研修合格证书"＋"国际汉语教师执业能力证书"，其中"国际汉语教师执业能力证书"分为两个等级	"对外汉语教师研修合格证书"由中国语言资源开发应用中心颁发；"国际汉语教师执业能力证书"由国际汉语教育学会颁发
1. Certificate in Teaching Chinese as a Foreign Language (TCFL) 2. Certificate in Teaching Chinese for Business Purposes(TCBP) 3. Certificate in Teaching Chinese to Young Learners(TCYL) 4. Certificate in Teaching Chinese Culture(CTTC) 5. Chinese Teachers Trainers Program(CTTP)	International Association for Teachers of Chinese to Speakers of Other Languages（美国全球汉教总会/国际 TCSOL 协会）
第一阶段(LC)：IMCPI 讲师级证书/英国 Pearson 助教级证书 第二阶段(LB)：IMCPI 高级讲师级证书/英国 Pearson 讲师级证书 第三阶段(LA)：IMCPI 主任高级讲师证书/英国 Pearson 讲师级证书	美国 IMCPI 与英国 Pearson 联合颁发
国际注册专业能力证书	国际认证协会（IPA）

续表

证书名称	颁发机构
国际汉语教师职业能力认证证书	北京汉语国际推广中心、世界汉语教学学会、北京师范大学
北京语言大学国际中文教师教学能力证书	北京语言大学培训学院中文事业部（原教师进修学院）
国际中文教师专业能力证书	国际中文教师协会（ICA）
国际中文传播教师证书	由中国外文局教育培训中心主办

国际上关于一门职业的专业地位，是从三个方面来评估的：专业目的、专业能力和专业自主。从这三个维度来看，国际中文教师无疑是一项专业化程度比较高的职业。国际中文教师要真正走上专业化道路，成熟的认证体系是个关键，政府需要积极管理引导，并通过政府在政策等方面的积极支持和对评定的认可增强证书的公信度，比如可以要求汉硕获得教指委认定的权威的国际中文教师资格证或有关国家教师证或中文教师资格证作为毕业的必要条件，形成国际中文教育专业学位研究生项目的指导框架以及课程设置、实践环节和创建评价机制的纲领性文件，明确专业学位研究生自身努力的方向。

2. 调整招生结构，扩大外籍生比例，区域化、国别化定向培养

目前，国际中文教育的海外需求仍需要进一步细分。不同国别、不同区域对国际中文教师有什么不一样的需求，国际中文教育专业学位培养主管机构需要将这些问题——厘清，做好需求研究，调整中外学生结构，超前精准培养。

国际中文教育的主阵地在世界各国，真正的"中文热"需要对目前的专业学位研究生生源结构进行调整。一方面，控制国内生源，在招收中国学生面试时，可以适当考查考生对国际中文教育事业的热爱程度以及毕业之后的就业意向，排除从事国际中文教育意愿低甚至根本没有想过从事国际中文教育行业而只是想获取专业学位的考生；另一方面，扩大海外生源，根据需求导向实行区域化、国别化定向培养。当前高校汉硕的整体招生结构以中国学生为主，外国学生人数比重较少。由于背井离乡、文化冲突、未来职业发展规划等各方面主客观原因，要让更多的中国学生选择到海外，尤其是广大发展中国家长期甚至定居从事国际中文教学，不太现实，中国学生绝大多数都选择留在国内求职，而海外学生则大多数选择回自己的国家就业。大量的中国汉硕学生选择赴外担任国际中文教师志愿者，但一到三年后绝大多数志愿者会选择回国从事其他行业。而外籍生大多选择回所在国从事中文相关职业，他们拥有深厚的地利人和的资源优势。在充分考虑当地国家战略、政治经济制度、民族政策、宗教信仰、图腾禁忌、习俗礼仪等思想文化价值观的前提下也将成为推动和影响本国普通民众学习中文的一股重要力量，有利于消除国外一些政府或民众对中国所谓"文化入侵"的疑虑，进而提升中国语言和文化传播的实际效果以及中华文化在当今和未来世界的影响与地位。因此，从这个角度来看，我们应大幅度增加海外专业学位研究生的招生名额，海外生作为母语者有着天然的优势以及更好的文化背景和专业基础。培养院校也可以根据自身优势找准定位，面向某类国家或地区定向培养优秀本土教师。如云南等中国西南各省区在专业学位研究生培养方面着力突出了面向"东盟"的区域特色，生源主要来自东盟国家。"超本土"中文教师是国际中文师资的高端形态和理想培养目标①。区域化、国别化定向培养体现在课程设置、案例教学、实习环节、毕业论文选题等方面，以增强所培养国际中文教师的针对性和适配度。

3. 从课程设置、师资培养、实践环节、论文撰写、质量评价等各环节优化专业学位研究生教育内部质量保障体系

任何一种教育实践，如果没有高的质量标准，那么它的生命力就不会持久。国际中文教育专业学位要保证平稳健康发展，必须从制度设计、运行和质量保障机制等几个层面做相应努力。美国学者伯顿·克拉克认为，高等教育系统处于由学术权力、国家权力和市场影响力这三种力量所构成的"三角形的协调模式"之中。② 国际中文教育专业学位研究生教育及其质量保障也受制于这一三维协调模式，其质量主要通过学术性与职业性的融合来保证，培养应用研究能力是整合职业性与学术性的根本途径。③

对国际中文教育学位制度而言，很多学校在课程设置、师资培养、实践环节、论文撰写、质量评价等环节还有很大的需要完善的空间。国际中文教育专业学位课程的学习周期一般是 2～3 年，比如厦门大学的实习环节主要包括国内和海外部分，在国内主要采用微格教学和课堂观察相结合的方式进行实习实践；而对于国外实习部分，包括外籍学生和在中国志愿者学生所在实习点大多没有现场辅导老师，根据所在国学校的需求和安排进行教学。相当一部分汉硕生刚入学不久还没有接触到研究生阶段的系统培养就被派出，其实习效果无疑大打折扣。实际上，基于课程理论熟练掌握基础上的实践才能更有利于培养研究能力和反思能力更强的优质国际中文教师。要多运用现场研究、模拟训练、案例分析等教学方法，真正提高解决实际问题的能力和综合素质。因此，建议专业学位研究生经过一年系统的专业理论学习与实践指导之后再派出。校方也可要求学生提供日常教学视频与反思、文化活动参与记录等，从而进行多层次多方位指导和质量监控。在复杂而又现实的国际中文教学环境下，如何将相关知识应用于教学，是培养学生实践教学经验、提高教学技能、培养多元文化意识的重要途径。④

同时，考虑到现实可操作性与不同国家或地区就业的实际要求，国内生和不同国别的国外生在课程设置、实践环节、论文要求等方面，建议根据不同国家和地区就业实际需求采取不同的标准。对于海外生，也需要增设语言类课程，设置不同于中国学生的培养方案和评定要求，力求因材施教，从而吸引更多的外籍学生加入国际中文教育事业中，培育更多潜在"双语双文化"的国际中文教师。

4. 突出办学优势，强化区域合作

在全球经济一体化、区域经济一体化的背景下，区域间的教育合作已成为一种重要的发展趋势。各高校可与海外高校进行联合培养，比如通过"2＋1""3＋2"等培养国际社会认

---

① 吴应辉：《汉语国际教育面临的若干理论与实践问题》，《云南师范大学学报（哲学社会科学版）》2016 年第 1 期。

② 伯顿·克拉克：《高等教育系统》，杭州大学出版社 1994 年版，第 159 页。

③ 刘国瑜、李昌新：《对专业学位研究生教育本质的审视与思考》，《学位与研究生教育》2012 年第 7 期。

④ 彭熠：《从学科专家到专业教师》，湖南师范大学博士学位论文，2014 年。

可的国际中文教师。在海外培养期间,国际中文教育专业学位研究生不仅可以开阔眼界、提升语言运用、跨文化交流的技能,还可以考虑在本地找到实习或长期工作。同时这种培养模式对于那些因各种条件限制无法到中国学习的本土学生来说,同样具有很大的诱惑力。不同院校在师资、地理、政策等方面各不相同,可以充分利用自身的优势,建立自己的特色培养模式。一方面,大学可以根据地缘势,建立和打造自己的独特品牌,开展有针对性的中文教师定向培训。同时,还可以利用"一带一路""海上丝绸之路"等政策和地理条件,广泛吸纳海外生源。各高校应针对自身的特点,开设符合自身特点的专业课程。要注重应用性、灵活性和针对性,注重全面性、理论性和系统性。① 例如,新疆大学可针对"一带一路"周边国家的具体需要,开展"中亚和俄罗斯汉语教学案例分析""中亚五国和俄罗斯"等特色课程,加强俄语和吉尔吉斯语的教学,保证汉语国际化人才的培养重点是中亚和俄罗斯,形成特定的培养模式。② 山东大学以韩国、蒙古国和新加坡等国为其重点教学对口国家。③ 厦门大学地处东南沿海,气候与东南亚国家接近,同时其校友对东南亚国家影响力较大,因此形成了面向东南亚培养的特色。而云南师范大学、云南大学、云南民族大学、昆明理工大学等对东南亚、南亚的国际中文教育有着无可比拟的地缘优势和亲缘优势,因此,能较熟练地掌握一门东南亚、南亚语言无疑对将来的教学和就业大有裨益。

国际中文教育专业学位研究生培养必须与学术型学位相区别,精准对接世界各国中文教育市场的不同需求,才有可能获得长足发展动力。在国际中文教育专业学位研究生培养过程中,"学术性""职业性""实践性"是应有之义,如此专业学位研究生培养模式才有可能彻底摆脱对学术型硕士培养模式的简单复制。

---

① 刘艳娟:《"一带一路"背景下汉语国际教育人才培养路径》,《语言文字报》2019 年 11 月 6 日第 2 版。

② 热依拉·司甘旦:《新疆大学中国籍国际中文教育专业博士学位学生培养现状调查》,新疆大学硕士学位论文,2017 年。

③ 张艳华:《面向海外本土汉语教师的国别化培训方略探析——以蒙古国为例》,《海外华文教育》2015 年第 1 期。

高校创新创业教育生态体系构建思考*

——基于扎根理论多案例研究

林薇薇　杨　雯　李柄亨　唐炎钊**

摘要：为提高我国创新创业教育的质量，本文采用构建型扎根理论编码的案例研究方法，选取 7 所中外高校为研究对象，分析出高校创新创业教育生态系统中所包含的主体和构成因素。通过反复比较分析它们之间的相互关系，本文构建出高校的创新创业教育生态系统模型，并指出高校创新创业教育课程体系存在的三个不同阶段。最后，基于研究结果从微观、中观和宏观层面提出我国高校创新创业教育生态系统进一步发展的政策建议。

关键词：创新创业教育；生态系统；扎根理论

创新是引领发展的第一动力。近年来，社会对于创新人才的需求日益加强，对高校的创新创业教育也提出了更高的要求。2014 年，教育部发布了《关于做好 2015 年全国普通高等学校毕业生就业创业工作的通知》，提出要将创新创业教育贯穿人才培养的全过程；2015 年，《国务院办公厅关于深化高等学校创新创业教育改革的实施意见》中指出要"推进教学、科研、实践紧密结合"，努力形成有利于创新创业教育的良好生态环境；党的二十大报告中也指出"必须坚持科技是第一生产力、人才是第一资源、创新是第一动力，深入实施科教兴国战略、人才强国战略、创新驱动发展战略，开辟发展新领域新赛道，不断塑造发展新动能新优势"，进一步强调了创新教育的重要性。

随着创新创业教育的重要性不断被提升到新的高度，众多高校高度重视学生创新创业教育。但由于我国在创新创业教育方面仍处于起步阶段，因此在实施过程中也碰到诸多的问题。为了解决我国创新创业教育的困境，许多学者开始研究创新创业教育生态系统建设。经过对文献的整理，笔者发现中国学者针对创新创业教育生态系统的研究主要聚焦在三个方面：第一，分析并总结国内外典型高校建设生态系统的经验；第二，分析中国高校在创新创业教育方面存在的问题；第三，针对性地提出具有中国特色的建设路径。尽管学术界普遍认为创新创业教育生态系统是创业教育发展的趋势，但目前的研究仍然有很多问题没有达成共识，尤其是针对创新创业生态系统的主体和因素有哪些、各主体与因素之间的相互关系等。

* 基金项目：中国高校创新创业教育改革基金项目（2020CCJG01Z002），2021 年福建省本科高校教育教学改革研究项目（FBJG20210266），2021 年厦门大学教学改革研究项目（研究生）（JG20210304），2021 年厦门大学本科创新创业实践项目。

** 林薇薇，女，厦门大学管理学院本科生。杨雯，女，厦门大学管理学院本科生。李柄亨，男，厦门大学管理学院本科生。唐炎钊，男，厦门大学管理学院教授，博士生导师。

为了解决以往研究中的不足,本研究选取 7 所在创新创业教育方面取得优异成绩的国内外高校,利用扎根理论方法进行分析,找出案例高校的创新创业教育中涉及的主体和关键构成因素,从而构建出创新创业教育生态系统模型,并专门针对创新创业教育课程体系展开研究,提出创新创业教育课程体系的三个阶段,为我国的其他高校提供借鉴。具体而言,本研究主要关注两个问题:第一,借助扎根理论的研究方法,总结出 7 所高校创新创业教育生态系统的主体和关键因素,并分析各主体和因素之间的相互关系;第二,构建高校创新创业教育生态系统,并有针对性地提出政策建议。

一、文献综述

1936 年,英国生态学家坦斯利(Tansley)在进行森林动态研究时将把物理学上的"系统"一词引入生态学,首次提出生态系统这一概念。[1] 这一概念的提出在给生态学研究提供新视角的同时,也为其他学科的研究指出新的方向。[2] 20 世纪 90 年代,埃茨科威兹提出国家创新三螺旋模型,为创新创业教育生态系统奠定思想基础。[3] 2005 年,邓恩(Katharine Dunn)在分析麻省理工学院校内外创业者的创业过程时,发现学生的创业范式已经由原来的通过家庭资源获取机会变成创新创业生态系统,这也是创新创业生态系统概念首次被提出。[4] 同年,中国学者徐紫云和徐朝亮提出建立系统和谐的创业教育生态环境是解决江西发展问题的最根本途径。[5] 2006 年,Wright 等学者初步确定创业教育生态系统的概念,并指出该系统是由高校、研究人员、政府、企业、学生等主体共同合作推动知识转移与商业化。[6] 自此,创新创业教育生态系统成为创业教育研究的热点话题。

许多学者针对创新创业教育生态系统的概念展开研究。黄兆信和刘燕楠认为创新创业教育生态系统是一个由内源性要素、发展性要素、支持性要素等不同要素组成的复杂系统。[7] 这种理解较为狭义,将创新创业教育生态系统的概念局限在高校内部,并没有将政府、企业等主体也纳入生态系统中。徐小洲和王旭燕认为创业教育生态系统是一个以大学为中心,并能有效处理政府、企业等与高校相关的外部生态因子的功能主体。[8] 此概念虽然补充了高校外的主体,但依然没有指出校外生态主体对于创新创业教育生态系统的重要

① 陈少雄:《大学创业教育生态系统培育策略研究——基于广东省高校的调查分析》,《教育发展研究》2014 年第 11 期。
② 李琳璐:《斯坦福大学的创新创业教育:系统审视与经验启示》,《高教探索》2020 年第 3 期。
③ 亨利·埃茨科威兹:《国家创新模式:大学、产业、政府"三螺旋创新战略"》,周春彦译,东方出版社 2014 年版,第 2 页。Etzkowitzh. *The Triple Helix*:*University-Industry-Government Innovation in Action*,Beijing:The Oriental Press,2014,p.2.
④ The entrepreneurship ecosystem,https://www.technologyreview.com/2005/09/01/230391/the-entrepreneurship-ecosystem/,访问日期:2021 年 12 月 28 日。
⑤ 徐紫云、徐朝亮:《实现江西崛起的创业教育思考》,《求实》2005 年第 10 期。
⑥ M. Wright,A. Lockett,B. Clarysse,M. Binks,University Spin-out Companies And Venture Capital,*Research Policy*,2006,Vol.35,No.4,pp.481-501.
⑦ 黄兆信、刘燕楠:《众创时代高校如何革新创业教育》,《教育发展研究》2015 年第 23 期。
⑧ 徐小洲、王旭燕:《GALCHS 视野下的创业教育生态发展观》,《华东师范大学学报(教育科学版)》2016 年第 2 期。

性。刘海滨认为高校创业教育生态系统是由高校、政府、企业等多元主体，以及政策、项目、课程、资源等多要素构成的可持续发展的育人系统，其目标是培养创新创业人才。[①] 刘海滨的定义进一步完善生态系统的主体与要素，但忽视了各个主体与要素之间的关系。杜函芮定义创新创业教育生态系统是以高校为核心，聚焦创新创业人才培养，各类主体深度互动与密切协作，各类要素通过在主体间频繁且有序流动，实现生态系统稳定与自平衡运转。[②]

学界对于创新创业教育生态系统主体的研究也有很多。黄兆信和王志强在研究创新创业教育生态系统构建路径时，指出创新创业教育生态系统是由关键行动主体（教师和学生）、支持群体（技术转移机构等服务组织）和环境要素（软环境和硬环境）构成。[③] 该研究将创新创业生态系统的重点放在高校内部，缺少对高校外主体的关注。陈静和王占仁构建的"内和外联"式创业教育生态系统部分弥补上述研究的不足，指出国家应作为创业教育的主导力量，社会提供环境保障，但不足的是对企业在生态系统中的重要性没有深刻认识，只把企业当成外围助力。[④] 贾建锋等学者通过对美、英、日三国的 5 所高校进行多案例研究，指出学生、高校、政府、企业和校友都是创新创业生态系统的主要参与主体。[⑤]

也有许多学者针对创新创业教育生态系统的要素和指标展开研究。这部分的研究主要可以分为三类。第一，从生态系统的角度入手，即以课程和师资为代表的生产者、以创业教育组织机构为代表的分解者、以学生和企业为代表的消费者、以创业教育实践平台为代表的催化剂这四个基本要素。[⑥] 第二，从宏观、中观、微观三个层面入手，微观组成要素主要包括课程体系、师资队伍、实践平台、硬件设施等；中观组成要素主要包括文化环境、创业中心等；宏观组成要素主要有国家政策、行业企业以及其他社会力量等。[⑦] 第三，利用访谈研究或案例分析等方法，探究关键要素。李亚员等利用跨案例分析的方法，对 4 个国家 8 所高校进行研究，得出创新创业教育生态系统应该包含的 10 个关键要素，并将其归类为 3 个系统。[⑧] 成希等通过问卷调查法，将创新创业教育生态系统划分为课程与教学、组织、环境 3 个维度，并提炼出课程体系等 21 个指标。[⑨] 许多学者通过单案例研究总结其他高校的经验。许涛和严骊通过全面描述麻省理工创新创业教育生态系统，指出项目、课程和活

① 刘海滨：《高校创业教育生态系统构建策略研究》，《中国高教研究》2018 年第 2 期。
② 杜函芮：《高校创新创业教育生态系统构建》，《教育学术月刊》2023 年第 2 期。
③ 黄兆信、王志强：《高校创业教育生态系统构建路径研究》，《教育研究》2017 年第 4 期。
④ 陈静、王占仁：《"内合外联"式高校创业教育生态系统构建研究》，《学校党建与思想教育》2017 年第 7 期。
⑤ 贾建锋、赵若男、朱珠：《高校创新创业教育生态系统的构建——基于美国、英国、日本高校的多案例研究》，《管理案例研究与评论》2021 年第 3 期。
⑥ 董晓光、李成龙：《美国高校创业教育生态系统建设的经验与启示》，《思想理论教育》2018 年第 2 期。卓泽林、赵中建：《高水平大学创新创业教育生态系统建设及启示》，《教育发展研究》2016 年第 3 期。
⑦ 陈静：《构建高校创业教育生态系统的若干思考》，《思想理论教育》2017 年第 6 期。
⑧ 李亚员、刘海滨、孔洁珺：《高校创新创业教育生态系统建设的理想样态——基于 4 个国家 8 所典型高校的跨案例比较分析》，《高校教育管理》2022 年第 2 期。
⑨ 成希、李世勇：《大学创新创业教育生态系统的指标构建与权重分析》，《大学教育科学》2020 年第 1 期。

动是贯穿生态系统的关键要素。① 郑刚和郭艳婷通过研究斯坦福大学的创新创业生态系统,指出创业教育战略与指导方针、创新创业的校园文化氛围、师生创新创业的制度体系、创新创业课程体系、创新创业课外、校外实践系列活动等是必不可少的。②

通过回顾已有的研究,笔者发现先前的学者对于创新创业教育生态系统的概念、主体和要素都做了大量的研究,也取得了丰富的研究成果。但现有研究还存在以下不足:第一,国内针对创新创业生态系统的研究大多是以经验总结为主,对于模型的总结较少;第二,针对高校创新创业教育课程体系,现有研究主要以知识模块和课程类型对课程体系进行划分为主,而对于具体培养阶段应开设的课程还存在一定的空白。

二、研究设计

(一)研究方法

扎根理论是研究和分析质性资料,并进行理论探索性研究的有效方法,它是由两位社会学会学家 Glaser 和 Strauss 在一项研究中首次提出。这个方法可以分为 3 个部分:第一,收集和分析资料;第二,对收集到的资料进行编码分析;第三,生成和检验理论。本文采用构建扎根理论作为主要研究方法,通过初始编码、聚焦编码、核心编码和理论性编码分析资料,从而找出创新创业教育各主体和因素之间的关系。

(二)样本选择

本研究选取了国内外 7 所高校进行比较,分别为柏森商学院、麻省理工学院、斯坦福大学、哈佛大学、新加坡国立大学、清华大学、北京航空航天大学。之所以选择这 7 所大学,主要原因有如下几点:

第一,考虑到文化的多样性。本研究选取的案例涵盖美国、新加坡和中国,分别代表东西方文化对创新创业教育体系的影响,避免因仅参考西方高校构建出的创新创业教育生态系统在中国出现水土不服的现象,更有助于构建出适合我国高校的创新创业教育生态系统。

第二,考虑到所选案例的典型性。美国是第一个开展创新创业教育的国家,而且斯坦福大学、麻省理工学院、哈佛大学与柏森商学院是世界上创新创业教育进行得最好的几所高校,其创新创业教育课程体系被世界众多高校所学习模仿。新加坡国立大学作为成功转型的亚洲高校典型,近年来在创新创业教育方面取得重大突破。清华大学和北京航空航天大学是中国培养创新人才的重要摇篮,国家投入大量资源将其打造为国内领先的创新创业教育基地,是国内其他高校学习的模范。

这 7 所高校分别代表美国、新加坡和中国最高水准的创新创业教育,对于构建我国高校创新创业教育体系起到借鉴作用。

(三)数据来源

本研究主要利用二手数据进行扎根理论分析,数据来源包括:(1)各大高校官网;(2)中

---

① 许涛、严骊:《国际高等教育领域创新创业教育的生态系统模型和要素研究——以美国麻省理工学院为例》,《远程教育杂志》2017 年第 4 期。

② 郑刚、郭艳婷:《世界一流大学如何打造创业教育生态系统——斯坦福大学的经验与启示》,《比较教育研究》2014 年第 9 期。

国期刊网公开发表的论文、报道等；(3)《广谱式大学创业生态系统发展研究》《2016 年度全国创新创业 50 所典型经验高校经验汇编》等书籍。为了保证案例资料的准确性，采用多个信息来源进行交叉验证。

三、数据分析流程

(一)初始编码和聚焦编码

初始式编码是扎根理论的第一步，主要作用是将原始资料中的内容进行逐词逐句分解，提炼出其中关键的内容，并对其进行概念化和范畴化。由于本研究用的是多案例分析，首先概念化第一个案例，并将结果作为概念模板。接着再逐句编码第二个案例，将两个案例概念化后的结果进行比较并修正，形成新的概念模板，以此类推完成接下来的所有案例。在获得足够多的概念化结果后，根据它们之间的关系进行进一步的范畴化，最终得到稳定的概念和范畴。本研究共得到 120 个概念，34 个初始范畴。开放性编码结果见表 1。

表 1　开放式编码

编号	初始范畴	聚焦编码
1	授权管理、自主管理	领导方式
2	全员参与、院系合作、部门合作、氛围塑造、院系参与度高	文化塑造
3	创业精神、企业家精神、价值取向、创业领袖、成为全球教育圣地、创新思维	培养目标
4	领导工作经验丰富、领导有魄力、领导有远见、领导重视	领导力
5	技术机构、主导性综合机构、辅助机构、在线业务平台、创新创业教育平台	孵化机构
6	研究所、研究部门、科研训练项目、研究项目	研究机构
7	创业竞赛	创业竞赛
8	创业演练、创业实践活动、企业内部虚拟创业	实践活动
9	俱乐部、协会、社团、学生联盟	学生组织
10	实习机会、实习项目、创业实训、海外实习	学生实习
11	外部人才引进、人才挖掘、多渠道招聘	多渠道人才补充
12	灵活的薪酬政策、严格的晋升制度、教师创业绩效、教师职称授予	教师激励机制
13	教师学习考察、增长教师创业经验、教师座谈会	教师成长机制
14	法则规定授课义务	教师约束机制
15	案例讨论、案例主角亲临课堂、案例开发、案例选择多样性	案例教学
16	课堂仿真模拟创业、鼓励学生课后参与实践、案例分析与实践结合	理论与实践结合
17	课程成果落地、课程考核时间长、路演考核	作品导向教学
18	创业专业人士、科研人员、教师组合体制	教师多元化

续表

编号	初始范畴	聚焦编码
19	科研奖项众多、筛选条件严格、教师思维活跃、教师研究范围广、教师有耐心、教师教学卓越	教师高质量
20	参与企业工作、拥有创业经历、提供咨询、创业一线教师	教师创业经验丰富
21	创业知识课程、管理知识课程、企业运营课程	基础知识课程
22	财务类课程、法律类课程、经济类课程、商务沟通类课程、营销类课程	专业技能课程
23	案例研究课程、模拟创业课程	应用实践课程
24	行业相关课程	专业领域创业课程
25	企业提供实习机会、企业提供资金、企业提供场地、企业提供科研支持、企业家经验交流	企业资源支持
26	校企合作平台、校企合作研发	校企合作
27	校友提供岗位、校友提供其他资源、校友提供资金、校友网络	校友资源支持
28	校友参与学生竞赛、校友参与基地建设、校友创建机构	校友回馈
29	政府资金支持、政府其他资源支持	政府资源支持
30	校地合作研究项目、校地共建基地、校地共同创办比赛	校地合作
31	大学生创业优惠政策、扶持初创企业政策	政策倾斜
32	签订研究合作协议、学术合作	高校科研合作
33	开发创新教育方法、开发学位、学术合作、学生国内外交换、合办学生活动、高校合作创办竞赛、教育项目合作	高校教育合作
34	学校资金支持、学校场地支持、成果保护、学校设备支持、学校提供孵化机会、学校提供指导	学校资源支持

(二)核心编码

通过将初始范畴和原始资料进行进一步的分析比较,本研究将34个初始范畴归纳总结为11个核心范畴,主轴编码结果见表2。

表2 核心编码

序号	初始范畴	核心范畴
1	领导方式、文化塑造、培养目标、领导力	创业教育思想
2	研究机构、孵化机构、学校资源支持	孵化支持机制
3	创业竞赛、实践活动、学生组织、学生实习	创业实践
4	多渠道人才补充、教师激励机制、教师成长机制、教师约束机制	创业人才管理机制
5	案例教学、理论与实践结合、作品导向教学	双向教学模式
6	教师多元化、教师高质量、教师创业经验丰富	优质师资队伍
7	基础知识课程、专业技能课程、应用实践课程、专业领域创业课程	阶段化课程体系

续表

序号	初始范畴	核心范畴
8	企业资源支持、校企合作	企业因素
9	校友资源支持、校友回馈	校友因素
10	政府资源支持、校地合作、政策倾斜	政府因素
11	高校科研合作、高校教育合作	高校因素

（三）理论编码

根据各个核心范畴在生态系统中发挥的不同作用，本文将核心范畴归类到微观、中观和宏观三个层次。教学模式、创业实践、师资队伍和课程体系在创新创业教育中发挥着实践操作的功能，是创新创业教育最直接的参与者，因此将它们归为创新创业教育微观要素；创新创业教育思想因素、创业人才管理机制和孵化支持机制在创新创业教育中发挥着指导、规划和支持微观要素的作用，因此将它们归为创新创业教育中观要素；校友因素、政府因素、企业因素和其他高校是高校外部的参与主体，通过与高校进行相互合作和资源交换，为高校的创新创业教育提供支持，因此将它们归为创新创业教育宏观因素。

（四）理论饱和度检验

理论饱和度是决定何时停止采样的鉴定标准。利用构建出的模型对 7 所高校进行比对，并未发现新的范畴。同时，在原始资料库中随机抽取一条数据，可以匹配到模型的各个因素中，因此证明理论达到饱和。

四、研究发现

基于对 11 个核心范畴的进一步关系分析和逻辑归纳，本研究发现：在高校创业生态系统中，各个主体和要素可以按照不同的功能，将它们分散到宏观、中观和微观三层结构中，各主体和要素之间深度互动，密切协作。图 1 的高校创新创业教育生态系统模型展示了它们之间的相互关系。

创新创业教育生态系统的微观要素指在该系统中，起到实践作用、直面创业教育对象的直接参与和实施创业教育的人、财、物等教育要素，是高校创新创业教育能够顺利运行的基础和前提。微观要素主要回答创业教育"教什么""谁来教""怎么教"等问题。其中，课程体系是创新创业教育生态系统最重要也是最核心的要素，一个完整、有序的课程体系有助于完善学生的创业知识体系，最终达到培养学生创新能力的根本目的。针对 7 所高校的创业课程体系进行分析，本研究得出创业课程体系可以按照时间划分为三个阶段。第一阶段是基础阶段。在该阶段，创业课程主要以基础知识课程和专业技能课程为主，让学生对创业观念的产生到初创公司成立中的流程有一定的了解，掌握公司在经营管理中所必备的知识，例如财务知识、法律知识等。第二阶段是探索阶段。在该阶段，高校通过设置应用实践课程来帮助学生巩固在第一阶段中的知识，并验收第一阶段的学习成果。应用实践课程包括案例研究和创业实践，学生通过课程可以亲身体会创业过程中的各个阶段以及遇到的困难，对创业有更深刻的理解。第三阶段是专精阶段。经过前两个阶段的学习，学生具备了创业的基础知识和技能，可以根据自己的专业领域或感兴趣的领域选择相关的课程进行学习,在学习的基础上进行创新。

师资队伍、教学模式和创业实践也是重要的微观要素,对充分发挥课程体系的培养功能起到辅助作用。创业教师赋予课程体系灵魂,创业教师的质量直接影响到创业教育的质量。教师团队不仅包括学校内拥有正式编制的教授,还包括前来助力高校创业教育的企业家导师、校友以及社会各界人士。优质教师团队解决"谁来教"的问题后,教学模式和创业实践则回答"怎么教"的问题。双向的教学模式有助于学生吸收创业相关知识,培养创业兴趣。创业教育不同于普通的高校教育,将原有的那一套知识单向传输的教学方法用于创业教育往往不会取得很好的成效。通过对案例高校的分析,本研究发现7所高校普遍采用案例教学、理论实践相结合的教学方式,鼓励学生边学边用,让学生感受"沉浸式创业学习"。创业实践作为锻炼学生创业能力的重要资源,与课程教学相辅相成。创业实践为学生在课程教学中学到的基础知识提供发展平台,课程教学为创业实践提供理论基础。高校提供给学生的实践主要以创业比赛、社团活动以及企业实习等为主,学生可以通过参加这些活动积累实践经验。

创新创业教育生态系统的中观要素指在该系统中,对创业教育微观组成要素进行规划、控制和支持的创业教育要素。创新创业教育思想因素作为高校创业教育的思想基础,为高校开展课程教学和创业实践提供指导。是否正确理解创业教育的培养目的,是决定高校创新创业教育培养体系是否有效的最根本因素。高校通过设置正确的培养目标和教育理念,表达对创新创业教育的重视,并在学校内形成良好的创业氛围,从心理层面改变师生对创业教育的看法;孵化支持机制是帮助将学生的创业想法转化为实际的支持资源,高校内的孵化支持机制主要有以创业中心为主的主导性综合机构、以技术转化办公室为主的技术机构和以研究中心为主的研究机构。此外,高校还会通过各种方式为学生提供经济、技术等资源支持。这些机构和资源为高校师生的创业想法提供全方位的支持。创业人才管理机制是高校师生进行创业活动的重要保障因素,宽松的政策作为拉力鼓励高校师生积极到外部参与创业相关实践。而将创业经历纳入师生的考核加分内容,则作为推力提高师生对创业实践的重视,增加参与创业活动的积极性。

创新创业教育生态系统的宏观要素指在该系统中,居于统摄地位、主导发展方向、产生全局影响的创业教育要素,并对中观和微观组成要素进行宏观的调控、规范、支持。政府在高校创业教育中发挥主导作用。作为公共服务与公共物品的主要供给者,政府通过出台政策、制定创新政策工具等实现对整个生态系统的影响,并提供资金、设备、场地等全方位支持。同时,政府也会通过与高校进行合作来落实政策,例如与高校共同建立创业基地,共同举办创业赛事等;企业是整个生态系统中最活跃的主体,在创新创业教育生态系统中起助推作用。一方面,企业通过提供资金、岗位等支持高校培育创新创业人才和研发新技术;另一方面,高校也会为企业提供人才和技术的资源,两者互利共赢;校友作为生态系统与高校关系最为密切的外部因素,校友企业家往往与母校有着深厚的情感,也更加愿意为母校提供各种支持,例如为学校的学生开设讲座交流经验,担任创业大赛评委等。高校通过建立牢固的校友网络,增进校友之间的感情,也将原本松散的校友资源集中起来。通过政府、企业、校友等外部环境因素与高校多方主体协作,实现育人目标。此外,高校作为创新创业教育生态系统的主体,绝不是孤立存在的,各个高校之间也会进行互动,例如高校合作进行创业教育的研究、联合培养学生等。中外高校的互动更是能够拓宽学生的国际视野，为学生创造更广泛的机会。

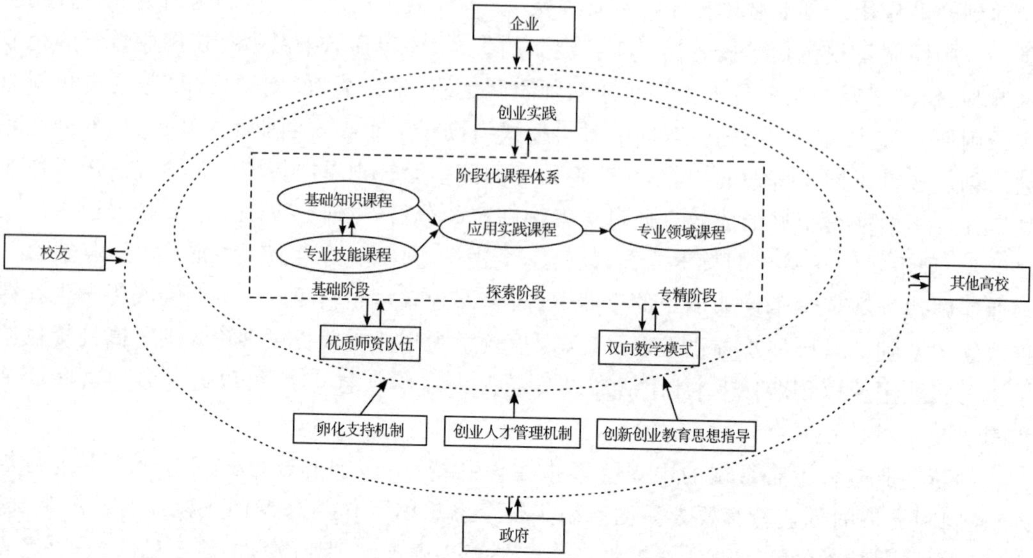

图1　高校创新创业教育生态体系模型

五、研究总结

（一）理论贡献

第一，本研究利用扎根理论对7个案例高校进行对比研究，得出创新创业教育生态系统中的主体和因素，在先前学者研究的基础上补充创业人才管理机制、双向教学模式等新的要素，并指出高校之间的互动也是创新创业教育生态系统的重要部分，进一步完善创新创业教育生态系统内容。在得到主体与因素后对其关系进行探究，获得高校创新创业教育生态系统模型。第二，针对创新创业教育课程体系，本研究提出创新创业教育课程体系可以划分为三个阶段：基础阶段、探索阶段和专精阶段，弥补当前创新创业课程体系研究在时间上的不足。第三，本研究在构建高校创新创业教育生态系统模型的基础上，结合实际情况，给出具有针对性和可行性的政策建议，为我国高校的创新创业教育实践提供指导。

（二）政策建议

结合上述所提出的研究模型，本文对我国高校进一步开展创新创业教育提出以下政策建议：

第一，打造以创新创业教育课程体系为核心的生态系统，筑牢创业教育根基。

在高校创新创业教育生态系统中，微观层面的要素直接决定创新创业教育的质量。课程体系是微观层面要素的核心内容，重视课程体系的建设有助于筑牢创业教育的根基。创业教育的不同阶段所培养的学生能力不同，对创业课程安排的要求也不同。在学生处于大一、大二时，创新创业教育主要帮助学生筑牢知识基础。此时的课程应该以基础知识和专业技能为主的必修课，让学生对创业的过程、创业所需的专业知识有一个大体上的了解，构建学生的知识框架。在学生处于大二、大三时，创新创业教育主要帮助学生灵活运用所学知识,将理论与实践相结合。此时的课程设置要以实践为主,例如在课堂上采用案例教学的方式,将企业中新鲜真实的事件展示到课程上供学生讨论,让学生在掌握创业知识的同时,也能够身临其境地体会到创业各个阶段所面临的难题。路演考核的方式也是提高实践性的方法之一,这种考核方式充分考虑了创业课程的特殊性,鼓励学生将想法转变为可行的方案。在学生处于大四,甚至研究生时,创新创业教育可以鼓励学生针对某个领域进行深入研究,并在研究的基础上进行创新。此时的课程设置可以更加自由,让学生自行选择自己想要研究的方向,例如材料学院的学生可以选择"材料技术的创新和商业化"这类课程,对自己的专业领域进行探索。

值得注意的是,理工科学生作为技术的掌握者,是最具创业潜力的人群,但由于目前中国高校缺乏对他们创业知识的培养,导致理工科学生无法将自己的技术转变为生产力。因此,高校应该将创新创业教育课程补充到理工科学生的课程体系中,例如在理工科专业中开设创业类院选课,鼓励理工科学生选修商学院课程等。

第二,高校整合多方资源,助力创业教育发展。

高校对学生的创业支持可以从三个方面入手:首先,树立创新创业观念营造校园氛围。长时间来,我国高校一直把号召毕业生创办企业作为创新创业教育的目的,但这其实是对创业教育最狭义的理解。高校应该将培养学生的创新创业精神作为创业教育的根本目的,鼓励学生在未来的工作中使用创新思维。在树立正确的理念之后,高校可以通过校训和培育目标向全校师生传达创业思想和观念,并鼓励师生积极参与到各种创业竞赛和创业实践活动中来,形成校园内部的创业氛围。其次,制定制度鼓励师生参与创业活动。一方面,高校可以制定宽松的政策去鼓励师生参与创业活动,例如允许教师在完成教学任务之余到企业中去担任咨询等;另一方面,高校可以将创业经历或企业工作经历纳入创业教师的绩效中,让创业经历成为教师考核的加分项,从而鼓励教师主动走进企业积累经验,以便更好教育学生。高校还应该贯彻持续改进理念,设置评价机制考查学生四年中创新能力是否得到改进,并观测学生毕业后的创新产出,通过结果的反馈来对现有教育体系进行反思并改进。最后,设立创业中心等机构支持学生的想法落地。从中国高校的各项创业竞赛成绩来看,中国的学生并不缺乏创业想法,但很多好的点子都无法落地。高校应该真正让校内的各种机构发挥应有的作用,为有潜力的学生提供资金、场地、设备等资源,用行动支持创业理念落地。

第三,内外主体协同合作,共筑良好生态环境。

要想做好创新创业教育,高校绝对不能仅依靠自己的力量,而是应该主动整合各方资源,为学生提供从诞生创业想法到成立企业的一条龙服务。在所有资源中,企业尤其要关注政府、企业和校友的资源。从政府角度来说,一方面,政府可以为学生创业提供各种资源,以及对创业成果进行知识产权的保护;另一方面,高校也可以利用政府的平台寻找成果转化的合作伙伴。从企业角度来说,企业既可以为学生在成果落地过程中提供各种资源,还可以为学生提供进入企业一线学习的机会。从校友角度来说,相比其他企业家,校友与高校的关系更为亲近,更愿意为高校学子提供创业经验和创业指导,也可以帮助学生拓展关系网络。同时,与其他高校合作也是创业教育的重要一环,高校创新创业生态系统的范围应该扩大到所有的高校。高校之间可以通过合作,进一步推动高校创业教育相关研究的进程，也可以通过学生间的相互交流拓宽学生的视野。

（三）研究局限与展望

本研究的主要局限性在于由于客观条件的限制，缺乏一手数据的支撑，只靠二手数据无法全面了解到各个学校当前的创新创业教育现状。虽然本研究按照三角证据的方式收集二手数据，但数据的失真是难以避免的。针对课程体系的研究也不够具体，只是大体分出三个阶段。

未来可以通过对案例高校创新创业的相关教师和学生进行访谈，以及收集高校学生的培养方案来对一手资料进行补充，完善研究的结论和模型。

高校创新创业教育对大学生综合素质与能力培养的一个理论分析框架[*]

——基于扎根理论的视角

余晓悦　李扬扬　李柄亨　唐炎钊^{**}

摘要：在创业教育研究领域，关于"双创"教育对新生代大学生培养使命和目标的研究逐渐受到了学者们的关注。本研究以高校大学生为主体，分析创新创业教育对新生代大学生的素质与能力培养的影响。基于扎根理论的视角，通过对现有文献和与创新创业教育任课教师的访谈等材料的多级编码，本文构建了创新创业教育对新生代大学生素质与能力培养的理论框架。研究表明：高校创新创业教育应在课程体系、创业空间与实践平台以及师资队伍和教材建设上寻求突破，以更好地培养学生的创新创业能力、建立积极心理资本、增强创业者身份认同，促进其职业发展。本文回答了"学生为何要接受创业教育"的问题，厘清了大学生对高校创新创业教育的疑虑，进而有利于推动创新创业教育在高校中的发展。

关键词：创业教育；扎根理论；创新创业能力

一、问题提出

2017年，"大众创业、万众创新"理念被写入联合国决议，预示着创新对经济发展的巨大推动作用已渐渐成为国际共识。习近平总书记深刻指出，人的创造力是个人、民族、国家发展的最大动力源，创新创业创造能够为经济社会发展催生新供给、释放新需求、激发新活力。推进大众创业、万众创新，是培育和催生经济社会发展新动力的必然选择，是扩大就业、实现富民之道的根本举措，是激发全社会创新潜能和创业活力的有效途径。现如今，国家为适应和引领经济发展新常态，又提出以"互联网＋"作为抓手，加速实行创新驱动发展战略。于此背景下，政府采取了一系列鼓励大学生创业的措施，倡导以创业带动就业。

创新创业教育作为培养创造性人才的重要途径之一，正在高校内系统地对全体学生进行培养，且贯穿于人才培养的全过程，取得了一系列显著的教育成果，我国创新创业教育正呈现如火如荼之势。2017年，全国高校毕业生创业比例已达3％，远超过发达国家1.6％

* 基金项目：中国高校创新创业教育改革基金项目（2020CCJG01Z002），2021年福建省本科高校教育教学改革研究项目（FBJG20210266），2021年厦门大学教学改革研究项目（研究生）（JG20210304）。本文也是唐炎钊老师指导的2021年厦门大学本科创新创业实践项目的成果之一。

** 余晓悦，女，厦门大学管理学院本科生。李扬扬，女，厦门大学管理学院本科生。李柄亨，男，厦门大学管理学院本科生。唐炎钊，男，厦门大学管理学院教授，博士生导师。

的平均水准。[①] 然而,在我国,创新创业教育发展仍然面临着不小的困境,并且,绝大多数在学校受过良好创新创业教育的学生在毕业之后却并未选择创业,这使得很多学生产生了疑惑:"如果未来不打算创业,为何还有接受创业教育的必要?"故而,在创新创业教育的实施中产生了很多阻力和质疑。

基于此,本文围绕"创新创业教育到底培养了学生什么"这一问题展开,为解决困扰广大高校学生已久的问题,主要探讨"双创"环境下我国高校创业教育的使命和目标,并构建高校创新创业教育对新生代大学生素质与能力培养的理论分析框架,用以指导创新创业教育的实践。

二、创新创业教育研究现状

(一)我国创新创业教育的内涵阐释

1. 基本假设:人人具有创新创业潜能

创新创业模式作为一种产生在我国本土的理念,具有多重含义,也预示着未来的高等教育发展趋势。除了本土化,它还具有的另一个突出特点就是面向全体学生,提倡"广谱式"的培养,在这里包含着一种重要理论假定,即由于每位大学生中都存在着创新创业的巨大潜力。因此学校有责任给学生们创造合理的环境,激发他们的创新创业的潜力,让学生们都成为创新创业型人才。

2. 内涵

由于目前存在的各种学说对于创新创业教育内涵的界定上有着一定的矛盾,各高校并未将培养视角对准"学生创新创业精神培育和能力培养",想要促进创新创业教育的可持续发展,必须先正确解读其本质内涵,为双创教育的良性发展开辟正确的理论路径。

(1)创新创业教育是就业教育的一种拓展。当前,我国就业市场面临巨大压力,毕业生就业困难重重。为了解决这一问题,鼓励创业是一种有效的方法。目前急需转型的经济发展方式、不断增加的就业压力是一项推动创新创业教育的重要因素,但是随着对我国创新创业教育内涵理解的加深,高校不应将就业率高低当作创新创业教育的唯一评判指标,而应在达到缓解就业压力的目的同时,注重通过增强学生的创新创业精神与能力,以此促进他们与社会的融合性的提高。

(2)创新创业教育是专业教育的一种延伸。和专业学科的教育不同,创新创业教育不再以分数与升学成绩为鲜明的教学方向,更不是以培育创业者为终极目的,而是借助学校逐渐形成的创新文化氛围,辅以教师教授相应的基础理论和实际知识,培养他们逐渐形成负责任、有计划、会进取、能受挫、不言败的办事意识和心理素质。创新创业教育的根本意义是教书育人,以此为核心,并对学生实施创新与创业式精神的培养,也正是这种意义决定了其渐进式的发展,因为人的思维模式形成、独特个性的形成并不可能一蹴而就,更不可能只通过几堂课或几个课程就完成。作为专业教育的外延,创新创业教育仍是需要依托于专业教育来展开的特殊教育活动。但是,我们还需要把创新创业教育全面渗透到学校教育的

---

① 张印轩、戚芳媛、唐炎钊、李小轩:《无边界职业生涯视角下高校创业教育对员工创造力的滞后影响——一个双重中介模型》,《科技进步与对策》2021年第14期。

课程结构之中,做到学校教师基础知识的讲授与学生实际能力培养的结合、学校校园生活环境与学生社会工作课程的结合、学校教育与学生科学研究的结合,意图通过学校创新创业教学,进行学生逻辑思维、人格素养、行为感情等层面的正向引领,使学生在浓厚的学校创新创业教学环境中受到滋养,其创造性思维才有机会逐渐形成,创新创业的人格能力才有机会得到进一步培养。

(3)创新创业教育是知行统一的教育。中国高等院校的革新创业教学主要包括了创新型教学与创业教学两个层面,它指按照新时代国家经济的发展战略定位、经济社会进步和高等教育综合改革的要求,在创业教学中加入创新性因素,在整合创业教学与创新型教学基石上发展产生的一个全新的教学模式。创新是创业教学的实质和核心,是创业教学的意义所在;创业是革新教学的外部表现形式,可以进一步加深并促进革新教学获得效果。创业教学与革新教学是一个整体,"你"中有"我","我"中有"你",相辅相成,密不可分。革新创业教学既包括了对创新创业精神、意识、品质的培养,也包括了对革新创业知识与能力的传授。因此,从观念到教学内容再到方法,创新与创业教学都已不再是创业教学与创新性教学中间的单纯物理结合,而且经过对前二者的批判继承、推陈出新,折射出更新奇而深邃的教育理论与教学实践意蕴。所以,实践中要突出对学生创新创业意识的培育,反映社会经济建设对其专业知识、素养、技能的根本性需求。

3. 要素

我国高校的创新创业教育包括三个核心要素,即知识内化、经验生成和意识养成。

(1)知识内化。知识内化指学习者对老师所讲授的显性内容的掌握程度,也就是把显性内容转变为其自己的知识体系后,它就需要在头脑中对它有一定的理解,并使之内化成为掌握新事物的基石,而知识的内化也是评估高等学校创新创业教育项目实施效果的重要因素,即高等学校创新创业人才培养项目必须以对基础知识的掌握为核心。

(2)经验生成。经验生成是形成新知识与原有经验之间以及新知识之间的能力。这既涉及对学习能力的掌握,又包括对方式、手段、方式等的学习。成功来自实际的发展,但光凭实际还没有形成经验。所以在为他们创造实际条件的同时,更应主动指导他们建构、掌握,从而形成经验,推动创新创业过程的发展。

(3)意识养成。创新创业意识是创新创业范畴的重要心理特征,是一种致力于发掘新问题、探寻新情况、开辟新途径的积极向上的心理倾向,是人们进行创造性活动的内在动力。要十分重视创新创业意识这一要素在创新创业教育中的作用,通过塑造学生的创新创业思维,不断挖掘其创新创业的潜能,充分激发其潜在创新创业动机。

(二)我国创新创业教育的能力培养阐释

对于创新创业教育培养了学生哪些能力与素质,不同的学者有不同的理解。王洪才认为创新创业素质是一个人在追求事业理想和积极奋斗拼搏中表现出来的所有的能力的综合体现,其根本在于形成创造性人格,以创新创业素质的发展形成为其中介,将创新创业关键的能力的三位一体的系统作为基础。[①] 他认为创新创业不仅是在创业中展现的,是一个人综合素质能力的体现。韩丹、黄五星等认为创新创业教育的目标是塑造学生创新精神、

---

① 王洪才:《创新创业能力培养:作为高质量高等教育的核心内涵》,《江苏高教》2021 年第 11 期。

创业意识和创新创业能力，开发学生创新思维和锻炼创业能力的实用教育，其中高校的主要目标是培养具有创新创业素质的人才。[①] 他们认为创新创业培养的能力主要仍集中在创业方面。史玉立等认为创新创业应该注重培养学生实践创新和创业的能力以及学生终身学习的意识，他们通过对比国外与国内创新创业教育模式的区别以及我国社会的发展状况，认为培养学生实践创新、创业、终身学习这三点能力能更好地促进我国创新创业教育的发展。[②] 唐炎钊等认为创新创业教育重点培养学生在未来职场上的思维和技能、心理素质、身份认同和价值观等，主要通过"创新创业能力、积极心理资本、创业者身份认同、职业生涯价值观"这四个方面，对学生的素质能力以及职场行为起到滞后作用。[③] Jason Q. Zhang 等认为当其他环境资源被有意地整合到以大学为基础的创业教育中时，大学课程或课外活动有助于形成年轻人的创业态度和意图。[④] Rui Fragoso 等的研究表明培训和创业教育对创业意向有显著的正向影响，也证实了创业意愿取决于驱动因素和调节因素的观点，这是个人无法控制的最重要因素。[⑤]

综上，对于创新创业教育培养学生的素质主要体现在创业意愿、企业家精神、创造性人格、综合素质提升等方面，也是新时代创新创业教育的使命和目标。

三、研究设计

（一）研究方法的选择

扎根理论是一种质性研究方法，最初起源于社会学，后被广泛应用于其他学科。扎根理论旨在从经验资料的基础上建立理论，是一种对文字资料进行程序化编码和分析的研究方法。研究前，一般没有理论假设，研究者主要通过直接收集、观察并分析原始资料，运用科学的多级编码方法自下而上地对资料内容进行总结提炼，寻找出可以反映现象的核心概念，然后通过建立概念与概念之间的联系，形成最终的理论。[⑥] 扎根理论分析的研究流程如图 1 所示。

本文重点探讨创新创业教育的本源问题，即高校创新创业教育对新生代大学生素质与能力培养。这些问题目前还缺乏系统的研究及回答，属于探索性研究问题，适合运用扎根

① 韩丹、黄五星、贾宏昉、邵惠芳：《"双创"背景下大学生创新创业能力培养研究》，《决策探索（下）》2021 年第 11 期。

② 史玉立、耿淬、刘天宋：《国外高校创新创业人才培养模式对我国高职教育的启示》，《职教发展研究》2019 年第 1 期。

③ 唐炎钊、叶奕钦、郭玉强等：《创业教育对新生代员工职场行为影响的一个理论分析框架——基于扎根理论的视角》。

④ Xinhua Dou, Xiajing Zhu, Jason Q. Zhang, Jie Wang, Outcomes of Entrepreneurship Education in China: A Customer Experience Management Perspective, *Journal of Business Research*, 2019, Vol. OCTa.

⑤ Rui Fragoso, António Manuel Xavier, Weimar Freire Rocha, Determinant Factors of Entrepreneurial Intention among University Students in Brazil and Portugal, *Journal of Small Business & Entrepreneurship*, 2019, Vol.January.

⑥ 毛基业、张霞：《案例研究方法的规范性及现状评估——中国企业管理案例论坛（2007）综述》，《管理世界》2008 年第 4 期。

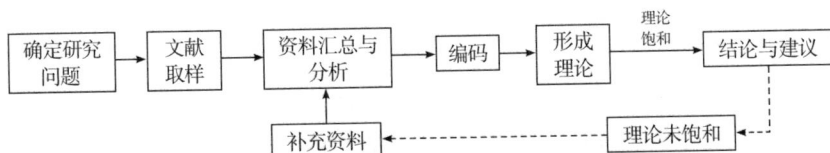

图1 扎根理论的研究流程

资料来源:苏屹、徐冲冲:《基于冰山理论的核电运营企业商业模式研究》,《中国软科学》2019年增刊。

理论方法尝试构建创新创业教育影响机制的理论分析框架,为未来的定量研究打下一定的理论基础,并提供参考建议。

(二)样本选择

本文样本选择主要包括文献二手资料整理和访谈一手资料收集两部分。

文献分析方面,本文文献来源于中国学术期刊网络出版总库(CNKI)中的核心期刊,并对其进行深入研究。其中,核心期刊采用期刊高级检索,将文献分类设定在社会科学Ⅰ辑和社会科学Ⅱ辑,以检索式"TI=(高校创新创业教育+大学生创新创业教育)AND SU=(使命+目标+作用+影响)AND SU=(指标+要素+模型)"进行搜索,检索得到文献77篇。综合参考文献引用量和研究条目相关比重等因素考虑,最终选取确定35篇文献为原始资料。

访谈方面,我们以厦门大学教授"创业基础"课程的四位任课老师为访谈对象,使用半结构式访谈方法收集一手信息资料。研究团队依据研究目的查究相应文献并充分讨论后初步拟定访谈提纲。访谈提纲问题主要分为三个部分:第一部分为创业基础课程内容相关问题,包括但不限于以下问题:①您教授课程的具体模式,如何培养学生的创新创业能力;②您认为这门课的开课意义以及可以教给学生什么;③从同学们在期初和期末的课堂表现来看,接受过双创教育的同学们是否比以前更具有创新意识;④您为同学们提供过什么样的帮助;⑤您认为课程所培养的这些能力对学生未来的工作能起到什么样的效益。第二部分为双创教育的不足,包括但不限于以下问题:①您觉得国内目前的双创教育和国外最大的差距在哪,国内双创教育最大痛点在哪;②您认为目前的课程设置还有哪些不足,会有如何走向,会在哪些方面进行新的变革。第三部分为创业实践相关,包括但不限于以下问题:①您是否有自身体验的或印象深刻的创业经历;②您认为现在大学生创业环境怎么样;③您认为现在中国家长对于创业的理解有哪些需要纠正的地方。

(三)质量控制

为保证访谈结果的质量,本文采取了如下举措:①小组查阅大量文献资料,并与指导老师反复讨论修正后形成访谈提纲;②访谈前,与研究对象进行充分沟通,说明研究目的和意义,并将访谈时间控制在60分钟;③在征得受访者应允后,采用录音方式进行记录,在访谈过程中,使用平和语气引导受访者顺畅回答自己的看法与感受;④研究者持续进行自我反思与讨论,尽可能保证数据结果的中立可靠;⑤访谈数据由双人录入,并进行双重核对;⑥结果成型后,小组共同商讨研究中的概念、范畴和理论与访谈结果的相关性,并进行饱和度检验。

四、研究过程与数据分析

扎根理论的本质属性是"理论来自数据"，通过规范的工作流程和严谨的工作流程，每个研究的结果都可以回溯到最初的数据，从而增加了研究结果的可信性。因此，本文利用质性分析软件 Nvivo 11 整合访谈内容与二手资料，运用扎根理论研究法的三级编码对与研究主题有关的内容进行逐步分析、比较、提炼，最终将得出的核心范畴与研究目的之间的逻辑联系起来，具体包括四个步骤（见图 2）。

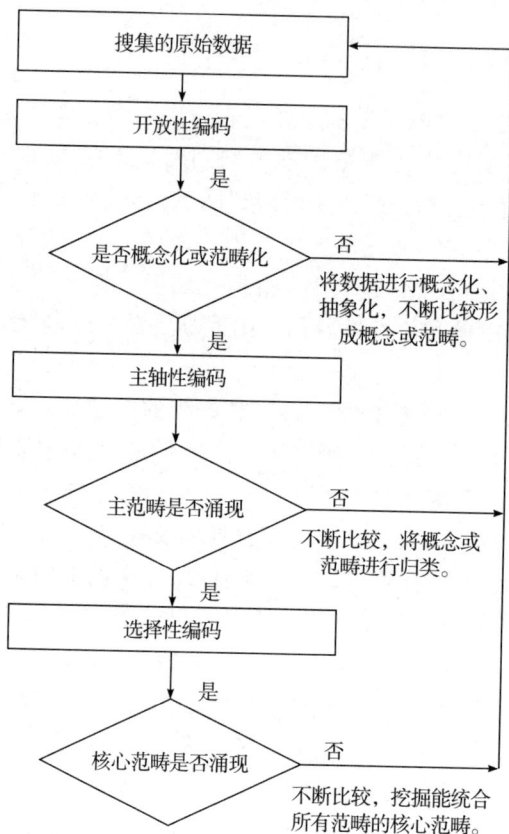

搜集的原始数据

开放性编码

是

是否概念化或范畴化 —— 否 —— 将数据进行概念化、抽象化，不断比较形成概念或范畴。

是

主轴性编码

主范畴是否涌现 —— 否 —— 不断比较，将概念或范畴进行归类。

是

选择性编码

是

核心范畴是否涌现 —— 否 —— 不断比较，挖掘能统合所有范畴的核心范畴。

图 2　数据分析示意图

资料来源：吴刚：《一个关于行动学习的建议性理论框架——基于中国本土企业的扎根理论研究》，《远程教育杂志》2014 年第 4 期。

（一）主轴性编码

采用开放性译码方法，分类并归纳初始资料中内涵基本一致的内容，构造初始概念，再对初始概念中具有相似特性的概念归统概括得出主范畴，最后将主范畴抽象成核心范畴。我们对初始资料进行剖析，笼统地将关键内容概念化与范畴化，共形成 58 个范畴与 19 个主范畴。

（二）选择性译码

采用主轴性译码方法把 19 个主范畴抽象编译，提炼为 7 个核心范畴。

前 4 个核心范畴聚焦于受教育个体（学生），他们是整个创业教育活动的主体，探讨其所需的素质和能力,就是明确了创新创业教育的使命和目标。

(1)创新创业能力:指将已经掌握的知识与技术再融合,交叉碰撞出新观点、新问题,并在实践过程反复深研,最终能有新发现或创造出新事物的能力,[①]目前学界已普遍认为创新创业能力是由多种能力复合而成,本文将其划分为创业动机、创新思维、创业实践能力和创业附加能力。

(2)积极心理资本:指个体积极性的核心心理要素,包括个体认知能力、自我监控管理、个体发展倾向和有效的情绪交流品格的心理内在基础构架。主要体现在综合素质、学习能力、管理能力、素质道德、专业素质五个方面。

(3)创业者身份认同:指个体在知晓社会对创业者的深切期待后,仍把创业者角色期待内化进个体的发展方向,并相应地作出符合创业者身份的行为。[②] 学生在接受创新创业教育的过程中,企业家精神的培养贯穿其中,影响着其对创业者这一角色的理解和实践行为。

(4)职业发展:指个体不断在工作中取得进步和提升进而实现其目标的过程,其最终指向是人多方面的发展和提高,是对自我的完善。[③] 职业发展包含很多内容,高校创新创业教育主要培养学生对行业风向的嗅觉,协助学生作出未来的职业选择。

后3个核心范畴针对教育组织端(高校),探索现存问题和改进措施,为今后创新创业教育改革指明了方向。

(5)课程体系完善:创新创业教育对高技术创新型人才的培养离不开完善的课程体系,完善的课程体系是达成教育目标的关键载体[④],包括学科交融、外界辅导和课程设计三大方向。

(6)创业空间与实践平台建设:加强创业平台建设是进行创新创业的实践需要,充满知识性与松弛性的空间与平台更能有效促进学生的创业意识。[⑤] 可以从增加实践平台与活动和加强创业空间的协助两方面进行建设。

(7)加强师资队伍和教材建设:教师是教育的核心,而教师的职业素养是提高学生职业能力的关键。

三级编码模式能够更好地呈现初始范畴、主范畴与核心范畴之间不断进阶与抽象的过程,主要是能够表现主范畴与核心范畴的逻辑塑造(见表1)。

---

① 方丽娟:《思想政治教育视阈下的大学生创新创业教育研究》,安徽工程大学硕士学位论文,2017年。

② 唐炎钊、叶奕钦、郭玉强等:《创业教育对新生代员工职场行为影响的一个理论分析框架——基于扎根理论的视角》。

③ 杜智勇:《FSK公司知识型员工职业生涯管理研究》,山西大学硕士学位论文,2017年。

④ 辛海明、刘志艳、郭大路等:《优质高职院校建设背景下"第二课堂成绩单"制度引领学生创新创业提升素质能力路径研究——以潍坊职业学院为例》,《全国学校共青团2019年学术年会优秀论文集》,2020年。

⑤ 李建国、杨莉莉:《"双创"教育新模式的实践探索——以华中科技大学为例》,《中国高校科技》2019年第10期。

表 1　高校创新创业教育对新生代大学生素质与能力培养体系三级编码

三级编码	二级编码	一级编码
创新创业能力	创业动机	创业动机；引起创业兴趣；提供机会与文化氛围环境；评估执行力；内隐的创业心理倾向；学生实习动机；行动导向
	创新思维	创业自我效能感；挖掘项目意识；培养创新思维
	创业实践能力	实践实战能力；专业技能；岗位创业能力；分析、观察能力；分析与处理数据的能力
	创业附加能力	培养创业知识；组织规划能力；提高创业率；开拓进取精神；冒险精神；危机处理意识
积极心理资本	综合素质	思辨能力；沟通能力；团队精神；竞争意识/综合竞争力；就业能力
	学习能力	泛在学习需求；提高学习积极性与主动性；整合多领域知识
	管理能力	资源分配能力；适应能力；自我管理能力
	素质道德	社会道德；感知自我价值；自信心
	专业素质	技术技能迁移能力；充分发挥专业知识；工匠精神；职业素养
创业者身份认同	企业家精神	培养企业家精神
职业发展	行业风向	培养行业风向的嗅觉；行业发展现状
	职业选择	协助学生未来职业选择
课程体系完善	学科交融	加强学科之间的联系；专创融合
	外界辅导	投资人的辅导
	课程设计	进行课程分层；建立政、校、企联盟；教学评估体系
创业空间与实践平台建设	增加实践平台与活动	提供实践平台；创新创业训练模拟及课外创新创业项目实践；创新创业教育实训机制
	加强创业空间的协助	提升创业空间；围绕创新创业产品开发
加强师资队伍和教材建设	完善师资队伍	培训现有师资队伍；增加新的师资队伍
	编撰新教材	编撰具有融合特色的教材资料

（三）理论框架构建

通过辨析所得核心范畴的相互影响，本文建立起高校创新创业教育对新生代大学生素质与能力培养的理论分析框架（见图 3）。

五、贡献与启示

（一）理论贡献

本文基于扎根理论对"创新创业教育到底培养学生什么"这一问题的分析与探讨，通过对创新创业教育一线教师的访谈和对文献的梳理，厘清了创新创业教育的本质内涵以及需

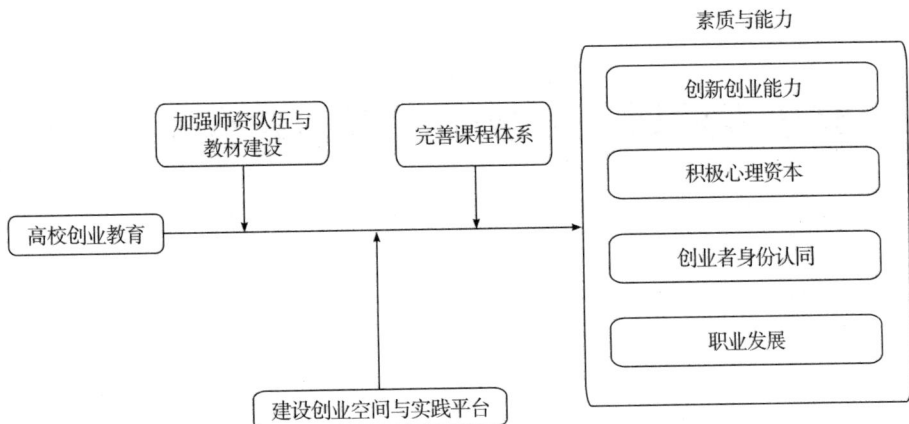

图3 创业教育影响机理的理论分析框架

要培养学生的能力和发展方向,为进一步构建新时代背景下创新创业教育的人才培养体系提供理论基础。

(二)实践启示

1. 进一步明确创新创业教育的使命和目标。本文指出了创新创业教育应更加注重对学生本身创业能力的培养,而不是仅关注学生是否在接受创业教育后能够进行自主创业。本文认为应该将创新创业能力、积极心理资本、创业者身份认同、职业发展作为创新创业教育效果的衡量指标,将为高校的创业教育提供一条新思路。

2. 构建了创业教育影响机理的理论分析框架。本文构建的创业教育影响机理的理论分析框架具有理论意义、学术价值,提出的素质能力与发展方向对培养高校创新创业教育人才培养具有实践意义、参考价值。

研究生专业课程的教学思考和教育模式展望

王　苗[*]

摘要：研究生是研究型大学面向国家科技和经济发展急需培养的一批专业技术及高层次人才，肩负着建设强国的重任。如何设置研究生课程的内容、形式及主导思想，让其既有基础学科的深度和最新科技前沿的前瞻性，又能激发学生的自主科研兴趣和向未知探索的无畏精神，则决定了研究生的培养质量。笔者总结了自己在教授"软物质及功能材料"研究生课程过程中的教学初衷、设计、效果及思考，倡议摒弃以分数和考核为目标，注重综合素质和国际化的培养，并展望了未来结合人工智能的大数据、个性化、云端化的智慧教育模式。通过新的教学方式的融入和探索，研究生教育将为社会发展提供更加优秀的人才和知识支持，为社会服务并参与社会发展。

关键词：研究生教育；教学设计；考核方式；智慧教育

一、前言

作为一名新入职的年轻教师，"软物质及功能材料"是笔者教授的第一门课程。为了给学生上好这门课，笔者提前半年做了充分的教材、学科背景和学术前沿论文调研，结果发现并没有一本完整的中文教材可以涵盖这门课程的基本概念和所涉及的相关知识。因此在广泛查阅资料之后，笔者最终选定《奇妙的软物质：材料物理与化学》《软物质的功能智能特性及其应用》《胶体中的相变和自组装》《软物质物理》这四本书为参考教程，自己设计教学内容并制定了课程大纲以及教学计划。笔者的初衷：这门课程既可作为材料学科硕士研究生的学科基础必修课程，也可作为化学化工、海洋、生命科学等相关学科的研究生选修课，包括了30课时的基础理论课、12个课时的翻转课堂学术研讨课以及3个课时的虚拟仿真实验课程。

课程教学主要内容围绕软物质的基本概念、表现形式、形成机制、功能特性、最新进展和在相关领域的应用。具体包括软物质及功能材料概述、胶体中的相变和自组装、生物离子通道及仿生人工纳米通道、柔性纳米通道膜材料测试与分析虚拟仿真实验、电响应软物质材料、磁响应软物质材料、温度响应软物质材料、软物质功能材料与微流控技术。本课程要求学生掌握各种软物质的基本概念及原理，以及与软物质功能材料相关的制备机理、表征方法和应用方向，为今后在相关的研究中打下理论基础。本课程制定了评分标准：平时成绩（课程考勤5%，随堂课程作业5%）、翻转课堂研讨课（20%）、仿真实验课（10%）、期末

---

* 王苗，福建厦门人，厦门大学材料学院助理教授，主要研究方向为仿生动态纳米通道材料。

考试成绩(60%)。

在教学工作中,笔者始终坚持党的教育方针,本着以学生为主体的教学思想,引导和培养学生主动发展,增加课程趣味性并激发学生的创造能力,在课程内容上设置了多学科知识点的交叉融合,灌输学生形成整体知识结构的思想意识,不要局限于单一学科的学习,以创新和主动探索为最终目标。在课程内容中进行课程思政和爱国主义教育,根据理工科的知识结构和国内外进展,选取符合学科特点的思政元素,潜移默化地影响学生的思想和价值观,强调学生要有主人翁意识和社会责任感,承担起建设祖国的重任。例如,在讲授半导体性碳纳米管芯片的发展过程中,介绍我国科学家团队开发出的 4 英寸的碳纳米管芯片,让同学们感受到我国科学家投身于科技创新的决心和发展祖国的热情,培养同学们的爱国之情,砥砺强国之志,实践报国之行。

此外,笔者还设置了 3 个学时以本校侯旭教授团队原创性研究成果转化而成的虚拟仿真实验课程"柔性纳米通道膜材料的制备与测试分析虚拟仿真实验"[①],作为理论课内容"生物离子通道及仿生人工纳米通道"的实践补充课程。虚拟仿真实验课程可以让学生在模拟的实验环境中进行实践操作,从而增加实践经验,更好地理解和掌握理论知识。学生既能够在清晰的引导下学习膜材料的标准制备与测试方法,又能在仿真实验进行过程中,通过实时变化气相沉积温度、旋涂速度、膜切片厚度等实验条件和参数,以图形化的方式呈现实验过程和实验结果,帮助学生更加深入地理解和记忆理论知识,探索和发现实际实验中难以获得的现象与规律,激发学生的主动学习兴趣和创新意识。因此,虚拟仿真课程通过丰富的实验操作和实验结果展示,帮助学生更加深入地理解和掌握理论知识,提高学习效果,也培养了学生的实践能力。

最终,在笔者和学生们的共同努力下,这门课程顺利结束了。学生们基本满勤,具有饱满的学习热情和积极的课程互动,按时提交随堂作业,经常课后找笔者讨论相关的课程问题,学习氛围非常浓厚,这些点点滴滴都给了笔者这位新任教师莫大的鼓励和前进的动力。

二、教学思考

课程教学过程看似顺利,仍然给笔者留下了几个值得深思的点:第一,近几年强调的翻转课堂[②]和学术研讨课并没有真正调动起学生的讨论热情,学生依旧像完成任务一样做报告;第二,学生在平时作业和期末考试复习时,过于关注成绩,而不关心知识的积累和认知框架的形成,令人担忧,即使再三强调,老师所有的付出都是为了让学生学到知识,绝非考试成绩,但学生的观念仍然难以转变;第三,研究生的知识面普遍太窄,只愿意了解本领域和自己研究相关的内容,而对于学习其他知识点是排斥的,认为不相关或者没有用。现如今,科学技术和信息飞速发展,元宇宙近在眼前,科学已经不能靠单一学科,需要多学科融合和交叉学科人才,来打破学术瓶颈,推动科学技术的进步。笔者在上课过程中无时无刻

① Yaqi Hou, Miao Wang, Wen He, Yixin Ling, Jing Zheng, Xu Hou. Virtual Simulation Experiments: A Teaching Option for Complex and Hazardous Chemistry Experiments, *Journal of Chemical Education*, 2023, Vol.100, No.4, pp.1437-1445.

② 徐英辉:《翻转课堂在高校信息素养教育中的应用》,《齐齐哈尔师范高等专科学校学报》2022 年第 6 期。

不在跟同学强调多学科基础知识的必要性，希望学生能与时俱进，在以后的工作、学习和生活中都具有竞争力，并且可以成为社会发展的顶梁柱。

通过这门课的教学和反思，笔者认为高等教育已经不再是以前的知识传授。传统的大学教学方法主要是讲授式教学，教师通过讲授知识和技能来帮助学生学习。然而，这种教学方法已经过时了。现代大学生更喜欢互动式教学，他们喜欢参与讨论以及与教师和同学互动。因此，在信息大爆炸的当今，教师需要采用更加灵活和多样化的教学方法来激发学生的学习热情，包括小组讨论、项目研究、实地考察实践等[①]。在教学过程中，需要充分激发学生的学习兴趣和深入思考能力，采用多种方式提高同学们的课堂参与率，并适时地进行回应和反馈，利用多媒体技术来丰富课程内容，让学生在视觉、听觉等多方面获得信息[②]。在课程之外，教师可以组织参观、实习等实践活动，让学生亲身体验。

此外，要摒弃以分数和考核为目标，应该重点关注学生的学习效果。分数和考核为目标往往会导致学生仅仅为了拿高分而死记硬背，忽略了真正的学习效果。学生的学习效果应该是评估学生学习成果的主要指标。学习效果应该考虑学生对知识点的理解程度、应用能力、解决问题的能力和创新思维能力等方面。只有在这些方面表现良好的学生，才能被认为真正掌握了知识。评估学生学习效果需要采用多种方式，如实验、项目、口头演讲等，以便更全面地了解学生的学习情况。在评估学生学习效果时，应该注重帮助学生发现自己的优点和不足，为学生提供更好的学习支持和指导，以便他们在未来学习中获得更好的成绩。当然，教师也需要承担责任，提供充足的资源和支持，帮助学生充分发挥潜力，达到最佳学习效果。同时，也需要注意平衡学生的学习负担和学习效果之间的关系，不应该给学生过多的压力和负担，以至于影响他们的学习效果和兴趣。课程设计应该紧密贴合学生需求，避免冗杂的内容，将精力放在重要的内容上。将知识点归纳整理，提供课程大纲等学习指导，帮助学生更好地掌握知识。运用多样化的教学方法，根据课程性质、学生特点和知识难易程度等因素，选择合适的教学方法。例如，在基础课程中可以采用讲授、讨论等方式，而在实践性课程中可以采用实验、模拟等方式。

最重要的是，要注重学生综合素质和国际化的培养。首先，学生综合素质的培养是高等教育的核心任务之一[③]。综合素质包括思维能力、创新能力、领导能力、团队协作能力、沟通能力等。这些素质不仅对学生的未来职业发展有着至关重要的影响，也是培养学生成为社会栋梁的重要保障。其次，国际化的培养可以提高学生的全球视野和跨文化交流能力。在当今日益全球化的世界，国际化的素质已经成为人才市场的重要需求。因此，大学应该为学生提供更多的国际化机会，如交换学生项目、国际课程、海外实习等，帮助学生更好地适应国际化的工作和学习环境。为了实现这些目标，可以采取多种措施，如增加综合素质教育课程和实践机会、鼓励学生参加学术、文化和社会活动、加强与国外高校的交流合作等等。同时，大学也应该注重学生的自主性和创新性，鼓励学生积极参与各种学术和社

① 阮晓磊：《师范类专业认证背景下教师教学方法变革探析》，《黑龙江教师发展学院学报》2023年第42期。

② 张瑜文：《新形势下高校多媒体教学的优势、挑战与优化路径解析》，《黑龙江教师发展学院学报》2022年第41期。

③ 陈晓娟：《高校大学生素质教育水平提升路径思考》，《秦智》2022年第10期。

会活动,发挥他们的才能和潜力,为社会作出更大的贡献。

三、教育模式展望

　　紧跟时代脚步,探索一些新的教学模式,例如智慧教育,利用信息技术、互联网和大数据等现代科技手段,对教育教学过程进行深度融合和升级,希望实现课程、教学、评价等全方位的智能化、数字化和个性化。笔者经过调研,归纳出未来的智慧教育将呈现出以下几个新形态:[①]

　　（一）数据驱动的教学管理

　　数据驱动的教学管理是一种基于数据分析和应用的教育管理方法,它可以帮助学校和教师更好地了解学生的学习情况、课堂教学效果、教学资源使用情况等,从而提高教学质量。基于学习数据分析,能够监测和管理学生的学习状态,帮助教师制定个性化的教学方案和措施,提高教学效果。数据驱动的教学管理可以从多个方面进行,以下是一些常见的例子:(1)学生表现数据分析:通过分析学生的表现数据,如考试成绩、出勤数据、作业情况等,得到较为精确的学习状况,进而开展教学活动和辅导工作;(2)课堂教学数据分析:通过分析课堂教学的数据,如教师的教学策略、学生的反馈、课堂参与等,可以对课堂教学效果有更清晰的认知,能够依据出现的问题实时调整教学方案,得到更优的教学效果;(3)教学资源使用情况分析:通过分析教学资源的使用情况,如教材、软件、设备等,可以更好地了解教学资源的使用效果和管理情况,优化资源配置,提高教学效果和效率。需要注意的是,数据分析只是教学管理的一种方法,还需要结合教师的经验和专业知识来进行综合分析和决策。同时,保护学生的隐私和教师的教学自由也是非常重要的。

　　（二）个性化教学

　　通过大数据分析,结合学生的学习特点和需求,因材施教,实现课程内容、学习方式、学习进度等方面的个性化定制,满足不同学生的学习需求,提高学习效果和满意度。[②] 例如,对于学习成绩优秀的学生,可以提供更高难度和更有挑战性的教学内容,使其对学习产生更大兴趣,提高自主学习能力,而学习能力稍弱的学生,可以提供更多的教学支持和帮助,如个别辅导、小组讨论等,帮助其克服学习难题。实现个性化教学需要教师具备一定的专业知识和技能,例如深入了解学生的个体差异和学习需求、能够灵活运用教学策略和方法、具备较好的教学组织和管理能力等。同时,学校也需要提供必要的教学资源和支持,例如个性化教学软件、教学评价系统、教师培训等,以促进个性化教学的发展和应用。个性化教学是一种有益的教学方法,可以更好地满足学生的学习需求和促进其学习成长,但其实施也需要教师和学校的支持与努力。

　　（三）智能评价

　　教师通过采用自适应评价模型,将学生的学习表现与个性化教学方案相匹配,为教师提供有针对性的评价意见,帮助学生全面提高学习成果。教师可以使用各种学习工具和技

---

　　①　柯清超、刘丽丽、鲍婷婷等:《国家智慧教育平台赋能区域教育数字化转型的四重机制》,《中国电化教育》2023 年第 3 期。

　　②　夏林中、梁晨:《大数据技术快速迭代背景下智慧教育的发展》,《教育教学论坛》2022 年第 51 期。

术,如在线测试、测验、学习记录等,来收集学生的学习数据。这些数据可以包括学生的学习行为、学习进度、成绩和反馈等。收集到的数据可以使用数据分析和机器学习技术进行处理和分析,以获得有关学生学习表现的洞察和趋势。基于数据分析的结果,教师可以制订个性化教学方案,根据学生的学习表现和需求,为他们量身定制教学内容和教学方式。自适应评价模型可以根据学生的学习表现和个性化教学方案,输出有针对性的评价意见。这些意见可以帮助教师更好地指导学生学习,并且可以激励学生提高学习成果。通过采用自适应评价模型,教师可以更好地了解学生的学习状况,提高教学效率,降低教学成本,对于学校的管理和发展也有积极作用。

(四)云端学习

教师利用云计算、大数据等技术,实现教学资源的共享和整合,使学生可以随时随地在线学习,提高学习的便捷性和灵活性[①]。学校可以搭建云计算平台,将教学资源集中存储在云端,学生可以通过互联网随时访问和使用这些资源。云计算平台可以提供虚拟机、存储、网络、安全等一系列服务,满足教学资源共享和整合的需求。基于学习数据分析,为学生定制学习方案。同时,教师也可以利用大数据分析来评估学生的学习效果和教学质量,为教学改进提供参考。利用在线课程和教学平台,可以实现对教学资源的整合和管理。学生可以利用网络教学平台对老师的课堂内容进行预习、复习和补充,不受时间和地点的限制,而且可以与老师进行线上互动,使交流更加便捷。同时,老师也可以利用在线平台上传学习资料和发布通知,大大提高了教学的效率。学校也可以通过开发移动学习应用,提供课程资源、学习建议等服务,让学生随时随地进行学习。这也为教育的数字化转型提供了重要的支持和保障。

(五)人工智能辅助教学

通过人工智能技术,实现对学生学习的智能化辅助,包括学习跟踪、学习推荐、学习反馈等,提高教学效果和学习体验。基于数据分析,人工智能能够跟踪学生的学习进度、学习效果等,并提供实时的反馈和建议。根据学生的学习历史、兴趣爱好、学科知识等信息,人工智能可以提供个性化的学习推荐,为学生提供更加适合他们的学习内容和方式。通过分析学生的学习数据,人工智能可以生成针对性的学习反馈,帮助学生了解自己的学习情况和问题,并提供相应的解决方案。人工智能技术可以帮助教师进行课程设计和优化,根据学生的学习情况和反馈,调整课程内容和教学方法,提高教学效果和学习体验。

智慧教育可以为不同背景的学生提供平等的学习机会,消除教育资源的不平等性,促进教育公平,推动教育创新,拓展教学边界,促进跨学科融合,培养创新思维和创新能力。智慧教育的新形态不仅拓展了教育教学的边界,更为教育教学带来了全方位的智能化、数字化和个性化的服务和体验,使教育教学更加适应当今信息技术快速发展的趋势[②]。

四、总结

总之,高等教育需要换一种教育教学方式,从以往的老师教授、学生接受转为让学生成

---

① 栗佳文、王维:《基于智慧教育的课堂学习环境设计研究》,《科技风》2023 年第 3 期。
② 邓薇、尤怡丹:《智慧教育环境下高校教学方法改革研究》,《淮南职业技术学院学报》2022 年第 22 期。

为学习的主体,不断提高学生的自主学习和主动思考能力。教师通过新的教学方式的融入和探索,不断更新和调整,以适应不断变化的社会需求和产业发展,为学生提供更加优质的教育,注重培养学生的多方面能力,包括技术技能、创新思维、领导力等,确保学生所学的知识和技能能够与现实相匹配,培养学生终身学习的观念,使学生能够适应快速变化的社会和产业环境,不断提高自己的知识和技能,保持竞争力,为社会发展提供更加优秀的人才和知识支持,为社会服务并参与社会发展。